Edith Stein

João da Cruz

Teologia & sociedade

Luís Carlos de Carvalho Silva

Edith Stein

João da Cruz

Teologia & sociedade

Artesã

Edith Stein - João da Cruz. Teologia e sociedade
1ª edição

COORDENAÇÃO EDITORIAL
Karol Oliveira

DIREÇÃO DE ARTE
Tiago Rabello

REVISÃO
Cristhiane Maurício

CAPA
Gustavo Prates

PROJETO GRÁFICO E DIAGRAMAÇÃO
Conrado Esteves

S586 Carvalho Silva, Luís Carlos de.
Edith Stein - João da Cruz : teologia e sociedade / Luís Carlos de Carvalho Silva . – Belo Horizonte : Artesã, 2019.
410 p. ; 24 cm.
ISBN: 978-85-7074-022-9

1. Filosofia e religião. 2. Sociologia. 3. Teologia. 4. História I. Título.

CDU 2-1

Catalogação: Aline M. Sima CRB-6/2645

IMPRESSO NO BRASIL
Printed in Brazil

(31)2511-2040 (31)99403-2227
www.artesaeditora.com.br
Rua Rio Pomba 455, Carlos Prates - Cep: 30720-290 I Belo Horizonte - MG
/artesaeditora

DEDICATÓRIA

A todos os admiradores de Edith Stein, Irmã Teresa Benedita da Cruz, e aos estudantes e pesquisadores da obra steiniana.

À memória de Sebastião Salvador, Teresa Moreira e Geraldo Raimundo.

Dedico, de forma especial, a meu filho de coração: Giovanni Leandro, que teve os seus sonhos de mestrado e doutorado interrompidos pela morte prematura.

A todas as pessoas de boa vontade que, com o seu trabalho e a sua fé, vêm ajudando o Reino de Deus a crescer em meio às intempéries sociais. Nesse sentido, destaco os filhos de Santo Afonso de Ligório que semeiam a esperança da Copiosa Redenção no meio do povo de Deus.

AGRADECIMENTOS

Agradeço principalmente a Deus, por ser essencial em minha vida, pois além de ter sido o meu companheiro na jornada solitária de composição desta obra, continua sendo o meu inspirador e guia, para a construção de um futuro onde as pessoas vivam em plena comunhão.

A meus familiares pelo carinho, companheirismo e estímulo.

À família Magalhães, que me acolheu no amor.

Aos amigos que conhecem minha alma.

SUMÁRIO

PREFÁCIO

Paulo Fernando Carneiro de Andrade

A vida e obra de Edith Stein possuem para o nosso tempo uma importância vital. Entre os estudos sobre Edith e sua obra, o presente livro se destaca por sua originalidade e profundidade. O autor doutorou-se em Teologia na PUC-Rio apresentando uma tese, por mim orientada, abordando o tema aqui desenvolvido, que foi acolhida com entusiasmo pela banca examinadora. Dessa tese surgiu este livro.

O leitor não familiarizado com a vida e obra de Edith Stein encontrará neste livro, de Luís Carlos de Carvalho, uma importante exposição sobre a vida de Edith e uma fina análise sobre a obra steiniana *A ciência da cruz*, de 1942. Os pesquisadores que atuam nesse campo encontrarão também aqui um estudo original e profundo que coloca novas luzes, tanto sobre esta obra de Edith Stein, quanto sobre a dimensão social do pensamento da autora e mística, mostrando sua pertinência e relevância para os dias de hoje, quando a dimensão ética do agir político, a responsabilidade social e as bases sociais e políticas da democracia encontram-se enfraquecidas ou são mesmo negadas pelo crescente populismo e pela expansão de uma forma de economia de mercado que afronta a dignidade humana.

O autor percorre neste livro, com linguagem acessível e precisa, um longo itinerário que se inicia com a apresentação da vida de Edith Stein, fazendo-nos compreender como sua obra decorre de uma intensa experiência existencial, na qual o encontro com o outro é vivido com um intenso reconhecimento da alteridade e simultaneamente com uma identificação empática que leva ao estabelecimento de uma profunda solidariedade, e a um caminho para o encontro com Deus.

Em seguida o autor, ao expor e analisar com profundidade e originalidade *A ciência da cruz*, na qual Edith Stein trata da vida e da obra de São João da Cruz, faz-nos mergulhar no rico e complexo universo espiritual e teológico de Edith Stein, fazendo-nos compreender como nesse livro a autora estabelece marcos fundamentais para a compreensão da dimensão social e política da fé. Por fim, o autor busca atualizar a mística e a teologia de Edith Stein, relacionando-as com as questões contemporâneas e conclui com o estabelecimento de alguns princípios norteadores.

Trata-se, portanto, de um livro de fundamental importância, seja para os que querem conhecer a vida e o pensamento de Edith Stein, sobretudo em sua dimensão social, seja para aqueles que já se dedicam aos estudos sobre Edith Stein e que poderão encontrar na presente obra uma perspectiva original. A obra também possui grande relevância para os que se dedicam à Teologia Moral Social e aos Estudos de Fé e Política, apresentando uma nova contribuição para essas áreas, enquanto nos coloca diante da dimensão social e política da vida e obra de Edith Stein, e analisa os paradigmas estabelecidos por ela no campo da relação entre fé, mística e agir político, levando-nos a compreender sua atualidade na contemporaneidade.

INTRODUÇÃO

A história do Ocidente estrutura-se a partir da cultura judaico-cristã, que tem nas Sagradas Escrituras a revelação amorosa de Deus à humanidade. A fé do povo de Israel, assumida e renovada pelos cristãos, lançou no seio social o zelo para com o ser humano, imagem e semelhança de Deus. Crer, na obra steiniana *A ciência da cruz* (1942), é colocar-se a caminho da união com Deus atravessando a *noite escura dos sentidos* e *a noite do espírito*, para enfim adentrar-se na experiência mística do encontro com Deus.[1] Essa caminhada demanda o autoconhecimento, para que, em liberdade, o ser humano deseje purificar-se das máculas que o impossibilitam de querer o que Deus lhe planejou, que é justamente a comunhão harmoniosa com toda criatura e seu amado Criador.

É da vontade divina, conforme Gênesis 1, 28, que o ser humano desenvolva-se em equilíbrio com a natureza, usando a sua capacidade reflexiva para promover o avanço das ciências a favor da vida. Neste sentido, este texto sobre a obra mística *A ciência da cruz*, de Edith Stein, tem por objetivo demonstrar que, por meio da vivência da fé, o ser humano pode efetuar comunitariamente o desenvolvimento social.

O primeiro enfoque deste texto apresenta a trajetória de Edith Stein, de sua fé mosaica à sua imolação na *Shoah*. O itinerário da filósofa é um convite para a compreensão do ser humano e de seu papel na sociedade. A base sobre a qual fundamenta suas pesquisas não era a experiência natural, mas a vivência da experiência intersubjetiva, ou seja, a vivência da empatia, que, segundo a autora, permite perceber, imediatamente, a presença do outro, reconhecendo-o por meio da intuição, como um alter ego.

[1] Noite é o termo simbólico adotado por João da Cruz em seus escritos e expressa a privação dolorosa dos sentidos humanos, bem como a purificação da razão e da fé para que o ser humano se una a Deus.

Edith Stein, ao escrever *A ciência da cruz*, quis afirmar a importância da concepção realista e cristã da pessoa humana e de sua liberdade. O ser humano que vive de modo autêntico o encontro com Deus é aquele que em sua história, consciente de ser imagem de Deus, estabelece com Ele uma relação de filiação e de fidelidade, e, para Stein, o ápice desse encontro e amor recíproco se dá em *A ciência da cruz*.[2]

O segundo enfoque a ser exposto trata da fé, enquanto propulsora da reestruturação humana e social à luz de *A ciência da cruz*. Na medida em que foi dissertando sobre a vida e obra de São João da Cruz e em contato empático com os seres humanos, a filósofa buscou desvendar a influência da fé na vida do indivíduo e da comunidade, assim como avaliou, sob diversos ângulos, sua própria história pessoal junto aos seus familiares, no contexto cultural e político em que a tradição religiosa judaica e a cristã estavam imersas e diante do regime idolátrico do nazismo. Como seus contemporâneos, Stein vive a perplexidade de um tempo conflituoso; estando imersa no turbilhão de agitações que avassalou a Europa na primeira metade do século XX, ela dá testemunho com sua vida e obra da necessidade de se aniquilar os preconceitos sociais e religiosos, a fim de que o ser humano viva e empregue todo o seu potencial em vista do desenvolvimento social e, consequentemente, do bem comum.

O terceiro capítulo busca atualizar o pensamento de Edith Stein, para que, em meio às realidades desafiadoras do século XXI, o ser humano possa ter onde se inspirar e instruir e, ainda, fundamentar a sua fé, para que esta seja propulsora da transformação social, recriando as relações com o intuito de promover a igualdade e a fraternidade à luz da espiritualidade cristã. O texto apresenta a força da religião na edificação da sociedade ocidental ao longo dos séculos quando os cristãos tiveram de enfrentar numerosos obstáculos, com vidas ceifadas inclusive, para poder vivenciar a sua fé. A perseverança dessas pessoas acabou por incutir na sociedade os valores cristãos, possibilitando assim a criação de várias instituições para atender aos necessitados e carentes ao redor do mundo, nestes dois mil anos de cristianismo. Nesse contexto, a perspectiva mística de *A ciência da cruz* há de conduzir à compreensão de que o trabalho é dom divino para a alma se elevar até Deus e para o ser humano atingir a sua realização profissional, contribuindo com a promoção de uma sociedade justa e igualitária. Em meio a essa explanação se apresenta a cristologia steiniana, a partir da missão laboral de Cristo na condução do ser humano à plenitude.

2 MARGARINO, Annalisa. *In Statu Viae*: a fenomenologia religiosa in Edith Stein. Roma: Edizioni OCD, 2002. p. 9-11. No livro *A ciência da cruz*, Edith Stein, enquanto fenomenóloga e mística, atinge o ponto máximo de sua concepção personalista, ao tratar da alma, do eu, da liberdade.

O texto é concluído com a apresentação de elementos conjugados para melhor harmonizar a relação do ser humano na sociedade e com Deus. Em sua benevolência Deus concebe o ser humano livre e Lhe oferece a oportunidade de sair do reino da natureza e adentrar no reino da graça. Ao trilhar esse caminho, a história demonstra que em seu livre arbítrio o ser humano já fez e ainda faz muitas escolhas equivocadas, dando sequência a escalada do mal no mundo. Contudo, a história também narra a presença da graça divina que auxilia a pessoa em sua caminhada até as núpcias eternas. Nesse percurso o ser humano, imerso na sociedade, precisa aprender a lidar com as estruturas sociais, como a organização do Estado e demais instituições que podem garantir ou não os direitos necessários para que ele viva com dignidade nesta terra. Por fim, o texto apresenta a conciliação entre a fé e a transformação humana e social, calcada na mística steiniana que sustenta as pessoas que possuem a boa vontade de fazer da sociedade um lugar humanizado e retirar da criação a obrigação de não só oferecer matéria para o consumo, mas também de se tornar um espaço para a contemplação da presença amorosa de Deus na terra.

1. DA FÉ JUDAICA À MÍSTICA DA CRUZ

Edith Stein é judia de nascimento e morre como cristã no campo de concentração de Auschwitz-Birkenau. Na vida de Stein encontram-se várias razões, além do fato de ser judia, para que o sistema nazista a condenasse à morte. Em meio ao universo político do entreguerras, Edith Stein lecionava filosofia na Alemanha e proferia conferências nos países circunvizinhos, tratando dos seguintes temas: na área pedagógica sobre a estrutura do ser humano; na área social sobre o papel da mulher na sociedade; e na área religiosa sobre a atuação do leigo na Igreja Católica. Assim, ia suscitando nas pessoas a responsabilidade pela construção de uma sociedade igualitária. A sua presença no campo social era rejeitada inicialmente por ser mulher, não lhe permitindo conquistar uma cátedra nas universidades; no campo político, a atuação de Stein entrava em choque com o programa político do Nacional Socialismo; no campo religioso, o judaísmo e o cristianismo unidos configuravam a maior barreira para a expansão ideológica do nazismo. Todos esses elementos se tornaram a razão de o governo nazista eliminar Stein da face da terra.

Educada na religião judaica, Edith Stein vive na adolescência uma crise que a faz se tornar indiferente à religião. Em busca de sentido para a vida, a jovem embrenha-se nos estudos de filosofia e especializa-se em fenomenologia, na escola de Edmund Husserl. Por meio da fenomenologia, Stein passa a valorizar a religião, e nos estudos sobre os fenômenos que se deram na vida de Santa Teresa de Ávila, a jovem filósofa cria empatia com a santa, encontrando por meio dela a verdade tão procurada: Jesus Cristo!

No seguimento de Cristo, Stein pede o batismo e nutre o desejo de se consagrar a Deus, como religiosa. Vontade essa que só será concretizada doze anos mais tarde. No Carmelo, abraçando o nome de Teresa Benedita da

Cruz, Edith Stein será solicitada pelo Provincial dos Carmelitas Descalços a elaborar um estudo sobre São João da Cruz, para se comemorar os 400 anos de seu nascimento.

Com o coração sensibilizado por escrever sobre o Reformador da Ordem Carmelita, Stein traz a lume a obra *A ciência da cruz*, que aborda a fenomenologia da Cruz e da Noite. A Cruz, enquanto evento salvífico, e a Noite, como caminho, são elementos para que o ser humano chegue à união com Deus. Essa obra retrata a vida de João da Cruz, mas também reflete o estado de alma da autora, como que sintetizando a sua vida de cruz em meio às trevas do nazismo que mergulhava a sociedade europeia no caos.

1.1 Trajetória pessoal de Edith Stein

Waltraud Herbstrith,[3] carmelita alemã, é considerada a melhor biógrafa de Edith Stein e publicou a biografia da santa em 1971, bem antes de sua canonização pela Igreja Católica Romana. O seu texto baseia-se nos próprios escritos de Stein, na biografia escrita pela Irmã Teresa Renata do Espírito Santo[4] e nas recordações de seus contemporâneos. Uma edição foi traduzida mais tarde para o inglês em 1985. Na biografia de W. Herbstrith, a vida de Edith Stein é polissêmica: feminista, educadora, escritora, filósofa, tradutora, amante da vida espiritual, judia e católica romana. W. Herbstrith conta uma história equilibrada, por conta de seu texto não ter sido influenciado pelas controvérsias que se seguiram por ocasião da canonização de Stein.[5]

[3] Waltraud Herbstrith, filóloga e teóloga, é uma pesquisadora de Edith Stein. Escreveu vários livros sobre a grande carmelita e construiu um extenso arquivo contendo as publicações de Stein e, também, obras sobre a sua vida e pensamento. Ainda conseguiu outros materiais, como imagens, filmes e roupas que ela teria usado. Disponível em: http://www.tagblatt.de/Home/nachrichten/tuebingen_artikel,-Das-Tuebinger-Karmel-Kloster-wird-aufgeloest-_arid,143219.html. Acesso em: 26 ago. 2011.

[4] FERMIN, Francisco J. Sancho. *Edith Stein*: modelo y maestra de espiritualidad. 3. ed. Burgos: Monte Carmelo, 1998, p. 180-181. Teresa Renata do Espírito Santo (1891-1961) é a religiosa que mais influenciou o Carmelo de Colônia a partir dos anos 30 e, consequentemente, Edith Stein. Além de ter sido escritora e primeira biógrafa de Stein, teve o mérito também de "fundadora", por recuperar, depois da Segunda Guerra Mundial, o convento e a igreja original: "Maria Rainha da Paz".

[5] De forma sintética, as controvérsias acerca da canonização de Edith Stein se dão no fórum íntimo da Igreja Católica Romana e também no relacionamento judaico-cristão. No início dos anos 80, durante o encontro do Capítulo Geral dos Carmelitas Descalços com o Papa João Paulo II, os religiosos apresentaram uma petição, solicitando a aceleração do processo de beatificação da Irmã Teresa Benedita (Edith Stein). O Papa comentou que seria necessário fazer uma revisão exaustiva de toda a sua obra pela Congregação para a Causa dos Santos, para averiguar se o pensamento steiniano estava de acordo com a "sã doutrina". Um problema externo veio por parte das críticas de alguns grupos judaicos, que pontuavam não haver dúvida de que muitos cristãos morreram em Auschwitz.

Por meio dos dados históricos oferecidos por Herbstrith sobre Edith Stein e também da autobiografia da grande carmelita, faz-se necessário citar alguns fatos marcantes de sua trajetória pessoal, com o objetivo de se conhecer mais de perto as influências recebidas e a postura assumida por ela diante do mundo perplexo do entreguerras.[6]

O fato de Edith Stein ter nascido no Dia do Perdão e da Reconciliação para os judeus fez com que ela se sentisse especial, principalmente pela ênfase que sua mãe colocava sobre a coincidência de seu nascimento ter ocorrido no dia mais sagrado do judaísmo. O dia do Yom Kipur é o mais solene de todos os dias santos judaicos, porque nessa data o sumo sacerdote entrava no Santo dos Santos, levando consigo os sacrifícios a serem oferecidos em expiação por si e por todas as pessoas. A Sra. Augusta Stein educou os seus filhos na rigidez da religião hebraica, pois era fiel observante da Lei de Moisés e incutiu desde cedo, no coração da filha caçula, o amor pela Palavra de Deus e o apego forte e corajoso ao povo hebraico que vivia o seu "êxodo sofrido fora da terra prometida". Como filha mais nova, cabia a Edith Stein fazer, no *seder* da Páscoa, a série de perguntas rituais sobre o sentido da ceia. No entanto, era estranha para Edith Stein a constatação de que a piedade religiosa de seus pais não fora acompanhada pelos irmãos mais velhos. Para esses, tudo não passava de um cumprimento de obrigações, sem uma fé viva correspondente. É bem provável que a falta do sentido religioso dos irmãos, juntamente com as amizades que fez na adolescência com famílias judias não praticantes, somado ao seu espírito altamente crítico tenham sido, em parte, responsáveis pela crise de fé que a acometeu na juventude.[7]

Entretanto, para eles a canonização oficial de uma judia cristã sinalizaria um processo de "cristianização do Holocausto". Eles não admitiam a hipótese de que a Igreja Católica Romana amenizasse, assim, a principal atividade no campo de concentração, que foi o extermínio em massa do povo judeu.

6 A derrota da Alemanha na Primeira Guerra Mundial (1914-18) e a humilhação a que fora submetida pelo Tratado de Versalhes deixaram o país à beira da anarquia e da guerra civil. A República, proclamada na cidade de Weimar, foi dominada por setores moderados que não conseguiram combater a miséria e nem controlar os movimentos políticos de esquerda. Sob pressão dos militares e de grupos nacionalistas totalitários, como os nazistas, a República de Weimar vivia ameaçada. De 1919 a 1929, viveu-se uma ilusão de paz. A situação do país agravou-se com a crise mundial de 1929, que atingiu a economia que se recuperava desde 1923, radicalizando as oposições. De 1929 a 1939, foram se acumulando problemas e tensões que levaram à Grande Depressão. A articulação entre monarquistas conservadores, setores militares e empresariado facilitou a ascensão de Hitler ao cargo de chanceler, em 30 de abril de 1933. Alguns meses depois, Hitler estabeleceu um Estado totalitário com um poderoso e disciplinado aparato paramilitar, destacando-se agrupamentos como as SA (sessões de assalto), e as SS (sessões de segurança), além da Gestapo, a temida polícia política do nazismo.

7 MEDEIROS, Frei Tito Figuerôa de. Judaísmo e cultura em Edith Stein. *Grande Sinal*, Petrópolis, v. 54, n. 3, p. 306, 2000.

Já na infância, Edith Stein demonstra muita inteligência e na escola primária se destaca como uma das melhores alunas da classe. Ela era uma criança sensível e tinha uma forte personalidade; possuía uma vontade enorme de aprender, mas seus sucessos não a envaideciam. Uma colega de classe conta como se impressionava com os dons excepcionais de Edith Stein, que, por sua vez, reagia sem "[...] o menor convencimento, era profunda, reservada, silenciosa, sempre complacente e compreensiva para com suas companheiras".[8] Suas matérias preferidas eram: alemão, história e línguas estrangeiras, daí ter aprendido a falar corretamente o francês, o inglês, o espanhol, o latim, e a ler com esmero o grego e o hebraico.

Quando entra na adolescência, Edith Stein continua a frequentar a sinagoga com sua mãe, mas já sem convicção. Ainda precoce, capta a realidade religiosa em sua pluralidade, considerando que uns vivem de forma fervorosa e outros de forma indiferente. Por não sentir mais a força da imposição familiar para se conservar fiel à tradição religiosa judaica, aos treze anos entra em uma crise e chega a renegar a religião materna, pois não encontra nela sentido para as suas questões pessoais e sociais.

Terminados os seus estudos, a jovem deixou o liceu e entrou na Universidade de Breslau.[9] Matriculou-se nos cursos de história e filologia, ingressando, em seguida, no curso de psicologia experimental dos professores Stern e Hönigswald, ambos judeus e mestres em sua especialidade. O seu ímpeto é de buscar uma autenticidade, traduzida em ações. Em virtude de seus dotes intelectuais, Edith Stein parte para formulações racionais para chegar a algo a que ela dará o nome posteriormente de "Verdade". No meio universitário, convive com realidades religiosas diversas, como teorias e pessoas de vários credos e também ateus. Nesse meio, vive com indiferença a religião e confessará mais tarde que até os vinte e um anos não conseguia acreditar na existência de Deus.[10] Fortemente marcada pela leitura das "Investigações Lógicas" (1900-1901), de Edmund Husserl, decidiu deixar sua cidade natal em 1913 para se inscrever em Filosofia e em Fenomenologia na Universidade de Göttingen, onde se encontravam os grandes filósofos: E. Husserl, Adolf Reinach e Max

[8] MIRIBEL, E. *Edith Stein, 1891-1942*: como ouro purificado pelo fogo. 2. ed. Aparecida: Santuário, 2001. p. 38. Essas lembranças de infância são confirmadas por Erna Biberstein e se encontram no livro de Madre Thérese-Renée Du Saint-Esprit.

[9] A Universidade de Breslau era de fundação relativamente recente. Várias dificuldades tinham atrasado sua fundação, até o ano de 1811. Para formá-la, fundiram-se o velho Colégio dos Jesuítas, fundado em 1702, por um privilégio do Imperador Leopoldo, e as faculdades de Frankfurt-Oder.

[10] MIRIBEL, *op. cit.*, p. 41.

Scheler; os três eram de ascendência judaica e profundamente interessados em ética e religião.[11]

O tempo universitário de Edith Stein pareceu-lhe bastante agradável. Fez muitas amizades entre os fenomenólogos, surpreendentemente, muitos dos quais eram judeus ou cristãos convertidos graças à experiência do fenômeno da religião, como o seu "querido Mestre" Edmund Husserl. A universitária desfrutou dos ambientes intelectuais que tanto a fascinavam. Esse ambiente fez com que Stein passasse a ver as pessoas religiosas e a fé como fenômeno a ser respeitado e estudado. O encontro com o filósofo Max Scheler, que recentemente havia se convertido ao catolicismo, encantava-a por conta de suas ideias cristãs. Edith Stein passa então a considerar o fenômeno da fé e reflete sobre as posturas das pessoas religiosas com quem convivia. Entre elas o próprio Husserl, o casal Von Martius e o casal Reinach, convertidos ao luteranismo. O padre Jan Nota, jesuíta e fenomenólogo que conheceu a filósofa na Holanda, informa que de Husserl ela aprendeu a acolher a verdade sem preconceitos, e com Scheler aprendeu a ver a possibilidade de ser católica e cientista ao mesmo tempo. Contudo, confessará Edith Stein que não foi aí ainda que abraçou a fé.

> [...] naquela época, não devia fazer muito tempo que Scheler havia entrado para a Igreja Católica, pois em todos os sentidos, era o período em que sua alma transbordava de ideias católicas, das quais ele sabia fazer propaganda com todo o fascínio de seu espírito e o poder de sua linguagem. Foi para mim o primeiro contato com um mundo que, até aquele momento, me era totalmente desconhecido. Não me conduziu, porém, à fé. Abriu-me somente um novo âmbito de fenômenos, diante dos quais não podia permanecer insensível [...] O mundo da fé, repentinamente se abria diante de mim [...] Contentei-me somente com acolher sem resistência as sugestões que me vinham do ambiente e cheguei, quase sem perceber, a uma verdadeira transformação.[12]

Em 1914 estoura a Primeira Guerra Mundial[13] e quase todos os amigos da jovem de Breslau são enviados ao fronte. Apesar dos temores de sua

[11] HERBSTRITH, W. *Edith Stein*: a loucura da cruz. Paris: Editions du Signe, 1998. p. 10

[12] STEIN, Edith. In: URKIZA, Julien; SANCHO, Francisco Javier. (Org.). *Obras completas*. v. I. Escritos autobiográficos y cartas. Vitória: El Carmen; Madri: Espiritualidad; Burgos: Monte Carmelo, 2002. p. 364-366.

[13] No início do século XX, a Europa vivenciava as transformações trazidas pela revolução industrial e pela crescente expansão do capitalismo; no campo político, os séculos XIX e XX foram fecundos em ideias: Liberalismo, Democracia, Socialismo, Sindicalismo, Anarquismo. Instaurava-se um novo modelo de vida que criava novas formas de sociabilidades que provocaram profundas mudanças na estrutura social de diversos países. Antigas formas de vida foram transformadas ou substituídas por

mãe, Edith Stein considerou como seu dever interromper os seus estudos e se alistar como enfermeira voluntária da Cruz Vermelha.[14] Em sua autobiografia informa:

> [...] agora não tenho mais vida pessoal. Toda a minha força pertence ao grande acontecimento. Quando a guerra terminar, se eu ainda estiver viva, poderei então pensar novamente nos meus próprios planos. Naturalmente coloquei-me à disposição sem condições. Com efeito, não tinha outro desejo senão o de partir o mais depressa possível, de preferência ao fronte, num hospital de campanha.[15]

Ela foi aceita em 1915 para trabalhar em um hospital austríaco militar de doenças contagiosas, perto da frente russa em Maehrisch-Weisskirchen. Esse hospital estava em território austríaco, no entanto, os pacientes eram húngaros, alemães, italianos e outros do Império Austro-Húngaro. Nos meses em que serviu, a enfermeira lidou com o exército poliglota Austro-Húngaro, falaria com os médicos húngaros em latim e, com os polacos, o polonês. Ali aprendeu muito acerca da prática da "empatia", através da comunicação, dos gestos, da solidariedade com os feridos, física e psicologicamente afetados pela guerra. Deu assistência a muitos moribundos infectados pela tifoide até que no transcorrer da guerra houve uma ofensiva do exército alemão, que despachou os russos de volta para Varsóvia e levou o hospital a ser fechado. Por seu trabalho e dedicação, Edith Stein recebeu uma medalha de Honra ao Mérito[16].

Em 1916, a filósofa vai para a Universidade de Freiburg-im-Breisgau, como assistente de Husserl. Uma de suas funções era orientar os novos alunos em suas pesquisas. Entre os estudantes de Husserl estava Heidegger, que a ajudou na assistência ao mestre, para que ela pudesse ter tempo de elaborar sua tese doutoral. Sob a orientação exigente de Husserl, ela abordou um tema até

outras: a política, a economia e a cultura mudavam de fisionomia e, dentro desse contexto, surgia uma grande crise por conta das desigualdades sociais e, com ela, a Primeira Grande Guerra. Disponível em: http://www.portalsaofrancisco.com.br/alfa/primeira-guerra-mundial. Acesso em: 18 ago. 2011.

[14] HERBSTRITH, W. *Edith Stein*: a loucura da cruz. Paris: Editions du Signe, 1998. p. 9. Nessa obra, Herbstrith informa que as questões políticas interessavam muito a Edith Stein. Apesar de ela ter sido influenciada pelas ideias liberais, não deixou de ser grata à Prússia que lhe garantia "o livre acesso às ciências humanas". Em suas lembranças autobiográficas, estava muito consciente do dever contraído para com aqueles aos quais seus estudos colocavam-na em condições de servir, isto é, "o povo e o Estado".

[15] STEIN, Edith. In: URKIZA, Julien; SANCHO, Francisco Javier. (Org.). *Obras completas*. v. I. Escritos autobiográficos y cartas. Vitória: El Carmen; Madri: Espiritualidad; Burgos: Monte Carmelo. 2002. p. 397.

[16] MEDEIROS, Frei Tito Figuerôa de. Judaísmo e cultura em Edith Stein. *Grande Sinal*, Petrópolis: Vozes, 2000. v. 54. 3. ed., p. 299.

então inexplorado nas pesquisas filosóficas: tratava-se do problema da empatia, *Einfuhlung*. Edith Stein recebe o grau de Doutora em Filosofia, *summa cum laude*.[17] As ideias que Stein desenvolveu em sua dissertação foram fundamentais para o trabalho de sua vida e de seu projeto em andamento: escritos posteriores sobre a pessoa humana, sobre organizações privadas, associações e, finalmente, sobre o Estado.

Em Freiburg, inspirada por uma série de amigos cristãos fenomenólogos, a filósofa de Breslau foi conduzida para o estudo do cristianismo, aprendendo o Pai Nosso e o Evangelho. Teve contato com as obras de alguns grandes filósofos do cristianismo: Santo Agostinho, Duns Scoto, Santo Tomás,[18] que lhe chamavam a atenção, pois conseguiam, de forma impecável, conciliar a razão e a fé em suas reflexões. No mesmo período, numa excursão pela montanha, ela se levanta de madrugada para retomar a caminhada de volta à cidade e se depara com um grupo de patrões e empregados, fazendo a oração em comum, antes de irem para o trabalho. Esse testemunho de fé tocou-lhe a alma.[19]

Em 1917, o seu amigo e professor Reinach morreu em Flandres na Primeira Guerra Mundial. A esposa dele, Anna Reinach, solicitou a Edith Stein que a auxiliasse na organização dos trabalhos filosóficos de seu falecido marido para uma publicação póstuma. O casal havia se convertido ao cristianismo e a Sra. Reinach surpreendeu a amiga visitante pela resignação e atitude de fé, diante da fatalidade ocorrida com seu esposo. Para Stein, esse foi o primeiro encontro com a cruz e com a força divina que dela procede aos que a abraçam.[20] Desde então, sua incredulidade cedeu espaço à crença no Cristo crucificado, porém, somente depois de fazer a experiência do Cristo e descobrir nele a Verdade que tanto almejava, assumirá sua fé nele. Isso se deu concretamente a partir da leitura da biografia de Santa Teresa de Ávila.

Aos 31 anos, depois de muita hesitação entre as duas grandes religiões cristãs da Alemanha, católica e luterana, Edith Stein pediu o batismo na Igreja

[17] STEIN, Edith. In: (Org.) URKIZA, Julien; SANCHO, Francisco Javier. *Obras Completas* v. I. Escritos autobiográficos y cartas. Vitória: El Carmen; Madri: Espiritualidad; Burgos: Monte Carmelo. 2002. p. 484-491.

[18] MEDEIROS, Frei Tito Figuerôa de. Judaísmo e cultura em Edith Stein. *Grande Sinal*, Petrópolis, v. 54, 3. ed., p. 312, 2000.

[19] MIRIBEL, E. *Edith Stein, 1891-1942*: como ouro purificado pelo fogo. 2. ed. Aparecida: Santuário, 2001. p. 57-58.

[20] *Ibidem*, p. 50. Stein presenciou em Göttingen a felicidade do casal recém-convertido, por isso temia encontrar sua amiga esmagada pela dor. De fato, o sofrimento de Anna era profundo, mas a força de Cristo estava em sua alma, por isso – apesar da dor – de sua pessoa emanava uma nova luz que inclusive confortou Edith Stein.

Católica Romana e foi batizada no primeiro dia de janeiro de 1922,[21] recebendo o nome de Teresa Hedwige. Teresa em sinal de gratidão à santa que lhe mostrou a Verdade, e Hedwige em homenagem a sua madrinha, Hedwige Conrad-Martius, que era protestante. Esse episódio antecipa o ecumenismo, pois a Igreja Romana reconhece como sacramento o batismo da Igreja Luterana, porém, para ser padrinho de um catecúmeno, é necessário que esse seja realmente católico, pois é o representante da fé da Igreja junto ao seu afilhado. No caso de Edith Stein, houve a permissão de que os padrinhos fossem luteranos. Talvez se possa ver aí um sinal de que a filósofa tenha o dom de conciliar ecumenicamente ao seu redor pessoas distintas e todas partilharem de forma salutar a harmonia da boa convivência, independentemente do credo que professem.[22] Todavia, no seio familiar, a adesão de Edith Stein ao cristianismo foi bastante custosa, e o fato de ter de informar a sua mãe que havia se convertido ao catolicismo tornou-se um grande desafio, pois a Sra. Augusta Stein exercia sobre sua filha um fascínio, por ser uma mulher que soube superar as dificuldades da vida e se manter inabalável em sua fé israelita. Certo dia, enchendo-se de coragem, a recém-convertida ajoelhou-se aos pés de sua mãe e lhe confessou: "mãe, sou católica". Para a família Stein, só os ignorantes, os que desconheciam a história das relações entre o cristianismo e o judaísmo no passado, tornar-se-iam católicos. A posição da Sra. Augusta foi de um lamento profundo, externalizado em suas lágrimas.[23]

Em meio a sua iniciação cristã, Edith Stein se sente vocacionada à vida monástica, mas, temendo a tristeza que isso traria para a sua devota mãe, Stein optou por aguardar o momento oportuno. Entre os anos de 1928 a 1933, o editor de Edith Stein, grande teólogo e amigo Erich Przywara,[24] recomendou que ela iniciasse a sua direção espiritual com dom Walzer, arquiabade do mosteiro

[21] BINGEMER, Maria Clara L.; YUNES, Eliana. (Org.). *Profetas e profecias*: numa visão interdisciplinar e contemporânea. São Paulo: Loyola, 2002. p. 248-249. A conversão de Edith Stein foi profunda, a ponto de mudar totalmente a sua opção de vida. Em razão de sua adesão ao cristianismo, teve que realizar, de certa forma, rupturas com a família, com a profissão e com o trabalho intelectual. Entretanto, a sua adesão ao Cristo e à Igreja Católica não eliminou dela a consciência de sua pertença ao povo de Israel.

[22] MIRIBEL, E. *Edith Stein, 1891-1942*: como ouro purificado pelo fogo. 2. ed. Aparecida: Santuário, 2001. p. 67.

[23] MEDEIROS, Frei Tito Figuerôa de. Judaísmo e cultura em Edith Stein. *Grande Sinal*, Petrópolis, v. 54, 3. ed., p. 300, 2000.

[24] MIRIBEL, E. *Edith Stein, 1891-1942*: como ouro purificado pelo fogo. 2. ed. Aparecida: Santuário, 2001. p. 95-98. Edith Stein foi encorajada pelo padre jesuíta Erich Przywara a prosseguir suas atividades na Alemanha e no exterior. Ele a incitou igualmente a estudar Tomás de Aquino.

beneditino de Beuron.[25] A ele, a filósofa comunicou o seu desejo de entrar para a vida religiosa; o abade, porém, conhecendo os talentos da recém convertida, aconselhou-a a se dedicar à oração e ao estudo das coisas de Deus e, ao mesmo tempo, continuar lecionando no colégio das Dominicanas de Santa Madalena de Speyer e a proferir conferências e debates pelo país e nas nações vizinhas. Ali, Stein permaneceu oito anos recolhida em orações, pesquisas e cursos. As suas alunas deixaram o testemunho de que a professora era toda maternal, e sua ternura encantava a ponto de todas respeitá-la com singela obediência. Ela dava o exemplo de abertura a tudo o que fosse nobre e belo. Apresentava uma capacidade enorme de explicar os textos mais obscuros e era extremamente compreensível com todas. Por fim, transmitia uma humildade profunda e uma harmonia natural, consequência de sua inteligência ancorada em Deus e praticada na caridade, junto a diversos grupos religiosos e laicos.

Dom Raphael Walzer era engajado no combate pela liberdade humana e, sabendo da influência que Stein tinha no meio intelectual, procurou mantê-la o mais tempo possível nesse meio, como forma de evangelizar esse universo, que era abalado pela posição política na qual a Alemanha estava entrando. Ele comenta que "Edith Stein possuía sempre um espírito maternal, com grande solicitude pelos outros. Era simples e direta com as pessoas comuns, aprendia com os letrados, a companheira de todos que procuravam a verdade. Eu quase poderia dizer que ela era uma pecadora com os pecadores".[26]

Dessa maneira, já que seus planos de entrar para o Carmelo eram adiados, a forma que ela encontrava para intensificar a sua espiritualidade era frequentar a abadia de Beuron. Nesse espaço, vivenciava uma profunda comunhão com o Mistério Inefável. Na capela da abadia passava horas em contemplação, o que chamava a atenção de um padre que fez a seguinte observação:

> Tive a impressão de assistir à oração da Igreja primitiva, aquela que vem retratada nas figuras em oração dos muros das catacumbas. Edith me parecia a encarnação viva dessa oração que a Igreja, de pé, mas já fora da terra, dirige a Deus. Estava como que perdida em sua união com Cristo e sem dúvida repetia com o Senhor o pedido fervoroso que ele dirigiu ao Pai: "Santifico-me por eles, para que sejam também santificados na Verdade" (Jo 17, 19).[27]

[25] STEIN, E. In: URKIZA, Julien; SANCHO, Francisco Javier (Org.). *Obras completas*. v. I. Escritos autobiográficos y cartas. Vitória: El Carmen; Madri: Espiritualidad; Burgos: Monte Carmelo, 2002. p. 498.

[26] MIRIBEL, *op. cit.*, p. 132-135. Neste trecho se encontra o testemunho prestado pelo abade de Beuron, Dom Rafael Walzer, sobre Edith Stein, após sua morte.

[27] MIRIBEL, E. *Edith Stein, 1891-1942*: como ouro purificado pelo fogo. 2. ed. Aparecida: Santuário, 2001. p. 96.

O abade Walzer vai testemunhar que Edith Stein tinha uma alma dotada de qualidades, possuía muita delicadeza, sensibilidade e havia recebido graças místicas, mas esses dons não lhe retiravam a humildade.[28]

A doutora em filosofia soube se submeter à ascese cristã. Antes de entrar para o Carmelo, encontrou um equilíbrio entre os dons do coração e os da inteligência, a seriedade diante dos problemas de seu tempo e a verdadeira compaixão. Em 1936, Edith Stein publica o livro *A oração da Igreja*, onde se pode captar a profundidade de sua vida interior:

> Em segredo e silêncio se realiza a obra da Redenção. É no diálogo silencioso do coração com Deus que são preparadas as pedras vivas pelas quais cresce o Reino de Deus e que são forjados os instrumentos escolhidos para a sua edificação. O místico rio que atravessa todos os séculos não é um braço desviado que se separa da vida de oração da Igreja, ele é sua vida mais íntima. A entrega total de nosso coração a Deus e o dom que Ele nos faz em troca, a plena e eterna solidão, tal é o estado mais elevado que nos seja acessível, supremo grau de oração. As almas que o atingem são, verdadeiramente, o coração da Igreja: nelas, vive o amor sacerdotal de Jesus. Ocultas em Deus com o Cristo, só podem irradiar em outros corações o amor divino que as possui e, desse modo, contribuir para a perfeição de todos na união a Deus, o que no passado e no presente, é o único desejo de Jesus.[29]

A história de Stein compõe-se de uma infância eufórica para um adentramento interior a partir da adolescência, o que na vida adulta se revelará um grande mistério de introspecção e intimidade com Deus, sem retirá-la da articulação com as pessoas ao seu redor e da comunhão com a humanidade, evidenciada em seus trabalhos científicos.

1.1.1 Pertencimento político na vida de Edith Stein

A Europa no final do século XIX e o início do século XX vive uma profunda crise filosófica, cujos sintomas são a aparição de movimentos contrários às duas posições mais potentes do pensamento moderno, que são o mecanicismo materialista e o subjetivismo. Essa crise faz com que a Europa passe por uma profunda remodelação do pensamento social, e enfrente graves perturbações econômicas, inovações radicais no domínio da arte e notável revolução em

[28] *Ibidem*, p. 97.

[29] STEIN, Edith. *A oração da Igreja*. Rio de Janeiro: Agir, 1958. p. 49-51.

matéria de religião. Nesse contexto é que Stein ingressa na faculdade de filosofia e sente um profundo grau de pertencimento à sua pátria e ao seu povo de origem. Antes de entrar para a universidade, Stein já refletia sobre os problemas sociais de sua época e na faculdade compreende ainda mais a situação social de inferioridade da mulher e como forma de manifestação popular passou a apoiar os direitos grevistas; ingressou na "Associação prussiana para o voto das mulheres", de cunho socialista. Acerca do exercício dos direitos cívicos para as mulheres, escreveu:

> Do ponto de vista jurídico e político, as mulheres estavam na virada do século sob a mesma regulamentação legislativa das crianças e dos doentes mentais. A constituição do Reich de 1919 estabeleceu a igualdade de princípio que fez delas cidadãs com todos os direitos. Graças à obtenção do direito de voto ativo, tornaram-se uma força política que era preciso levar em conta daí por diante.[30]

Edith Stein participava dos movimentos feministas, sem, no entanto, aderir às correntes mais radicais, que já surgiam na época. A sua forma clara de promover a mulher se dava por meio da formação. Tudo o que fazia e falava servia como motivação para que as mulheres assumissem sua real posição na sociedade. Em virtude dessa postura, sofreu várias críticas, mas nem por isso parou com seu trabalho.

Após a Primeira Guerra Mundial, Edith Stein defendeu a criação da República de Weimar,[31] militando no partido democrático e discursando quando se fazia necessário. Amava ardentemente a sua Pátria e captava os sentimentos do povo de reconstrução nacional. Em Göttingen, como estudante de história, aprendeu a pensar em termos europeus. Entretanto, em suas meditações, desenvolvia a consciência da grande ameaça do Partido Nacional Socialista (nazismo) com uma crescente política antissemita. Desde 1925, com o início do movimento nacionalista de Hitler, os judeus são acusados pela miséria do país e considerados parasitas que impedem o verdadeiro progresso. Por isso o

[30] HERBSTRITH, W. *Edith Stein*: a loucura da cruz. Paris: Editions du Signe, 1998. p. 20.

[31] A expressão Segundo *Reich* (do alemão *Reich*, que significa *reino* ou *império*) refere-se ao período em que o Império Alemão (em alemão *Deutsches Reich*) foi um Estado, na região da atual Alemanha, governado pela Casa von Hohenzollern. Esse existiu desde a sua consolidação como Estado-nação, em janeiro de 1871 (fim da Unificação Alemã), até à abdicação do *kaiser* Guilherme II em novembro de 1918, após a derrota na Primeira Guerra Mundial. Nesse mesmo sentido, os historiadores que empregam o termo reino ou império consideram o Sacro Império Romano-Germânico (843-1806) como um primeiro império alemão. Seguindo esse mesmo raciocínio, os nazistas chamavam de *Terceiro Reich* o regime nacional-socialista de Hitler (1933-1945).

objetivo do novo partido era o de privá-los de todo poder e eliminá-los, porque antissemitismo e racismo formavam o coração da nova ideologia. A igualdade de direitos começa a ser desfigurada no terror de perseguições; o preconceito é tamanho que, se uma pessoa tem sangue judeu, mesmo que seja de terceira ou quarta geração, ela passava a ser depreciada na sociedade. Nesse ambiente, a filósofa de Breslau "nada contra a correnteza", proferindo em suas conferências e escrevendo em suas obras acerca da igualdade entre as pessoas, apesar das diferenças étnicas, como riqueza maior na convivência; e ainda, proclamando a liberdade como vocação fundamental do ser humano. A professora de filosofia se lança de corpo e alma na luta, incitando também seus alunos a reagirem diante da injustiça das leis raciais, pois o cuidado com o outro deve ser inerente a toda humanidade. Em consequência, diante da iniquidade das leis raciais e das perseguições aos judeus, participou das esperanças dos Sionistas[32] e animou com seu ardor o movimento que nascia.[33] Sua origem judaica era para ela motivo de profunda satisfação, pois a sua conversão ao cristianismo a fez encontrar o verdadeiro Deus de Israel. Diante da realidade em que se encontra, a ilustre filha de Breslau percebe que sua missão era viver o judaísmo e o cristianismo em unidade redentora.

Naquele tempo, a fenomenóloga passa a proferir palestras acerca da intersubjetividade, da dignidade humana e outros temas afins, em diferentes países da Europa, como na França, na Suíça e na Áustria. Entre os anos de 1927 a 1933, Edith Stein fala para mulheres profissionais, incentivando-as a olhar para si de uma maneira nova, a considerar a sua natureza distinta e a tornarem-se trabalhadoras, de forma significativa na reconstrução de um mundo que tinha sido devastado pela guerra. Acenava para uma "política de reconciliação

[32] O chamado "sionismo moderno" articulou-se e desenvolveu-se a partir da segunda metade do século XIX, em especial entre os judeus da Europa Central e do Leste Europeu, que viviam sob a pressão das perseguições e massacres sistemáticos provocados pelo antissemitismo crônico dessas regiões. O século XIX foi uma época de irrupções nacionalistas em todo mundo. Gregos, italianos, poloneses, alemães e sul-americanos, entre outras nações, estabeleceram seus movimentos nacionais em busca de singularidade política, étnica e cultural. Seguindo esses modelos, o sionismo foi o mais recente dos processos de renascença nacional a despertar na Europa. O sionismo também pode ser considerado como uma reação ao crescente assimilacionismo provocado pela integração dos judeus da Europa Central aos povos e comunidades onde se encontravam estabelecidos, solapando, segundo os críticos, as bases culturais e religiosas fundamentais do judaísmo tradicional. O uso do termo "sionismo" surgiu na cidade de Viena em 1892. Disponível em: http://pt.wikipedia.org/wiki/Sionismo. Acesso em: 25 set. 2011.

[33] MIRIBEL, E. *Edith Stein, 1891-1942*: como ouro purificado pelo fogo. 2. ed. Aparecida: Santuário, 2001. p. 117-118. O texto prossegue informando que Edith Stein analisa, nos "Anais de Husserl", a noção de Estado em relação à nação, à comunidade humana, à sociedade dos povos. Embora reconhecendo no Estado uma soberania legítima, reage fortemente contra o nacionalismo e os regimes totalitários.

internacional, que envolveria as mulheres, pois, segundo a conferencista, na vocação de uma mulher está a proteção da vida e a preservação da família; por isso, as mulheres não podem ficar indiferentes às decisões governamentais, acerca das questões que inviabilizariam o bem-estar da família.[34]

Em 1929, a autora publica o artigo: "A fenomenologia de Husserl e a filosofia de Santo Tomás de Aquino",[35] em uma coletânea de ensaios, comemorando o aniversário de 70 anos do filósofo, como parte de um longo estudo que vai terminar quase nove anos depois. Em março de 1931, Edith Stein deixa de lecionar no convento dominicano de Santa Magdalena, em Speyer, e procura uma vaga como professora universitária. Infelizmente, porém, não conseguiu habilitar-se para obter uma cátedra nas Universidades de Göttingen, de Freiburg-im-Breisgau, de Kiel e de Breslau, pelo fato de que as mulheres não tinham esse direito naquela época e, ao mesmo tempo, já se percebia uma resistência antissemita nos meios públicos.[36] Em 1932, a pedagoga conseguiu uma cadeira (regência) de docente no Instituto Alemão de Pedagogia Científica em Münster.[37] No ano seguinte, diante dos acontecimentos trágicos no seio da sociedade, Edith Stein, claramente consciente do curso do antissemitismo nazista, pede uma audiência com o Papa Pio XI, para denunciar as discriminações impostas aos judeus na Alemanha, inclusive aos convertidos ao catolicismo.

Entretanto, a cidade de Roma estava com mais peregrinos do que o habitual, porque 1933 era um Ano Santo, e a audiência papal era oferecida para todos os peregrinos de forma geral, não havendo a possibilidade de uma audiência privada. Sempre discreta e recolhida, Stein cerca com silêncio a sua vida espiritual, mas reveste com clamor a sua oração oculta, quando decide escrever uma carta para o Papa Pio XI, relatando a realidade social da Alemanha e, em especial, a perseguição contra os judeus.[38] Nesse interim, Stein recebe uma carta do Vaticano, o que trouxe certa confusão se essa era a resposta à

[34] HERBSTRITH, Waltraud. *Edith Stein*: en busca de Dios. Theresia a Matre Dei. Estela (Navarra) España: Verbo Divino, 1969. p. 123-133.

[35] Entre 1931 e 1932 começa a publicação da tradução de Edith Stein, em dois volumes, de "Quaestiones St. Thomas disputatae de veritate". Seu trabalho é imediatamente elogiado no meio católico.

[36] HERBSTRITH, *op. cit.*, p. 25.

[37] O Instituto de Pedagogia Científica, em Munster, era um instituto de pesquisa do Estado, mas de orientação católica. As palestras de Edith Stein, no Instituto, impressionavam os alunos por sua clareza, realismo e intensidade, na sua forma de abordar o tema: "A estrutura da pessoa humana".

[38] BINGEMER, M. Clara; PINHEIRO, Marcus Reis (Org.). *Narrativas místicas*: antologia de textos místicos da história do cristianismo. São Paulo: Paulus, 2016. p. 365-367. O anexo V é uma cópia da carta de Edith Stein dirigida ao Papa Pio XI.

carta de Edith Stein. O epistolário de Stein esclarece que Eugênio Pacelli era desde 1930 cardeal secretário do Vaticano e ele informou que o documento encaminhado a Stein era um formulário impresso já previamente e não se referia à carta de Edith Stein ao Papa Pio XI, senão aos dois tomos da tradução de Santo Tomás de Aquino, que Edith Stein havia enviado ao Papa. A carta do Vaticano confirma a recepção dos livros *Quaestiones disputatae de veritate* e expressa o agradecimento por esse obséquio.[39] Essa resposta trouxe a interrogação se a carta dela teria de fato sido entregue nas mãos do Papa Pio XI, pois poderia tratar-se de uma montagem das perseguições dos nazistas. A questão só foi solucionada com a abertura parcial dos Arquivos Secretos do Vaticano, em 2003, quando a carta, datada de 12 de abril de 1933, foi encontrada.

Nesse mesmo ano, ela foi demitida, por causa das posições tomadas pelos nazistas contra o povo judeu. Dessa forma, na perda de seu cargo de docente em Münster, Stein passa a participar do destino do seu povo, tornando-se impossibilitada de trabalhar pelo regime nazista. E essa perda, ela a transforma em convite e oportunidade para realizar finalmente o seu desejo de ingressar no Carmelo. Entretanto, a professora ainda recebeu uma proposta de lecionar no Chile, na América do Sul,[40] mas recusou, crendo que era chegada a hora de realizar a sua vocação, entrando para o Carmelo.[41] Agora começaria uma nova etapa, em que o encontro consigo irá aprofundar-se nessa relação de pertença ao seu povo, como também no envolvimento eclesial e crístico que abarca o todo da humanidade, através do tempo e do espaço, experiência que vai se realizar na perspectiva das dimensões cósmicas simbolizadas na cruz, em que o divino e o humano, a vida e a morte se abraçam e mutuamente se fecundam, para o encontro definitivo com o Eterno. Tudo isso aconteceu porque finalmente ela conseguiu a licença de seu diretor espiritual para ingressar na Ordem das Carmelitas de Colônia. Algumas dificuldades, porém, foram evidenciadas pelas superioras do Carmelo, para que a candidata fosse aceita: já tinha quarenta e dois anos; era de origem judaica; não tinha o dote necessário para se manter no Carmelo e sua alta qualificação intelectual poderia trazer constrangimento às outras candidatas à vida religiosa. Entretanto, o Capítulo da Ordem acolheu o pedido da professora, que foi aceita no Carmelo, podendo

[39] STEIN, Edith. In: URKIZA, Julien; SANCHO, Francisco Javier (Org.). *Obras completas*. v. I. Escritos autobiográficos y cartas. Vitória: El Carmen; Madri: Espiritualidad; Burgos: Monte Carmelo, 2002. p. 1476.

[40] HERBSTRITH, Waltraud. *Edith Stein*: en busca de Dios. Theresia a Matre Dei Estela (Navarra) España: Verbo Divino, 1969. p. 49-50.

[41] *Ibidem*, p. 168-169.

ingressar em outubro do mesmo ano. Por outro lado, Edith Stein esbarraria, nesse meio tempo, com o fato de ter de comunicar a sua família a sua decisão de ser monja. O anúncio foi muito mal recebido pelos seus; e Hans Biberstein, seu cunhado, posicionou-se afirmando que a entrada dela para o convento, no momento preciso em que os judeus estavam sendo perseguidos, era uma traição ao povo judeu, sugerindo que seu gesto era uma fuga. Essa, entretanto, não era a sua intenção. Os familiares da candidata à Vida Religiosa, porém, não conseguiam compreender a sua decisão de ingressar no Carmelo, e se indagavam: como ela, sendo tão culta e sábia, poderia abandonar o seu povo e ignorar os sofrimentos e os conflitos que no passado os judeus padeceram por causa dos cristãos?

Entre esses sofrimentos é interessante apresentar a história dos judeus na Península Ibérica, pois tem certa semelhança com o que a família Stein viveu na Alemanha nazista. Segundo o historiador Hans Borger, um fato histórico traumático para o povo judeu foi a expulsão deles ocorrida na Espanha. No processo de unificação da Espanha, em 1238, os judeus haviam lutado ao lado dos soldados de Castela e eram entusiasticamente recebidos para povoar os territórios tomados aos muçulmanos, abrindo-se a eles o acesso a todas as áreas do comércio, manufatura e finanças. Além disso, estavam livres para se exercitar na cultura, literatura, artes e ciências. Mas, ao descortinar-se a cena final da Reconquista, os judeus foram acuados e segregados, economicamente inferiorizados, culturalmente excluídos e socialmente humilhados. Em 1492, foi assinado o edito de expulsão dos judeus de toda a Espanha ou de sua conversão ao cristianismo. Calcula-se que cinquenta mil judeus saíram da Espanha com destino à Itália, África do Norte e Turquia. Cinquenta mil converteram-se e cem mil foram admitidos em Portugal, pagando uma alta soma de dinheiro. Dom João II, rei de Portugal, assumira o cuidado com os judeus refugiados, mas foi se percebendo que ele não tinha pressa em cumprir seu compromisso. Assim, chegada a data limite estabelecida pela Espanha, os judeus que continuaram teimando em rejeitar o batismo foram simplesmente declarados escravos, propriedade real. Só poucos judeus chegaram a ser vendidos como escravos, pois uma peste irrompeu nos acampamentos e espantou os compradores.

Em 1496, assinou-se o contrato de casamento do rei de Portugal com a princesa da Espanha. Este fato unificaria a Península Ibérica e, consequentemente, as leis e restrições aos judeus também seriam unificadas. Em dez meses, os judeus deveriam se retirar da Península Ibérica ou se converter. Dom Manuel, sucessor de Dom João II, considerando o valor econômico da saída dos judeus que não se converteram, elaborou um plano de raptar e batizar todas as crianças, entre quatro e catorze anos, e separá-las de seus pais, a não ser que esses também aceitassem o batismo. A 19 de março de 1497, sob o protesto de alguns clérigos mais conscientes, como o bispo D. Fernando Coutinho, uma massa enorme de menores foi arrebanhada, batizada e segregada. Com o intuito de livrar a Península Ibérica dos judeus, D. Manuel inventou que havia conseguido transporte para todos os judeus que desejassem sair de Portugal e da Espanha, e que estes se concentrassem em Lisboa, preparando-se para a viagem. Essa preparação na verdade foi um momento de miséria e sofrimento, que terminou com a ordem dada por D. Manuel aos frades de aspergir com água benta toda a multidão restante de obstinados, declarando-os cristãos. Assim, acreditava-se no fim do judaísmo na Península Ibérica: na Espanha em 1492, e em Portugal em 1497.[42]

Essas histórias fizeram com que a Sra. Augusta Stein procurasse a Irmã Mariana, monja carmelita que se encontrava em Breslau para uma nova fundação, com o objetivo de persuadir a religiosa para que encontrasse um meio de fazer com que sua filha desistisse de ir para o Carmelo.[43] O clima na casa da família Stein ficou bastante pesado. Com o coração dilacerado, Edith Stein toma o seu caminho para o Carmelo no dia doze de outubro.[44]

A filósofa, ao entrar para o Carmelo, viveu a austeridade, inclusive em relação às suas pesquisas. Entretanto, alguns anos depois de sua entrada no claustro, os superiores da Ordem solicitaram que ela as retomasse.[45] Investigou as percepções espirituais de grandes nomes da Ordem Carmelita, como Teresa de Ávila e João da Cruz. Edith Stein era profundamente feliz em sua vocação e não fazia segredos de sua felicidade, deixando transbordar esse sentimento às pessoas que vinham lhe procurar, para aconselhamentos. Em suas cartas transmitia uma espiritualidade envolvente, que a muitos fascinava. O seu tempo de noviciado foi dedicado às obras de misericórdia e aos trabalhos intelectuais. Em seu íntimo se deixava absorver pela experiência do mistério divino e ao mesmo tempo era arrastada pela dor de saber da infeliz sorte do povo judeu e da incompreensão de sua mãe, acerca de sua vocação monástica. No Carmelo, a famosa filósofa vive humildemente o noviciado e recebe o hábito religioso em

[42] BORGER, Hans. *Uma história do povo judeu*: de Canaã à Espanha. v. 1. 2. ed. São Paulo: Sefer, 2001. p. 447-453.

[43] STEIN, Edith. In: URKIZA, Julien; SANCHO, Francisco Javier (Org.). *Obras completas*. v. I. Escritos autobiográficos y cartas. Vitória: El Carmen; Madri: Espiritualidad; Burgos: Monte Carmelo, 2002. p. 507.

[44] *Ibidem*, p. 508-510.

[45] HERBSTRITH, Waltraud. *Edith Stein*: en busca de Dios. Theresia a Matre Dei. Estela (Navarra) España: Verbo Divino, 1969. p. 200-202.

15 de abril de 1934, quando professou os votos na Ordem de Nossa Senhora do Monte Carmelo. A partir daquele momento, passou a se chamar Irmã Teresa Benedita da Cruz.[46] Na cerimônia estavam presentes todos os seus amigos, conhecidos, professores, filósofos, jornalistas, ex-alunos, sacerdotes e religiosas das mais diversas congregações. Faltaram, no entanto, os seus familiares. Rosa Stein, sua irmã, desejava estar presente, mas não podia deixar a mãe enferma sozinha.[47] No entanto, mandou-lhe o tecido com o qual foi confeccionado o vestido de noiva, usado por Stein no dia da vestição.[48] Influenciada pela fé de sua irmã, Rosa Stein também desejou se tornar cristã. Entretanto, abatida pela reação severa de sua mãe à conversão da filha mais nova, Rosa Stein não se atreveu a pedir o batismo até que, em 1936, com a morte da Sra. Auguste Courant, pode fazer a preparação catecumenal e ser batizada. Em seguida, passou a morar como convidada no Carmelo em Colônia, exercendo a função de porteira.

Em 1938, Edith Stein fez os votos perpétuos e afirmava que sua vida pertencia a Deus para sempre. Nesse mesmo período, a perseguição aos judeus crescia devido às famosas leis de Nuremberg, que não admitiam mais nenhum direito aos judeus. Nessa circunstância, aceita o convite para refugiar-se no Carmelo de Echt, na Holanda. Assim, evitaria colocar o Carmelo de Colônia em perigo. No ano seguinte, Rosa Stein une-se a ela novamente na Holanda, trabalhando na portaria do claustro. Por conta de sua idade, não se tornou monja carmelita, mas, em junho de 1941, fez os votos como membro da Terceira Ordem de Nossa Senhora do Monte Carmelo.

Em 1940, a Alemanha nazista anexou o Reino dos Países Baixos. Sempre muito atenta, a carmelita de Breslau observa o que os fatos como sinais têm a dizer-lhe. Sem ilusões, com respeito a uma eventual melhora da situação, prepara-se para uma nova fuga como possibilidade de escapar à morte. Em

[46] MEDEIROS, Frei Tito Figuerôa de. Judaísmo e cultura em Edith Stein. *Grande Sinal*, Petrópolis, v. 54, n. 3, p. 302-303, 2000. A mestra de noviça, Madre Teresa Renata, informa que a comunidade religiosa era composta de 21 irmãs e, entre elas, Edith Stein parecia sempre equilibrada e serena. O nome escolhido pela filósofa tinha por objetivo resumir a sua espiritualidade: "Teresa", como a grande reformadora que lhe indicara a verdade e a introduzira na Igreja; "Benedita", numa homenagem a São Bento, fundador dos beneditinos, de quem aprendeu a amar a liturgia; a alcunha "da Cruz", que seria para sempre seu sinal característico como que a prenunciar seu holocausto.

[47] Rosa Stein, nascida em 13 de dezembro de 1883 na Alta Silésia, esteve no comando da família, cuidando de seus irmãos adolescentes, enquanto sua mãe Auguste Courant trabalhava na madeireira herdada do marido. Mais tarde passou a cuidar também dos sobrinhos que moravam na casa de sua mãe e, no decorrer dos anos, passou a ajudar no cuidado com os órfãos da cidade até que o governo nazista proibiu essa colaboração vinda de judeus.

[48] MEDEIROS, *op. cit.*, p. 303.

1941, teve a oportunidade de dirigir-se para o Carmelo de Le Pâquier, em Freiburg, na Suíça, mas, como não havia vaga para acolher também sua irmã Rosa, ela se recusou a partir deixando Rosa Stein para trás. A tensão pela vida do outro era muito forte em Edith Stein, por conta de ela estar impregnada da mentalidade judaico-cristã diante dos problemas humanos, por isso era impossível para ela deixar de ser solidária com o seu próximo. Nesse meio tempo, Rosa e Edith Stein são convocadas para apresentar-se ao escritório da Gestapo, em Maastricht, onde são tratadas com muita grosseria. A filósofa é ameaçada, porque o "J", de uso obrigatório para os judeus, não constava no seu passaporte e tampouco o seu segundo nome Sarah.[49] Depois, no início de maio de 1942, mais uma convocação para Amsterdam, onde é submetida a longos e humilhantes interrogatórios. Ela toma conhecimento da decisão de altos funcionários nazistas que pretendem aplicar a evacuação global dos judeus. Nessa situação tensa e sofrida, enquanto ainda vislumbra escapar com sua irmã para a Suíça, segue em tudo a vida conventual e continua a escrever o livro sobre São João da Cruz. Certo momento desabafa à priora: "Não há salvação. A opção pela Suíça vai chegar demasiado tarde".

O Comissário Schmidt, do governo holandês, e representante do poder nazista alemão naquele país, havia garantido que os judeus convertidos ao cristianismo – protestante ou católico – não seriam importunados e seriam tratados como cidadãos comuns. Isso deixou a comunidade do Carmelo de Echt provisoriamente mais tranquila e sem tanta pressa de transferir as irmãs Stein; mas, assim como muitas outras afirmações e promessas feitas pelos nazistas, em diversas ocasiões, não passavam de propagandas enganosas, essa se revelaria em breve mais uma mentira de ocasião.

Em 1942, líderes católicos e protestantes da Holanda enviaram um telegrama conjunto ao Comissário do Reich, protestando contra outra deportação crescente de judeus holandeses; sem contar que neste momento não havia ainda o conhecimento de que os deportados teriam os seus bens confiscados e que seriam exterminados no campo de concentração. Em 26 de julho de 1942, os bispos holandeses tomaram posição explícita numa carta pastoral lida em todos os púlpitos católicos da Holanda, expressando solidariedade com o povo judeu. Em retaliação contra os bispos holandeses, os nazistas rapidamente aprisionaram os judeus batizados, arrancando-os de suas casas, conventos e mosteiros. Foram feitas buscas em todo o país e presos 1200 católicos de origem judaica,

[49] A partir de janeiro de 1939, os judeus na Alemanha foram obrigados a inserir em seus documentos nomes tipicamente judaicos. Os homens passaram a usar o nome Israel, e as mulheres, Sara.

entre os quais uma vintena de religiosas, religiosos e padres. Era a vingança dos nazistas contra a ousadia dos bispos.

Como houve muitos protestos por parte dos holandeses, o comissário-adjunto, Schmidt, comunicou em discurso oficial que o fato de terem invadido os locais católicos era uma represália em resposta ao protesto dos bispos da Holanda; e, como as comunidades protestantes se abstiveram de ler a passagem da carta pastoral relativa às negociações com as autoridades alemãs, essas não foram afetadas.[50] Por isso, as autoridades alemãs passaram a "perseguir os católicos judeus, como seus piores inimigos", e a "assegurar, o mais rapidamente possível, sua deportação para o Leste". Quando o reverendo Padre Hopster, S.V.D., de Venlo, publicou o relatório histórico dos fatos, adicionou como arremate:

> Após ter ouvido as explicações do comissário Schmidt, pode-se declarar que os religiosos e religiosas presos nesta ocasião foram mortos em testemunho da fé. Sua prisão foi efetuada por ódio às palavras de nossos bispos. Eram, pois os bispos e a Igreja os visados e atingidos com a deportação dos religiosos e católicos de origem judaica.

No domingo, 02 de agosto, às cinco da tarde, dois oficiais da S.S. apareceram no Carmelo de Echt e ordenaram que as irmãs Stein os seguissem. Rosa Stein era conhecida e querida no quarteirão, por isso os vizinhos, irritados com as prisões das monjas, saíram às ruas rapidamente, para manifestarem-se contra mais essa atitude da Gestapo.[51] Os católicos, que incluíam as irmãs Stein, foram descarregados num campo de concentração de passagem, em Westerbrok, ainda na Holanda, para se fazer a triagem daqueles que iriam para o Leste. Naquele local, algumas pessoas deram testemunho da presença serena de Edith Stein, que ajudava as crianças e as mulheres, e fazia tudo para todos. Julius Markan, comerciante judeu da Colônia, que era encarregado de vigiar os prisioneiros, declara:

[50] MIRIBEL, E. *Edith Stein, 1891-1942*: como ouro purificado pelo fogo. 2. ed. Aparecida: Santuário, 2001. p. 184. "Acerca da troca de correspondência entre o episcopado holandês e as autoridades alemãs, Monsenhor Jong, em nome do episcopado, declarou que uma troca de telegramas abertos, pelo correio comum, não poderia apresentar caráter confidencial. Além disso, a alusão a pseudo-negociações interrompidas era pura mentira, e muitas comunidades protestantes tinham lido na íntegra a mensagem episcopal, condenando o regime nazista. Pedia no final à autoridade ocupante que suspendesse as represálias exercidas contra católicos e religiosos judeus, na Holanda, e que lhes fosse concedido o benefício que já estava previsto em sua medida de clemência".

[51] MIRIBEL, E. *Edith Stein, 1891-1942*: como ouro purificado pelo fogo. 2. ed. Aparecida: Santuário, 2001. p. 183.

> Entre os prisioneiros que me foram entregues no dia 05, Irmã Teresa Benedita, a freira alemã, me impressionou por sua grande calma e pela paz que difundia em torno de si. Os gritos, os choros, o estado de nervosismo dos recém-chegados, eram indescritíveis. A freira alemã (Edith Stein) passava entre as mulheres como um anjo consolador, pacificando umas, cuidando de outras. Muitas mães pareciam estar numa espécie de prostração, perto da loucura; permaneciam ali a gemer como que embrutecidas, abandonando seus filhos. A irmã Teresa imediatamente ocupou-se das criancinhas, lavou-as, penteou-as, procurou-lhes alimentos e os cuidados indispensáveis. Durante todo o tempo de sua permanência no campo, dedicou-se a lavar e fazer limpeza, ocupando-se continuamente de obras de caridade, suscitando a admiração de todos.[52]

Assim, percebe-se o quanto Edith Stein conseguia se colocar no lugar do "outro", sentindo a dor do "outro" e trazendo-o para a realidade que a cercava. É desse campo que se têm as últimas notícias das irmãs Stein. Com outras religiosas, algumas trapistas, uma clarissa e uma dominicana, as duas carmelitas juntaram-se numa pequena comunidade para rezarem juntas, sob a orientação de Edith Stein (Irmã Teresa Benedita da Cruz). Nem todos os prisioneiros foram escolhidos para a morte, mas no primeiro comboio de vagões de gado iam, apertadas no meio dos judeus e dos judeu-cristãos, as filhas da Sra. Augusta Courante, a caminho de Auschwitz e lá foram executadas, provavelmente no dia 09 de agosto de 1942. Dessa forma, Edith Stein cumpre plenamente o seu pertencimento empático ao povo judeu e cristão. Ela é judia de nascimento e, na sua conversão ao cristianismo, assumiu as suas raízes religiosas judaicas. No processo empático, por ela vivido, em relação aos judeus perseguidos e assassinados, Edith Stein presentificava, ou seja, vivia de modo não original a dor deles e se imolava espiritualmente no claustro. Agora, de modo original, ela vivencia em todo o seu ser o holocausto judaico. Entretanto, como cristã, o processo vivido por Edith Stein é idêntico, pois, segundo a doutrina cristã, tudo o que acontece ao "meu próximo" refere-se a "mim". Logo, a dor do "outro" era apreendida empaticamente pela freira alemã (Edith Stein). Nesse momento fatídico da história, ela presentifica em seu ser, em sua linguagem filosófica e cristã, "de modo original", a crucifixão do povo de Deus, conforme a barbárie proposta pelo regime nazista.

[52] HERBSTRITH, W. *A verdadeira face de Edith Stein*. Paris: Presença do Carmelo, 1992. p. 169.

1.1.2 A imolação de Stein no holocausto[53]

No decorrer de sua vida, Edith Stein foi-se deparando com o mistério da iniquidade, que assolava a condição humana. Desde criança conheceu de perto a morte, com o falecimento de seu pai e as trágicas notícias de suicídio de pessoas próximas, inclusive dois tios, por motivos de dificuldades econômicas.[54] Na juventude, participou da Primeira Guerra Mundial como enfermeira, num hospital para moribundos. Em seguida, acompanhou a subida desastrosa do nazismo ao governo da Alemanha. Antes de sua entrada para o Carmelo e durante a sua estadia nos Carmelos de Colônia-Lindenthal e de Echt, esteve em profunda comunhão com a humanidade ferida.[55] Os últimos meses passados neste mundo revelaram-na cada vez mais dócil e disposta para a graça e cada vez mais interiorizada. Diante da crescente perseguição sofrida pelos judeus e da realidade brutal que a sociedade alemã adentrava, Stein foi se entristecendo a ponto de ter a sua fisionomia desfigurada. Tudo o que a filósofa de Breslau demonstrou na sua obra *A História de uma família judaica*,[56] acerca da presença saudável dos judeus na construção da sociedade alemã, desmorona-se. Entretanto, esses fatos fazem implodir na autora uma profunda empatia pelos seus irmãos judeus. Em suas correspondências, evocava as figuras femininas da História da Salvação: Débora, Judite e Ester, que salvaram os judeus em situações dramáticas:

> Tenho consciência de que o Senhor aceitou minha vida por todos. Devo pensar sempre na Rainha Ester, que foi tirada do seu povo para interceder

[53] Neste tópico será abordada a morte de Edith Stein, Teresa Benedita da Cruz, permeada pelo caráter místico da união dela com o Criador. O enfoque espiritual do tópico baseia-se nas fontes místicas de Edith Stein no Carmelo, principalmente em Santa Teresa de Ávila e São João da Cruz. Vale ressaltar que a experiência mística, dos três santos da Igreja Católica Romana, acena para a união da alma humana com Deus, ainda nesta terra. Isso acontece através da crença na possibilidade de percepção, identidade, comunhão ou união do ser humano com uma realidade superior, verdade espiritual, ou seja, o próprio Deus único, por meio de forte intuição ou de experiência direta no cotidiano.

[54] STEIN, Edith. In: URKIZA, Julien; SANCHO, Francisco Javier (Org.). *Obras completas*. v. I. Escritos autobiográficos y cartas. Vitória: El Carmen; Madri: Espiritualidad; Burgos: Monte Carmelo, 2002. p. 210-214.

[55] STEIN, Edith. In: URKIZA, Julien; SANCHO, Francisco Javier (Org.). *Obras completas*. v. I. Escritos autobiográficos y cartas. Vitória: El Carmen; Madri: Espiritualidad; Burgos: Monte Carmelo, 2002. p. 1042. Edith Stein escreve à Irmã Adelgundis: "Aqui também estamos *in via*, pois o Carmelo é uma montanha muita alta que se deve subir até o cume. Mas o estar a caminho é uma graça muito grande e penso frequentemente, em minha oração, naqueles que gostariam de estar no meu lugar. Ajude-me para que eu seja digna da graça de viver no mais íntimo santuário da Igreja, ajude-me a oferecer-me por aqueles que lutam lá fora" (1933).

[56] Essa obra foi publicada em 1965 e a sua composição provavelmente em 1935.

por ele diante do rei. Sou uma pobre, impotente e pequena Ester, porém, o rei que me escolheu é infinitamente grande e misericordioso. Isso é um grande consolo.[57]

Edith Stein tinha convicção de sua vocação e àqueles que insinuavam que ela estaria se escondendo da perseguição nazista, atrás dos muros do mosteiro, disse com senso de humor: "Deus não se obrigou a deixar-nos para sempre ali dentro". Desde 1933, a filósofa mostra-se preparada a sofrer por seus irmãos pisoteados. Concebe sua vida religiosa no Carmelo, como um incruento martírio. Já em 1935, responde a uma amiga que ali a julgava segura: "Não tenha isso como uma certeza! Certamente eles vão me procurar aqui. E eu não acredito de forma alguma que vou ser poupada".

Em setembro de 1940, Madre Antônia foi eleita priora do Carmelo de Echt e, a pedido do Provincial dos Carmelitas Descalços, encarregou Edith Stein de escrever algo sobre S. João da Cruz, por ocasião do 4º centenário de nascimento do grande santo carmelita. Stein faz, então, um estudo sobre o mestre da "Noite Escura", no qual explora a essência da pessoa humana: o eu, a liberdade e a pessoa, de um lado; o espírito, a fé e a contemplação, do outro. Trata-se do livro *Kreuzeswissenschaft*, *A ciência da cruz*, iniciado em 1941 e escrito de uma vez, no qual ela apresenta um tipo de autobiografia espiritual, registrando também o seu protesto contra a ideologia racista do nazismo. De fato, o que escreve nessas páginas tem tudo a ver com o que ela mesma está passando, pois ao mesmo tempo que procura compreender João da Cruz "na unidade" de seu ser, quer também adquirir ideias claras sobre as leis do ser espiritual; para isso se ocupa de um escrito intitulado "WegedesGotteserkenntnis" ("Caminhos para o conhecimento de Deus"), com a doutrina do Pseudo-Dionísio, "pai da mística ocidental". João da Cruz, como toda a tradição ocidental, desde o século IX, sofre uma forte influência dele. Em contraposição ao pensamento grego, o Pseudo-Dionísio sublinha a visão bíblica do conceito de Deus: "Deus só pode ser conhecido na medida em que se revela".[58] Noutras palavras, Deus procura a alma mais do que esta a Ele. Esta é a imagem clássica, tanto nos textos Sagrados Hebraicos, quanto nos Evangelhos; o Eterno busca com ternura materna, solicitude pastoral e amor nupcial, o Povo de Israel. E Jesus utiliza essa linguagem simbólica, fazendo alusão a si mesmo como esposo, conforme consta em Mateus 9, 15, aguardando a resposta do ser humano a essa proposta

[57] HERBSTRITH, W. *A verdadeira face de Edith Stein*. Paris: Presença do Carmelo, 1992. p. 181.

[58] Edith Stein: filósofa judia e mestra espiritual. *Grande Sinal*, Petrópolis, v. 41, n. 2, p. 175-176, 1987. Cf. "Tijdschriftvoor Philosophie", ano 8, 1946, p. 37.

amorosa. Edith Stein, filha de Israel, vive totalmente envolvida por essas ideias e deseja ardentemente se unir ao seu amado Deus.

Para o Pseudo-Dionísio, a teologia é um falar de Deus à base de uma experiência pessoal. Decisivo é o seu trabalho sobre a "Teologia Mística", em que acentua que o conhecimento se torna tanto mais obscuro e misterioso quanto mais se aproxima da divina sabedoria. A ascensão da alma é como a subida de Moisés ao Monte Sinai, uma ascensão no meio das trevas e do silêncio. A alma chega à união com Deus mais por negação, ou seja, reconhecendo nas criaturas aquilo que Deus não é, do que por afirmação (analogia *entis*) do protótipo na imagem, isto é, por semelhança da criatura com o Criador. Mas nos píncaros da união místico-amorosa com Deus, desmorona toda a imperfeita obra humana. Nem a afirmação nem a negação podem alcançar a Deus, isto é, a alma "se une ao inefável em absoluto silêncio" e nesse mistério se dão a conhecer mutuamente. Essas ideias servem para demonstrar a trajetória de João da Cruz e, com ele, a de Edith Stein. É a esse caminho que ela dá o nome de "Ciência da Cruz"; com isso ela não quer designar nenhuma teoria, e sim uma verdade viva e eficaz.[59] Como Jesus escolheu a cruz para instrumento de redenção, a cruz se tornou símbolo de toda união com Deus. Para Edith Stein a cruz é uma semente, que, depositada na alma, desenvolve as raízes e se torna a forma interior do ser humano. Da mesma forma que o Pseudo-Dionísio, João da Cruz não tem outro anseio senão tomar as almas "pela mão" e guiá-las até a montanha da união amorosa com Deus. Na linguagem de Stein: "A união nupcial da alma com Deus é a finalidade para a qual foi criada; resgatada pela cruz, consumada na cruz e selada com a cruz para toda a eternidade".[60]

Em *A ciência da cruz*, percebe-se a empatia entre João da Cruz e Edith Stein na vivência do amor de Deus. No símbolo da cruz, morte e vida estão inseparavelmente interligadas, e a carmelita de Breslau externaliza a certeza absoluta da vitória da luz sobre as trevas. Melhor ainda, transmite a convicção de que a luz surge das profundidades da escuridão, narrando que a alma

[59] Edith Stein informa que, para entrar na "noite escura dos sentidos", é necessário "renegar-se a si mesmo", aceitar todo o sofrimento com amor e alegria. Esse sofrimento causado não só pelas tribulações exteriores, mas também pelo dominar-se a si próprio, a fim de alcançar um vazio na alma que só Deus pode preencher. A filósofa, colocando-se atrás do Santo, explica que a Cruz de Cristo pode ser simplesmente a cruz que decorre da vida de cada um. É também interessante a explicação que dá sobre a diferença entre meditação e contemplação. A meditação é como que um treino das qualidades humanas ao serviço da maior glória de Deus, ao passo que a contemplação pede o vazio total da alma, mesmo que para isso seja preciso muito sofrimento, uma ascese interior radical, praticada com amor. MARGALHA, Teresa M. M. C. Disponível em: http://www.lusitana.org/il_tmc_2000_edith_stein.htm. Acesso em: 18 nov. 2011.

[60] STEIN, Edith. *A ciência da cruz*: estudo sobre São João da Cruz. 5. ed. São Paulo: Loyola, 2008. p. 220.

já passou pela noite (dos sentidos, do espírito e, também, pela noite passiva). Agora, num olhar retrospectivo, reconhece que tudo serviu para a sua salvação e, depois das trevas, veio a luz. O Deus que agora inunda a alma de luz é o mesmo que a atraiu para si na crucificadora obscuridade, aniquilando os seus pecados. A dolorosa ferida de amor dos abandonados converteu-se em suave toque de amoroso anseio. A alma, sob a influência do Espírito, transforma-se em uma chama de vivo amor divino, que contempla o mundo com luz diferente e nova. Nas entrelinhas de sua última obra, pode-se perceber que Edith Stein não só interpreta, mas fala por experiência própria; na conclusão de seu estudo do *Cântico espiritual* de João da Cruz, deixa de se esconder atrás de seu mestre e pai, e revela suas próprias ideias sobre o mistério da cruz. Nestas linhas pode-se ler todo seu destino e vislumbrar, à luz da Cruz, que iluminará a noite misteriosa de seu fim:

> [...] Jesus Cristo é solícito para com a alma e entrega sua própria vida em favor da vida da alma, na luta contra os inimigos seus e dela. Ele afugenta Satanás e todos os espíritos malignos, onde quer que os encontre pessoalmente, e arranca as almas de sua tirania. Ele revela cruamente a malícia humana onde quer que se lhe oponha cega, disfarçada e obstinada. [...] O homem novo traz em seu corpo os estigmas de Cristo como uma lembrança da miséria do pecado, da qual ele se livrou para passar para a vida divina, e do preço que foi pago por seu resgate. Este homem novo guarda uma dolorosa nostalgia da plenitude de vida até que lhe seja permitido entrar, pela porta de uma verdadeira morte corporal, para a luz sem sombras.[61]

Na escola de Santa Teresa e de João da Cruz, Edith Stein comprova que a livre entrega da vontade humana a Deus é decisiva para a união da alma com Ele.[62] Pela luz da fé, a alma dócil chega ao conhecimento da misericordiosa inabitação divina e a vive em conhecimento amoroso com o Deus Trino.

Edith Stein frisa que o esforço religioso da vontade jamais obterá o efeito maravilhoso que se realiza no breve lapso de tempo de uma união mística: transformação tamanha que a alma não é capaz de reconhecer a si mesma. Com João da Cruz, a autora analisa a graça imerecida que a alma recebe do amantíssimo Deus, a consistir-se no fato de Ele se entregar a alma e de a alma

[61] STEIN, Edith. *A ciência da cruz*: estudo sobre São João da Cruz. 5. ed. São Paulo: Loyola, 2008. p. 219-220.

[62] O jesuíta J. Nota, que esteve com Edith Stein em Echt, comenta: "No contato com ela notava-se particularmente a presença de Deus. Estou plenamente convencido de que na sua *Ciência da Cruz* ela escreve por experiência pessoal. Atrevo-me mesmo a chamar-lhe mística".

ficar vinculada à vida trinitária; de Ele adotar por filha a criatura pecadora para assemelhá-la a Seu Filho; em abraçar a alma com a mais profunda unidade esponsal. Nesse processo espiritual a fé se converteu em um véu sutilíssimo que ainda separa o ser humano da paz eterna.[63] Assim, a última obra de Edith Stein, escrita apressadamente, como que pressentindo a sua própria morte, é um hino extraordinário à dignidade da alma humana, a qual Deus escolheu para fazê-la semelhante à imagem de seu Filho. Na imagem das núpcias divinas, Edith Stein – filha do Povo de Israel – vê a mais íntima relação entre Criador e criatura. As demais relações esponsais são para ela somente prefigurações frágeis da verdadeira união nupcial, na qual Deus cuida da alma com tanto amor que nem mesmo o mais terno amor de mãe lhe pode ser comparado.[64]

Edith Stein termina o seu trabalho sobre São João da Cruz pouco antes de ser presa. Na conclusão, deixa transparecer as suas próprias ideias e sentimentos acerca do mistério da Cruz. Com lucidez, diante das atrocidades sociais, convida o leitor, a quem a dor esmaga e que, diante do sofrimento arrebatador de milhões de vítimas, corre o risco de cair no desespero, a erguer os olhos para o mistério de amor de um Deus Crucificado para a salvação do mundo. Da vivência pessoal da cruz de Cristo, tira-se como consequência imediata não só o seu grau de configuração com Cristo, mas também a sua vivência antecipada do maior gesto de amor: dar a vida pelos outros, o martírio. No seu testamento mostrava claramente a sua disponibilidade, tal como no seu oferecimento pela paz.

> Desde já aceito com alegria e com perfeita submissão a sua santa vontade, a sorte que Deus me tem reservado. Peço ao senhor que se digne a aceitar minha vida e a minha morte em sua honra e glória por todas as intenções ... e pela Santa Igreja, e de modo especial pela santificação e perseverança da nossa Santa Ordem, ...E para que o Senhor seja acolhido pelos seus e venha o seu Reino e a sua glória, para a salvação da Alemanha e para a paz no mundo. Finalmente pelos meus familiares vivos e defuntos e por todos os que Deus me deu, que nenhum deles se perca.[65]

Na obra *A ciência da cruz*, Edith Stein apresenta um belo relato do desejo de João da Cruz, mas que evidencia, também, a compreensão que Edith Stein

[63] HERBSTRITH, Waltraud. *Edith Stein*: en busca de Dios. Theresia a Matre Dei. Estela (Navarra) España: Verbo Divino, 1969. p. 269-273.

[64] STEIN, Edith. *A ciência da cruz*: estudo sobre São João da Cruz. 5. ed. São Paulo: Loyola, 2008. p. 194-220.

[65] HERBSTRITH, W. *Edith Stein*: a loucura da Cruz. Paris: Editions du Signe, 1998. p. 35. Testamento deixado por Edith Stein ao se dirigir com sua irmã Rosa para o campo de Auschwitz.

tem do mistério da sua vivência interior, bem como a sua disposição total, por amor a Deus e por amor ao seu povo:

> Só desejo que a morte me encontre num lugar isolado, longe do convívio com os homens, sem irmãos do convento para orientar; sem alegrias que me possam consolar, provado por todas as penas e dores. Gostaria que Deus me provasse como servo, depois d'Ele ter provado no meu trabalho a resistência do meu caráter; gostaria que me visitasse com a doença, como me provou na saúde e na força; quereria que me deixasse tentar no opróbrio, como o fez com o bom nome que tive diante dos meus inimigos. Senhor, digna-te coroar a cabeça do teu indigno servo com o martírio...[66]

Quem podia falar assim estava configurado intimamente com o Crucificado e haveria de morrer com morte de amor na cruz, como se deu com a autora, cuja morte não terá testemunhas oculares: é escuridão completa. Diferentemente de João da Cruz, conforme relata Stein:

> [...] morreu rodeado pelos seus irmãos descalços, da sua Reforma, que cantavam os salmos penitenciais, tendo aos pés da cama o Prior, que o recebera mal, já arrependido, debulhado em lágrimas. Um dos seus grandes amigos leigos também estava presente. À hora de Matinas, o Senhor levou-o.[67]

Sem tempo de concluir, Stein entrega as duas primeiras partes de seu manuscrito à Superiora do Carmelo, a terceira não a escreverá. Neste ínterim, a Gestapo bate, então, à porta do Carmelo, exigindo que, em cinco minutos, as duas irmãs Stein saíssem e os acompanhassem para o campo de concentração. A vizinhança do Carmelo, simpática a Rosa Stein e às carmelitas, protesta em relação às prisões e uma conhecida vê como Edith Stein toma Rosa Stein pela mão, incentivando-a, pois estava assustada e em prantos e lhe diz: "Vem, vamos sacrificar-nos com nosso povo".[68]

Enfim, a busca para desvendar a verdade acabara; o momento nupcial se descortinava em meio às trevas caóticas do desrespeito à humanidade. A filósofa, elogiada por seus mestres, colegas e alunos, amada pelos seus amigos,

[66] STEIN, *op. cit.*, p. 248.

[67] STEIN, Edith. *A ciência da cruz*: estudo sobre São João da Cruz. 5. ed. São Paulo: Loyola, 2008. p. 254-256.

[68] HERBSTRITH, Waltraud. *Edith Stein*: en busca de Dios. Theresia a Matre Dei. Estela (Navarra) España: Verbo Divino, 1969. p. 285.

levara uma vida simples, dedicada ao estudo e ao ensino. Depois da conversão, obteve tempo para a contemplação feliz do Senhor da verdade, que tão incansavelmente tinha buscado, por meio da filosofia. Entretanto, teve de se sujeitar a experiência da rejeição por ser mulher, judia, judia-cristã e monja. Edith Stein foi uma intelectual com poucas obras publicadas, uma vida intelectual quase invisível, com documentos desaparecidos, com correspondência queimada, com arquivos fechados.[69] Dela havia somente o testemunho das pessoas.

A senhora Bromberg, mãe de família que escapou da morte, assim como seus dois filhos gêmeos, narra a postura de Edith Stein no campo de concentração:

> O que distinguia Irmã Benedita (Edith Stein) das outras religiosas era seu silêncio. Tive a impressão de que estava triste até o fundo da alma, mas não angustiada. Não sei como dizer, mas o peso de sua dor parecia imenso, aniquilante, tanto que, quando sorria, esse sorriso nascia de tal profundidade de um sofrimento que fazia mal. Quase não falava e olhava sua irmã Rosa, frequentemente, com indescritível expressão de tristeza. Sem dúvida previa a sorte de todos. Era a única, dos foragidos alemães, que pressentia o pior. Sua atitude, quando dela me recordo, sentada naquela barraca despertava em mim uma única ideia: a de uma Virgem das Dores, de uma Pietá sem o Cristo...[70]

O destino de Edith Stein provavelmente pode ser descrito, como o que se deu com milhões de judeus assassinados nos campos de extermínio, onde os nazistas, após escolherem aqueles que seriam executados, faziam com que se despissem completamente, o que era demasiadamente humilhante para os judeus. Em seguida, eram colocados à força dentro da câmara de gás e apertados brutalmente uns contra os outros, enquanto o gás se espalhava. Testemunhas relatam que aquele era um momento de muitos gritos e choros até que o gás se dissipasse e o silêncio da morte estivesse instalado. Aí, então, a porta era aberta. Os corpos estavam agarrados uns nos outros, colados pelo desespero. Caso não fossem encaminhados para a cremação, eram largados, assim, na vala

[69] MIRIBEL, E. *Edith Stein, 1891-1942*: como ouro purificado pelo fogo. 2. ed. Aparecida: Santuário, 2001. p. 199. As principais obras de Edith Stein não foram publicadas durante sua vida, por causa da perseguição que atingia as publicações de origens judaicas na Alemanha, que podiam ser publicadas sob um pseudônimo, mas a autora não aceitou se submeter a isso. Em 1950-1951, os editores Herder, em Friburgo de Brisgau e Nauwelaerts, em Louvain, resolveram publicar, conjuntamente, suas obras maiores em cinco volumes: *A ciência da cruz*, *Ser finito e ser eterno*, *De Veritate de Santo Tomás* e *Coletânea de ensaios pedagógicos*.

[70] MIRIBEL, E. *Edith Stein, 1891-1942*: como ouro purificado pelo fogo. 2. ed. Aparecida: Santuário, 2001. p. 191.

comum. Morte horrível, por asfixia, como a crucificação. Os restos mortais de Edith Stein ficaram mesclados aos de tantas outras pessoas que viraram cinzas.

Um dos chefes do Movimento de Resistência, na Holanda, M. Lenig encontrou-se com Edith Stein no campo de Amersfoort e escreveu à Priora de Colônia que ela, provavelmente, compartilhou da sorte de trezentos presos enviados aos fornos crematórios de Auschwitz-Birkenau na Polônia, no começo de agosto de 1942. Três anos mais tarde, o *Jornal oficial* da Holanda, tendo publicado a lista das vítimas mortas em deportações, trazia a seguinte indicação: N. 44074. Edith – Teresa – Hedwige – Stein morta em 09 de agosto de 1943, e N. 44075. Rosa – Maria – Inês – Adelaide Stein morta em 09 de agosto de 1942. Consultada a Cruz Vermelha holandesa sobre esta aparente contradição, pois os dois números de matrícula das irmãs se seguiam, não era possível que houvesse um ano de diferença entre suas mortes; a mesma Cruz Vermelha respondeu que se tratava de um erro de imprensa e que as duas irmãs Stein deviam efetivamente ter morrido na câmara de gás de Auschwitz, em 09 de agosto de 1942.[71]

Para os judeus religiosos de então, a crença em algo mais, que está para além da câmara de gás, baseia-se nos Textos Sagrados e na interpretação do Talmude, realizada por Moisés Maimônides,[72] que tinha uma posição muito peculiar em relação à ressurreição dos mortos e à vinda do Messias.[73] Para ele, a ressurreição ocorreria conforme a profecia de Daniel e poderia se cumprir a qualquer momento, não sendo necessariamente universal e não tendo necessariamente relação com a vinda do Messias. Maimônides prossegue e diz que haverá uma era Messiânica aqui na Terra, mas somente depois disso é que se teria acesso ao *Olam Haba* ("mundo vindouro"), puramente espiritual, onde

[71] MIRIBEL, E. *Edith Stein, 1891-1942*: como ouro purificado pelo fogo. 2. ed. Aparecida: Santuário, 2001. p. 189-190.

[72] Moisés Maimônides, o Rambam, nasceu em 1148 na Espanha, mas teve de fugir da perseguição dos muçulmanos fundamentalistas por mais de dez anos. Em 1177, já era reconhecido como líder das comunidades judaicas, e entre suas ocupações somavam-se a de juiz e administrador, tendo sua reputação ganho reconhecimento internacional. Tornou-se médico e conselheiro do vizir Al-Fadil, a quem Saladino deixou o governo quando conquistou o Egito. Comunidades judaicas de várias partes do mundo escreviam ao Rambam em busca de sua sabedoria na lei judaica. Maimônides escreveu dez trabalhos de medicina em árabe e vários trabalhos de teor religioso, nos quais reflete sua visão filosófica sobre o judaísmo. É o codificador dos Treze Princípios fundamentais do judaísmo. Morreu em 1204, no Egito, e foi enterrado em Tiberíades, Israel. Sua grande popularidade rendeu-lhe a frase elogiosa que diz: "De Moshê (o Legislador) até Moshê (ben Maimon), não há outro como Moshê". Disponível em: http://www.chabad.org.br/biblioteca/artigos/rambam/home.html. Acesso em: 11 out. 2011.

[73] MAIMÔNIDES, M. *O guia dos perplexos*: parte 1. São Paulo: Landy, 2004. Hakdamah le Ferek Ḥelek; Yad, Teshuvah, 8-10, guia 1: 41; Tratado sobre a ressurreição.

haveria a imortalidade de todas as almas criadas por Deus.[74] Afirmava que o Messias preconizado pelo judaísmo é a sabedoria de Deus, a palavra de Deus. O nome Cristo, em grego, vem da tradução do hebraico Messiach, que significa ungido. A monja carmelita que tanto buscou a verdade e a encontrou em Jesus de Nazaré, em sua morte, une-se plenamente ao Messias prometido ao povo de Israel, que não apenas ama a sabedoria, mas é a própria sabedoria, não apenas ama a verdade, mas é a própria verdade, segundo o credo religioso cristão.

A fé cristã professa a fé judaica na ressurreição, seguindo os ensinamentos das Sagradas Escrituras. Primeiramente nas Escrituras Judaicas: em Ezequiel 37 há o ensinamento sobre a ressurreição dos corpos, a partir da visão da planície coberta de ossos secos. O profeta Isaías, em 26, 19, afirma: "Que os vossos mortos revivam! Que seus cadáveres ressuscitem! Que despertem e cantem aqueles que jazem sepultos, porque vosso orvalho é um orvalho de luz e a terra restituirá o dia às sombras". Em Jó 19, 25-27, encontra-se a belíssima passagem que conforta o personagem, abatido por muitos sofrimentos: "Eu sei que meu Redentor está vivo, e aparecerá, finalmente, sobre a terra. Por detrás de minha pele, que envolverá isso, na minha própria carne, verei Deus. Eu mesmo o contemplarei, meus olhos o verão, e não os olhos de outro".

Nas Escrituras cristãs, encontram-se várias passagens acerca da ressurreição. Dentre elas a de João 11, 24, em que Marta proclama a sua fé na ressurreição no último dia. O próprio Jesus defende a ressurreição da carne contra os ataques dos saduceus: "Na ressurreição dos mortos, nem os homens tomarão mulheres, nem as mulheres, maridos, mas serão como os anjos de Deus no Céu. Mas, quanto à ressurreição dos mortos, não lestes no livro de Moisés como Deus lhe falou da sarça, dizendo: 'Eu sou o Deus de Abraão, o Deus de Isaac e o Deus de Jacó?' Ele não é Deus de mortos, senão de vivos" (Mc 12, 25-27; Mt 22, 30-32). Jesus ainda iria declarar essa verdade em outras passagens (Jo 5, 28-29; 6,39-40; Lc 14,14). Em 1 Coríntios 15, 12-14, Paulo coloca a ressurreição final no mesmo nível de certeza da ressurreição de Cristo: "Ora, se se prega que Jesus ressuscitou dentre os mortos, como dizem alguns de vós que não há ressurreição de mortos? Se não há ressurreição dos mortos, também Cristo não ressuscitou. E se Cristo não ressuscitou, é vã a nossa pregação, e também é vã a vossa fé".

Na tradição cristã, os padres, doutores e insignes teólogos seguiram com firmeza o reto caminho traçado por Jesus Cristo. Atenágoras escreveu um

[74] Texto disponível em: http://www.chabad.org.br/biblioteca/artigos/rambam/home.html. Acesso em: 09 set. 2011.

tratado inteiro sobre a ressurreição dos mortos, no qual demonstra primeiro a possibilidade da ressurreição, sua conveniência e necessidade; depois prova que o ser humano é imortal, já que é racional; e como, por outra parte, está composto de alma e corpo, ele não pode conseguir com perfeição seu fim e sua bem-aventurança se o corpo não voltar a se unir com a alma.[75] Agostinho deixara o seu posicionamento, afirmando: "Sei que quereis continuar vivos. Não desejais a morte. E quereis passar desta vida para a outra de modo a vos reerguerdes não como homens mortos, mas plenamente vivos e transformados. Eis o que desejais. Esse é o mais profundo sentimento humano: misteriosamente, a própria alma anseia por isso e instintivamente o almeja [...]".[76]

Entre os teólogos contemporâneos, Andrés Torres Queiruga apresentou em 2004 a sua obra *Repensar a ressurreição:* a diferença cristã na continuidade das religiões e da cultura, com o intuito de aprofundar e enriquecer a crença tradicional e fundante da fé cristã na ressurreição, para que continue fecundando a espiritualidade de mulheres e homens do século XXI.[77] Para o teólogo, a fé na ressurreição implica a compreensão de que a cruz permite ver que o mal é algo inevitável em um mundo finito, pois Deus só poderá eliminá-lo à custa de destruir a sua própria criação, interferindo continuamente nela e anulando-a em seu funcionamento. Concretamente falando, para livrar Jesus da crucifixão, teria que suprimir a liberdade dos que o condenaram ou suspender as leis naturais para que os instrumentos da Paixão não o matassem. Acrescenta o autor: "Além disso, se fizesse isso com Jesus, por que não com as outras vítimas da tortura, da guerra, das catástrofes e das doenças...?". Provavelmente para Jesus, em sua formação religiosa judaica, a tendência era pensar que Deus interviria no último momento para libertá-lo. Todavia, o Mestre de Nazaré também teve a experiência do Abbá que lhe permitiu compreender que Deus não abandona o seu povo e que a desgraça que ora se abate não é um sinal da ausência divina, mas algo forçosamente causado pela finitude do mundo ou pela malícia da liberdade finita. Esses dois pontos do conhecimento de Jesus

[75] ROMAG, Dagoberto. *Compêndio da História da Igreja*: a antiguidade cristã. v. I. Petrópolis: Vozes, 1939. p. 115. Atenágoras de Atenas, 133 – 190. Apologista cristão, que aparentemente nasceu e viveu em Atenas, apresentou uma apologia em prol do cristianismo ao imperador Marco Aurélio, defendendo o cristianismo e suas práticas. Descobriu noções monoteístas em diversos poetas e filósofos gregos e, com isso, apresentou um argumento, *a priori*, em favor da existência de Deus. Tratando sobre a ressurreição dos mortos, combinou ideias religiosas e filosóficas. Naturalmente, Platão o influenciou fortemente, pelo que sua fé religiosa geralmente foi apropriada para falar a não cristãos, que sabiam algo das ideias de Platão e apreciavam a grandeza de seus conceitos.

[76] BROWN, Peter. *Santo Agostinho*: uma biografia. Rio de Janeiro, São Paulo: Record, 2005. p. 539.

[77] QUEIRUGA, Andrés Torres. *Repensar a ressurreição*. São Paulo: Paulinas. p. 276-278.

são expressos pelos evangelistas por meio das duas frases que brotaram de seus lábios no alto da cruz: "Meu Deus, meu Deus por que me abandonastes?" (Mc 15, 34) e "Pai, em tuas mãos entrego o meu espírito" (Lc 23, 46). Queiruga expõe que Deus responde a Jesus, ressuscitando-o dos mortos. Isso implica para o fiel a compreensão do caráter transcendente da ressurreição, que não permite esperar "milagres" divinos, mas convoca à práxis histórica, colaborando com Deus em sua luta contra o mal, por meio da vivência do mandamento do amor. A segunda implicação refere-se ao caráter real e definitivo da ressurreição que é o único que permite responder à terrível pergunta pelas vítimas, que, mortas, nada podem esperar quanto a soluções a partir da história.

Um segundo aspecto da compreensão do que fazer a partir da fé na ressurreição trata da compreensão da vida eterna. A vida de Jesus não foi rompida pelo terrível trauma da morte, mas foi acolhida e glorificada por Deus. Logo, não se trata de uma "segunda" vida nem de um simples "prolongamento" do presente, mas de sua única vida, revelada na profundidade de suas latências e realizada na plenitude de suas potências. Isso implica uma valorização da vida terrena, pois a esperança na ressurreição não significa uma fuga ao além, mas, ao contrário, supõe o cultivo da vida comunitária, a promoção humana e a transformação social. Nesse sentido é que a comunidade cristã, por meio dos evangelhos e das epístolas paulinas, pontuou com aqueles que se julgavam "ressuscitados" que não menosprezassem esta vida, seja na renúncia ascética, seja no abuso libertino (2 Ts 3, 10b-13). Os textos neotestamentários deixam para os crentes, de todos os tempos, o testemunho de que a vida eterna – "a que se encontrará a si mesma plenamente realizada na ressurreição" – é a mesma que se vive aqui e agora em toda a radicalidade, no seguimento de Cristo.[78]

Edith Stein soube compreender fenomenologicamente o drama humano e, ao mesmo tempo, a aparente impotência divina diante das entranhas destruidoras do mal que arrancariam a sua vida desta terra. Ciente do poder do Deus de Jesus Cristo, a Ele se confiou no seguimento e enfrentamento das realidades brutas, dando testemunho do evangelho com nobreza e simplicidade em meio ao caos provocado pelo nazismo na sociedade europeia. Em consonância, encontra-se na obra *Ser finito e Ser Eterno* (1936) o pensamento de Stein afirmando que, quando a vida terrestre chegar a seu fim, então cada alma humana poderá se conhecer "tal como é conhecida", conforme 1 Coríntios 13,12, isto é, tal como é diante de Deus, bem como a finalidade para a qual foi criada de maneira

[78] QUEIRUGA, Andrés Torres. *Repensar a ressurreição*. São Paulo: Paulinas. p. 278.

pessoal. Também poderá vislumbrar o que ela conseguiu realizar nesta vida na ordem da natureza e da graça, em virtude de suas livres decisões.[79]

Edith Stein, em sua obra *A ciência da cruz*, descreve a sua visão acerca da passagem desta vida para a eternidade, informando que a gradual mortificação da própria natureza cada vez mais dá lugar à luz sobrenatural e à vida divina, que se apodera das forças naturais, transformando-as em forças divinas e espirituais. Realiza-se, assim, no cristão, uma nova humanidade de Cristo, a qual corresponde à ressurreição da morte na cruz.[80]

A primeira biógrafa de Stein, Madre Teresa Renata do Espírito Santo, diz que Edith Stein é a primeira testemunha de Israel que realizou a união dos sofrimentos de seu povo com a imolação de Cristo na cruz.[81] Em sua morte, Stein unia seu martírio à morte redentora do judeu, reconhecido pelos cristãos como o Cristo, que vence toda a morte e plenifica o ser humano com a glória da vida divina.

A crença judaica e cristã na ressurreição unifica as duas religiões e isso é descrito no poema *Fogo de Pentecostes*, de Edith Stein:

> Quem és tu, Luz que me inundas e clareias o meu coração?
> Tu me guias, qual mão carinhosa de mãe. Se de Ti me desprendo, não saberia caminhar nem mais um passo. Tu és o espaço, que cerca meu ser e em si me acolhe.
>
> Saindo de Ti, mergulho no abismo do nada, de onde tu me tiraste.
> Tu estás mais próximo a mim do que eu a mim mesmo, e mais íntimo do que meu interior – no entanto, continuas intocável e incompreensível, arrebatando o que existe: Santo Espírito – Eterno Amor.
>
> Não és tu o maná, que passa do coração do Filho ao meu, comida dos anjos e dos santos? Ele, que da morte para a vida se levantou.
> Também a mim ressuscitou para a vida.
>
> Arrancou-me do sono da morte, e nova vida Ele me dá de dia para dia.
> Um dia sua plenitude inundar-me-á totalmente, vida de tua vida – Sim, tu mesmo: Santo Espírito – Eterna Vida.
>
> És tu o raio que estala do trono do Juiz e irrompe na noite da alma, que nunca se reconhece a si mesma.

[79] STEIN, Edith. *Ser finito y ser eterno*: ensayo de uma ascensión al sentido del ser. México: Fondo de cultura económica, 2002. p. 519.

[80] *Idem. A ciência da cruz*: estudo sobre São João da Cruz. 5. ed. São Paulo: Loyola, 2008. p. 220.

[81] GARCIA, J. T.; SCIADINI, P. *Edith Stein: holocausto para seu povo*. São Paulo: Loyola, 1987. p. 117.

Misericordioso – inexorável penetra-lhe os abismos sombrios, e ela, assustada com a visão de si mesma, cede-lhe confiante o lugar – Santo temor, início daquela sabedoria, que vem das alturas e nas alturas nos ancora fortemente –, tua realidade nos cria de novo: Santo Espírito – Raio Penetrante.

És tu a canção do amor e santo temor, que ecoa eternamente ao redor do trono de Deus, que une em si o puro som de todas as criaturas?
A sintonia que une os membros com a cabeça. Nela cada um encontra feliz o sentido misterioso de seu ser e flutua em júbilo, em tuas torrentes: Santo Espírito – Eterno Júbilo.

És tu a plenitude, a força do Espírito, pela qual o Cordeiro rompe os selos do livro da vida, por um eterno decreto de Deus.
Impelidos por Ti, os mensageiros do juízo galopam pelo mundo e separam com espada afiada o Reino do meio das trevas.

Então, tornar-se-ão novos o céu e a terra, e tudo aparecerá no devido lugar pelo teu sopro: Santo Espírito – Força Vencedora.[82]

1.2 A busca pela verdade e o método fenomenológico

A obra *A ciência da cruz* é tida pelos teólogos como o trabalho de maior maturidade intelectual e místico de Edith Stein. A busca, iniciada na juventude, pela Verdade encontrará nessa obra o seu ápice, tendo como término a práxis, ou seja, a teoria presente em *A ciência da cruz* se torna prática na vida da monja carmelita, que apreendeu por meio de sua experiência orante um conhecimento espiritual, que a possibilitou fazer oblação de sua própria vida por amor. A filósofa Edith Stein terminou o seu bacharelado em 1911 e iniciou a sua vida universitária em Breslau, matriculando-se em Filologia Germânica e História. Entretanto, há outra coisa que desperta o interesse da jovem ateia, trata-se de sua busca pela verdade. Ela não admitia nenhuma verdade que não pudesse ser demonstrada, por isso prosseguiu sua busca no domínio da Psicologia. O seu intuito era estudar a fundo os fundamentos e o sentido da existência humana, por meio da psicologia experimental. A alma, como eixo da pessoa, constitui o problema básico em torno do qual giram todos os pensamentos da precoce filósofa.[83] O resultado das suas investigações é frustrante, pois Stein,

[82] STEIN, Edith. *Obras selectas*. 2. ed., Burgos: Monte Carmelo, 1998, p. 599-600.

[83] HERBSTRITH, Waltraud. (Teresia a Matre Dei). *Edith Stein*: en busca de Dios. Estela (Navarra) España: Verbo Divino, 1969. p. 33. Edith Stein acreditava que a psicologia experimental auxiliar-la-ia

que pretende averiguar a essência da alma humana, depara-se com um método naturalista e puramente mecânico,[84] fortemente influenciado pelas seguintes correntes: relativismo,[85] empirismo[86] e psicologismo,[87] bem como o ceticismo,[88] que apresentavam a alma como algo irracional e mitológico.

Entretanto, durante um seminário de estudos, Stein teve contato com o pensamento do fenomenólogo Edmund Husserl, filósofo alemão e grande propagador da Fenomenologia, termo criado para designar uma concepção da filosofia como essencialmente descritiva. Oriundo de uma família judaica, Husserl estudou física, matemática, astronomia e filosofia nas universidades de Leipzig, Berlim e Viena. Um de seus principais objetivos era o de tornar a filosofia uma ciência rigorosa, princípio que defendeu numa das suas obras mais importantes, *Lógica formal e transcendental*, publicada em 1929. Na leitura da obra *LogischeUntersuchugen* (*Estudos sobre Lógica*), Stein encontrou pela primeira vez as respostas às suas questões sobre conceitos básicos, como a essência da alma e o sentido da existência.[89] Desde então, deseja abandonar Breslau e seguir seus estudos em Göttingen junto a Husserl.[90]

em sua busca pela verdade. A sua intuição inicial fracassa, porém foi fundamental para os passos que ela dará posteriormente na Universidade de Göttingen.

84 *Idem*. *Edith Stein*: vita e testimonianze. 5. ed. Roma: Città Nuova, 2000. p. 23. Edith Stein tomou repulsa da psicologia experimental de sua época, pois esta tinha um fundamento puramente racional e não proporcionava nenhum horizonte para revelar o sentido da existência.

85 JAPIASSÙ, H.; MARCONDES, D. *Dicionário básico de filosofia*. 5. ed. Rio de Janeiro: Zahar, 2008. p. 238. O relativismo científico é a atitude daquele que considera que, nas ciências, não existe verdade definitiva, pois esta se deve constituir como uma apropriação progressiva, uma construção inteligível do mundo sempre aproximativa.

86 *Ibidem*, p. 84. Doutrina ou teoria do conhecimento segundo a qual todo conhecimento deriva, direta ou indiretamente, da experiência sensível externa ou interna.

87 *Ibidem*, p. 230. Concepção filosófica que atribui à psicologia um lugar central, colocando-a como base de todas as ciências, já que estas se constituem através de processos cognitivos que são, em última análise, explicáveis pela psicologia. O psicologismo é um reducionismo na medida em que busca explicar todos os elementos da experiência humana a partir da dimensão psicológica dessa experiência.

88 *Ibidem*, p. 42. Concepção segundo a qual o conhecimento do real é impossível à razão humana, de tal forma que o ser humano deve renunciar à certeza, suspender seu juízo sobre as coisas e submeter toda afirmação a uma dúvida constante.

89 A obra de Husserl é impressionante quer pela sua profundidade, quer pela sua extensão. Quando morreu, deixou cerca de 45.000 páginas manuscritas, que foram salvas pelo padre belga Van Breda: *Sobre o conceito de* número (1887); *Filosofia da aritmética* (1891); *Investigações* lógicas; *A filosofia como ciência de rigor* (1910); *Ideias para uma fenomenologia pura e uma filosofia fenomenológica* (1913); *Meditações cartesianas* (1931); *A crise das ciências europeias e a fenomenologia transcendental* (1939). Entretanto muito se perdeu na perseguição nazista.

90 STEIN, Edith. In: URKIZA, Julien; SANCHO, Francisco Javier (Org.). *Obras completas*. v. I. Escritos autobiográficos y cartas. Vitória: El Carmen; Madri: Espiritualidad; Burgos: Monte Carmelo, 2002. p. 331. Em sua autobiografia, Edith Stein expõe sua visão da psicologia de sua época, que necessitava

O método fenomenológico, partindo de teses filosóficas muito diferentes e tendo em mira intuitos diversos, contribuiu para romper com as correntes filosóficas do século XIX e construir a filosofia contemporânea.[91] Em rigor de expressão, o termo "fenomenologia" convém ao método e à doutrina de Edmund Husserl, mas aplica-se igualmente a todo um grupo de pensadores que representa tendência análoga.[92] Esse método consiste principalmente na análise da essência do dado, do fenômeno, e passou a ser, sobretudo após a Segunda Guerra Mundial, o método filosófico mais espalhado, ao par do método lógico-matemático. A diferença capital entre a fenomenologia e a lógica matemática consiste em que a primeira renuncia completamente à dedução, ocupa-se pouco com a linguagem (malgrado o exemplo do próprio Husserl) e não analisa os fatos empíricos, mas só as essências. Vale a pena relembrar que a obra capital de Meinong, *Ueber die Annahmen*, apareceu em 1902, ao passo que as *LogischeUntersuchungen*, de Husserl, uma das obras mais influentes da primeira metade do século, vieram a lume em 1900-1901.[93]

O universo da filosofia caracteriza-se, nas primeiras décadas do século XX, em primeiro lugar, como um período de intensa atividade filosófica, com um número considerável de eminentes pensadores entrando em cena e começando a exercer influência na sociedade. Sob esse aspecto, pode computar-se este período entre os mais fecundos da história moderna. Em seguida, é um período de transição. Ao lado de correntes novas, continuam atuando tendências de velho estilo, mantidas sempre em crédito. As principais escolas são: os empiristas e os idealistas que, todavia, alimentam-se com as ideias do século XIX, os filósofos da vida, os fenomenólogos e os neorrealistas, que são os partidários das ideias novas.

da fundamentação de conceitos básicos, enquanto a fenomenologia possibilitava-lhe a busca de esclarecimento, para os seus próprios propósitos intelectuais.

91 O fundador desse movimento é Franz Brentano (1838-1917), que foi influenciado pelo pensamento aristotélico-tomista, como é fácil verificar pelo seu objetivismo, além do alto apreço da análise pormenorizada e lógica. Numerosos foram seus discípulos, dos quais três assumiram relevante importância: Kazimierz Twardowski, Alois Meinong e Edmund Husserl. Kazimierz Twardowski (1866-1938), embora não sendo lógico, foi o fundador da escola lógica polonesa, destinada a desempenhar importante papel no desenvolvimento da lógica matemática. Alois Meinong (1853-1921) fundou a chamada "teoria do objeto", que foi uma escola pequena, mas muito influente.

92 O mais eminente dos discípulos de Brentano, Edmund Husserl (1859-1938), foi quem elaborou o método fenomenológico propriamente dito.

93 Bastante aparentado ao método fenomenológico é o método chamado "análise", de G. E. Moore (1873), que em Husserl se converteu na análise lógico-matemática. Em Moore manteve sempre caráter distinto. Em sua obra *Principia ethica*, vinda a lume em 1903, Moore aproxima-se muito do método de Meinong e parece ter sido influenciado por ele até certo ponto. A influência de Meinong fez-se sentir também sob vários aspectos na obra de Husserl.

Edith Stein viu em seus estudos filosóficos uma forma de buscar a verdade,[94] por isso afastou-se da psicologia, porque lhe parecia "sem alma", e começou a desbravar o caminho da filosofia. Inicialmente se deparou com a forte influência do pensamento de René Descartes, que, procurando encontrar a origem de todo conhecimento e sua estruturação, conseguiu elaborar um dos maiores conceitos filosóficos, o *Cogito Cartesiano*, e, ao mesmo tempo, instituir o "sujeito" como patente dominante. Nesse contexto, Stein acaba se submetendo ao império do subjetivismo e à centralidade do eu. Daí se pode entender que num primeiro momento o estudo da filosofia a conduz à descoberta da liberdade com toda a independência, por isso se expressa numa carta de 1918: "No fundo, não consigo suportar a ideia de estar à disposição de alguém. Sou capaz de colocar-me a serviço de uma coisa e por amor de uma pessoa, sei fazer tudo, mas estar à disposição de uma pessoa, numa palavra, obediência, isto não sei fazê-lo".[95] Sobre seu encontro com a fenomenologia de Husserl, ela escreve: "Tudo o que eu aprendi me encantou, porque consistia precisamente na tarefa de esclarecimento, onde, desde o início, se encontra a base necessária intelectual, para as pesquisas".

Edith Stein ainda comenta que o que mais gostou acerca do método fenomenológico foi a sua meticulosidade, a atenção precisa aos detalhes de objetos apresentados pelos sentidos, além da abstenção de todos os preconceitos e todas as hipóteses anteriores filosóficas e modelos, especialmente as teorias do conhecimento de David Hume e Immanuel Kant. O que Stein e alguns de seus outros colegas jovens especialmente valorizavam, sobre os pontos de vista iniciais de Husserl, era o seu realismo com as vivências humanas. Ele afirmava que um mundo objetivo exterior só poderia ser experimentado intersubjetivamente, ou seja, por meio de uma pluralidade de indivíduos percebendo que se

[94] MAIMÔNIDES, Môses. *O guia dos perplexos*: parte 1. São Paulo: Landy, 2004. A certeza de uma única verdade, independentemente do modo como a ela se aceda, será a marca deixada por Maimônides, o Rambam, na baixa Idade Média, não só na tradição judaica e muçulmana, mas, sobretudo, na cristã. Em 1148, o sul da Espanha foi conquistado pelos Almohads, uma seita fanática do Corão. Os judeus e cristãos foram obrigados a emigrar para não perderem a vida, a menos que adotassem a fé muçulmana. O exílio aumentou a determinação de Rambam de buscar o conhecimento da verdade existencial e, desde então, inicia suas obras. Dentre essas se destaca *O guia dos perplexos*, que é uma espécie de guia àqueles que têm dúvidas sobre a filosofia ou a religião devido à aparente contradição entre ambas. Maimônides não considera que uma seja contrária à outra. A filosofia é um elemento central dentro da própria religião. Dessa forma, aprender a filosofia é uma tarefa religiosa e a filosofia pavimenta o caminho para Deus.

[95] SCIADINI, Patrício. *Uma excelsa filha de Sião*: beata Edith Stein, carmelita descalça. *Grande Sinal*, Petrópolis, v. 43, 3. ed., p. 302, 1989. Após a conversão, Edith Stein tomará outra posição em relação ao serviço fraterno e sua vida monástica retrata como ela assimilou os ensinamentos cristãos, a ponto de se submeter aos votos de pobreza, castidade e obediência.

relacionam em uma troca mútua de informações. Husserl ainda ensinava que para conhecer o ser humano é preciso perceber organismos existentes em tempo real e no espaço.[96] Esse postulado de Husserl modifica o modo subjetivista de pensar de Edith Stein, possibilitando-lhe incluir o outro em suas reflexões. Desde então, busca uma compreensão profunda da intersubjetividade, que culminará com a sua tese de doutorado: *Sobre o problema da empatia*.

Em suas pesquisas, Stein busca a verdade objetiva e encontra nos "Estudos sobre Lógica", de Husserl, a seguinte afirmação: "A ciência se dirige, como o indica seu nome, ao saber... E no saber coloquemos a verdade". Por verdade, Husserl entende "a luminosa certeza" daquilo que é ou não é, e assim distingue o essencial entre ciência e simples opinião,[97] que é a atitude natural do ser humano no cotidiano em sua relação com as coisas.[98] A partir dessa diferenciação, ele busca com a fenomenologia o conhecimento estrito dos fenômenos.

O fenomenalismo ou aparência, do grego *phainomenon*, propaga que o conhecimento apenas pode estar baseado sobre causalidades momentâneas e efêmeras da realidade. Para a fenomenologia, um objeto é como o sujeito o percebe, e tudo tem que ser estudado tal como é para o sujeito e sem interferência de qualquer regra de observação. Para chegar a essa conclusão, Husserl analisa três vertentes que apresentavam as suas teorias sobre o conhecimento na relação entre sujeito e objeto: a primeira é a realista, que sustenta o primado do objeto em si mesmo, o qual é apreendido pelo intelecto, ou seja, o ser humano tem sensações, e estas são a base da certeza do conhecimento. Defendem essa teoria os empiristas John Locke e David Hume.[99] A segunda é o idealismo, que dá primazia ao sujeito, afirmando que há uma correspondência que se faz das ideias e das coisas. Nessa vertente se destaca René Descartes, que muito influenciou Husserl.[100] A terceira trata-se da reflexão do filósofo Immanuel Kant,

[96] RICOEUR, P. *Na escola da fenomenologia*: análises e problemas em Ideen II de Husserl. Petrópolis: Vozes, 2009. p. 107-108.

[97] HERBSTRITH, Waltraud. *Edith Stein*: en busca de Dios. Theresia a Matre Dei. Estela (Navarra) España: Verbo Divino, 1969. p. 41-42.

[98] MIRIBEL, Elisabeth. *Edith Stein, 1891-1942*: como ouro purificado pelo fogo. 2. ed. Aparecida: Santuário, 2001. p. 43-45. Para Husserl a verdade é necessária e se impõe a toda inteligência. Concebê-la de outro modo seria cair no relativismo e o relativismo equivale ao ceticismo. Husserl tinha o propósito de ultrapassar o naturalismo e evitar os perigos do psicologismo. "A verdade, declarava com firmeza, é um absoluto. Não é o que dizem os psicólogos que querem colocá-la sob a dependência daquele que pensa. Assim, a lei da gravidade universal só seria uma verdade a partir do momento em que foi descoberta por Newton, por isso a verdade não procede daquele que a conhece".

[99] ALES BELLO, Angela. *Fenomenologia e ciências humanas*. Bauru: Edusc, 2004. p. 35.

[100] *Ibidem*, p. 30-35. A verdade para Descartes é apreendida pela razão e a alma coincide com a atividade do pensamento, pois ela é uma substância racional.

que procurou superar o impasse redistribuindo as funções do conhecimento, deixando de privilegiar um ou outro. Essa vertente configura o conhecimento como um trabalho conjunto entre apreensão sensível das coisas e o intelecto, que fornece uma estrutura formal para essa apreensão, resultando numa síntese dessas duas instâncias que seria o conhecimento. O resultado mais importante vinculado a esta concepção do conhecimento, enquanto síntese desses elementos objetivos e subjetivos, é a concepção da relatividade do conhecimento. Sendo o conhecimento algo que ao menos estrutura-se por vias do sujeito, mecanismos lógicos presentes na mente, é claro que o conhecimento estrutura-se de forma relativa ao sujeito, a isso Kant chamou de "fenômeno".

Essas estruturas subjetivas, descritas como funções lógicas do conhecimento, que Kant chama também de elementos transcendentais do conhecimento, são aqueles elementos que, estando antes da experiência do ser humano no mundo, condicionam e dão os seus fatores de organização.[101] A importância dessa noção de fenômeno é incalculável, pois, por meio dela, pode-se reconstruir a relação sujeito-objeto por meio de uma correlação. Não existe objeto que não esteja comprometido com o sujeito que o conhece, ou que o representa. Tem-se, de um lado, o sujeito do conhecimento, que é uma consciência que apreende o fenômeno, a realidade como ela se constitui formalmente. De outro lado, está o objeto, que é o fenômeno apreendido pela consciência.

Husserl, além das influências de Kant e Descartes, recebeu também a influência do psicólogo Franz Brentano, que afirmava a existência da dimensão humana da psique, que não é mensurável segundo as medidas da psicofísica.[102] O pensamento de Brentano fez com que Husserl desse conta da existência intencional do objeto na consciência. O objeto só pode ser definido em sua relação com a consciência. Ele é sempre um objeto para um sujeito; não é objeto em si, mas objeto percebido, ou objeto pensado, rememorado. Esses dados deram clareza a Husserl, acerca do conhecimento. Daí que a fenomenologia, para ele, tem a missão de buscar a consciência do sujeito por meio da expressão das suas experiências internas. Assim, percebe-se que o tema de investigação mais característico da fenomenologia é a consciência. Essa se caracteriza pela intencionalidade, que se refere ao fato de que toda consciência é consciência de algo; todo ato de consciência é sempre único em relação com outra coisa, um referir-se a algo. A percepção, a recordação, a imaginação, o pensamento, o amor, o ódio, o desejo, o querer são distintas formas de dar-se o viver da

[101] RICOEUR, P. *Na escola da fenomenologia*: análises e problemas em Ideen II de Husserl. Petrópolis: Vozes, 2009. p. 253-291.

[102] ALES BELLO, *op. cit.*, p. 59-60.

consciência. Uma importante tarefa da fenomenologia é a descrição dos tipos distintos de vivências, de seus gêneros, espécies e das relações essenciais que entre elas se estabelecem.

A intuição de Husserl, a partir das teorias de Kant, Descartes e Brentano, leva-o a conceber a análise intencional como uma relação entre a consciência e o objeto, a partir de uma correlação que lhes é de alguma maneira original. A fenomenologia dispõe-se a elucidar a essência dessa correlação. Husserl batizará com o nome de "noese" a atividade da consciência e com o nome de "noema" o objeto constituído por essa atividade. Entretanto, se a correlação sujeito-objeto só se dá na intuição originária da vivência de consciência, o estudo dessa correlação consistirá numa análise descritiva do campo da consciência, o que conduzirá Husserl a definir a fenomenologia como "a ciência descritiva das essências da consciência e de seus atos".[103]

Dessa forma, a fenomenologia vai auxiliando na superação do impasse entre interioridade (mente, ideias) e exterioridade (objetos, coisas). O conhecimento da exterioridade não exige que o sujeito abdique de sua interioridade. Essa relação entre sujeito e objeto constitui o conhecimento, portanto, nem a consciência constitui sozinha o conhecimento, e nem as coisas do mundo constituem o conhecimento, mas é o encontro simultâneo do sujeito e do objeto que promove o conhecimento verdadeiro. A reflexão fenomenológica não renuncia à objetividade científica, mas reintegra o mundo da ciência ao mundo da vida. A metodologia fenomenológica pode-se definir como subjetiva, pois depende das experiências e reações de cada indivíduo. Cada pessoa tem experiências e percepções diferentes de acordo com suas recordações, vivências, sentimentos e desejos.[104]

A originalidade de Husserl consiste em "colocar entre parênteses" todos os sistemas vigentes, possibilitando-se assim a "volta para as coisas mesmas" (*die Sache selbst*) a serem interrogadas sem preconceitos ou pressupostos. Isso ele faz por meio da noção central de redução ou *epochè*,[105] que é o processo intelectual que consiste em colocar fora de consideração ou suspender certos

[103] DARTIGUES, André. *O que é fenomenologia*. Rio de Janeiro: Eldorado, 1973. p. 13-24. Aqui não se trata da psicologia descritiva de Brentano, pois a consciência contém muito mais que a si própria. Nela se percebe a essência daquilo que ela não é, o sentido mesmo do mundo em direção ao qual ela não cessa de se expandir.

[104] CARMO, Raymundo E. *Fenomenologia existencial*: estudos introdutórios. Belo Horizonte: O Lutador, 1974. p. 82-84. O ponto de surgimento da verdade é a experiência vivida, "esta vida atual da consciência pela qual estes objetos e este mundo estão agora diante de mim sem que eu possa recusar sua presença."

[105] *Ibidem*, p. 12-22. *Epochè* é um termo que Husserl buscou entre os antigos céticos, de modo especial, os pirrônicos.

juízos ou certos conhecimentos.[106] Para a fenomenologia, os fenômenos são simplesmente as coisas, a realidade, condicionadas por certas estruturas lógicas da nossa mente, como se mostram e como se oferecem à consciência. O método fenomenológico não admite o sentido comum, nem natural, nem as proposições científicas, nem as experiências psicológicas. De maneira que a fenomenologia pode compreender-se como um método e um "modo de ver", que consiste em: examinar todos os conteúdos da consciência; determinar se tais conteúdos são reais, ideais, imaginários, etc.; suspender a consciência desses fenômenos, de maneira tal, que resulta possível descrever a sua pureza, ou seja, adotar uma atitude radical, que é a suspensão ou pausa do mundo natural.

Do ponto de vista da estrutura do conhecimento, o pensamento de Husserl toma como ponto de partida a percepção e evolui até chegar a toda uma série de operações que são ligadas ao pensamento e à lógica. A primeira etapa de seu pensamento, a partir da percepção, consiste em descrever o mundo dos fenômenos, conforme já foi demonstrado, e a segunda etapa é a da atitude reflexiva. Por mais que a verdade seja universal e eterna, o ser humano que a procura é indivíduo situado no tempo e no espaço. Essa apropriação da verdade é, pois, eterna, para este ser humano temporal, que consiste para Husserl a segunda fase do problema total da verdade. A fenomenologia vai recorrer à redução transcendental[107] para encontrar o caráter específico da realidade humana, que, por meio da percepção, conhece o mundo externo a si. Essa estrutura percepção/percebido é inerente à estrutura transcendental do ser humano. A percepção que se define por estrutura transcendental tem o sentido de que o ser humano já possui essas estruturas e, portanto, elas transcendem o objeto físico. O transcendental é aquilo que faz parte da subjetividade, é próprio do sujeito, não deriva de fora. Para Husserl, a estrutura transcendental é a estrutura dos atos entendidos como vivências, das quais o ser humano tem consciência.[108]

[106] *Ibidem*, p. 15-16. As principais reduções são: a filosófica, a fenomenológica e a eidética. *A redução filosófica*, em seu momento negativo, coloca entre parênteses todos os sistemas filosóficos vigentes; e, em seu momento positivo, procura voltar-se para as coisas mesmas; a *redução fenomenológica*, em seu momento negativo, suspende a crença na existência do mundo real ou do mundo transcendente; em seu momento positivo, ela procura colocar a mente em presença do puro fenômeno, como correlato da consciência. Por fim, a *redução eidética* que, em seu momento negativo, coloca entre parênteses os fatos singulares ou os fenômenos naquilo que têm de singular, bem como o Eu empírico individual e, em seu momento positivo, revela ao espírito a essência – *eidos* – necessária desses fenômenos.

[107] Embora tenha trabalhado até o final de sua vida na definição do que chamou *redução transcendental*, Husserl não chegou a uma conclusão clara. Basicamente seria a redução fenomenológica aplicada ao próprio sujeito, que então se vê não como um ser real, empírico, mas como consciência pura, transcendental, geradora de todo significado.

[108] ALES BELLO, Ângela. *Fenomenologia e ciências humanas*. Bauru: Edusc, 2004. p 49-50.

Dessa posição em diante, Husserl dirige-se abertamente para o idealismo, para a descoberta de um *eu transcendental*, para uma revelação última, a partir da qual *se constituem* os atos e o que lhes corresponde de objetivo, em diversos graus, até o mundo das coisas.[109]

Pode-se, assim, distinguir duas fases na fenomenologia: na primeira parece prevalecer a tendência realista, e na segunda, a idealista. Dessa forma, conclui-se que não há ponto de chegada da fenomenologia que não seja também ponto de partida, em direção a horizontes imprevisíveis. Assim, o que parecia ser apenas descrições tornou-se, por fidelidade ao dado, busca de fundamentos; o que se orientava em direção a uma filosofia das essências converte-se em filosofia da existência; o que se propunha como ciência e filosofia das ciências manifesta preocupações éticas.[110] Os discípulos de Husserl escolheram aspectos específicos da fenomenologia, para continuarem as suas investigações. Edith Stein focaliza os seus estudos na antropologia e utiliza a análise transcendental para tratar da questão das vivências.[111] Em *A ciência da cruz*, a autora atualiza a antropologia filosófica de São João da Cruz, o que não deve ter sido difícil, pois ela e João da Cruz experimentam a práxis da cruz até as últimas consequências.

A autora e o místico João da Cruz desde a juventude buscavam conhecer a verdade e, para atingi-la, encaminharam-se para a filosofia, que lhes assegurou a seriedade da investigação da razão, que, aplicada ao trabalho hodierno, possibilitou-lhes praticar tais conhecimentos. Ambos usavam da filosofia de Santo Tomás de Aquino para fundamentar suas reflexões, tendo consciência de que, por meio da razão natural, só parcamente podiam se aproximar da verdade plena, porque a filosofia humana e o conhecimento natural possuem limites determinados. Contudo, o espírito humano pode tentar alcançar a verdade plena por meio do conhecimento divino, que é apreendido pelo mistério da fé. Esse é um caminho para se alcançar a verdade, para além da filosofia natural, pois a fé, por meio da revelação, leva a verdades inacessíveis, como a certeza de Deus. Dessa forma, pode-se dividir a razão e a filosofia em natural

[109] MIRIBEL, Elisabeth. *Edith Stein, 1891-1942*: como ouro purificado pelo fogo. 2. ed. Aparecida: Santuário, 2001. p. 45. Na jornada de estudos de Juvizy, Stein declarou: "a busca de um ponto de partida absoluto para a reflexão filosófica levou Husserl a uma nova espécie de dúvida cartesiana, a ideia da redução transcendental... e a consciência transcendental como um vasto campo de pesquisas. Sua tendência idealista se fez sentir pela primeira vez nas *Ideias*. Esta foi uma grande surpresa para os alunos de Husserl e objeto de controvérsia que ainda persiste..."

[110] DARTIGUES, André. *O que é fenomenologia*. Rio de Janeiro: Eldorado, 1973. p. 157.

[111] ALES BELLO, Ângela. *Fenomenologia e ciências humanas*. Bauru: Edusc, 2004. p 79-80. Na antropologia de Husserl estão os temas da historicidade, da cultura, das ciências e do espírito. No âmbito do tema da percepção, está o estudo dos tópicos da temporalidade, do tempo e também do espaço. Além desses, ainda há o tema das ciências matemáticas, da Física e da Psicologia.

e supranatural. A razão natural não consegue delimitar seu próprio limite com as verdades que lhes são acessíveis, necessitando da razão supranatural para isso. A razão natural impulsiona a investigação racional das verdades da fé, de tal forma que a filosofia busque harmonizar o que lhe é oferecido pela revelação. Assim, com essa reflexão, é possível apreender o fenômeno da cruz de Cristo e o que ela significa para o mundo. Essa filosofia "cristã" proporciona ao filósofo um itinerário em busca da verdade paralela ao caminho da razão natural.

1.2.1 A proposta fenomenológica da empatia

A filósofa, em sua obra *Sobre o problema da empatia* (1917), analisou o ato da empatia como um ato peculiar do conhecimento humano. A partir dessa perspectiva, pode-se afirmar que conhecer a essência do ser humano concreto em suas vivências é fator determinante para Edith Stein desenvolver o seu trabalho, especialmente o aspecto antropológico, como se verá em seus próximos escritos fenomenológicos. Para ela, é serviço da antropologia fenomenológica pesquisar a humanidade sensível e a composição constitutiva do ser humano, tal como essa humanidade se apresenta na realidade existencial. Demonstra que a empatia é a condição prévia de qualquer possibilidade de constituição do ser humano, da sociedade e do mundo. Ainda esclarece que, quando o ser humano sai de si em direção ao outro, ele retorna mais pleno, sem nada perder. O relacionamento empático possibilita uma partilha de experiências, aumentando a interioridade das pessoas em diálogo, por meio da presentificação da cosmovisão do "outro", ao proporcionar a descoberta de valores que podem ser reconhecidos numa ação interativa. Na relação empática, sente-se a existência de outro ser humano em sua singularidade, como "eu". Stein aprofunda a questão afirmando que há uma apreensão de semelhança e não de identidade, pois o "eu" compreende o "outro" como seu semelhante, tendo suas convicções próprias em razão das suas motivações interiores, fruto de sua formação pessoal. Nessa relação, reconhece-se que o "outro" é "outro" como "eu".[112] Procura-se entender o que há dentro desse "outro", por ser uma necessidade humana a aproximação. Nesse momento surge a indagação sobre quem é o ser humano e como ele se dá conta de que está lidando com outro ser humano, e não com um objeto. Aqui a contribuição da filósofa de Breslau é preciosa, pois ela se fundamenta teórica e existencialmente, para afirmar a necessidade de uma posição espiritual e ética diante do "outro". É preciso reconhecer

[112] STEIN, E. *Sobre el problema de la empatía*. Madrid: Trotta, 2004. p 106-107.

realmente, desejar ser correto e se conscientizar de que se está diante de outro ser humano, independentemente de sua religião, cor, etnia, língua e cultura.

Stein, por meio do fenômeno hilético,[113] informa que há um sentido imanente nos entes, ou seja, nas coisas do mundo. Ela enfatiza que a partir da fenomenologia desvela-se para a consciência, como experiência de sentido, um significado para as coisas que existem no mundo, isto é, há uma apreensão de sentido dos elementos do mundo que surgem na experiência pessoal de modo original. As coisas em si surgem tendo um sentido que é desvelado ao ser humano. Trata-se de um processo originário que é fundante.[114] Isso se estende para a pessoa humana pelo fato do modo mesmo de ser de alguém atravessar a sua corporeidade, ou seja, o modo de ser de alguém está de alguma maneira no modo como o seu corpo está organizado e no modo por que ele se desvela. A concepção do mundo e da existência que o ser humano possui tem a ver com o modo com que seu corpo se coloca no tempo e no espaço. Quando o ser humano está frente a outro ser humano, o modo de ser do outro, as suas concepções presentificadas na sua corporeidade afetam o primeiro de maneira originária.[115]

A vida espiritual de outrem afeta de uma maneira originária o ser humano, porque a sua corporeidade é afetada pela presença espiritual desta outra pessoa. Assim, também o corpo frente a essa pessoa desvela o modo de ser, o sentido da vida dessa pessoa. Isso constitui o fenômeno originário da empatia, que não é resultado de operações psíquicas ou mentais, mas fato originário. O ser humano não precisa pensar, nem projetar para ser afetado pelo modo de ser de alguém. Acontece, nesse processo empático, um desvelamento originário de sentido das coisas e dos seres humanos e que se dá por experiência com qualidades estéticas. O fenômeno estético originado é cheio de significados, por exemplo: originário é o fenômeno da pessoa frente à paisagem que o afeta de modo imediato, enquanto que o fenômeno estético produzido é aquele elaborado pelo ser humano como um quadro de uma pintura da natureza.

[113] ABBAGNANO, N. *Dicionário de filosofia*. São Paulo: Martins Fontes, 2000. p. 499. Para Husserl, a *hylé* seria a "matéria subjetiva" que compõe uma percepção qualquer. A consciência de um objeto qualquer se daria sobre "dados constituídos pelos conteúdos sensíveis, que compreendem, além das sensações denominadas externas, também os sentimentos, impulsos, etc.". Embora Husserl estabeleça que toda consciência é consciência de alguma coisa, ou seja, que toda consciência é intencional, ele não considera os dados hiléticos como sendo intencionais. Os dados hiléticos seriam apenas a "matéria" sobre a qual a consciência se dá. A noção husserliana de *hylé* não pode ser aqui associada ao empirismo. Husserl não reduz os objetos percebidos a sensações. A *hylé* husserliana é considerada apenas como uma matéria que assume um papel importante na intuição de um objeto.

[114] STEIN, E. *Sobre el problema de la empatía*. Madrid: Trotta, 2004. p. 23.

[115] STEIN, *op. cit.*, p. 29.

A autora atrai a atenção para o fato de que o ser humano, ao se colocar frente aos entes do mundo ou frente aos seres humanos, afeta e é afetado, em virtude da apreensão de sentido, e não por suas próprias reflexões. Essa apreensão relaciona-se ao registro do espírito, que acontece na relação entre o ser humano e as coisas, e as pessoas entre si. Essa possibilidade que o ser humano tem de ser afetado, pelo sentido das coisas e pela presença do outro, acontece-lhe porque a pessoa humana está ontologicamente, de modo originário, aberta às experiências do espírito. O ser humano é um ser de compreensão porque compreende originariamente e se afeta pelo sentido inerente aos entes e aos outros.[116]

O ser humano, em virtude de sua constituição anímico-espiritual, necessita suprir-se tanto corporal quanto espiritualmente. De fato, uma refeição tem significados afetivos e culturais e, ao se alimentar, desde os primórdios da humanidade, constata-se que o ser humano comunga do horizonte comunitário, ou seja, a pesca e a caça eram partilhadas por grupos em que o modo de ser de cada um afeta, contribuindo com a sobrevivência grupal porque, desde sempre, frente ao grupo, o "eu" reconhece a sua singularidade e, ao mesmo tempo, reconhece o ser humano que o "outro" é. A pessoa afeta e é afetada pela comunidade e, nessa reciprocidade, ela se enriquece espiritualmente com a presença do "outro", com os valores encarnados na cultura, por exemplo, a apreciação da obra de arte. Para Edith Stein, existem experiências egóticas não personalizadas, de propriedade do sujeito, por exemplo: em espetáculos de vários tipos, ele vive de forma indireta a experiência de "outros". Existem também sentimentos expressos, que são apreendidos em uma canção ou um poema feliz, assim como na sensação de dor que se sente diante de alguém que está de luto. Como em qualquer sentimento, a felicidade, a tristeza, a excitação têm o seu próprio sentido de conteúdo específico.

A estrutura do ser humano é relacionada ao "outro", mas cada pessoa, ao lado das experiências pessoais que vai tendo, participa de experiências suprapessoais, ou seja, os valores pessoais são atravessados pela comunidade. Uma pessoa pode sentir algo como membro de uma família, assim, embora o conteúdo afetivo seja a tristeza, ela participa da tristeza coletiva.[117] Um membro de uma família, ao tomar consciência de uma situação existencial, pode mudar a consciência comunitária, por meio de sua postura. Isso porque o modo como se lida com a pessoa afeta todo o grupo. O ser humano cria realidades espirituais (comunidade, estado, filosofia, religião, etc.) que são fenômenos suprapessoais.

[116] STEIN, E. *Sobre el problema de la empatía*. Madrid: Trotta, 2004. p. 114-115.

[117] *Ibidem*, p. 94-95.

A teoria da *Einfühlung* (Empatia) pertence à fenomenologia descritiva unida à fenomenologia da percepção; com a percepção do "outro" se incorporando à significação do mundo que se é percebido. Ela está implícita na constituição dos objetos culturais, da linguagem, das instituições. Husserl, em seus ensaios fenomenológicos,[118] propôs-se a descrever como o "outro" aparece, em quais modos perceptivos, afetivos e práticos. Na *V Meditação cartesiana*, Husserl segue a tendência idealista, buscando constituir o "outro" em "mim". Pretende respeitar o próprio sentido que se liga à presença do "outro", como um "outro" que não sou "eu"; que tem seu mundo, que se percebe, que se dirige a "mim" e trava "comigo" relações de intersubjetividades, de onde surgem um único mundo da ciência e múltiplos mundos da cultura. Husserl, em *Ideen* II (III parte), opõe radicalmente a constituição das pessoas à da natureza.[119] A pessoa seria um surgimento absoluto de presença, enquanto as coisas que aparecem são uma forma de oposição que a descrição impõe.

A tese *Sobre o problema da empatia*, de Edith Stein, no movimento fenomenológico, vai coincidir com as contribuições sobre o mundo intersubjetivo, que é uma questão básica para superar o problema do solipsismo.[120] Essa tese tem como núcleo a aplicação da redução fenomenológica, no momento em que dois sujeitos são capazes de aproximar-se tanto, que a experiência de um é integrada na vivência do outro. Edith Stein busca uma resposta ao problema relativo ao "eu", centro da pessoa humana, e ao problema relativo ao significado do ser em geral. Investiga, ao mesmo tempo, a verdadeira essência da empatia e qual seja o momento empático que caracteriza a relação intersubjetiva. Ela trata, portanto, do fenômeno filosófico da empatia, muito além do simples acordo em sintonia com as criaturas; esse é o nível da simpatia, enquanto a empatia

[118] Em especial, Husserl trabalha a questão da Einfühlung em suas obras: *Problemas fundamentais da fenomenologia e meditações cartesianas*.

[119] RICOEUR, P. *Na escola da fenomenologia*: análises e problemas em *Ideen II* de Husserl. Petrópolis: Vozes, 2009. p 88-89. Husserl tentou reunir em uma obra de conjunto a interpretação filosófica de seu método e os exercícios metodológicos que deveriam, ao mesmo tempo, dar-lhe desenvolvimento e justificá-la. Entretanto, o seu projeto não foi à frente, o que fez com que os seus leitores só conhecessem a exposição sistemática que deveria servir de introdução ao conjunto das *Ideen*, sob o título *Ideen I*. Introdução a uma fenomenologia e uma filosofia fenomenológicas puras. Quanto às *Ideen II* e *III*, embora inteiramente redigidas, permaneceram inéditas até 1950, quando os Archives-Husserl de Louvain publicaram a primeira vez em *Revue de Métaphysique et de Morale*, que, por sua vez, foi reproduzido em *Phénoménologie, Existence*. Paris: Vrin, 1984, p. 23-76.

[120] *Ibidem*, p. 216-219. Trata-se do isolamento da consciência individual em si mesma, tanto em relação ao mundo externo, quanto em relação a outras consciências.

afeta o centro da pessoa, seu querer e sentir.[121] Essa capacidade de compreensão da experiência alheia é a base da sociabilidade humana, onde se convive e se estabelece relações interpessoais.

Na aplicação do método fenomenológico sobre o relacionamento humano, a filósofa intui que a subjetividade é de fundamental importância para a convivência com o "outro" e o mundo onde se desenrolam as relações. O ser humano recebe impressões do mundo e das outras pessoas e o resultado disso é que terá sua própria vivência, elaborada e reelaborada em seu próprio ser, no seu "*eu*".

Há um conjunto de experiências que o "outro" revela, que se pode acompanhar na medida em que ele se expressa. De tal forma que não há como não ouvir o "outro". Quando "eu" ouço o "outro", o "meu" corpo e "minha" alma se movem por aquilo que ele expressa,[122] pois o "outro" é uma ação comunitária. Logo, pode-se escutar o "outro" e acompanhá-lo no circuito de suas experiências de modo tal que essas experiências se reproduzam em "mim", na "minha" alma, no "meu" corpo, porque toda escuta é empática. Corpo e alma afetam-se pelo relato do "outro", isso leva a um fenômeno de repertório de experiência que se vive em "nossa" biografia e o repertório de experiência que acontece em "nós" pela presença do "outro". Tudo se dá pela relação empática. Existem em "nós" espaços de experiências que "eu" nunca vivi, mas que o "outro" viveu e que pela relação empática existe em "mim". Eventualmente, articulam-se algumas dessas experiências que existem entre si no "eu".

As investigações fenomenológicas das teorias genético-psicológicas da empatia conduzem Stein a verificar a serventia das mesmas para a apreensão da natureza do ato empático, do desenvolvimento do seu processo de atuação, da sua consumação, e como é vivido na sua máxima plenitude. Afirma que, apesar da individualidade de cada ser humano, é possível compreender a consciência do "outro" e acolher o fenômeno "da experiência vivida" na sua essência. Em sua tese doutoral, Edith Stein discute e lança as bases para uma compreensão humana fundada na empatia, que é muito mais do que perceber o sentir do "outro" como próprio; é reviver as ações e os sentimentos do "outro", é sentir com ele, é ter a capacidade de compreendê-lo, de saber partilhar com ele

[121] ALES BELLO, Ângela. *Fenomenologia e ciências humanas*. Bauru: Edusc, 2004. p. 53. Nos idiomas neolatinos existe a palavra *simpatia* que significa *sentir com*: "eu sinto com, estou perto de." Também existe a palavra *antipatia* que significa "eu estou contra".

[122] STEIN, Edith. *Sobre el problema de la empatía*. Madrid: Editorial Trotta, 2004. p. 96-103. Neste longo trecho, Edith Stein apresenta a questão do corpo vivo alheio como portador de fenômenos de expressão. Ela discorre acerca da postura de T. Lipps sobre o assunto e passa a elucidar a sua concepção do fenômeno da expressão.

pensamentos e emoções em diferentes situações. A empatia pode ser considerada, ainda, como a capacidade de penetração afetiva, e de saber se colocar no lugar do "outro" sem perder a própria individualidade. É uma especial percepção do "eu" em relação ao "tu" e um saber sobre o "outro".[123]

O problema do "outro" traz às claras a tendência descritiva da fenomenologia, em respeitar a alteridade do "outro", e a tendência dogmática de fundar o "outro" na esfera primordial de pertença do *ego*. A preocupação descritiva e a preocupação dogmática encontram o seu equilíbrio na ideia de uma apreensão empática do "outro". Dessa forma, o "outro" está lá; é ele mesmo, no entanto "eu" não vivo o seu vivido. O "outro" é apenas "presentificado", mas tendo por fundamento o seu corpo e seus sentimentos, que são "apresentados" com evidência originária na esfera de "minha" experiência vivida, cooriginada. "Em mim" é apresentado um corpo que presentifica um "outro" vivido diverso do "meu". Esse vivido é uma vivência como a "minha", em virtude da equiparação entre "meu" corpo aqui e o outro corpo lá adiante. Essa configuração, em dupla, funda a constituição empatizante entre o vivido do "outro" e o "meu".[124]

A empatia identifica-se com o processo da intersubjetividade, a partir da concepção steiniana de que só se compreende o "outro" profundamente, quando se pode compreender qual é o fim de sua realização. Isso, por sua vez, coincide com o "*telos*" pessoal de todo ser humano: "o ato de amar".[125] A relação empática permite superar os limites da aparência e, também, colocar em destaque as forças interiores, direcionando emoções e sentimentos, a fim de que a pessoa possa descobrir seu espaço pessoal, social e profissional, tornando-se um cidadão responsável, produtivo e solidário. Edith Stein, mesmo não sendo cristã, quando escreve sua tese, pelos ensinamentos judaicos acerca da importância do ser humano, pronuncia algo que é próprio dos valores cristãos, cujas raízes estão nos ensinamentos da Torá,[126] os quais, por sua vez, nos lábios de

[123] PERETTI, Clélia. Pedagogia da empatia e o diálogo com as ciências humanas em Edith Stein. *Rev. abordagem gestalt.*, Goiânia, v. 16, n. 2, dez. 2010. Disponível em: http://gtedithstein.blogspot.com. Acesso em: 18 abr. 2011. Edith Stein salienta que, para entender a empatia, é necessário considerar "qual o mecanismo psicológico que se coloca em ação no âmbito da vivência da empatia e em que modo o indivíduo, nas várias fases do seu desenvolvimento, conhece este mecanismo". Peretti assinala que esta distinção está presente somente em nota, porque provavelmente Edith Stein não a insere no conceito para não se distrair na elaboração do seu pensamento.

[124] STEIN, Edith. *Sobre el problema de la empatía*. Madrid: Trotta, 2004, p. 52.

[125] *Ibidem*, p. 116-120.

[126] Em particular nos livros do Êxodo e *Deuteronômio* encontram-se as leis de valoração da pessoa, para uma reta convivência social. O capítulo 20 do livro de Êxodo apresenta os dez mandamentos, que são considerados a "Constituição" do povo de Israel, e em *Deuteronômio* há um esmiuçar dessa constituição. Os outros livros (*Gênesis*, *Levítico* e *Números*) de diversas maneiras literárias também fazem alusões diretas e indiretas ao processo da fraternidade dialogal.

Jesus de Nazaré, ganharam novo relevo.[127] Edith Stein afirma que não se ama o "outro" porque ele faz o bem, mas porque é valioso, por si mesmo. Quando abre sua reflexão para a ação divina sobre possíveis mudanças no interior da pessoa, acena para algo que fundamenta a existência do ser humano dialógico, conforme se verifica em suas ponderações sobre o espírito da pessoa humana.[128]

A autora aborda a dimensão espiritual do ser humano, como transcendência, focalizando a abertura do ser humano para o mundo e para algo além de si mesmo. O espírito humano é aberto para fora e também para a própria interioridade. A abertura externa do espírito humano coloca-o numa condição de necessidade do "outro". A visão steiniana do ser humano como alma é retomada, na medida em que a filósofa, para falar da alteridade, informa que a alma humana é comunitária. Cada ser humano está vinculado ao "outro" por meio da alma. Quando o ser humano toma consciência de si mesmo, ele percebe a sua precariedade, porque dá conta de que na sua consciência tudo é fluxo, não há perenidade. O ser humano percebe que a sua vontade afunila-se a cada momento. As suas atitudes o fazem se sentir vivo, pois faz parte da constituição de si aquilo que se transformou em algo concreto frente ao "outro". Por outro lado, aquilo que existe em potencialidade é a alma, e só se transforma em espírito aquilo que se realizou.[129]

O momento presente, que se esvai na fração do tempo, dá a compreensão para o ser humano do que seria ter vida plena, em que todas as potencialidades poderiam se manifestar no agora. É nessa experiência de si que o ser humano pode vir a conceber o divino, como algo que é plena realização no agora. Para aqueles que creem, a consciência do divino está sempre presente na mente humana como referência, pois o espírito humano tem esta abertura para a transcendência, isto é, o ser humano concebe um ser que é potência de ser, como matriz do movimento da religiosidade.[130] A natureza espiritual do ser humano o provoca para que ele se conheça e se coloque em disponibilidade em relação ao "outro".

[127] No evangelho segundo Mateus, no quinto capítulo, encontra-se um longo discurso de Jesus acerca das relações humanas, concluindo-se com a proposta inalienável do amor que plenifica toda a vida social.

[128] STEIN, Edith. *Sobre el problema de la empatía*. Madrid: Trotta, 2004, p. 135.

[129] SAFRA, Gilberto. *Conhecimento, espírito e amor*: os eixos principais da condição humana. Estudo sobre Edith Stein. Série: Contribuições dos filósofos para a prática clínica. São Paulo: Edições Sobornost. Aulas ministradas no LET – Laboratórios de Estudos da Transicionalidade em 06 de agosto de 2005. 2 DVD.

[130] STEIN, Edith. In: URKIZA, Julien; SANCHO, Francisco Javier (Org.). *Obras completas*. v. IV. Escritos antropológicos y pedagógicos. Vitória: El Carmen; Madri: Espiritualidad; Burgo: Monte Carmelo, 2003. p. 572.

Na obra *Uma pesquisa sobre o Estado* (1924), Edith Stein afirma que a comunidade é caracterizada pelo fato de que os indivíduos devem viver, num sentido rigoroso, "uns com os outros", pois é natural a disposição do espírito de estar aberto à relação interpessoal. Isso possibilita a interpretação de que cada pessoa deve possuir a consciência de sua singular posição social e religiosa e, consequentemente, o respeito pela função dos "outros". A filósofa, a partir da empatia, vislumbra uma sociedade harmonizada e equilibrada, graças à vontade íntegra do ser humano de edificar o mundo como extensão de seu próprio ser. Entretanto, a visão steiniana contrasta com a realidade em que ela vive, de entreguerras, pobreza, militarização da Alemanha, crescimento do antissemitismo, desqualificação da mulher e frustração das expectativas do século XIX, acerca do progresso nas áreas das Ciências em geral, que daria mais qualidade de vida para a humanidade.

A intuição de Stein, acerca do papel fundamental da empatia, certamente, conforta, reanima seus contemporâneos, pois é adequada à realidade de sua época, mas também a extrapola, porque a compreensão da pessoa no que concerne à sua dimensão espiritual coloca o ser humano em contato com o mundo da cultura. O "homo faber" cria tudo aquilo que se estende de seu ser ou que lhe falta. Produziu todos os objetos para seu uso, assim como todas as obras que exprimem as nuanças correlatas do seu espírito, as quais se tornaram realidade. O compartilhar as obras criadas e a sintonia em comungar os mesmos sentimentos denotam a alteridade presente em cada ser humano. A empatia é intersubjetividade, cuja essência, para Stein, está na base da compreensão e percepção do "outro". Logo, toda forma dialogal se faz intrínseca ao humano. Essa visão steiniana possibilita – mesmo que ela não toque explicitamente no assunto – estabelecer uma base para acolher e dialogar com o "outro". A característica da percepção dialogal está no sentido de que o ser humano possa estabelecer relações de forma originária. É próprio do ser humano ter as mesmas semelhanças estruturais, por meio do ato empático, ou seja, o "eu" capta o mistério do "outro" não manifestado de forma explícita, mas comunicado pela intersubjetividade. O fenômeno da religião apresenta-se com suas características próprias, o seu conteúdo está presente no ser humano e o interpela a uma vivência em comunidade e a uma experiência do *Totalmente Outro*. Empaticamente, o ser humano experimenta originariamente o apelo para o diálogo, em virtude de sua constituição, que o desestabiliza de sua solidão e o incita à busca de outrem.

Nesse sentido, é imprescindível reconhecer na subjetividade do "outro" a sua abertura e o seu chamado ao transcendente. Isso se dá por meio do ato empático, que coloca o indivíduo em condições de estar com o "outro". A empatia fecunda a possibilidade de um viver genuinamente humano numa sociedade dialogal. Entretanto, pessoas que foram desrespeitadas e desumanizadas por conta de sua orientação de vida podem, consciente ou inconscientemente, criar barreiras, verdadeiras fortalezas, como o fundamentalismo religioso, político e afetivo, que impossibilitam o diálogo. Elas temem o encontro com o "outro".[131] Nessas situações o ato da empatia, enquanto ato concreto e originário, tem a missão de facilitar a redescoberta do "outro", enquanto um ser que tem em sua interioridade um apelo para a comunhão. O encontro dar-se-á se o indivíduo se colocar frente ao "outro" em disponibilidade, por amor. Edith Stein pontua que "só o olhar de amor, consciente de sua responsabilidade, que não perde de vista a pessoa humana, terminará descobrindo uma brecha pela qual entrará e derrubará os muros da fortaleza". Ela prossegue a sua reflexão ponderando que "Só o amor e o respeito pela sacralidade do outro podem possibilitar o encontro".[132] Isso implica o conhecimento da pessoa e a compreensão de sua orientação na vida, ou seja, o sentido último que esta pessoa escolheu para si que, por sua vez, denota as suas marcas, as suas feridas e aquilo que originou o seu modo de ser. A partir desse conhecimento, compreensão e acolhida, é possível estabelecer um vínculo fraterno. O processo dialogal fundamenta-se na empatia, que encontra na percepção o modo próprio de atuar junto ao "outro", por meio do acolhimento, do conhecimento e também da partilha experiencial vivida pelo "outro". Dessa forma, a postura empática torna-se intersubjetividade dialogal, relevante para humanizar as relações e promover a fraternidade entre as pessoas de uma sociedade.

O ser humano é um ser comunitário, cuja vivência produz fenômenos sociais, como a abertura interpessoal. Cada pessoa é um centro de acontecimentos por conta de sua liberdade e criatividade originária. Assim como o ser humano frente aos entes da natureza está aberto aos sentidos, frente às pessoas ele se encontra e se reconhece, pois o "outro" é também um centro

[131] CARDOSO, Carolina de R. Damas. *Contribuições de Edith Stein para a psicologia científica*. Curitiba: Appris, 2014. p. 146-147. A autora, baseando-se em seus estudos sobre Edith Stein, informa que se conhece a pessoa por meio da manifestação externa de suas qualidades internas, sejam elas: sensoriais, intelectuais ou referentes à esfera psíquica do caráter e das peculiaridades pessoais. Os comportamentos dos sujeitos, nesse sentido, podem fornecer o meio de manifestação dessas caraterísticas. Dessa forma, é importante destacar o aspecto da motivação que leva o indivíduo a se comportar de determinada maneira. Caso a motivação não seja suficientemente clara, deve-se buscar na experiência os elementos que lhe confiram a aproximação da verdade pessoal de cada um. Stein admite que a maneira pela qual um ser humano é afetado pelo outro pode transformá-lo internamente. Assim, entende-se que esse conhecimento pode favorecer uma abertura ou um fechamento da própria vida da alma em relação à outra pessoa.

[132] CARDOSO, Carolina de R. Damas. *Contribuições de Edith Stein para a psicologia científica*. Curitiba: Appris, 2014. p. 575.

de acontecimentos. A vivência entre os seres humanos implica que as pessoas estejam abertas umas para as outras ontologicamente. Isso constitui um contexto de compreensão entre elas porque buscam um sentido comum, cuja abertura momentânea coloca-as mais próximas da verdade. Logo, conviver é reviver a experiência do "outro" em si mesmo. A experiência do "nós" permite à pessoa um acréscimo de força para poder decidir, repudiar, escolher ou assumir uma determinada postura na vida. A força de uma pessoa no meio social aparece de forma singular e compõe-se da faceta corpórea (física), pela força anímica e também do espírito, por exemplo: o momento de uma explosão emocional é anímica, enquanto a luta por um ideal é espiritual. A força aparece como uma unidade, mas são diferentes fontes ou registros de força que vão variar de acordo com a constituição da pessoa.[133]

1.2.2 Do non liquet *à "ascensão e queda do ser"*

Edith Stein termina o seu livro *Sobre o problema da empatia* com a frase "non liquet", isto é, "não está claro". Para ela, naquele momento, ainda faltava clareza acerca da possibilidade de se empatizar ou não com um "Espírito Protetor" ou com a "Graça Divina". Ao término de sua tese doutoral, Stein deparou-se com a questão do fenômeno religioso e viu aí algo que se deve respeitar e levar em consideração. É isso que a sua vivência demonstrou, assim como os seus escritos posteriores. Num crescendo teórico, as obras steinianas terão uma base antropocêntrica, um eixo intersubjetivo e culminarão com a confirmação da possibilidade de que o ser humano pode sim se empatizar com o ser divino, que de diversas formas, segundo as tradições religiosas, busca também a pessoa humana para essa comunhão.[134]

A busca pela verdade, que dá sentido à vida humana, faz com que Edith Stein transmita em suas obras a necessidade de se buscar o essencial, para que o ser humano não se perca em trivialidades. Em sua tese doutoral *Einfühlung*, Edith Stein apresenta os elementos que compõem o ser humano e sinaliza

[133] SAFRA, Gilberto. *A dimensão do espírito no ser humano*: apreensão do sentido originário inerente às coisas e ao outro. Estudo de Edith Stein. Série: Contribuições dos filósofos para a prática clínica. São Paulo: Edições Sobornost. Aulas ministradas no LET – Laboratórios de Estudos da Transicionalidade, em 11 de novembro de 2006. DVD 1 e 2. Nesses DVDs se encontram as reflexões e os estudos de Gilberto Safra sobre Edith Stein, de forma mais abrangente que o assinalado nesta reflexão.

[134] STEIN, Edith. *Ser finito y ser eterno*: ensayo de una ascensión al sentido del ser. México: Fondo de cultura económica, 2002. p. 533. "Se toda a criação estava prefigurada no Logos, a humanidade então estava figurada também, de forma particular. Aí está de fato o sentido do ser humano: nele o céu e a terra, Deus e a criação devem unir-se".

a necessidade do equilíbrio entre corpo, psique e espírito, para que a pessoa humana viva em harmonia consigo e com os sujeitos a ela estranhos.[135] Esse processo empático do "eu" faz emergir, conforme o pensamento steiniano, a existência de um núcleo central no ser humano, de onde emana a verdade de si mesmo, um centro a ser escutado, conhecido, acolhido como fonte de autenticidade, que, por fim, deve ser respeitado, em primeiro lugar, pela própria pessoa.

Com uma visão panorâmica das obras de Stein e um aprofundamento no *Einfühlung*, pode ser apreciado um ensinamento crescente da ascensão dialogal e comunhão do ser humano, ser finito, com o mistério inefável do Absoluto, Ser Eterno. Isso para a realidade do século XXI é de um poder inenarrável, pois em meio a tanta falta de sentido, experimentada pelo ser humano, a proposta formativa de Edith Stein é que ao ser humano,[136] independentemente de sua faixa etária, seja-lhe apresentada a sua condição limitada e finita e, ao mesmo tempo, seja-lhe indicada uma via de acesso às virtudes, que lhe possibilitarão uma vivência satisfatória ainda nesta terra e, para os que têm uma convicção religiosa, a plenitude na comunhão com o Ser Eterno. Assim, diante da realidade precária da condição humana, existe a possibilidade de uma vivência digna entre as diversas culturas e tradições religiosas, por meio da tolerância, acolhida, simpatia, proporcionadas pela vivência da empatia. Dessa forma, na obra steiniana o ser humano reivindica o respeito a si e consequentemente surge o respeito pelo "outro" e, ao mesmo tempo, a consideração de que este "outro" é "meu" semelhante, em virtude da estrutura que existe em comum entre todos os humanos.

Entretanto, o percurso proposto por Stein é bastante exigente, pois pede do ser humano um contínuo autoconhecimento e uma responsabilização por seus atos, porém, mais do que isso; também responsabilidade por sua existência.[137] Aqui está uma contribuição humanista e social de Edith Stein para a sociedade massificada, ou seja, ela convida a pessoa a se deparar com o seu próprio ser e a buscar a sua verdade primeira, a qual é, justamente, a resposta para seus anseios: Deus.[138]

[135] Em sua obra *Ser finito e ser eterno*, Edith Stein retoma a estrutura do ser humano, corpo, alma e espírito, e apresenta toda uma evolução de sua forma de refletir a pessoa humana, mas agora a partir da conciliação entre fé e razão.

[136] GARCIA, Jacinta Turolo. *Edith Stein e a formação da pessoa humana*. 2. ed. São Paulo: Loyola, 1987. p. 55-60.

[137] Este autoconhecimento, para Edith Stein, dá-se pela busca da essência da pessoa, evidenciada em sua vivência. A partir de sua abordagem fenomenóloga do ser humano, almeja que a pessoa humana descubra o seu valor, enquanto obra da criação. Posteriormente – em sua evolução reflexiva – acrescentará: enquanto digna da filiação divina.

[138] GARCIA, *op. cit.*, p. 65-78. Edith Stein, como pedagoga, toma o ser humano pela mão e vai ensinando-o a se conhecer. Ela lhe apresenta a sua estrutura psicofísica e quando abraça a fé lhe

Ao escrever a partir do pensamento de uma judia-católica não se tem como escapar da força das Escrituras hebraicas e cristãs, que apontam para Deus como referencial de sentido para a existência humana. Ele também se torna critério para a convivência equilibrada das pessoas na sociedade e jamais se pode usar seu nome para dividir povos e desarmonizar culturas e famílias.[139] Aquele sobre quem Edith Stein levantava dúvidas acerca da possibilidade da empatia, no término de sua tese doutoral, foi sendo reconhecido por ela como caminho de salvação para a humanidade, pela busca empática do mistério divino para se aproximar do coração humano. Nas Sagradas Escrituras se encontram, de modo original, o fenômeno da empatia acontecendo e unificando o Ser Divino com o ser humano. Essa parceria, do ser humano com o mistério de Deus, concede ao ser humano uma singularidade que deve arrancá-lo de toda forma de massificação, corrupção e degradação do mundo criado.[140]

Edith Stein, ao centrar o seu olhar sobre o fenômeno humano de sua época, ilumina o século XXI, clamando para que os povos da terra assumam uma postura empática com tudo o que é criado. O parentesco existente, em nível espiritual, com o ser divino faz do ser humano cocriador, ou seja, toda a sua criatividade deve servir para o bem da humanidade, respeitando os limites, a ética e a cultura de cada povo. A vocação do ser humano, de viver com os seus semelhantes de forma pacífica, independentemente de sua tradição religiosa, orientação sexual, cor da pele, nacionalidade, etc., é de uma preciosidade divina. Por isso o esforço de Stein, em seus escritos e em sua vida, para que o ser humano se conscientize de sua responsabilidade pelo seu próximo. A vida psíquica do ser humano é uma construção; em outras palavras, a sociedade precisa dar formação humana para os seus membros, pondo fim ao analfabetismo ético-funcional, e rechaçar toda forma de discriminação social. Todavia, torna-se difícil criar uma vivência pacífica e harmoniosa entre os povos, quando o que proporciona a empatia em nível psíquico, ainda está desnivelado, por

propõe buscar a verdade íntima de seu ser, onde encontrará Aquele que lhe remeterá ao encontro com o "outro", seu semelhante.

139 KNITTER, Paul F. *Introdução às teologias das religiões*. São Paulo: Paulinas. p. 25-26. Nesse sentido aconteceu em 1993, em Chicago, nos Estados Unidos, o Parlamento Mundial das Religiões. Este propôs, para o bem da humanidade, o diálogo em escala internacional dos membros das diversas religiões, que se concretizaria com a união e comunhão das igrejas, sinagogas, templos e mesquitas.

140 Nas Escrituras Hebraicas e Cristãs, encontra-se, em várias passagens, o próprio Deus chamando pessoas concretas para uma parceria com ele, por exemplo: Moisés e Paulo. Através de seus escolhidos, o Senhor Deus deseja também fazer aliança com todo o povo, conforme Jeremias 31, 31-34. Entretanto, a cada pessoa em particular Ele fala ao coração, conforme o livro *Cântico dos Cânticos* 8, 4, e a cada pessoa Ele dá a liberdade e pede satisfação por seus atos nesta terra, conforme o livro de Ezequiel 18, 2.

fatores sociais e humanitários. Daí a ênfase de Stein na responsabilidade do ser humano por seu semelhante: um tem a missão de promover o "outro", para que ambos atinjam um patamar de parceria dialogal e respeito mútuo, que os leve a um enriquecimento, para se atingir o nível espiritual da empatia.

Enquanto não se chega a esse horizonte de convivência harmoniosa, a sociedade continuará a viver situações de barbárie, como na época de Edith Stein. Uma sociedade massificada despersonaliza o ser humano, que, perdendo os seus valores, deixa vir à tona os seus instintos primitivos, os quais Stein vai tratar no *Einfühlung* como fenômeno da expressão, que aproxima as ações humanas das dos animais.[141] De forma lúdica, a empatia com os animais de estimação faz muito bem ao ser humano, inclusive é terapêutico, conforme várias pesquisas, oficinas e laboratórios já confirmaram.[142] Entretanto, a apreensão do aspecto agressivo do animal ainda está muito presente no ser humano. Stein faz um alerta acerca dessa questão e lança uma luz, para edificar o ser humano e retirá-lo da corrupção a que se submete ou é mergulhado pelo estresse hodierno e pelas tragédias promovidas pelo próprio ser humano no decorrer da história. Em vários níveis sociais, tem se constatado que as pessoas corromperam ou foram corrompidas no que elas têm de mais sagrado: a sua própria humanidade. Infelizmente, os seres humanos continuam perdendo a racionalidade, tendo atitudes brutais em relação a desconhecidos e, também, em relação a seus próprios familiares. O agravamento dessas situações de explosões de agressividades ganha maior proporção, quando grupos passam a fomentar a crueldade, com requintes de perversidade, o que é observado no Estado Islâmico, nos neonazistas, nos narcotraficantes, nos *badboys* e em outros grupos, como também em indivíduos isolados.

Esse quadro de decadência do ser humano se deu de forma cruenta nas primeiras décadas do século XX, na Europa, custando muito para Edith Stein. Diante da realidade da sua época, a luz que ela aponta para a sociedade é a de uma pedagogia que resgata a inteireza e a responsabilidade de cada ser humano diante da vida ameaçada. O exemplo de edificação e promoção do humano é visível nas obras e na vida de Stein. É como se ela dissesse para os intelectuais que não é possível refletir sobre a vida, se não se empatizar com as pessoas em suas diversas questões, apreendendo as suas dores e refletindo possibilidades de

[141] STEIN, Edith. *Sobre el problema de la empatía.* Madrid: Trotta, 2004. p. 70-72. Por parentesco deve se entender aqui as expressões corporais inadequadas para a convivência social, mas que brotam de dentro do ser humano e são reprimidas.

[142] *Ibidem*, p. 87. Nos animais se encontram vigor, debilidade, instintos, sensações e mobilidade, o que gera certo "parentesco" com o ser humano.

tirá-las daquilo que as desumaniza. Talvez se possa afirmar que a Edith Stein, militante e defensora de um Estado democrático, acredite que a ascensão do Estado só seja possível, quando este possibilitar a promoção e o desenvolvimento humano de seus cidadãos, em todas as dimensões da vida. Na verdade, em sua obra *Vida de uma família judaica*, ela narra justamente o labor de um povo, lutando por sua sobrevivência de forma honesta, possibilitando aos filhos acesso à educação civil e religiosa. Stein esforça-se, em suas muitas conferências, para mobilizar o cidadão, a fim de que ele se valorize por aquilo que ele é e produz. Neste ser e fazer, Stein reabilita o humano ao *status* de ser racional e, nesse ínterim, eleva a dignidade da mulher, colocando-a em mesmo grau de igualdade que o homem, em seu valor como pessoa humana:

> Nenhuma mulher é somente mulher. Assim como o homem, cada mulher tem sua particularidade e sua inclinação individual e, nesta inclinação, o talento para tal ou qual atividade artística, científica ou técnica. Em princípio, a inclinação individual pode manifestar-se em qualquer domínio, mesmo naqueles que nada têm a ver com a especificidade feminina.[143]

Edith Stein ainda acrescenta:

> Porque se pensava, há alguns decênios, que a mulher tinha seu lugar no lar e que não servia para mais nada, foram precisos longos e difíceis combates para alargar um campo de ação tornado muito estreito. Contra esse sistema, insurgiu-se um bom número de mulheres corajosas e decididas.[144]

A humanista e propagadora da conciliação, por meio da empatia, adentra no mundo da violência, miséria e morte, mas não se deixa entorpecer, pois conquistou ou foi agraciada pelo dom da serenidade.[145] Dos campos de concentração da Segunda Guerra Mundial, ela transmite aos condenados de todos os tempos a fortaleza e a serenidade para abraçar a morte, como o encontro com

[143] STEIN, Edith. In: URKIZA, Julien; SANCHO, Francisco Javier (Org.). *Obras completas*. v. IV. Escritos antropológicos y pedagógicos: a mulher. Seu dever segundo a natureza e a graça. Vitória: El Carmen; Madri: Espiritualidad; Burgo: Monte Carmelo, 2003. p. 1172.

[144] HERBSTRITH, W. *Edith Stein*: a loucura da cruz. Paris: Editions du Signe, 1998. p. 22.

[145] GARCIA, J. T.; SCIADINI, P. *Edith Stein*: holocausto para seu povo. São Paulo: Loyola, 1987. p. 68. Conforme o testemunho das alunas, do colégio das dominicanas, em Speyer, Edith Stein era calma, delicada, silenciosa. Tinha uma visão avançada da sociedade e era tida como a professora mais amada, justa e inteligente do colégio. MIRIBEL, Elisabeth. *Edith Stein, 1891-1942*: *como ouro purificado pelo fogo*. 2. ed. Aparecida: Santuário, 2001. p. 187. Aqui se encontra outro testemunho que informa acerca da postura pacífica de Edith Stein num momento caótico do campo de concentração.

Aquele, que faz justiça e sente profundamente a morte de seus justos, conforme narra o Salmo 115 (116):

> É sentida por demais pelo Senhor a morte de seus santos, seus amigos. Eis que sou o vosso servo, ó Senhor, mas me quebraste os grilhões da escravidão! Por isso oferto um sacrifício de louvor, invocando o nome santo do Senhor. Vou cumprir minhas promessas ao Senhor na presença de seu povo reunido. O cálice por nós abençoado é a nossa comunhão com o sangue do Senhor.

Edith Stein escreve:

> Não há um coração humano que compreenda o que reservas para os que te amam. Agora eu te possuo e não te deixarei jamais. Por onde quer que me conduza o caminho da vida, Tu estás ao meu lado, nada poderá separar-me do teu amor.[146]

A Edith Stein da fé contempla o mistério amoroso de Deus pela humanidade e age profeticamente, diante das atrocidades de seu tempo. O seu testemunho para com os crentes de sua época e para com os de hoje é forte e exigente, pois incita o fiel a se desacomodar de uma religião sentimentalista, fundamentalista e alienada, para abraçar com amor e ardor um compromisso real pelas pessoas, em especial pelas mais vulneráveis e excluídas. A sua solidariedade com os desamparados desestabiliza o crente, que diz ser fiel às Escrituras, no entanto é omisso em seu papel político-social. Não tem como professar uma fé no Deus de Israel e se esquecer de que este mesmo Deus exige que seu povo viva em justiça e fraternidade (Salmo 85). Ela pôde vivenciar de perto as contradições dos "crentes" de seu tempo. Conhece as fragilidades humanas e é por isso que convidou, e ainda hoje convida, por meio da leitura de suas obras, o ser humano de fé a uma elevação espiritual, para que possa atingir o sentido absoluto do Ser Eterno.

Entretanto, para que isso se dê, é preciso que o ser humano encontre-se e descubra o seu real valor, a sua dignidade pessoal, a fim de viver plenamente. O ser humano é chamado a viver no seu íntimo, tomando em suas mãos o governo de todo seu ser; somente partindo desse ponto o ser humano poderá encontrar, no mundo, o lugar a ele destinado. Aí sim, a sua vocação para a eternidade cumprir-se-á, conforme afirma Edith Stein em sua obra *Ser Finito e Ser Eterno*: "Todo ente finito é uma plenitude limitada

[146] HERBSTRITH, W. *Edith Stein*: a loucura da cruz. Paris: Editions du Signe, 1998. p. 33.

e informe, e assim estará inteiramente até sua perfeição definitiva". A autora explica que o ser humano, justamente por sua dependência da matéria, é limitado e precário. Entretanto, ele tem um estreito laço de união com Aquele que, descendo até a profundidade do ser terrestre, como Verbo feito carne, é chamado a trilhar o caminho do Verbo Encarnado até a plenitude definitiva do Ser Eterno.[147]

As circunstâncias históricas e a condição existencial de Edith Stein, com certeza, influenciaram na escolha do tema a ser desenvolvido, em sua tese doutoral. Em seu terceiro capítulo, ela trabalha a empatia como tarefa humana, para o problema da constituição do indivíduo psicofísico, ou seja, a sua abordagem da empatia pretende ser um estudo do problema e uma busca de solução, acerca dos encontros e desencontros das vivências humanas ao longo da história. Visa possibilitar um conhecimento profundo da estrutura humana, para elevar o ser humano a um grau de maturidade existencial e relacional, que lhe possibilite viver em harmonia.[148]

A busca da vivência pacífica entre os povos parte do ser humano concreto e situado, cuja estrutura pessoal, enquanto corpo, psique e espírito, apreende a realidade de forma multifacetada. O ser humano, reduzido pelo processo fenomenológico à sua essência, evidencia um ser com vivências múltiplas,[149] condicionamentos culturais[150] e relacionamentos incompletos.[151] Esta sua realidade

[147] STEIN, Edith. *Ser finito y ser eterno*: ensayo de una ascensión al sentido del ser. México: Fondo de Cultura Económica, 2002, p. 482.

[148] *Idem*. *Sobre el problema de la empatía*. Madrid: Trotta, 2004. p. 55-56, 114-134. Edith Stein comenta que, "em virtude de uma disposição inexplicável de nosso espírito ou de um instinto natural, pensamos em uma vida consciente ligada a certos corpos físicos". Em seguida, ela critica a ciência positivista, que, através das investigações científicas, não conseguiu respostas às questões subjetivas do ser humano. Em seu trabalho, ela irá apontando situações, que possibilitarão ao ser humano equilibrar o seu instinto natural, com as realidades sociais e as aspirações espirituais, presentes na subjetividade humana.

[149] *Ibidem*, p. 75-80. Essas vivências dar-se-ão a partir do momento em que a pessoa se compreende como corpo vivo, sensível e se distingue frente a outros corpos físicos, porém, graças a sua capacidade de se empatizar e se relacionar, ela é capaz de se colocar no lugar do outro obtendo por apreensão uma nova imagem do mundo, o que a levará a um enriquecimento cultural e humanístico.

[150] *Ibidem*, p. 94. Edith Stein chamará de conexão simbólica o fenômeno apreendido através da expressão corporal, chamado de anímico. Por meio desse fenômeno a pessoa capta as manifestações culturais e vitais do outro e se apropria empaticamente dessas manifestações de forma cooriginal, o que pode ser positivo, mas também negativo dependendo da forma com que se estabeleça a relação social entre as pessoas.

[151] *Ibidem*, p. 104-106. A experiência humana esboça a incompletude do ser humano, que, através da empatia, tem suas qualidades se confirmando e seus erros se corrigindo. Edith Stein exemplifica: "se me contam uma conduta desonrosa de uma pessoa que conheço e sei de sua retidão, então não darei crédito algum ao que me foi contado." Assim, os elementos valorativos do ser humano em ato estão incompletos, mas podem ser apreendidos pelos atos empáticos, que darão a completude ao ser humano.

complexa lhe gera uma fenda em sua alma, que, quando fica exposta, deixa a pessoa muito vulnerável. Enquanto o ser humano não toma consciência de si, as suas imperfeições lhe provocam muita dor no seu ser e os seus sentimentos se entrechocam, isso ocorre porque o caos e o cosmos do qual faz parte estão em interação. Dessa situação o ser humano pode sair mais maduro ou não, dependendo de sua capacidade de se posicionar diante da vida. São vários os fatores que insinuarão imperfeições no ser humano e lhe trarão dificuldade em lidar com a sua própria condição existencial, a qual, conforme a inspiração steiniana, é chamada a se desenvolver e atingir o equilíbrio harmonioso com os seres pertencentes a este mundo e ao mundo espiritual.

A insatisfação interna, no que se refere à estrutura do ser humano, gera a insatisfação externalizada na convivência social. A proximidade dos instintos humanos ao aspecto animal é despertada em contextos limites, em nível existencial ou social. Isso equivale a dizer que a pessoa, possuidora de uma agressividade, fora educada e formada ao longo da história da civilização para uma convivência pacífica. Entretanto, mediante o mal-estar que afeta o ser humano, em contextos complexos, surge de dentro dele este lado agressivo e, em alguns casos, destruidor.[152] Essa hostilidade faz com que se rompam os limites de respeito às pessoas e às sociedades, violando os direitos civilizatórios dos povos em várias partes do mundo, no decorrer da história. Como forma de paralisar essas situações desumanizadoras, em 1789, na França, foi proclamada a Declaração dos Direitos do Homem e do Cidadão.[153] A proposta não se vinculava apenas ao povo francês, mas a toda humanidade, alargando o campo dos direitos humanos e definindo os direitos econômicos e sociais. Entretanto, as

[152] Segundo a definição da Organização Mundial da Saúde, considera-se violência o uso de força ou poder, real ou apenas ameaçado, contra si próprio, contra outra pessoa, ou contra um grupo ou uma comunidade, que resulte ou tenha possibilidade de resultar em lesão, morte, dano psicológico, deficiência de desenvolvimento ou privação (OMS, 2002). Os comportamentos agressivos são associados a problemas de ajustamento e diversos sintomas psicopatológicos e transtornos, tais como Transtorno de Personalidade antissocial, Transtorno de Personalidade Borderline, Transtorno Explosivo Intermitente, Esquizofrenia, e Transtorno de Humor Bipolar. Disponível em: https://pt.wikipedia.org/wiki/Agress. Acesso em: 24 set. 2016.

[153] Os direitos humanos foram debatidos ao longo dos séculos por filósofos e juristas. O início desta caminhada remete para a área da religião, quando o cristianismo, durante a Idade Média, defende a igualdade de todos os seres humanos numa mesma dignidade; foi também durante essa época que os matemáticos cristãos recolheram e desenvolveram a teoria do direito natural, em que o indivíduo está no centro de uma ordem social e jurídica justa, mas a lei divina tem prevalência sobre o direito laico tal como é definido pelo imperador, o rei ou o príncipe. Com a Idade Moderna, os racionalistas dos séculos XVII e XVIII reformulam as teorias do direito natural, retirando a sua submissão a uma ordem divina. Para os racionalistas, foi essa corrente de pensamento que acabou por inspirar o atual sistema internacional de proteção dos direitos do ser humano. Disponível em: http://pt.wikipedia.org/wiki/Direitos_humanos. Acessado em 26 de março de 2012.

duas Grandes Guerras do século XX vieram demonstrar as falhas na vivência desses direitos.

A Segunda Guerra Mundial engendrou uma multidão de refugiados, em toda a Europa; o Estado nazista aplicou, sistematicamente, a política de supressão da nacionalidade alemã judaica. Logo após a guerra, a filósofa Hannah Arendt chamou a atenção para a novidade perversa desse abuso, mostrando como a privação de nacionalidade fazia vítimas, deixando as pessoas excluídas de toda proteção jurídica no mundo. Ao contrário do que se supunha no século XVIII, no sentido de que todos os seres humanos são por natureza livres e têm certos direitos inatos de que não podem ser despojados quando entram em sociedade, Arendt demonstra que os direitos humanos não são protegidos independentemente da nacionalidade ou cidadania. O asilado político, em princípio, deixaria um quadro de proteção nacional para encontrar outro, porém, no universo europeu criado pelo nazismo, aquele que foi despojado de sua nacionalidade, sem ser opositor político, pode não encontrar nenhum Estado disposto a recebê-lo: ele simplesmente deixa de ser considerado uma pessoa humana. Numa fórmula tornada célebre, Hannah Arendt concluiu que a essência dos direitos humanos é o direito a ter direitos.

Em 1945, os Estados tomam consciência das tragédias e atrocidades vividas durante a Segunda Guerra Mundial, o que os levou a criar a Organização das Nações Unidas (ONU) em prol de se estabelecer e manter a paz no mundo. Foi por meio da Carta das Nações Unidas, assinada a 20 de junho de 1945, que os povos exprimiram a sua determinação "em preservar as gerações futuras do flagelo da guerra; proclamar a fé nos direitos fundamentais do ser humano, na dignidade e valor da pessoa, na igualdade de direitos entre homens e mulheres, assim como das nações, grandes e pequenas; em promover o progresso social e instaurar melhores condições de vida numa maior liberdade". A criação das Nações Unidas simboliza a necessidade de um mundo de tolerância, de paz, de solidariedade entre as nações, que faça avançar o progresso social e econômico de todos os povos. Os principais objetivos das Nações Unidas passam por manter a paz, a segurança internacional, desenvolver relações amigáveis entre as nações, realizar a cooperação internacional, resolvendo problemas internacionais de caráter econômico, social, intelectual e humanitário, desenvolver e encorajar o respeito aos direitos humanos e às liberdades fundamentais sem qualquer tipo de distinção.

Algumas décadas antes da promulgação teórica feita pela ONU, Edith Stein, que vivia na pacífica Göttingen, rodeada de humanistas intelectuais, nas vésperas da Primeira Guerra Mundial, deixa transparecer o seu estado de espírito, desabafando:

> A paz, a tranquila posse dos bens, a estabilidade das relações cotidianas constituem para nós como que o inabalável alicerce da vida. Quando, enfim, percebemos que se aproximava inexoravelmente a tempestade, todos procuramos compreender claramente o processo e o desenlace. Uma coisa era certa: tratava-se de uma guerra diferente das anteriores. Uma destruição tão horrorosa não poderia durar muito tempo.[154]

De fato, o horror que se abateu sobre a Europa, em suas primeiras décadas, demonstra uma força irracional e agressiva do ser humano, que expunha a insatisfação das lideranças governamentais e das massas populacionais, em relação à prosperidade idealizada pelo cientificismo no século XIX e que não se concretizou no século XX. Ao contrário, o início do século foi bastante conturbado pela pobreza das massas populacionais, crises políticas e econômicas dos Estados europeus, além das interrogações pessoais acerca do sentido da vida, que não encontrava respostas no racionalismo, além da crescente frustração social. Com isso, o heroísmo de servir como patriota[155] fez o europeu se dar conta de que a ferocidade estúpida e brutalmente assassina, que redesenhou o mapa da Europa, não trouxe benefícios para os povos, ao contrário, a convivência, que de certa forma era pacífica entre as diferenças étnicas na sociedade, deu lugar à discriminação e ao preconceito. Dessa forma, a fraqueza humana cedeu espaço aos instintos violentos, e a insatisfação do ser humano, com sua precariedade, fê-lo buscar um "bode expiatório" para suprir a sua incompletude, já que a religião deixou de dar sentido à vida pessoal e social, por causa do crescente ateísmo que avançava sobre a Europa.[156] Esse ateísmo foi se tornando militante e, posteriormente, instalou-se politicamente, estrangulando as nações europeias, quer sob a forma de nazismo, quer sob a forma de comunismo, ou

[154] STEIN, Edith. *Obras completas I*. Escritos autobiográficos y cartas. Burgos: Monte Carmelo, 2005. p. 394.

[155] O espírito patriótico e o ideal de heroísmo sensibilizaram Edith Stein, que, como se sabe, interrompeu os seus estudos para servir como enfermeira num hospital militar. Stein tinha para si que deveria estar disposta a correr riscos e fazer sacrifícios por sua pátria, já que a sua língua era a alemã, a sua cultura era a alemã, bem como toda a sua formação.

[156] A expressão bode expiatório tem a sua origem no ritual judaico do Livro dos Levíticos, em que Aarão, ao pôr as mãos sobre a cabeça de um bode, transmite para este animal todos os pecados do povo de Israel. As palavras "bode expiatório" são aplicadas a qualquer situação em que um inocente é responsabilizado por uma culpa que não tem. Nas relações entre etnias dominantes e dominadas, esse processo ocorre frequentemente, em épocas de crise, em que uma sociedade transfere para uma minoria frágil e facilmente identificável os seus medos e infortúnios. A discriminação, preconceito e esteriotipação voltam ciclicamente a afetar as sociedades que escolhem os mesmos ou novos bodes expiatórios, já que sempre que há uma pessoa, grupo ou etnia diferente, a tendência preconceituosa de alguns indivíduos e grupos é de caracterizar aquele que não é igual, nem semelhante com um estereótipo que normalmente se torna o "gatilho" que despoleta a canalização da agressão. Disponível em: http//www.infopedia.pt/bode-expiatorio. Acessado em 28 de março de 2012.

seja, a religião, e em particular o catolicismo cristão, foi rejeitada nesses dois sistemas políticos. A consequência foi a tentativa da supressão dos valores do evangelho, com o fim da ética judaico-cristã nos países dominados pelo nazismo e, posteriormente, pelo comunismo. Sob o formato da indiferença religiosa, o ateísmo dos dias atuais encharca as diversas sociedades, num divórcio instalado, "politicamente correto", ou seja, um laicismo que abre mão dos valores conquistados pela sociedade ocidental, graças à tradição judaico-cristã, para um relativismo generalizado.

Diante desse lamentável quadro, que ainda se repete em vários níveis na sociedade globalizada, Edith Stein perscruta a raiz do mal, o mistério da iniquidade que gera essa nefasta situação no seio familiar e social. Em sua pesquisa, ela constata que o grande perigo ao qual o ser humano está constantemente submetido é o de cair em uma vida puramente instintiva.[157] Sempre que acontece essa queda, o ser humano é arrastado ao mal,[158] por isso afirma no *Einfühlung*: "nós, pessoas civilizadas, temos que nos dominar, reprimir a expressão corporal de nossos sentimentos; somos limitados em nossas ações e, consequentemente, em nossos atos de vontade".[159] Com isso, cabe ao ser humano buscar continuamente a reflexão para evitar atitudes desastrosas e selvagerias, já que é diferente do animal, que na maioria das vezes ataca somente para se proteger. Logo, os instintos do ser humano, que vêm sendo "reprimidos" ao longo dos séculos, têm forte influência na vida social, inclusive na semeadura do mal na sociedade como um todo.

Neste mundo globalizado, cresce cada vez mais o número de indivíduos com identificações fortes em determinados grupos, que, em uma esfera menor,

[157] Edith Stein: filósofa judia e mestra espiritual. Grande Sinal, Petrópolis, v. 41, n. 2, p. 172, 1987.

[158] STEIN, Edith. In: URKIZA, Julien; SANCHO, Francisco Javier (Org.). *Obras completas*. v. IV. Escritos antropológicos y pedagógicos. Vitória: El Carmen; Madri: Espiritualidad; Burgo: Monte Carmelo, 2003. p. 309-310. Neste trabalho pedagógico Edith Stein concilia a natureza, a liberdade e a graça, como princípios para compor a forma harmoniosa de vida, e, ao mesmo tempo, para contrapor o impulso da natureza humana, que, deixando-se levar pelo ritmo de suas paixões, não conseguirá jamais desenvolver uma personalidade profunda e equilibrada. Em um trabalho posterior ("Que é o homem? A antropologia da doutrina católica da fé") (p. 811-833), Stein parte da reflexão agostiniana sobre o mal, para expor a compreensão sobre a liberdade humana e a vontade para se fazer escolhas e, em meio a estas opções, o equívoco humano em se deixar corromper, escolhendo o que é mal. Aqui novamente vem à tona o que Edith Stein trabalha em sua primeira obra, quando trata do problema da constituição do indivíduo psicofísico: o fenômeno da expressão. Nesse ponto afirma que o mesmo sentimento que motiva um ato de vontade, positivo ou negativo, pode também motivar um fenômeno expressivo, ou seja, o vandalismo é uma expressão da insatisfação de determinado grupo em relação ao quadro social, no qual está inserido, ou pior ainda, é uma forma de deixar extravasar a sua agressividade contra o contexto que o circunda, não enxergando e destruindo o ser humano, os bens sociais e a ecologia.

[159] STEIN, E. *Sobre el problema de la empatía*. Madrid: Trotta, 2004. p. 70.

podem ser chamados de ilhas ou guetos, e, em uma esfera maior, podem ser denominados de nacionalismos. Grupos afins buscam respaldar seus direitos, bem como defender os seus interesses em meio à pluralidade social; para obter seus intentos, utilizam-se dos recursos que lhes estão disponíveis, mesmo que esses não sejam éticos.[160] É válida aqui uma discussão ética acerca desses interesses, tendo como foco central de averiguação o grau de sanidade desses grupos, que são compostos de indivíduos, cuja retidão da vontade e da liberdade são questionáveis.[161] A autora vai defender o diálogo, para se conciliar os diversos interesses desses grupos. O problema está justamente na capacidade ou incapacidade de o ser humano dialogar. A construção de uma relação intersubjetiva requer pessoas equilibradas psiquicamente. Nesse ponto, a filósofa convida o ser humano a ultrapassar o aspecto humano corporal e atingir o aspecto da psique e do espírito, para uma melhor compreensão da vida.[162] A psique compõe-se de conteúdos como desejos, tensão, reações ao mundo do corpo exterior, sendo a parte espiritual aquela com a qual se toma ou não posições geralmente conforme a cultura, mas nem sempre, pois o espírito é impelido a ultrapassar os seus horizontes reflexivos. Esse é o campo da liberdade, que pode ser tomada como a grande riqueza da aventura humana sobre a terra, mas, quando essa riqueza não é bem administrada, é impossibilitada ou tolhida, isso se torna uma desgraça, pelo fato de o aspecto irracional do ser humano, dotado de forças destruidoras, poder desestabilizar o seio familiar e a sociedade, com tudo o que neles existe: como a religião, política, economia, etc.

Na obra sobre o *Einfühlung*, Stein informa que o ser humano constrói o mundo ao seu redor de acordo com a sua vontade e necessidade, e que as suas motivações brotam no íntimo de seu ser de forma criativa e correlata, ou seja, "Todo nosso mundo cultural, tudo aquilo que modelou a mão do ser humano, todos os objetos de uso, todas as obras de artesanato, da técnica, da arte, são

[160] O nacionalismo exacerbado não desapareceu com o fim da Primeira Guerra, antes desencadeou a Segunda. No fim do século XX, ainda perdurava as questões acerca dos Balcãs, do País Basco, da Irlanda do Norte, da Chechênia. Atualmente ainda existem realidades complexas como a da China em relação a Taiwan, e o Tibete.

[161] MIRIBEL, Elisabeth. *Edith Stein*: como ouro purificado pelo fogo. 2. ed. Aparecida: Santuário, 2001. p. 56-57. Edith Stein vai ser muito influenciada por Max Scheler em sua concepção ética, através de seus livros, suas conferências, conversas e discussões sobre o mundo dos valores. O próprio Scheler cita Stein como uma das continuadoras da sua Teoria dos Valores, referindo-se à tese sobre a empatia, que toma e desenvolve a doutrina do valor da pessoa.

[162] STEIN, *op. cit.*, p. 109. A filósofa recapitula o fato de que o "eu" é constituído como membro da natureza, e que a alma está fundada no corpo. Entretanto, sinaliza que esta concepção da alma não se sustenta e amplia o leque de reflexão, acrescentando o elemento espiritual.

correlatos feito realidade do espírito".[163] Essa estrutura humana possibilita um constante progresso, na medida em que as pessoas usam os seus talentos para enriquecer a humanidade, conforme se observa na história, graças à empatia, isto é, o horizonte espiritual das pessoas progride quando compartilham as suas conquistas e seus inventos, facilitando assim a vida de seu próximo. Em seus escritos, percebe-se que a filósofa entusiasma-se por quem acredita em sua própria capacidade de transformar as coisas, em fazer dar certo os seus projetos, que acredita em si e nos outros. Ela crê na força potencial que as pessoas têm de transformar o mundo e a própria realidade. Compreende que as atitudes humanas, ou, de acordo com a sua linguagem original, os "atos espirituais", estão unidas numa relação semelhante a um feixe de raios de luz, que brota do ser humano, como ponto de intercessão, e ilumina tudo ao seu redor. A experiência vivencial de cada um é passada para o outro; a esse fenômeno ela chama de motivação;[164] ainda prossegue dizendo que um sentimento motiva uma expressão, que pode vir a se tornar real ou não, conforme a natureza do que é desejado. Isso porque há um domínio de possibilidades de expressões, provenientes de atos espirituais, que devem se submeter à legalidade racional, conforme a ética e a axiologia sociocultural, para um convívio fraterno entre as pessoas.

Entretanto, Edith Stein é muito realista, pois, conforme já foi mencionado, a sua tese provavelmente tinha também o intuito de desvendar as razões de tantos desentendimentos humanos e desrespeitos à dignidade da vida.[165] Em sua pesquisa, ela exemplifica a alienação mental de casos patológicos, aparentemente leves, de pessoas que contradizem as leis convencionais da boa convivência, querendo estabelecer os seus próprios interesses. Em seguida, fala da diferença radical entre as anomalias espirituais e as psíquicas, por fim, trata dos casos patológicos que se apresentam como modificações na vida da pessoa, pela aparição de uma enfermidade, como a depressão, que lhe retira do ritmo racional da vida.[166] Esses quadros de patologias mesclam-se na estrutura humana, abarcando, portanto, a estrutura corpórea, psíquica e espiritual do ser humano, afetando a ética relacional da vida na sociedade. O resultado

[163] STEIN, Edith. *Sobre el problema de la empatía*. Madrid: Trotta, 2004. p. 110.

[164] *Ibidem*, p. 114.

[165] Edith Stein era judia-prussiana. Sabe-se hoje como estas duas identidades, assim juntas, foram sinônimo lúgubre de perseguição, de tortura, de tragédia e de extermínio. Uma das grandes dores da Europa do século XX atinge em cheio Edith Stein e será causa da sua morte. Esta linha de força, tão tristemente típica da Europa do seu tempo, irá traspassá-la.

[166] STEIN, Edith. *Sobre el problema de la empatía*. Madrid: Trotta, 2004. p. 115.

desse quadro doentio é constatado por Stein, na sociedade em que vivia, mas também é cruamente percebido nos dias atuais.

Nesse sentido, fazendo uma análise do autoritarismo *versus* a autoridade, pode-se compreender o adoecimento humano e as possibilidades de equilíbrio psíquico. No autoritarismo, seja de Hitler, seja de uma pessoa em relação à outra, encontra-se no cotidiano um ser adoecido, talvez com um complexo de inferioridade, lutando para se impor no poder ou para obter poder sobre a outra pessoa. Essa disputa, às vezes, é cega, pois menospreza os valores sociais e o respeito à vida humana, trazendo grandes estragos para o relacionamento interpessoal e para a sociedade. Por outro lado, de forma simples, os grupos humanos precisam se organizar, e a forma mais saudável é por meio do bom senso, o qual delega autoridade para uma pessoa, em princípio equilibrada; porém, se essa apresentar sinais de desequilíbrio, os mesmos grupos têm o dever de desautorizá-la em seu governo e passar para outra pessoa essa missão, a fim de que o grupo viva conforme a sua constituição.

Ao prosseguir nessa reflexão, sobre os fatores que impedem a convivência fraterna, desvela-se o ser humano afetado por várias demandas, desde a sua genética até a estafa do contexto sociofamiliar. As pesquisas epistemológicas avançam e trazem respostas e propostas, para que o ser humano tenha mais qualidade de vida. Como pedagoga, Edith Stein vai insistir na necessidade da formação humana, que faz o sujeito aprender a viver a liberdade com seus limites, impostos pela ética. Não se trata de uma imposição, mas de valores que norteiam a sociedade, para que ela possibilite ao ser humano um espaço para a sua plenificação. Infelizmente, o ser humano do século XX e início do século XXI, por ter sido tão bombardeado por conflitos de toda espécie, não conseguiu se engendrar de uma formação pedagógica humanizadora num crescente em todos os sentidos. Tanto o ambiente familiar como o escolar padecem, refletindo o que se deu no sistema social. Esses ambientes saíram de regimes estritamente fechados, com punições vexaminosas, e caíram em situações de libertinagem. Por exemplo, na escola, para se disciplinar o aluno, utilizavam-se vários recursos, entre eles o uso da palmatória. Atualmente, a situação é outra. Em alguns casos, a escola é campo de guerra, e professores são ameaçados e, até, assassinados por seus alunos.

No ambiente familiar, o cenário de morte repete-se devido a situações danosas, como a dependência química de um dos membros da família. A droga, ao deteriorar o sistema nervoso do indivíduo, faz com que ele não reconheça os valores humanitários, e isso o torna capaz de realizar atos trágicos. Esse cenário evidencia a dificuldade humana de lidar com sua autonomia, disciplina e liberdade, e, ao mesmo tempo, passar esses valores para as novas gerações.

Por outro lado, felizmente, esse mesmo ser humano tem se aperfeiçoado na relação com seu semelhante de forma altruísta, graças à contribuição de muitos humanistas, por exemplo: nos escritos steinianos se encontra uma pedagogia que visa proporcionar ao indivíduo um real conhecimento de seu potencial e, ao mesmo tempo, uma sensibilidade para com o mundo ao seu redor.

Nesse sentido, a filósofa Jacinta Turolo, baseando-se nos escritos pedagógicos de Stein, informa que a formação é o conceito central e principal da pedagogia steiniana, e que grande parte do trabalho educativo consiste em deixar que o processo formativo desenvolva-se naturalmente, o que requer a integração de fatores internos e externos, tais como alimentação adequada, limpeza, luminosidade e a possibilidade do movimento livre. E, externamente, um ambiente pacífico e ordenado com pessoas adultas que tenham o domínio de si, para não interferirem com intromissões supérfluas ou prejudiciais, e, ao mesmo tempo, ajam com firmeza na formação de hábitos na criança. Segundo Edith Stein, a formação deve ser uma atividade planejada com programação e objetivos claros. Todo o trabalho educativo consiste em oferecer, em tempo e lugar adequado, os meios necessários para incentivar aquele que está em processo de formação à atividade cognoscitiva, sem violentar a liberdade. Por fim, a formação como orientação num caminho de reais valores é uma constante na pedagogia steiniana, porque a base axiológica é que fundamenta a educação.[167]

Nessa mesma linha de fé no processo pedagógico, em várias partes do mundo constata-se a presença de sistemas educacionais que visam promover a cultura e a ética entre as pessoas, tais como o proposto pelo brasileiro Paulo Freire.[168] Em sua teoria epistemológica destacam-se: a crítica à educação bancária; a educação crítica como prática da liberdade; a defesa da educação como ato dialógico; a necessidade de o professor ser pesquisador e ter rigor científico nas suas aulas; a problematização e a interdisciplinaridade no ato educativo e a noção de ciência aberta às necessidades populares. Para Paulo Freire a educação requer, de forma permanente: o cultivo da curiosidade, as práticas horizontais mediadas pelo diálogo, os atos de leitura do mundo, a problematização desse

[167] GARCIA, Jacinta Turolo. *Edith Stein e a formação da pessoa humana*. p. 63-73.

[168] A atualidade do pensamento de Paulo Freire vem sendo atestada pela multiplicidade de experiências que se desenvolvem tomando o seu pensamento como referência, em diferentes áreas do conhecimento. Seu livro mais importante, *Pedagogia do oprimido*, foi traduzido em mais de 20 idiomas e, somente em inglês, já foram publicados mais de 500 mil exemplares. Seu livro *Pedagogia da autonomia: saberes necessários à prática educativa* vendeu mais de um milhão de exemplares. Seus livros são comercializados em 80 países, podendo-se afirmar, em razão disso, que ele é o educador brasileiro mais lido no mundo. As propostas por ele lançadas foram sendo apropriadas por grupos distintos, que as relocalizaram em vários contextos sociais e políticos. Disponível em: http://www.cartaeducacao.com.br/artigo/a-importancia-de-paulo-freire. Acesso em: 15 set. 2017.

mundo, a ampliação do conhecimento que cada um detém sobre o mundo problematizado, a interligação dos conteúdos apreendidos, o compartilhamento do mundo conhecido a partir do processo de construção e reconstrução do conhecimento. Suas obras são críticas, mas cheias de esperança porque o homem e a mulher, como seres inconclusos, sempre podem aprender mais e mudar a sua realidade e a do mundo. Afirmava o pedagogo: "Ninguém aprende sozinho, aprende-se em comunhão". E isso se faz nas práxis da ação, reflexão e ação. Por isso, ele lembrava: "O mundo não é, ele está sendo".

O trabalho de Edith Stein, bem como o de outros humanistas, ajuda na construção de um mundo mais civilizado. Aqueles que por ventura não respeitam os princípios éticos caem nas situações descritas neste tópico, como: desajustes psíquicos, desajustamento à cultura civilizacional, entre outras patologias. A empatia entre os humanos faz de cada um deles um ser social, corresponsável pelo desenvolvimento do seu semelhante, isto é, um ser ético, que reflete em suas atitudes os valores que geram uma sociedade justa. A vivência da ética implica como tarefa humana buscar compreender, apreender, ou seja, empatizar-se com o outro. Nesse sentido, existem experiências belíssimas de processos empáticos, que proporcionaram a cura de muitas patologias.[169] Como o processo é sempre progressivo, faz-se necessário não só analisar o contexto familiar e social das pessoas, mas a necessidade de promover esses indivíduos por meio de metodologias pedagógicas humanitárias. Em alguns casos, é fundamental a interferência do Estado – por meio da assistencial social – para se retirar o indivíduo de situações de risco.

Em sua última obra, *A ciência da cruz*, a autora demonstra o trabalho humano e divino para se promover a vivência pacífica e justa das pessoas na

[169] No filme "Gênio Indomável", encontra-se o desenrolar do processo empático a partir da seguinte trama: Will (Matt Damon) tem dificuldades em criar vínculos em função de traumas ocorridos na infância, quando sofrera maus tratos e fora abandonado. No entanto, Will é um gênio na matemática e, assim, acaba chamando a atenção do professor Gerald Lambeau (Stellan Skarsgård) que passa a acompanhá-lo, após o jovem se envolver em mais uma confusão. Neste acompanhamento, Will deverá ter aulas de matemática, fazer terapia e arrumar um emprego no campo matemático. A partir de então se inicia a análise psicológica de Will com o psicoterapeuta Sean (Robin Williams), que reconhece a genialidade, mas também as fraquezas do jovem e percebe que por trás de um sujeito autossuficiente e arrogante, esconde-se um garoto frágil e com medo, que precisa de ajuda. Através da empatia, Sean consegue se colocar no lugar de Will e busca sentir a sua dor para que possa compreender o que leva o garoto a agir daquele modo tão agressivo e defensivo. No processo terapêutico, Sean mostra quem é de fato, o que gosta, suas feridas, suas dores, suas realizações e com isso, pouco a pouco, vai conseguindo ganhar a confiança do jovem, bem como conectar-se a ele. A riqueza do filme está na forma como ele deixa claro que não há nada que substitua sentimentos verdadeiros trocados entre duas pessoas. Para isso é preciso estar disposto a ouvir, a se colocar no lugar do outro, assim como Sean fez com Will, ajudando-o a fazer algo com o que os outros fizeram dele. Disponível em: http://genialmentelouco.com.br/2017/01/21/genio-indomavel-a-cura-por-meio-da-empatia/. Acesso em: 15 set. 2017.

sociedade, a partir da experiência de fé. Ao descrever a vida de João da Cruz, Edith Stein vai analisando de forma subliminar a sociedade alemã imersa no nazismo, ao mesmo tempo que vai apresentando a sua concepção do ser humano. O último tópico deste primeiro capítulo aborda a fenomenologia da cruz, promovendo a compreensão histórica da cruz até a sua concepção, enquanto instrumento salvífico e razão de se buscar um conhecimento, ou seja, uma "ciência" sobre ela. Por fim, na dissertação sobre a fenomenologia da noite, está a apresentação da obra mística em questão.

1.3 A fenomenologia da cruz

1.3.1 De madeiro amaldiçoado a instrumento salvífico

Stein, antes de introduzir a questão da Noite, tema que abarca todo o segundo capítulo de sua obra em questão, faz uma observação importante acerca da Cruz, dizendo que ela adquiriu significado por sua história; não é mero objeto criado pela natureza, e sim instrumento fabricado e usado pelo homem para um fim determinado.[170] Em suas origens, a cruz designava uma estaca, onde o condenado era prendido, e os assírios a usavam para empalhamento.[171] Essas práticas de tortura foram adotadas pela Pérsia, Babilônia, Fenícia, Egito, Cartago, Grécia e Roma. No Império Romano, os seus cidadãos tinham aversão à crucifixão e estavam livres de sofrerem esse tipo de condenação, reservada para os escravos, traidores, ladrões, assassinos, etc. O método adotado pelos romanos para a execução do condenado inicia-se com a flagelação, depois carregar a cruz ou a haste horizontal, conforme se deu na crucifixão de Jesus de Nazaré, como narram os evangelistas. Em particular, o evangelista João, em 19, 16-37, descreve os passos da Paixão de Cristo confirmando a prática da tortura empregada pelo Império, que, também, tinha o hábito de colocar no pescoço do condenado uma placa que anunciava o seu crime. No caso de Jesus, essa foi colocada diretamente na parte superior da cruz, com o motivo da condenação: traição por se fazer "Rei dos Judeus". Havia casos em que alguns condenados eram amarrados à cruz e morriam de inanição; outros, como Jesus, eram pregados à cruz, tendo uma madeira como apoio para o corpo ou os pés.

[170] A cruz na história é tida como *lignum infelix* – "lenho infeliz". A forma mais usada para a execução dos condenados é a cruz imissa ou latina (†). Dentre tantas outras, três aparecem mais: cruz comissa ou de Santo Antônio (T); cruz grega posterior (+) e cruz decussata ou de S. André (X).

[171] Trata-se de um processo em que o condenado é trespassado com uma estaca. Os pontos de inserção mais comuns eram o umbigo, a vagina e o ânus, com o objetivo de que a estaca saísse pela boca.

O historiador e teólogo Alderi Souza de Matos[172] informa que o sofrimento era intenso, especialmente em climas quentes, e que uma grave inflamação produzia febre traumática, por conta da exposição ao sol e aos insetos; a vítima sofria pela posição retorcida do corpo e pela sede insuportável. Pelo fato de a crucifixão de Cristo ser na Judeia, ele recebeu uma esponja embebida de uma mistura soporífera, conforme recomendação do Talmude, a fim de que se atenuasse a dor do condenado (Mc 15.23). Os ferimentos produziam uma agonia "excruciante", e a mente ficava tomada de ansiedade e pavor. Podiam ocorrer tétano e graves convulsões. A duração da agonia dependia da constituição da vítima e da intensidade dos açoites prévios. A morte raramente ocorria antes de 36 horas. Daí o evangelista Marcos demonstrar a surpresa de Pilatos pela morte rápida de Jesus.

Entretanto, houve casos de crucificados que sobreviveram aos seus terríveis ferimentos. Contudo, havia também o costume de acelerar a morte quebrando-se as pernas das vítimas, como aconteceu com os que foram crucificados juntos com o Nazareno (Jo 19,32), ou com um forte golpe abaixo da axila depois da crucificação, como ocorreu com Jesus (Jo 19, 34). Devido ao sofrimento e ignomínia dessa forma de execução, era considerada a penalidade suprema, "a mais miserável das mortes", reservada para as classes inferiores e para os crimes mais hediondos.

Na tradição judaica não existia a prática de crucifixão, os condenados eram lapidados e depois, sim, pendurados em uma árvore, como exemplo para que outros não caíssem na idolatria ou na blasfêmia. Deuteronômio 21,22s é um texto forte que amaldiçoa aqueles que fossem colocados na árvore e, na medida em que os romanos começaram a empregar a cruz como método de tortura, também, na Judeia, os judeus aplicaram a esse instrumento a maldição descrita em Deuteronômio. A tradição cristã proclama que a maldição da cruz transformou-se em bênção, graças Àquele que nela adormeceu o sono da morte. Seguindo a determinação de Deuteronômio 21,23, o corpo de Jesus não foi deixado na cruz (Mc 15.42-46), porque os corpos "amaldiçoados" tinham de ser sepultados antes do anoitecer. Para o israelita, um homem que fosse pendurado no madeiro estava banido de seu povo, amaldiçoado pelo Deus da lei e excluído da aliança. Ser considerado blasfemo pela lei e sofrer tal morte significava ser extirpado do mundo dos viventes e da comunhão com Deus:

[172] Alderi Souza de Matos é professor de História da Igreja e coordenador da área de Teologia Histórica do Centro Presbiteriano de Pós-Graduação Andrew Jumper, em São Paulo. É mestre em Novo Testamento pela Andover Newton Theological School, Massachusetts, EUA, e doutor em História da Igreja pela Boston University School of Theology.

"Nós temos uma lei e, conforme essa Lei, ele deve morrer, porque se fez Filho de Deus" (Jo 19,7). Essa alegação diferenciava Jesus dos demais crucificados pelos romanos que eram oriundos de rebeliões contra o Império.[173]

Entre os judeus houve muita resistência a essa penalidade aplicada pelos romanos, para pacificar as rebeliões na Judeia, como a que ocorreu no ano 76 a.C., quando foram crucificados 800 fariseus na cidade de Betome. Por conta dessas crucifixões, o teólogo André T. Queiruga apresenta uma visão positiva da cruz, esclarecendo que a frase do Deuteronômio "Maldito todo aquele que for suspenso no madeiro" só tem sentido quando referida ao malfeitor, ao condenado realmente culpado. Em seguida, cita a historiadora bíblica Paula Frediksen, que afirma: "em nenhuma parte, por exemplo, os oitocentos fariseus crucificados sob Alexandre Janneo ou os poucos milhares de judeus crucificados nas rebeliões contra Roma parecem ter sido considerados como gente que morreu 'maldita de Deus'; ao contrário, os rabinos associam claramente este modo romano de execução com um acontecimento de significado altamente positivo para sua religião: a atadura (o sacrifício) de Isaac". E conclui, dizendo que a "maldição" ou escândalo representa a visão romana, não a judaica: "Os criminosos de Roma eram os heróis do povo submetidos a ela".[174]

A morte de Jesus Nazareno na cruz foi traumática para os discípulos, de tal forma que somente depois da euforia da experiência da sua ressurreição e de Pentecostes é que tomaram ciência de que não poderiam anunciar a presença do Reino de Deus, sem mencionar a cruz.[175] A passagem de Lucas 24, 13-35 é fundamental para a compreensão apostólica do processo vivido pelo Cristo

[173] MOLTMANN, Jürgen. *O Deus crucificado*. São Paulo: Academia Cristã Ltda. p. 53-54. Na Antiguidade a crucificação era considerada como "a mais ignóbil das formas de punição", por isso, o humanismo romano sempre percebeu a "religião da cruz" como algo antiestético, indecente e perverso. Daí a afirmação de Cícero: "O que quer que seja a cruz, ela deve ficar longe dos corpos dos cidadãos de Roma, e também dos seus pensamentos, seus olhos e ouvidos". Dessa forma, para judeus e romanos, a fé cristã dava a impressão de ser uma blasfêmia interminável.

[174] QUEIRUGA, Andrés Torres. *Repensar a ressurreição*. São Paulo: Paulinas. p. 156.

[175] MOLTMANN, Jürgen. *O Deus crucificado*. São Paulo: Academia Cristã Ltda. p. 99-101. A revelação de Deus se deu através da Lei de Israel, que encontra nas obras da lei a sua ressonância. Em várias crenças se constata que o ser humano busca a Deus na lei e tenta fazer-lhe correspondência através das obras da lei, para que ele possa colocar a si mesmo no direito de Deus. Entretanto, Jesus morreu no julgamento da lei como blasfemo. Por isso, para aquele que vê Deus no Cristo impotente e crucificado e crê, constatará uma contradição entre o poder da lei e a impotência de Deus no ato donativo da cruz pela salvação humana. Isso liberta o ser humano de sua autojustificação. Dessa forma, a teologia da cruz, no que diz respeito a seu sujeito até seu método e prática, só pode ser uma teoria polêmica, dialética, antitética e crítica. Como disse Karl Rahner: essa teologia é "ela mesma, teologia crucificada...", pois ela é uma teologia que crucifica o que liberta. Moltmann conclui, fazendo alusão a São Paulo: "a Teologia da Cruz conduz à crítica da vanglória do 'ser desumano' e para a sua libertação, dependendo diretamente da existência humana e prática daquela comunidade

assassinado na cruz. O trecho faz uma releitura da Paixão do Messias à luz das profecias e lança um olhar sobre a realidade em que Jesus viveu e como proclamou a presença do Reino de Deus no meio do povo. As vivências do Senhor Jesus despertaram uma série de reações no coração das pessoas, assim como a sua pregação, que tanto acalentava as multidões ao tomarem conhecimento de que o reino não se impõe, mas o Pai o oferece gratuitamente. Jesus demonstra a infinita misericórdia de Deus com suas parábolas e sua própria atuação, expressa na forma com que se relacionou com os mais sofredores e, ainda, na relativização da lei mosaica (Mc 2,27-28), que engessa as relações e não nutre a vida, em benefício do valor humano.

As atitudes de Jesus não correspondiam à expectativa de vários seguimentos do judaísmo. Quando o Mestre Galileu criticou abertamente a administração do Templo, que não estava servindo como lugar de mediação divina e, sim, para a obtenção de lucros, isso enfureceu as autoridades judaicas. Um Messias que prega uma salvação para todos, não discriminando e nem excluindo ninguém era demais para a mentalidade religiosa de seu povo. A autoridade de Jesus, confirmada por meio dos sinais que aliviam a dor humana, tanto em nível físico como espiritual, causava inveja nos detentores do poder, a ponto de decidirem executá-lo. A proposta de que no Reino tem poder aquele que se coloca a serviço do próximo contrapõe-se à política dominadora do Império Romano e da teocracia judaica. Nesse cenário, o sistema de opressão, que começava numa determinada concepção de Deus, encaminha-se para uma opressão econômica, centralizada no Templo e em seu comércio adjacente. No momento em que o Mestre de Nazaré atenta contra o Templo, estava atentando contra a *Pax Romana*. Daí o poder político estar evidente na condenação de Jesus. O poder religioso ameaçado se alia ao poder político, para manter a estabilidade de ambos, por isso o teólogo J. Moltmann afirma que a mensagem escatológica de Jesus se deu na realidade social e política de seu tempo, o que faz com que toda teologia escatológica deve-se tornar uma teologia política.

A memória da Paixão e da Ressureição de Cristo ameaça uma Igreja que está adaptada à política religiosa de sua época e a impulsiona a entrar em comunhão com os sofredores de seu tempo. A nova teologia política, esclarece o teólogo, não está interessada com a dissolução da Igreja na política de esquerda ou de direita, mas com a cristianização da sua situação política e a função em termos da liberdade de Cristo, pois a sua morte foi a de um ofensor político. Entretanto, se esse homem crucificado ressurgiu dos mortos e foi

escolhida dos fracos, humilhados e desprezados, que a anula e supera as relações de dominação social que possibilita a agressão praticada pelo ser desumano."

exaltado como o Cristo de Deus, então, o que a opinião pública considera como inferior, o que o Estado determinou como sendo infame é transformado em algo supremo. Nesse caso, a glória de Deus não brilha sobre as coroas dos poderosos, mas na face do Cristo crucificado, o que confirma o fato de que a autoridade de Deus é representada diretamente pelo rejeitado Filho do Homem, que morreu entre dois miseráveis. Logo, o domínio e o Reino de Deus não estão refletidos nos domínios políticos e nos reinos mundanos, mas no serviço de Cristo, que se humilhou ao ponto da morte na cruz. A consequência para a teologia cristã é a de que ela deve adotar uma atitude crítica e direcionada às religiões políticas na sociedade e nas igrejas. A teologia política da cruz deve libertar o Estado do serviço político dos ídolos e deve libertar o ser humano da alienação política e da perda de direitos. Dessa forma estará desmitologizando o Estado e a sociedade.[176]

A crucifixão e morte de Jesus são decorrentes de sua missão, isto é, suas posições sobre as questões religiosas, econômicas e políticas entravam em choque com as estruturas da ordem estabelecida, o que o levou a ter de enfrentar um processo religioso e político. Nesse sentido, a morte de Jesus precisa ser compreendida como consequência de sua atuação pública, que desencadeou a reação dos judeus e romanos à sua prática libertadora no seio social, por causa de sua pregação questionar os princípios de fé político-religiosa vigente. Para os fariseus e zelotes, ele era um "traidor" da causa de Israel, e para os romanos, era mais um perturbador que se enquadrava no tipo de líder zelote. De fato, o evangelho de Jesus e sua conduta pública eram altamente políticos, por isso causava estranhamento tanto entre zelotes antirromanos como entre romanos antijudeus. Ambos conheciam o uso das armas como julgamento de Deus, conforme era comum naquele tempo. Jesus, porém, atuava nesse jogo político-religioso de forma diferenciada, desautorizando os seus esquemas de violência, mantenedores do *status quo*, por isso esses grupos o eliminaram.[177] As autoridades judaicas tinham o direito de executá-lo, por meio da lapidação, por causa da blasfêmia, como aconteceu com Estevão (At 6, 9-13). Contudo, o Sinédrio preferiu entregá-lo ao procurador romano Pôncio Pilatos, para que o julgasse e o condenasse a crucifixão. Dessa forma, as autoridades judaicas usam dos motivos políticos como instrumento religioso, para que a morte de Jesus na

[176] MOLTMANN, Jürgen. *O Deus crucificado.* São Paulo: Academia Cristã Ltda. p. 402-404.

[177] MOLTMANN, Jürgen. *O Deus crucificado.* São Paulo: Academia Cristã Ltda. p. 165-187. Segundo o autor, a história de Jesus, que culminou com sua crucifixão, foi, antes de tudo, uma história teológica determinada pelo embate entre Deus e os deuses; a saber, entre o Deus, a quem Jesus chamava por Pai, e o deus da lei, tal como os guardiães da lei o compreendiam, e também com os deuses políticos das forças de ocupação romanas.

cruz o apresente como um maldito de Deus. Assim queriam desmoralizá-lo, dissuadindo o povo de continuar nutrindo as suas ideias.

As primeiras comunidades, porém, procuravam entender a morte cruenta de Jesus e encontraram nas profecias de Isaías, nos capítulos 52-53, a identificação da vida e morte de Jesus com o que é apresentado no poema do "servo oprimido e exaltado". Para o teólogo Gonzales Faus, "é certo que ao aplicar a Jesus o poema de Isaías estava-se definindo-o como o servo de Deus que leva o pecado do mundo e neste levar o pecado vê-se a razão de sua morte". A postura desse autor reforça a utilização do poema, pois, de um ponto de vista mais sistemático que estritamente exegético, Gonzáles Faus afirma que o Novo Testamento procura utilizar todo tipo de linguagem que venha reforçar a fé naquilo que captaram de essencial no Cristo: "a inexplicável fecundidade da solidariedade com os homens, quando, diante de Deus, é levada até o extremo mesmo da dor". Outra interpretação pertinente é a de César Vidal Manzanares,[178] que vê a vinculação explícita na tradição de Israel entre o Messias e o Servo sofredor. Para ele, essa leitura do Servo de Iahweh como messias sofredor aplicada a Jesus retrocede historicamente ao próprio Jesus. Provavelmente, os judeu-cristãos palestinos, seguramente por influência do próprio Jesus, e indiscutivelmente por meio de uma leitura do Antigo Testamento à luz de sua morte, viram Cristo como Messias-Servo, que tinha padecido injustamente a favor dos ímpios, em cumprimento das Escrituras. Para esse autor, o impactante é a identificação do Servo com um personagem histórico concreto: o Jesus executado na cruz.

A comunidade cristã primitiva, diante do mistério da ressurreição de Jesus, buscou fundamentar a sua experiência na reflexão teológica veterotestamentária que testemunha que Jó, o justo sofredor, mais a figura impressionante do Servo de Iahweh, juntamente com o trágico destino dos mártires foram os grandes catalisadores de fé na ressurreição dos mortos; e assim continuaram sendo no caso de Jesus, pois para os discípulos a ressurreição de Jesus não vinha apenas como consolo ou supressão de sofrimentos, mas se tratava do sentido da própria vida e da concepção, inaugurada por Jesus, de uma relação amistosa com Deus. Assim, o encontro com o Jesus, tão extraordinário em sua humanidade e com a sua morte tão drástica em seu significativo simbolismo, foi, para os primeiros cristãos e por meio deles para todos os cristãos até hoje, o fundamento e a ocasião para confessar a sua ressurreição e também para ancorar nesta fé a própria esperança.[179]

178 César Vidal Manzanares é historiador, escritor e jornalista espanhol, autor de numerosos livros de história, ensaios e romances.

179 QUEIRUGA, Andrés Torres. *Repensar a ressurreição*. São Paulo: Paulinas. p. 157-159.

Portanto, inicialmente prevalece a marca da continuidade com a fé presente na tradição bíblica e a crueza da experiência concreta ao longo de um processo revelador, dentro do qual os discípulos compreenderam e confessaram que Jesus de Nazaré, assassinado injustamente por sua fidelidade, não permaneceu aniquilado pela morte física; senão que nela se cumpriu de maneira exemplar o destino do justo. O teólogo Andrés T. Queiruga enfatiza que o Ressuscitado está glorificado e entronizado no mistério de Deus, mas a ressurreição não significa que Jesus perca o contato com a história e se afaste da comunidade. Ao contrário, ele se faz presente de uma forma nova, reavivando a fé, chamando para a missão e sustentando a esperança no futuro. Assim, ter fé na ressurreição implica entrar no dinamismo vivo do Reino inaugurado por Jesus, seguindo seus passos em uma vida que, apesar de todas as cruzes, já desfruta de idêntica esperança de ressurreição.[180]

Os evangelhos atestam as manifestações do Ressuscitado aos discípulos com um conteúdo muito preciso: a revelação de que Jesus, o crucificado do Gólgota, é o Kyrios, que suscita nos discípulos a missão de reunir os seres humanos em torno do Crucificado-Ressuscitado. Na Páscoa, afirma Karl Rahner, deu-se "a manifestação do que se verificou na morte de Cristo: a humanidade na sua realidade plena, também corpórea, é entregue, no sofrimento, ao mistério daquele Deus que ama e é misericordioso, por meio de um ato de liberdade completa por parte de Cristo, que empenha toda a vida e toda a existência". Daí que a sua corporeidade é libertada dos "defeitos inerentes ao que é material", tornando-se "pneumática", por isso não tem sentido, levado por um modo mítico de ver e de se exprimir, "procurar" o corpo de Cristo em algum lugar no universo físico. Não se pode encontrá-lo com meios físicos em dado lugar, porque o Glorificado não pertence mais ao tipo de existência física ao qual o ser humano está submetido nesta terra. Entretanto, apesar das deficiências naturais do ser humano, o Cristo pode se manifestar por meio do dom da graça, de onde nasce a fé, como se deu com os discípulos na experiência da aparição de Jesus.[181]

O teólogo francês François-Xavier Durrwell, baseando-se nos textos do Novo Testamento, concebe a morte e a ressurreição de Jesus como o mistério da redenção do próprio Cristo. A sua Paixão revela-se como ida para o Pai, a fim de participar plenamente da comunhão divina. Nesse sentido, Jesus vai pela morte até o Pai, conforme se expressa o teólogo: "a morte não é senão uma etapa da viagem de Jesus para o Pai, uma prova prévia, ela é o próprio

[180] QUEIRUGA, Andrés Torres. *Repensar a ressurreição*. São Paulo: Paulinas. p. 140-143.

[181] DICIONÁRIO DE TEOLOGIA. *Conceitos fundamentais da teologia atual*. v. V. São Paulo: Loyola. p. 81-82.

movimento de ida de Jesus ao Pai no seu cume".[182] Segundo a perspectiva joanina, afirma Durrwell, à existência neste mundo deve suceder a vida junto do Pai. O dualismo do evangelista opõe uma realidade de baixo e outra do alto, pois quando Jesus se faz carne, ele se pôs longe do Pai, numa esfera inferior, despojando-se de sua glória. A santificação consiste na passagem da esfera do mundo para a esfera de Deus: "Pai, glorifica-me junto de ti, com a glória que tinha junto de ti" (Jo 17, 5). Conforme o teólogo, a morte tem para Jesus, como para todo ser humano, um sentido pessoal. A morte é o lugar da sua eterna comunhão com Deus, portanto "constitutiva do ser filial de Jesus". Assim, Jesus, no seu mistério, atinge a glória no ápice de seu movimento rumo a Deus, ou seja, na morte. O mistério pessoal de Jesus encontra-se na sua filiação divina, que ele acolhe na sua condição humana, até a plenitude da páscoa, para que o ser humano torne-se filho de Deus.[183]

Outro aspecto fundamental na exposição de Durrwell é a sua concepção de que "Jesus ressuscita sem sair da morte", o que significa a permanência de Jesus num evento que perdura para sempre, ou seja, o mistério pascal não foi realizado no passado, mas permanece no Cristo da glória. Afirma o teólogo que, nos evangelhos sinóticos, Jesus ensina que toda grandeza consiste no ato de servir; em João aparece uma série de textos que incluem a morte de Jesus na eternidade de sua glorificação, o ápice dessa colocação está no Cristo elevado na cruz, no ato de sua extrema imolação por amor; por fim, o teólogo cita o Apocalipse, na passagem em que Jesus aparece como Cordeiro que triunfou, mas permanece imolado. Dessas argumentações, o teólogo conclui que a morte de Jesus pertence ao passado, mas como dom de Jesus ao Pai e plenitude de sua filiação, ela permanece, enquanto realidade salvífica. Dessa forma, a ressurreição de Jesus permite-lhe subir aos céus e vir ao mundo, pois "Jesus é, para sempre, Jesus de Nazaré no cume de sua existência. Ressuscitado, ele é o crucificado".[184]

182 CARRARA, Paulo Sérgio. *Elevatio entis ad Patrem*: a oração de Jesus e do cristão à luz do mistério pascal na teologia de François Xavier Durrwell. Belo Horizonte: O Lutador, 2014. p. 149-155.

183 CARRARA, Paulo Sérgio. *Elevatio entis ad Patrem*: a oração de Jesus e do cristão à luz do mistério pascal na teologia de François Xavier Durrwell. Belo Horizonte: O Lutador, 2014. p. 159-160. O autor, citando o teólogo espanhol Luis Ladaria, afirma que esse ratifica a teologia de Durrwell, expondo que a cristologia dos primeiros tempos viu a plena realização da filiação divina de Jesus no momento da ressurreição, filiação que já aparecia no início de sua vida sobre a terra (cf. Lucas 1,35). Portanto, a ressurreição constitui Jesus na sua plena existência filial, numa humanidade transfigurada, repleta de glória e da força de Deus. Só na ressurreição a humanidade de Jesus participa da plenitude da filiação. Jesus volta para a glória de antes, mas na sua humanidade encarnada, e se torna, para sempre, o Filho de Deus feito homem, elevado à glória pela ressurreição.

184 *Ibidem*, p. 171. A exposição de Durrwell fica ainda mais clara com a colocação do teólogo R. Tremblay: "a permanência da cruz na glória é que permite ao Ressuscitado estar não para além da humanidade, mas em comunhão com ela, enquanto *eschaton* dos seres humanos a salvar".

1.3.2 Da verdade intelectual à verdade da cruz

O ambiente universitário trouxe para Edith Stein muita satisfação pelas conquistas intelectuais, porém, em seu íntimo, a sua sede de saber não se apaziguava. Ela descreve este período de ardente insatisfação, dizendo: "a sede da verdade era minha única prece".[185] No círculo fenomenológico, conheceu Hedwige Conrad-Martius, que, após seu casamento, passou a residir em Bergzabern, no Palatinato, numa vasta propriedade rural. A casa dos Conrad-Martius transformava-se, no tempo de férias, em ponto de encontro para os amigos do círculo fenomenológico de Göttingen. Edith Stein passava com eles longas temporadas; mesmo antes de sua conversão, acompanhava Hedwige ao templo protestante para o culto dominical e sentia pela Eucaristia um profundo respeito.[186] Nessa ocasião, alguns fenomenólogos estavam lendo os trabalhos de Teresa de Ávila, porque esta sabia contar com vivacidade suas "experiências místicas". O interesse dos fenomenólogos pelas experiências místicas de Teresa de Ávila dá-se pela busca da essência dessas experiências, pois tratava-se de algo subjetivo, mas que afetava a vida de vários grupos de pessoas influenciadas por Santa Teresa. Este "algo mais" carecia de ser esclarecido e respeitado, apesar de não ter respaldo científico, o que fazia com que o elemento religioso fosse tomado em consideração e estudado em sua peculiaridade.

A vida de Teresa de Ávila chamava a atenção dos estudiosos, pois a santa era considerada um dos maiores gênios que a humanidade já produziu. Mesmo ateus e livres-pensadores são obrigados a enaltecer sua viva e arguta inteligência, a força persuasiva de seus argumentos, seu estilo vivo e seu profundo bom senso. Santa Teresa foi educada de modo sólido e cristão, tanto assim que, quando criança, encantou-se de tal forma com a leitura da vida dos santos mártires, a ponto de ter combinado fugir com seu irmão para uma região onde muitos cristãos eram martirizados; mas nada disso aconteceu, graças à vigilância dos pais.

185 MIRIBEL, E. *Edith Stein, 1891-1942*: como ouro purificado pelo fogo. 2. ed. Aparecida: Santuário, 2001. p. 59.

186 FERMIN, Francisco J. Sancho. *Edith Stein*: modelo y maestra de espiritualidad. 3. ed. Burgos: Monte Carmelo, 1998. p. 144-149. Segundo Fermin, Edith Stein teve grande dificuldade em aderir à fé cristã católica, não só por romper com a tradição judaica de sua família, mas também acerca da dúvida entre aderir ao protestantismo ou ao catolicismo. Provavelmente, ela devia se sentir mais atraída ao protestantismo, porque muitos de seus amigos eram luteranos, como Husserl, os Conrad-Martius e os Reinach. Entretanto, a leitura do livro de Johann Adam Möhler com a exposição sobre o conteúdo e as diferenças dogmáticas existentes entre catolicismo e protestantismo auxiliaram no caminho da conversão até o catolicismo. Outros dois autores que auxiliaram no processo de discernimento de Edith Stein foram Santo Agostinho, com o livro *As confissões*, e Santo Inácio de Loyola, com os *Exercícios espirituais*.

Aos quarenta anos, por meio de contatos místicos e com a orientação de São João da Cruz, iniciou, já com a saúde abalada, a reforma do Carmelo feminino. Começou pela fundação do Carmelo de São José, fora dos muros de Ávila. Daí partiu para todas as direções da Espanha, criando novos Carmelos e reformando os antigos. Provocou, com isso, muitos ressentimentos por parte daqueles que não aceitavam a vida austera que propunha para o Carmelo reformado. Chegou a ter temporariamente revogada a licença para reformar outros conventos ou fundar novas casas. Teve sofrimentos físicos e morais antes de morrer, até que em 1582 disse uma das últimas palavras: "Senhor, sou filha de vossa Igreja. Como filha da Igreja Católica quero morrer". Na noite de 15 de outubro de 1582, aos 67 anos, Teresa morreu em Alba de Tormes, e em 1622 foi proclamada santa. Conseguiu fundar mais de trinta e dois mosteiros, além de recuperar o fervor primitivo de muitas carmelitas. Ainda hoje é considerada uma das mais santas e inteligentes mulheres da Espanha e, em geral, da Igreja Católica.[187]

No verão de 1921, Stein, estando sozinha, na casa dos Conrad-Martius, procurou na biblioteca um livro que pudesse lhe ajudar a passar o tempo. Entre tantos livros, escolheu um volume com a vida de Santa Teresa escrita por ela mesma. Na biografia escrita pela Madre Priora do Carmelo de Colônia, Teresa Renata do Espírito Santo, encontram-se estas palavras, atribuídas a Edith Stein: "peguei na biblioteca, por acaso, um livro intitulado 'Vida de Santa Teresa',[188] contada por ela mesma. Desde o começo fui me sentindo como que cativada e só pude parar de ler quando terminei o livro. Fechando-o, disse para mim mesma: isto é a verdade".[189] A Verdade era a presença perene de Deus e, ao descobri-lo, a futura carmelita sentia em si o desejo de entregar-se inteiramente a Ele.

O fenômeno da empatia deu-se de forma clara no encontro dessas duas mulheres. Edith Stein, que desde sua adolescência busca esclarecer o seu mundo

[187] No dia 27 de setembro de 1970, o Papa Paulo VI reconheceu-lhe o título de "Doutora da Igreja". O grande Doutor da Igreja Santo Afonso Maria de Ligório a tinha em tão alta estima que a escolheu como patrona, e a ela consagrou-se como filho espiritual, enaltecendo-a em muitos de seus escritos.

[188] O *Livro da Vida* é o clássico mais lido pelos espanhóis depois de *Dom Quixote*, de Cervantes. Esse livro nasceu da necessidade vital de Teresa compreender o inefável da experiência mística. Santa Teresa era uma mulher letrada (uma raríssima exceção para a época), autodidata e visionária, tirou Deus do centro do universo para colocá-lo no cerne da alma; em outras palavras, trouxe à tona a figura do homem moderno, que vive em busca de si mesmo e está pronto para experiências místicas. Santa Teresa incomodou as autoridades eclesiásticas de seu tempo, a ponto de o núncio papal na Espanha, Dom Felipe Sega, denunciá-la, em 1578, como "mulher inquieta, errante, desobediente e contumaz". Disponível em: http://www.companhiadasletras.com.br/penguin/titulo.php. Acesso em: 09 set. 2011.

[189] HERBSTRITH, W. *A verdadeira face de Edith Stein*. Paris: Presença do Carmelo, 1992. p. 72.

interior, e a quem a alma se abrasa, diante do problema do sentido e da finalidade da vida humana, encontra em Teresa de Ávila uma mestra que completa maravilhosamente a filósofa e a leva consigo até a luz de Deus. No *Livro da Vida* (1563), Stein encontrou vitalidade, ideal, aventura divina, coragem, força, santidade. Assim, tudo o que sonhou pôde viver de forma originária, pela vida de Teresa, e de forma cooriginária em relação à prática, após o seu batismo.

A leitura da biografia de Santa Teresa pôs fim às exaustivas buscas da filósofa de Breslau acerca da verdade. A grande intelectual inclinou-se humildemente diante de outra mulher com a qual começava a se empatizar. Ela, que buscava a verdade total, encontrava-a com o auxílio de uma mulher que fez o impossível, porque acreditava em Deus e amava-o. O espírito de Edith Stein, sedento de saber, e seu coração amoroso vinham lutando pelo amor, assim como se deu com Teresa de Ávila. A obscuridade de sua alma começa a brilhar com a luz que Santa Teresa derrama sobre ela. A filósofa de Breslau não vê somente os "fenômenos", ou seja, o movimento superficial da vida anímica, mas também a vontade, o entendimento, a memória e a substância da alma, que são fatos inegáveis da experiência. A futura carmelita capta, durante a leitura, que o "mais íntimo e próprio" da alma não é um desconhecido, que a ciência propõe explicar como fatos anímicos, senão que é "algo que se aparece claramente perceptível, mesmo quando segue sendo misterioso". Essa descoberta pacifica o coração de Edith Stein, que percebe nas palavras de Santa Teresa um contínuo hino à misericórdia de Deus, retirando a alma lutadora das sombras da morte e introduzindo-a na luz divina.[190]

Trata-se, para a filósofa, de uma luta que se deu no campo científico, mas que agora a liberta; descobre o mais importante: a alma não se aprisiona na morte, mas em liberdade entrega-se totalmente a Deus. Liberdade e verdade são postulados da pessoa humana, muito importantes para Stein, encontrando-se com igual intensidade na sede que Teresa de Ávila sente pela verdade. O manancial que dá saúde e vida e que transforma a alma recalcitrante é, para Santa Teresa, a oração interior. Insiste, continuamente, que toda salvação, toda liberdade do apego ao próprio eu e todo bem vêm à alma, a partir da oração interna e silenciosa.[191] A fenomenóloga se considera como uma caminhante que, por meio da longa e trabalhosa noite do caminho, vislumbra a luz do amanhecer, e à medida que se vai elevando o sol de Deus, vai se descobrindo

[190] HERBSTRITH, W. *A verdadeira face de Edith Stein*. Paris: Presença do Carmelo, 1992. p. 73-74.

[191] SANTA TERESA DE JESUS. *Livro da vida*. Petrópolis: Vozes, 2014. p. 54-75.

a paisagem da alma. A Grande Reformadora carmelitana retira-lhe a venda dos olhos, ensinando-lhe a deixar que descanse o entendimento ativo, pois Deus deseja visitar a alma na solidão e no silêncio, longe de todos os consolos terrenos e de todos os ruídos das preocupações do conhecimento. "No tempo de orar se deve, pois, deixar a alma tranquila, e deixar de lado a ciência", adverte Teresa de Ávila.[192]

Não era tanto o texto que empolgava Edith Stein, mas a pessoa de Teresa de Ávila, que na autobiografia aparecia inteira, com sua verdade existencial, e que lhe dava respostas que nem mestre e nem livros de filosofia lhe deram. Nas vivências de Santa Teresa, Stein percebe o seu próprio destino. A sua integridade intelectual e sua sede da verdade fizeram com que ela avançasse cada vez mais no conhecimento do mistério de Deus. Tendo encontrado a Verdade, ela submete-se totalmente, abrindo mão de sua incredulidade. Desde então passa a compreender que Deus ultrapassa toda teoria já concebida ou a se conceber, pois Deus não é um Deus somente da ciência, mas um Deus que é amor, por isso a filósofa de Breslau dirá: "eu me converti por amor". Seus mistérios não são decifrados pelo entendimento científico, que pode ser comprovado passo a passo, mas somente a partir da entrega amorosa a ele.

A futura carmelita faz a experiência do encontro com o Totalmente Outro, pela mediação de Santa Teresa, que é uma grande mística, mas também psicóloga e mestra do conhecimento interior, porque sabe unir o mais elevado fervor místico com uma pedagogia clara e realista. Isso fica evidenciado na ideia central que percorre o texto do *Livro da Vida*: o problema existencial de Teresa de *ser* ou *não ser* uma autêntica monja. Problema que em linguagem steiniana se traduz como uma busca, também existencial, da verdade. A Grande Reformadora é para Edith Stein como um espelho de sua experiência e o modelo a seguir, porque percebe nela os seus valores, pelos quais tem lutado no decorrer de toda sua vida: como a valorização da mulher, a busca pela verdade autêntica nas relações. Elas ainda têm algo em comum e se identificam em suas origens, ou seja, Santa Teresa também é de ascendência judaica.

Teresa de Cepeda e Ahumada nasceu em Ávila – Espanha, a 28 de março de 1515. Graças à Historiografia moderna, pode-se conhecer melhor as circunstâncias concretas do ambiente familiar de Santa Teresa. A falta de uma alusão à fidalguia de seu pai, no relato que a santa faz em seus numerosos escritos sobre sua família, não impediu que os hagiógrafos construíssem

[192] *Ibidem*. A partir do capítulo XI até o capítulo XXI, a autora apresenta os quatro graus de oração, levando o leitor a aprofundar no mistério orante, colocando-o, na medida em que tenha predisposição, numa experiência íntima com Deus.

uma ascendência de alta nobreza, um tópico que nunca falta nas biografias correntes. Os silêncios de Teresa acerca da verdadeira ascendência de seu pai, Dom Alonso de Cepeda, nascido em 1480, trouxeram muitas dificuldades para os biógrafos prepararem o processo de sua canonização. Graças à investigação histórica dos últimos 40 anos, sabe-se hoje que Teresa de Ávila descendia de um avô judeu, Juan Sanches, convertido em Toledo, por volta do ano de 1485. Era rico mercador, administrador de bispados e, provavelmente, odiado pelos "cristãos velhos"; dessa forma eram chamados os cristãos que não tinham nenhuma ascendência judaica.

Já os "cristãos novos" eram os judeus que recentemente recebiam o batismo cristão. Assim, conhecido e desprezado em Toledo, Juan Sanches com seus filhos, entre eles o pai de Santa Teresa, mudam-se para Ávila. Seus filhos, posteriormente, compraram o direito de fidalguia e, casando-se com mulheres fidalgas, conseguiram penetrar o setor desta baixa nobreza, isenta de certos impostos, porém obrigados a viver sem trabalhar e de renda, para que pudessem dissimular suas origens. De fato, Dom Alonso vivera sem ofício conhecido; usufruíra dos dotes de suas duas mulheres — ficando viúvo, casou-se pela segunda vez, com Dona Beatriz de Ahumada, mãe de Teresa — e morrera arruinado, em 24 de dezembro de 1543.[193]

O profundo rastro que Teresa de Ávila deixou em Edith Stein irá influenciá-la em seu modo de sentir e viver a vida cristã e a vida consagrada. A fenomenóloga inicia um processo de profundo conhecimento da espiritualidade carmelita e mais uma vez se identifica com o grupo religioso, ao qual pertence Teresa de Ávila: a Ordem do Carmo.[194]

Desde seu batismo, Edith Stein almeja a consagração à vida religiosa. A sua vocação a impele para se configurar a espiritualidade carmelita-teresiana, por meio da oração silenciosa e de seu imenso desejo de salvar almas; porém o seu desejo precisou ser adiado cerca de dez ou onze anos, nesse tempo

[193] SANTA TERESA DE JESUS. *Livro da vida*. Petrópolis: Vozes, 2014. p. 65-67

[194] A Ordem do Carmo, originalmente chamada Ordem dos Irmãos da Bem-Aventurada Virgem Maria do Monte Carmelo, é uma ordem religiosa que surgiu no final do século XI, na região do Monte Carmelo, próxima à atual cidade de Haifa, no atual Estado de Israel. A palavra "Carmelo" significa jardim. Conta a tradição que o profeta Elias se estabeleceu numa gruta, no Monte Carmelo, seguindo uma vida eremítica de oração e silêncio. Mais tarde, a Regra do Carmo foi sistematizada e proposta por Santo Alberto, Patriarca de Jerusalém, e aprovada pelo Papa Honório III, em 1226. No século XIII migrou para o Ocidente, fugindo das invasões sarracenas. No século XVI, na Espanha, Santa Teresa de Ávila e São João da Cruz conduziram um processo de renovação e/ou reforma do carisma da Ordem do Carmo. Desse processo histórico e místico surgiu um novo ramo: o dos Carmelitas Descalços. WIKIPÉDIA. *Ordem do Carmo*. Disponível em: https://pt.wikipedia.org/wiki/Ordem_do_Carmo. Acesso em: 20 maio 2019.

nutriu a sua alma com a Eucaristia, a oração mental e a liturgia.[195] Edith Stein intensifica a sua intimidade com Teresa de Jesus, que a todas as perguntas da filósofa dá sempre a mesma resposta: a loucura da cruz é o começo da verdadeira felicidade. Na doutrina mística de Santa Teresa, Stein encontra a confirmação de sua própria experiência de Deus. Sabe que está no início da vida mística, entretanto sente-se arrebatada pela experiência da Grande Reformadora. Seu mundo é o espiritual pluriforme, feito de pessoas individuais e de comunidades religiosas. Empaticamente, a futura carmelita está neste mundo teresiano, olha dentro dele e é nele que se dá sua existência e sua humanidade até o momento de sua expiação. A filósofa vive o que havia dito em seu ensaio fenomenológico acerca da experiência de um "núcleo pessoal", em que o seu "eu" examina todos os âmbitos da vida. Dessa forma, Stein é capaz de comparar a sua própria experiência, antes mesmo de sua conversão, com a experiência de Teresa de Ávila. Vê-se claramente entre ambas o que Husserl chamou de "redução fenomenológica", isto é, duas pessoas são capazes de convergir tanto, que a vivência de uma é integrada na experiência da outra.

Teresa de Ávila, em seu livro biográfico, conta que aos vinte anos ingressou no Carmelo de Ávila, onde viveu um período no relaxamento, pois muito se apegou às criaturas, parentes e conversas destrutivas. Certo dia, porém, foi tocada pela imagem de um Cristo sofredor, cujo olhar a sensibilizou. Aquela experiência a mobilizou tanto que se converteu e retomou o fervor da espiritualidade carmelita, a ponto de criar uma espiritualidade modelo. No século XVI, Santa Teresa de Ávila iniciou um processo de reforma do carisma carmelita. Fez um voto de que haveria de seguir sempre o caminho da perfeição, e resolveu mantê-lo o mais próximo possível daquilo que a Regra do Carmo permitia. Numa noite do mês de setembro de 1560, Teresa de Ávila decidiu reunir um grupo de freiras na sua cela e, tomando a inspiração primitiva da Ordem do Carmo e a reforma descalça de São Pedro de Alcântara, propôs-lhes a fundação de um mosteiro de tipo eremítico.

Em 1562 é, então, fundado um novo mosteiro (que foi especialmente dedicado a São José). Por seu lado, em Durvelo, São João da Cruz e António de Jesus fundaram também um novo e primeiro convento masculino destinado aos frades Carmelitas Descalços. Em 1593, o papa Clemente VIII concedeu total autonomia ao ramo dos Carmelitas Descalços (separando o seu carisma do

[195] FERMIN, Francisco J. Sancho. *Edith Stein*: modelo y maestra de espiritualidad. 3. ed. Burgos: Monte Carmelo, 1998. p. 155. Fermin informa na nota de rodapé que "a Serva de Deus tinha uma vida de fé muito viva e participava da Eucaristia com grande recolhimento e que seis meses depois de seu batismo recebeu o breviário romano".

carisma do ramo dos Carmelitas da Antiga Observância, desde então também chamados de Carmelitas Calçados para que melhor se pudesse estabelecer a diferença). A Ordem dos Carmelitas Descalços (ou, simplesmente, Carmelitas Descalços) é um ramo da Ordem do Carmo, formado em 1593. Esse ramo divide-se em três diferentes tipos de família carmelita: os padres ou frades, as freiras de clausura e os leigos.[196]

Quando Edith Stein entra em contato com a Ordem Carmelitana, deparou-se com a figura mística de João da Cruz, com quem estabeleceu um processo empático em nível espiritual e também pelas coincidências históricas pessoais de ambos, das quais se pode fazer um paralelo. Primeiramente, é bom recordar que Edith Stein perdeu o pai quando tinha dois anos; a figura da mãe é central em sua vida; aos 21 anos iniciou os seus estudos de fenomenologia com Husserl; na Primeira Guerra serviu como enfermeira em um fronte; Teresa de Ávila lhe apresentou a Verdade da fé no Cristo, mudando a sua vida; passou os seus últimos dias presa num campo de concentração; os seus escritos são também de caráter antropológico e místico.

João da Cruz, por sua vez, perde o pai, Gonzalo de Yepes, na infância, e a sua mãe, Catarina Alvarez, assumirá a família com destreza. João da Cruz nasceu em 1542, na província da cidade de Ávila, Espanha. Aos vinte e um anos foi enviado para a Universidade de Salamanca, a fim de completar seus estudos de filosofia e teologia. Mesmo dedicando-se totalmente aos estudos, encontrava tempo para visitar doentes em hospitais ou em suas casas, prestando serviço como enfermeiro. Após fazer a sua profissão religiosa, conclui, com êxito, seus estudos teológicos e, em 1567, é ordenado sacerdote. No entanto, ficou muito desiludido pelo relaxamento da vida monástica em que viviam os conventos carmelitas. Decepcionado, tenta passar para a Ordem dos Cartuxos, ordem muito austera. Em 1567 encontra-se com Teresa de Ávila que lhe fala sobre o projeto de estender a Reforma da Ordem Carmelita também aos padres, surgindo posteriormente os Carmelitas Descalços. No dia 28 de novembro de 1568, juntamente com Frei Antônio de Jesús Heredia, inicia a reforma. O desejo de voltar à mística religiosidade do deserto custou ao santo fundador maus tratos físicos e difamações. Em 1577, João da Cruz chegou a ser preso por nove meses num convento que se opunha à reforma. Entretanto, a sua convicção pela reforma, como forma de viver a Verdade por ele almejada, levou-o a perseverar até o fim em sua missão. Nessas trevas exteriores, acendeu-se-lhe a chama de sua poesia

[196] WIKIPÉDIA. *Ordem do Carmo*. Disponível em: https://pt.wikipedia.org/wiki/Ordem_do_Carmo. Acesso em: 20 maio 2019.

espiritual. "Padecer e depois morrer" era o lema do autor da *Noite escura da alma*, da *Subida ao Monte Carmelo*, do *Cântico espiritual* e da *Chama viva de amor*.

Os escritos sobre sua vida dão conta de que abraçou a cruz dos sofrimentos e contrariedades. É interessante a afinidade de Edith Stein com João da Cruz, que ela chama de pai espiritual. Ambos eram teólogos, de uma cultura extraordinária e inteligência ímpar, adotando como "título de nobreza" a mesma característica de Jesus, tão difícil de aceitar: a cruz. João da Cruz pediu a Cristo dores, sofrimentos, incompreensões, e foi atendido com largueza. Inclusive contou isso a seu irmão, para que o mesmo não se escandalizasse.[197] Edith Stein (Teresa Benedita da Cruz) também se ofereceu como vítima para a salvação do mundo e do seu povo.[198] Os dois foram contemplados em seus pedidos, cada um a sua maneira. Pouco antes de sua morte, João da Cruz teve graves dissabores por causa das incompreensões e calúnias. Foi exonerado de todos os cargos da comunidade, passando os últimos meses na solidão e no abandono. Faleceu após uma penosa doença, em 14 de dezembro de 1591, com apenas quarenta e nove anos de idade, no Convento de Ubeda, Espanha. Deixou como legado sua volumosa obra escrita, de importante valor humanístico e teológico, além de sua relevante e incansável participação como Reformador da Ordem Carmelita Descalça.

1.3.3 Da doutrina à ciência da cruz

Stein inicia a biografia de São João da Cruz a partir da demonstração do que é a cruz para o santo carmelita. Em sua introdução, informa que a *ciência da cruz* refere-se a uma verdade viva, real e eficaz que transparece nas atitudes. Dessa ciência nasce a concepção da vida e a perspectiva em que são encarados Deus e o universo. João da Cruz assimilou essa ciência e fez dela o conteúdo de sua vida. Como artista, traduzia em canções, pinturas e esculturas o que lhe ocorria na alma. A forte presença do símbolo da cruz em suas obras denota a sua configuração com o Crucificado e sua mensagem, que se transformaria em *Ciência da Cruz*.

[197] JOÃO DA CRUZ. *Obras completas*. n. 3. Fátima: Carmelo de São José, 1977. Conta-se que ele pedia, insistentemente, três coisas a Deus. Primeiro, dar-lhe forças para trabalhar e sofrer muito. Segundo, não deixá-lo sair deste mundo como superior de uma Ordem ou comunidade. Terceiro, e mais surpreendente, que o deixasse morrer desprezado e humilhado pelos seres humanos. Seu misticismo era a inspiração para seus escritos, que foram muitos e o colocam ao lado de Santa Tereza de Ávila.

[198] HERBSTRITH, Waltraud. *Edith Stein*: a loucura da cruz. Paris: Éditions du Signe, 1997. p. 48. Por três vezes Edith Stein havia se oferecido como vítima expiatória, tanto pelo seu povo, quanto pela Europa e pelos católicos perseguidos.

No primeiro capítulo da obra, Edith Stein apresenta como a mensagem da cruz foi plasmando a vida do Reformador da Ordem Carmelita. Primeiramente, em sua tenra infância depara-se com a imagem do Redentor, pregado na cruz, com o rosto desfigurado. Na Semana Santa, comovia-se com a liturgia que apresentava, e ainda apresenta, com impressionante realismo a Paixão de Cristo.[199] Órfão e pobre, conhece a miséria social e também a riqueza da espiritualidade cristã. Ainda criança, trabalha em oficinas de carpintaria, para ajudar nas despesas domésticas. Busca se identificar com o Cristo por meio da mortificação, da caridade para com os mais pobres que ele. Como enfermeiro, viu e se compadeceu da miséria física e da calamidade moral e espiritual dos pacientes do hospital onde trabalhava. Em sua formação teológica, entrou em contato com textos bíblicos que o inseriram ainda mais no mistério da cruz. A descrição do Servo de Iahweh pelos profetas e o realismo do cumprimento das profecias em Jesus o mobiliza para cantar a sua emoção na Canção do Pastor.[200]

Na doutrina da cruz de São Paulo, São João encontrou uma fonte de inspiração para a união da alma a Cristo, e na celebração da missa adquiriu um crescimento progressivo na ciência da cruz, pois, segundo a fé cristã, o sacrifício da missa é a renovação do sacrifício da cruz. Em várias ocasiões o santo carmelita, celebrando a Eucaristia, entrou em êxtase, graças à superabundância das consolações celestes. Apesar disso, o teólogo teve a particularidade de contemplar o Crucificado, que lhe aparecia em visões.[201] As experiências visionárias do Frei João deram-se nos momentos que antecederam as situações de perseguição, injustiça, rejeição, doença e sofrimentos enfrentados por conta dos "fanáticos carmelitas" que o lançaram na solidão da prisão, no porão do Carmelo de Toledo.

Stein afirma ainda que existe uma terceira prova de que Frei João recebeu efeitos extraordinários das imagens da Santa Cruz, ou seja, dos fardos e sofrimentos que a vida traz consigo: morte prematura do pai, a luta da mãe pelo pão, as suas tentativas de ajudar na manutenção da casa. No exercício do ministério, ouviu e ajudou uma senhora a se livrar do amante, que por vingança o atacou e

[199] MOLTMANN, J. *O Deus crucificado*: a cruz de Cristo como base e crítica da teologia cristã. Santo André: Academia Cristã, 2014. p. 68-70. A história do cristianismo, principalmente na Baixa Idade Média, apresenta a Paixão de Cristo no sentido da mística do sofrimento. Os cristãos deixaram de ver na crucifixão de Jesus Cristo o sacrifício que o próprio Deus ofereceu pela reconciliação com o mundo. Acreditavam que se alcançava a salvação por meio do sofrimento pessoal.

[200] STEIN, Edith. *A ciência da cruz*: estudo sobre São João da Cruz. 5. ed. São Paulo: Loyola, 2008. p. 20.

[201] *Ibidem*, p. 26. Em sua doutrina, João da Cruz declara que as visões, locuções e revelações são de pouca importância para a vida mística. Nesse particular, ele sempre chamou a atenção para o perigo da ilusão, se alguém atribuir muita importância a esses fenômenos.

o espancou. Foi perseguido pelos carmelitas calçados, raptado e preso por nove meses, e tratado de forma violenta, por não renunciar à Reforma Carmelita e por se manter fiel aos seus princípios. A dor maior do frei foi o fato de, no período de sua prisão, não poder celebrar a missa, resultando na impressão de que Deus o havia abandonado. Contudo, descobriu que seu espírito não estava encarcerado e poderia, por meio dele, entrar na intimidade do mistério absoluto de Deus. Desde então, compreendeu o que é estar na cruz com o Cristo e por meio da cruz vivenciar a união com o Crucificado, conforme descrição dos versos da *Noite escura* e do *Cântico espiritual*, compostos na prisão.[202]

No segundo capítulo, Stein aborda de forma ampla o conteúdo da mensagem da cruz: "Tome a sua cruz e siga-me", que encontra profunda ressonância na vida e na doutrina do santo carmelita, que vivenciou a cruz externa da aridez, do tédio e dos sofrimentos como cruz espiritual. A nudez do espírito livre e pobre do prisioneiro de Toledo, seguindo Jesus, busca a Deus nele mesmo e inclina-se a escolher, por amor a Cristo, tudo quanto há de mais áspero, seja de Deus, seja do mundo. A renúncia, segundo a vontade divina, consiste em morrer para sua natureza, aniquilando-a em tudo quanto a vontade julga ser valioso na ordem temporal, natural e espiritual. Frei João toma, assim, a cruz sobre si, experimentando o jugo suave e o fardo leve, encontrando em todas as coisas grande alívio e suavidade. A escritora informa que João da Cruz não deixou um tratado sistemático de mística, contudo quem quiser esclarecer-se sobre questões de mística, tanto no âmbito da doutrina católica como fora, deverá a ele se dirigir. Nem tudo o que escreveu se conservou. Tudo quanto foi escrito na prisão foi destruído. Dos quatro grandes tratados existentes, *Subida do Monte Carmelo*, *Noite escura*, *Cântico espiritual* e *Chama viva de amor*, os dois primeiros estão incompletos. Contudo, para Edith Stein, o material existente é o suficiente para a sua pesquisa, pois nele se encontram as ideias chave do autor.

A origem dos escritos conservados situa-se no período de sua prisão em Toledo. A experiência intima é a fonte de onde brotaram. De todo o conteúdo colhido, o que tem importância única é o caminho da pessoa (alma) para Deus e a ação de Deus na alma, pois Ele criou os seres humanos para si; e quer uni-los a si ainda nesta vida. A maioria das pessoas não consegue atingir esse objetivo por causa das tentações do mundo, da influência do inimigo maligno e da própria natureza humana. Outra razão é a ignorância e a falta de uma direção espiritual apropriada. As pessoas não entendem o que nelas se passa, e raras vezes se encontra alguém que possa orientá-las, por isso João da Cruz se

[202] STEIN, Edith. *A ciência da cruz*: estudo sobre São João da Cruz. 5. ed. São Paulo: Loyola, 2008. p. 33.

oferece como guia experimentado na vida interior. Em alguns de seus escritos sobressai a valoração da cruz, de tal forma que pode ser considerado o místico da ciência da cruz. Entretanto, o símbolo predominante em seus poemas e tratados é a *Noite*.

O terceiro capítulo é um fragmento em que a autora descreve a via *crucis* do Reformador da Ordem Carmelita até o seu ocaso. Inicia falando que o amor do santo pela cruz revela um profundo amor pelo Crucificado. Esse amor ganha consistência no enfrentamento cotidiano dos sofrimentos e no desapego aos bens materiais. Isso Frei João escreve com insistência em suas cartas. Numa delas convida as pessoas para que vivam na terra como peregrinos, pobres, desterrados, órfãos, sedentos, sem caminho e sem nada; para que no céu desfrutem de toda esperança de tudo. Ressalta, também, que neste caminhar para a Pátria definitiva é preciso prática das virtudes da mortificação e paciência, a fim de se obter uma perfeita imitação do Cristo humilhado e crucificado.[203] O frei carmelita ensina que para se chegar a Cristo é necessário buscá-lo com a cruz e segui-lo renunciando a tudo, conforme ensina o evangelho. É preciso compreender que a forma com a qual João da Cruz faz o seu seguimento do Cristo enquadra-se na perspectiva histórica do seguimento. Quando Jesus chama ao discipulado, informa a seus seguidores que deverão abraçar a cruz e os sofrimentos que dela surgem.

Na era dos mártires, a comunidade cristã entendia o discipulado como um padecer com Cristo, participando de seus sofrimentos por meio do martírio. Dessa forma, davam testemunho, diante do Império Romano que os rejeitava, marginalizava, perseguia e os executava. A terceira forma de discipulado foi a era da vida monástica. Nesta o conceito de discipulado tornou-se o da imitação de Cristo. A partir das humilhações e perseguições experimentadas pelos apóstolos e mártires emergiu a virtude cristã da humildade e, também, surgiu o exercício da mortificação espiritual. Na Idade Média, as fundações religiosas e as reformas das Ordens foram realizadas a partir do desejo de imitar Cristo, principalmente, em seu sofrimento. É dentro desse universo que se compreende melhor a adesão incondicional de João da Cruz a Cristo crucificado.[204]

[203] STEIN, Edith. *A ciência da cruz*: estudo sobre São João da Cruz. 5. ed. São Paulo: Loyola, 2008. p. 225-227.

[204] MOLTMANN, J. *O Deus crucificado*: a cruz de Cristo como base e crítica da teologia cristã. Santo André: Academia Cristã, 2014. p. 78-93. O teólogo informa que o ato de morrer na cruz significa sofrer e morrer como um marginalizado e rejeitado, e que Paulo, em 2 Cor 4, 12, expõe que os sofrimentos não são escolhidos, mas eles vêm do apostolado. Portanto, não se trata de uma tentativa de entrar em uma comunhão mais profunda com Cristo através do sofrimento, menos ainda seria a imitação do padecimento de Cristo.

Enquanto ensinava, Frei João ia praticando o seguimento da cruz por meio da penitência corporal, que para ele servia como meio para dominar o corpo e a sensualidade, mas, principalmente, mediante os sofrimentos físicos, entrar em união com o Cristo sofredor. Entretanto, considera a mortificação interior, como a obediência e a submissão, um sacrifício mais plausível. De tal forma que o que vai definir a relação entre mortificação interior e exterior não é a teoria, e sim a prática hodierna.

Em seus poemas se podem obter as impressões do coração do carmelita descalço, donde emana calma, simplicidade, abandono em Deus e plena satisfação da alma. Graças à mortificação interior, alcançou o completo desprendimento de si, a simplicidade e o repouso. Testemunhas o descrevem como homem de admirável serenidade, que, por meio de seus colóquios, enriquecia as pessoas espiritualmente, além de lhes proporcionar muita satisfação e proveito. Era um religioso recolhido em oração, respeitoso para com todos. Exercia uma influência saudável sobre as pessoas e, inclusive, "entre os carmelitas calçados, o seu aparecimento era um convite ao silêncio". Frei João era um homem de fé e ensinava que esta deve estar inteiramente ligada ao evangelho e à doutrina da Igreja, sem procurar revelações extraordinárias. Contudo, os testemunhos das diversas fases de sua vida indicam o fato de que João da Cruz foi cumulado de favores e graças extraordinárias. Todavia, resistia a isso com todas as forças. Em relação à caridade, o místico da cruz afirma que tudo depende do amor, afinal de contas, no entardecer da vida, o ser humano será julgado por sua capacidade de amar. De fato, a vida do santo deixa transparecer uma profunda afeição pelo próximo, descrita no cuidado com os enfermos, bondade e paciência para com todos.

João da Cruz sofreu muito por conta das incoerências na vida religiosa. Primeiro quando promoveu a reforma e enfrentou as perseguições externas, depois veio um sofrimento maior dentro da obra já reformada. É crucial a postura do místico ao enfatizar que, nas assembleias e reuniões, aqueles que estão obrigados pelas leis da caridade e da justiça devem ousar dizer o que convém; cabe aos superiores acolher a advertência de seus irmãos e reconhecer quando erram. Dessa maneira, é possível a continuidade da Ordem Religiosa, caso contrário pode ser que se perca. A reflexão do teólogo, no capítulo dos carmelitas descalços em Madri, custou-lhe a perda de todos os cargos e quase a expulsão da Ordem. A conclusão de seu calvário surgiu quando as suas pernas apresentaram feridas purulentas. Algumas intervenções cirúrgicas promoveram dores ainda maiores, que o santo tudo suportou com extrema serenidade. Apesar disso, o prior da comunidade religiosa em que João da Cruz estava residindo trazia ressentimentos contra ele e lhe tratava de forma hostil, a ponto de lhe proibir as visitas e reclamar que o doente estava trazendo muitos custos para o convento. O enfermeiro, Padre Bernardo, indignado, escreveu para o provincial da Ordem Carmelita, que imediatamente interveio em favor de João da Cruz. Esse, aos poucos, ia se preparando para fazer a passagem e reconhecia que seus pedidos foram atendidos por Deus: *não morrer como superior, morrer em lugar desconhecido, morrer após muitos sofrimentos.*[205]

1.4 A fenomenologia da noite

O termo "noite escura (da alma)" é usado no cristianismo para referir-se à crise espiritual na jornada rumo à união com Deus, como a que é descrita por São João da Cruz. De forma geral, a crise consiste na sensação da ausência de Deus na vida daquele que crê. Tipicamente para um crente que se encontra na noite escura da alma, disciplinas espirituais, como a prece e forte devoção a Deus, subitamente parecem perder todo o valor empírico; a prece tradicional passa a ser extremamente difícil e não gratificante por um longo período. O indivíduo sente como se de repente Deus o tivesse abandonado ou como se sua vida de prece tivesse entrado em colapso.

É importante notar, contudo, que a presença da dúvida não é o mesmo que o abandono de Deus. Há uma forte tradição bíblica de autênticas crises diante de Deus. Os Salmos 13, 22 e 44, por exemplo, mostram o salmista passando por uma séria crise diante de Deus, ainda assim, isso não é mencionado como falta de fé, mas sim como a única medida de fé que o autor bíblico poderia ter em face ao aparente abandono divino. O Salmo 88 é um dos poucos que foi escrito inteiramente neste reino de escuridão. Em vez de resultar em permanente devastação, a noite escura é considerada uma bênção disfarçada, pela qual o indivíduo é despojado (na noite escura dos sentidos) do êxtase espiritual associado com atos de virtude. Embora os indivíduos possam, por um momento, parecer declinar em suas práticas de virtude, na realidade, eles se tornam mais virtuosos, uma vez que passam a ser virtuosos menos devido às recompensas espirituais (êxtases nos casos da primeira noite) e mais devido a um verdadeiro amor a Deus. Este é o purgatório, a purgação da alma, que traz pureza e união com Deus.[206]

[205] STEIN, Edith. *A ciência da cruz*: estudo sobre São João da Cruz. 5. ed. São Paulo: Loyola, 2008. p. 250-253.

[206] Um caso recente desta experiência é relatada por Madre Teresa de Calcutá, cuja "noite escura" foi duradoura e, de acordo com cartas publicadas em 2007, "pode ser o caso mais longo registrado",

O tema da "noite" surge nas obras de João da Cruz enquanto expressão cósmica indispensável à sua cosmovisão mística. Stein passa a tratar do assunto dentro do capítulo chamado: *A doutrina da cruz*, onde trabalha, inicialmente, a partir do *Cântico da noite escura*, a relação da cruz e da noite; em seguida, na *Noite do espírito*, a relação entre espírito e fé, e, por fim, a glória da ressurreição a partir dos poemas: *Nas chamas do amor divino e o Cântico nupcial da alma*.

Edith Stein diferencia o caráter simbólico da cruz e da noite, informando que a primeira é a insígnia de tudo quanto se relaciona, causal ou historicamente, com a cruz de Cristo. A noite, por sua vez, é um fenômeno natural, invisível e informe, porém é percebida pelos sentidos; afeta diretamente a psique; é capaz de colocar a pessoa em uma espécie de solidão e, ainda, faz sombras e evoca fantasmas, por fim, é como experimentar a morte. Isso tem significado não somente para a natureza vital, mas também para a psíquica e espiritual, por conterem os efeitos da noite cósmica, que é também chamado em sentido figurado: "noite". Para além dessa noite, existe a noite mística, que não vem de fora, mas tem sua origem no íntimo da alma e só envolve a alma na qual penetra, mas os efeitos que produz nessa alma são comparados aos da noite cósmica: o mundo exterior fica "envolto em trevas", ainda que haja a clara luz do dia; produzem-se na alma solidão, abandono e vazio, a atividade de suas faculdades fica tolhida, afligem-na ameaças de pavor que a noite esconde em seu seio.

Há, porém, uma luz noturna que abre, no fundo da alma, um mundo novo e ilumina com sua claridade interna o mundo exterior, revelando-o completamente mudado. Existe uma relação simbólica entre a noite cósmica e a noite mística, como a que existe entre o que é percebido pelos sentidos e o significado espiritual: a natureza revela algo de espiritual e até de divino. A noite cósmica ou mística é algo indeterminado e abrangente, cuja plenitude de sentido somente pode ser sugerida por ser impossível explicá-la totalmente. Em ambas as noites há algo de incompreensível, porém bastante inteligível para lhes fundamentar a mútua correspondência.

Stein propõe o estudo da noite mística, para nela encontrar o eco da mensagem da cruz. O seu ponto de partida é o *Cântico da noite escura*, que é o fundamento dos dois tratados que versam sobre a noite mística. Na introdução ao significado da noite, a autora explica que o *Cântico da noite escura* é um hino

com início em 1948, durando quase até sua morte, em 1997, com apenas breves intervalos de alívio. WIKIPÉDIA. *A noite escura da alma*. Disponível em: https://pt.wikipedia.org/wiki/A_Noite_Escura_da_Alma. Acesso em: 20 maio 2019.

de louvor à noite, que se transformou em caminho para a bem-aventurança.[207] O desapego é designado como noite, que a alma tem de atravessar. A renúncia às coisas deste mundo coloca a alma numa escuridão espessa, comparável a um nada, é por isso que lhe é dado o nome de noite. O mundo que se percebe com os sentidos é o fundamento natural da existência humana e, quando se é privado desse mundo, o ser humano sente-se aniquilado. Entretanto, nessa hora a alma se encontra no caminho da fé, já que o desaparecimento do mundo sensível é como o cair da noite, ou seja, a fé é como a escuridão da meia-noite, porque nesse ponto acham-se apagados não só a atividade dos sentidos, mas também o entendimento natural da razão. Quando, enfim, a alma encontra a Deus, é como se rompesse em sua noite a alvorada do dia da eternidade.[208]

A autora separa a noite em fases, para poder evidenciar os pontos de contato entre a noite e a cruz. Quanto à primeira fase, chamada por São João da Cruz de *Noite escura dos sentidos*, Edith Stein informa que se baseia no primeiro volume da *Subida do Monte Carmelo* e na primeira parte da *Noite escura*. Nessa fase é mister que a pessoa se mortifique do desejo de todas as coisas, mudando a sua atitude em face do mundo sensível, que lhe oferece aquilo que a satisfaz. O início da noite escura traz consigo a novidade do sentir-se em casa neste mundo, tão natural e agradável, por isso que tudo o que constitui o cotidiano do ser humano é, aos olhos de Deus, incompatível com a luz divina. Na alma, tudo isso tem de ser cortado pela raiz, se nela se quiser dar lugar a Deus. A entrada na noite escura dos sentidos equivale a espontaneamente tomar sobre si e aceitar a cruz, pois, para atravessar inteiramente a noite, é preciso que o ser humano morra para o pecado. O ser humano pode oferecer-se à crucifixão, mas não pode crucificar-se a si próprio. Eis a razão daquilo que foi iniciado pela noite ativa ter de ser completado pela noite passiva, isto é, pelo próprio Deus. A penetração ativa na noite escura só se pode realizar porque Deus, com sua graça preveniente, auxilia, atrai e apoia a alma no caminho.

No início as práticas espirituais da oração, meditação e mortificação são acompanhadas de abundantes alegrias e consolações. Com essa prática a alma começa a se desapegar das coisas do mundo e adquire algumas forças espirituais para experimentar a aridez purificadora da noite escura, que consiste em três sinais: o primeiro no qual a alma não sente prazer nas criaturas; o segundo

[207] Este poema se encontra no Anexo I.

[208] SAN JUAN DE LA CRUZ. *Obras del místico doctor.* Toledo: Edición Critica. Tomo Primeiro. 1912. Subida del Monte Carmelo, Libro I, Cap. II.

informa que, apesar da aridez purificadora, há um predomínio pelo desejo de servir a Deus; por fim, o terceiro, em que Deus comunica-se com a alma por meio da contemplação.[209] Daí não ser exagero algum, afirma Stein, chamar de crucifixão os sofrimentos das pessoas que se encontram nesse estado, porque, pela incapacidade de fazer uso de suas energias, parecem crucificadas. "Pensam que para elas acabou-se o bem espiritual e que Deus as abandonou".[210]

A comunicação divina a partir da contemplação é interpretada de diversas formas pelos autores cristãos. O monge cisterciense Dom Thomas Keating, OCSO, afirma que a contemplação "é um desenvolvimento normal da graça do batismo", é "a abertura da mente e do coração – de todo o nosso ser – a Deus, o Mistério Último, para além de palavras, pensamentos e emoções". Em outro texto, o mesmo autor diz que a contemplação é "uma experiência da presença do Deus Trinitário como o substrato em que nosso ser se enraíza à fonte de onde jorra continuamente a vida".

O jesuíta William Johnston distingue duas formas de contemplação reconhecidas pela tradição da Igreja: a adquirida e a infusa. A primeira forma resulta do esforço humano auxiliado pela graça. É um desenvolvimento natural de uma vida dedicada à oração e a outras práticas contemplativas. Por sua vez, a contemplação infusa é puro dom. O esforço humano é de pequena importância para alcançá-la. Os que a conhecem falam do despertar (muitas vezes inesperado) da consciência viva de uma presença misteriosa e amorosa, abraçando a eles mesmos e a todo o universo. Por vezes simplesmente referida como um "descanso" em Deus, um "olhar amoroso" para ele, a contemplação pressupõe um estado interior de silêncio, de abandono e apaziguamento.

No livro *Espiritualidade, contemplação e paz*, encontra-se a contribuição do Thomas Merton, OCSO, que menciona cinco "elementos essenciais da contemplação mística":

1. É uma intuição que, em seu nível inferior, transcende os sentidos. No nível superior, transcende o próprio intelecto.
2. Daí ser ela caracterizada por uma espécie de luz nas trevas, de conhecimento no "desconhecimento".

[209] A aridez purificadora que leva a alma à união com Deus pode receber a denominação de noite por três razões. A primeira, quanto ao ponto de partida, pois, renunciando a tudo o que possuía, a alma priva-se do apetite de todas as coisas do mundo, pela negação delas. Ora, isso, sem dúvida, constitui uma noite para todos os sentidos e todos os apetites do ser humano. A segunda razão é o caminho da fé, noite verdadeiramente escura para o entendimento. Enfim, a terceira razão refere-se ao termo ao qual a alma se destina – termo que é Deus, ser incompreensível e infinitamente acima das faculdades humanas e que, por isso mesmo, pode ser denominado uma noite escura para a alma nesta vida.

[210] STEIN, Edith. *A ciência da cruz*: estudo sobre São João da Cruz. 5. ed. São Paulo: Loyola, 2008. p. 52

3. Nesse contato com Deus, na obscuridade, deve haver certa afinidade amorosa de ambas as partes. Do lado do ser humano, deve haver desapego das coisas sensíveis, [...] um esforço generoso de renúncia ascética de si mesmo.
4. A contemplação é obra do amor, e o contemplativo prova que ama deixando todas as coisas, mesmo as espirituais, para ir a Deus no nada, no desprendimento e na "noite". Mas o fator decisivo na contemplação é a livre e imprevisível ação de Deus.
5. Esse conhecimento de Deus no "desconhecimento" não é intelectual, nem mesmo, no sentido estrito, afetivo. [...] É um trabalho de união interior e de identificação na caridade divina.

A partir dessas contribuições, pode-se compreender que a vida contemplativa é a vida orientada para a busca de Deus, polarizada pela consciência permanente de sua presença, pelo assentimento à sua ação no ser humano e pelo continuado abandono à sua vontade. É a vida caracterizada pelo deixar-se transformar, deixar-se construir por Deus. Ao longo da história, o conceito de vida contemplativa tem sido, frequentemente, assimilado (com certa razão) ao de vida de oração. Por ser a forma de vida monástica aquela que oferece mais oportunidades para a prática regular e intensa da oração, tornou-se comum considerar a vida contemplativa como um privilégio exclusivo dos religiosos das ordens de clausura. Entretanto, conforme a contribuição que vem de Jacques e Raïssa Maritain, é possível hoje estender a todos os cristãos, sejam religiosos, sejam leigos, o convite à vida contemplativa. Como escreveu o casal Maritain: "Aqueles que estão engajados na vida ativa não devem renunciar à contemplação sob o pretexto de que não levam uma vida contemplativa. Bem ao contrário, eles têm uma razão a mais para apegar-se à contemplação, eles têm uma necessidade mais urgente de oração [...]. A substância da contemplação não lhes é recusada. Eles devem pedir a graça de uma vida interior bastante intensa, para que mesmo sua ação seja decorrente da superabundância de sua contemplação".[211]

Stein, a partir de João da Cruz, conclui que a contemplação é a infusão secreta, pacífica e amorosa de Deus, que inflama a alma em espírito de amor. Esse inflamar-se de amor inicialmente não é notado. A alma sente, antes, aridez, vazio, dolorosa angústia e preocupação. Somente mais tarde reconhecerá que Deus quis purificá-la pela noite dos sentidos, para submeter os mesmos

[211] Disponível em: http://gnissa.blogspot.com.br/2006/07/contemplao-e-vida-contemplativa.html. Acesso em: 30 jul. 2015.

ao espírito, tornando, assim, a alma livre da escravidão dos sentidos e desprendendo, pouco a pouco, os seus desejos das criaturas e os dirigindo para os bens eternos. A noite escura torna-se escola de todas as virtudes: ensina a resignação e a paciência, pela observância fiel da vida espiritual, mesmo que nela não se encontre consolo e gosto. A purificação completa de todas as inclinações e desejos sensíveis leva a alma à liberdade de espírito, em que amadurecem os frutos do espírito, e essa liberdade garante abrigo e segurança contra o "demônio, o mundo e a carne", que nada poderão contra o espírito. A alma escapou e encontrou o caminho do espírito, o caminho dos adiantados, a via iluminativa onde o próprio Deus lhe serve de mestre. A alma encontra-se, nesse ponto, em estado de transição, podendo experimentar a contemplação, meditação, mas, também, voltar a cair em penosas tentações e aridez. A descrição da via purgativa mostra que essa noite não é sem luz, pois o próprio Cristo, ao anunciar a sua Paixão e morte de cruz, anunciou simultaneamente a sua ressurreição.[212]

A segunda fase é a noite do espírito. O santo carmelita salienta que nessa noite a fé tem o papel principal, pois a noite dos sentidos atingiu a parte sensível do ser humano e foi de natureza mais externa, ao passo que a noite da fé atinge a parte superior, racional; é de natureza interna, e priva a alma do entendimento. A fé não é somente noite escura, mas também caminho para a união com Deus que se conquista quando a alma morre para os sentidos e a razão. Se quiser unir-se perfeitamente nesta vida, pela graça, deverá a alma ficar às escuras para tudo quanto possa ver, sentir, tocar e imaginar. A união sobrenatural realiza-se quando a vontade da alma se conforma a tal ponto com a vontade de Deus que ambas constituem uma só vontade, e não há em nenhuma delas nada que possa contrariar a outra. Nessa união a alma é Deus por participação, embora o seu ser continue naturalmente distinto dele, tanto quanto antes, e a fé comunica ao entendimento um conhecimento certo, porém obscuro. Mostra Deus como luz inacessível, ser inconcebível e infinito, que está acima de toda a capacidade natural e, por isso mesmo, a fé reduz a razão ao nada, levando-a a reconhecer a sua incapacidade diante da grandeza de Deus. A esperança esvazia a memória e ensina que se deve esperar tudo de Deus. O amor liberta a vontade de todas as coisas. A alma verdadeiramente espiritual entende o mistério da *porta estreita* e do *caminho* de Cristo, para se unir a Deus, e sabe que quanto mais se aniquila por Deus, sensível e espiritualmente, tanto mais se une a ele. Essa união não consiste

212 STEIN, Edith. *A ciência da cruz*: estudo sobre São João da Cruz. 5. ed. São Paulo: Loyola, 2008. p. 54-55.

em recreações, gozos e sensações espirituais, mas numa viva morte de cruz, sensível e espiritual, interior e exterior.[213]

Stein pontua que a fé assemelha-se a Deus porque ambos ofuscam o entendimento e lhe parecem trevas. Essa escuridão é indicada nas Escrituras pela nuvem em que Deus se envolve ao fazer as revelações (Ex 19, 16s). Nessa escuridão, está escondida a luz da verdade, luz que brilhará em seu esplendor quando terminar a vida na fé. É próprio de Deus comunicar-se mais ao espírito que aos sentidos; assim, a alma encontra maior segurança e consegue maiores progressos, ao passo que os dados sensíveis representam perigo. Assim como são rejeitadas as sensações dos sentidos exteriores, também devem ser rejeitadas as sensações dos sentidos interiores, da imaginação e da fantasia. Ambas são importantes para a meditação, mas devem abrir passagem para a contemplação. Na contemplação, as potências espirituais – memória, inteligência e vontade – acham-se reunidas num só ato simultâneo.[214] Esse estado deixa como fruto certa elevação da alma para o conhecimento celeste e produz um afastamento e isolamento de todas as coisas, formas e imagens. Nesse estado de união de amor, Deus comunica-se por meio de coisas exteriores, palpáveis, raciocínios, e eleva a alma paulatinamente ao entendimento do supremo espírito de Deus.[215]

As comunicações espirituais apresentam-se ao entendimento sem a mediação dos sentidos, por via sobrenatural. De acordo com as condições normais das coisas, não é possível que seres espirituais sejam vistos claramente nesta vida com o entendimento, mas "podem ser sentidos no mais íntimo da alma por suavíssimos toques e uniões com Deus", pois a visão espiritual é mais clara e aguçada que a natural. Por revelação, designa João da Cruz duas formas de comunicação espiritual: a primeira trata dos conhecimentos intelectuais, ou seja, por meio das revelações a alma recebe toques de Deus que são iluminações singulares e passageiras, mas também é possível que insignificantes sinais externos levem pessoas espiritualizadas a reconhecer, por meio de iluminações sobrenaturais, o que se passa no interior de outros seres humanos. A segunda refere-se a revelações quanto à natureza de Deus

[213] STEIN, Edith. *A ciência da cruz*: estudo sobre São João da Cruz. 5. ed. São Paulo: Loyola, 2008. p. 59-62.

[214] Potência por se tratar de faculdades do espírito humano.

[215] KUSANO, Mariana B. *A antropologia de Edith Stein*. Entre Deus e a Filosofia. São Paulo: Ideias & Letras, 2014. p. 115. Nesta obra a autora informa que Stein faz uma análise dos textos do *Corpus-dionysiacum*, para demonstrar as três vias possíveis do conhecimento de Deus. As concepções referem-se ao conhecimento natural, ao conhecimento pela fé e ao conhecimento por meio de experiências sobrenaturais. Essa última é o coração da experiência mística.

e às operações divinas na criação, como as promessas de Deus transmitidas pelos profetas.[216]

O objetivo da noite escura é levar a união da alma com Deus, que somente é obtido pelo vazio das tendências, que, segundo São João, pode originar-se dos bens temporais, naturais, sensoriais, morais, sobrenaturais e espirituais. Na exposição sobre a purificação da vontade, esses tópicos retornarão de forma contumaz. Segue-se agora a apresentação dos bens e a interpretação que Edith Stein faz dos mesmos, atualizando-os para a realidade de sua época. Os bens temporais, como a riqueza, honra, prole, etc., que, embora não levem necessariamente ao pecado, geralmente induzem à infidelidade para com Deus. Só é permitido neles comprazer-se quando ajudarem a servir melhor a Deus, pois o principal prejuízo que o apego da vontade a essas coisas traz consigo é o afastamento de Deus. Quem, entretanto, conseguir se livrar de todo o apego aos bens temporais alcançará a liberdade de espírito, a clareza da razão, a tranquilidade e a confiança em Deus. Os bens naturais referem-se às qualidades do corpo e da alma, tais como a beleza e as graças corporais, e representam a tentação ao apego, por isso convém dirigir o coração para Deus, onde estão encerradas todas as belezas em grau infinitamente superior à perfeição das criaturas.

Por bens sensoriais, entende João da Cruz tudo o que se refere a sentidos externos ou o que for produzido pelos sentidos internos. A entrega aos bens sensoriais traz consigo muitas desvantagens: vaidade, distração do espírito, desejos desordenados, desonestidade, inveja, luxúria. Esse gozo, às vezes, cria espírito de confusão e insensibilidade para com a voz da consciência e do espírito, porquanto debilita a razão e a impede de receber ou dar conselhos, tornando-a incapaz para os bens espirituais e morais. A renúncia aos bens sensoriais e a concentração em Deus conservam o espírito interior, e as virtudes já adquiridas crescem, o que possibilita uma sublime transformação: o ser humano passa de sensível a espiritual, de animal a racional, de temporal e humano a celeste e divino. Ao contrário dos bens exteriores, naturais e sensíveis, os bens morais, pelo valor que têm em si mesmos, e pela alegria que trazem, como meio e instrumento de perfeição, possuem valores dignos de estima. O cristão pode gozar em possuir as virtudes morais e naturais e em praticar as boas obras, porém deve estar atento para não cair na soberba farisaica.[217]

[216] SAN JUAN DE LA CRUZ. *Obras del místico doctor.* Toledo: Edición Critica. Tomo Primeiro. 1912. Subida del Monte Carmelo, Libro I, Cap. XXIV-XXVIII.

[217] STEIN, Edith. *A ciência da cruz*: estudo sobre São João da Cruz. 5. ed. São Paulo: Loyola, 2008. p. 82-87.

Os bens sobrenaturais, que são superiores às faculdades e aptidões naturais, consistem nos dons e graças concedidos por Deus, tais como a sabedoria e as graças de que fala São Paulo: "como a fé, o poder de cura, o dom dos milagres, o espírito de profecia [...]". O profundo entendimento e a luz divina é que são capazes de evitar que a alma engane-se quanto a esses dons, indicando, entre essas obras, quais sejam as falsas e quais as verdadeiras, e a saber como e a que tempo se devem exercitar. Quem deseja fazer milagres, sem que o tempo ou as circunstâncias o exijam, comete pecado grave, consistente em tentar a Deus. A alma enaltecerá muito mais a Deus na medida em que nele confiar e a ele servir, sem desejar sinais e milagres, pois assim dará mais crédito ao próprio Deus do que àquilo que os sinais e milagres podem manifestar.[218]

Os bens espirituais levam à união com Deus, podendo ser agradáveis ou penosos, conhecidos claramente ou confusos, por isso a importância da prioridade da oração, que deve ser feita preferivelmente em um lugar solitário, para que o espírito se eleve. Ao contrário, constata-se a ilimitada confiança de muitos crentes em numerosas maneiras de cerimônias, introduzidas por gente muito pouco ilustrada e destituída de simplicidade de fé. Esses atribuem a determinadas práticas tanta eficácia que julgam que, se em algum ponto falha ou sai desses limites, não haverá proveito nem Deus os ouvirá, pondo mais confiança naqueles modos e maneiras do que na oração viva. Essas pessoas deveriam saber que quanto mais confiança colocam nessas cerimônias vãs e exteriores tanto menos confiança depositam em Deus. Quando os discípulos de Jesus lhe pediram que lhes ensinasse a orar, ele ensinou os sete pedidos do Pai Nosso, nos quais se incluem todas as necessidades espirituais e temporais do ser humano. Em outras circunstâncias Jesus disse que, quando orassem, não falassem muito, porque o Pai sabe das carências de cada um.

Em sua obra de 1936, *A oração da Igreja*, Edith Stein parte da doxologia eucarística para harmonizar as diferentes modalidades de oração, informando que toda oração autêntica é oração da Igreja, porque nasce do Espírito Santo. A vida de oração de Jesus denota a clareza e a coerência de seu relacionamento com o Pai e os seres humanos. Cristo participou nas cerimônias públicas e prescritas do seu povo, mas também mantinha a sua oração solitária no silêncio da noite, no alto das montanhas, no deserto, distante dos seres humanos e também quando estava entre seu povo. A autora continua a sua reflexão pontuando que a obra da Redenção realiza-se no diálogo silencioso do coração com Deus, onde as pedras vivas são preparadas para edificar o Reino de Deus. Assim, o seu

[218] *Ibidem*, p. 88.

escrito vai delineando a importância da oração em comunhão com a liturgia da Igreja, que tem suas raízes na tradição litúrgica do povo de Israel.

Terminada a exposição sobre a *Purificação das forças espirituais na noite ativa*, Stein informa que João da Cruz interrompe a exposição da *Subida do Monte Carmelo* e que os capítulos planejados, que cuidariam da purificação passiva, só vieram a ser redigidos na *Noite escura*. Na *Subida*, São João dizia sobre a entrada da alma na *noite do espírito*, em que a fé é o caminho que, por meio da noite, leva à união com Deus, por isso nela se realiza o doloroso renascimento do espírito, com a transformação de sua existência natural em sobrenatural.[219] O ser espiritual implica vida e movimento, é impossível fixar seu conhecimento por meio de definições rígidas; ele próprio é movimento progressivo e necessita de expressões fluentes. O mesmo vale para a fé, que também é espiritual e, portanto, movimento.

A atividade natural do espírito decorre da totalidade da estrutura do ser psicoespiritual. João da Cruz conceitua essa atividade com as expressões tradicionais da escolástica que concebe a alma como uma realidade dotada de várias faculdades: inferiores e superiores, sensíveis e espirituais. A parte inferior divide-se em faculdades cognitivas e apetitivas, sendo que na cognição se encontram os sentidos, isto é, os órgãos físicos que funcionam como janelas da alma, pelos quais ela adquire o conhecimento do mundo exterior. A sensibilidade é comum ao corpo e à alma, cujo conhecimento sensível acontece pela atividade do espírito. João da Cruz admite como terceira faculdade espiritual a memória, além do entendimento e da vontade. Nisso não há incompatibilidade essencial, pois aqui não se trata de divisão real da alma, mas de diversas atividades e funções da mesma faculdade, numa mesma direção.[220]

Stein continua expondo a doutrina do Reformador da Ordem Carmelita, informando que o espírito está ligado aos sentidos e aceita o que esses lhe oferecem: conserva o percebido; une-o; modifica-o e chega, pela comparação, dedução e generalização, aos conhecimentos conceituais, juízos e conclusões que representam as funções propriamente ditas do entendimento. Semelhantemente, procede a vontade em sua atividade natural acerca do que os sentidos lhe oferecem. A finalidade do espírito é a de se elevar ao Criador, por isso precisa de um progressivo trabalho de educação e despojamento para se voltar para Deus. A fé dirige a inteligência para o Criador e permite conhecer os seus atributos. Quando a inteligência aceitar o que foi proposto sem poder conhecê-lo pelo próprio entendimento, dará o primeiro passo adentro, na noite escura da fé.

[219] Este poema encontra-se no Anexo II.

[220] STEIN, Edith. *A ciência da cruz*: estudo sobre São João da Cruz. 5. ed. São Paulo: Loyola, 2008. p. 97.

Com essa vida de fé, o espírito eleva-se acima de sua atividade natural, embora sem desligar-se dela. A meditação é justamente a atividade pela qual o espírito apropria-se interiormente do conteúdo da fé. Nela a imaginação representa, concretamente, os acontecimentos da Redenção; os sentidos extraem o que lhes é proveitoso; e a inteligência reflete sobre sua importância geral e sobre as exigências que daí decorrem para a própria pessoa. Dessa forma, a vontade sentir-se-á estimulada a amar e a orientar a sua vida pelo espírito de fé. O espírito no significado amplo e objetivo, não só de inteligência, mas também de coração, familiariza-se com Deus pela contínua atenção, conhece-o, ama-o. O conhecimento e o amor tornam-se parte do seu ser, tal como o relacionamento com outra pessoa com a qual já se convive há muito tempo e se tem intimidade: pessoas assim não precisam mais procurar informações mútuas, nem refletir uma sobre a outra para se conhecerem e se julgarem merecedoras de amor; entre elas nem há mais necessidade de palavras.[221] A cada encontro há um reavivamento e um acréscimo de amor, talvez mesmo o conhecimento de novas peculiaridades. É dessa forma que se deve conceber a relação da alma com Deus, após um longo exercício de vida espiritual: ela não mais precisa da meditação para aprender a conhecer e amar a Deus, pois já repousa no objetivo alcançado. Logo que se põe em oração, já está com Deus e permanece com ele pela entrega amorosa. Esse tipo de contemplação é fruto de muito esforço próprio, estimulado e sustentado por muitas graças.[222]

O mais alto grau de vida de fé que se pode atingir pela atividade própria é a entrega da própria vontade à vontade de Deus e a conformidade de todas as ações com a vontade divina. É comum, na espiritualidade cristã, o acento na vontade de Deus em detrimento da vontade humana, a ponto de se escutar no meio popular a célebre frase: "Deus quis assim!". Na hagiografia, entre os santos que mais se detiveram em trabalhar a *Fiat Voluntas Dei*, destaca-se Santo Afonso de Ligório, que insistia que toda santidade consiste em conformar a vontade do ser humano à vontade divina: "Não há dúvida de que agradam a Deus nossos sacrifícios, renúncias e meditações, obras de misericórdia, exercícios de piedade, contanto que tudo esteja de acordo com a sábia vontade do Senhor. Caso contrário, Deus os reprova e são merecedores de castigo. Se nossas obras e atividades não se realizam segundo o agrado divino, como poderiam agradar a Deus?". Afonso assegura que a maior glória que se rende a Deus é quando a pessoa faz a sua vontade, como Cristo fez e advertiu aos seus discípulos: "Pois

[221] *Idem. Sobre el problema de la empatía.* Madrid: Trotta. 2004, 141 p.

[222] STEIN. Edith. *A ciência da cruz*: estudo sobre São João da Cruz. 5. ed. São Paulo: Loyola, 2008. p. 98-100.

todo aquele que fizer a vontade de Meu Pai que está nos céus, este será meu irmão, irmã e mãe" (Mt 12,50). É certo que estando no mundo o ser humano pode ser abatido por reveses, como desprezo, injustiças e outros males. Contudo, se a sua paz estiver ancorada na conformidade de sua vontade com a vontade de Deus, saberá enfrentar as diversas realidades com mansidão, pois Deus não aprova o pecado e nem a manipulação, mas aproveita essas situações desumanizadoras para amadurecer o ser humano. O Santo Redentorista enfatiza que o cristão não deve perder tempo desejando visões, revelações e outros dons sobrenaturais, mas deve se interessar pela oração, pelo amor a Deus e pelo cuidado com os irmãos, pois nisso consiste o cumprimento da *Voluntas Dei*.[223]

As verdades da fé aproximam o crente de Deus por meio de imagens, comparações e conceitos, tirados das coisas criadas.[224] Tais verdades ensinam que Deus transcende todas as criações e está acima de toda compreensão e entendimento. Deve-se, portanto, abandonar as criaturas e todas as faculdades com que são compreendidas a fim de, pela fé, elevar-se até ele, para isso os sentidos não servem, nem a inteligência, entendida como capacidade de pensar por meio de conceitos. Nesse estágio o fiel encontra-se como que na escuridão, sem a luz dos conceitos, num estado de vida simplificado e purificado, em que são uma só coisa o conhecer, o recordar e o amar. Eis que a alma encontra-se no umbral da vida mística, na entrada para a transformação que há de ser alcançada pela noite do espírito. Em meio ao processo da transformação, o que permanece intacto é o espírito no sentido mais próprio do termo, por isso João da Cruz fala também da natureza da alma, que é um espírito naturalmente capaz para tudo quanto é espiritual: para Deus, puro espírito, e para tudo o mais que ele criou.

Todavia, a alma está unida à corporeidade para captar o que é material, utilizando-se dos sentidos por meio dos órgãos corporais. Acontece que, após "a queda no Paraíso", esses órgãos deixam de servir e passam a dominar. Aqui entra a tarefa do espírito: libertar-se das garras dos sentidos e recuperar o domínio sobre eles, a fim de recuperar as forças para uma vida e ação puramente

[223] Nesse sentido, as ações humanas devem ser orientadas para agradar a Deus, fazendo a sua vontade em qualquer estado ou situação de vida. Disponível em: http://www.veritatis.com.br/fazer-a-vondade-de-deus-segundo-santo-afonso-de-ligorio. Acesso em: 15 ago. 2016.

[224] As verdades de fé assentam-se nas Sagradas Escrituras, Tradição e Magistério da Igreja. Na Bíblia se encontra a História da Salvação que tem em Cristo o cumprimento da revelação divina. Na Tradição se encontra o culto de veneração a Maria, a sucessão apostólica e os costumes e escritos dos primeiros cristãos. No Magistério estão os dogmas de fé que no total são 43 subdivididos em oito categorias: dogmas sobre Deus, sobre Jesus Cristo, a Criação, sobre o ser humano, dogmas marianos, sobre o papa e a Igreja, sobre os sacramentos e, por último, o dogma sobre as últimas coisas. Todas essas verdades estão sintetizadas na Profissão de Fé dos cristãos católicos.

espirituais. Nesse processo de libertação, a fé concentra as faculdades espirituais e as impele para Deus, conduzindo o espírito a Deus, levando-o a um relacionamento espiritual com ele. A concentração em Deus deve ser acompanhada do abandono de tudo quanto não é Deus; esse processo constitui o trabalho a ser realizado pela noite ativa do espírito.[225]

Contudo, o desapego às coisas criadas ainda não se acha assegurado, pois a inteligência, a imaginação e a vontade presas às paixões dos sentidos constituem obstáculos à vida de oração e chegam a extermina-la, caso Deus não ampare a alma com a particular assistência de sua graça. Esse amparo é dado pelas comunicações extraordinárias conquistadas pela vida mística, na qual os sentidos e a imaginação receberão imagens sobrenaturais, a inteligência as compreenderá e o coração as terá como consolo, o que deixará os prazeres deste mundo insignificantes. Mas a alma deverá desapegar-se também dos dons sobrenaturais de Deus, a fim de ganhar em troca o próprio Deus. A fé ensinará que nada quanto perceber e compreender é o próprio Deus e que é preciso ingressar no caminho escuro. É o que acontece na noite passiva – sem ela a noite ativa nunca chegaria ao final – quando Deus intervirá para livrar a alma dos laços de todas as criaturas, atraindo-as para si. Essa intervenção consiste na contemplação obscura e mística, acompanhada da privação de tudo quanto trazia para a alma luz, amparo e consolo.

Pela noite dos sentidos sabe-se que haverá de chegar um momento em que a alma perde o gosto pelas práticas espirituais e por todas as coisas terrenas, de tal forma que ela deverá se apegar à fé no Cristo abandonado na cruz, com quem se identifica em sua aridez espiritual. Ao reconhecer que Cristo, em sua *kenosis*, realizou a reconciliação da humanidade com Deus, a alma compreenderá que o aniquilamento, sensitivo e espiritual, há de conduzi-la à união com Deus, por meio da fé, adentrando-a na contemplação mística, que tem a força de desprender a alma de todas as coisas criadas, elevando-a e mergulhando-a em um amor que desconhece o objeto amado. Trata-se da entrega da alma pela vontade, ao aproximar-se cheia de amor, do Deus ainda escondido: é amor enquanto atitude de ação e sacrifício, de colocação da própria vontade na vontade divina, para ser guiada unicamente por Deus. No longo período da noite do espírito, a alma pode ser beneficiada com certas iluminações, revelações e consolos, mas ela não se deterá mais nisso, porém deixará que Deus

[225] Retomando o que já foi explicitado anteriormente, a "noite ativa do espírito" consiste numa purificação das três potências da alma: inteligência, vontade e memória, através das três virtudes teologais. Assim, a fé deve purificar e substituir a inteligência; a caridade deve purificar e santificar a vontade; e a esperança deve purificar e espiritualizar a memória.

realize o que por meio dessas comunicações pretende. Assim, permanecerá na escuridão da fé, pois não só aprendeu, mas também experimentou e agora sabe que possui, na fé, tudo quanto lhe é necessário, ou seja, o próprio Cristo e, nele, o Deus incompreensível.[226]

Mesmo após longo exercício na vida espiritual, a alma acha-se ainda cheia de imperfeições e necessita de grande purificação para estar apta à união. Todas as fraquezas, Deus as cura pelo despojamento que opera mediante a noite escura, com a qual deixa a inteligência na escuridão; a vontade em aridez; a memória no vazio; e as tendências da alma em sua aflição, amargura e tribulação. A essa altura, o espírito e os sentidos experimentam juntos a última purificação, a qual sobrevém após a primeira noite e na qual os sentidos foram tão fortalecidos pela transformação, pelo domínio das inclinações e pelo convívio com Deus, que já são capazes de suportar os sofrimentos desta segunda purificação.

A purificação não é, porém, somente noite, é também pena e tormento que provém do fato de essa divina contemplação infusa conter muitas perfeições, enquanto a alma ainda em processo de purificação se sente atolada em tormentos terríveis. Então, a alma sente-se "tão impura e miserável" que dá a impressão de que Deus a rejeitou. Quando a contemplação divina investe sobre a alma, com certa força, a fim de a robustecer e torná-la dócil, tamanho sacrifício ela experimenta por fraqueza que quase chega a desfalecer. É de se admirar que sejam tamanhas a fraqueza e a impureza da alma que a façam sentir pesada e adversa a mão de Deus, em si tão branda e suave, mão que não oprime nem esmaga.[227] Nesse estado, a alma sente-se profundamente pobre e vazia de tudo, imersa na miséria de suas imperfeições, na secura e aridez das apreensões de suas faculdades; espiritualmente abandonada em meio às trevas. Quanto mais arraigados estiverem os vícios na substância da alma, maior a opressão de aniquilamento e o tormento interior. Se esse estado perdurasse, haveria a alma de morrer em pouco tempo. A contemplação deixa a alma em solidão e abandono a ponto de não encontrar consolo nem apoio em qualquer doutrina ou mestre espiritual. Isso há de durar até que o espírito esteja apto para se unir ao Espírito de Deus no grau de união amorosa que a misericórdia

[226] STEIN, Edith. *A ciência da cruz*: estudo sobre São João da Cruz. 5. ed. São Paulo: Loyola, 2008. p. 103. A autora informa, em nota, que João da Cruz fala sobre a relação da fé com a contemplação em lugares e expressões diferentes em suas obras.

[227] A descrição da experiência mística, apresentada aqui por Edith Stein, tem uma tríplice possibilidade de ter ocorrido com a própria autora ou com o renovador da Ordem Carmelita, ou, ainda, com Santa Teresa de Ávila. Em princípio, acredita-se que seja Santa Teresa que compartilhava com João da Cruz as suas experiências, a ponto de considerá-lo o seu pai espiritual.

divina quiser conceder. Em seguida, a contemplação leva a alma a experimentar uma paz profunda e íntima amizade com Deus.

Entretanto, como o espírito ainda não está bem purificado e limpo das propensões contraídas pela parte inferior, poderá experimentar mudança, voltando às dores. De tal forma que a alma perde a sua serenidade e seu lado de trevas volta a engendrá-la, causando-lhe mais sofrimento que antes. Abatida pela fraqueza, a alma cala-se, suportando com paciência a purificação. Nesse momento, Deus é quem age passivamente na alma, por isso ela não tem ânimo para as orações. É, assim, que a noite nobre, ao escurecer o espírito, propicia-lhe luz para todas as coisas. Como o entendimento natural não pode compreender a luz divina, a contemplação tem de conduzi-lo à escuridão, apesar de o esfacelamento da faculdade natural de conhecimento ser extremamente doloroso. A vontade, por sua vez, desmantelada e livre das tendências naturais e das influências do mal, permitirá à alma conquistar um novo sentido e conhecimento divino acerca das coisas divinas e humanas, e as verá com olhos muito diferentes dos de outrora. Por fim, a memória deve ficar livre, a capacidade sensível deve interiorizar-se e afinar-se ao abandono de todas as coisas. Assim, essa noite vai tirando o espírito do seu modo ordinário e comum de perceber as coisas, a fim de conduzi-lo ao modo divino, o qual é estranho e alheio a todo o modo humano de proceder. Por meio da noite contemplativa, prepara-se para alcançar a tranquilidade e paz interior tão profundas e deliciosas "que sobrepujam todo entendimento".[228]

Por meio dos sofrimentos da noite do espírito, a alma livrou-se das imperfeições por meio de um abrasamento de amor. Pela purificação escura está a alma especialmente preparada para a união. É a luz da sabedoria divina que vem para iluminar e purificar o ser humano, que a recebe, de forma limitada, por conta de suas fraquezas. Algumas vezes, essa sabedoria de Deus, além de inflamar a vontade, também ilumina a faculdade da razão, dando-lhe certos conhecimentos e luzes. Esse abrasamento simultâneo de amor e a união das duas faculdades – inteligência e vontade – são para a alma razão de grande júbilo, pois é o princípio da esperada união amorosa e perfeita. Do contraste entre o amor experimentado como paixão (estado passivo) e o ato livre da vontade, decorre que, apesar da purificação simultânea da inteligência e da vontade, antes de a contemplação ser percebida pela inteligência como conhecimento, ela é experimentada pela vontade como amor. Essa inflamação e sede de amor, por

[228] STEIN, Edith. *A ciência da cruz*: estudo sobre São João da Cruz. 5. ed. São Paulo: Loyola, 2008. p. 111. A exposição geral do conteúdo sintetizado está em: SAN JUAN DE LA CRUZ. *Obras del místico doctor*. Toledo: Edición Critica. Tomo Segundo. 1912. Noche Oscura, Libro I, Cap. II.

provirem do Espírito Santo, são percebidas pelo espírito, com a participação dos sentidos. No início da noite do espírito, "quando não se sente essa inflamação do amor... Deus dá à alma tão grande amor que ela ficaria feliz em morrer muitas vezes para contentá-lo". A inteligência humana, unida a inteligência divina pela iluminação sobrenatural, torna-se divina; o mesmo acontece com a vontade, com a memória e com todas as inclinações e tendências, as quais são todas transformadas e renovadas por Deus.[229]

A *noite escura* priva a alma do gozo dos bens, mesmo os sobrenaturais, para que se desacostume do modo humano de agir, sentir e pensar. Dessa forma, todas essas tendências estarão dispostas e preparadas para receberem, sentirem e fruírem de modo elevado o que é divino e sobrenatural, pois os bens não sobem do ser humano para Deus, ao contrário, descem de Deus para o ser humano. Essa noite escura da contemplação absorve a alma e, ao mesmo tempo, coloca-a tão próxima de Deus que a liberta de tudo quanto não é Deus. Assim, ela poderá sair de si mesma e de todas as coisas criadas, e caminhar segura e às escuras ao encontro da união de amor com Deus pela escada secreta. Essa é a contemplação escura: é secreta por ser sabedoria mística de Deus, misteriosamente infundida na alma pelo amor. A sabedoria mística é chamada secreta, ainda, porque esconde a alma em si, envolvendo-a em seu abismo secreto de sabedoria, que engrandece a alma e a faz beber nas fontes da ciência do amor. O *Cântico da noite escura* denomina "escada" a contemplação escura. Da mesma forma, que pela escada se sobe para se alcançar os tesouros que se acham numa fortaleza, assim também por essa secreta contemplação, sem saber como, a alma sobe e se apodera dos bens celestiais. Nesse trajeto a alma está sujeita a altos e baixos, para se exercitar no amor, seja no tormento ou na abundante tranquilidade. Isso porque a alma precisa adquirir o conhecimento de Deus e de si mesma para obter o perfeito amor a Deus, quando então cessará esse subir e descer, chegando, enfim, à união com Deus, que está no topo da escada.[230]

A contemplação é escada porque vai elevando a alma, de grau em grau, ao Deus criador. O primeiro grau do amor faz a alma adoecer, a fim de que nela morra o pecado. O segundo degrau faz a alma buscar incessantemente a Deus. No terceiro, ela é estimulada a agir e não desfalecer. No quarto degrau, o amor faz com que ela tudo suporte, sem se exaurir. Já no quinto grau, o amor leva a alma a desejar a Deus impacientemente. No sexto degrau, ela

[229] STEIN, Edith. *A ciência da cruz*: estudo sobre São João da Cruz. 5. ed. São Paulo: Loyola, 2008. p. 115.

[230] STEIN, Edith. *A ciência da cruz*: estudo sobre São João da Cruz. 5. ed. São Paulo: Loyola, 2008. p. 118-119.

corre pressurosamente para Deus, sentindo a sua presença. O sétimo grau proporciona à alma alcançar de Deus tudo quanto lhe apraz pedir. Por fim, no oitavo degrau, ela apodera-se do Amado e une-se a Ele. Algumas pessoas experimentam a união, mas logo são afastadas, pois se aí demorassem chegariam a uma espécie de "glória" ainda nesta vida. Já o nono degrau corresponde aos perfeitos, que ardem no amor de Deus com muita suavidade. O décimo grau da escada secreta do amor não mais pertence a esta vida. Este degrau faz a alma assemelhar-se totalmente a Deus, em virtude da clara visão de Deus que ela possuirá imediatamente ao sair do corpo.[231]

A alma afirmou ter saído, pela escada secreta, disfarçada em sua *librea*,[232] constituída de três cores: o branco, o verde e o vermelho; símbolos das três virtudes teologais: fé, esperança e caridade, as quais asseguram à alma a benevolência de seu Amado e a perfeita proteção contra seus três inimigos: o demônio, o mundo e a carne. A fé é uma "túnica" interior de excelsa brancura que ofusca a vista de qualquer inteligência, impossibilitando assim que o *demônio* a veja e a prejudique. Sobre essa túnica, veste a alma a *almilla* verde da esperança e com ela se liberta e se defende do segundo inimigo, o *mundo*, valorizando, assim, as coisas eternas e não dando nenhum valor às coisas terrenas. Sobre o branco e o verde, traz a alma uma "toga" vermelho-vivo, como sinal da terceira virtude, o amor. Assim, a alma fica amparada e escondida do terceiro inimigo, a *carne*, por ter esvaziado e aniquilado as inclinações e tendências da vontade por qualquer coisa que não seja Deus.

No momento em que Deus visita a alma, ela permanece completamente na escuridão e totalmente velada, tornando-se toda espiritual, e nesse esconderijo de contemplação unitiva, as paixões, movimentos e tendências vão sendo quase que totalmente suprimidos. Na venturosa noite, a alma foi agraciada com a contemplação solitária e secreta, estranha e incompreensível à parte sensível. Para chegar a Deus, ela há de se interessar somente por Ele, não se apoiando em nenhuma das luzes interiores da inteligência e em nenhuma guia exterior em que possa encontrar consolo, pois só o amor a guiará até o Amado. Nesse momento, Stein informa que o tratado sobre a *Noite escura* é interrompido e que das oito estrofes do cântico, seis receberam comentários que possuem dupla importância: fornecem mais esclarecimentos sobre a natureza do espírito e mostram que a contemplação escura equivale à morte e ressurreição para uma vida nova.[233]

[231] *Ibidem*, p. 120-122.

[232] Uniforme de gala que usam alguns trabalhadores, para desempenhar o seu ofício ou profissão.

[233] STEIN, Edith. *A ciência da cruz*: estudo sobre São João da Cruz. 5. ed. São Paulo: Loyola, 2008. p. 127.

João da Cruz distingue três formas de união com Deus: na primeira Deus está essencialmente presente nas coisas criadas, mantendo-lhes a existência; a segunda afirma a inabitação (presença divina), mediante a graça, na alma; e a terceira acena para a união transformadora, mediante o amor perfeito. Da mesma forma, Santa Teresa, em sua obra *Castelo interior* (1577), afirma que Deus está presente em todas as coisas por sua essência, sua potência e sua presença. Essa inabitação divina existe em cada uma das almas humanas, apesar de que algumas não tenham noção ou nem desejem isso, e mesmo que vivam em pecados, Ele pode estar nessa alma por meio dos atributos citados acima. A inabitação pela graça requer de quem a recebe a livre aceitação, portanto só a recebe os seres de natureza pessoal e espiritual. A vida divina é trinitária, e o relacionamento com a alma procede da seguinte forma: o Espírito Santo proporciona-lhe a vida na graça. Nessa vivência no Espírito Santo, a alma ama o Pai com o amor do Filho e ama o Filho com o amor do Pai. A convivência da alma com a vida trinitária pode realizar-se ainda que a própria alma não se dê conta da inabitação das três pessoas divinas. Mesmo quem não tiver alcançado aquele grau eminente estará ligado a Deus pela fé, esperança e caridade, embora disso não se dê conta perfeitamente.[234]

Stein prossegue a sua dissertação informando que a oração de união ainda não é a união que João da Cruz coloca por objetivo da *Noite escura*: é um simples preâmbulo; serve para dispor a alma à perfeita entrega a Deus e para despertar-lhe veemente desejo de repetição da união e da posse definitiva. Isso é claramente indicado na quinta e sexta morada do *Castelo interior*, de Santa Teresa de Ávila, em que são descritas a preparação e a realização nos noivados espirituais. No *Cântico espiritual*, a descrição correspondente encontra-se ao serem interpretadas as estrofes 13 e 14. Nesses dois trechos, João da Cruz e Santa Teresa concordam em dizer que os noivados espirituais consistem num êxtase – Deus eleva tão fortemente a alma que a natureza dela sucumbe. São João da Cruz não se pronuncia claramente sobre a união, o que diz é que acontece uma união transitória que dá um antegozo da união permanente entre a alma e Deus.[235] A partir das concepções de João da Cruz e Teresa de Ávila conclui-se que as três modalidades de inabitação de Deus são diferentes, não só em grau, mas também em espécie. É o mesmo Deus quem está presente em todas as três

[234] STEIN, Edith. *A ciência da cruz*: estudo sobre São João da Cruz. 5. ed. São Paulo: Loyola, 2008. p. 141.

[235] Edith Stein pontua que João da Cruz deve ter evitado aprofundar a questão por motivos de cautela frente à Inquisição, distinguindo-se rigorosamente sua doutrina do sectarismo dos "iluminados" e procurando aproximar a evolução da vida mística do modo comum de atuação da graça.

modalidades, e em todas elas a imutável essência divina é a mesma. A diferença está em que a divindade habita, em cada caso, um sujeito diferente. [236]

A primeira modalidade de inabitação – ou melhor, de divina presença – por não ser inabitação propriamente dita, é que o ser divino e a criatura permanecem completamente separados; entre eles há somente uma relação de dependência existencial e unilateral que não significa união, nem, portanto, inabitação. Para haver a inabitação é preciso que ambas as partes sejam seres interiores, ou seja, seres que se apreendam e se compreendam intimamente, e que sejam capazes de receber outro ser, de tal modo que, sem a perda da individualidade, ambos possam constituir uma unidade. Isso só é possível entre seres espirituais, pois somente eles podem permanecer em si próprios e, ao mesmo tempo, receber outro ser espiritual – modo pelo qual se realiza a verdadeira inabitação. Para que se realize a completa união amorosa, a alma deve estar desvencilhada de qualquer outro ser, deve estar vazia de todas as criaturas e até de si própria, como expõe João da Cruz com tanta insistência.

O amor, em sua realização plena, consiste na união pela entrega livre e mútua: é essa a vida interna da Santíssima Trindade. Tanto o amor humano, desejoso, ansioso (*eros*), como o amor a Deus, misericordiosamente voltado para as criaturas (*caritas*), tendem a essa plenitude; onde esses dois amores se encontrarem, poderá haver união progressiva, à custa de sacrifícios e da remoção dos obstáculos. Como já foi exposto, isso se realiza ativa e passivamente pela noite escura. Pela autopurificação, a vontade humana une-se cada vez mais à vontade divina. Agora há somente diferença de grau entre a inabitação pela graça e a união de amor. Na purificação passiva, pelo fogo consumidor do amor divino, a vontade penetra cada vez mais à vontade humana, e, ao mesmo tempo, faz-se sentir como realidade presente.

A segunda modalidade da inabitação é pela graça, que confere a virtude da fé, ou seja, a força de aceitar o que não se pode provar rigorosamente e, ainda, ter como real aquilo que não se percebe em sua presença. A terceira modalidade é a vocação mística em que Deus propicia um encontro pessoal, revelando o seu próprio interior e seus desígnios secretos por iluminações particulares. Deus é

[236] Os manuscritos *Chama viva do amor* e *Cântico espiritual*, de João da Cruz, existem em duas redações diferentes. Já a *Subida do Monte Carmelo* e a *Noite escura* existem numa só redação e as diferenças entre os manuscritos e as mais antigas edições impressas são tão grandes que o truncamento por mãos alheias é inegável, além de faltar partes que deveriam tratar expressamente da união; o mesmo valendo para a *Chama viva do amor*. Os quatro grandes tratados só existem em cópias manuscritas, das quais não se encontrou o original. Diante disso, Stein reúne as concepções essenciais da vida interior propostas por Teresa de Ávila e acolhidas por João da Cruz, que faz referências ocasionais aos escritos de Teresa de Jesus para poupar-se de explicações que lá se encontram.

pessoa, seu ser é ser pessoal; o íntimo da alma é o coração e a força de sua vida pessoal e, também, o lugar propriamente dito de encontro com outras vidas pessoais. Os contatos de pessoa e pessoa só se dão no íntimo e é por meio de um desses contatos que uma pessoa anuncia à outra sua presença. Isso, porém, ainda não é a união, mas apenas o seu começo. Assim, na união pela graça existe a comunicação do ser divino à alma, mas a fonte de vida pessoal fica latente e não entra na comunicação do ser; enquanto, na vocação mística, a fonte de vida divina entra em contato existencial com a fonte de vida humana espiritual, tornando-se perceptível enquanto presente. A união que é entrega mútua requer a existência da fé e do amor, ou seja, da graça santificante. A entrega incondicional da vontade da alma à vontade divina promove a mais íntima e profunda absorção pelo ser divino, que, por sua vez, deifica a alma. É uma união de pessoas que não suspende a independência pessoal. Quando houver completa integração na vida divina, pela perfeita união amorosa, chegar-se-á a saber que se está vivendo uma vida trinitária.[237]

A fé e a contemplação, para João da Cruz, são designadas como caminho para a união e conceituadas como conhecimento obscuro e amoroso. A obscuridade da fé é tratada principalmente na *Subida do Monte Carmelo*, cotejada à escuridão da meia-noite. A contemplação, por sua vez, é identificada como teologia mística, isto é, conhecimento secreto de Deus. Na exposição da *Subida*, João da Cruz deixa claro que a fé e a contemplação não podem ser identificadas, pois a noite da fé é guia para as delícias da contemplação pura e da união. Quando o místico fala em contemplação, está afirmando que Deus pode conceder à alma um conhecimento obscuro e amoroso de si mesmo, sem que haja prévio exercício de meditação, levando a pessoa repentinamente ao estado de contemplação e amor. Todavia, de forma geral, a contemplação se dá com pessoas de fé viva e uma vida de fé, pois caso um descrente fosse agraciado com essa experiência, a fé é que haveria de levá-lo ao conhecimento daquele que o agraciou. Ao término da contemplação, a pessoa já não descrente, recorreria à clareza segura das verdades da fé, para entender o que lhe acontecerá.[238] A fé e tudo quanto lhe diz respeito fundam-se na inabitação pela graça. A contemplação é uma questão de coração, do íntimo da alma, de

[237] STEIN, Edith. *A ciência da cruz*: estudo sobre São João da Cruz. 5. ed. São Paulo: Loyola, 2008. p. 147-149.

[238] BORGAL, Clement. *Saint-Exupery*: mystique sans la foi. Paris: Centurion, 1964. 206p. Nessa obra o autor discute a postura existencial de Saint-Exupéry, filho da ideologia da "morte de Deus" e frequentador dos lugares de experiência do mistério: como aviador trabalhou no espaço celestial, viajando pelos desertos da costa do Mediterrâneo. Mesmo impotente para crer, Exupéry, no deserto de sua vida, experimentou a ascese dos anacoretas, o despojamento e a humildade que o levaram

tal forma que a presença e a aparente ausência de Deus são notadas no coração sob forma de felicidade ou dolorosa saudade.[239]

Deus é amor, e quando a alma estiver preparada para se inflamar do amor divino, experimentará o que se deu com Cristo, que passou todos os instantes de sua vida em irrestrita entrega ao amor divino. Por meio da sua Encarnação e Paixão, Jesus tomou sobre si o peso do pecado da humanidade, abraçou-o com amor misericordioso e o guardou em sua alma. Assim se realizou o holocausto expiatório em seu íntimo por meio de todos os seus sofrimentos, mas principalmente no Horto das Oliveiras e na cruz, quando acabou o sentimento de felicidade sensível, fruto da interminável união, e ficou inteiramente entregue ao sofrimento do extremo abandono de Deus. O "Consummatum est" é o anúncio do fim do holocausto expiatório; o "Pater, in manus tuas commendo spiritum meum" é a volta definitiva para a união de amor eterna e inalterável.[240] Foi dessa forma que, após a *noite escura*, começa a raiar a *chama viva de amor*. Essa realidade aceita na fé é experimentada na contemplação.

O terceiro parágrafo do segundo capítulo da obra de Stein apresenta a *Glória da Ressurreição*, quando a alma já escapou da noite. São João da Cruz vivenciou a experiência mística de passar pela *noite escura* e agora está mergulhado na luz radiosa na manhã da ressurreição. Ao falar sobre a cruz e a noite, faz como se estivesse olhando para o passado. Essa retrospectiva torna os escritos importantes para o tema: da morte nasceu a vida nova, quando a delicada chama de amor apodera-se da alma, essa julga que a vida terrena está terminando e que se aproxima a posse da felicidade eterna. Assim, ansiosa, pede a sua libertação do corpo mortal. A *viva chama de amor* é o Espírito Santo, que provoca um incêndio de amor, unificando a vontade da alma e a chama divina num único amor. A alma aproxima-se tanto de Deus que chega a ter a impressão de que isso é a própria vida eterna. Todos os movimentos são então divinos, são atos de Deus e ao mesmo tempo da alma, que diz que o Espírito Santo feriu-a no mais profundo centro, dando a entender que também foram tomados pelo amor: a sua natureza, a sua vontade e a sua energia. Dessa forma, compreende-se a razão por que certas pessoas tenham o hábito da caridade com tanta coerência que se diz que são santas na terra.[241]

a Deus. Os seus escritos denotam um humanismo ateu, porém encaminham o leitor a um fascínio pelo transcendente.

[239] STEIN, *op. cit.*, p. 153.

[240] STEIN, Edith. *A ciência da cruz*: estudo sobre São João da Cruz. 5. ed. São Paulo: Loyola, 2008. p. 154.

[241] *Ibidem*, p. 157. Stein afirma que nesta vida existem pessoas com o hábito da caridade com tanta perfeição como na vida eterna. Isso graças ao fato de que, em uma alma já examinada, provada e

O poeta e místico compara a união simples com a Igreja militante, onde o fogo do amor não chega ao ardor extremo; e a união amorosa, com a Igreja triunfante, onde esse fogo acende-se como em uma fornalha, em perfeito amor. Nesse ponto, a alma tem ciência de que antes era iluminada pela chama divina, que a consumia dolorosamente, mas agora se lembra de tudo isso e reconhece que as provações foram necessárias para a sua purificação. Ciente de que está próxima da meta, a alma solicita a completa união mística, clamando: "acaba já, se queres!". Nesse estado a alma pensa que sua natureza vai se desfazer, já que a parte interior acha-se impossibilitada de suportar um fogo tão forte e tão sublime.[242]

Entretanto, para que haja a perfeita união, é preciso que sejam removidas as três cortinas que se interpõem entre a alma e Deus: "a temporal, em que estão compreendidas todas as criaturas; a natural, na qual estão as operações e inclinações naturais; e a sensível, que compreende a união entre a alma e o corpo, a vida sensível e animal...". As duas primeiras já foram eliminadas pelos dolorosos encontros com aquela chama; mas ainda resta a última cortina, a vida sensível, que pela união com Deus já se tornou tênue e delicada como um véu. Quando esta for rompida, poderá a alma falar num doce encontro, semelhante às condições naturais da morte. Agora que a alma sente a força da outra vida, fica-lhe patente a fragilidade desta. A alma sabe que "é próprio de Deus levar consigo, antes do tempo, as almas que ele muito ama, aperfeiçoando-as em breve tempo por meio daquele amor... Por isso é tarefa importante que a alma exercite nesta vida os atos de amor, para que não permaneça por muito tempo sem ver a Deus [...]".[243]

Antes da união, as trevas cobriam as cavernas do sentido da alma, que estava cega por procurar satisfação em coisas que não eram Deus, pois o desejo lhe encobria os olhos da inteligência. Depois da transformação da alma em Deus, a luz divina funde-se com a luz da alma, a ponto de somente a primeira brilhar. Então, a alma transborda de gratidão pelas graças que recebeu em virtude da união, e Deus lhe demonstra seu amor e seus benefícios, por meio de todos os seus atributos: onipotência, sabedoria, bondade, misericórdia, etc. É sublime o amor entre Deus e a alma, e a recíproca da alma se reflete no prazer expresso em louvores e agradecimentos que oferece a Deus. A alma ama a Deus por quem Ele é, essencialmente, e não se apega aos seus atributos.

purificada no fogo das tribulações, sofrimentos e tentações, e que se tenha mostrado fiel no amor, realiza-se o que o Filho de Deus prometeu de que se alguém o amasse, a Santíssima Trindade viria a ele e nele faria morada.

[242] SAN JUAN DE LA CRUZ. *Obras del místico doctor.* Toledo: Edición Critica. Tomo Segundo. 1912. Llama de amor viva, p. 629-633.

[243] STEIN, Edith. *A ciência da cruz*: estudo sobre São João da Cruz. 5. ed. São Paulo: Loyola, 2008. p. 161.

Na alma que não se deixa levar pelas tendências e inclinações próprias, Deus habita sem rival, pois Satanás e a mente humana não conseguem compreender a intimidade entre a alma e Deus. Nesse momento, tecnicamente Edith Stein informa que João da Cruz cala-se diante do encantamento de sua experiência mística e passa a informar que existe uma íntima relação entre a *Chama viva de amor*, a *Subida* e a *Noite*. Nesses escritos o objetivo é o caminho da cruz. Na *Chama viva de amor*, poesia e interpretação são uma só coisa.[244] Nesta obra, é acentuadamente perceptível a harmonia entre a experiência de João da Cruz, a Palavra Divina revelada e os acontecimentos da História Sagrada. O carmelita demonstra com clareza as relações secretas entre Deus e a alma, como expressão apropriada de um acontecimento místico.

A *Noite* e a *Chama viva de amor* tratam do tempo em que a alma abandonou toda criatura e se ocupa exclusivamente com Deus. Já no *Cântico espiritual* se percebe uma alma tomada de encantos pela criação visível e reflete toda a evolução mística, nos comentários e, também, nas estrofes.[245] João da Cruz informa que as cinco primeiras estrofes do *Cântico espiritual* são dedicadas ao início da vida espiritual, isto é, ao tempo em que a alma pratica a meditação e a mortificação. Somente na sexta estrofe, introduzida na segunda redação, começa a ser apresentada a vida contemplativa.

A estrutura primitiva do *Cântico* é de uma subida gradual na união de amor ou uma absorção sempre mais profunda, em que se sucedem: primeiro um rápido encontro; em seguida – após ansiosa e atormentada busca – um arrebatamento com íntima união, a qual é como um tempo de preparação para a união definitiva que culmina com a paz imperturbável do matrimônio místico. Stein informa que esse processo espiritual não está dividido em três vias ou estados, isto é, purificação, iluminação e união, mas trata-se antes de três efeitos, que se acham unidos na vida da graça e no caminho da vida mística. O motivo principal do *Cântico* é constituído pela tensão da alma (esposa) entre a ausência dolorosa do Amado e o encontro feliz. A relação da alma com Deus – vista como a finalidade que o Senhor, desde toda a eternidade, reservou à alma, ao criá-la – não pode ser mais bem designada do que pela união nupcial. É o estado de esposa de Deus, que passa a ser entendido como o autêntico estado nupcial, enquanto a realidade do matrimônio serve de expressão a um segredo divino. Isso da mesma forma que a paternidade de Deus é modelo a toda paternidade na terra.

[244] Esse poema encontra-se no Anexo III.

[245] Esse poema encontra-se no Anexo IV.

O mundo que o *Cântico* introduz apresenta a alma à procura do amado, cheia de saudade e amor. Em seu caminhar, a alma refaz-se na fonte cristalina da fé, enquanto os seus ardentes desejos acabam por motivar o Amado a visitá-la. Desde o momento em que a alma passa a gozar da presença do Amado terminam seus saudosos clamores; ela começa a cantar as maravilhas que experimenta na união com Ele. Tais maravilhas consistem em iluminações sobre a sua divindade; enriquecimento com dons e virtudes; vestimenta de conhecimento e de glória. Nesse êxtase, "por se unir a Deus, a alma terá a impressão de que todas as coisas são Deus".

Ao receber conhecimento elevadíssimo de Deus e de suas perfeições, infundidas na inteligência, a alma, reclinada sobre o peito do Amado, compara-o à noite sossegada. Mas essa noite já está clareada pelo raiar da manhã. A contemplação de Deus é considerada alimento dos anjos e santos: também é assim que a alma se refaz numa ceia, pelo conhecimento reconfortante da noite sossegada. A alma toma a ceia com a impressão de que todas as penas e sofrimentos do dia passaram. Ela sente no coração a presença do Amado e deseja entregar-se a ele com toda a riqueza das flores, a fim de prestar-lhe a suprema homenagem. Entretanto, os prazeres sensuais, que estavam pacíficos, despertam voluptuosamente, para destruir o reino florido da alma, por isso Stein comenta que Satanás prefere atacar as pessoas mais próximas de Deus, cujo escândalo é mais estrondoso para a comunidade, a menosprezar indivíduos cuja queda não desagregue o povo. Todavia, a alma deseja estar inteiramente liberta da sensualidade, para acolher em sua intimidade o lampejo divino e se regozijar com o maravilhoso adorno que lhe foi concedido por Ele: um conhecimento sobrenatural superior ao alcance das vias convencionais de conhecimento.

O Esposo também deseja o matrimônio, cumprindo a profecia de que todos os montes e vales serão igualados e, como consequência, "as águas da aflição hão de ceder, os ventos da esperança hão de calar; o fogo da alegria não mais a inflamará; serão banidos os horrores com os quais o mau espírito procura espalhar escuridão na alma e obscurecer a luz divina". Essa união em Deus deixa a esperança satisfeita, de tal forma que nada mais espera a alma deste mundo. Enraizada na árvore da cruz, a alma não será mais atacada pelos horrores dos maus espíritos, pois finalmente, entrou em um novo paraíso terrestre. As trevas da noite não impediram o Sol Eterno de brilhar e iluminar a cruz redentora que acolhe a alma, restituindo-lhe a dignidade e o estado de graça, perdidos sob a árvore do antigo paraíso.[246]

[246] STEIN, Edith. *A ciência da cruz*: estudo sobre São João da Cruz. 5. ed. São Paulo: Loyola, 2008. p. 167-205.

2. REESTRUTURAÇÃO HUMANA E SOCIAL NA CIÊNCIA DA CRUZ

A ciência da cruz apresenta a antropologia steiniana, na qual o ser humano é descrito como um ser que possui interioridade, que é um espaço sagrado, onde ocorrem as comunicações da pessoa com ela mesma, bem como a abertura para o diálogo com os outros seres humanos e para com Deus. A esse espaço Stein chama de "alma da alma", donde brota o "eu".

A partir da concepção steiniana de que o ser humano possui um reino espiritual e deve, ao longo de sua vida, aprender a governá-lo, pode-se fazer uma analogia com as formas administrativas dos reinos desta terra, ou seja, o governo da sociedade, constituída em regimes institucionais, deve se pautar na comunicação e no entendimento entre os membros dessa sociedade, a fim de que a mesma se desenvolva.

Stein pontua que pelo fato de o ser humano ter uma interioridade, é capaz de refletir sobre si e sobre a vida. Isso faz dele uma pessoa livre e é, justamente em liberdade, que ele se sente impelido a viver em comunidade, contribuindo com o seu ser para com o desenvolvimento do grupo do qual faz parte. Entretanto, a autora – a partir da vida de São João da Cruz – informa que muitos grupos humanos acomodaram-se ou perderam o sentido de sua missão nesta terra, por isso é necessária uma reforma, para melhor atender aos anseios da sociedade.

No terceiro tópico deste segundo capítulo, é abordado o tema da *noite escura da razão* que remete à compreensão das paixões da alma que podem se voltar para Deus e retornar aos seres humanos, auxiliando-os numa convivência salutar, ou se voltar para si mesmos, concretizando de forma egoística os próprios interesses. Por isso, Stein trabalha a necessidade humana de purificar a "vontade", a fim de que a pessoa torne-se altruísta.

O capítulo se conclui refletindo sobre a noite do espírito e o Nacional Socialismo. Em *A ciência da cruz*, a filósofa – baseando-se em São João da Cruz – constata que a *noite dos sentidos* havia tocado externa e sensivelmente o ser humano, já a *noite do espírito* deixa a pessoa de fé nas trevas, privando a alma do entendimento, de tal forma que ela pode se sentir cega. Trilhando às cegas esse caminho espiritual de aridez e sofrimento, a alma pode querer se unir a Deus. Edith Stein de forma subliminar emprega esse caminho ao que ela e milhões de pessoas em sua época, e ainda hoje, viveram em meio a perseguições e preconceitos, que dão continuidade à via-crúcis dos que são crucificados com o Cristo.

2.1 O reino espiritual da alma

Edith Stein, ao longo de sua trajetória acadêmica, buscou fundamentos teóricos e vivenciais para tomar conhecimento profundo do que é o ser humano e dizia: "para saber o que é o ser humano, é preciso colocar em relevo a situação em que se experimenta a existência humana em si e no encontro com os outros".[247] Em 1933, Stein lecionava sobre a *Estrutura da pessoa humana* e, como pedagoga, afirmava que era necessário conhecer a pessoa do aluno que se apresenta diante do professor para poder lhe oferecer uma formação integral, respeitando a sua singularidade, pois, quando isso não se dá, o aluno corre o risco de se deixar influenciar por diversas ideologias, tornando-se passível de manipulação, como estava ocorrendo naquela época em que o Nacional Socialismo vinha recrutando e seduzindo a juventude na Alemanha.[248]

A pedagogia, na Europa de Stein, estava vivendo um contraste. Por um lado, o otimismo e o ativismo pedagógico do final do século XVIII e do século XIX, afirmando-se que o ser humano, apesar de suas diferenças, é livre e continuamente chamado à perfeição, denominada humanidade. Por outro lado, o romantismo descobriu que são as forças do profundo da existência humana que determinam a qualidade de vida, assim como os poderes dos instintos dos

[247] STEIN, E. In: URKIZA, Julien; SANCHO, Francisco Javier (Org.). *Obras completas*. v. I. Escritos autobiográficos y cartas. Vitória: El Carmen; Madri: Espiritualidad; Burgos: Monte Carmelo, 2002. p. 477. Em sua autobiografia, a autora informa que para a sua tese doutoral já havia se debruçado sobre a questão epistemológica do ser humano e que desde aquela época vinha se ocupando, em seus trabalhos, de pesquisar e apresentar o resultado de suas pesquisas acerca da estrutura da pessoa humana.

[248] *Idem*. In: URKIZA, Julien; SANCHO, Francisco Javier (Org.). *Obras completas*. v. IV. Escritos antropológicos y pedagógicos. Vitória: El Carmen; Madri: Espiritualidad; Burgos: Monte Carmelo, 2003. p. 556.

seres humanos, que desordenados mostraram a sua selvageria, principalmente nas grandes guerras.[249] Da análise pedagógica a autora encaminha para a análise antropológica, que parte da vida humana concreta para se compreender o ser humano em carne e osso. Essa análise culminará na obra *A ciência da cruz*, por ser o último trabalho de Stein, quando a sua antropologia abraça a teologia mística.

Em *A ciência da cruz* a autora apresenta as suas últimas conquistas em sua pesquisa antropológica. Fundamentada em Husserl, Agostinho, Tomás de Aquino, Teresa de Ávila e João da Cruz, entre outros, Stein conclui que o ser humano tem autonomia diante do mundo criado, em virtude do fato de possuir um mundo interior. A interioridade do ser humano tem mobilidade e acontece por meio dos pensamentos, imaginação, sentimentos, linguagem e projeção. Essa abertura coloca o ser humano em liberdade para o infinito e faz dele um ser transcendente, por isso ele é um ser espiritual.[250] A sua alma habita num reino espiritual, num castelo, onde existe o santuário da alma, local em que ela se encontra com a mais pura essência humana e, ao mesmo tempo, tem oportunidade de se unir ao Eterno sem perder a sua identidade. Esse local também foi escolhido por Deus para ser a sua morada. Nesse espaço sagrado, Deus lê os pensamentos do coração humano e a alma, por sua vez, une-se graciosamente a ele. O íntimo da alma é o coração e a força de sua vida pessoal. O ente que se relaciona com a divindade é pessoa e possui uma interioridade capaz de se relacionar com Deus, que é espírito. A substância de Deus é o seu próprio ser. Ele é pessoa, seu ser é pessoal.

O Eterno e o ser finito conservam-se totalmente separados; entre eles existe uma relação de dependência existencial por parte do ser finito e há a possibilidade de se construir um relacionamento. Entre os seres humanos, também, é possível um relacionamento graças ao fato de se constituírem seres espirituais, ou seja, capazes de se apreenderem e se compreenderem sem perder a individualidade e, ao mesmo tempo, estabelecerem uma unidade. De fato, os verdadeiros encontros pessoais se dão no íntimo da pessoa e é por meio desses contatos que o ser humano anuncia ao outro a sua presença. A graduação do encontro dar-se-á a partir dos envolvidos na relação, indo de superficial até a intimidade informal.[251]

Como se sabe, em seus estudos fenomenológicos, Stein teve uma experiência ímpar da espiritualidade de Santa Teresa de Ávila, por isso, quando

[249] *Ibidem*, p. 563-566.

[250] SAFRA, G. *O ser humano*: corpo, psique e espírito. Estudo de Edith Stein. Série: Contribuições dos filósofos para a prática clínica. São Paulo: Edições Sobornost: aulas ministradas no LET – Laboratórios de Estudos da Transicionalidade, em 12 de agosto e 2 de setembro de 2006. 2 DVDs.

[251] STEIN, E. *A ciência da cruz*: estudo sobre São João da Cruz. 5. ed. São Paulo: Loyola, 2008. p. 136-149.

fala de reino espiritual, é fundamental ter em mente a obra *Castelo interior ou moradas*.[252] Trata-se do diário espiritual da Reformadora do Carmelo, que narra as experiências espirituais que teve ao penetrar no Reino de Deus por meio da oração silenciosa. A santa carmelita informa: "Chamo de oração silenciosa o tempo em que a pessoa, livre de todas as demais ocupações, está recolhida com Deus a sós. Ela está atenta, olhando-se e atenta a Deus em silêncio."

Contudo, para se chegar a esse estágio a alma humana precisa passar por várias etapas. A explanação de Stein diferencia-se de sua mestra espiritual justamente por seu enfoque antropológico, ou seja, todas as almas já possuem esse "algo íntimo", que é uma vida primordial, oculta no mais profundo da alma. De tão sagrado que é este espaço a autora chama-o de santuário, pois nele Deus faz nascer a vida do "eu". Nesse sentido, o ser humano, por ter sido criado por Deus a sua imagem e semelhança, diferindo-se assim das demais criaturas, é um ser bom. Em seu espírito o ser humano leva gravada a imagem da Santíssima Trindade, que, para Santo Agostinho, consiste no amor e no conhecimento que são a vida do espírito. Essa vida está dotada da luz da razão, ou seja, da imagem do *logos* divino.[253]

Aquilo que se poderia chamar de consciência mais profunda[254] é o reino espiritual da alma. Espaço difícil de se adentrar e, também, de se conhecer, pois esse mundo interior não tem as leis culturais e o convencionalismo próprio do mundo exterior. Em sua intimidade a alma domina o seu reino e se encontra livre para transitar nele. A possibilidade de se movimentar dentro de si mesma funda-se nesta qualidade: *a alma* é *um eu*.

> O "eu" é aquilo que permite a alma abranger-se a si mesma e a tudo quanto nela se move, como que encerrando-se em si mesma e a tudo o mais dentro de um âmbito espacial. Lá dentro, o ponto mais profundo

[252] ALFIERI, Francesco. *Pessoa humana e singularidade em Edith Stein*. São Paulo: Perspectiva, 2014. p. 74. O filósofo italiano Francesco Alfieri esclarece, em sua obra *Pessoa humana e singularidade em Edith Stein*, que o caminho que Husserl e seus discípulos fizeram em direção aos fenômenos o fez Teresa de Ávila em direção a si mesma, pois o método husserliano pode ser uma via para se alcançar aquilo que a pessoa vive em si mesma. Stein, ao falar de *Castelo interior*, está indicando que o olhar do fenomenólogo deve se voltar para os fenômenos do mundo exterior e, ao mesmo tempo, voltar-se para si, em busca de clarear aquilo que o fenomenólogo é.

[253] STEIN, Edith. In: URKIZA, Julien; SANCHO, Francisco Javier (Org.). *Obras completas*. v. IV. Escritos antropológicos y pedagógicos. Vitória: El Carmen; Madri: Espiritualidad; Burgo: Monte Carmelo, 2003. p. 569. Neste ponto, Stein reflete sobre a origem do ser humano a partir de Agostinho e Tomás de Aquino em contraposição ao idealismo humanista e à psicologia profunda, e aproveita os elementos positivos dessas correntes filosóficas em sua concepção antropológica.

[254] Os termos alma e suas profundidades já se encontram na etapa fenomenológica de Stein, quando trata dos problemas da subjetividade, em sua "Introdução à Filosofia", e retornam com mais amplitude em sua fase mística.

é, ao mesmo tempo, a morada de sua liberdade: o lugar onde a alma pode enfeixar a sua existência e decidir sobre si própria.[255]

A estrutura e a natureza da alma provêm de sua origem existencial, consequentemente nelas está a raiz do movimento do "eu". O seu movimento parte do ponto em que, de preferência, costuma ficar. O "eu" posiciona-se conforme as realidades que se lhe apresentam. Stein informa que o ponto de permanência do "eu" não é o mesmo em todas as pessoas e cita quatro tipos humanos: o primeiro é o ser humano sensual, cujo ponto de decisões está longe do seu íntimo, pois está entregue ao prazer e passará, sem reflexões, a busca de uma satisfação maior. O segundo é aquele que busca a veracidade científica; esse, ao procurar a verdade, aproxima-se de Deus e, portanto, está se aproximando de seu próprio íntimo. O terceiro é o ser humano egocêntrico, que de tão ensimesmado acaba travando a possibilidade de entrar em sua intimidade. O quarto é o ser humano de fé que, visando fazer a vontade de Deus, acaba se deparando com o mistério da vida humana, o que implica a tomada de consciência do valor do outro e de si mesmo, graças ao conhecimento de sua vida interior, por isso se pode dizer que esse quarto ponto compreende uma verdadeira atitude ética.

Entretanto, nenhum tipo humano está exclusivamente enraizado em determinada esfera de valores, o que há é o predomínio de uma sobre as outras e, de acordo com as demandas da vida, é possível a evolução ou o retrocesso em cada ser humano que é chamado a viver e a governar o seu reino espiritual. É a partir desta sua base existencial que ele poderá tomar decisões e assumir posturas coerentes na realidade social. Isso porque estar no mundo implica se deparar com realidades valorativas, que são frutos da corrente de vivências, presente em cada pessoa em suas relações sociais.[256] De fato, na sociedade se encontram pessoas com atitudes nobres, pessoas humanizadas e generosas, mas também indivíduos desumanizados e de mal caráter. Os valores revelam algo do ser humano mesmo: uma peculiar estrutura de sua alma, afetada por valores de

[255] STEIN, E. *A ciência da cruz*: estudo sobre São João da Cruz. 5. ed. São Paulo: Loyola, 2008. p. 134.

[256] ALES BELO, Angela. *Pessoa e comunidade*. Comentários: psicologia e ciências do espírito de Edith Stein. Belo Horizonte: Artesã, 2015. p. 72-75. A autora informa que, na psicologia corrente, vivências referem-se à psique em geral, mas acrescenta, também, que para Stein os sentimentos vitais e os estados psíquicos são vivências da psique, assim como os atos voluntários também são vivências. O termo vivência pode ser utilizado com duas conotações. A primeira refere-se a estados ou atos e se diz que a psique tem suas vivências. Em cada vivência distingue-se o conteúdo recebido na consciência (por exemplo: um senso de bem-estar), em seguida vive-se esse conteúdo, através da sensação de bem-estar e, por fim, a consciência desse viver, em maior ou menor medida, acompanha-o sempre, pelo qual o viver mesmo é indicado como consciência.

modo mais ou menos profundo, com intensidades distintas e repercussões mais ou menos duradouras que incidirão justamente sobre o movimento do "eu".

2.1.1 A antropologia steiniana

Stein, ao longo de sua vida, travou uma busca incessante pela verdade. Com esse objetivo inicia a sua vida universitária embrenhando-se na psicologia, que aos poucos foi lhe encaminhando aos estudos da fenomenologia de Husserl, o qual, naquele momento, oferecia à jovem de Breslau a possibilidade de se encontrar e se aproximar da verdade do "eu" interior.[257] Em sua obra *Estrutura da pessoa humana* (1933), a autora comunica o que se reafirmará em *A ciência da cruz* de que no interior do ser humano habita a verdade, que é o próprio Deus, o qual, mesmo ciente da fragilidade humana, escolheu o íntimo do homem para habitar. Citando Tomás de Aquino e Agostinho, explicita que, quando a alma conhece a si mesma, reconhece a Deus em seu interior, e conhecer a si só é possível pela luz divina.[258] Contudo, somente Deus conhece todo ser humano intimamente, só ele tem visão nítida do fim de cada um e sabe os meios que o conduzirão a alcançar os seus objetivos.

A humanidade é um todo que forma uma unidade e procede de uma mesma raiz, dirige-se ao mesmo fim que transcende o tempo e o espaço, graças a sua natureza espiritual, formando o Reino de Deus ainda na terra. A comunidade de destino dos seres humanos é tal que cada ser humano forma parte dela como um membro junto a outro membro, com funções recíprocas e em mútua responsabilidade diante de Deus. Destarte, esse ideal de humanidade se decompôs em virtude da queda do primeiro ser humano, pois de Adão toda a humanidade herdou a dificuldade em lidar com a sua própria liberdade, por conta de suas divisões internas e visão objetivante do outro e da natureza. O Verbo encarnado é quem reconduz o ser humano ao seu destino, proporcionando-lhe a graça, que vem coroar os seus esforços de que, na medida em que se conhece, passa a conhecer o outro e age com misericórdia, em razão de suas próprias precariedades.

Desde a sua primeira obra, a *Empatia*, a autora procura desvendar fenomenologicamente o ser humano e, quando estuda a *Summa Teológica* de

[257] STEIN, E. In: URKIZA, Julien; SANCHO, Francisco Javier (Org.). *Obras completas*. v. I. Escritos autobiográficos y cartas. Vitória: El Carmen; Madri: Espiritualidad; Burgos: Monte Carmelo, 2002. p. 325-331.

[258] *Idem*. In: URKIZA, Julien; SANCHO, Francisco Javier (Org.). *Obras completas*. v. IV. Escritos antropológicos y pedagógicos. Vitória: El Carmen; Madri: Espiritualidad; Burgos: Monte Carmelo, 2003. p. 572.

Tomás de Aquino, passa a adotar o seu sistema antropológico no qual o ser humano é um microcosmo que reúne em si os diferentes reinos do mundo criado: mundo mineral, vegetal, animal e espiritual.[259] A partir da fenomenologia, Stein descreve os fenômenos presentes na situação humana e os teoriza de forma rigorosa e sensível. Aborda o registro da corporeidade humana, o psicológico como questão da alma e a questão do espírito do ser humano relacionado à condição humana, que está em si e fora de si.[260] A materialidade do ser humano procede dos minerais que estão presentes em seu corpo.[261] Assim como os vegetais, o ser humano tem vitalidade, verticalidade e aparece como organismo completo; por sua vez, ele compartilha com os animais o fato de ser animado e ter mobilidade, contudo o que o diferencia dos animais é que os seus movimentos partem de sua vontade e não de seus instintos.[262] Por fim, o ser humano pode olhar as experiências vividas e ter uma posição reflexiva sobre elas. Esse é o centro de onde surge a noção do "eu".[263]

A capacidade reflexiva do ser humano de fazer experiências e refletir sobre elas faz dele um ser aberto para a transcendência, isto é, capaz de sair de si e ir em direção à exterioridade ou à própria interioridade. Esse movimento funda a espiritualidade do ser humano, configurada em sua busca de sentido; para ele, o significado das coisas e do outro afeta-o tanto pela imagem, quanto pelo discurso que apresenta. Os fenômenos sensibilizam-no porque tocam a sua dimensão existencial e o remetem a uma posição relacional frente ao outro ou às coisas que aparecem. Aquilo que existe chega ao ser humano por meio de imagens, que são captadas por ele pelo fenômeno da empatia, que "presentifica" as vivências, atualizando-as na consciência humana.[264]

Logo, tudo o que o ser humano experimenta fá-lo perceber a si mesmo, conscientizando-o de seu eu corporal-anímico e espiritual. Stein dá um exemplo bastante enriquecedor do que é o ser humano quando informa que

[259] TILLICH, P. *Teologia sistemática*. São Leopoldo: Sinodal, 2005. p. 410. Edith Stein compartilha da mentalidade dos filósofos do Renascimento que chamavam o ser humano de "microcosmos", pois no ser humano estão presentes todos os níveis do ser. Ele pertence aos âmbitos físico, biológico e psicológico.

[260] A partir do método fenomenológico, Edith Stein descreve o ser humano com os seus registros: corpo visto pela sua materialidade (olhar o corpo como coisa, reduzido a sua materialidade), pela sua funcionalidade (corpo visto como instrumento para transformar o mundo), corpo psíquico (corpo vivo) e objetificado (compreendido por meio de conceitos e não por experiência viva).

[261] STEIN, E. *Sobre el problema de la empatia*. Madrid: Trotta, 2004. p. 59-61.

[262] *Ibidem*, p. 87.

[263] *Ibidem*, p. 116.

[264] STEIN, E. *Sobre el problema de la empatia*. Madrid: Trotta, 2004. p. 82.

este, ao olhar para os olhos de seu semelhante, depara-se com outro "eu", que pode acolhê-lo ou rechaçá-lo porque é o senhor de sua alma. Diferente do que ocorre quando se olha nos olhos de um animal, existe no olhar deste algo que se volta para a pessoa. Vê-se nele que há um interior, uma alma que nota a presença de quem lhe está observando. Contudo, trata-se de uma alma muda e prisioneira de si mesma, incapaz de se adentrar em si e de captar um algo mais, próprio do humano, e, por fim, incapaz de sair de si e de aproximar-se da alma humana.[265] Assim, o ser humano pode sair de si mesmo e entrar nas coisas e, quando se depara com outro "eu", pode acontecer um encontro interpessoal, graças a sua vida interior. Isso porque ser pessoa significa que se é livre e espiritual.

Quando o indivíduo se encontra diante de alguém, quando se está diante do ser humano que aparece em sua materialidade, ele não é um simples corpo material, mas uma materialidade viva e sensível.[266] A alma humana[267] é o liame que vincula o corpo ao espírito,[268] participando tanto da vida sensível, quanto da vida espiritual, pois a alma tem um aspecto espiritual. Assim, o ser humano apresenta-se como um ser que tem interioridade e que tem um centro a partir de onde age a sua alma.[269] Edith Stein toma a noção bíblica do corpo, alma e espírito para melhor retratar a verdadeira dimensão do ser humano na natureza. Na pessoa, o corpo, a alma, e o espírito vão se compenetrando num processo dinâmico; de tal forma que o corpo está completamente penetrado pela alma,

[265] *Idem*. In: URKIZA, Julien; SANCHO, Francisco Javier (Org.). *Obras completas*. v. IV. Escritos antropológicos y pedagógicos. Vitória: El Carmen; Madri: Espiritualidad; Burgos: Monte Carmelo, 2003. p. 648. Muitas pessoas relutam em afirmar que os seus animais de estimação as entendem e sabem quando o seu "tutor" está com o estado de alma alterado, refletido em seu humor. Alguns ainda dizem que o animal lhe traz "paz", alivia a solidão e só "falta falar". Stein informa que na psique animal se encontra a sensação e a emoção, entretanto, para se pensar a vida psíquica do animal, só é possível a partir da projeção que o ser humano transfere para ele, com ou sem a constatação instintiva do que é útil ou danoso ao animal.

[266] *Ibidem*, p. 61. A reflexão de Edith Stein esclarece a sua concepção de "*corpo vivo*". Este se constitui de duas maneiras: como corpo vivo e sensível, percebido corporalmente, e como corpo físico percebido externamente.

[267] RICOEUR, P. *Na escola da fenomenologia*: análises e problemas em *Ideen II* de Husserl. Petrópolis: Vozes, 2009. p. 109. A alma segundo Husserl deve ser entendida como um nível de realidade, ou seja, a ordem do psíquico.

[268] RICOEUR, P. *Na escola da fenomenologia*: análises e problemas em *Ideen II* de Husserl. Petrópolis: Vozes, 2009. p. 133. O espírito é o princípio do pensamento e da reflexão do ser humano. Husserl ainda informa que "a pessoa se acha no centro de um meio ambiente qualificado por suas propriedades percebidas, afetivas, práticas, enriquecido pela cultura, pela ciência e pela arte e, consequentemente, sempre em devir".

[269] STEIN, E. *Sobre el problema de la empatia*. Madrid: Trotta, 2004. p. 67. Edith Stein pontua que a alma está consolidada no corpo vivo e constitui com ele o indivíduo psicofísico.

de maneira que não só a matéria organizada se converte em corpo penetrado pelo espírito, senão também o espírito se converte em espírito materializado e organizado.

Para Stein o espírito está presente em toda a realidade, inclusive na matéria, enquanto matéria formada, pois concebe o ser humano formado de matéria e forma, conforme a doutrina aristotélica e tomista. A composição existencial do ser humano faz dele um ser aberto desde dentro, ou seja, é uma abertura para si mesmo e justamente por isso está também aberto para fora, o que possibilita colocar-se em relação com tudo o que o rodeia. O mundo do ser humano é espiritual, pluriforme, por se constituir de pessoas, comunidades, formas sociais e espirituais. Stein informa que, para Tomás de Aquino, o ser humano é o que é em virtude de sua forma interna, ou seja, de sua alma humana, que é uma alma racional, diferente da alma das plantas e dos animais, apesar de conter em si, conforme já foi explicitado, o que é próprio das duas.[270] Todavia, a autora introduz algo novo, acenando para os elementos da natureza que têm um sentido espiritual, não por conta de ter uma alma, pois isso seria uma projeção humana, mas pelo fato de que as cores, as formas espaciais, a força das ondas no mar, a serenidade de um lago, etc., tudo isso emana algo que o ser humano recebe de fora, alegrando-o, pacificando-o, entusiasmando-o ou até mesmo o entristecendo, mas fato é que, independente do ser humano, a natureza se conserva.[271]

Esse contexto pode fazer brotar no indivíduo o diálogo com um ente superior, visto que, tanto em seu interior quanto externamente, o ser humano encontra indícios da presença de Deus e os busca de diversas formas. Essa visão, entretanto, não é aceita pelo sociólogo das religiões Emile Durkheim, que afirma ser a religião um ideal elaborado pelo homem; "é a sua imagem e reflete todos os seus aspectos, mesmo os mais vulgares e repugnantes. Tudo se reencontra nela (na religião) e se, frequentemente, vê o bem subjugar o mal, a vida à morte, as potências da luz às potências das trevas, é porque não ocorre diferentemente na realidade. Pois, se a relação entre essas forças fosse contrária,

[270] *Idem*. In: URKIZA, Julien; SANCHO, Francisco Javier (Org.). *Obras completas*. v. IV. Escritos antropológicos y pedagógicos. Vitória: El Carmen; Madri: Espiritualidad; Burgo: Monte Carmelo, 2003. p. 603.

[271] Há algumas décadas os ambientalistas vêm conclamando a civilização do planeta para a urgência de se cuidar do ecossistema, pois o aquecimento solar, somado à deterioração da terra, por conta da ganância humana, tem envenenado a natureza e, como consequência, os desastres ambientais têm ceifado a vida de milhares de pessoas pelo mundo, sem que haja uma posição contundente das grandes nações e uma formação cultural geral sobre o perigo da extinção da vida, para os povos dos cinco continentes.

a vida seria impossível". Porém, para sobreviver na história, a religião precisa ter suas raízes encravadas no chão da realidade, pois senão cairia na caducidade do tempo e desapareceria. Prossegue o autor informando que a idealização é uma forma de o ser humano religioso substituir o mundo a sua volta por uma realidade diferente, para onde ele possa ir por meio de seus ritos religiosos. Em sua obra, o autor apresenta a sua cosmogonia, na qual existe uma divisão entre fenômenos sagrados e profanos, sendo tal divisão uma criação do ser humano e não uma manifestação divina.[272]

Stein continua a sua reflexão informando que, quando a pessoa recebe impressões da realidade do mundo no qual se encontra e se posiciona conforme vai experimentando a realidade, por meio de intervenções nascidas de seus instintos e de sua vontade, está gestando a sua subjetividade e tomando consciência correspondente do mundo objetivo que a circunda. Da elaboração desse processo relacional nasce a consciência intencional,[273] visto que Edith Stein vê no "eu" um "eu" real que se move em um mundo espacial. O "eu" tem consciência, motivação, experimenta e é dotado de força vital: é um "eu" que vive.[274] Dessa forma, Stein apresenta um modo de proceder que a diferencia de seu mestre, Edmund Husserl, tanto na refutação da redução fenomenológica que coloca entre parênteses a existência, quanto no reconhecimento da importância da "pessoa humana concreta". Para ela, não se pode reduzir a pessoa humana a um "eu puro", abstrato e idealizado.[275] Por conseguinte, afirma a filósofa que o ser humano acontece com o mundo, por meio de suas dimensões psíquicas, espirituais e corpóreas. Fenômeno que Stein chama de experiência empática originária. Na *dimensão psíquica* estão os impulsos, os instintos e as reações humanas.[276] O *espírito*, por sua vez, controla o *corpo* e a

[272] DURKHEIM, Émile. *As formas elementares de vida religiosa*: o sistema totêmico na Austrália. p. 225. No sagrado está a doutrina com as determinações das crenças e seus símbolos, que acabam formando uma comunidade moral que, por sua vez se confunde com a própria sociedade; haja vista que o sagrado nasce e se vincula sempre a força coletiva e impessoal, sendo uma representação da própria sociedade. Essa força se sobrepõe ao indivíduo, pois não existe "religião individual e particular". Caso exista não afetará o comportamento coletivo, pois a religião como força exterior se impõe, submetendo as pessoas à própria sociedade.

[273] STEIN, E. In: URKIZA, Julien; SANCHO, Francisco Javier (Org.). *Obras completas*. v. II. Escritos filosóficos (etapa fenomenológica). Vitória: El Carmen; Madri: Espiritualidad; Burgos: Monte Carmelo, 2005. p. 775-776.

[274] MARGARINO, Annalisa. *In Statu Viae*: la fenomenologia religiosa in Edith Stein. Roma: Edizioni OCD, 2002. p. 19-21.

[275] STEIN, E. *Sobre el problema de la empatia*. Madrid: Trotta, 2004. p. 56

[276] ALFIERI, Francesco. *Pessoa Humana e singularidade em Edith Stein*. São Paulo: Perspectiva, 2014. Na psique as operações submetem-se à relação de causa e efeito por conta da motivação pessoal. A psique exige atenção aos relacionamentos interpessoais, pois, se essa for negligenciada, pode vir a

psique, por meio de operações cognitivas e valorativas. O *corpo* humano capta em sua consciência o que lhe acontece por meio da percepção e desempenha a função de "mediador" entre a *pessoa* e o *mundo espacial*.[277]

A fenomenóloga informa que o que diferencia o corpo do ser humano dos demais corpos é que os outros estão sempre a distância, enquanto "o meu corpo está sempre aqui". Isto é, por meio de seu organismo, o *corpo* transmite para a *pessoa* as suas sensações internas e externas.[278] Dessa maneira, cada ser humano só pode ter percepções internas do próprio corpo; estas não se reduzem somente a percepções sensoriais, mas se estendem a todas as alterações no modo de perceber ou de interpretar a dimensão psíquica. As qualidades psíquicas dividem-se em qualidades sensoriais e qualidades do intelecto, que se denominam "caráter" da pessoa.[279] Com a psique o "eu" pode experimentar a sua corporeidade, bem como articulá-la e, ainda, dizer o que gosta e o que despreza, por exemplo, quando uma pessoa coloca a mão sobre uma superfície quente, não precisa raciocinar e nem fazer distinções mentais entre quente e frio, simplesmente tira a sua mão automaticamente. Essa reação é do campo instintual e emocional da pessoa. A vida psíquica é própria da condição humana, pois existe uma força vital que caracteriza a psique, que anima a corporeidade.[280] Com o termo espírito, explica o filósofo Francesco Alfieri, é designada a dimensão não física e não simplesmente psíquica do ser humano. Também não se pode restringir o seu uso a uma conotação religiosa, associando-o à alma, mas se deve tomá-lo no sentido relativo às operações cognitivas e valorativas da consciência.

Em relação ao termo valor, Edith Stein informa que na fenomenologia esse termo objetiva não identificar somente coisas de valor, como

destruir ou afetar negativamente os relacionamentos. A dominação psíquica impossibilita a pessoa de desenvolver a sua potencialidade. No decorrer da história, a manipulação de massas e de indivíduos, em particular, ocorreu justamente por conta dessa dominação psíquica.

277 MARGARINO, *op. cit.*, p. 25. O corpo, para Edith Stein, é o primeiro dado de fato do próprio ser e, por isso, é fundamental a sua análise, visto que pertence ao âmbito do sensível, que é indispensável para cada caminho do conhecimento, e ainda faz o intercâmbio com o espaço espiritual e religioso.

278 *Ibidem*, p. 26-31. Sem a mediação corpórea não se poderia compreender o ser humano. O corpo é o primeiro lugar do conhecimento, encontro e abertura em direção ao outro, espaço em que se vive o sentimento e a esperança de alegria e de dor, tornando-se "casa da alma" que, com seu movimento, "segue a lei da sua forma interior".

279 STEIN, E. In: URKIZA, Julien; SANCHO, Francisco Javier (Org.). *Obras completas*. v. II. Escritos filosóficos (etapa fenomenológica). Vitória: El Carmen; Madri: Espiritualidad; Burgos: Monte Carmelo, 2005. p. 775-777. Com o termo caráter, Stein informa que se está próximo do ponto modular, que constitui a peculiaridade da pessoa.

280 GYRÃO, Maria L. S. *Justiça a Edith Stein*. Rio de Janeiro: Fábrica de Livros, 2010. p. 51-53.

a justiça social, democracia, ética, etc., mas principalmente mostrar que certos atos de consciência não são neutros, antes envolvem atração ou repulsa por seus objetos, e exemplifica: encontrar uma pessoa honesta não é uma experiência neutra, pois ela desperta atração. Caso contrário, despertaria repulsa. Os atos de valoração, que envolvem valor, são chamados de sentimentos em fenomenologia. Daí que o valor não é um ato cognitivo, pois não resulta de raciocínio, mas é o objeto do sentimento porque implica consciência. Assim o valor indica um ato de escolha preferencial, mas não com base em razões, pois isso significaria recorrer ao intelecto, e sim com base no que aparece à consciência imediatamente como digno de adesão ou repugnância.[281]

O conhecimento intelectual e a atividade valorativa são funções ou qualidades do espírito, acrescidos da vontade, que é a capacidade de lidar com o que se manifesta à consciência, levando-a à ação. O corpo vivo expressa a vida da alma por meio da vontade, que capta a força vital, empregando-a a sua intencionalidade. A dimensão espiritual apoia-se num conceito importante para Stein: a motivação (dirigir-se a). Existe a motivação cega, que é o impulso para fazer algo, e existe a motivação consciente, que leva a pessoa a tomar atitudes. Diferente da causalidade, que se refere a causa e efeito, os motivos se referem a atos, que, quando tomados conscientemente, são livres. Por meio desse conceito, a filósofa faz com que se compreenda que, na dimensão espiritual do ser humano, encontra-se a possibilidade para o exercício da liberdade, o que é fundamental para que a pessoa, num relacionamento, não seja submetida à força física ou psíquica. Portanto, a pessoa humana não tem um duplo nascimento, e não é formada a partir de uma dualidade entre corpo e espírito. Stein afirma que o ser humano é formado ao mesmo tempo como matéria e forma, que se unem numa totalidade indivisível.[282]

2.1.2 A alma da alma

O "eu", segundo a filósofa, designa o interior da pessoa e a sua vida anímica, e o exterior da pessoa, como corpo ou organismo físico. Edith Stein é precisa na busca de alicerçar a sua reflexão em sólidos fundamentos filosóficos,

[281] ALFIERI, Francesco. *Pessoa humana e singularidade em Edith Stein*. São Paulo: Perspectiva, 2014. p. 68-72.

[282] STEIN, Edith. URKIZA, Julien; SANCHO, Francisco Javier (Org.). *Obras completas*. v. IV. Escritos antropológicos y pedagógicos. Vitória: El Carmen; Madri: Espiritualidad; Burgo: Monte Carmelo, 2003. p. 697-698.

para garantir ao "eu"[283] o seu próprio ato reflexivo e sua certeza de existência, no mundo da vida. Assim, a realidade humana é considerada uma realidade composta, uma unidade de *corpo* e *alma*. No início do século XX, tanto no meio acadêmico como religioso, a palavra *alma* era empregada para indicar tudo o que não fosse *corpo*. Entretanto, como discípula de Husserl, a filósofa analisa a *alma* em duas partes: a primeira é formada pelo *impulso psíquico*, que são atos não queridos, não controlados e nem originados na pessoa, mas que acontecem como reações a determinadas situações; a segunda, que é chamada de *espírito*, é a parte que reflete, decide, avalia e está ligada aos atos da compreensão, da decisão e da reflexão. Por isso, o espírito está livre e pode tomar decisões a partir de seu intelecto ou de seu bem querer. Os dois filósofos entendem que o ser humano, por possuir uma estrutura pessoal, pode refletir sobre si mesmo e sobre o que acontece ao seu redor. Isso faz dele um ser vivente capaz de agir para além de seus estímulos, utilizando a percepção, que é a primeira operação da atividade intelectual. Por meio da psique e do espírito, o ser humano toma consciência de seu corpo, de suas emoções e sentimentos.[284]

Stein continua a sua reflexão por meio do seguinte raciocínio: "eu não sou meu corpo, mas o possuo e domino", ou ainda "sou em meu corpo". Isso torna possível apartar-se dele idealmente e contemplá-lo de fora. Todavia, o "eu" está atado ao corpo, mesmo que por meio do pensamento se desloque espacialmente para outras regiões do mundo. No corpo, anatomicamente, não há um lugar preciso que se possa dizer ser a "consciência do eu". A localização do "eu" está vinculada à vivência da pessoa, de tal forma que o "eu" se posiciona quanto a tudo o que acontece no corpo. Contudo, é comum ouvirem-se referências diretas de emoções fortes vinculadas ao coração ou à cabeça. Isso retrata a influência recíproca da alma e do corpo. Todavia, o órgão corporal por si só não pode se alegrar ou amar, por exemplo: *Amarás ao Senhor teu Deus de todo o teu coração*. O que acontece é que há uma afetação profunda entre a alma que move o coração de forma literal.

Com essa reflexão, Stein insere a necessidade de se falar da alma, em virtude de sua estreita vinculação ao corpo. Afirma: "Sou um ser humano e tenho corpo e alma. Meu corpo é o corpo de um ser humano e minha alma é alma de um ser humano, e isso significa que sou um corpo pessoal e uma alma

[283] RICOEUR, P. *Na escola da fenomenologia*: análises e problemas em *Ideen II* de Husserl. Petrópolis: Vozes, 2009. p. 110. Husserl em seu pensamento busca distinguir o eu puro, proveniente da redução fenomenológica, do eu humano, realidade deste mundo.

[284] SBERGA. Adair A. *A formação da pessoa em Edith Stein*. São Paulo: Paulus. p. 105-107.

pessoal".[285] Nesse sentido, a filósofa vai informar que não pode existir alma humana sem um "eu", que detém atos que se caracterizam por serem superficiais ou profundos, tendo raízes de maior ou menor profundidade dentro da alma. No espaço anímico há um ponto no qual o "eu" tem seu lugar próprio, "o lugar de seu descanso". Trata-se de um núcleo, que tem sua existência na alma, o que significa que o todo ao qual se dá o nome de pessoa humana tem um centro vital.[286] O ser humano deve buscá-lo para encontrar a serenidade e a paz. O caminho da mística proposto por Stein é um trajeto difícil, mas enriquecedor, pois no âmago da intimidade o ser humano encontra-se com Deus. Contudo, a filósofa pontua que o ser humano necessita se esforçar de diversas maneiras para adentrar em seu núcleo pessoal, que ela chama de "alma da alma", pois é a partir desse núcleo que a pessoa poderá tomar decisões cautelosas para a sua vida. Quem vive na superficialidade relacional não tem acesso a sua própria originalidade, não permitindo o desenvolvimento de seu potencial. A essência humana é chamada a se desenvolver ao longo do percurso da vida, sendo auxiliada pelo contexto histórico familiar e cultural que podem ser facilitadores ou não para o ser humano desenvolver o seu potencial. Ao adquirir certa maturidade, caberá ao mesmo investir em seu próprio desenvolvimento, tendo em vista a atualização de seu potencial na realidade que o abarca.

Em meio à sociedade, o ser humano deve se autoafirmar a partir de seu núcleo pessoal, que o faz dizer de sua existência, quando diz "eu", sendo protagonista de suas atitudes, a partir de seus atos intencionais. Daí a importância de se investir no autoconhecimento. A própria filósofa fez esse investimento em sua trajetória de vida; iniciou-o nos movimentos sociais de que participou em sua juventude, posteriormente se aprofundou nos estudos acadêmicos e, por fim, na mística que veio lhe coroar a sua busca pela verdade, tendo-a encontrado no madeiro ensanguentado pelo ser humano por excelência, Jesus Cristo. Ele viveu em profundidade a sua existência, desdobrada na proclamação da presença do Reino de Deus a partir de seu testemunho da Galileia até a Judeia e, posteriormente, continuado em seus discípulos. A sua obra, porém, não está finalizada pelo fato de o cristianismo ainda não ter cumprido a sua missão totalmente, o que ocasiona o atraso da presença definitiva do Reino de Deus na terra. Daí a necessidade contínua e urgente de despertar nos seres humanos o

[285] STEIN, Edith. URKIZA, Julien; SANCHO, Francisco Javier (Org.). *Obras completas*. v. IV. Escritos antropológicos y pedagógicos. Vitória: El Carmen; Madri: Espiritualidad; Burgo: Monte Carmelo, 2003. p. 655.

[286] *Ibidem*, p. 669.

conhecimento de que cada um tem dentro de si um reino espiritual, de onde pode dar início a aurora de um mundo novo.

Com originalidade, Stein afirma que a forma interior é a força vital (enteléquia), que dá forma à matéria, ou seja, a força deste núcleo vital faz com que, na maioria das vezes, a alma pessoal, espiritual determine a configuração do corpo material. Entretanto, o corpo também é fundamento, expressão e instrumento da alma espiritual, porque, durante a permanência de seu ser, a alma continua submetida às leis dos corpos materiais, podendo auxiliar no trabalho da informação espiritual ou não. A antropóloga de Breslau pontua que o corpo necessita de uma reserva de força proveniente de uma alimentação adequada, conforme a demanda corporal de cada um, para que, no gasto de suas energias, a pessoa não desfaleça. A diminuição da força vital prejudica a capacidade física do ser humano, fazendo com que seu corpo chegue a um estado de prostração. Em sua obra *Causalidade psíquica* (1921), Stein pontua que as vivências se nutrem da esfera vital e dependem de seu correspondente *modus* para atuar, desencadeando uma troca de força. Dessa forma, a energia vital ocupa um lugar singular na constituição da psique, pois os estados psíquicos chegam à existência graças à energia que toma da energia vital. Caso não se alimente, a esfera vital pode desaparecer, assim como a atividade que dela emana, então não existe possibilidade da constituição de uma psique com qualidades e estados reais, ou seja, não há realidade psíquica sem causalidade.[287] Isso porque o ser humano não chega ao mundo "terminado", mas ao longo de sua vida vai se construindo e se renovando ao mesmo tempo, num processo de transformação, sem alcançar nunca um estado definitivo e imutável. Assim, obterá, quando necessitar, a força para suas atividades, extraindo-a de seu interior e empregando-a nas atividades que precisam ser realizadas.[288]

A alma habita o corpo, mas não como se fosse uma casa em que se pode abandonar a qualquer hora, pois afinal alma e corpo estão enraizados de maneira peculiar. A única saída real do corpo se dá na morte. Nesse momento o corpo deixa de ser vivente e torna-se simplesmente corpo material, ou "restos mortais", que, durante certo tempo, conserva ainda a figura do corpo vivo que foi informado pela alma, porém, em virtude das reações químicas internas

[287] STEIN, E. In: URKIZA, Julien; SANCHO, Francisco Javier (Org.). *Obras completas*. v. II. Escritos filosóficos (etapa fenomenológica). Vitória: El Carmen; Madri: Espiritualidad; Burgos: Monte Carmelo, 2005. p. 240-246.

[288] *Idem*. In: URKIZA, Julien; SANCHO, Francisco Javier (Org.). *Obras completas*. v. IV. Escritos antropológicos y pedagógicos. Vitória: El Carmen; Madri: Espiritualidad; Burgo: Monte Carmelo, 2003. p. 686-687.

e externas do corpo, bem como do trabalho das bactérias saprófitas ou decompositoras que se alimentam dos restos mortais dos seres humanos, estes decompõem-se e transformam-se em moléculas simples. Stein vai informar ainda que este último fato é precisamente um dos que fazem conceber a alma como forma do corpo.[289] A ideia de uma existência de almas separadas como espectros desenvolveu-se na mitologia antiga e sobrevive em várias crenças, com doutrinas similares ou não. Isso é um sinal de que o ser humano não se conforma com o fim da vida e é, também, uma revolta contra a deterioração do corpo e a caducidade da mente. Por fim, é ainda um clamor esperançoso de que um Ser superior possa plenificar a pessoa, concedendo-lhe um corpo glorioso, conforme ensina São Paulo em suas epístolas.

Na carta aos Hebreus, no capítulo 10, o autor retoma o Salmo 40,7-9, narrando:

> Sacrifício e oblação não quisestes, mas formastes-me um corpo; não pedistes ofertas nem vítimas, holocaustos por nossos pecados.
>
> E então eu vos disse: Eis que venho!

Nessa passagem se pode compreender a profunda união da alma e do corpo para a vida neste mundo, conforme reflexão steiniana acima. Contudo, é o evangelista João quem vai apresentar a preexistência do Verbo Eterno, que se fez Carne, tornando-se descendente de Abraão, com a finalidade de ser semelhante ao ser humano em tudo e, segundo a doutrina judaica da época, "inclusive no pecado", porque Jesus, além de andar com pessoas impuras (pecadoras), não obedecia às regras do Shabbat e ainda foi acusado de blasfêmia. Cristo, como nasceu, também morreu, para resgatar a todos por sua própria carne. Entretanto, Jesus havia dito ser ele a vida; e, sendo ele a vida, não era, portanto, possível que a vida permanecesse sujeita à morte ou sucumbisse à corrupção natural. Depois que Jesus, que tudo vivifica, assumiu a carne humana, restituiu à carne o seu próprio bem, isto é, a vida. Assim, quem está unido a Cristo, pelos mistérios inefáveis estabelecidos pelo Espírito do Pai misericordioso, terá o seu clamor atendido e suas lágrimas cessadas, pois desfrutará da felicidade dos bem-aventurados que na glória gozam da presença daquele que é fonte da vida e a tudo renova em seu transbordamento de amor.[290]

[289] *Ibidem*, p. 672.

[290] Os mistérios inefáveis que unem o ser humano a Deus, em Cristo, são muito amplos, enriquecedores e às vezes polêmicos. Nesse sentido, a *Encíclica Redemptoris Missio*, no capítulo V, sobre o Espírito Santo convida os fiéis a não separarem a ação particular do Espírito que está no corpo de Cristo, que

Em sua *Introdução à filosofia* (1920), na segunda parte que trata dos "Problemas da subjetividade", Stein já informava que a alma espiritual ocupa dentro da unidade da natureza humana um lugar central e dominante, pois ela forma o caráter da personalidade e da autêntica individualidade.[291] Prossegue a sua reflexão dizendo que a alma não tem o poder para manter uma duração inteira numa forma de ser, porque o ser humano tem a liberdade de passar de um modo de consciência inferior para um superior, por meio da reflexão que pode qualificar a pessoa no seu modo de ser e agir.[292] Para a filósofa, a vida intelectual faz com que a pessoa cresça espiritualmente. Na medida em que se desenvolve, o íntimo da pessoa é tocado e pode se sentir mobilizado para atualizar o seu potencial, que para Stein é a formação do próprio caráter individual, constituído, também, pelo núcleo individual da pessoa, que é o que vai determinar a atualização da sua formação e de seus hábitos.[293] Para se alcançar o objetivo de se ter um caráter reto, é necessário um conhecimento do que realmente é o ser humano e procurar uma meta a ser alcançada na vida.[294] O grau de humanidade levará a pessoa a evoluir ou a se contentar com o nível espiritual em que se encontra. A teóloga Adair Sberga exemplifica dizendo que, para Stein, a motivação para almejar um ideal de caráter depende de como a pessoa "sente a si mesma".[295]

Edith Stein, em suas pesquisas, constata e demonstra quem é o ser humano e apresenta com originalidade a sua concepção sobre o *núcleo da pessoa*, que é a identidade pessoal dada ao ser humano desde o nascimento e a fonte de direcionamento durante toda a vida.[296] Trata-se do princípio identitário, que

é a Igreja, com sua ação universal no coração dos seres humanos e na história dos povos, nas culturas e nas religiões.

[291] STEIN, E. In: URKIZA, Julien; SANCHO, Francisco Javier (Org.). *Obras completas*. v. II. Escritos filosóficos (etapa fenomenológica). Vitória: El Carmen; Madri: Espiritualidad; Burgos: Monte Carmelo, 2005. p. 798-805.

[292] STEIN, E. In: URKIZA, Julien; SANCHO, Francisco Javier (Org.). *Obras completas*. v. II. Escritos filosóficos (etapa fenomenológica). Vitória: El Carmen; Madri: Espiritualidad; Burgos: Monte Carmelo, 2005. p. 793.

[293] *Idem*. In: URKIZA, Julien; SANCHO, Francisco Javier (Org.). *Obras completas*. v. IV. Escritos antropológicos y pedagógicos. Vitória: El Carmen; Madri: Espiritualidad; Burgos: Monte Carmelo, 2003. p. 185-187.

[294] *Idem*, *op. cit.*, p. 809.

[295] SBERGA. Adair A. *A formação da pessoa em Edith Stein*. São Paulo: Paulus. p. 87-88. Adair Sberga informa que o caráter, segundo Edith Stein, é formado por disposições que são adquiridas pelo ser humano ao longo de toda a sua vida, provenientes do meio familiar, cultural e, por fim, social.

[296] ALES BELLO, Angela. *Pessoa e comunidade*. Comentários: psicologia e ciências do espírito de Edith Stein. Belo Horizonte: Artesã, 2015. p. 82-86. A filósofa Ales Bello apresenta para os pesquisadores as obras em que Stein desenvolve o tema "núcleo da pessoa": *Introdução a Filosofia*; *Potência e ato*;

possui as características absolutamente singulares da pessoa e não se desenvolve, mas dá a direção ao espírito e a psique, a fim de que se desenvolvam, graças ao potencial que possuem. Ao aprofundar no esclarecimento do que é o núcleo da pessoa ou a chamada "alma da alma", Stein vai informar que o núcleo vital da pessoa humana é o que ela é em si mesma e por meio do qual é semelhante a Deus.[297] Na *Introdução à Filosofia*, trata do desenvolvimento humano da potência, que é a capacidade do ser humano de concretizar e atualizar a realização de seu potencial, visto que o núcleo conduz o desenvolvimento do ser humano por meio da atualização de seu potencial, não perdendo a sua identidade.[298] A atualização dá-se por meio das vivências no mundo e na sociedade, pois o ser humano cria realidades espirituais, como a comunidade, o estado, a filosofia, a religião etc., que são fenômenos suprapessoais, nos quais acontecem as interações entre pessoas e culturas diferentes.

É fundamental a permanência e imutabilidade do núcleo, independente dos processos psicofísicos, porque ele marca o fluxo das vivências da pessoa,[299] com o seu selo característico. De tal forma que se identifica numa pessoa idosa traços de sua infância, acrescidos da evolução conquistada pela instigação interior, que, graças ao encaminhamento do núcleo, possibilitou ao ser humano transcender em suas teorias e modos culturais de viver e ver o mundo. Numa leitura desse evento na dimensão religiosa, ao se aproximar do Ser Divino, o espírito humano se enriquece e amadurece, porém sozinho jamais conseguirá se atualizar plenamente, pois só em Deus acontece a atualização de todo o seu potencial.[300]

Natureza, pessoa e mística. Todavia, o tema também é abordado em *Ser finito e ser eterno*; *Conferência sobre o conceito de formação*; *Estrutura da pessoa humana*, etc. Ales Belo, a partir de seu estudo sobre *Ato e potência*, informa que Stein, em suas obras posteriores, desenvolveu esse tema na acepção metafísico-religiosa, como se constata em *Ser finito e ser eterno*, além de *A ciência da Cruz*.

[297] SBERGA. Adair A. *A formação da pessoa em Edith Stein*. São Paulo: Paulus. p. 103. A autora explicita que o núcleo é algo de atual, mas com capacidade de crescimento na forma do ser da vida espiritual consciente. O ser do núcleo aproxima-se da simplicidade do ser divino, mas permanece abaixo da simplicidade da vida divina, sendo o seu constante modo de ser um estado de vida sempre capaz de enriquecimento e amadurecimento.

[298] STEIN, E. In: URKIZA, Julien; SANCHO, Francisco Javier (Org.). *Obras completas*. v. II. Escritos filosóficos (etapa fenomenológica). Vitória: El Carmen; Madri: Espiritualidad; Burgos: Monte Carmelo, 2005. p. 809-810.

[299] ALES BELO, Angela. *Pessoa e comunidade*. Comentários: psicologia e ciências do espírito de Edith Stein. Belo Horizonte: Artesã, 2015. p. 73. Os estados vitais e os sentimentos vitais são vivências, assim como os atos voluntários. O termo vivência denota o que o ser humano faz e, também, significa que a pessoa tem consciência de que está viva.

[300] STEIN, E. *Ser finito y ser eterno*: ensayo de uma ascension al sentido del ser. México: Fondo de Cultura Econômica, 2002. p. 456. A autora informa que aqueles que vivenciaram uma interioridade

Em sua pesquisa, Stein constata que o núcleo não é uma substância de condição material, mas é uma particularidade da pessoa, que está para além do corpo, do psíquico e do espírito. Trata-se de uma marca distintiva que identifica a singularidade da pessoa como ser único, genuíno e irrepetível.[301] Contudo, no ser humano existem características que são compartilhadas por todos os seres de sua espécie, mas cada indivíduo reúne esses conteúdos de modo inteiramente singular, expressando-os a partir de sua orientação nuclear, ou seja, todos os seres humanos sentem alegria, dor, tem talentos, etc., mas esses gêneros e espécies de conteúdo adquirem um modo individual de ser na forma como cada ser humano os vivencia ou expressa.[302] A alma da alma retrata o intelecto, a razão e a vontade da pessoa.[303] Com esses atributos de cunho espiritual, a pessoa humana consegue se autodeterminar, pois esta é uma propriedade inalienável da alma, que é respeitada até mesmo por Deus.[304]

Dessa forma, quando não existe liberdade para a autodeterminação e quando não se pode responsabilizar alguém por suas ações, é sinal de que está ausente a personalidade, pois a liberdade é um elemento constituinte da pessoa.[305] As atitudes da vontade que estão motivadas por atitudes do sentimento, reconhecido por seu valor, e não foram geradas por um propósito, mas brotaram vitalmente na alma, levam o selo de sua peculiaridade. Assim, tudo o que a vida pessoal expressa é manifestação de sua personalidade, bem como os seus traços típicos e de sua peculiaridade pessoal.[306]

mais profunda não se satisfazem com os movimentos do mundo externo, mas almejam fazer uma experiência inaudita que se dá na presença divina, provocando vida nova, pujante, superior, da vida sobrenatural naqueles que se aventuram em busca de plenitude.

[301] STEIN, E. In: URKIZA, Julien; SANCHO, Francisco Javier (Org.). *Obras completas*. v. II. Escritos filosóficos (etapa fenomenológica). Vitória: El Carmen; Madri: Espiritualidad; Burgos: Monte Carmelo, 2005. p. 811.

[302] *Idem. Sobre el problema de la empatía*. Madrid: Trotta, 2004. p. 79. O termo empatia, utilizado por Stein em sua tese doutoral, permite o conhecimento da apreensão de vivências alheias, sejam estas sentimentos, sensações e outros fenômenos que correspondam a intersubjetividade. Esse tema foi amplamente abordado no primeiro capítulo desta obra.

[303] SBERGA. Adair A. *A formação da pessoa em Edith Stein*. São Paulo: Paulus. p. 211. A autora informa que, para Stein, a vida intelectual ou o espírito se chama intelecto, razão, vontade. Essas faculdades são as que formam o "eu" inteligente, tornando o ser humano um ser capaz de tomar decisões mediante o conhecimento. Por exemplo, quem conhece o bem terá mais condições de optar pela bondade em suas ações.

[304] STEIN, E. *A ciência da cruz*. Estudo sobre São João da Cruz. 5. ed. São Paulo: Loyola, 2008. p. 135.

[305] *Ibidem*, p. 134-136.

[306] STEIN, E. In: URKIZA, Julien; SANCHO, Francisco Javier (Org.). *Obras completas*. v. II. Escritos filosóficos (etapa fenomenológica). Vitória: El Carmen; Madri: Espiritualidad; Burgos: Monte Carmelo, 2005. p. 818. Conforme já foi mencionado, na fenomenologia, os atos que envolvem valor são chamados de sentimentos, na medida em que o sentimento é reconhecido como valor pela pessoa.

Dessa forma, a alma é uma unidade complexa que engloba os aspectos psíquico e espiritual, que são diferenciados entre si, mas intrinsecamente unidos. O "eu", nas suas vivências, externaliza-se a partir desse núcleo pessoal, que contém em si a fonte das próprias particularidades individuais. Stein ainda acrescenta que o "eu" encontra-se em cada ponto em que sente algo presente e vivo, mesmo tendo sua sede própria em um ponto determinado do corpo e em certo sentido da alma, pois todo o seu corpo e sua alma lhe pertencem. Por fim, conclui que o "eu", a alma, o espírito, e a pessoa, com toda evidência, estão estreitamente ligados. Contudo, cada uma dessas palavras possui um sentido especial, o qual não coincide inteiramente um com o outro.[307]

A vivência e a intencionalidade constituem os dois polos nos quais se torna visível a particularidade individual do "eu", que está em contínuo estado de vigília, revelando que o "eu" é sempre ativo e está em constante ação. É aqui que o "eu" constitui-se como pessoa, com a sua estrutura individual, e é nessa atualidade que a sua vida, impelida em direção ao exterior, é continuamente despertada pelo presente.[308] O filósofo italiano Francesco Alfieri, em sua pesquisa sobre o fundamento último do ser singular, informa que para Stein é a tonalidade emotiva que faz com que a pessoa penetre mais profundamente em sua interioridade. Com a percepção do "sentir a si mesmo", o indivíduo priva-se da vivência externa e mergulha em seu reino interior, e quanto mais se aprofunda, mais entra em contato com o mistério divino, que é a grande meta da mística espiritual e prática, ou seja, a pessoa perceber que o seu "ser-si-mesmo" provém de uma fonte última do ser. Nesse sentido, Stein faz a seguinte colocação: "em meu ser eu me encontro então com outro ser que não é o meu, senão que é o sustento e o fundamento do meu ser". A esse fundamento a autora informa que se pode chegar por duas vias a fim de conhecê-lo. A primeira é a da fé, a segunda é a da filosofia. O caminho da fé conduz a Deus pessoal e próximo, amante e misericordioso, enquanto o caminho da filosofia oferece conceitos claros, por meio do pensamento lógico. Contudo, é o caminho da fé que possibilita compreender o incompreensível, por isso é chamado de "caminho escuro".[309]

O valor indica um ato de escolha preferencial e não racional. A base do valor-sentimento está na forma como surge na consciência, despertando a adesão ou a repugnância pessoal.

[307] STEIN, E. *Ser finito y ser eterno*: ensayo de uma ascension al sentido del ser. México: Fondo de Cultura Econômica, 2002. p. 389.

[308] ALFIERI, Francesco. *Pessoa humana e singularidade em Edith Stein*. São Paulo: Perspectiva, 2014. p. 81. O filósofo informa que para Edith Stein, as qualidades individuais exprimem "a absoluta unicidade, a nota individual que carrega em si: a característica pessoal", ou seja, tudo que a pessoa vivencia é marcada por sua personalidade.

[309] STEIN, E. *A ciência da cruz*. Estudo sobre São João da Cruz. 5. ed. São Paulo: Loyola, 2008. p. 75-77.

Quando o ser humano conseguir chegar a essa fonte, o seu ser singular passa a viver ancorado e aparentemente perde o contato com tudo o que é externo. Isso faz com que a pessoa possa se adaptar às diversas mudanças da vida, sem se apegar aos aspectos materiais, pois ela já está segura de seu existir, a partir do núcleo pessoal que preenche e dá estabilidade ao ser humano. Essa fonte última do ser humano faz com que ele encontre a serenidade da alma, que faz ver e viver a existência enraizada na carne humana, sem perder de vista a dimensão espiritual, que é a que faz do ser humano um ser livre diante do espaço e do tempo.

Em *Ser fino e ser eterno* (1936), Stein apresenta a vocação da alma à vida eterna a partir do seguinte pressuposto: sendo a interioridade mais profunda da alma a morada de Deus, pela sua livre personalidade, pode se entregar a Ele, haja vista que o chamado para se unir ao Senhor é querido e oferecido por Deus a todo ser humano, pois a alma individual encontra-se destinada a uma vida eterna, o que permite compreender que ela deveria reproduzir em si a imagem de Deus de uma maneira completamente pessoal. Cada alma individual saiu das mãos de Deus e carrega uma marca particular, porém o ser humano não percebe, na maior parte do tempo, essa presença original de Deus, por conta da influência do mundo e das relações sociais. O que a alma pode sentir deste ser original nela mesma e nos outros fica obscuro e pleno de mistério. Entretanto, quando a vida terrestre chegar a seu término, a alma humana vai se conhecer, tal como é diante de Deus, a saber: como Deus a fez ao concebê-la, o fim para o qual ela foi criada de maneira inteiramente pessoal e o que ela chegou a ser em ordem da natureza e da graça, juntamente com as virtudes cultivadas e as livres decisões tomadas ao longo da vida.[310]

Stein ainda propõe a reflexão sobre a presença de Deus no interior mais profundo da alma. Afirma também que, por conta da onipotência, o Senhor está presente onde quiser, como nas criaturas inanimadas e naquelas privadas de razão, que não podem acolhê-lo da mesma maneira que a alma; está presente nas *moradas exteriores* da alma, onde ela mesma não nota nada de sua presença, e está presente em sua interioridade, mesmo quando ela não está dentro de si, por conta de estar vivendo na superficialidade da vida. Dessa forma, não se pode dizer que Deus vai a um lugar onde já não estivesse antes. O fato de que Deus seja acolhido pela alma significa que essa se abriu livremente a ele. Esta união se dá entre pessoas espirituais e consiste numa união de amor: Deus é a plenitude do amor, e a participação do ser divino é o que garante a união.

[310] STEIN, E. *Ser finito y ser eterno*: ensayo de uma ascensión al sentido del ser. Mexico: Fondo de cultura económica, 1996. p. 519.

Os espíritos criados, por sua vez, não têm estrutura para acolher em si toda a plenitude do amor divino e contribuir com sua realização, pois a sua participação é proporcional à sua personalidade e à forma com a qual a pessoa administra os recursos para se adentrar no mistério pessoal e divino. Sendo o ser humano um ser espiritual, a sua interioridade e originalidade mais profundas formam a sua essência, donde brotam as forças para as mudanças em sua vida. As suas demandas psíquicas são acessíveis à experiência humana, por meio da sensibilidade, mas, mesmo assim, existem lacunas misteriosas, penetráveis por meio da oração e de trabalhos psicoterapêuticos que levam a pessoa ao autoconhecimento. Isso é necessário para que a pessoa chegue a conhecer a si mesma e, consequentemente, a conhecer a Deus, que é fonte da vida eterna e se encontra na interioridade mais profunda do ser humano. Daí a compreensão de que Deus pode criar em cada alma humana uma morada própria, a fim de que a plenitude do amor divino encontre na multiplicidade das almas, diferentes por sua natureza, um espaço mais amplo para a sua participação.[311]

2.2 A constituição da comunidade

Ao longo desta obra, tem sido abordada a constituição do ser humano e sua pertença ao mundo num fluxo de vivências objetivas e intersubjetivas.[312] A partir de *A ciência da cruz*, a pessoa de João de Yepes, posteriormente chamado de João da Cruz, pela visão steiniana, vem proporcionando ao leitor o desvelamento da experiência mística da *cruz* e da *noite*. São fenômenos que abarcam a realidade existencial do ser humano, principalmente da autora da obra, Edith Stein, que se desdobra, a partir de seus estudos antropológicos, para garantir a eficácia do que é o ser humano no mundo da vida. Por meio de sua experiência social e mística, Stein apresenta argumentos consistentes sobre a possibilidade da comunhão entre o ser humano e Deus, por diversos meios, entre eles a inabitação pela graça, que existe somente nos seres de natureza pessoal e espiritual, porque requer de quem a recebe a livre aceitação da graça santificante. Somente quem vive em espírito pode receber vida espiritual, porque

[311] STEIN, Edith. *Ser finito y ser eterno*: ensayo de uma ascensión al sentido del ser. México: Fondo de cultura económica, 1996. p. 520.

[312] ALES BELO, Angela. *Pessoa e comunidade*. Comentários: psicologia e ciências do espírito de Edith Stein. Belo Horizonte: Artesã, 2015. p. 78. As vivências são de diferentes tipos: perceptivas, imaginativas, de recordação, do pensamento, com qualidades diversas.

a alma que Deus habita pela graça não é cenário impessoal da vida divina, mas acha-se nela integrada.[313]

A reflexão de Edith Stein sobre a pessoa humana inicia-se em sua tese doutoral sobre a *Empatia* e é retomada na *Estrutura da pessoa humana* e também em *Ser finito e ser eterno*; implicitamente, porém, em outras obras ela vai tecendo os elementos que serão apresentados em seus principais escritos.[314] A filósofa emprega o termo pessoa para designar a característica que distingue o ser humano em meio a todos os seres da natureza, a saber, o fato de ele ser livre e espiritual.[315] Em seus escritos, o termo designa também a individualidade de cada ser humano, marcada essencialmente pela capacidade racional da espécie humana. Seguindo a doutrina tomista, Stein concebe o ser humano como o que há de mais perfeito na natureza, por tratar-se do único tipo de existência em que há espiritualidade e, portanto, liberdade, o que significa que o ser pessoal ou espiritual é aquele capaz de voltar sua atenção para si mesmo, para sua própria interioridade, e dizer, por meio desse ato reflexivo espiritual, que possui um eu.

A ontologia da pessoa em Stein compõe-se de uma unidade tripartite: corpo, mente e espírito. Como forma de corpo, a alma ocupa o lugar intermediário entre o espírito e a matéria. Como espírito, a alma possui o seu ser em si mesma e pode, com toda a liberdade pessoal, elevar-se acima de si e receber em si uma vida mais elevada. A filósofa define a alma como uma "fonte escondida" a partir da qual o ser vivo é configurado e extrai o seu ser para aparecer como forma visível em um corpo. A característica do espírito, no sentido do que é espiritual, é precisamente esse sair de si a partir da interioridade.[316] Na

[313] STEIN, E. *A ciência da cruz*. Estudo sobre São João da Cruz. 5. ed. São Paulo: Loyola, 2008. p. 141. A autora exemplifica dizendo que, no sacramento do batismo de crianças, são os adultos que substituem a livre recepção, que mais tarde deverá ser realizada pela vida de fé por parte do batizado e, verbalmente, pela renovação das promessas batismais.

[314] ALFIERI, Francesco. *Pessoa humana e singularidade em Edith Stein*. São Paulo: Perspectiva. p. 140. O filósofo apresenta de forma sintética os principais pressupostos de Stein acerca do que é o ser humano e conclui, citando a obra *Ser finito e ser eterno*: "Por pessoa entendemos o eu consciente e livre. É livre, porque é dono de seus atos, porque determina por si mesmo sua vida sob a forma de atos livres. Os atos livres são o primeiro campo de domínio da pessoa".

[315] STEIN, E. In: URKIZA, Julien; SANCHO, Francisco Javier (Org.). *Obras completas*. v. IV. Escritos antropológicos y pedagógicos. Vitória: El Carmen; Madri: Espiritualidad; Burgo: Monte Carmelo, 2003, p. 663. Na concepção steiniana, o ser humano deve ser visto naquilo que ele tem de melhor, para além das influências externas e psíquicas, não ficando assim numa antropologia abstrata. Desse modo, pode-se conceber que no ser humano habite um "eu" consciente de si mesmo e capaz de contemplar o mundo; um "eu" que é livre e que, em virtude de sua liberdade, pode configurar tanto seu corpo como sua alma, para melhor interagir com as demandas internas e externas de sua realidade sociocultural.

[316] RUS, Eric. *A visão educativa de Edith Stein*: aproximação a um gesto antropológico integral. Belo Horizonte: Artesã, 2015. p. 54-55. O autor baseia-se, também, em *Ser finito e ser eterno* para expor a sua reflexão sobre a ontologia steiniana.

concepção de Stein, como o ser humano é espírito, segundo a sua essência, ele sai de si mesmo com sua "vida espiritual" e entra num mundo que se abre a ele, sem perder nada de si. A pessoa humana leva e abarca seu corpo e sua alma, mas é ao mesmo tempo levada e abarcada por eles. Assim descreve a autora: "Sua vida espiritual se eleva de um fundo escuro, sobe como uma chama de círio brilhante, nutrida por uma matéria que não brilha. E brilha ela sim sem ser absolutamente luz: o espírito humano é visível para si mesmo, mas não é de todo transparente; pode iluminar outra coisa sem atravessá-la inteiramente".[317]

Na análise fenomenológica do ser humano, a filósofa de Breslau vai apresentar, já em sua obra *Contribuições à fundamentação filosófica*: causalidade psíquica (1921), o núcleo da personalidade, que prescreve o curso da evolução da pessoa.[318] Isso independente do estado psíquico da mesma e das circunstâncias que a envolvem. É preciso conhecer o núcleo para se prever um estado psíquico. O núcleo, como já foi dito, é aquela imutável consistência que faz o ser humano singular. Ainda nessa obra, Stein acena para a questão da empatia como processo para se chegar a conhecer a alteridade e novamente retoma a questão do Espírito Divino,[319] como fonte de energia espiritual subjetiva. Dessa forma, três elementos surgem em existência própria: a pessoa em sua singularidade individual, o "outro eu" com sua peculiaridade pessoal e, por fim, a Pessoa Divina.[320]

A tomada de consciência do "outro eu" passa pela tomada de consciência da ipseidade, ou seja, é por meio da percepção espiritual do sentir como se é que o "eu" pode se diferenciar do "outro eu", por se deparar com a sua própria existência singular concreta.[321] A ipseidade faz do sujeito um ser único, com

[317] STEIN, E. *Ser finito y ser eterno*: ensayo de uma ascensión al sentido del ser. Mexico: Fondo de cultura económica, 1996. p. 379-380.

[318] *Idem*. In: URKIZA, Julien; SANCHO, Francisco Javier (Org.). *Obras completas*. v. II. Escritos filosóficos (etapa fenomenológica). Vitória: El Carmen; Madri: Espiritualidad; Burgos: Monte Carmelo, 2005. p. 306. Entre as obras steinianas aqui é a primeira vez que Edith Stein cita o núcleo da personalidade, nomeando-o de alma da alma.

[319] *Idem*. *Sobre el problema de la empatía*. Madrid: Trotta, 2004. p. 135. Ao término da obra, Stein reflete sobre a possibilidade de o ser humano se empatizar com o Ser Divino. A questão religiosa a incomoda, em virtude de ela ainda não ter aderido a uma fé, por isso ela finaliza o texto dizendo que "não está clara" (*non liquet*) tal possibilidade.

[320] STEIN, E. *Sobre el problema de la empatía*. Madrid: Trotta, 2004. p. 133. A partir da compreensão de que somente quem vivencia a si mesmo como pessoa, enquanto totalidade inteligente de sentido, pode se entender a outras pessoas na mesma dimensão, inclusive o mistério que envolve e qualifica o Totalmente Outro, como ser divino.

[321] *Ibidem*, p. 61. Em suas investigações fenomenológicas, Edith Stein constata que o "eu" se constitui de um corpo vivo, formado de duas maneiras, a primeira como corpo vivo sentinte (percebido corporalmente) e como corpo físico do mundo externo percebido externamente. Essa dupla apresentação é vivenciada

identidade própria, para além da identidade comum, mas com a qual se pode relacionar. A relação intersubjetiva funda-se no processo empático em que o "eu" apreende o sentir do "outro eu".[322] O processo empático ocorre por conta da estrutura ôntica da pessoa, pois é da essência do ser humano estar aberto para um outro "eu". A empatia acontece quando, por meio de uma vivência particular, o "eu" sente, percebe e intui que existem outras pessoas, que da mesma forma que ele, também possuem um "eu" pessoal. Com essa vivência inter-relacional pode-se afirmar a existência do "nós", que também sente, percebe e intui; portanto, pode se verificar a existência de seres viventes com a mesma estrutura corporal, psíquica e espiritual.[323] Segundo Stein, dentro do critério da intencionalidade do conhecimento, a daticidade da outra pessoa, pela vivência empática, somente pode ser fundamentada pelo conhecimento de si mesma e vice-versa.[324]

Na segunda parte de sua obra *Introdução à Filosofia* (1920), Edith Stein trabalha a origem e o desenvolvimento da constituição da pessoa humana espiritual, enraizada na estrutura da alma, na estimação dos valores, no núcleo anímico e na realidade da psique, que detém as propriedades vitais, incluindo aí os aspectos espirituais da vontade e da liberdade.[325] A partir desses pressupostos, há uma facilitação da compreensão da constituição da comunidade. Nesta há um reconhecimento, por parte de seus membros, de que o outro é um ser vivo com as características estruturais que o "eu" possui, capaz de fazer operações comuns a todo ser humano. Assim, por meio da empatia, percebe-se que existe uma universalidade do ser humano com diferentes conteúdos, isto é, todo ser humano tem a mesma estrutura, mas o mundo circundante oferece conteúdos diferenciados, tais como a cultura, linguagem e tradições.[326]

como a mesma e conserva um lugar no espaço externo, preenchendo uma parte desse espaço. Assim, o ser humano é, ao mesmo tempo, parte do mundo e consciência reveladora do mesmo, por isso pode ser considerado como "objetividade", a partir de seu corpo, e como "subjetividade", a subjetividade de um ser que desabrocha do interior. O corpo humano está no ponto de junção dessas duas dimensões.

[322] *Ibidem*, p. 126-127. Explica Stein que toda ação do "outro eu", o "eu" a vivencia como procedente de um querer, e este, por sua vez, de um sentir sentimento; com ele é dado, ao mesmo tempo, um estrato de sua pessoa e um domínio de valores apreensíveis em princípio para ele, o qual motiva também com pleno sentido a espera de possíveis atos volitivos e ações futuras. Assim, uma ação singular e igualmente uma expressão corporal singular, como um olhar ou um sorriso, pode revelar o núcleo da pessoa.

[323] *Ibidem*, p. 111.

[324] *Ibidem*, p. 133.

[325] CARDOSO, Carolina de R. D. *Contribuições de Edith Stein para a psicologia científica*. Curitiba: Appris, 2014. p. 199-202.

[326] STEIN, E. In: URKIZA, Julien; SANCHO, Francisco Javier (Org.). *Obras completas*. v. II. Escritos filosóficos (etapa fenomenológica). Vitória: El Carmen; Madri: Espiritualidad; Burgos: Monte Carmelo, 2005. p. 353. O indivíduo vive, sente, atua como membro da comunidade e, na medida em que faz

Em sua obra *Indivíduo e comunidade* (1919), Edith Stein investiga a constituição da comunidade, baseada no processo empático. A autora informa que por comunidade entende-se a vinculação natural e orgânica entre os indivíduos; esses se aceitam como sujeitos e vivem determinados pelos movimentos vitais que existem a partir deles. Na comunidade reina a solidariedade por conta da forma associativa de união entre as pessoas que a compõem.[327] Na passagem da consideração filosófica à teológica do ser humano, Stein situa o homem na dimensão finita de seu ser, por mais que esteja atrelado a um grupo humano. Consequentemente, o raciocínio evoca a existência de um Ser Infinito, denominado Deus, que se deu a conhecer na história humana por meio da Revelação, sustentando e instruindo o povo de Israel para ser luz para as demais nações. Em diálogo com Tomás de Aquino, Stein postula que o *ente primeiro*, assim designado, é necessariamente uma pessoa, pois somente uma pessoa pode criar, isto é, chamar à existência em virtude de sua própria vontade. De fato, a ação da causa primeira não pode ser concebida apenas como atividade livre, visto que todo ato que não é ato livre é causado e, por conseguinte, não é assimilável a ação primeira. A ordem racional e a finalidade do mundo remetem igualmente a uma pessoa enquanto autor. Uma ordem racional não pode ser introduzida na obra apenas por uma essência racional; somente uma essência que conhece e queira colocar fins e ordenar os meios para se atingir a esses fins. Porém, a razão e a liberdade são as características essenciais da pessoa. O nome graças ao qual cada pessoa se designa a si mesma é "eu". Assim também o "eu divino" apresenta-se ao ser humano como o Eterno vivente, que contém, abraça e dirige toda a plenitude.[328] A verdade revelada nas Sagradas Escrituras sobre o ser humano é que este foi criado por Deus, e com o primeiro homem toda a humanidade, como uma unidade por razão de sua origem e como uma potencial comunidade.

Em *Estrutura da pessoa humana*, Stein complementa: *Deus criou cada alma humana individual e a criou à sua imagem e semelhança; o ser humano é livre e responsável*

isso, a comunidade vive, sente e atua nele e por meio dele. Todavia, quando ele chega a ser consciente de seu vivenciar ou refletir sobre si, não é a comunidade, enquanto entidade que toma consciência, mas o próprio indivíduo que chega a ser consciente do que a comunidade vivencia através dele.

[327] *Ibidem*, p. 404. Stein expõe acerca da solidariedade no bem ou no mal, enquanto atitude na qual cada indivíduo é corresponsável pelos atos dos demais, sem perder a sua própria responsabilidade nos atos que venha a cometer. Contudo, a culpa e o mérito podem ser também atos da comunidade, porém, se o indivíduo participa deles ou se recusa a participar de tais atos, isso é coisa de sua própria liberdade, a qual deverá responder pessoalmente. Pressupõe-se, para que tais eventos ocorram, que seja uma comunidade de pessoas livres.

[328] STEIN, E *Ser finito y ser eterno*: ensayo de uma ascensión al sentido del ser. Mexico: Fondo de cultura económica, 1996. p. 356-361.

por aquilo no que se converte; o ser humano pode e deve fazer que sua vontade esteja em consonância com a vontade divina.[329] A vontade de Deus é que o ser humano alcance a vida eterna e, para isso, não só não mediu esforços se encarnando na natureza humana, como também se sacrificou na cruz para recuperar a humanidade imersa no pecado. O Verbo encarnado livremente ofereceu o seu corpo e sangue na última ceia, antecipando o sacrifício do calvário, para criar comunhão entre ele e as pessoas e das pessoas entre si. Esse ato de comunhão contribui para a constituição da comunidade, que, à semelhança de Atos dos Apóstolos 2, 42-46, deve viver a igualdade, a fraternidade e a justiça entre os seus membros.

Como pedagoga, Stein propõe a Eucaristia como proposta formativa, pois a vida eucarística leva à união com Cristo, à igualdade de forma com ele e, portanto, à redenção. Esse mistério celebra-se na comunidade humana, espaço da graça, mas que Stein sinaliza de forma positiva e negativa. Uma primeira positiva, em que, por meio do testemunho de cristãos virtuosos que souberam enfrentar pesadas cargas e superar seus defeitos, alimentando-se da Eucaristia, conseguiu-se progredir no conhecimento de Cristo e na participação de sua intimidade. Por outro lado, existem pessoas que, mesmo tomando da Eucaristia, não demonstram para com o próximo paciência ou espírito de sacrifício, acabam constituindo-se em sério obstáculo para as demais pessoas acreditarem na presença de Cristo na Eucaristia.[330]

Dessa forma, por meio da celebração eucarística, os fiéis devem se comprometer com a responsabilidade da comunhão sagrada, que compreende o autoconhecimento, a maturidade e o bom senso, acrescentando o compromisso de buscar viver e construir com o próximo relações fraternas e justas, para que a salvação atinja o maior número possível de pessoas.[331] Comunhão esta que

[329] *Idem*. In: URKIZA, Julien; SANCHO, Francisco Javier (Org.). *Obras completas*. v. IV. Escritos antropológicos e pedagógicos.Vitória: El Carmen; Madri: Espiritualidad; Burgos: Monte Carmelo, 2003. p. 743-744. A autora informa que nem tudo o que foi revelado nas Escrituras Sagradas foi assimilado pelas contínuas investigações humanas. Entretanto, a salvação é oferecida gratuitamente por Deus a todos. Algumas pessoas, através da experiência mística, alcançam o conhecimento do mistério através da luz sobrenatural.

[330] STEIN, E. In: URKIZA, Julien; SANCHO, Francisco Javier (Org.). *Obras completas*. v. IV. Escritos antropológicos e pedagógicos. Vitória: El Carmen; Madri: Espiritualidad; Burgos: Monte Carmelo, 2003. p. 747.

[331] Carl Gustav Jung, em *Símbolo da transformação na missa*, faz a interpretação da missa sob o ângulo simbólico e arquetípico. Além disso, também analisa as relações entre o significado do sacrifício eucarístico e o processo de individuação. O autor destaca essa cerimônia religiosa como um elemento de forte relevância psicológica, e relata que: "a missa pode ser classificada como um rito de processo de individuação". Edith Stein não deve ter tido acesso às ideias de Jung, mas os pensamentos de ambos se encontram na liturgia e simbolismo da missa, que conferem ao fiel a possibilidade de se formar ou se individuar, conforme linguagem junguiana.

tem concretude no cotidiano, pois neste instante os mais frágeis têm fome, sede e frio, portanto, precisam ser saciados. Cumprida essa missão, a Eucaristia ganha relevo de eternidade, como coroamento da construção do Reino de Deus, ainda na terra. A Eucaristia, nesse sentido, torna-se o centro vital para o ser humano de fé, da mesma forma que, estruturalmente, os povoados, aldeias e cidades foram se desenvolvendo ao redor das igrejas no Ocidente, ao longo dos séculos. Isto é, a sociedade erigia-se a partir da vida religiosa, que tinha no mistério eucarístico o local dos encontros sociais. Com a secularização e o redimensionamento das cidades, a Igreja católica, bem como as suas celebrações, perdeu a centralidade. Contudo, a voz da Igreja, enquanto instituição, ainda é respeitada pelas grandes nações,[332] e as celebrações englobam fiéis engajados e também servem para reunir indivíduos por ocasião de eventos sociais.

A importância da Eucaristia, para a unidade da humanidade em si mesma e para suas relações com Deus, só se compreende plenamente quando é elucidado o caráter do *sacrifício de Cristo* e quando se entende a sua vinculação com a ideia de Igreja. Em sua obra *A oração da Igreja*, Edith Stein, baseando-se nos evangelhos, informa que Cristo era um judeu devoto e fiel à Lei, como os judeus piedosos de sua época. Ele pronunciou as antigas orações de bênção sobre o pão, o vinho e os frutos da terra, tal como são pronunciadas ainda hoje. Disso se sabe pela narração da ceia quando, pela última vez, Jesus reuniu seus discípulos para cumprirem um dos deveres religiosos mais sagrados: o cerimonial da ceia pascal, que celebrava o fim da escravidão no Egito. E é, talvez, precisamente esta última reunião que oferece o mais profundo vislumbre do interior da oração do Cristo e dá a chave para compreender a oração da Igreja. Prossegue a autora dizendo que abençoar, repartir o pão e o vinho pertencem ao rito da ceia pascal, mas, na última ceia, eles receberam um sentido inteiramente novo, pois na ceia pascal se realizou o enxerto dos brotos sobre a vinha, enxerto que tornou possível a efusão do Espírito.

As antigas fórmulas de bênção, nos lábios de Cristo, tornaram-se palavras criadoras de vida. Os frutos da terra tornaram-se seu corpo e seu sangue, repletos de sua vida. Dessa forma, a criação visível uniu-se a Ele de um modo

[332] Entre as várias pesquisas de 2015, numa lista composta por 14 instituições, a Igreja Católica Romana aparece como a terceira instituição mais respeitada no Brasil, atrás da Ordem do Advogados do Brasil e das Forças Armadas, que conta com a confiança de 73% da população. A constatação foi feita pelo Instituto Datafolha em pesquisa nacional que ouviu mais de duas mil pessoas em 135 municípios no período de julho de 2015. Pesquisa Datafolha realizada entre os dias 9 e 13 de junho com 2.125 pessoas em 135 municípios. Margem de erro de mais ou menos dois pontos. Fonte: Conselho Federal da OAB. Disponível em: http://justificando.cartacapital.com.br/2015/07/10/forcas-armadas-oab-e-igreja-catolica. Acesso em: 27 mar. 2016.

novo e misterioso. As substâncias que servem para sustentar a vida humana foram radicalmente transformadas, e aqueles que as consumirem na fé também serão transformados, passando a participar da vida de Cristo e sendo incorporados nele, repletos de Sua vida divina. Por fim, Stein conclui afirmando que o Verbo se tornou carne para libertar a vida que ele havia assumido, por meio de seu sacrifício de cruz sobre o Gólgota. Assim, pela última ceia do Senhor, a ceia pascal da Antiga Aliança converteu-se na Páscoa da Nova Aliança.[333]

Dessa forma, antecipando o seu martírio na cruz, Jesus utiliza do pão de trigo e do vinho de uva, ao qual, antes da consagração, deve se acrescentar um pouco de água, porque, segundo o testemunho dos Padres e Doutores da Igreja, acredita-se que foi Jesus mesmo quem instituiu este sacramento em que ao vinho se mistura um pouco de água.[334] Isso para configurar a sua Paixão, porque se lê no evangelho que sangue e água brotaram do lado de Cristo. Mais ainda, para significar que nesse sacramento se dá a união do povo cristão com o Cristo. A água significa o povo, de acordo com a passagem do Apocalipse de São João 17,15: "Você viu aquela prostituta que está sentada perto de muitas águas. Essas águas são povos, multidões, nações e línguas diversas." Por sua vez, no vinho se manifesta o sangue do Cordeiro, e quando no cálice se misturam a água e o vinho, o povo une-se a Cristo. Dessa forma, os fiéis juntam-se de forma íntima com Aquele em que creem. A Eucaristia é para a totalidade dos redimidos o *sacramentum unitatis*, o que mantém unido o corpo místico de Cristo, que é a Igreja.[335]

A *ecclesia* constituiu-se, no decorrer dos séculos, ao redor da partilha eucarística, que congregava povos diversos, por meio da inculturação paulatina, conforme a capacidade cultural e religiosa dos povos dominadores e dominados. Apesar das discrepâncias e incoerências constatadas na história da Igreja, no corpo místico de Cristo sempre se vislumbrou – em meio a luzes e trevas – a luta pelo bem comum, por exemplo: Paulo de Tarso, em Atos dos Apóstolos, arrecada donativos para a comunidade de Jerusalém (1 Cor 16,1-3); a força da evangelização de São Justino e o martírio na Idade Antiga; a vivência da espiritualidade e a presença profética, na Idade Média, de Francisco de Assis;

[333] STEIN, Edith. *A oração da Igreja*. Rio de Janeiro: Agir, 1958. 60p.

[334] STEIN, E In: URKIZA, Julien; SANCHO, Francisco Javier (Org.). *Obras completas*. v. IV. Escritos antropológicos e pedagógicos. Vitória: El Carmen; Madri: Espiritualidad; Burgos: Monte Carmelo, 2003. p. 151. O Salvador morreu no calvário por todos, mas para ele este sacrifício não foi o bastante, pois quer oferecer a cada pessoa os frutos de sua obra, por isso ele renova diariamente o sacrifício no altar, a fim de atrair e conquistar aqueles que estão dispersos e os congregar ao redor da mesa eucarística.

[335] *Ibidem*, p. 885.897.

a graça da misericórdia e a sabedoria de Afonso de Ligório, para lidar com o rigorismo religioso e o Iluminismo na Idade Moderna; a capacidade dialogal e mística de Edith Stein num tempo em que a Igreja combate a modernidade, e a sociedade se vê acuada diante dos fanatismos políticos e religiosos da Idade Contemporânea. Vislumbrar a presença do Ressuscitado na sociedade humana é declarar que o sofrimento da Via Sacra vem se perpetuando, mas não necessariamente vencendo, porque a graça divina continua fecundando o coração humano e gestando a solidariedade entre os povos.

De fato, o cálice amargo do Cristo e o pão sofrido dos miseráveis da história consagram-se sobre o altar agonizante do universo. Como diz São Paulo: "Toda a criação geme e padece como em dores de parto. E não só ela, mas igualmente nós gememos em nosso íntimo esperando a redenção de nosso corpo" (Rm 8, 22-23). Cristo identifica-se com o ser humano, por ser ele humano também. Contudo, como é difícil para o ser humano compreender a humanidade de Deus em Cristo por conta de não aceitar que o Eterno possa se submeter as privações do tempo, como a fome, o frio e a dor. Jesus não só se fez humano, como quis conviver com grupos humanos diferenciados, juntando a si pessoas de diferentes posições sociais, incluindo os excluídos de todos os tempos.

Ao morrer ladeado por dois bandidos, a história coloca-o numa situação de cruel solidariedade, ou seja, três homens condenados à morte violenta por meio da crucifixão: não se conhecem, mas são obrigados a conviver seus últimos momentos, sentindo na carne a sua própria dor e contemplando com os olhos da alma a agonia dos outros dois. Do calvário para a última ceia existe uma ponte de sofrimento, vivenciada em todas as Eucaristias, enquanto mistério de fé que unifica a morte e a ressurreição de Jesus.[336] A Igreja, corpo místico de Cristo, nasceu da dor da crucifixão e em Pentecostes inaugurou uma etapa nova na história, que é a união da diversidade de povos e línguas em torno da mesma refeição que – apesar de ser ponte de sofrimento – é também fonte, que potencializa e revigora os cristãos, lançando-os ao encontro de Deus, acolhendo-os novamente na comunidade, para jorrar na sociedade vida e valores próprios do Reino de Deus, inaugurado por Jesus Cristo.

[336] STEIN, E. In: URKIZA, Julien; SANCHO, Francisco Javier (Org.). *Obras completas*. v. IV. Escritos antropológicos e pedagógicos. Vitória: El Carmen; Madri: Espiritualidad; Burgos: Monte Carmelo, 2003, p. 152. Na Eucaristia o Salvador permite a todos viver a sua vida, especialmente quando está associada à liturgia e aí se experimenta a sua vida, Paixão, morte, sua ressurreição e ascensão, bem como o início e o desenvolvimento de sua Igreja. Nesse momento, o crente é elevado de sua estreiteza existencial à largura do Reino de Deus. Assim, cada vez mais, é possível estar mais profundamente unido com o Senhor e através dele com todos os seus, de tal forma que toda solidão desapareça e todos estejam incontestavelmente acolhidos na tenda do Rei, caminhando em sua luz.

A comunhão extrapola povos e tradições religiosas, unificando a todos no mesmo grau de existência. Nesse sentido, Santo Afonso de Ligório,[337] parafraseando Descartes, vai dizer: "amo, logo existo", ou seja, o mandamento de Cristo é normativo para se constatar que os seus discípulos existem na sociedade. Em nome do amor, as pessoas devem buscar viver em comunhão, respeitando o seu próximo, com suas diferenças e, por sua vez, a constituição da comunidade deve passar por esse crivo e ter como baliza o mesmo pressuposto que é norma e mandamento de Jesus Cristo. Stein teoriza acerca da pertença da pessoa à comunidade, e consequentemente à sociedade, a partir do fato de que o indivíduo isolado é uma abstração, porque na realidade a sua existência acontece no mundo e sua vida é vida em comum, graças à própria estrutura interna do ser humano.[338] A fim de clarear a questão, a autora oferece um exemplo bastante elucidador:

> a julgar por seu aspecto externo, o estranho que se vê na rua é um operário, que se encaminha para a fábrica, onde trabalha com outros indivíduos e, também, para o bem-estar de outras pessoas. Quando se busca mais informações acerca deste trabalhador se descobre que tem família, que pertence a um partido político, etc. Assim, o homem é trabalhador, pai de família, membro de um partido político. Todas essas características lhe pertencem, mas ele é mais do que essas características, ou seja, o que o homem é no mundo social não é o que determina a configuração de todo seu ser corporal-anímico, mas sim é um fator codeterminante dele mesmo.

Dessa forma, Stein postula que o ser humano não está determinado exclusivamente por sua condição de membro de um todo social, pois em si preserva a sua personalidade individual.[339] Logo, na identidade do indivíduo, revela-se uma pluralidade de posturas que fazem dele um ser social, que realiza atos sociais, ao se dirigir ao seu semelhante com pedidos, perguntas, ordens e

[337] REY-MERMET, Théodule. *Afonso de Ligório*: uma opção pelos abandonados. Aparecida: Santuário, 1984. 718p. Afonso Maria de Ligório, nascido numa família nobre de Nápoles. teve uma brilhante carreira em direito antes de ser ordenado padre. Foi um bispo católico italiano que se destacou como escritor espiritual, filósofo escolástico e teólogo. Em 1732 fundou uma ordem religiosa, a Congregação do Santíssimo Redentor (redentoristas), dedicada ao trabalho entre os pobres e abandonados. Santo Afonso foi um escritor prolífico, publicando nove edições de sua "Teologia Moral" ainda em vida, além de outras obras devocionais e ascetas, além de muitas cartas. Entre suas obras mais famosas estão: *As glórias de Maria* e *O caminho da cruz*.

[338] STEIN, E. In: URKIZA, Julien; SANCHO, Francisco Javier (Org.). *Obras completas*. v. IV. Escritos antropológicos e pedagógicos. Vitória: El Carmen; Madri: Espiritualidad; Burgos: Monte Carmelo, 2003. p. 713.

[339] *Ibidem*, p. 713-714.

manifestações de afeto, respeito, mantendo, dessa forma, relações sociais por meio da amizade e companheirismo e sendo membro de estruturas sociais denominadas comunidades.[340]

Na comunidade existem relações mútuas entre as pessoas e essas formam uma unidade, podendo ser constituída como comunidade passageira, quando está unida numa reunião de algumas horas, numa viagem, numa classe escolar ou numa associação qualquer. Já num sentido estrito, a comunidade permanente estrutura-se a partir de vinculações que afetam as pessoas na profundidade de seu ser, conferindo-lhes uma marca duradoura, como se vê nas tradições culturais e religiosas dos povos. As comunidades passageiras e as permanentes têm como base a comunidade universal, que engloba todas as demais, ou seja, a comunidade humana. Edith Stein afirma que, com o primeiro ser humano, começa também a existência da humanidade. A humanidade, por sua vez, está presente em todo ser humano individual e, desde o começo de sua existência, todos os seres humanos individuais pertencem à humanidade.[341]

De fato, quando o ser humano toma consciência de si, ele se dá conta de que é chamado a viver imerso numa comunidade com outros seres humanos. Entretanto, sabe-se que algumas pessoas não se conscientizam dessa realidade humana comunitária, mas – segundo a autora, de forma bastante esperançosa – isso não impede que a humanidade seja recapitulada pelo Homem-Deus.[342] De fato, por meio de sua pregação e da evangelização, promovida por seus seguidores, Cristo vem humanizando as pessoas no decorrer da história e, ao mesmo tempo, propondo valores aos seres humanos de todas as sociedades que viabilizam a comunhão das pessoas entre si e com Ele, em várias dimensões e carismas.[343]

2.2.1 As interações recíprocas entre as pessoas e os povos

O ser humano, graças a sua humanidade, possui singularidade e autenticidade, o que geralmente faz com que se identifique com os demais membros

[340] *Ibidem*, p. 715.

[341] STEIN, E. In: URKIZA, Julien; SANCHO, Francisco Javier (Org.). *Obras completas*. v. IV. Escritos antropológicos e pedagógicos. Vitória: El Carmen; Madri: Espiritualidad; Burgos: Monte Carmelo, 2003. p. 716.

[342] *Ibidem*, p. 717-718.

[343] O documento *Ad Gentes*, do Concílio Vaticano II, faz referência as *Semina Verbi*, que teve sua intuição em São Justino quando, por meio de sua teologia das sementes do Verbo, concebeu a presença do *Logos* Divino nas realidades sociais não denominadas e nem identificadas como cristãs. Já o documento *Gaudium et Spes* apresenta elementos essenciais com referência à presença de Cristo na história, através de sua Encarnação na família humana e, consequentemente, à sua identificação com todos os seres humanos e, de forma especial, com os excluídos das normas oficiais da religião e do estado.

de sua comunidade, organizada histórica e territorialmente, o que a diferencia de outras comunidades. Assim, é típico do ser humano de uma determinada região a sua linguagem, religião, alimentação, cultura, etc. De forma geral, o tipo social estrutura-se por meio do contexto em que a pessoa é criada, tendo a influência externa das condições de vida local e internamente, pelo que o indivíduo configura-se com a conjugação de seu caráter e o que foi sendo introjetado e assimilado ao longo da infância e juventude. Na obra *Estrutura da pessoa humana*, em seu VIII capítulo, Stein discute se o elemento que determina internamente a pessoa é típico ou não. Essa reflexão é importante, também, para a atualidade social que vive imersa no paradoxo da globalização, que, por um lado, gera o domínio cultural e econômico das grandes potências sobre indivíduos e comunidades, e, por outro, cria uma consciência ética mundial, convocando todas as pessoas e sociedades a se tornarem corresponsáveis pela vida no planeta.[344]

No período em que Stein lecionou sobre a estrutura da pessoa humana, o nazismo vinha captando jovens e doutrinando-os para que assimilassem as propostas do Nacional Socialismo. Provavelmente por isso, a autora questiona se o elemento determinante da pessoa vem de dentro dela, sendo, portanto, típico ou não. Imediatamente responde dizendo: "nem sequer o autêntico seguidor do movimento juvenil o é (seguidor) desde seu nascimento, mas só se tornou membro quando entrou para a universidade". Stein prossegue a sua reflexão narrando que um jovem pode ter crescido em um ambiente sensível e saudável, num grande círculo familiar, tendo uma infância e adolescência feliz, acompanhado de colegas, assimilando sem dificuldades as ideias e os costumes de seu ambiente. Entretanto, quando chega à universidade, começa a conhecer a vida das associações estudantis tradicionais e as acha sem gosto e sem graça. No que se refere à vida política, o jovem detecta o ódio entre os partidos e as lutas de interesses, que lhe causam repulsa. Por fim, encontra um círculo de

[344] LIBÂNIO, J. B. *Olhando para o futuro*: prospectivas teológicas e pastorais do cristianismo na América Latina. São Paulo: Loyola, 2003. p. 151-152. A globalização é um fenômeno complexo que influencia a fé e a teologia, porque mina a tradição, destrói os patrimônios culturais, embaralha o mundo de valores e as formas religiosas. Como forma de sobrevivência, as religiões vêm adotando três posturas, chamadas pelo sociólogo Peter Berger de dedutiva, redutiva e indutiva. A dedutiva reafirma a autoridade da tradição, sem preocupação pelo escasso sucesso em termos de proselitismo. A redutiva tenta secularizar a tradição religiosa, aceitando o fenômeno globalizante. A indutiva recupera as experiências incorporadas, hoje como que cristalizadas na tradição. O surgimento das novas possibilidades eletrônicas de uma globalização plural traz à teologia e à pastoral o desafio maior de articular tradição e contemporaneidade, estrutura e movimento, a objetividade anterior e a subjetividade presente, o universal cristão e as variantes históricas, o transcendente e a história, a verdade atemporal da revelação e a resposta transitória da fé.

companheiros que trabalham, apaixonadamente e em comum, por um ideal de vida que dê sentido à existência neste mundo e promova a vida na sociedade. Esse movimento encanta os jovens, fazendo com que muitos procurem reconfigurar a própria vida, inclusive libertando-se de sua hereditariedade, se for necessário. A esse grupo o jovem adere, conscientizando-se dos problemas sociais que o rodeiam. Isso o transforma em um tipo diferente.

Nesse processo foi determinante a convivência com os grupos que ele entrou em contato, tanto o que repeliu como o que o atraiu. Entretanto, essa atração e repulsão não dependem somente dos valores e contravalores que encontrou, mas também de como ele era, ao menos em parte, quando chegou à universidade: um tipo de jovem amável, procedente de um marco vital natural e saudável. Pode acontecer que esse jovem se agrupe a outros jovens que cresceram em ambientes diferentes, sob a pressão das convenções sociais, sendo empurrados precocemente a adotar uma atitude de protesto contra as formas sociais estabelecidas. Talvez esses jovens sejam precisamente aqueles que desempenham um papel diretivo no círculo de companheiros, mobilizando-os para ações diversas a favor ou contra o sistema social. Quanto ao jovem cuja personalidade se converteu em um tipo novo, não desaparece por completo a pessoa que era antes. Geralmente, o que era resulta formado de novo por aquilo que a pessoa recebe agora em si e pela atitude que toma ante aqueles elementos novos.[345]

No início do século XXI, a sociedade mundial vive um fenômeno semelhante ao da época de Stein no que se refere ao tipo social de alguns jovens espalhados pelo mundo. O que se questiona é que muitos deles nasceram e foram educados no Ocidente, logo deveriam prezar os valores civilizacionais conquistados ao longo da história, mas foram seduzidos pela propaganda do chamado "Estado Islâmico (ISIS ou EI)" de um novo caminho de vida. Esses são, na sua maioria, filhos ou netos de islamitas e foram recrutados pela internet para ingressar em uma nova *jihad* (guerra santa) em qualquer lugar do mundo. O termo árabe "jihad" está presente no Alcorão e significa um esforço no caminho de Deus. Os teólogos mulçumanos dividem a *jihad* em dois tipos: o esforço individual de luta contra si mesmo para conquistar um bom caminho espiritual e a luta para levar o Islã para outras pessoas. Segundo o Alcorão, quem entrar nessa luta participará da felicidade no paraíso. A palavra é frequentemente associada à "guerra santa". Isso porque ao apelo do jihad, pode-se adotar a defesa

[345] STEIN, E. In: URKIZA, Julien; SANCHO, Francisco Javier (Org.). *Obras completas*. v. IV. Escritos antropológicos e pedagógicos. Vitória: El Carmen; Madri: Espiritualidad; Burgos: Monte Carmelo, 2003, p. 721.

ou o ataque militar para instaurar a Lei de Deus contra os inimigos. É nessa corrente que o islamismo violento instaura-se.[346] A associação do termo à guerra pelos extremistas é criticada por muitos mulçumanos como uma interpretação errada do conceito. Para alguns líderes religiosos, existem regras do que seria um *jihad* justo e ela também poderia acontecer por meios pacíficos, sendo que o Islã jamais aceitaria a morte de inocentes ou atos de crueldade.

Segundo dados do Observatório Sírio para os Direitos Humanos, com sede em Londres, o Estado Islâmico contava em 2016 com um exército de 50 mil homens apenas na Síria. Desses, 20 mil seriam estrangeiros, principalmente de outros países árabes, do Norte da África e da Europa.[347] Alguns analistas avaliam que o racismo, o desemprego e a crise de identidade fazem com que muitos jovens islamitas sejam presas fáceis para o jihadismo, possibilitando, assim, o crescimento, nos últimos anos, da captação de jovens para o terrorismo no Ocidente.[348] A guerra civil da Síria, iniciada em 2011, com protestos da população contra o regime do presidente Bashar al-Assad, ganhou o apoio de milhares de jovens estrangeiros jihadistas que entraram ilegalmente pela fronteira da Síria para lutar no país ao lado dos rebeldes. Diversos grupos extremistas viram o conflito como uma oportunidade para derrubar o governo e, posteriormente, impor a islamização a toda a sociedade. Na Síria, grupos radicais islâmicos já cometeram numerosas atrocidades e controlam territórios onde governam por meio de tribunais da Sharia. O principal grupo e o mais violento é o Estado Islâmico, que tomou partes do território do Iraque, autoproclamou um califado no país e aspirava invadir o território de outras nações islâmicas. Entretanto, no próprio Iraque o Estado Islâmico vem sendo derrotado, mas ainda mantém células em outras regiões do Oriente Médio e Próximo.

Retomando a reflexão de Stein sobre o tipo social, a filósofa passa a abordar as disposições inatas da pessoa, pois existem casos em que irmãos gêmeos

346 O jihadismo é uma das correntes mais radicais da sociedade muçulmana que tem por objetivo o retorno ao Islã original da época de Maomé. Esse grupo não acredita na luta político-partidária ou na participação nas instituições políticas tradicionais, pois não estariam de acordo com a sharia, o conjunto de leis baseadas na interpretação do Alcorão e na vida do profeta Maomé.

347 CUNHA, Carolina. *Estado Islâmico*: jovens ocidentais são atraídos para o terrorismo na Síria e Iraque. Disponível em: https://vestibular.uol.com.br/resumo-das-disciplinas/atualidades/estado-islamico-jovens-ocidentais-sao-atraidos-para-o-terrorismo-na-siria-e-iraque.htm. Acesso em: 20 maio 2019.

348 Segundo o jornalista e articulista/colunista no *site* Academia Brasileira de Direito (ABDIR), Sérgio Henrique da Silva Pereira, jovens das classes média e alta são recrutados à ideologia dos radicais do Islã, por conta de conflitos emocionais com seus pais, e, ainda, pela indução. Isto é, o jovem estando em crise acerca de suas escolhas acaba sendo induzido a aderir à crença de um grupo forte que pense por ele e lhe determine as suas ações, o que diminuirá a sua angústia diante das incertezas da vida. Disponível em: http://sergiohenriquepereira.jusbrasil.com.br/artigos/como-se-da-o-recrutamento. Acesso em: 01 jul. 2016.

revelam personalidades diferentes, assim como os demais irmãos, parentes e membros de uma mesma comunidade podem apresentar características bastante variadas. Considera-se geralmente como disposições inatas aquilo que subjaz a toda formação social de tipos. Trata-se de algo já definido que, por sua vez, determina de modo decisivo toda formação ulterior.[349] Desde seu nascimento, o ser humano é dotado com potencial para se desenvolver, mas a atualização desse potencial depende das influências que recebe de seu ambiente, até que consiga alcançar a sua plena condição humana. Entretanto, afirma Stein, é difícil isolar num indivíduo o que lhe é "inato" daquilo que recebe do ambiente onde se desenvolveu, mas, ao mesmo tempo, são nítidas as diferenças como a da sexualidade, pois desde o seu nascimento o indivíduo pertence à condição corporal masculina e feminina.[350]

Contudo, o modo de ser masculino e feminino é algo que só se desenvolve e se atualiza ao longo da vida, o que de novo se dá sob a influência do ambiente. Diante desse quadro, Stein informa que, ao falar de "disposições herdadas", não está fazendo alusão ao humano universal, menos ainda às características dos sexos, mas aquilo que o indivíduo compartilha com um grupo estreito de indivíduos, como sua família, seu povo e sua raça, e o distingue dos indivíduos situados fora desse grupo. Assim, essas disposições fazem alusão ao que é designado como "modo de ser individual", mas que se faria entender como uma combinação de características maternas e paternas. Portanto, entende-se por disposições herdadas o que foi transmitido, geneticamente, pelos pais e demais antepassados aos filhos; logo o que é herdado é inato,[351] com exceção da alma, que foi concebida por Deus a cada pessoa. Assim, compreende-se que na base de toda formação social de tipos humanos já se encontra, em qualidade de "disposição inata", o ser do homem, criado individual e pessoalmente, como um ser que constitui, em razão de sua procedência, um certo tipo separado dos demais seres humanos. Essa índole típica torna compreensível a linhagem ancestral.[352]

[349] STEIN, E. In: URKIZA, Julien; SANCHO, Francisco Javier (Org.). *Obras completas*. v. IV. Escritos antropológicos e pedagógicos. Vitória: El Carmen; Madri: Espiritualidad; Burgos: Monte Carmelo, 2003. p. 722.

[350] *Ibidem*, p. 723.

[351] STEIN, E. In: URKIZA, Julien; SANCHO, Francisco Javier (Org.). *Obras completas*. v. IV. Escritos antropológicos e pedagógicos. Vitória: El Carmen; Madri: Espiritualidad; Burgos: Monte Carmelo, 2003. p. 724. Stein faz uma análise do significado de "herdado" e "inato", para demonstrar que tudo o que é herdado é inato, graças à linhagem da qual o ser humano procede. Em princípio, "inato" refere-se a tudo o que se possui desde o nascimento, e "herdado" ao que é transmitido pelos pais e antepassados a seus filhos. Afirma que nem tudo o que se possui desde o nascimento proceda dos antepassados, pois acontece que na fusão das células germinais surge um novo indivíduo com características próprias.

[352] *Ibidem*, p. 722-725.

A estruturação do ser humano a partir de seu tipo social é que compõe a comunidade, formada então por indivíduos, situados ou não numa família, que faz parte de um clã, que, por sua vez, constitui uma comunidade de sangue, denominada por alguns de raça, mas que a autora prefere ampliar o quadro de reflexão para não se prender nesse conceito racial, tão estreito e limitador.[353] Ela prefere trabalhar a noção de povo, pois abrange uma estrutura social à qual pertencem pessoas individuais, que constituem uma parcela da humanidade.[354] Os indivíduos que formam parte de um povo nascem e morrem sem que o povo mesmo nasça ou morra, mas existe, também, o surgimento e a desaparição dos povos mesmos, ao longo da história.

O cenário da história dos seres humanos é a terra, e o povo, para viver, necessita de um espaço da terra, ao menos por determinado tempo. O povo realiza ações e experimenta destinos que influenciam a estrutura social. Nesse sentido, é interessante exemplificar a história da composição do povo brasileiro. Na análise do antropólogo Darcy Ribeiro, a civilização ibérica sai da Idade Média livrando-se da ocupação árabe, expulsando o seu contingente judeu, e adentra na Idade Moderna disseminando o seu sêmen no Novo Mundo, fecundando a mestiçagem americana, impondo as suas tradições, religião e linguagem aos ameríndios. Nas terras da colônia portuguesa, foi sendo implantada a gestação de uma nova etnia, que unificava a cultura portuguesa, bem como a sua linguagem aos costumes dos indígenas, desengajados de suas tribos.

Desses grupos surgiu o "brasilíndio ou mamelucos", gerados por pais brancos, a maioria deles lusitanos, com mulheres índias; foram esses que possibilitaram a expansão portuguesa, conquistando terras e subjugando os demais povos indígenas que nelas habitassem. Entretanto, os brasilíndios ou mamelucos paulistas foram vítimas de duas rejeições drásticas: a dos pais portugueses, com quem queriam identificar-se, mas que viam neles filhos impuros, dos quais só se aproveitava a mão de obra, e a segunda rejeição era a do gentio materno. Isto é, "na concepção dos índios, a mulher é um saco em que o macho deposita sua semente. Quem nasce é o filho do pai, e não da mãe". Dessa forma, eles não podiam se identificar nem com um e nem com o outro ancestral, o que

[353] O conceito de raça está intimamente relacionado com o âmbito biológico. Compreende-se melhor o que se quer dizer com o termo raça quando se atenta para as questões de cor de pele, tipo de cabelo, conformação facial e cranial, ancestralidade e genética. A discussão em torno do tema raça e etnia é um dos debates mais constantes na sociedade contemporânea. Sobretudo porque essa questão está no cerne das crises que o mundo vem atravessando: seja por causa dos constantes conflitos étnicos, por exemplo, no Oriente Médio, seja por causa da exclusão social pela qual alguns grupos raciais passam em diversos países; aqui no Brasil, negros e índios, nos EUA, os latinos, entre outros.

[354] STEIN, *op. cit.*, p. 726.

fazia o mameluco cair numa terra de ninguém. É a partir daí que se constrói sua identidade de povo brasileiro.[355]

Com esse exemplo, o termo povo deixa de ser abstrato e ganha concretude em seus indivíduos, mas não é necessário que tudo o que o povo faça ou experimente conte com a intervenção de todos os indivíduos que pertencem a ele. Stein exemplifica: as eleições de um Parlamento são uma ação do povo, ainda que só uma parte do mesmo tenha direito a votar. Os eleitores votam em nome do povo, como povo, expressando a vontade coletiva. Mesmo que alguns não tenham consciência e emitam seu voto sem compreender o que estejam fazendo, sempre haverá algumas pessoas conscientes da realidade. São essas pessoas conscientes de sua índole de membros do povo que comunicam à atualização dos demais um sentido que vai mais além da vida individual.[356] Dessa forma, para que haja um povo, é necessário que alguns de seus membros tenham consciência de pertencer a um todo e tenham vontade de lhe dedicar ao menos parte de seus esforços. É preciso que esses indivíduos conscientes influenciem a conduta dos demais, de tal maneira que essa conduta adquira significado para o todo. De fato, relata Stein, era recente naquela época na Europa a pauta diária de conversação sobre assuntos públicos e, em razão disso, muitos ficavam alienados do que se dava no âmbito social, porém – apesar de ser recente – até as crianças já estavam sendo introduzidas na política.[357]

A vida de um povo se constrói de forma interna e externa. Internamente a vida desse povo se configura pela capacidade relacional e funcional do grupo; pelo seu progresso na ciência e na espiritualidade, que vai manifestando um jeito próprio nos costumes daquela gente, por meio da organização do Estado e do Direito. Em seguida é inerente à vida da sociedade a produção de bens para a sobrevivência do próprio grupo, gerando a economia, o cuidado com a saúde, com a segurança pública e a educação, itens fundamentais para a conservação do povo. Por fim, esse povo se expressa por meio da linguagem e de todas as criações de tipo industrial, comercial, artístico e científico. Por autoexpressão se pode denominar também cultura, pois se pode considerar como "uma cultura" a criação do espírito humano, onde se encontram os elementos vitais

[355] RIBEIRO, Darcy. *O povo brasileiro*: a formação e o sentido do Brasil. São Paulo: Schwarcz, 2001. p. 65-109.

[356] STEIN, E. In: URKIZA, Julien; SANCHO, Francisco Javier (Org.). *Obras completas*. v. IV. Escritos antropológicos e pedagógicos. Vitória: El Carmen; Madri: Espiritualidad; Burgos: Monte Carmelo, 2003. p. 727.

[357] STEIN, E. In: URKIZA, Julien; SANCHO, Francisco Javier (Org.). *Obras completas*. v. IV. Escritos antropológicos e pedagógicos. Vitória: El Carmen; Madri: Espiritualidad; Burgos: Monte Carmelo, 2003. p. 735.

e essenciais do ser humano.[358] Externamente, o povo se relaciona com outros povos, por meio de colaborações pacíficas, como o intercâmbio comercial, ou de forma negativa, por meio da hostilidade e da guerra. Infelizmente, os conflitos bélicos já fizeram desaparecer muitos povos, assim como fundiram povos diferentes, dando origem a uma nova população.[359]

Existem ainda situações de desaparecimento de povos relacionadas a própria degeneração ou por questões vinculadas ao meio ambiente. Acontece, também, que certos indivíduos, nascidos no seio de um povo, podem se separar dele, deixando de ser seu membro, rejeitando os seus costumes e se posicionando de forma adversa àquele povo. Isso é precisamente o que faz o criminoso que não reconhece o direito, a lei e os costumes da comunidade, e lhe declara guerra.[360] Quando faz isso, radicalmente rompe os laços que o uniam à comunidade e, consequentemente, à humanidade. O resultado é que sua vida se torna perdida, pelo fato de se desumanizar, ao mesmo tempo que lança a vida de numerosos inocentes no vale da morte e ou da miséria.

Edith Stein, na *Estrutura da Pessoa Humana*, no capítulo VIII: O ser social e a pessoa, sinaliza a dificuldade de ver a experiência do surgimento de um povo, porque muitas histórias provêm de lendas, como a narração da origem de Roma; contudo informa acerca do surgimento dos povos românico-germânicos da Europa ocidental, que se deu graças à miscigenação dos povos germânicos, romanos e célticos.[361] Em seguida, apresenta a história do povo de Israel, na qual se vê o crescimento de uma família, que se tornou uma grande tribo nômade e foi se diferenciando de outros povos por conta de suas tradições, leis e

[358] *Ibidem*, p. 729. É próprio do ser humano a criatividade, o que permite a compreensão de que os povos são comunidades de vida na medida em que as funções vitais de seus membros são entrelaçadas pela criatividade grupal, cuja duração prolonga-se através do tempo por várias gerações.

[359] Pontifício Conselho Justiça e Paz. *Compêndio da doutrina social da Igreja*. São Paulo: Paulinas, 2005. O capítulo IX da Doutrina Social da Igreja se detém sobre a Comunidade Internacional. O texto informa que para se estabelecer normas que façam predominar a paz, a reflexão jurídica e teológica, ancorada no direito natural, formulou "princípios universais que são anteriores e superiores ao direito interno dos Estados". Esses princípios são: a unidade do gênero humano, a igualdade em dignidade de todos os povos, a recusa da guerra para superar as controvérsias, a obrigação de cooperar para o bem comum, a exigência de manter-se fiel aos compromissos subscritos. O Magistério da Igreja manifestou-se, por ocasião da Segunda Guerra Mundial, pontuando a necessidade de se respeitar a liberdade e a integridade territorial de cada nação; a tutela dos direitos das minorias; uma divisão equitativa dos recursos da terra; a rejeição da guerra e o desarmamento; a observância dos pactos acordados e a cessação da perseguição religiosa. p. 243-247.

[360] STEIN, E. In: URKIZA, Julien; SANCHO, Francisco Javier (Org.). *Obras completas*. v. IV. Escritos antropológicos e pedagógicos. Vitória: El Carmen; Madri: Espiritualidad; Burgos: Monte Carmelo, 2003. p. 734.

[361] *Ibidem*, p. 729.

costumes, até se sedentarizar e fundar um Estado. Nesse caso, a comunidade de sangue e de fé são o elemento da comunidade popular, e ambas são tão fortes que o povo sobreviveu, mesmo sem o seu Estado, a todas as adversidades de sua história. Stein acrescenta: *Se existe um homem cujo ser possui relevância para toda a humanidade e para cada ser humano concreto, seria de se esperar que ao menos esse homem estivesse livre de toda vinculação a um povo concreto. Entretanto, o que acontece é que este homem único que é a cabeça de toda a humanidade nasceu de e em um povo, viveu em meio a esse povo e o elegeu como instrumento, para a redenção de toda a humanidade. O fato da eleição deste povo e do surgimento do Redentor no meio dele aponta de modo natural para a inegável relevância deste povo para a humanidade.*[362]

Dessa forma, a filósofa acrescenta que, se essa vida comum teve ou não sentido, mesmo que não tenha alcançado a meta para a qual estava ordenada, como a um objetivo a ela imanente, depende do fato de ela conter algo de relevância eterna.[363] Para se viver em comunidade é necessário o mínimo de amor, que é uma resposta ao valor das pessoas, o que implica protegê-las e conservá-las. Por isso a comunidade se torna valiosa por ela mesma. Prossegue Stein, afirmando que, em todo o belo e bom que o ser humano encontra em si e ao seu redor, percebe a presença de um ser supremo situado para além de si e do todo, e, ao mesmo tempo, sente-se impelido a buscar e servir a esse ser; acrescenta ainda: se a vida de um ser humano ou de uma comunidade foi uma vida plena de valor, então teve sentido.[364] O valor e sentido da vida humana, bem como a responsabilidade por ela, apoia-se numa ordem objetiva estabelecida pela consciência de pertença ao povo. É certo que, como já foi esboçado, existe a possibilidade de vida à margem de um povo e, também, a possibilidade de se viver imerso no povo inconsciente disso. Porém, em ambos os casos, trata-se de uma autêntica condição humana e de uma vida plena de valor.

A noção de povo geralmente se dá pelo conhecimento histórico e o compromisso atual com a condução de vida do povo. Stein exemplifica que a noção de povo fica mais aflorada quando as pessoas participam de eventos históricos e estão implicadas no processo social de sua pátria, como o momento do social nacionalismo na Alemanha, pois "nessas épocas críticas" o comprometimento do indivíduo com a coletividade é mais do que necessário, porque,

[362] *Ibidem*, p. 734.

[363] STEIN, E. In: URKIZA, Julien; SANCHO, Francisco Javier (Org.). *Obras completas*. v. IV. Escritos antropológicos e pedagógicos. Vitória: El Carmen; Madri: Espiritualidad; Burgos: Monte Carmelo, 2003. p. 735.

[364] *Ibidem*, p. 736. Para Stein, todo ser humano é um "buscador de Deus", e é na medida em que se encontra mais fortemente ligado ao Eterno.

quando o povo é ameaçado, desperta-se nele a compreensão do que significa a pertença ao seu povo e não a outros. Com essa consciência, pode-se dizer que esse povo é uma nação, e quando o modo de ser próprio é vivido como um valor próprio, pode-se falar de sentimento nacional.[365]

A partir desse sentimento, Stein pondera acerca da gratidão que o indivíduo deveria ter para com o seu povo, devido à formação cultural recebida, bem como a história da assimilação de elementos espirituais diversos, por conta do fato de que um povo não é puro desde as suas entranhas, pois a formação dos povos se dá por diversas influências externas,[366] como é o caso da formação espiritual da Alemanha, que teve a contribuição religiosa de São Bonifácio, dos monges irlandeses e anglo-saxões. Dessa forma os elementos externos são inseridos na peculiaridade do modo de ser de cada povo, fazendo com que o mesmo se desenvolva. Todo esse processo gestacional, afirma a autora, procede e acontece graças ao Criador e Reitor de todas as coisas. Portanto, a gratidão maior se deve para com Deus, e tudo o que se recebe das comunidades humanas se deve indiretamente a Ele. O desejo de agradecimento deveria brotar do mais íntimo da alma, cuja liberdade desvincula-se da terra e não procede de outros seres humanos, mas de Deus mesmo.

Uma segunda atitude que o ser humano deve assumir é a de se colocar como mantenedor do povo e gestor de processos novos que promovam a vida desse povo, para isso faz-se necessário que a pessoa tenha uma consciência livre. Ciente de que seu eu individual e livre, em sentido absoluto, assume a missão de fazer frutificar o que recebeu nas suas origens, concretizando-o na vivência comunitária, seja ela familiar ou social. Isso porque a vida e a história de um povo dependem da contribuição pessoal de cada indivíduo. Edith Stein, por exemplo, enquanto pôde, esteve presente na sociedade europeia, contribuindo com todos os seus talentos, mas quando lhe fecharam as portas profissionais, enfim, pôde realizar a sua vocação carmelita.[367] Com esse acontecimento, pode-se

[365] *Ibidem*, p. 737. Para se ter noção de povo, é necessário também certa maturidade espiritual, explica Stein: a criança vive na comunidade familiar antes de ter noção de família como uma unidade. Quando entra em contato com crianças de outras famílias, distingue rapidamente quem são seus familiares e os familiares das outras crianças. De forma semelhante o contato com a vida em outro país ou o encontro com estrangeiros possibilita ao indivíduo compreender a noção do grande "nós" em que se vive no seio de seu povo.

[366] Edith Stein sempre foi muito grata à Prússia pela formação intelectual recebida, além de reconhecer o valor da tradição judaica de sua família.

[367] Edith Stein foi batizada em 1922 e desde então passou a almejar a vida contemplativa. Entretanto, os seus diretores espirituais insistiram para que ela permanecesse na militância cívica, através de suas aulas, cursos e conferências pela Europa, pois era uma forma de combater as ideologias e esclarecer as pessoas acerca dos valores evangélicos fundamentados na reflexão filosófica do início do século XX.

compreender melhor a sua colocação na conclusão da obra *Estrutura da pessoa humana* sobre *o ser social da pessoa*: "pode acontecer que o Senhor Deus segregue algumas pessoas para si mesmo".

A escolha de Edith Stein pelo Carmelo pode estar vinculada à tradição judaica no que se refere ao local e à importância do profeta Elias, mas também pode ter a motivação mística, já que, no período de seus estudos fenomenológicos, os filósofos interessaram-se muito pelas experiências místicas e detiveram-se, em particular, no estudo da vida de Teresa de Ávila. Na história da Redenção, vê-se que uma vida completamente afastada do mundo e separada de toda comunidade terrena pode ser fecunda para a humanidade.[368] De fato, a carmelita Edith Stein também teve uma vida intensa no interior do Carmelo, onde deu continuidade ao seu trabalho intelectual, além de cumprir as obrigações próprias da vida monástica e ainda se manter em comunhão com o povo judeu em seu sofrimento ao perder toda a sua dignidade diante do nazismo, depois do tanto que contribuiu profissional e até militarmente pela unificação e organização do Estado alemão. Provavelmente por isso ela conclui a obra desabafando: "o critério último de valor do homem não está no que proporciona a uma comunidade, mas sim no fato de corresponder ao chamado de Deus".[369]

2.2.2 Fé e reestruturação da pessoa humana

A ciência da cruz narra a história do Reformador da Ordem Carmelita e é, também, uma metáfora da realidade existencial do ser humano imerso na sociedade, com seus contínuos conflitos, mas, ao mesmo tempo, sendo elevado e confortado por Deus, a fim de que cumpra a sua missão na realidade hodierna. João da Cruz e Edith Stein viveram em tempos e cenários sociorreligiosos diferenciados. Entretanto, carregaram no nome a proposta transformadora para a comunidade religiosa, no caso de Frei João, e para a sociedade,

[368] NOVINSKY, Ilana W. *Em busca da verdade em tempos sombrios*: Edith Stein. São Paulo: Humanitas, 2014. p. 275-278. Na visão da socióloga Ilana Novinsky, quando Stein entra para o Carmelo, seguiu um caminho profundamente pessoal e interior. Acreditava que esse era o seu destino, escolhido por Deus, e que os acontecimentos externos, como a rejeição de seus trabalhos na Alemanha nazista, eram apenas uma confirmação de seu desígnio. Entretanto, para a socióloga a presença de Stein no Carmelo faz parte de sua experiência mística: ser ponte entre a realidade temporal de sofrimento social e a realidade eterna, em que Deus, permanecendo no tempo, leva o ser humano à transcendência. Além de que o Carmelo nunca foi um lugar de tranquilidade, mas sim de luta interior, como se vê nos relatos místicos, bem como de enfrentamentos na vida comunitária.

[369] STEIN, E. In: URKIZA, Julien; SANCHO, Francisco Javier (Org.). *Obras completas*. v. IV. Escritos antropológicos e pedagógicos. Vitória: El Carmen; Madri: Espiritualidad; Burgos: Monte Carmelo, 2003. p. 740.

no caso de Stein. A comunidade humana no século XXI vive um contexto de revigoramento da presença cristã na sociedade, por meio de leigos engajados que estão ao lado de uma parcela da hierarquia eclesiástica bastante envolvida na promoção da vida e na busca pela justiça e pela igualdade social. Contudo, a cruz tem sido rejeitada por indivíduos, grupos e instituições que veem nela um empecilho para a busca desenfreada de poder e lucro, ao mesmo tempo que a identificam com a ocidentalização, com a Igreja Católica expansionista, e, portanto, com tudo o que já se viu de barbaridade nos países colonizados pelos cristãos.

João da Cruz nasce e vive num momento histórico privilegiado da Espanha, trata-se do chamado "Século de Ouro", que se estende do Renascimento do século XVI, com o apogeu da cultura espanhola, até o Barroco do século XVII. Nesse período a Espanha é povoada por oito milhões de habitantes, sendo 500 mil judeus e 1 milhão de muçulmanos. Economicamente, a sociedade era extremamente desigual, pois apenas 2% da população era proprietária de aproximadamente 97% das terras e das riquezas. Os detentores do poder econômico fizeram com que a Espanha alcançasse prestígio internacional e influenciasse a cultura europeia.

A Igreja, por sua vez, tinha uma situação bastante privilegiada, com forte autoridade na sociedade, o que a tornou defensora da pureza católica, por meio do Tribunal da Inquisição, o que impedia a proliferação de doutrinas reformistas dos protestantes. Ao mesmo tempo, acolhia os milhares de famintos que iam se adentrando na região, por conta das pestes e das guerras. Segundo o historiador Inácio Medeiros, o catolicismo da Espanha era diferente do restante da Europa, pois a Península Ibérica enfrentou aproximadamente oito séculos de luta contra os "infiéis", ou seja, os muçulmanos, o que levou muitos cristãos ao martírio, fazendo dos cristãos um povo ardoroso no anúncio da fé e na preservação da mesma. Assim se mantinha o ideal de *Orbis Christianus*, isto é, a constituição de um mundo genuinamente cristão católico, com a união dos poderes da Igreja com o Estado espanhol, por isso havia uma grande influência dos reis católicos na vida interna da Igreja. Eles foram os primeiros a fazer com que os decretos do Concílio de Trento fossem implementados na Península pelos bispos e prelados, o que levou à renovação das congregações e ordens religiosas, mantendo, assim, acesa a chama da missionariedade que avançaria sobre as novas terras conquistadas.[370]

[370] Disponível em: http://www.a12.com/formacao/detalhes/igreja-espanhola-uma-igreja-reformada-e-combativa. Acesso em: 02 jul. 2016. Padre Inácio Medeiros é Mestre em História da Igreja pela Universidade Gregoriana.

Edith Stein capta de João da Cruz a singularidade de sua experiência social e mística, retratando-a em sua obra, por meio da cruz de sofrimentos que o santo teve antes de entrar para a vida religiosa carmelita e durante a sua permanência no Carmelo. Nascido no ano de 1542, o santo foi educado dentro da piedade profunda do catolicismo espanhol. A enorme desigualdade social do país arruína a vida da família de João, que ainda se torna pior quando ocorre o falecimento de seu pai. A situação de pobreza leva a mãe do futuro Reformador da Ordem Carmelita a colocá-lo numa escola de crianças pobres e órfãs, onde a doutrina cristã era ensinada. Ali o garoto foi convidado para se tornar acólito e posteriormente estudar Humanidades no Colégio dos Jesuítas.[371] Dessa forma, João de Yepes foi também sendo influenciado pela riqueza cultural em ebulição no "Século de Ouro".

Contudo, em detrimento do ouro que reluz, o místico prefere falar da "Noite escura", que é um hino de louvor à noite, transformada em caminho para a bem-aventurança. Apesar de o santo exclamar jubilosamente no poema várias vezes: "Oh! Dichosa ventura!", a escuridão e o medo não foram esquecidos, permanecendo latentes em sua alma. Isso pode levar à seguinte reflexão: João da Cruz conseguiu superar muitas dificuldades ao longo de sua vida, porém o flagelo das desigualdades sociais e do fanatismo na religião o mergulhou nas trevas do Gólgota, onde junto a Jesus, desde a sua tenra infância, o santo experimentou a solidão e o medo diante da "luz do meio dia", que aclara a visão da miséria humana e que, por sua vez, obscurece a capacidade de amar; porém o santo entrega-se à crucifixão da noite, pois tem plena confiança de que a mão divina haverá de lhe plenificar os sentidos, dando-lhe vida nova.[372]

Na obra de Stein, o *Cântico da noite escura* é o primeiro a ser analisado. Como fenomenóloga, a autora tem a intenção de dar as bases necessárias para poder fundamentar os demais cânticos de São João da Cruz. Neste hino à noite se pode perceber a mística da transformação que o ser humano pode experimentar e, a partir dele, toda a sociedade. Já o título "A noite escura dos sentidos" anuncia o que é próprio de quem está vivo, os sentidos, pois quando esses desaparecem, a condição humana está adentrando na morte.

Além dos instintos, o desejo de amar e ser amado brota das necessidades básicas do ser humano. Já no seio materno a criança capta que é amada, por conta de seus sentidos, pois é pelo toque que a pessoa se sente acalentada, pelo paladar é saciada, pela voz que chega aos seus ouvidos dá conta de sua presença

[371] STEIN, E. *A ciência da cruz*: estudo sobre São João da Cruz. 5. ed. São Paulo: Loyola, 2008. p. 17-18.

[372] *Ibidem*, p. 44-45.

no ambiente, com os olhos enxerga o mundo e pelo olfato sente a fragrância da existência. A filósofa olha a vida de João da Cruz e, a partir de sua biografia, descrita de forma sublime e metafórica em seus cânticos, vai apresentando a privação dos sentidos vivida pelo carmelita: excluído socialmente desde a infância, por conta da pobreza familiar; órfão de pai e longe do carinho de sua mãe no internato; imerso no trabalho junto aos enfermos; privado das alegrias e prazeres daquele tempo; e, por fim, quase expulso de sua própria Ordem religiosa.[373] Essas situações conduziram Frei João à experiência da aridez da vida e até de Deus, o que lhe fez mergulhar nas trevas da noite, onde, sem o uso dos sentidos e da razão, buscava a luz de Cristo ressuscitado.

Neste ponto, Stein vai dizer que "o desaparecimento do mundo sensível é como o cair da noite, pois, privados deste mundo ou obrigados a dele nos afastar, sentimo-nos como se a terra firme nos faltasse sob os pés; tudo ao redor de nós anoitece: é como sentir-se submergindo, aniquilando-se".[374] Esse fenômeno, a filósofa contempla-o em João da Cruz, que foi um ser humano experimentado na dor da noite escura dos despojamentos e abnegações, tendo como sustento a luz aquebrantada da fé. Mas o que é a fé para o Reformador dos Carmelitas? A fé é como a escuridão da meia-noite que ele vivenciou desde a sua tenra infância, quando a presença da cruz saltou aos olhos do futuro carmelita como esperança de redenção para as realidades tão absurdas que experimentou. Motivado pelas origens de sua ordem, João da cruz desejou a renovação da vida religiosa carmelita, porém os numerosos obstáculos para a sua concretização levaram Frei João a experimentar a ascese da fé, bem como a purificação dos sentidos. Para o santo está claro que a fé é mais do que uma afirmação de verdades doutrinais. Trata-se da experiência que provoca a reestruturação da pessoa em torno daquilo que germinou em sua alma, dando-lhe sustento em todas as privações de sua vida, conforme foi educado na espiritualidade familiar e cultural da Espanha. Daí se observar na trajetória histórica de João um homem entranhado do mistério de Deus. Nesse sentido, é muito pertinente a afirmação da teóloga Maria Clara Bingemer, baseando-se no teólogo Velasco:[375]

[373] STEIN, E. *A ciência da cruz*: estudo sobre São João da Cruz. 5. ed. São Paulo: Loyola, 2008. p. 28. O capítulo dos Carmelitas Descalços, em 1591, foi um momento de extrema dor para Frei João, pois os seus confrades procuravam motivos para expulsá-lo da Ordem, mas, por conta de sua enfermidade, foi enviado para Ubeda, onde teve como prior um adversário feroz, Pe. Francisco Crisóstomo, que só se converteu quando João da Cruz estava no leito de morte.

[374] *Ibidem*, p. 46.

[375] Juan Martín Velasco é teólogo e especialista em mística. Nasceu em Santa Cruz del Valle, Ávila (1934). Ensinou fenomenologia da religião na sede da Pontifícia Universidade de Salamanca, Madrid, até sua

> Há, portanto, uma dimensão mística inicial da fé e da caridade que é uma real experiência de Deus no nível da vida cristã fervorosa. A experiência mística propriamente dita se inscreverá então nessa vida cristã que, por comportar a experiência de fé, está já dotada de germens místicos e pode prosseguir e crescer até o seu coroamento.[376]

É isso que se descortina nos cânticos, reflexo de uma vida engajada para que as verdades do evangelho não se perdessem em meio às tentações da vida monacal e cristã "daquela época".

João da Cruz bebeu das fontes místicas originárias dos textos neotestamentários e dos escritos dos Santos Padres. Entretanto, informa a teóloga Maria Clara Bingemer que essa mística foi obscurecida pela influência do neoplatonismo, sobretudo com a teologia mística do Pseudo-Dionísio exercida sobre místicos medievais e modernos. Até hoje não se sabe a verdadeira identidade do Pseudo-Dionísio e esta é provavelmente uma questão sem solução, dada a escassez de dados que poderiam apontar a um indivíduo concreto. Sabe-se, no entanto, que se trata provavelmente de um monge sírio de formação neoplatônica e que escreveu na segunda metade do século V ou no início do VI. Um dos textos mais influentes da mística ocidental é o menor dos tratados do Pseudo-Dionísio, mas certamente é seu tema principal: o discurso apofático, como conhecer e dizer as realidades que não podem ser conhecidas nem ditas. Esse tipo de reflexão já aparece nos textos bíblicos, em Fílon de Alexandria e, principalmente, na tradição médio e neoplatônica (Numênio, Plotino, Proclo, Damásio, Clemente de Alexandria, Gregório de Nissa e outros). Entretanto, é principalmente por meio de Pseudo-Dionísio que tais considerações tornam-se um elemento integrante no pensamento ocidental: Hugo e Ricardo de São Vítor, Santo Tomás de Aquino, Eckhart, Nicolau de Cusa, Marcilio Ficino, São João da Cruz, Fenélon e até mesmo o pintor espanhol El Greco leram e meditaram os textos do *corpus* areopagítico.[377]

aposentadoria (2004). Foi Reitor do Seminário de Madrid e continua a ser um dos homens-chave da Igreja espanhola.

[376] BINGEMER, Maria Clara. *O mistério e o mundo*: paixão por Deus em tempos de descrença. Rio de Janeiro: Rocco, 2013. p. 297.

[377] Especulações apresentam Dionísio, o Areopagita, como possivelmente ateniense convertido no Areópago por São Paulo (Atos 17, 16-34) e seria o autor dos quatro tratados (*Hierarquia celeste*, *Hierarquia eclesiástica*, *Sobre os nomes divinos*, *Teologia mística*) e dez cartas que formam um dos *corpus* mais influentes da teologia cristã. A primeira menção de suas obras data de 533, por ocasião do Concílio de Constantinopla. Disponível em: http://www.academia.edu/4931440/A_Teologia_Mistica_do_pseudo-Dionsio_Areopagita. Acesso em: 05 jul. 2016.

Luciana Ignachiti Barbosa,[378] em um de seus trabalhos, coloca em paralelo um texto do século V d.C. intitulado "Teologia Mística", de Pseudo-Dionísio, o Areopagita, em especial o primeiro capítulo, "Em que consiste a treva divina", e um poema do século XVI, de São João da Cruz, intitulado "Em uma noite escura". Nos textos examina o tema da angústia e escuridão encontrados no processo da experiência mística e analisados sob formas diferentes: inicialmente, por meio do texto racional e exortativo de Dionísio a seus discípulos e a todos aqueles que queiram participar de uma profunda experiência mística e, em seguida, por meio dos poemas apaixonados e febris de São João da Cruz, tentando expressar a dor angustiante do encontro com o Sagrado. Ignachiti Barbosa chega à conclusão de que as ideias de Dionísio estão presentes de forma clara no poema de João da Cruz:

> Em uma noite escura,
> Com ânsias em amores inflamada
> – Ó ditosa ventura! –,
> Saí sem ser notada,
> Já minha casa estando sossegada.

Para Dionísio a treva causa ânsia em quem a experimenta, entretanto, é preciso atravessar a noite tenebrosa, enfrentando a angústia que ela proporciona. Em João da Cruz, a escuridão da noite traduz a ânsia de um amor, que, mesmo sofrendo, apresenta-se como uma dadivosa ventura, cuja travessia é retratada pela Amada, que sai sem ser notada, adentrando-se em si mesma.

Nos dois textos fica evidente a dificuldade de se pronunciar acerca da experiência mística, porém os dois autores puderam falar, cada um à sua maneira, sobre a experiência da treva e da noite como iluminadoras para o encontro místico com Deus. Com os olhos fechados para as trevas, a luz divina guia o coração, inflamando-o com o amor que é o próprio Deus. Foi necessário adentrar na noite e nas trevas para que acontecesse o encontro entre a Amada e o seu Amado. Para Dionísio, a melhor maneira de se homenagear o Autor Transcendente é aproximar-se dele; João da Cruz, por sua vez, vai mais além e diz que a alma se transforma nele. Na transformação, Deus revela à alma um amor total, generoso e puro, no qual Ele próprio se comunica todo a ela de modo amorosíssimo, transformando-a em si mesmo,

[378] Luciana Ignachiti Barbosa é psicóloga clínica pelo Centro de Estudo Superior de Juiz de Fora e, em 2014, estava se doutorando em Ciência da Religião pela Universidade Federal de Juiz de Fora. Possui vários artigos sobre questões místicas, entre eles: "De amor e de dor: a experiência mística de Santa Teresa de Ávila".

e a ela dando seu próprio amor para que o ame; isto é o que significa mostrar-lhe como amar e agindo ele mesmo com ela; ama então a alma a Deus, tanto quanto é dele amada.[379]

Por ser difícil, para o místico, a transmissão daquilo que se é experimentado na vivência mística, a comunicação do fato é continuamente reinventada, naturalmente por conta de Deus ser transbordamento de novidades. Os místicos tentaram a seu modo redizer o que vivenciaram, mas sempre se depararam com muitas limitações. Para a teologia, a grande contribuição do Pseudo-Dionísio foi sua distinção entre teologia positiva ou catafática e a teologia apofática ou negativa. A primeira consiste em ir se afirmando Deus a partir das qualidades encontradas nos seres do mundo, e elevá-las ao máximo grau quando se pensa em Deus. Todavia, por mais que essas qualidades sejam pensadas em graus máximos, Deus sempre extrapolará qualquer tipo de identificação. Como ser infinito, ele não se reduzirá a nenhuma das coisas finitas, muito menos a seus conceitos, porque Deus é inominável.

O ser humano poderia ficar com esse conceito de inominável e esgotar sua especulação sobre o ser divino, contudo, é próprio da pessoa humana falar de Deus, mesmo que não o compreenda, porque sente necessidade dele e almeja reconhecê-lo. É então nesse desejo de conhecimento que se recorre à teologia negativa, ou apofática, que vai consistir em negar, no que se refere à divindade, qualquer traço de imperfeição que possa aparecer naquilo que os seres humanos entendem como perfeito. Nesse sentido, São João da Cruz convida os seus leitores a não se centrarem somente nas imagens bíblicas de Deus, mas se deixarem ultrapassar pela teologia catafática que eleva Deus aos conceitos máximos das realidades visíveis e a refletir sobre a teologia apofática ou negativa, que é própria de Dionísio, que fala de Deus para além das palavras, pois Deus sempre escapa ao conceito, denotando a incapacidade da linguagem humana de descrevê-lo.[380]

É bem provável que Edith Stein, com toda a sua cultura, possa ter se encantado com esses conceitos teológicos da mística que tocam profundamente

[379] SÃO JOÃO DA CRUZ. *Obras completas*. Petrópolis: Vozes, 2016. p. 820.

[380] *Pseudo-Dionísio e São João da Cruz*: um paralelo entre a "treva divina" e a "noite escura", de Luciana Ignachiti Barbosa. "Para Dionísio não só os santos ou os predestinados podem penetrar nessa treva mística, os outros seres humanos também podem, basta que se faça o esforço de renunciar a toda visão e todo conhecimento. E será exatamente nesse fato de abandonar tudo o que existe é que se celebra o supra essencial, pois quando há um despojamento dos conhecimentos externos, reconhecemos em nós a essência do Autor Transcendente, e a melhor maneira de homenageá-lo é aproximar-se dele, e essa aproximação só pode ser feita quando há um distanciamento de nós mesmos e do que é apreendido de conhecimento externo." Disponível em: http://www.ufjf.br/sacrilegens/files/2010/04/3-3.pdf. Acesso em: 05 jul. 2016.

o Pseudo-Dionísio e seu pai espiritual, João da Cruz. Ao narrar os sofrimentos do Pai da Reforma carmelita e sua profunda atração por Deus, Stein vai pontuando acerca da aridez purificadora que o santo carmelita experimentou em sua vida, seja na luta pela sobrevivência na opulenta sociedade espanhola, seja na obscuridade da prisão no Carmelo, onde esteve detido por nove meses. A esses tormentos Edith Stein dá o nome de "crucifixão", porque o ser humano torna-se impotente para fazer uso de suas energias, e a secura da vida é tomada pelo medo, que é até suficiente para tirar o hálito de vida. De fato, existem muitos indivíduos na sociedade que vivem imersos nas trevas do calvário, pois não tiveram oportunidade de se humanizar ou foram expropriados de seus direitos à vida e à dignidade. Isso faz com que alguns sejam segregados socialmente, outros sejam submetidos ao abuso de poder por parte dos mais fortes, porém fracos na capacidade de pensar, agir e relacionar.[381] Essas situações, entre tantas outras, como a humilhante disputa por alimentos nos lixões, fazem com que o ser humano viva o processo de crucifixão como verdadeira mortificação.

Em sua narração sobre João da Cruz, a autora vai acenando para a ressurreição mística do ser humano, que pode se dar quando este se torna capaz de amar de forma equilibrada, lançando o seu olhar para o mistério de sua alma, onde encontra a liberdade existencial. Neste espaço sagrado, chamado de "alma da alma", o ser humano tornou-se livre da escravidão dos sentidos, desprendendo-se dos desejos pelas criaturas e só almejando os bens eternos, conforme se percebe no Reformador da Ordem Carmelita.[382]

Edith Stein tem conhecimento da luta de João da Cruz para se mortificar e pacificar as paixões naturais do prazer, da esperança, do temor e da dor. Pontua a carmelita, dizendo que a purificação completa de todas as inclinações e desejos sensíveis leva a alma à liberdade de espírito, e essa liberdade garante abrigo e segurança para a alma contra os seus três inimigos: *o demônio, o mundo e a carne*, que nada poderão fazer contra o espírito porque a *alma saiu sem ser notada*, ou seja, a pessoa, purificada e livre das tentações provocadas por seus inimigos, sai em busca de seu amor eterno livremente.[383] Continua Stein, afirmando ser por isso que, *à medida que morre o ser humano carnal, é que se dá a*

[381] STEIN, E. *A ciência da cruz*: estudo sobre São João da Cruz. 5. ed. São Paulo: Loyola, 2008. p. 235. João da Cruz reprova as autoridades que impõe aos súditos exageradas penitências e asceses, e pontua que tais violências encobriam insegurança interior.

[382] STEIN, E. *A ciência da cruz*: estudo sobre São João da Cruz. 5. ed. São Paulo: Loyola, 2008. p. 52.

[383] *Ibidem*, p. 54. A alma "saiu sem ser notada", porque a "casa" está em profunda paz, uma vez que as paixões acalmaram-se e a sensibilidade adormeceu, pela aridez.

ressurreição do ser humano espiritual[384]. O homem João da Cruz foi atravessando a sua própria vida e a de seus contemporâneos numa incessante busca de sentido. Deparou-se com a cruz que paira sobre a história humana, vendo nela a redenção. Por meio de sua vocação, buscou enxergar a vida religiosa com um olhar claro e num relance, apoiado por Teresa de Ávila, deu-se conta da obscuridade e cegueira em que viviam os freis carmelitas, repetindo, de certa forma, o que se dava no meio social, banhado nas coisas ruins que prejudicavam os relacionamentos entre as pessoas.

Assim, pode-se pensar que a reforma proposta por Frei João passa pela aridez do olhar e pela crueza de se encarar caridosamente a miséria humana e procurar meios de levar as pessoas a se adentrarem na noite escura dos sentidos, ou seja, perceber que estão vivas e que dentro delas existe um potencial a ser desenvolvido. No ato de se respeitar as limitações pessoais, encontra-se também a força para arrancar alguns indivíduos do comodismo e das patologias. No *Ensaio sobre a cegueira*, o escritor português José Saramago faz uma análise ética da sociedade e informa que muitos cidadãos são incapazes de compreender a situação social e só enxergam superficialmente a realidade.

Em sua obra, quando a "cegueira branca" se torna uma epidemia, os conflitos sociais intensificam-se, quebrando as regras de civilidade, restando apenas a luta instintual pela sobrevivência, com casos raros de solidariedade. Na *Subida do Monte Carmelo*, João da Cruz vai dizer que os sentidos precisam ser purificados, pois *neles residem as raízes das imperfeições* e não a falta deles. Pode-se afirmar também que não é necessariamente a falta de um sentido que coloca o ser humano em condições precárias na realidade, conforme narra José Saramago quando apresenta a perda de um sentido – a visão – como base para se apresentar o quadro individualista, oportunista, chantagista, preconceituoso da sociedade.[385]

Voltando o olhar para o século XXI, os sentidos humanos estão sendo continuamente provocados a ver as enormes desigualdades sociais, centenas de milhares de refugiados pelo mundo, pessoas vivendo abaixo da linha de pobreza; diariamente os noticiários invadem os lares apresentando um número lastimável de pessoas submetidas à violência física ou moral. Nesse contexto, a parábola do *Bom Samaritano* ilustra bem aqueles que veem o homem abatido por ladrões e passam à frente como se não o tivessem visto (Lc 10, 29). Entretanto,

[384] *Ibidem*, p. 55. Exemplifica a autora dizendo que Cristo, ao anunciar a sua Paixão e morte de cruz, anuncia simultaneamente sua Ressurreição. Logo, o que ocorre com a alma é um admirável e novo nascimento.

[385] SARAMAGO, José. *Ensaio sobre a cegueira*. 6. ed. São Paulo: Companhia das Letras, 1995. 312p.

de forma divina, surgem pessoas que, tendo passado pela aridez da dor física ou espiritual, comovem-se diante do sofrimento alheio e de forma solidária não olham a classe social, etnia, cor ou orientação sexual do que está abatido, somente enxergam um ser humano necessitado de cuidados e de chance para se desenvolver na vida e, assim, como o *Bom Samaritano*, colocam-se a servir ao próximo com atenção e respeito.[386]

2.3 A noite escura da razão

> Quatro são as paixões da alma: *gozo, esperança, dor e temor*. Quando a alma as dirige para Deus por um exercício racional, isto é, não goza senão no que se refira puramente à honra e glória divinas; não põe sua esperança senão em Deus; não se entristece senão no que desagrada ao Senhor: não teme unicamente a ele – então é evidente que as paixões guardam a alma para Deus...[387]

A Europa cristã não realiza no século XX os ideais projetados no século XIX e gestados pelo Iluminismo ao longo de toda a Renascença. As ideias e os movimentos sociais e políticos do século XIX prometiam conforto, estabilidade e progresso para os povos. A Igreja Romana, por sua vez, por meio do Concílio Vaticano I, que aconteceu de dezembro de 1869 a dezembro de 1870, procurou fortalecer a fé dos católicos, dando-lhes fundamentos para professar a fé cristã, e ainda se posicionou condenando os erros do racionalismo, do materialismo e do ateísmo. Infelizmente, porém, a realidade dos povos apresentou-se bem diferente e não houve a transformação social e religiosa tão esperada. O triunfo do racionalismo sobre a fé bem como o triunfo da vontade humana sobre a providência divina escancaram a ruína da sociedade ocidental no *século sangrento*.[388] Nesse contexto, Edith Stein, sempre engajada nos movimentos sociais, participa ativamente da vida social na Alemanha e

[386] STEIN, E. In: URKIZA, Julien; SANCHO, Francisco Javier (Org.). *Obras completas*. v. I. Escritos autobiográficos y cartas. Vitória: El Carmen; Madri: Espiritualidad; Burgos: Monte Carmelo, 2002. p. 415-451. Em sua autobiografia, Edith Stein relata a sua experiência, servindo na Primeira Guerra Mundial, como voluntária da Cruz Vermelha, num hospital de moléstias contagiosas na região da Morávia, que durante a guerra serviu para cuidar dos feridos de guerras de várias nacionalidades.

[387] STEIN, E. *A ciência da cruz*: estudo sobre São João da Cruz. 5. ed. São Paulo: Loyola, 2008. p. 81.

[388] HECHT, Emmanuel; SERVENT, Pierre. *O século de sangue* - 1914-2014. As vinte guerras que mudaram o mundo. São Paulo: Contexto, 2015. 288p. Século XX (de 1901 a 2000) foi um período que se notabilizou pelos inúmeros avanços tecnológicos, conquistas da civilização e reviravoltas em relação ao poder. No entanto, esses anos podem ser descritos como a "época dos grandes massacres",

países vizinhos, vivenciando o desenrolar das duas Grandes Guerras.[389] No meio acadêmico e religioso, criticava abertamente a política alemã que conduziu os povos à noite das trevas e do terror que avassalou a Europa, deixando milhões de vítimas por todo o continente.[390]

Quando a monja carmelita fala da *noite do espírito*, informa que essa é mais escura que a *noite dos sentidos*, que atinge a parte sensível do ser humano, enquanto a *noite do espírito*, ou também chamada de *noite da fé*, atinge a razão e priva a pessoa do entendimento, chegando até a cegá-la. Ao fazer uma metáfora da "noite" em relação à vida de Edith Stein, pode-se pensar que a primeira noite foi o período da juventude, em que a filósofa atravessava um certo ateísmo e buscava uma verdade para sua vida. Nesse período ela serviu como enfermeira pela Cruz Vermelha e tratou dos feridos num hospital de campanha, vendo de perto a condição humana sendo tragada para o abismo da dor e da morte, na Primeira Guerra Mundial. Já a segunda noite foi mais degradante, pois a cegueira e alienação, bem como o preconceito, foram aumentando dia após dia na Alemanha e Europa, a ponto de cegar as lideranças políticas e o povo, o que afetou diretamente a monja carmelita. A catástrofe do Holocausto delineou-se numa civilização culturalmente privilegiada, mas que ficou irracionalmente desumanizada por conta do flagelo político e econômico que varria a Alemanha nas três primeiras décadas do século XX.

Um marco na Europa foi a "Noite dos Cristais Quebrados", que esfacelou com a racionalidade na Alemanha, pois ela deu início oficial ao Holocausto. Trata-se da noite fatídica de 9 para 10 de novembro de 1938, quando a razão foi totalmente ofuscada na Alemanha e na Áustria com a chacina de milhares de judeus e a destruição de símbolos judaicos, bem como das sinagogas, casas

já que nunca se matou tanto como nos conflitos ocorridos no período. Em muitos países da Europa e da Ásia, o século XX também foi largamente apelidado de século sangrento.

389 Em 1936, Alemanha e Japão assinam um tratado, em princípio, para barrar o comunismo de entrar em suas nações, mas subjacente estava o desejo imperialista alemão e japonês. Em 1937 a Itália também passa a participar desse tratado, dando origem a formação das Potências do Eixo. Stein não deve ter tido muitas notícias sobre o embate que desde 1937 vinha se desenrolando entre China e Japão, mas que formalmente teve início em dezembro de 1941, quando passou a envolver outras nações, e só terminou com a destruição em massa da população japonesa de Hiroshima e Nagasaki, realizada pelos Estados Unidos em 1945.

390 STEIN, E. In: URKIZA, Julien; SANCHO, Francisco Javier (Org.). *Obras completas*. v. I. Escritos autobiográficos y cartas. Vitória: El Carmen; Madri: Espiritualidad; Burgos: Monte Carmelo, 2002. p. 1036-1037. Em carta a Werner Gordon, datada de 04 de agosto de 1933, Stein lhe informa que o governo alemão acabou com o segredo postal, interrompendo correspondências e castigando aqueles que criticavam a política nazista. Relata que os católicos, também, vivem sob forte pressão e que o Instituto de Münster, por ser de administração católica, teve de lutar muito contra o governo do Nacional Socialismo, para não fechar as suas portas.

comerciais e residências de judeus que foram invadidas e seus pertences destruídos por agentes da SA, tropa de assalto do *Reich*, que, ao mesmo tempo, impediu a polícia e os bombeiros de agirem.[391]

A partir daquela noite, milhares de judeus foram torturados, mortos ou deportados para campos de concentração. A perseguição nazista à comunidade judaica alemã já havia começado em abril de 1933, com a convocação dos cidadãos a boicotarem estabelecimentos pertencentes a judeus. Mais tarde, estes foram proibidos de frequentar estabelecimentos públicos, inclusive hospitais. No outono europeu de 1935, a perseguição aos judeus, apontados como "inimigos dos alemães", atingiu outro ponto alto com a chamada "Legislação Racista de Nuremberg". Enquanto o resto do mundo parecia não levar o genocídio a sério, Hitler via confirmada sua política de limpeza étnica. Uma lei de 15 de novembro de 1935 havia proibido os casamentos e condenado as relações extraconjugais entre judeus e não judeus. Ainda em 1938, as crianças judias foram expulsas das escolas e foi decretada a expropriação compulsória de todas as lojas, indústrias e estabelecimentos comerciais pertencentes a judeus.

Diante de tamanha violência, Stein deixa registrado que a vontade humana, quando absolutizada, tende a renegar o Criador e a instrumentalizar os seres humanos e toda a criação. A carmelita, ao analisar a *noite do espírito*, apresenta os passos necessários para a *purificação das forças espirituais*, com o intuito de a alma chegar à união mística.[392] Tal purificação ocorre na medida em que morre o ser humano carnal, com toda a sua impulsividade instintual, e ressuscita o ser humano espiritual. Agora os passos para a purificação são retomados, mas interpretados à luz da realidade social. Nesse tópico é analisada a purificação da vontade, levando em consideração o contexto histórico do nazismo que caracteriza uma verdadeira "noite escura da razão": em 1934 é lançado nos cinemas o documentário *O triunfo da vontade*,[393] demonstrando a

[391] A proporção da brutalidade do pogrom (chacina) de 9 de novembro foi indescritível. De tal forma que ficou registrada a infeliz frase de Hermann Göring, chefe da SA (Tropa de Assalto), lamentando-se "das grandes perdas materiais" daquele 9 de novembro de 1938: "Preferia que tivessem assassinado 200 judeus em vez de destruir tantos objetos de valor!" Disponível em: http://www.dw.com/pt/1938-o-pogrom-da-noite-dos-cristais/a-672173. Acesso em: 12 set. 2016.

[392] STEIN, E. *A ciência da cruz*: estudo sobre São João da Cruz. 5. ed. São Paulo: Loyola, 2008. p. 56. Os cinco passos são os seguintes: 1. A noite da fé como via para a união divina; 2. A purificação das faculdades espirituais como *via crucis* e morte na cruz; 3. Insuficiência de todas as criaturas para serem meio de união – insuficiência do conhecimento natural e sobrenatural; 4. Purificação da memória; 5. Purificação da vontade.

[393] A mera semelhança do título do documentário gerou certa hipótese de que esse teria sido inspirado na obra *Vontade de Poder* supostamente do filósofo Nietzsche. Isso porque Elisabeth Foerster-Nietzsche, irmã do célebre filósofo, falecido em 1900, a partir de fragmentos dos cadernos escritos por Nietzsche,

força do líder supremo do nazismo, ao promover a união da vontade das massas e, assim, cativar ainda mais os espectadores, apresentando para as demais nações a "harmonia social da Alemanha" como caminho a ser seguido pelos outros povos. Nesse mesmo ano, a filósofa de Breslau realiza, enfim, a sua vontade de se tornar carmelita, consagrando-se totalmente a Deus, vontade que vinha sendo adiada por mais de dez anos.

Edith Stein, em sua caminhada espiritual, teve acesso aos mestres da espiritualidade cristã, o que lhe fez consolidar o conhecimento e a vivência daquilo que o Cristo ensina na oração do Pai Nosso: *seja feita a vossa vontade*. Com o arcabouço filosófico e teológico, a carmelita fala da vontade e mais precisamente da purificação da vontade, no contexto da noite escura da razão, demonstrando o seu conhecimento da vontade humana que emerge da Idade Moderna com todas as suas forças, alicerçadas em teorias sociais e políticas. Na esteira de São João da Cruz, Edith Stein afirma que a força da alma reside nas faculdades, paixões e apetites governados pela vontade. Se a vontade da pessoa se dirigir totalmente para Deus, poderá desfrutar da fortaleza da alma unida ao seu Criador. Contudo, para se chegar à união com Deus, a pessoa deve purificar a própria vontade dos seus afetos e apetites, pois ao contrário se enfraquece e se torna estéril. As paixões da alma são o gozo, a esperança, a dor e o temor. Quando desordenadas, elas produzem na alma todos os vícios e imperfeições, e, quando bem ordenadas, geram todas as virtudes. À medida que uma delas se submete à razão, todas as outras o fazem, dada a interligação entre elas.[394] O gozo voltado para a honra e glória de Deus permite que a pessoa desfrute da delícia do pão material, da fraternidade universal e sinta a presença do reinado de Deus na terra.

A esperança do cristão é ver a transformação social acontecendo com a superação de todas as misérias materiais e psicológicas que afligem a sociedade e esta é a vontade do Pai, que livra o ser humano de todos os males, dando-lhe a paz. A dor não faz parte do projeto criador do Pai Eterno, a presença do mal no mundo corrompe o estado de graça do ser humano, trazendo-lhe prejuízos

fabricou tal livro, retirando muitas frases do seu contexto e fazendo crer que Nietzsche seria partidário do antissemitismo racista. Na verdade, o antissemitismo do filósofo alemão situa-se no plano religioso, pois ele ataca a moral da religião judaica, chamando-a de "moral de escravos". Disponível em: http://lrsr1.blogspot.com.br/2011/07/nietzsche-e-o-nazismo.html. Acesso em: 23 jan. 2016. Na verdade Nietzsche foi um filo-semita convicto e afirmou: "os judeus são um povo a quem se deve o homem mais digno de amor, Jesus, e o sábio mais íntegro, Spinoza." Ainda vivo, o filósofo dirige uma carta à sua irmã, censurando-a por ter se casado com um chefe do partido antissemita. VERGEZ, A.; HUISMAN, D. *História dos filósofos*. 2. ed. Rio de Janeiro: Freitas Bastos, 1972. p. 327-333.

394 STEIN, E. *A ciência da cruz*: estudo sobre São João da Cruz. 5. ed. São Paulo: Loyola, 2008. p. 81.

espirituais, morais e físicos; como o ser humano foi feito à imagem e semelhança de Deus, a sua ruína dessacraliza o nome santo de Deus. Heroísmo na tradição judaica é justamente se deixar morrer para que o nome de Deus seja santificado e jamais dessacralizado. O temor deve levar o ser humano a reconhecer a onipotência divina e, ao mesmo tempo, a fragilidade da condição humana. Desse reconhecimento deve brotar o respeito impelido pelo amor ao Ser Eterno, que se dignou amar o ser finito, apesar de todas as suas limitações.

Em oposição à vontade de poder, baseada na autodeterminação do ser humano, Stein insiste, com João da Cruz, no esvaziamento das tendências humanas, para se chegar à união com Deus. Essas tendências foram apresentadas por Stein quando descrevia o fenômeno da união mística da alma com Deus, que só é possível por meio do exercício de atos que estão em consonância com a vontade de Deus. As seis tendências são agora descritas e interpretadas dentro do contexto vital da autora e da realidade histórica alemã. A primeira tendência é a da aquisição dos bens temporais, como a riqueza, honra e prole numerosa. O principal prejuízo que o apego da vontade a essas coisas traz consigo é o afastamento de Deus, que se desenvolve em quatro graus: embotamento da inteligência para Deus; vontade de se entregar aos bens temporais; afastamento de Deus e de suas leis, tornando-se independente de Deus e afirmando-se como filhos do mundo; por fim, a alma se esquece de Deus e coloca o coração no dinheiro, passando a idolatrar os bens temporais. O resultado nefasto é que "o ídolo dá ao ser humano o que possui: o desespero e a morte. Aos que não persegue até esse extremo, faz com que vivam morrendo nas ânsias e inquietações e muitas outras misérias...".[395]

De fato, isso vem se evidenciando há séculos; mesmo com o surgimento de teorias econômicas na Idade Moderna, visando certa igualdade social, o cenário não mudou e ainda hoje o sistema continua a esfacelar os povos, retirando do ser humano a dignidade, quando o mesmo não tem condições financeiras de se manter como grande consumidor no mercado do capital. A teoria do liberalismo econômico, por exemplo, tinha como proposta defender a liberdade individual, econômica e política. Essa teoria era o fundamento ideológico do capitalismo, que tinha como característica no âmbito político a defesa da liberdade e direitos individuais; a igualdade de todas as pessoas perante a Lei; a soberania nacional, com o povo decidindo a forma de governo que o represente; a divisão dos poderes do Estado em Executivo, Legislativo e Judicial; a liberdade de imprensa, de reunião e associação; o estabelecimento

[395] STEIN, E. *A ciência da cruz*: estudo sobre São João da Cruz. 5. ed. São Paulo: Loyola, 2008. p. 82-84

de uma Constituição que componha as atribuições e limites dos poderes públicos e o exercício da cidadania. No âmbito social, o reconhecimento do valor da pessoa; o dinheiro definindo o lugar que a pessoa ocupa na sociedade e a promoção da mobilidade social. No âmbito econômico, o reconhecimento da propriedade privada; a economia regendo as leis de oferta e procura definidas livremente pelo mercado, e o Estado ficando à margem do processo econômico.

A implementação dessa teoria, com a força da Revolução Industrial, chegou ao século XX, apresentando efeitos colaterais a toda sociedade, porque a competitividade e a livre iniciativa do mercado foram tragando os pequenos comerciantes e só prosperaram os mais abastados da sociedade. É dessa forma que o liberalismo vem perpetuando a desigualdade social pela abusiva concentração de riqueza nas mãos de minorias. No século XXI se percebe que a contínua e irreversível exclusão dos que empobrecem tem trazido um colapso para o mercado, por conta da falta de consumidores, gerando a ruína do próprio modelo liberal, porque somente os abastados não conseguem fazer com que a economia funcione.[396] Como reação ao Liberalismo Econômico, surgiu a teoria do Socialismo Científico ou Comunismo, de Karl Marx e Friedrich Engels, que conseguiu prosperar em vários países. A teoria visava fazer com que os proletários conquistassem o poder político e econômico, eliminando as classes sociais e colocando o bem comum acima do indivíduo; tendo o controle governamental poder para gerir as atividades econômicas, e as propriedades tornaram-se coletivas ou estatais. Nessa mesma perspectiva estava o Anarquismo, que era uma corrente filosófica, social e política que negava o poder do Estado e defendia que o ser humano tinha a mais ampla liberdade individual. Isso implicava a libertação de todo o poder superior, tais como: religião, doutrinas políticas, leis, governos e partidos. Defendia, também, uma sociedade igualitária, sem diferenças sociais e econômicas.[397]

Nesse cenário, assim como hoje, a Igreja Católica busca centrar a sua missão no esforço por garantir os direitos do ser humano frente às novas realidades que estão continuamente surgindo. A Igreja de Cristo não é contra o desenvolvimento e o progresso, muito ao contrário. Desde a Antiguidade, é propulsora do desenvolvimento humano e forte aliada na superação dos desafios

[396] SABEDORIA POLÍTICA. Liberalismo. Disponível em: https://www.sabedoriapolitica.com.br/economia-politica/liberalismo/. Acesso em: 20 maio 2019.

[397] Numa outra perspectiva, mas que abalaria também as bases do terreno sedimentado da sociedade cristã, surgia a teoria criada pelo biólogo inglês Charles Darwin, em seu livro *A origem das espécies*, em 1859. De acordo com Darwin, a ampla variedade de espécies, inclusive o ser humano, procede de um desenvolvimento evolutivo de milhões de ano. Através da seleção natural das espécies há um acento nas diferenças entre raças superiores e inferiores, sendo que os mais fortes sobrevivem.

sociais e, também, daqueles provenientes da natureza. É necessário, porém, ter em consideração que muitos equívocos cometidos por essa instituição na história se devem pela limitação e ignorância de alguns de seus líderes, ou mesmo do povo cristão em geral. Um sinal explícito da postura da Igreja Romana ocorre em 1891, quando o Papa Leão XIII apresentou à Igreja e à sociedade a Encíclica *Rerum Novarum* ("Das Coisas Novas"), tratando de questões levantadas pela Revolução Industrial e pelas sociedades democráticas do final do século XIX. O Papa, por meio desse documento, veio rejeitar a social democracia e exortar a vivência da justiça na sociedade com uma melhor distribuição das riquezas e a intervenção do Estado na economia, para que houvesse, assim, a proteção dos pobres e a caridade com a classe operária. Essas diretrizes expressas na encíclica são bem atuais, porque reforçam o empenho de animação cristã da vida social, principalmente no impulso dado à criação da legislação do trabalho para a proteção dos operários, sobretudo crianças e mulheres, bem como à instrução e à melhoria dos salários e da higiene.[398]

No século XXI muitas nações ainda não entenderam que, para uma autêntica transformação social, é fundamental a garantia dos direitos trabalhistas e a formação de profissionais com competência, dando-lhes não só o salário devido, mas também condições de moradia e segurança para pode ir e vir, sem as preocupações enfrentadas hoje por conta de um trânsito sobrecarregado e estressante, e, ainda, com o estado em que encontrará os seus familiares numa sociedade conturbada por tanta violência. Nesse sentido, cabe ao Estado, juntamente com as instituições humanitárias, entre essas a Igreja Católica, com sua experiência milenar, promover um estilo de vida em que o trabalhador possa estar sereno e equilibrado, para se dedicar melhor, em suas tarefas, aos seus empreendimentos, bem como ao seu próximo, com mais atenção e disponibilidade.

Em 1931, o Papa Pio XI apresenta à orbe católica a encíclica *Quadragesimo Anno* com o intuito de comemorar os quarenta anos da encíclica *Rerum Novarum*, devido a importância dessa para se lidar com as questões sociais. Em virtude da realidade política e econômica dos anos trinta, a encíclica vai retomar o princípio da solidariedade, para regular as relações econômicas, pois o livre mercado não pode governar a sociedade e essa não pode ser governada apenas pela economia. Em outras palavras, com a acumulação de poder e recursos nas mãos de uns poucos que manipulam a economia, estes acabam

398 PONTIFÍCIO CONSELHO JUSTIÇA E PAZ. *Compêndio da doutrina social da Igreja*. São Paulo: Paulinas, 2005. p. 118-119.

sendo os detentores da ordem social, misturando e confundindo o Estado e a economia, e ainda maculando os valores morais. Lamentavelmente, quase um século depois dessas afirmações, a sociedade vê o capitalismo se reinventando, porém com mais perversidade, engendrando na família humana uma dependência desse sistema, por meio de estratagemas subliminares, conforme ilustra bem o filme de Stanley Kubrick: *De olhos bem fechados*, ao apresentar cenas de orgias paganizadas pela elite nova iorquina, em pleno contexto da festa natalina, tendo como elemento propulsor o capitalismo, que deixa sua marca já na tenra infância da filha do casal protagonista, deparando-se com o universo do consumo numa loja de brinquedos.[399]

Voltando a Pio XI, na encíclica, ele reitera a condenação ao comunismo e ao socialismo moderado, pois a realidade dos lugares onde esses sistemas foram implantados demonstra que essas teorias são incompatíveis com a fraternidade cristã, conforme foi se constatando nas décadas seguintes até que a estrutura comunista desabou no Leste Europeu. O objetivo do documento papal é que haja um regresso à vivência do evangelho, com uma reforma ajustada da economia à razão, baseada na "Lei da temperança cristã" contra os apegos desordenados, que são uma afronta aos pobres. Por fim, a caridade e a justiça social devem estar no centro das relações sociais, tendo a autoridade pública como responsável por sua manutenção.[400] Por conseguinte, as encíclicas *Rerum Novarum* e *Quadragesimo Anno* são atuais, pois, no início do século XXI, as sociedades humanas ainda estão se debatendo com problemas, e esses documentos papais apresentam atitudes concretas a serem tomadas tanto por governantes, quanto por governados, a fim de se promover o desenvolvimento social dos povos e arrancar as pessoas da ignorância cultural e da miséria material.

[399] O filme *De Olhos Bem Fechados*, lançado em 1999, foi dirigido por Stanley Kubrick, a partir do roteiro de Frederic Raphael, e teve como protagonistas Tom Cruise (William Harford) e Nicole Kidman (Alice Harford). Trata-se de uma obra-prima capaz de ajudar a compreender o mundo atual, pois, em princípio, todos estão "de olhos bem fechados" e desatentos ao que ocorre na sociedade. No lançamento do filme, a mídia do *establishment* americano o rejeitou, desqualificando-o, porque o filme traz à tona aquilo que a aliança do cristianismo com o capitalismo, vale dizer, o seu "espírito", quer ocultar por ser a base mesma sobre a qual a sociedade se institui: a negação ou a satanização do desejo e a sua sublimação através da culpa. Quando Alice e William reconciliam-se, o espectador percebe que nem mesmo a culpa e a confissão de ambos lhes pertencem, pois são mecanismos forjados por uma sociedade perversa para garantir a sua sobrevivência enquanto cristãos e consumidores. O *establishment* se refaz na loja do shopping, no momento das compras de Natal... com a boneca Barbie, modelando o desejo da menina, filha do casal. Publicado em *Folha de São Paulo*, Caderno +mais!, domingo, 05 set. 1999. Disponível em: http://www.laymert.com.br/o-natal-diabolico-de-bill-e-alice. Acesso em: 11 nov. 2016.

[400] A Doutrina Social da Igreja: *Rerum Novarum*, *Quadragesimo Anno*. Fortaleza: Nova Jerusalém. p. 17-76.

Entretanto, tanto naquela época como hoje, os esforços da Igreja Católica Apostólica Romana, por meio de seu testemunho e documentos eclesiais, não estão sendo levados em consideração e assimilados de forma geral pelas autoridades governamentais. Nesse interim, a degradação social vai só aumentando, ao mesmo tempo que cresce o individualismo, o ateísmo e o fanatismo no campo político e social em dimensões mundiais. No século XX, na Alemanha, em particular, por conta da forte crise econômica, há uma explosão de ânimos decorrentes da tradição autoritária prussiana e do surgimento do partido Nacional Socialista que se compunha de um agrupamento das propostas nacionalistas, conservadoras e até mesmo esquerdistas.

O Nacional Socialismo formou-se em 1919 no contexto da derrota alemã na Primeira Guerra, com as imposições do Tratado de Versalhes e a queda do imperador, bem como com as sucessivas arremetidas dos comunistas alemães que queriam tomar o poder, conforme se deu na antiga União Soviética. No início havia alguns aristocratas no partido nazista, mas a maioria dos militantes era formada por lojistas arruinados pela crise, que anteviam o assalto às grandes lojas judaicas, e por ex-soldados do exército alemão que organizaram ataques contínuos aos comunistas. Esses grupos receberam a designação de "Divisões de Assalto" e utilizavam o terror junto aos inimigos dos nazistas, sendo vistos como semi-independentes. Aos poucos, as Divisões de Assalto tornaram-se uma ameaça ao poder de Hitler e foram substituídas pela Tropa de Proteção, um grupo de elite que contava com homens racialmente selecionados e disciplinados. No início era uma pequena unidade paramilitar, mais tarde agregou quase um milhão de homens.[401]

De fato, a grande massa da juventude, por não encontrar emprego, alistou-se nos *Corpos de Voluntários do Exército Alemão*. A burguesia, incapaz de se defender por meios legais diante do avanço das forças populares, apelava para a ilegalidade com o aval do governo nazista. A classe trabalhadora, por sua vez, com a crise e o desemprego, teve a sua organização sindical enfraquecida, abrindo caminho para a imposição nazista sobre os proletários e, assim, pondo fim à desejada revolução dos trabalhadores, proposta pelos marxistas. Hitler utilizou da força psicológica, que predispunha todos, trabalhadores ou não, a acolher e se apropriar do corpo ideológico do nazismo.

No programa político do *Partido Nacional Socialista dos Trabalhadores Alemães (NSDAP)*, constava como necessidade do país: expandir-se territorialmente,

[401] LENHARO, Alcir. *Nazismo*: o triunfo da vontade. 5. ed. São Paulo: Ática, 1995. p. 17 – 31. O próprio Hitler, em sua obra *Minha Luta*, informa que havia aprendido muito com os métodos dos comunistas e não com sua doutrina.

excluir os judeus da comunidade alemã, confiscar os lucros de guerra, nacionalizar as indústrias monopolistas, promover a participação dos trabalhadores nos lucros das grandes empresas, realizar a reforma agrária com a punição dos usurários, açambarcadores e especuladores. Contudo, quando os nazistas chegaram ao poder, voltaram sua política para a direita, promovendo apenas pequenos eventos para a classe trabalhadora. Em 1930 os nazistas passaram de doze para 107 cadeiras no parlamento, enquanto os comunistas passaram de 54 para 77 cadeiras.

Com a propaganda nazista bem articulada, o governo foi insistindo no revanchismo nacionalista, ao mesmo tempo que procurava oferecer trabalho aos desempregados, financiamento aos agricultores, isenções fiscais aos industriais; acrescentando, ainda, as intenções moralistas de proteção à família, respeito à religião e defesa da propriedade privada. Entretanto, em 1932, a crise econômica deixou seis milhões de desempregados no país, o que levou a esquerda a perder ainda mais força para enfrentar a ascensão do nazismo. A filósofa Hannah Arendt, porém, vai afirmar que não foi na fraqueza da desunião das esquerdas, mas sim na força do movimento nazista que se pode entender sua ascensão, pois a sua propaganda e organização eram muito bem articuladas. Em julho do mesmo ano, os nazistas conquistaram 230 cadeiras contra 133 dos socialdemocratas, 89 dos comunistas e 75 do Centro Católico. Em novembro, houve outra eleição apresentando um avanço dos comunistas e a aglutinação dos nazistas, levando a direita à união. Neste ínterim cresce a adesão dos industriais e militares ao nazismo, que solicitam ao presidente Hildenburg a nomeação de Hitler como primeiro-ministro, o que ocorreu em janeiro de 1933, quando foi declarado chanceler.

Depois desse transcurso histórico, onde se pôde conferir o apego aos bens temporais, faz-se necessário avaliar agora o apego aos bens naturais, a título de se concluir a purificação da vontade.[402] Enquanto o nazismo adota a ideologia ariana, baseando-se em teorias de vários autores evolucionistas do século XIX que classificaram uma raça comum aos indo-europeus e aos seus descendentes não miscigenados com outros povos, tendo a característica física de homens fortes com a estatura elevada, cabelos louros e pele rosada – logo supunham ser uma raça superior as demais –, Stein, por sua vez, apresenta a realidade da vida humana, com pessoas concretas que, apesar de suas fragilidades, são presença edificante na sociedade tão efêmera.[403] E explicita, resumidamente,

[402] STEIN, E. *A ciência da cruz*: estudo sobre São João da Cruz. 5. ed. São Paulo: Loyola, 2008. p. 84.

[403] *Ibidem*, p. 84. Convém que a alma dirija o seu coração para Deus, alegrando-se pelo fato de nele estarem iminentemente encerradas todas essas belezas e graças em grau infinitamente superior à perfeição das criaturas.

que a vanglória, soberba, desprezo pelo próximo, sublevação da sensualidade e aversão pelas coisas de Deus são verdadeiros danos espirituais e corporais. Isso a professora de filosofia de Breslau presenciou vendo a propaganda nazista tomar conta da sociedade alemã. A sua postura, em suas conferências, era justamente a de chamar a atenção para o valor da pessoa, independentemente de suas origens.

Entretanto, a força do Partido Nacional Socialista, tendo à frente o seu novo chanceler, dá início à ditadura nazista, dissolvendo sindicatos e partidos e apropriando-se de seus bens, ganhando, assim, a antipatia dos operários que eram obrigados a contribuir com a economia de guerra. A forma que esses encontraram para se opor à ditadura foi a resistência passiva com a baixa produtividade, desinteresse pelo trabalho e absenteísmo. Mas Hitler não se intimidou, ao contrário apresentou a lei de depuração, que fazia com que fossem expurgados das administrações e repartições públicas os esquerdistas, os judeus e os democratas. Ao mesmo tempo, deu início à construção de novos campos de concentração, pois os existentes começavam a se inchar, tendo quarenta mil internos aproximadamente em 1933, e criou a Polícia Secreta do Estado (Gestapo).[404] Em julho aprovou uma lei sobre esterilização de doentes hereditários. Em setembro foi criada a Câmara Cultural do Reich, que fez com que artistas e intelectuais perdessem a liberdade de expressão e organização, o que os motivou a saírem do país. Na área econômica, não aconteciam as prometidas nacionalizações dos trustes,[405] nem a reforma agrária, nem as melhorias salariais. No âmbito religioso, Hitler assinou uma concordata com a Igreja Romana, que se comprometia a não interferir na política nazista e esta não interferiria na vida dos católicos e nem no patrimônio da Igreja no país. Dentro da moral nazista havia rigor no combate a licenciosidade, homossexualidade e corrupção.

Com a morte de Hildenburg, Hitler assume a presidência da Alemanha. Em 1935 o país começa a se rearmar e são aprovadas as leis racistas contra os judeus. Em 1936, a Renânia é ocupada militarmente pela Alemanha, que, em seguida, anexará a Áustria e a antiga Tchecoslováquia, e ainda invadirá a Polônia. O país passa a formar o Eixo com a Itália fascista de Mussolini e a dar apoio militar a Franco na guerra civil espanhola.

A política nazista contrasta com a proposta cristã de congregar os povos em fraternidade e levar a humanidade à plena comunhão com Deus, pois se,

[404] DELARUE, Jacques. *História da Gestapo*. Rio de Janeiro: Record, 1962. p. 55-75.

[405] Truste designa as empresas ou grupos que, sem perder a autonomia, reúnem-se com o objetivo de dominar o mercado e suprimir a livre concorrência. Geralmente, são grandes grupos ou empresas que controlam todas as etapas da produção, desde a retirada de matéria-prima da natureza até a distribuição das mercadorias.

por um lado, o *Führer* prega e se faz passar por uma pessoa austera, por outro, sabe-se que em seu alto escalão havia corrupção, luxúria, além de outros vícios, inclusive, o próprio Hitler levava uma vida afetiva descomprometida. Com esses e outros dados, percebe-se a entrega da cúpula do governo aos bens sensoriais que se compõem de desonestidade, superficialidade verbal, vaidades, repugnância pelos pobres, cólera, discórdia e falta de caridade para com o próximo.[406] Stein insiste que, para se chegar a Deus, é necessário superar os bens sensoriais, mas como Hitler se fez passar por um "messias", acabou sendo natural que seus seguidores se entregassem ao que ele oferecia de forma dúbia. De fato, o processo de inversão moral levado adiante pelos nazistas foi possível na Alemanha, cuja população era tão instruída, graças à doutrinação dos jovens pelas escolas e pela juventude hitlerista. Muitos alemães aceitaram apenas parcialmente a ideologia nazista, e alguns aceitaram mais que outros. Os alemães mais idosos, cujos valores tinham sido formados antes de 1933, eram mais resistentes. Entretanto, o terror e a intimidação tiveram peso na repressão, fazendo com que os alemães não se manifestassem contra a violência e a brutalidade do nazismo, porque acabaram se acostumando com a violência política da República de Weimar.

A promessa nazista de regeneração do Estado conseguiu iludir muita gente; os triunfos diplomáticos de Hitler cimentaram sua popularidade e a vitória sobre a França, em 1940, elevou-a a seu ponto mais alto.[407] Com esses feitos, grandes parcelas do povo alemão foram seduzidas pelo *Führer*, embrenhando-se em uma moral a que Edith Stein se contrapôs, afirmando inicialmente que os bens morais, como meio e instrumento de perfeição, têm grande valor, por isso, é fundamental que as pessoas pratiquem as virtudes e as boas obras, que acalentam a alma de quem as praticou e beneficiam o próximo, mas principalmente aproxima a pessoa de Deus. Em seguida, ciente da moral proposta pelo nazismo, a filósofa ataca a "soberba farisaica" do demônio que se vangloria de suas próprias obras, implantadas na massa pelo nazismo, como o orgulho e a presunção que levaram numerosas pessoas a impulsividade, imprudência, vaidade e prepotência.[408]

De fato, Hitler alimentou no povo alemão a animosidade com os países vizinhos, desde que assumiu o governo, por isso foi incutindo na mentalidade

[406] STEIN, E. *A ciência da cruz*: estudo sobre São João da Cruz. 5. ed. São Paulo: Loyola, 2008. p. 85.

[407] Numa entrevista para o jornal *O Estadão*, o escritor e historiador britânico Richard Evans, autor do livro *O terceiro reich no poder*, informa que o nacionalismo era forte na Alemanha e levou muita gente tanto a apoiar o nazismo como a ignorar seu extremo radicalismo. Disponível em: http://ocontornodasombra.blogspot.com.br/2011/09/nazismo-e-religiao.html. Acesso em: 14 set. 2016.

[408] STEIN, E. *A ciência da cruz*: estudo sobre São João da Cruz. 5. ed. São Paulo: Loyola, 2008. p. 87.

do povo que a necessidade da guerra partia do ponto de vista mítico e atingia a estratégia militar, ou seja, no cotidiano da vida o espaço do ser humano sempre foi conservado ou conquistado pela luta, portanto diante da realidade econômica da Alemanha não havia alternativa senão fazer uso defensivo da guerra, que seria o "objetivo derradeiro da política".[409] Com o uso da propaganda, o chanceler alemão afirma que o essencial era atingir o coração das grandes massas, compreender o seu mundo maniqueísta e representar os seus sentimentos. Por isso Hitler usa do jogo da propaganda com mentiras e calúnias para ludibriar o povo e aprisionar aqueles que se opunham ao regime nazista. Por meio da radiodifusão e do cinema, os nazistas conseguiram influenciar as massas, ganhando uma ampla votação no parlamento. Por detrás da propaganda nazista estava Goebbels, com sua oratória capaz de manipulação e convencimento das massas.

Paul Joseph Goebbels foi Ministro da Propaganda na Alemanha entre 1933 e 1945. Ficou conhecido pela oratória e por seu profundo e fanático antissemitismo, que o levou a apoiar o extermínio dos judeus no Holocausto. Em 1926, passou a se dedicar à propaganda para promover o partido e o seu programa ideológico. Em 1933, com o nazismo no poder, o Ministério da Propaganda de Goebbels rapidamente conseguiu o controle absoluto da imprensa, arte e informação na Alemanha. Em 1943, Goebbels começou a pressionar Hitler para que este introduzisse medidas que levassem a uma Guerra Total, incluindo o encerramento de negócios não essenciais ao esforço de guerra, recrutamento de mulheres para a força de trabalho e o alargamento do recrutamento militar àqueles que, até ali, estavam isentos de tal serviço. Em 23 de julho de 1944, Hitler nomeou-o Plenipotenciário do Reich para a Guerra Total.

Goebbels tomou várias medidas malsucedidas, para aumentar o número de pessoas disponíveis para a produção de armamento.[410] Em sua assessoria a Hitler, uma de suas funções era preparar-lhe os discursos, que tinham como temas centrais o antissemitismo, ataques à Igreja cristã e a tentativa de moldar a moral dos alemães. De forma cruenta, para reforçar a máquina de guerra, enganou as pessoas levadas para os campos de concentração e, ainda, destituiu-as de seus bens. Lá trabalhavam e eram objeto de experiência cruentas nas

[409] LENHARO, Alcir. *Nazismo*: o triunfo da vontade. 5. ed. São Paulo: Ática, 1995. p. 75.

[410] À medida que a guerra se aproximava do fim, Magda Goebbels e os seus filhos juntaram-se a Goebbels em Berlim, em abril de 1945. Hitler suicidou-se em 30 de abril. De acordo com o seu testamento, Goebbels era o seu sucessor como Chanceler da Alemanha; este apenas esteve um dia no seu novo cargo. No dia seguinte, Goebbels e a sua mulher suicidaram-se, depois de terem matado os seus seis filhos com cianeto. Disponível em: https://pt.wikipedia.org/wiki/Joseph_Goebbels. Acesso em: 05 ago. 2016.

mãos dos cientistas nazistas.[411] Dentro do campo, informa Hannah Arendt, na época dos soldados SA, esses voltavam sua ira principalmente contra os presos políticos, entre os quais foi alto o índice de mortalidade. Já com os soldados da SS, os campos passam a receber uma orientação de exploração e destruição física e moral dos perseguidos: judeus, homossexuais, presos comuns, ciganos, doentes mentais, padres e clérigos. Esses grupos eram desmoralizados a ponto de não haver condições de se promover a solidariedade entre eles. Caso monstruoso era o enfrentado pelos homossexuais, que frequentemente eram castrados, convertiam-se em bode expiatório dos demais detentos e se viam maltratados e violentados.[412]

O exercício da violência visava a dobrar o dominado, a ponto de ele desejar sua própria submissão e abandonar a própria identidade, já que era vigiado constantemente para não cometer o suicídio. Assim, a pessoa era coisificada, perdia todas as formas humanas de convívio, era agredida e, por fim, eliminada moral e fisicamente, não oferecendo, portanto, nenhuma resistência num momento de terror total, em que o regime nazista já não tinha mais nada a temer da oposição interna do país. Os campos de concentração, comenta Hannah Arendt, já haviam tornado anônima a própria morte e haviam roubado dela o significado de desdobramento natural da vida. "Em certo sentido", diz, "roubaram a própria morte do indivíduo, provando que, doravante, nada – nem a morte – lhe pertencia e que ele não pertencia a ninguém. A morte apenas selava o fato de que ele jamais havia existido".[413]

O irracionalismo racista antecede e orienta a política de trabalho para os prisioneiros do regime. De tal forma que se desprezava e matava um operário competente, para dar lugar a um operário ariano. O fracasso dessa proposta fez com que, em 1944, os trabalhadores estrangeiros, capturados na guerra, chegassem a mais de cinco milhões, ganhando a metade dos salários dos trabalhadores alemães.

A eficiência da propaganda nazista provinha de conseguir convencer as pessoas de que os judeus eram os responsáveis pelo estado caótico do país. Daí a necessidade de se colocar em prática a "solução final" de Hitler que visava expulsar os judeus de todas as profissões, fechá-los no gueto, aprisioná-los para que morressem. Segundo o psicanalista e sociólogo Erich Fromm, Hitler padecia de um "complexo necrófilo", por isso tinha vontade de eliminar um

[411] DELARUE, Jacques. *História da Gestapo.* Rio de Janeiro: Record, 1962. p. 328-333.

[412] *Ibidem*, p. 282-287.

[413] LENHARO, Alcir. *Nazismo*: o triunfo da vontade. 5. ed. São Paulo: Ática, 1995. p. 87.

povo que, para ele, envenenaria o sangue e a alma dos alemães. Em sua loucura, diante do avanço dos exércitos contrários ao regime nazista, o ditador mandou destruir todas as cidades com tudo o que nelas havia, pois em sua concepção: *se derrotado o povo alemão deveria desaparecer.*[414]

A vitória ou a aniquilação total era a proposta do "messias" nazista ao povo do Terceiro Reich. Esse modelo de desenvolvimento social calcado num misticismo pagão gestou o terror e deixou os alemães numa situação embaraçosa diante dos povos por décadas. A alemã e judia autora de *A ciência da cruz* continua o seu trabalho sobre João da Cruz descrevendo a importância de se rejeitar os bens sobrenaturais e espirituais para se chegar à completa união com Deus, o que promove o estado de graça entre as pessoas, por meio de uma convivência justa, igualitária e fraterna.[415] Os bens sobrenaturais consistem nos dons da sabedoria, ciência e nas graças como curas, milagres e fé. Adverte Stein sobre o perigo de se confiar mais nesses bens do que naquele que é o bem por excelência, Deus. O risco é que a pessoa, apegando-se a esses bens, acabe usando-os para benefício próprio e adquirindo grande soberba, o que é sinal de que esses bens sobrenaturais podem não ter nascido da vontade divina, mas daquele que divide pessoas, relações e sociedade, ou seja, na linguagem da monja carmelita, o demônio. Hitler utiliza dos conhecimentos humanos e dos poderes naturais para provocar possíveis "reações sobrenaturais" como a sedução e a instrumentalização de milhares de pessoas, para combater os seus inimigos e se autopromover, pois – em sua concepção – ele e a nação alemã fundem-se num único ser, cuja missão é obter a supremacia sobre os povos. Essa mentalidade propagada pelos nazistas emerge segundo alguns autores, das fortes influências das crenças de origem pagã sobre o Nacional Socialismo.

A partir da mitologia escandinava, a fé nazista pregava que os alemães teriam sua origem na raça ariana, descendendo do povo de Atlântida, mencionada pelo filósofo grego Platão e, no entendimento nazista, o povo judeu seria a causa de sua destruição. Para se confrontar com os católicos e protestantes, os líderes e propagandistas nazistas, por intermédio dos órgãos de informação oficial, apresentaram uma mistura de elementos do panteão da mitologia germânica, substituindo o Deus monoteísta por deuses vikings.[416] Jakob Hauer

[414] *Ibidem*, p. 87.

[415] STEIN, E. *A ciência da cruz*: estudo sobre São João da Cruz. 5. ed. São Paulo: Loyola, 2008. p. 87-89.

[416] Em 1934, no livro *Nazismo: um assalto à civilização*, está a narração de que no dia 30 de julho de 1933 mais de cem mil nazistas tinham-se reunido em Eisenach para declarar o desejo de querer tornar "a origem germânica uma realidade divina", restaurando Odin, Baldur, Freia, e os outros deuses teutônicos nos altares da Alemanha – Wotan deveria estar no lugar de Deus, Siegfried no lugar de

(1881 – 1962), professor de Teologia em Tübingen, pregava uma fé ariana para os alemães e, em seu livro *Deutsche Gottschau* (Esboços de uma fé alemã), defendia que a história da Alemanha era mais do que mera sequência de fatos, havendo na sua base uma divindade que encarnava o espírito da raça ariana. A Páscoa de 1936 foi preparada na Alemanha como um grande festival pagão. As livrarias encheram-se de literatura pagã, e a bandeira azul com o disco solar dourado do "Movimento da Fé Germânica" chegou às mais recônditas zonas rurais. Nesse mesmo ano Goebbels, ministro da propaganda nazista, apresenta o nazismo como se fosse uma religião a ser respeitada, defendendo uma nova fé alemã.

Entretanto, o censo alemão de maio de 1939, realizado após seis anos da ascensão de Hitler ao poder,[417] indicava que 54% dos alemães consideravam-se protestantes, 40% consideravam-se católicos, com apenas 3,5% afirmando serem neopagãos e apenas 1,5% de descrentes. Enquanto isso, no Carmelo de Echt na Holanda, Edith Stein continua tecendo uma espiritualidade cristã que leve as pessoas ao encontro com Deus, perpassando pelas relações interpessoais. Contudo, a impressão que dá, quando vai citando os bens espirituais, é a de que está criticando a religião nazista por ter apanhado elementos do catolicismo e os introduzido em seu misticismo paganizado. Assim como os católicos veneram a cruz, imagens de santos e oratórios, para se aproximar de Deus;[418] o nazismo apresentou a cruz suástica, que é um símbolo místico encontrado em muitas culturas em tempos diferentes, para ser a marca do novo regime que se estabelecia no Terceiro Reich.

Neste sentido, a carmelita informa dos perigos que podem surgir das imagens, pois o demônio aproveita delas para surpreender as almas imprudentes e ingênuas, como no caso da suástica, cujo simbolismo evoca sutis movimentos no inconsciente das pessoas.[419] Stein, invocando a transcendentalidade de Deus, pontua que a pessoa devota faz do Deus invisível o ser principal de sua adoração.[420] Desta colocação vem a crítica ao ufanismo do *Führer*, que assumia

Cristo. Nesses rituais, o Deus Pai e o seu Cristo eram substituídos por esse panteão pagão. Disponível em: https://pt.wikipedia.org/wiki/Misticismo_nazi. Acesso em: 13 set. 2016.

[417] WIKIPÉDIA. *Religião na Alemanha Nazista*. Disponível em: https://pt.wikipedia.org/wiki/Religi%C3%A3o_na_Alemanha_Nazista. Acesso em: 20 maio 2019.

[418] STEIN, E. *A ciência da cruz*: estudo sobre São João da Cruz. 5. ed. São Paulo: Loyola, 2008. p. 89-90.

[419] LENHARO, Alcir. *Nazismo*: o triunfo da vontade. 5. ed. São Paulo: Ática, 1995. p. 40. O símbolo mágico da suástica, uma espécie de cruz em movimento, sugeria a energia, a luz, o caminho da perfeição, como a trajetória do sol em sua rota. Para o Reich, ela também simbolizava a sexualidade com suas linhas demonstrando duas figuras enlaçadas, simulando um ato sexual, daí seu "poder de excitação sobre as camadas profundas e inconscientes do psiquismo".

[420] STEIN, E. *A ciência da cruz*: estudo sobre São João da Cruz. 5. ed. São Paulo: Loyola, 2008. p. 90. O risco de uma piedade ingênua é o de a pessoa se apegar a símbolos que evoquem a religião,

o poder de redentor do povo alemão, querendo estar onipresente em todas as regiões do império. Das belas romarias e procissões, inspiradas na caminhada do povo de Deus pelo deserto e nas peregrinações dos hebreus para o Templo de Jerusalém, que são momentos propícios para a experiência com Jesus, que é o caminho que leva ao Pai, a propaganda nazista cria as cerimônias noturnas para cultuar os "mártires do sistema". O ritual se dava num cenário composto de tochas, fogueira, desfiles com sequências sombrias de músicas de Wagner.[421] Ao longo do trajeto, o *Führer*, teatralmente, percorria ao centro, sendo isolado pelas tropas das SA e SS. Diante dos heróis mortos, Hitler mantinha-se imóvel, silencioso em meditação, como um grande sacerdote, acompanhado do silêncio impressionante da multidão. O ápice do espetáculo era a homenagem prestada aos que se sacrificaram por ele e por sua missão redentora.[422]

As cerimônias noturnas do nazismo encontravam eco na dimensão humana que deseja um local para o encontro com o mistério divino. Nesse sentido, o lugar geográfico para o encontro com Deus coincide e, ao mesmo tempo, é rompido pelos nazistas, conforme explica a autora, em *A ciência da cruz*, informando que no evangelho Jesus escolhia lugares sem atração sensível para a oração, pois o local ideal para a intimidade com Deus é o centro do coração. Todavia, comunitariamente, frequentava a liturgia da sinagoga. Assim também o cristão deve buscar lugares que não agradem aos sentidos, para que possa dar maior valor àquilo que brota de sua alma e a eleva até Deus, porém deve, também, procurar as igrejas que oferecem lugares tranquilos para o recolhimento e o voo da alma até Deus.[423] A diferença nazista apresenta-se pelo desejo de eternidade que impelia a arquitetura nazista a querer construir monumentos que ficassem para a eternidade.

transformando-os em ídolos. A pessoa verdadeiramente devota não necessita de muitas imagens, antes, busca dentro de si mesma a viva imagem de Cristo Crucificado.

[421] Wilhelm R. Wagner (1813-1883) foi um maestro, compositor, diretor de teatro e ensaísta alemão. Há algumas exegeses controversas sobre suas óperas, como *Parsifal* e *Die Meistersinger Von Nürnberg*, segundo as quais algumas personagens seriam caricaturas antissemitas – muito embora não haja referência explícita aos judeus em nenhuma ópera, nem menções sobre o judaísmo em seus textos, a respeito de suas próprias óperas. Contudo, numa das exegeses, Mime e Alberich, em *O anel do Niebelungo*, e Kundry e Klingsor, em *Parsifal*, são caricaturas antissemitas. Entretanto, os exegetas que viveram antes da Segunda Guerra Mundial – notadamente Max Heindel, em sua obra literária *Os mistérios das grandes óperas* – fazem outra análise, sem qualquer referência ao antissemitismo. Segundo eles, a maior parte das óperas de Wagner, mais notadamente *Parsifal*, *Lohengrin* e *Tannhäuser*, são parábolas para ilustrar alguns mistérios do Cristianismo sob a ótica esotérica, sem relação alguma com ideias antissemitas. Disponível em: https://pt.wikipedia.org/wiki/Richard_Wagner. Acesso em: 03 fev. 2017.

[422] LENHARO, *op. cit.*, p. 43-45.

[423] STEIN, E. *A ciência da cruz*: estudo sobre São João da Cruz. 5. ed. São Paulo: Loyola, 2008. p. 91.

Hitler desejava construir um edifício reservado a grandes reuniões de massas, com uma enorme cúpula, que pudesse conter a Basílica de São Pedro. No Congresso de Nuremberg, em 1937, surgiu a discussão acerca do retorno à antiga fé da Alemanha, que deveria destruir as Igrejas cristãs e o Estado se transformar numa nova Igreja; impondo uma nova religião nacional. Nesse contexto, o Papa Pio XI publica uma encíclica de condenação ao nazismo e ao racismo intitulada *Mitbrennender Sorge*, ou seja, "Com ardente preocupação". Parte do que está relatado na encíclica foi denunciado em 1933 por Edith Stein numa carta enviada ao Vaticano, logo após a concordata assinada entre a Santa Sé e o governo alemão.[424] A partir de 1938 a perseguição aos cristãos também passava a ser sistemática, sendo efetuada pelos responsáveis pelos órgãos nazistas: Goebbels, Heinrich Himmler e Reinhard Heydrich. Desde então o nazismo rompia oficialmente com as igrejas protestantes e a católica.

Em *A ciência da cruz*, Stein continua falando, aos aspirantes à mística, acerca da importância de se buscar a Deus e a sua justiça, e que o Senhor se aproxima daqueles que o invocam com o coração sincero. Por isso, recomenda que não se busque a Deus por meio de invenções que a Igreja reprova, porque algumas pessoas julgam-se mais iluminadas que o Espírito Santo e o manipulam dentro e fora da Igreja, para satisfazer os seus próprios interesses.[425] Todavia, no contexto histórico em que Edith Stein, a freira alemã, está submersa, talvez se possa interpretar, também, que esteja dizendo ao povo alemão, para buscar o Reino de Deus e não o Terceiro Reich; pois Deus não fala no tempo determinado pelo ser humano e nem se prende a fórmulas e cerimônias para se manifestar. Desse modo, as orações devem se voltar para o Eterno e não para um líder político e místico que se faz passar por um messias, conforme a oração rezada pelas crianças em orfanatos nazistas:

[424] STEIN, E. In: URKIZA, Julien; SANCHO, Francisco Javier (Org.). *Obras completas*. v. I. Escritos autobiográficos y cartas. Vitória: El Carmen; Madri: Espiritualidad; Burgos: Monte Carmelo, 2002. p. 498-499. A autora informa que em 1933 desejou uma audiência com o Papa Pio XI, para alertá-lo da situação que se abatia sobre o povo da Primeira Aliança e para informar que essa perseguição do nazismo voltar-se-ia também contra os cristãos. Contudo esse encontro não foi possível, por motivos já citados. Então a escritora decide escrever ao Papa e algum tempo depois recebe uma carta com a bênção para ela e seus familiares. Aqui se faz necessário esclarecer que essa foi a resposta do Vaticano pelos exemplares da tradução que Stein havia feito da obra de Santo Tomas *Quaestiones disputatae de veritate*, e não sobre a carta-denúncia das atrocidades do sistema nazista. Relata a escritora que, além dessa benção, nenhuma outra coisa conseguiu, mas ficou pensando muitas vezes se Pio XI teria tido acesso ao conteúdo de sua correspondência, porque nos anos seguintes foi se cumprindo "ponto a ponto" o que ela havia anunciado para o futuro do catolicismo na Alemanha. Conferir Anexo IV.

[425] STEIN, E. *A ciência da cruz*: estudo sobre São João da Cruz. 5. ed. São Paulo: Loyola, 2008.p. 93.

Führer, meu Führer, que me foste enviado por Deus,
protege-me e mantém-me vivo por muito tempo.
Salvastes a Alemanha da mais profunda miséria,
a ti te devo o meu pão de cada dia.
Führer, meu Führer, minha fé, minha luz.
Führer meu Führer, não me abandones.[426]

A autora encerra a sua reflexão acerca da purificação da vontade ainda no tópico sobre os bens espirituais, falando das recomendações de João da Cruz sobre os pregadores. Estes devem servir ao povo sem se tornarem vítimas de sua própria vaidade, tendo reta intenção e uma vida exemplar. A linguagem deve ser bem escolhida e o estilo adequado para revigorar o fiel ouvinte e encaminhá-lo para o Verbo Eterno, cuja linguagem do amor eleva a alma da pessoa de forma racional, sem aliená-la da realidade. A autora expõe que, para São João da Cruz, a pregação deve ser um exercício mais espiritual que vocal; nela deve transparecer a reta intenção do pregador, pois se ele não estiver penetrado do verdadeiro espírito, a apresentação da mais sublime doutrina ou o estilo mais elevado ficará sem efeito. Nesse sentido, quanto mais exemplar for sua vida, tanto maiores serão os benefícios que causarão nos ouvintes, mesmo que sua exposição seja simples e seu estilo pobre.

Acrescenta a filósofa: "Elegância de estilo, sublimidade de doutrina e boa apresentação só empolgam, quando traduzem o espírito de devoção. Sem tal espírito, a pregação, embora dê gosto e prazer aos sentidos e ao entendimento, pouco ou nada de substancioso deixará na vontade... a voz não tem o poder de fazer um morto sair vivo da sepultura".[427] Mais uma vez fica explícita a alusão ao grande orador do regime nazista: Hitler, que, com um espírito de profunda devoção aos seus próprios ideais, usando de toda teatralidade que lhe era possível, discursava inflamando os seus ouvintes de ardor pelas propostas do Nacional Socialismo. É possível uma justaposição da citação que faz a autora com a realidade alemã: o estilo de Hitler, com uma boa eloquência e palavras bem escolhidas, pode se adequar ao de pregador e de comerciante que sabe bem negociar. De fato, o *Führer*, orador e empreendedor, agradou grande parcela do povo alemão e revigorou aquela pátria devastada pela derrota na Primeira Guerra Mundial e pela miséria econômica. Entretanto, como ele não tinha o coração em Deus, as expressões manipuladoras que usou para se fazer um semideus perverteram

[426] Disponível em: https://pt.wikipedia.org/wiki/Misticismo_nazi. Acesso em: 15 set. 2016.

[427] STEIN, E. *A ciência da cruz*: estudo sobre São João da Cruz. 5. ed. São Paulo: Loyola, 2008. p. 94.

a mentalidade do povo, retardando o desenvolvimento de uma nação e pondo a perder milhões de vidas.

2.3.1 A noite do espírito e o Nacional Socialismo

Na infância e início da adolescência, Edith Stein vivenciou a espiritualidade da tradição religiosa judaica, e caminhou segura pelas veredas dos conhecimentos oferecidos pela escola em Breslau.[428] O sentido da sua vida, porém, foi sendo ofuscado ao tomar consciência da realidade social a qual estava submersa: como a notícia do suicídio de dois tios por questões econômicas;[429] a luta incansável de sua mãe para sustentar a família, desde que ficou viúva;[430] a assimilação secular a qual os judeus vinham abraçando ao abandonar a religião de seus antepassados, entre eles os irmãos mais velhos da jovem.[431] Esses fatos a levaram a abandonar a escola e, também, a se declarar ateia.[432] Depois de um período afastada dos estudos, a jovem Edith Stein retoma as suas atividades no Liceu Vitória. Em 1911 entra para a Universidade com o intuito de encontrar um sentido verdadeiro para a existência. Depois de perpassar a psicologia, a história, o estudo de letras e a política, foi se encaminhando para a filosofia, área em que o leque de seus conhecimentos abriu-se para a antropologia, pedagogia, sociologia e, posteriormente, para a teologia e a mística. Ao abraçar a fé cristã, a filósofa de Breslau inicia a sua caminhada pela *noite escura do espírito*. Sustentada pela fé, Stein enfrenta a dureza da rejeição familiar por sua adesão ao cristianismo; continua a sua busca por trabalho no meio universitário, que

[428] *Idem*, p. 204-209.

[429] *Ibidem*, p. 211-212. Expõe a autora que o judeu é esforçado, incansável e capaz de aguentar fortes pressões e se manter coeso; suportar privações ano após ano, em virtude da meta que está diante de seus olhos, mas quando lhe tiram isto, a sua capacidade de tensão se rompe; a vida torna-se carente de sentido e com grande facilidade chega a rechaçar tudo. Contudo, para o verdadeiro crente, a submissão ante a vontade de Deus mantém-no firme diante disso.

[430] STEIN, E. In: URKIZA, Julien; SANCHO, Francisco Javier (Org.). *Obras completas*. v. I. Escritos autobiográficos y cartas. Vitória: El Carmen; Madri: Espiritualidad; Burgos: Monte Carmelo, 2002. p. 176-177.

[431] *Ibidem*, p. 200-203.

[432] NOVINSKY, Ilana W. *Em busca da verdade em tempos sombrios*: Edith Stein. São Paulo: Humanitas, 2014. p. 130. A autora informa que faltam mais detalhes acerca da perda de fé de Edith Stein no judaísmo; o que se sabe é que teve contato com a leitura do filósofo judeu Spinoza e não menciona outros livros sobre judaísmo moderno ou medieval. Por conta de os ensinamentos judaicos estarem restritos aos homens, Edith Stein não teve oportunidade de estudar os textos religiosos do judaísmo e, por isso, devia se sentir alienada tanto do judaísmo ortodoxo quanto do liberal, que mantinham traços sexistas e patriarcais. Contudo, a jovem não sofreu barreiras antissemitas nos seus estudos até depois da Primeira Guerra, e por isso não considerava imperativo ter de preservar e afirmar o seu judaísmo de origem em um ambiente hostil.

só aceitava homens como professores. Diante da sombria política alemã, depara-se com a perseguição aos judeus e exclusão destes que o sistema nazista vinha implantando na sociedade.

Edith Stein experimenta a *noite do espírito* na realidade cotidiana de uma nação transtornada socialmente, pela economia e pela política, que afetou diretamente a filósofa porque toda a sua capacidade intelectual foi sendo rejeitada em vida e, ainda, por certo tempo, depois de sua morte. Entretanto, por outro lado, Deus, em sua benevolência, favoreceu Stein com a descoberta da verdade suprema, que a orientou nos momentos de plena escuridão acerca de seu presente e futuro. Quando indagada sobre sua conversão, a filósofa respondia: *o meu segredo é só meu!* Isso porque, nas páginas da obra *A ciência da cruz*, a autora revela que a fé acontece em meio a realidades não vistas e nem ouvidas, ou seja, na experiência mística. Graças a essa experiência, a filósofa colocou de lado todos os conhecimentos já adquiridos, conforme a metodologia fenomenológica, e acolheu a experiência do mistério, mesmo que este não tenha sido mostrado pelos sentidos. Ela explica que só se chega à verdadeira concepção da fé pela perfeita contemplação, que é um conhecimento geral e obscuro, isto é, a contemplação é contrária às atividades naturais do entendimento, como também é contrária às formas do entendimento chegar a conhecimentos sobrenaturais, tais como visões, revelações, locuções e sensações espirituais, como fragrâncias deleitosas e sensações táteis. De forma lúcida, portanto, a autora afirma que aspirar a revelações e visões extraordinárias é falta de fé, já que é próprio de Deus comunicar-se ao espírito, tendo em vista que os dados sensíveis representam perigo, levando a pessoa a se superestimar[433].

Nesse sentido, pode-se indagar sobre a experiência mística de Stein, acerca de quando e como teria ocorrido. Respostas encontram-se em seu processo de adesão à fé cristã e no aprofundamento na espiritualidade a partir dos grandes místicos espanhóis. Inicialmente veio a admiração pela forma com que os cristãos frequentavam suas igrejas e sentiam conforto na morte de seus entes queridos, por crerem na ressurreição, conforme a convicção cristã.[434] Impressionava-a no catolicismo as igrejas de portas abertas, para que o fiel pudesse rezar

[433] STEIN, E. *A ciência da cruz*: estudo sobre São João da Cruz. 5. ed. São Paulo: Loyola, 2008. p. 63-64. Edith Stein informa que não se deve aspirar a visões divinas porque contrariam a fé, que está acima de todo o sensível, e desviam do emprego do único meio apto para chegar à união com Deus, retardando, assim, que o espírito se eleve ao invisível; o apego da alma ao sensível torna-a menos receptiva ao espírito de piedade; aspirando egoisticamente às visões, a alma perde as graças que Deus lhe desejaria conceder; o desejo de visões abre as portas ao demônio, que quer enganar a alma com coisas semelhantes.

[434] *Idem*, p. 211.

a qualquer hora. Sentia, também, um profundo respeito pela Eucaristia. Ela se encantava quando via patrão e empregados rezando juntos o *Pai Nosso* antes de iniciarem os trabalhos no campo. Todavia, o interesse dos fenomenólogos pelo estudo das experiências místicas de Teresa de Ávila teve um papel preponderante. No verão de 1921, na casa dos Conrad-Martius em Bergzabern, no Palatinato, numa noite solitária, pois os donos da casa estavam fora, Stein dirige-se à biblioteca a fim de encontrar um livro que possa lhe entreter. Ao acaso se depara com a *Vida de Santa Teresa contada por ela mesma* e se embrenha na leitura, sentindo-se cativada pelo texto, atravessa a noite lendo-o, e com os primeiros raios de sol exclama: *Eis a verdade!* Verdade identificada em Jesus Cristo, que, assumindo a condição humana, demonstra o que é o ser humano e qual a sua missão e seu destino.

Quiçá essa noite na biblioteca simbolize a noite da travessia, em que Edith Stein, da procura incessante pelo fundamento da verdade, por meio da razão, descobre na penumbra da fé o sentido de sua existência. Pôncio Pilatos, no evangelho, demonstra, também, um interesse em saber o que é a verdade e, por isso, indagou a Cristo, mas não teve a perspicácia e o discernimento de Stein para identificá-la com o Homem a sua frente. Isso fez com que a noite escura da Paixão invadisse as vésperas do Shabbat, deixando Jerusalém em trevas (Jo 18, 38-39). Da mesma forma que os hebreus saíram, à noite, da escravidão egípcia para a liberdade da terra em que corre "leite e mel", assim também como o Messias de Israel foi sepultado nas trevas da sexta-feira da Paixão para ressurgir ao raiar do domingo pascal, e, ainda, como no *Cântico dos Cânticos em que a amada sai no meio da noite à procura de seu amado*, naquela noite em Bergzabern é Edith Stein quem procura, na biblioteca – espaço que lhe é tão familiar – o sentido de sua vida e o descobre no amor que levou Teresa de Ávila a centrar sua vida no Cristo e a partir dele reformular sua capacidade de pensar e existir.

Apaixonada, Edith Stein descobre quem é sua paixão e declama com João da Cruz: *Oh! Noite que juntaste Amado com amada, amada no Amado transformada!* A ex-carmelita e diplomata Elisabeth de Miribel escreveu uma biografia de Edith Stein e apresenta, no IV capítulo, um texto da filósofa, retirado de sua obra *Causalidade psíquica*, que foi publicado nos *Anais Husserl*, em 1922, ano de seu batismo, que permite captar a experiência que Edith Stein teve do Mistério Absoluto:

> Faço planos para o futuro e de acordo com eles organizo minha vida presente. Mas estou convencida, bem no fundo, de que algo vai acontecer, transformando todos os meus projetos. É esta fé autêntica e viva que ainda me recuso a aceitar e cuja ação procuro impedir. Existe um estado de repouso em Deus, de total abstenção de atividade espiritual, no

> qual a pessoa não consegue traçar planos, tomar decisões, nem mesmo fazer o que quer que seja, e no qual ela se abandona inteiramente ao seu destino, tendo submetido o futuro à vontade de Deus. Senti-me neste estado depois de uma experiência que, ultrapassando minhas forças, consumiu inteiramente minhas energias espirituais e me tirou toda possibilidade de ação. Parecido com a inatividade por falta de impulso vital, o repouso em Deus é qualquer coisa de completamente novo e irredutível. Antes era o silêncio da morte. Em seu lugar aparece um sentimento de segurança íntima, de libertação de tudo que é preocupação, obrigação e responsabilidade com relação a ação. E à medida que me abandono a este sentimento, uma vida nova começa, pouco a pouco, a apoderar-se de mim – sem nenhum impulso de minha vontade – a empurrar-me para novas realizações. Este afluxo vital parece emanar de uma Atividade e de uma Força que não são minhas, mas que, sem violentar minha vontade, começam a operar em mim. O único pressuposto necessário para tal renascimento espiritual parece ser esta capacidade passiva de receber que toda pessoa possui no fundo de sua estrutura.[435]

Na experiência mística de Stein, constata-se, então, que a fé encaminha a pessoa a se submeter voluntariamente à vontade divina. No tópico anterior foi tratada justamente a questão da purificação da vontade para se chegar à união mística. Neste momento a autora apresenta os demais passos para que haja a purificação das forças espirituais na noite ativa. O texto prossegue sendo conjugado com a realidade do Nacional Socialismo, que foi instrumento árido de purificação para Stein. Por meio desses passos pode-se interpretar o caminho que Edith Stein oferece às pessoas, a fim de que se libertem do demônio, que em sua obra era personificado por Hitler, e busquem o supremo bem verdadeiro, Deus.[436]

Por um lado, Hitler usa da teatrologia política para forjar a vontade coletiva, para que o povo o obedeça cegamente; por outro lado, esclarece Edith Stein, Deus criou o ser humano em liberdade, por isso a vontade dele de se

[435] MIRIBEL, Elisabeth. *Edith Stein, 1891-1942*: como ouro purificado pelo fogo. 2. ed. Santuário: Aparecida, 2004. p. 65-66.

[436] STEIN, E. *A ciência da cruz*: estudo sobre São João da Cruz. 5. ed. São Paulo: Loyola, 2008. p. 73-74. Stein esclarece que, através de locuções, o comunicador (Hitler) envia a sua mensagem para o outro (povo), que as recebe sem concurso próprio, sem ter-se entregue ao recolhimento e sem ter pensado no que percebe; geralmente inclina a própria vontade à vontade do comunicador. A autora informa que pode surgir na alma (o caso de Edith Stein) a vontade de contrariar o comunicador (Hitler), pois isso Deus permite, já que se trata de ações importantes que honrem a alma (salvaguardar o ser humano da manipulação demoníaca). Quando a locução provém do demônio, a alma encontra grande disposição para feitos extraordinários e grandiosos, como a criação do Império Nazista, e repugna as coisas comuns.

unir à alma humana só acontece quando há uma conformação da vontade da alma com a vontade divina.[437] Na purificação das faculdades espirituais, como "via crucis", a monja informa que a fé reduz a razão ao nada, levando a reconhecer a sua incapacidade diante da grandeza de Deus.[438] Porém, Deus abre mão de seu poder e, encarnando-se na condição humana, vai-se aniquilando ao extremo da morte de cruz, para resgatar o ser humano ferido pelo pecado de querer ser igual a Deus e todos os males que daí decorrem, como o querer dominar o seu próximo. Caminho contrário faz o *Führer*, que forma a comunidade mística do *Reich*, levando o povo ao transe e, assim, retirando-lhe a capacidade de raciocinar. É desse jeito que Hitler se apresenta como o grande guia condutor da fé e da comunhão nacional, promovendo o culto à sua personalidade, o que assume traços de pura idolatria, conforme se pode constatar na prece que Goebbels, "*em espírito orante*", dirige ao *Führer*, através dos meios de comunicação social daquela época:

> Em nossa profunda desesperação temos encontrado em vós o que mostra o caminho da verdadeira fé... Tendes sido para nós a realização de um misterioso desejo. Tendes curado nossa angústia com palavras de libertação. Tendes forjado nossa confiança no milagre que virá.[439]

Quando Stein trata da questão acerca da *insuficiência das criaturas para a união mística* e *a insuficiência do conhecimento natural e sobrenatural*, aparece muito o fenômeno da comunicação. Foi Deus quem teve a iniciativa de se comunicar e se revelar ao ser humano desde a composição do universo até a encarnação de Jesus Cristo. Num processo crescente de conhecimento e experiência de Deus, por meio da meditação, contemplação e revelação, a alma fica predisposta a receber tais conhecimentos. Contudo, só receberá se for da vontade divina. A pessoa, portanto, deve nutrir em sua alma um amor desinteressado e se alegrar por ter em si o desejo de se aproximar de Deus. É ele quem dá o entendimento e aprecia quem o desenvolve, para isso oferece as potências da alma: vontade, inteligência e memória.

Edith Stein foi agraciada e correspondeu à vontade do Eterno, pois viu aonde a humanidade poderia chegar e investiu os seus conhecimentos antropológicos no processo pedagógico. Acreditava que o ser humano foi abençoado por Deus com muitos talentos, e que esses precisam se desenvolver, para

[437] *Ibidem*, p. 58-59.

[438] *Ibidem*, p. 59.

[439] LENHARO, Alcir. *Nazismo*: o triunfo da vontade. 5. ed. São Paulo: Ática, 1995. p. 46.

transformar a realidade. Para isso é necessário a força de vontade, a memória histórica e o entendimento das engrenagens sociais para se construir uma sociedade fraterna. Conclui, informando: "Quanto mais aprimorada estiver a alma na fé, mais caridade Deus lhe infundirá, e quanto mais caridade tem, tanto mais lhe são comunicados os dons do Espírito Santo".[440]

Em paralelo, entre os anos 30 e 45, a sociedade alemã foi sendo moldada pela mídia para se firmar como autossuficiente e, principalmente, dotada de uma superioridade racial, por isso, os judeus com sua religião deveriam ser destruídos, assim como os ciganos, homossexuais, portadores de deficiência física e testemunhas de Jeová. Para proteger os católicos alemães, como já foi mencionado, a Igreja Católica Romana, em 1933, fez uma concordata com o Estado Alemão; já as religiões da Reforma protestante ficaram paralisadas diante da ditadura do Nacional Socialismo.

A propaganda nazista foi criando uma mística ao redor de Hitler, que afirmava deter o conhecimento natural e sobrenatural acerca das necessidades objetivas e subjetivas das massas populares. Nos doze anos de domínio do nazismo, foram produzidos 1.350 longas-metragens, consistindo em comédias, operetas, filmes de costumes, filmes de guerra (com a valorização do heroísmo nazista e a afirmação da brutalidade dos inimigos) e de exaltação dos valores do regime nazista, tais como a importância da militância partidária, o racismo e a xenofobia. De tal forma que os filmes de propaganda antijudaicos demonstravam a ideia de que o judeu é desumano e intolerável na convivência com os outros povos. Incutida com essa nova mentalidade, a grande maioria dos alemães foi tomada por um ódio aberto contra os judeus.[441]

Entre as várias produções nazistas destaca-se o documentário da cineasta Leni Riefenstah, intitulado de *O triunfo da vontade*, que teria ocorrido no sexto congresso do Partido Nacional Socialista em Nuremberg, no ano de 1934.[442] Em sinopse o filme retrata Hitler chegando ao congresso de avião, como se fosse um deus pairando no meio da multidão, que o ovaciona, saudando o *Führer* totalmente hipnotizada. A cineasta demonstra a grandeza do espetáculo com as paradas, os desfiles militares e os jovens, louvando a suástica, parecendo estar

[440] STEIN, E. *A ciência da cruz*: estudo sobre São João da Cruz. 5. ed. São Paulo: Loyola, 2008. p. 62-73.

[441] LENHARO, Alcir. *Nazismo*: o triunfo da vontade. 5. ed. São Paulo: Ática, 1995. p. 52-59.

[442] Este documentário ficou pronto em 1936 e foi considerado como uma das melhores obras de cinema já produzidas. Nas Olímpiadas de 1936, a cineasta filmou Olympia. Obra muito valorizada por suas inovações técnicas e estéticas até hoje influentes em toda a cobertura esportiva da televisão. O esporte como se conhece hoje nasceu e se glorificou na Alemanha nazista, o primeiro país do mundo a popularizá-lo das camadas mais pobres até as mais ricas. Disponível em: https://pt.wikipedia.org/wiki/Leni_Riefenstahl. Acesso em: 08 ago. 2016.

em total estado de catarse. Portanto, Hitler, com o auxílio da comunicação e com seu poder de sedução, levou a maioria de uma nação a depositar nele a sua fé e ter esperança de que ele conquistaria para o povo ariano o *status* de superioridade mundial.

Voltando à obra *A ciência da cruz*, no que se refere às comunicações extraordinárias, Stein informa que as locuções são percebidas pelo entendimento sem intermédio dos sentidos corporais ou da razão.[443] Nesse sentido, como avaliar o processo político e religioso de Adolf Hitler? A filósofa explica que a locução pode ser causada pelas atividades da própria natureza humana, e mesmo pelas sugestões do demônio. No caso do ditador alemão, fica evidente que algo de sua experiência existencial provém do demônio, pois a ganância de sua alma o fez ter grande disposição para feitos grandiosos, como imprimir a sua vontade sobre a vontade do povo, e feitos extraordinários, como a conquista de vários países e, ao mesmo tempo, a repugnância ao que é comum, ou seja, a aversão à convivência com pessoas de origens diferentes, orientações sexuais diferentes e religiões diferentes, no mesmo espaço social.

Stein continua a sua reflexão dizendo: *as pessoas que se entregam ao demônio recebem dele pensamentos e palavras e estas teriam efeitos fatais, jamais semelhantes aos de origem divina*.[444] A monja de Breslau pôde acompanhar de perto a tragédia social que se alastrou pela Alemanha e países ocupados por ela, tendo como senhor supremo o *Führer*. Ainda hoje a tentação do poder tem corrompido lideranças mundiais, levando povos a viver sob uma contínua ditadura, e o colonialismo continua a vigorar com o nome de globalização. Inclusive, em 2015, a ONG Transparecy, especializada em acompanhar índices de corrupção pública em diversos países dos cinco continentes, apresentou o *ranking* global das nações mais e menos corruptas do mundo. Os dez Estados menos corruptos são: Dinamarca, Finlândia, Suécia, Nova Zelândia, Holanda, Noruega, Suíça, Cingapura, Canadá e Alemanha. Conforme esperado por muitos especialistas no assunto, os mais desenvolvidos são os menos corruptos, o que demonstra de forma prática o quanto a corrupção pública prejudica o desenvolvimento de nações como o Brasil, que se encontra na posição 76 de 167 países pesquisados. Entre os Estados mais corruptos estão: Somália, Coreia do Norte, Afeganistão, Sudão, Sudão do Sul, Angola, Líbia, Iraque, Venezuela e Guiné-Bissau.[445]

443 STEIN, E. *A ciência da cruz*: estudo sobre São João da Cruz. 5. ed. São Paulo: Loyola, 2008. p. 72.

444 *Ibidem*, p. 73-74.

445 ADMINISTRADORES.COM. ONG divulga ranking dos países mais corruptos do mundo, 29 jan. 2016. Disponível em: https://administradores.com.br/noticias/ong-divulga-ranking-dos-paises-mais-corruptos-do-mundo. Acesso em: 20 maio 2019.

O passo seguinte é a purificação da memória. Stein informa que todas as inquietações e obstáculos à paz da alma são causados pelo conteúdo da memória.[446] Na experiência mística, *a memória unida a Deus priva-se de formas e figuras, desativa a imaginação e fica embebida do sumo bem, em total esquecimento, sem se dar conta de nada.*[447] Daí a grande dificuldade de as pessoas comunicarem as suas experiências místicas, pois houve um esvaziamento de tudo o que era conhecido pelos sentidos e algo extraordinário se deu, que é justamente a união com Deus, que realiza a purificação completa da memória. Contudo, as visões, revelações e sensações espirituais e percepções naturais dos sentidos deixam na memória ou na fantasia vivíssima impressão. Todavia, é necessário despojar-se dessas impressões para entrar no abismo da fé, pois Deus ultrapassa toda forma e todo conhecimento.[448] Dessa maneira, Edith Stein foi esvaziando a sua memória e a sua vontade, para que somente Deus pudesse falar a sua alma, proporcionando-lhe uma pacificação de seu ser, libertando-a de todos os receios e suspeitas, inquietações e trevas, para que ela pudesse enfrentar a tirania do nazismo, presente nas pessoas comuns, que foram sendo contagiadas pela propaganda nazista, que expurgava os que não contribuíam com a ditadura hitleriana.

O caminho da purificação de sua memória passava pela renúncia à vida acadêmica em outro país, justamente num momento da vida adulta em que o intelectual mais produz. No Carmelo vive a prática da vida monacal com a obediência às superioras, a execução dos trabalhos domésticos e, no início de sua caminhada como religiosa, teve de renunciar, também, aos estudos e, inclusive, limitar-se em suas correspondências. Assim, foi aprendendo o que é a crucifixão dos sentidos corporais, já que espiritualmente há muito tempo vinha sendo aniquilada. A carmelita, com essas provações, foi alargando o seu horizonte de reflexão, passando a abraçar não só o povo judeu, mas a humanidade dolorosamente ferida pelo mal.

[446] STEIN, E. *A ciência da cruz*: estudo sobre São João da Cruz. 5. ed. São Paulo: Loyola, 2008. p. 77.

[447] *Ibidem*, p. 76. Stein explica, baseando-se em São João da Cruz, que esse completo despojamento que se realiza na união divina não é, como a união em si, fruto de sua própria atividade. O que se dá, ao mesmo tempo, é algo de extraordinário, pois, quando Deus dá à memória esses toques divinos, subitamente lhe ocorre uma espécie de vertigem no cérebro, tão forte que parece que a pessoa perde o juízo e os sentidos; nesse ínterim, a memória é esvaziada e purificada de todo conhecimento. A autora acrescenta que tal suspensão das faculdades dá-se somente no início da união com Deus; nos perfeitos, ela não mais ocorre. Estes em tudo são guiados pelo Espírito Santo, que os adverte em tempo certo sobre o que devem fazer. Ficam assim preservados das faltas no comportamento exterior, próprias aos estágios intermediários.

[448] *Ibidem*, p. 77.

A mística de Breslau ensina: "Quando o abandono, a obscuridade e a pobreza do espírito permitem à fé enraizar-se na alma, infundem-lhe, simultaneamente a esperança e a caridade, caridade que se manifesta, não por afetos sentimentais, mas por aumento de forças, maior generosidade e coragem da alma a um ponto até então desconhecido...".[449] Com certeza é este o estado de espírito da monja carmelita quando escreve a sua obra sobre São João da Cruz. Em sua intimidade com o Crucificado pode ter tido visões espirituais relativas às coisas corpóreas, mas não as descreve. Contudo, sob a influência da luz espiritual, a experiência mística ficou gravada profundamente na alma da filósofa, dando-lhe coragem profética para criticar abertamente o governo nazista, antes mesmo que o Nacional Socialismo tomasse o poder na Alemanha. Daí a sua postura em 1933, escrevendo uma carta-profecia de valor religioso, moral e político ao Papa Pio XI, solicitando uma atitude da Igreja em defesa dos povos perseguidos, em especial dos judeus. Na mesma carta, alerta que a perseguição voltar-se-ia contra a Igreja de Cristo, pois o projeto nazista era a eliminação da tradição judaico-cristã.[450] Tal visão se deve a uma luz sobrenatural interior, que foi conduzindo Stein em meio à perseguição nazista, até a sua imolação na Shoah.

Enquanto exercia suas atividades no universo acadêmico, as suas investigações sobre a antropologia, sociologia, pedagogia e sobre o Estado estão diretamente relacionadas com os impasses sociais e políticos, como as questões da nacionalidade alemã e a aceitação dos judeus como cidadãos iguais em direitos na Alemanha. Em janeiro de 1933, Stein profere uma conferência em Berlim, acentuando que cada alma humana leva em si um selo divino próprio, dado como um *status* divino da raça humana, para que ela se articule em povos, cada um com sua peculiaridade. Acrescenta a autora: "O Senhor, que elegeu um povo para nascer nele, que durante sua vida terrena falou a língua desse povo, pensou com suas metáforas e imagens, observou seus costumes e a ele dedicou todas as suas energias; ele deu a cada povo uma missão nesta terra e a cada pessoa uma missão dentro de seu povo. Assim, conforme o plano divino, o indivíduo deve ser formado como membro da totalidade de seu povo, segundo os seus dons, para que o povo ao longo de sua história realize sua 'ideia' e que cumpra sua tarefa no conjunto da humanidade".[451]

[449] STEIN, E. *A ciência da cruz*: estudo sobre São João da Cruz. 5. ed. São Paulo: Loyola, 2008. p. 69.

[450] Conforme Anexo V.

[451] STEIN, E. In: URKIZA, Julien; SANCHO, Francisco Javier (Org.). *Obras completas*. v. IV. Escritos antropológicos y pedagógicos. Vitória: El Carmen; Madri: Espiritualidad; Burgos: Monte Carmelo, 2003. p. 435-436.

Em Speyer, Edith Stein instruía as futuras professoras acerca dos acontecimentos políticos e dos grandes problemas da sociedade, a fim de que elas tivessem uma formação global, o que não era comum para as mulheres naquela época. A sua participação nas conferências na Alemanha e países vizinhos possibilitava a filósofa abordar temas referentes a situações humanas bem concretas, de forma especial tratava das questões referentes à postura da mulher na sociedade e na Igreja e como conciliar o trabalho com a vida familiar. Em curso sobre antropologia, abordando os problemas da formação da mulher, Stein informa que a Primeira Guerra Mundial exigiu das mulheres uma mudança de postura, abandonando a limitação das lidas domésticas para ampliar o seu leque de atuação na realidade social.

A crise econômica do pós-guerra fez com que muitas mulheres entrassem no mercado de trabalho e se tornassem corresponsáveis pela manutenção econômica do lar e, ao mesmo tempo, passassem a se preocupar com as questões do Estado. Isso fez com que o voto das mulheres se tornasse valorizado em toda parte. A filósofa de Breslau aproveita e acrescenta que todos devem se interessar pela política, pois os direitos pessoais dependem da configuração da situação política. Assim, a vida privada e a vida do Estado estão entrelaçadas, da mesma forma que a vida de cada povo e o Estado com as dos demais. Por fim, os povos da Europa que entraram na guerra mundial se submergiram, e a dura realidade de crises demonstra a todos que somente estando unidos poderão levar a cabo um ressurgimento.[452]

O grande incentivador de Stein para que ela permanecesse no mundo acadêmico foi o padre jesuíta Erich Przywara. Isso porque, logo após o batismo, a filósofa já demonstrou o desejo de entrar para a vida monástica. Stein vai relatar que era demasiadamente atraída por Deus, e essa atração a fazia sair de si, oferecendo-se ao mundo, para assim lhe proporcionar a experiência da vida divina. Essa postura, porém, não era muito compreensível para as pessoas ao seu redor.[453] Diante de sua adesão à fé cristã, as reações de seus familiares foram diversas, mas a mais dolorida foi a da Sra. Auguste Stein, que, não se conformando, interroga a sua filha, após a celebração na sinagoga (Stein, mesmo depois de batizada, frequentava a sinagoga com sua mãe em Breslau):

[452] *Ibidem*, p. 464-465.

[453] STEIN, E. In: URKIZA, Julien; SANCHO, Francisco Javier (Org.). *Obras completas*. v. IV. Escritos antropológicos y pedagógicos. Vitória: El Carmen; Madri: Espiritualidad; Burgos: Monte Carmelo, 2003. p. 499-510. Nessas páginas a autora descreve a sua decisão de entrar para o Carmelo; narra a sua despedida de Münster, bem como a felicidade por ter sido aceita no Carmelo em Colônia, onde fez a experiência religiosa inicial; em seguida visita a sua família em Breslau, para anunciar oficialmente a sua decisão de se tornar monja carmelita.

Não foi bela a homilia?
A que responde Edith Stein: *"Sim!"*
Novamente indaga a senhora Auguste:
"Portanto, também como judeu se pode ser piedoso?
Responde a filha: *"Certamente, quando não se conhece outra coisa"*.
De forma exasperada, retruca a mãe:
"Então por que tu o conheceste?
Não quero dizer nada contra ele. Pode ser que tenha sido um bom homem.
Mas, por que se fez Deus?

A fé de Stein fê-la atravessar o caminho estreito que suspende o entendimento racional. Seria natural que, assim como os seus irmãos e grande parte dos intelectuais, ela também deixasse a Alemanha. Em seus escritos se refere à oportunidade de lecionar na América do Sul, mas prefere continuar na sua pátria, mesmo ciente das intenções do Nacional Socialismo. Situação delicada e obscura a de Stein: se, por um lado, ao permanecer na Alemanha, poderia acompanhar a senhora Augusta Stein, já idosa, e também seguir vivendo como os demais judeus, que foram sendo excluídos da sociedade, por outro, a professora de filosofia vai se recolher num convento bastante austero da ordem das carmelitas, contrariando o gosto de sua mãe e sendo acusada de traidora por seus irmãos, por abandonar o povo judeu numa hora complexa, encerrando-se nos muros de um mosteiro.[454] Em meio a essas questões, a futura carmelita se deixa conduzir por seu pai espiritual, João da Cruz, e reconhece nesses fatos verdadeiros obstáculos para ir a Deus. Destemida, Stein vai humildemente abrindo mão de sua carreira profissional, de suas afeições mais profundas e de sua militância declarada no seio social. A partir de sua própria experiência, Stein informa que a alma espiritual que quiser usar os conhecimentos e discursos naturais da memória para ir até Deus encontrará tríplice inconveniente: a crueldade presente no mundo das relações; a necessidade de suprimir as imagens convencionais em que Deus é apresentado, pois ele está para além das coisas criadas; e o demônio, que

[454] NOVINSKY, Ilana W. *Em busca da verdade em tempos sombrios*: Edith Stein. São Paulo: Humanitas, 2014. p. 177-178. O Carmelo era um dos mosteiros mais rígidos, não permitindo a saída de suas religiosas nem para visitar um parente próximo doente. De tal forma que Edith Stein não pôde visitar sua mãe na doença e nem no leito de morte. Com certeza a escolha do Carmelo tem a ver com Santa Teresa de Ávila, que a influenciou para que se tornasse cristã e pedisse o batismo na Igreja Católica. Todavia, a Ordem do Carmo mantém muitos elementos religiosos judaicos. Celebram Elias como o primeiro carmelita e incluem a estrela de Davi na sua arte sacra, e suas orações começam com a declaração judaica de fé monoteísta, o *Schma Israel*.

se disfarça em conhecimentos e raciocínios, que, por sua vez, podem deixar a pessoa soberba, avarenta e invejosa.[455]

Dentro desse quadro, a filósofa apresenta a questão do bem moral, que é fundamental para transformar as relações interpessoais, visando à reta e justa convivência, pelo fato de que todas as inquietações e obstáculos à paz da alma são causados pelo conteúdo da memória. Cabe ao bem moral refrear as paixões e pensamentos desordenados, para que a pessoa obtenha paz, tranquilidade e virtudes morais, para melhor se relacionar em âmbito social. Sabe-se que o bem moral está sujeito a costumes e convenções, que nem sempre contemplam o ser humano no espaço e tempo nos quais residem a sua alma, com as suas devidas demandas.[456]

Nesse sentido, é necessário frisar que a moral tem um único objetivo, que é promover e preservar o respeito à dignidade humana, em esfera pública ou privada, e consiste numa série de obrigações. Na moral privada, o fim das obrigações é garantir a felicidade dos indivíduos, enquanto na moral pública a finalidade é a felicidade de todos, ou seja, a justiça. Um requisito imprescindível de qualquer moral é a autonomia do indivíduo que discerne acerca da obediência ou não a normas previamente estabelecidas. Por isso, o cidadão, como sujeito da moral pública, tem a obrigação de aceitar as leis e respeitar as instituições sempre, e quando essas não contradigam o seu ideal de justiça. Já em relação ao político, a moral pública obriga-o a perseguir a justiça com meios que prefigurem esse fim e não o contradigam. Em meio a várias discussões que surgem no entrecruzar das esferas públicas e privadas, faz-se necessário manter a ideia de uma moral pública reguladora da justiça e capaz de julgar a ação política, portanto, uma moral de que se devem apropriar os políticos e os cidadãos numa ordem democrática. Por outro lado, é fundamental aceitar a moral privada, cuja finalidade é a felicidade, sendo que a felicidade do ponto de vista moral tem como limite não prejudicar o próximo.[457] Com esses pressupostos, é possível compreender o retrocesso moral e, consequentemente, político e econômico de várias nações no século XXI.

Dessa forma, é que mais uma vez reaparece o exemplo do fenômeno nazista, com sua "dupla moral", ou seja, a moral do Nacional Socialismo estava banhada pela contradição da hipocrisia moral burguesa alemã. O governo impôs um regime para a criação de uma nova sociedade, com novos hábitos, novas

[455] STEIN, E. *A ciência da cruz*: estudo sobre São João da Cruz. 5. ed. São Paulo: Loyola, 2008. p. 77.

[456] *Ibidem*, p. 86-87.

[457] VIDAL, Marciano. Ética *teológica*: conceitos fundamentais. Petrópolis: Vozes, 1999. p. 574-579.

ideias e um novo ser humano. Por conseguinte, Hitler apresentava-se como continuador da moral prussiana, aparentemente era puritano na relação com as mulheres, comedido com o dinheiro, não ostentando o luxo, não bebia e nem fumava. Entretanto, o alto escalão que rodeava o ditador, assim como o próprio, tinha comportamentos perversos em relação aos próprios concidadãos e, pior ainda, em relação àqueles que eram tratados de forma sub-humana, como os judeus e outros possíveis inimigos do regime. Inclusive o *Führer* mostrava-se tímido e submisso em relação às mulheres de alto nível social, já em relação às de condição baixa, ele era mesquinho, agressivo e autoritário. Dessa forma, a moral nazista existia somente para dominar a massa populacional.[458]

Stein continua a sua dissertação sobre a purificação da memória, informando que a ocupação da pessoa com conhecimentos sobrenaturais traz-lhe cinco prejuízos.[459] Pois bem, o primeiro é que a revelação divina pode ser um engano e, provavelmente, foi justamente isso que se deu com o povo alemão que vislumbrou no *Führer* uma divindade capaz de salvar a pátria. Essa ilusão, alimentada pelo próprio Hitler, durou tempo demais, o suficiente para destruir milhões de vidas. O segundo prejuízo, para a sociedade alemã, foi acreditar na propaganda nazista que pregava a superioridade do povo ariano em relação aos demais povos. Esse dado gerou e ainda gera o fanatismo que apregoa a diferença entre os seres humanos, a partir de sua nacionalidade, origem familiar, religião, etc. Por isso, Stein vai dizer que o combate, para não se perder nem no primeiro e nem no segundo prejuízo, é ter os pés no chão da realidade, onde convivem pessoas diferentes, contribuindo com humildade e caridade para a construção do bem comum. O terceiro prejuízo refere-se à simulação na memória de conhecimentos falsos, mas que parecem verdadeiros e legítimos. Tal simulação ocorre quando o amor não é colocado em primeiro lugar, mas antes o prazer, excitado pelos desejos que causam verdadeiros deleites espirituais, deixando a pessoa cega e alienada, achando que está imersa no amor. A mística de Breslau ainda diz que a comunicação ocorre na alma por meio de um anjo de luz, que na verdade é o inimigo maligno. Seria uma referência direta à Hitler, que, como já foi dito, surgia em meio às nuvens do céu, irradiante em seu avião, e vinha pousar no meio da multidão, excitando-lhe os ouvidos e o coração com discursos inflamados como este, direcionado à juventude:

> Meus jovens alemães, após um ano, tenho a oportunidade de lhes dar as boas-vindas.

[458] LENHARO, Alcir. *Nazismo*: o triunfo da vontade. 5. ed. São Paulo: Ática, 1995. p. 62-64.

[459] STEIN, E. *A ciência da cruz*: estudo sobre São João da Cruz. 5. ed. São Paulo: Loyola, 2008. p. 78.

> Aqueles que estão aqui no estádio são um pequeno seguimento da massa que está lá fora, por toda Alemanha. Uma geração que se sacrifica por sua nação, ... uma sociedade que não conhece classe ou casta,
>
> ... a geração jovem do nosso povo...
>
> Desejamos que vocês rapazes alemães e garotas... absorvam tudo o que nós esperamos da Alemanha para um novo tempo.
>
> Queremos ser uma nação unida, e vocês meus jovens formarão esta nação...
>
> No futuro não desejamos ver classes e vocês precisam fazer... com que isso apareça entre vocês...
>
> Vocês são um segmento das massas que clamam por justiça, crescimento e liberdade. E vocês precisam se educar para tal...
>
> Queremos que vocês sejam obedientes, e vocês devem praticar a obediência. Desejamos que as pessoas almejem a paz... mas também sejam corajosas... e vocês alcançarão a paz. Vocês precisam almejar a paz e serem corajosos ao mesmo tempo.
>
> Nós queremos que esta nação não seja fraca... ela deve ser forte, e vocês precisam... se endurecer enquanto jovens. Vocês precisam aprender a aceitar privações sem nunca esmorecer. Não importa o que criamos ou façamos, ... nós passaremos... mas em vocês... a Alemanha viverá!
>
> [...]
>
> E saibam que não pode ser de qualquer outro modo, ... estamos juntos. Porque vocês são carne de nossa carne, ... sangue de nosso sangue!
>
> Suas mentes devem estar repletas do ideal que nos orienta!
>
> Sabemos que a Alemanha está diante, dentro e atrás de nós, ... a Alemanha marcha dentro de nós, ... ela é nosso passado, presente e futuro.[460]

O quarto prejuízo refere-se à posse da memória que constitui obstáculo para a união com Deus, ou seja, a pessoa pensa que na vida é suficiente o que foi conquistado de bens materiais e espirituais. Tais conhecimentos e emoções fazem com que o indivíduo não tenha mais esperança, pois encantando-se com a posse não enxerga que Deus tem muito mais a oferecer. Na história do povo de Israel se evidencia esta realidade. O povo, caminhando pelo deserto, diante dos primeiros obstáculos, entrou em desespero, esqueceu-se da liberdade alcançada e lamentou com saudade as "cebolas do Egito", pois o conteúdo de sua

[460] Nesse discurso evidencia-se como Hitler imprimia na sociedade alemã valores como: patriotismo, lealdade, superação, força, e a crença nos ideais do Partido Nacional Socialista, etc. Disponível em: http://www.recantodasletras.com.br/discursos/3035507. Acesso em: 21 ago. 2016.

memória era somente as míseras benesses oferecidas pelos egípcios. Mais à frente, tendo realizado a aliança no Monte Sinai, rapidamente o povo se esqueceu do pacto com Iahweh e se iludiu com os baalins[461] dos povos estrangeiros. Apesar da presença dos profetas para recordar a Aliança, esse fato tornou a se repetir várias vezes quando Israel era uma monarquia. Isso porque a ilusão fechou os olhos dos monarcas de Israel (chamados por alguns profetas de pastores), assim como de seu povo, e o resultado foi catastrófico.

As lições do passado poderiam ajudar na vivência do presente e na projeção do futuro, porém o deleite com o prazer do momento é um obstáculo à vivência com austeridade e sacrifícios. Daí a boa acolhida, por parte do povo alemão, das propostas do regime nazista, que em poucos anos prometia retirar a Alemanha da enorme crise na qual estava mergulhada e transformá-la numa potência mundial, por meio da criação do Terceiro Reich. Instalado em 1933, o governo nazista tinha por hábito glorificar o passado do povo alemão, e, de acordo com sua visão, esse povo teve dois períodos de grande destaque em toda sua história, que foram o estabelecimento do Sacro Império Romano-Germânico em 962, e posteriormente a criação do Império Alemão em 1871, que consistia em uma Alemanha unificada ao modo dos Estados modernos e que, além disso, possuía um considerável império ultramarino, com colônias na África, Ásia e Oceania. Desse ponto de vista, o Terceiro Reich proposto pelo partido nazista viria recriar os momentos de glória do povo germânico, ao qual estava reservado um grande destino como líder dos outros povos na Terra. Infelizmente, a realidade mostrou-se bastante diferente do futuro glorioso prometido por Hitler. Sua receita de império incluía um militarismo fanático, desafiando povos de toda a Europa, instalando trabalho escravo entre as comunidades dominadas, pois acreditava-se que seus membros não passavam de seres inferiores, isso sem mencionar a política de extermínio de todas as minorias para criar o *Lebensraum*, ou seja, espaço vital para o desenvolvimento da superior raça ariana. Internamente, o regime ditatorial imposto não permitia qualquer contestação, e aqueles que ousavam criticar as orientações ou desobedecer às diretrizes do partido tinham punição severa. Outro exemplo do absurdo do pensamento nazista estava no desejo de que as ordens do *Führer* fossem obedecidas cegamente pelas tropas na guerra. Por exemplo: quando uma tropa alemã encontrava-se no limiar da derrota e a única saída racional seria render-se e

[461] MACKENZIE, John L. *Dicionário bíblico*. São Paulo: Paulinas, 1983. p. 100-101. Baalins é o plural de Baal. Várias vezes são citados no Antigo Testamento, pois eram entidades muito cultuadas na terra de Canaã. Em Juízes 2, 11, são tratados como deuses menores do panteão fenício e associados à fartura da terra e do rebanho.

salvar os soldados de um massacre grotesco, Hitler – acreditando na ilusão da superioridade ariana – ordenava aos comandantes que lutassem até à morte, imolando grande número de vidas num sacrifício heroico, evitando, assim, a "vergonha" da rendição.[462]

A propaganda nazista projetou que o Reich deveria durar mil anos, mas graças à Deus não passou de treze e, ao invés de trazer a glória para os alemães, trouxe destruição e vergonha. O grande embaraço alemão é que, iludido pelas promessas nazistas, a maioria do povo, já sem esperança de se reorganizar, entregou a sua vontade à vontade do *Führer*, de tal forma que tudo deveria transcorrer sob as suas ordens. Nesse contexto, as vozes de grandes personalidades alemãs, como Leibniz, Goethe, Bach, Thomas Mann, Nietzsche, Hegel, Kant e tantos outros, que contribuíram na formação humanista ocidental, foram perdidas da memória e só recuperadas posteriormente. Apesar disso tudo, a história de Israel e da Alemanha continua a se repetir no século XXI, com povos sem esperança iludindo-se com um fanatismo terrorista, que vem semeando conflitos e mortes em quase todas as regiões do planeta.

De fato, existem muitas injustiças, evidenciadas nas grandes massas populacionais que se encontram sem acesso aos bens materiais e espirituais conquistados pelo ser humano ao longo de milênios. Além da falta de oportunidade de conhecimentos, o que tem levado os indivíduos à vivência de um fundamentalismo político e religioso. No desespero diante da fome, sede e violência, as pessoas acabam aderindo a grupos fanáticos, que, sendo detentores do poder, acabam sendo obstáculo para as ajudas humanitárias que são oferecidas aos milhares de miseráveis dispersos, principalmente no Norte da África e Oriente Médio.

O quinto e último prejuízo que se dá quando a alma se ocupa com conhecimentos sobrenaturais é que a pessoa tem a tentação de submeter Deus a seus próprios conceitos físicos (materiais) e espirituais, o que é um equívoco, pois Deus extrapola todas as representações da memória. Na história de Israel, o povo quis representar Deus materialmente e foi repreendido pelos profetas, que insistiam na concepção abstrata e espiritual daquele que é o Totalmente Outro, transcendendo toda forma física de ser. Já na história dos povos, encontra-se o regime teocrático, tendo seres humanos fazendo-se passar por Deus. Como já foi assinalado, Hitler esforçava-se para ser idolatrado e, em parte, teve grande êxito em sua campanha, mas no século XX não foi um ser humano e sim uma nação que se tornou venerada por seu povo: os Estados Unidos da

[462] Disponível em: http://www.infoescola.com/historia/terceiro-reich. Acesso em: 22 ago. 2016.

América, que, a partir da Guerra Fria, conseguiram imprimir no mundo, com o seu poderio bélico, a sua cultura, disseminada ainda mais com a globalização. Desde então, o império americano passou oficialmente a vender os seus costumes aos demais povos da terra.

De forma explícita, a atual potência mundial vangloria-se de seus feitos, pois tem como respaldo o suporte de várias potências mundiais que, endeusando os americanos, seguem o seu regime econômico capitalista, que, por sua vez, vem se renovando nas últimas décadas, para melhor atender ao mercado, e sempre ampliar o seu leque de atuação, criando, assim, uma sociedade cada vez mais dependente e consumista. O poder do capital é tão grande que só tem vida e garantias de sobrevivência quem consegue consumir. Isso vem fragilizando os países que têm uma preocupação com o social, assim como a Igreja Romana, que prega a partilha dos bens para que não haja necessitados no mundo, conforme a utopia de Atos dos Apóstolos 4, 34.[463]

É próprio das três grandes religiões monoteístas o amor, enquanto base para os mandamentos que formam o seu código de ética. A demonstração do amor está evidente em várias páginas do evangelho, mas os países cristãos têm tido um ofuscamento da memória do que é o amor encarnado.[464] Voltando à reflexão de Stein sobre a comunicação divina, a pessoa, tendo renunciado a querer submeter Deus aos seus desejos e abraçando humildemente a sua pobreza espiritual, será enriquecida com o amor divino despertado pela experiência com o sobrenatural. Citando João da Cruz, a carmelita acrescenta que a alma não deve se deter na aparência exterior das apreensões sobrenaturais (visões, locuções, revelações), mas admitir unicamente o amor divino que essas comunicações despertam.[465]

A partir dessa reflexão, é possível questionar as falsas divindades que tiveram ascensão ao longo da história: no caso nazista, o regime adotou poderes divinos, mas demonstrou desconhecer a divindade do amor, destruindo povos e culturas; no caso do capitalismo, a economia de mercado

[463] Em 22 de setembro de 2013, numa viagem a Cagliari, capital da Sardenha, na Itália, o Papa Francisco teceu críticas à idolatria ao dinheiro que rege a atual sociedade. Em um discurso para desempregados, o Pontífice estimulou-os a ter esperança e a não desanimar com as dificuldades da vida. Ainda acrescentou: "Onde não há trabalho não há dignidade". Por fim, frisou: "Não queremos esse sistema econômico globalizado que nos faz tão mal. Homens e mulheres têm que estar no centro (de um sistema econômico) como Deus quer, não o dinheiro. O mundo passou a idolatrar um deus chamado dinheiro". Disponível em: https://exame.abril.com.br/mundo/papa-ataca-economia-global-por-venerar-deus-do-dinheiro/. Acesso em: 22 ago. 2016.

[464] SOARES, Afonso M. L.; PASSOS, João D. (Org.). *A fé na metrópole*: desafios e olhares múltiplos. São Paulo: Paulinas, Educ, 2009. p. 285-411.

[465] STEIN, E. *A ciência da cruz*: estudo sobre São João da Cruz. 5. ed. São Paulo: Loyola, 2008. p. 79.

assola o planeta destruindo o meio ambiente, promovendo a escravidão humana, enriquecendo ainda mais os poderosos e lançando na miséria milhões de pessoas e, por mais abissal que seja, na nota do dólar, moeda aceita em praticamente todo o mercado capital do mundo, encontra-se a frase: "em Deus nós acreditamos".

Por outro lado, lançando um olhar sobre os movimentos fundamentalistas do final do século XX e início do século XXI, pode-se perceber, em algumas religiões, facções extremamente desumanizadas e sem memória. Por isso, a humanidade tem assistido à destruição de patrimônios históricos, como as duas estátuas gigantes de 1500 anos de Buda, dinamitadas pelos talibãs no Afeganistão em 2001; e em 2015 o Estado Islâmico (ISIS) apresentou um vídeo que chocou historiadores do mundo todo. Trata-se da destruição do Templo de Baal-Shamim, construído por volta do século II a.C. Para afirmar a sua superioridade, o ISIS tem se esforçado para destruir sítios arqueológicos e históricos de civilizações e religiões antigas, na tentativa de apagar o passado. Entre os patrimônios destruídos está a arquitetura das ruínas da cidade de Nínive. A cidade foi construída durante o antigo período assírio, que durou entre os séculos XX a.C e XV a.C., e é mencionada na Bíblia pelo profeta Jonas como "uma cidade excessivamente grande".[466] Dessa forma, evidencia-se a falta de memória dos fiéis ou total desconhecimento da experiência amorosa dos chamados fundadores das grandes religiões. Infelizmente, de fato, em nome de "Deus" se fez e ainda se faz guerra. Contudo, não se trata do Deus revelado nas Escrituras Sagradas, mas do deus dos interesses mesquinhos dos seres humanos ou do deus alienante dos fanáticos e fundamentalistas.

Encaminhando para a conclusão acerca da purificação da memória, Edith Stein, fundamentada em João da Cruz, informa que a memória retém imagens e conhecimentos espirituais.[467] Tais recordações são positivas quando produzem bom efeito na vida das pessoas, como a renovação interior, que ilumina a alma, irradiando amor. Contudo, a pessoa deve procurar ir além das recordações e procurar elevar-se a Deus, no vazio de suas lembranças. Portanto, desapegada dos bens desta vida, a pessoa pode se entregar à esperança daquilo que ainda não possui. A tendência bíblica e humana, em geral, é tentar descrever e projetar aquilo que ainda não se possui a partir das categorias existenciais deste mundo, como *Morada Eterna* e *Reino de Deus.*

[466] ALENCAR, Lucas. 13 locais históricos destruídos pelo Estado Islâmico. *Revista Galileu*, 04 jan. 2016. Disponível em: https://revistagalileu.globo.com/Sociedade/noticia/2016/01/13-locais-historicos-destruidos-pelo-estado-islamico.html. Acesso em: 20 maio 2019.

[467] STEIN, E. *A ciência da cruz*: estudo sobre São João da Cruz. 5. ed. São Paulo: Loyola, 2008. p. 79.

Em sua obra *A oração da Igreja*, Edith Stein recorda que o povo de Israel, em sua peregrinação pelo deserto, carregava a tenda chamada "A casa de Deus entre nós" (Ex 38, 21), que foi concebida como a "morada aqui de baixo" em oposição à "morada lá do alto".[468] Com a fixação do povo na terra, Salomão construiu o Templo, que posteriormente Cristo substituiu pelo templo de pedras vivas, que são as comunidades eclesiais espalhadas pelo mundo. Mas tanto a "morada" como o "reino" têm seu início na vida dos seres humanos nesta terra, e é aqui que entra a lição bíblica dos profetas, que, convocando o povo a se recordar sempre da Aliança, acaba acenando para a união com Deus a partir da memória. No evangelho de Lucas 1, 72-74, Zacarias proclama a misericórdia de Deus para com os seus antepassados, recordando sempre da santa aliança firmada com eles. Na última ceia, Jesus Cristo institui a Eucaristia e pede que se faça a ceia sagrada em sua memória (1 Cor 11, 24-25). Nesse sentido se percebe a importância da memória para o povo de Israel, que tinha de gravar em seu coração e sempre recordar os grandes feitos do Deus libertador em sua história.

Em virtude dessa memória, nasceu a celebração anual da Páscoa para os israelitas, evento que demarcou a história do povo. Assim também a Páscoa dos cristãos é comemorada como o grande acontecimento que dividiu a história, vinculando os cristãos à ressurreição do Cristo e, consequentemente, a uma forma inovadora de ver a realidade humana. O próprio Jesus, no evangelho de João, informa que enviaria o Paráclito para recordar e atualizar a sua mensagem pelo fato de a realidade estar sempre se transformando. Ciente da presença do Espírito de Cristo, que renova todas as coisas, a Igreja Católica, que, segundo o Concílio Vaticano II, tem a missão de congregar o povo de Deus, tem buscado se inculturar nas diversas realidades da vida do povo, dando-lhe diretrizes para agir na transformação da sociedade à luz dos valores evangélicos.

Entretanto, a história do povo de Israel, assim como a história dos cristãos, apresenta lacunas, que denota o esquecimento de valores fundamentais

[468] *Idem. A oração da Igreja.* Rio de Janeiro: Agir, 1958. 60 p. A autora descreve a beleza da Tenda construída a partir do universo criado por Deus: "Assim, como o céu – segundo a história da criação – foi estendido como um tapete, também foi prescrito que as paredes da tenda deveriam ser constituídas de tapetes. Assim como as águas do céu foram separadas das águas da terra, também uma cortina, no Templo, devia separar o lugar santo do lugar santíssimo (Cf. Ex. 26, 33). O mar de "bronze" foi construído tendo por modelo o mar contido por suas praias. Na tenda, o candelabro de sete braços representava as luzes do céu. Os cordeiros e os pássaros representavam a multidão de seres vivos que povoam a água, a terra e o ar. Da mesma forma que a terra foi entregue aos cuidados dos seres humanos, o santuário foi entregue aos cuidados do sumo sacerdote, "que foi ungido para agir e servir na presença do Senhor". Quando concluiu a construção da morada, Moisés a abençoou, consagrou com os santos óleos e a santificou, tal como o Senhor havia bendito e santificado, no sétimo dia, a obra de suas mãos (Dt. 30, 19). Assim como o céu e a terra dão testemunho de Deus, também a tenda devia ser, na terra, o Seu testemunho."

experienciados por esses povos com Deus, conforme está revelado nas Escrituras Sagradas. As lembranças boas das comunicações divinas, realizadas pelos profetas, foram sendo esquecidas, assim como as experiências dos santos que conseguiram a elevação total da alma até Deus. Alguns movimentos surgiram ao longo da história para evocar a presença divina, entre eles, no judaísmo, os essênios, que formaram comunidades ascéticas no segundo século antes de Cristo e desapareceram por volta do ano 66, por conta da invasão dos exércitos romanos e a destruição de seus assentamentos em Qumran.

Já nos primeiros séculos do cristianismo, surgiram movimentos semelhantes de busca da vivência espiritual no deserto e posteriormente nos mosteiros, com o desejo de uma vida consagrada à proposta radical de se renunciar a tudo pelo Cristo. A cristandade foi um período em que todos no Império Romano e depois sob as rédeas da Igreja Romana eram obrigados a professar a fé cristã. Todavia, como muitos não eram evangelizados, o resultado é que não tinham conhecimento e, portanto, memória da experiência do Deus libertador do Antigo Testamento e do revelado, de forma redentora, em Jesus Cristo.

A ignorância assim como a falta de memória vêm gestando, por meio dos séculos, situações bastante embaraçosas, por exemplo, o fato de a Alemanha, por um certo tempo, ter retirado da grade escolar o período sombrio do regime nazista, tentando apagar da história a fase terrível em que o país esteve mergulhado sob o governo nacional socialista.[469]

Vale a pena citar outro acontecimento histórico ocorrido no Brasil a partir do fim dos anos 60. Trata-se da ditadura militar, que durou de 1964 a 1985. Apesar da onda de violência que se abateu sobre aqueles que eram contra o regime militar, muitas pessoas nutridas pela experiência dos valores da democracia, como a liberdade de expressão, por exemplo, rebelaram-se contra aquele sistema. A ditadura não retirou deles a memória da liberdade e nem a esperança de se refazer o país a partir do potencial do povo brasileiro.[470] Apesar

[469] LENHARO, Alcir. *Nazismo*: o triunfo da vontade. 5. ed. São Paulo: Ática, 1995. p. 11. Na Alemanha, até muito recentemente, o período nazista ficava em branco nos livros escolares, por conta da vergonha e da dificuldade de carregar o fardo da culpa ou, ainda, como resistência em não assumir que as atrocidades foram realizadas coletivamente.

[470] BETTO, Frei. *A mosca azul*. Rio de Janeiro: Rocco, 2006. p. 47-56. O autor informa que a luta armada contra a ditadura foi um fracasso. As grandes lideranças de resistência ao regime militar foram sendo eliminadas. Entretanto, quando o autor saiu da prisão em 1973, deparou-se com o movimento social renascendo: a partir das comunidades eclesiais de base; do método pedagógico de Paulo Freire, adotado por algumas escolas e sindicatos; além dos partidários da esquerda que "preferiram hibernar entre as classes populares". Em 1978 houve a abertura do país para acolher os brasileiros exilados, que voltaram imbuídos de propostas sociais, mas nem todos abraçaram a realidade de pobreza do país, não se ocupando em promover a igualdade social.

de ter sido grande o número de pessoas aprisionadas, mortas e exiladas, por serem contrárias à ditadura, maior foi a esperança do retorno à democracia, conquistada em termos em 1985 com o movimento "Diretas já!".

Contudo, um desconhecimento do que foi o período da ditadura militar, mais a necessidade por parte de alguns indivíduos de um governo forte, para lhes dar segurança no lidar com as pluralidades sociais e as dificuldades financeiras que o país atravessa, vem despertando uma idealização daqueles tempos sombrios de repressão. Constata-se muita ignorância na sociedade brasileira pela falta de memória dos cidadãos ou ainda porque a memória do brasileiro não vem sendo purificada, por meio da formação escolar e também do que é veiculado na mídia, por conta de interesses escusos e, consequentemente, pelo número crescente de pessoas fora das escolas.

No Brasil do século XXI, assim como no período nazista, por meio de uma propaganda maciça, candidatos à revelia, sem história partidária, sem compromisso social com o povo, são eleitos e governam sem o conhecimento das reais necessidades da população. Manobras políticas e maquiagem dos projetos de governo vêm iludindo o eleitorado, de tal forma que a maioria da população não se recorda em quem votou na última eleição.[471] Situações bastante controversas, pois se, de um lado, a purificação da memória tem como finalidade levar a pessoa à renúncia aos bens temporais, para se lançar nos braços de Deus, por outro lado, a falta de memória de que o Reino de Deus inicia a sua construção na terra tem como consequência a eleição de políticos, para ocupar cargos públicos, não visando o bem-estar dos cidadãos. O resultado é que não há esperança de morada aqui nesta terra do Brasil, para as pessoas que estão imersas na miséria, por exemplo: o programa "Minha Casa, minha vida" corre sério risco de ser abandonado e, por outro lado, a aquisição de imóveis está cada vez mais difícil, por conta do alto custo de vida, da especulação imobiliária e de a renda do trabalhador se encontrar cada vez mais encolhida, em meio a recessão e inflação neste momento da história do país.

[471] Em entrevista à Folha de São Paulo, em 07 de maio de 2006, o cientista político Alberto Carlos Almeida apresenta o seu ensaio "Amnésia eleitoral: em quem você votou para deputado em 2002? E em 1998?", publicado no livro *Reforma política*: lições da história recente (FGV). O autor revela que 71% dos eleitores esqueceram em quem votaram para deputado federal quatro anos antes e outros 3% citam nomes inexistentes. Essa amnésia não se distribui de forma aleatória, varia de acordo com o grau de instrução do cidadão e principalmente pelo sistema eleitoral brasileiro, no qual o eleitor é induzido a votar em indivíduos e não em partidos, sendo obrigado a escolher um nome entre centenas de candidatos. Na Grã-Bretanha, com um voto forma-se todo o governo; no Brasil, em 2006, foram necessários cinco votos. Para atenuar esse problema, o autor sugere mudanças no sistema eleitoral brasileiro. Disponível em: http://www1.folha.uol.com.br/folha/brasilshtml. Acesso em: 25 out. 2016.

O filósofo Euclides Mance informa que em 2016, a existência da inflação com recessão resultava da ação das grandes empresas em querer recompor o preço de suas mercadorias em face da redução das vendas, para assim aumentar suas taxas de lucro. Consequência disso foi a oneração dos custos para as famílias, para o governo e as empresas nacionais e, ainda, para o exterior. Segundo o filósofo, a persistência da inflação, no atual ambiente de recessão econômica, não é provocada pelo consumo do Governo, pois esse permaneceu relativamente estável nesse período e não representou uma demanda superior à capacidade de oferta existente, sustentando as vendas de uma parte importante das empresas no país, que, sem esse consumo, teria de gerar mais desemprego e recessão.

De forma semelhante, também, não é provocada pela parcela de micro e pequenas empresas endividadas que, para vender os seus produtos, buscam diminuir, ao máximo possível, os preços praticados, reduzindo as taxas de lucros. Mas sim pela parcela do grande capital e das médias empresas capitalizadas, que aproveitam o momento da crise para empoderar-se. Essa parcela enxerga na atual crise econômica uma oportunidade para aumentar seus ganhos, transferindo para aplicações de renda fixa uma parte do que antes era investido como capital de giro na atividade produtiva, aguardando a quebra dos concorrentes endividados, para dominar os seus mercados. Aproveitam, igualmente, a atual crise política para forçar os governos a subtraírem direitos trabalhistas, reduzirem impostos e lhes concederem benefícios, para com isso ampliarem suas taxas de lucro e o volume total do lucro obtido.[472] O autor informa ainda que reduzir o consumo do governo, como pretendia a oposição governamental da época, agravaria ainda mais a crise, forçando a quebra das empresas mais frágeis para fortalecer as que estão capitalizadas. Esse agravamento, entretanto, é premeditado, para ampliar a concentração de capitais e para justificar as medidas a serem impostas, tanto de supressão de direitos trabalhistas e sociais, que penalizarão os trabalhadores e os mais pobres, quanto de privatização de empresas públicas.

Por conseguinte, cabe a toda pessoa o conhecimento de seu passado, retendo na memória os elementos fundamentais para se construir um presente, que alimente a esperança de um futuro promissor para si e para toda a humanidade. Em vista disso, Edith Stein retoma o pensamento de São João da Cruz

[472] Euclides André Mance é um dos principais teóricos da Economia Solidária e da Filosofia da Libertação na América Latina. Em seu artigo "Inflação com recessão e o golpe do impeachment", de 16 de abril de 2016, faz a seguinte constatação: *Dado que a economia brasileira é hegemonicamente capitalista, necessitamos analisar a relação existente entre oferta e demanda, produção e consumo, investimento e lucro para entendermos as razões de haver simultaneamente inflação e recessão.* Disponível em: http://www.solidarius.com.br/mance/biblioteca/inflacao_com_recessao.pdf. Acesso em: 26 ago. 2016.

e conclui a sua reflexão dizendo: *o importante é levar a memória à união com Deus, pela virtude da esperança, pois só se espera aquilo que não se possui, e quanto menos se possui, mais se espera o objeto desejado.*[473] Por isso que, diante de qualquer cenário político e econômico, Deus sempre toca a alma das pessoas de boa vontade, assim como suscitou no coração de numerosos alemães, no pós-guerra, o desejo de reconstruir a sua nação a partir do respeito à pessoa humana, com os talentos que o povo possui.

Destarte, citando novamente o filósofo Euclides Mance, é possível equilibrar a economia com a vivência digna na sociedade. Dessa forma, o filósofo propõe que a solução para o problema da inflação e recessão passe pelo fortalecimento e multiplicação das empresas autogestionadas de economia solidária, que devem atuar, preferencialmente, em cadeias produtivas onde se verifique maior pressão inflacionária, criando alternativas de comercialização, produção e postos de trabalho. Partindo do que é demandado pelo consumo das famílias e pelo consumo do governo, elas organizem seus *planos de produção sob demanda*, ampliando a oferta, de maneira sustentável. Isso requer a organização de *Circuitos Econômicos Solidários* que gerenciam estruturas de comercialização, intercâmbio e fundos de investimento.

Os recursos desses fundos, compostos pelos fundos de investimento das empresas participantes e pelos excedentes gerados no Circuito, são destinados, prioritariamente, à *libertação de forças produtivas*, isto é, para a implantação de novas instalações de comercialização e de produção ou para a aquisição de plantas já existentes de empresas endividadas, a serem convertidas ao modo de operação autogestionado da economia solidária. Pela mediação desses Circuitos, as empresas participantes são conectadas a *Redes Colaborativas de Economia Solidária*, que as integram a provedores, clientes e comunidades, ampliando desse modo a sua capacidade de sustentação e a geração coletiva de excedentes, que são canalizados ao Fundo de Investimento, ampliando a capacidade do próprio Circuito em realizar a libertação das forças produtivas.[474] Para Euclides, esse é um caminho possível para a saída da crise econômica atual, que deve ser fortalecida com investimento nas cadeias produtivas estratégicas para o atendimento do consumo das famílias e consumo do Governo, promovendo

[473] STEIN, E. *A ciência da cruz*: estudo sobre São João da Cruz. 5. ed. São Paulo: Loyola, 2008. p. 80.

[474] Mance, no artigo "Uma alternativa econômica para o Brasil", reflete sobre alguns elementos históricos para o entendimento da atual disputa de hegemonia no país e, em seguida, apresenta uma alternativa para o desenvolvimento socioeconômico do Brasil, centrada no atendimento do consumo das famílias, a partir do qual se reorganizam as cadeias de produção e comercialização e um sistema de financiamento sob a autogestão de trabalhadores e consumidores. Disponível em: http://www.solidarius.com.br/mance/biblioteca/alternativa_economica.pdf. Acesso em: 28 ago. 2016.

a maior distribuição de renda possível com os resultados obtidos em ações de economia solidária, que não se reduz a uma *economia de sobrevivência* ou *economia de resistência*, mas que se expande sustentavelmente como *economia de libertação*.

Assim, os espaços deixados pela falta de investimento das empresas capitalistas nesse período de crise podem ser cobertos por empresas autogestionadas da economia solidária, operando em redes colaborativas. O crescimento dessas redes possibilitará, progressivamente, expandir sua atuação pelo conjunto das cadeias de *consumo, comercialização e produção* no país. O resultado final desse processo deve ser a organização sistêmica de *outro modo de apropriação do valor econômico* e de outro *modo de produzi-lo*, fundados na autogestão dos trabalhadores e de suas comunidades, que avança para a realização de outra *formação social*, plenamente democrática, justa e solidária.

3. DIMENSÃO SOCIAL DO PENSAMENTO DE EDITH STEIN

Este capítulo possibilita compreender que o pensamento steiniano é um apelo para a humanização e a transformação das relações sociais, visando a realização pessoal, a fraternidade e a justiça, bem como o enlace caritativo entre as pessoas, promovendo a igualdade e o respeito entre os povos da terra, a semelhança do que o ser humano é chamado a contemplar e comungar no mistério da Santíssima Trindade. O capítulo inicia-se com o resgate da história de Israel, no que se refere a sua monarquia e religião, pois aí se pode visualizar o que Edith Stein apresenta sobre a política, a sociedade e a religião na época de João da Cruz. Por sua vez, pode-se captar em *A ciência da cruz* que a autora está falando indiretamente de si, bem como de seu contexto social. Realidade essa que pode ser delineada, também, na complexidade do tempo presente no século XXI.

Em *A ciência da cruz*, Edith Stein pontua que a Deus só se chega através da fé e explica que os anjos e santos estão a tamanha distância da natureza divina que o entendimento deles é incapaz de aproximar-se suficientemente de Deus. Acrescenta, ainda, que por mais que os seres humanos queiram compreender a Deus, o seu entendimento não chega a formar um conceito adequado do Senhor. Entretanto, como no passado, ainda hoje a corrente fundamentalista se prende ao sentido literal, bem como a sua própria interpretação de seu livro sagrado, como se Deus se obrigasse a comunicar aos seus eleitos única e exclusivamente dessa forma. Em nome dessas interpretações e experiências, os fundamentalistas vêm disseminando violência e morte na sociedade. Todavia, pode-se pensar que essa violência reflita o que a mística denomina de *noite passiva como crucifixão*, pois quem age é Deus, atraindo a pessoa para fazer a sua vontade, a qual vai justamente contra os detentores do poder que negam a partilha fraterna e igualitária dos bens à humanidade.

A experiência da cela no mosteiro, onde o monge tem de enfrentar os seus próprios demônios até encontrar a pacificação de sua alma, é ainda a luta do ser humano moderno, que vive sob o jugo da indiferença religiosa, mergulhado numa sociedade desumana, padecendo num regime trabalhista, bastante explorador. Nesse contexto, Deus continua inspirando carismas no seio da Igreja, para atender as necessidades das pessoas. Stein relata que João da Cruz viveu num tempo em que a imagem de Deus era sombria para o povo, mas mesmo assim conseguiu transmitir a sua experiência amorosa do Cristo, retratando um Deus de ternura e desejoso de plenificar a alma humana. De fato, Deus suscita no coração das religiões o cuidado com o próximo, e há muitos decênios a teologia católica vem trabalhando a dimensão salvífica comunitária, esforçando-se em auxiliar a sociedade a se desenvolver, preservando a dignidade humana e promovendo o relacionamento fraterno e justo entre as pessoas.

O segundo bloco deste capítulo apresenta o trabalho na perspectiva steiniana. A autora relata as atividades de João da Cruz, desde garoto até o seu incansável trabalho de reforma espiritual dos carmelitas, bem como a construção de carmelos. Edith Stein também foi uma trabalhadora que teve de lidar com preconceitos e rejeição a seu múnus profissional. Em *A ciência da cruz*, Stein narra, no *Cântico da noite escura*, o empenho da alma para chegar à união com Deus, informando acerca do labor da alma que tem que atravessar a noite, num trabalho incessante, até chegar à alvorada do novo dia, quando então a alma estará acalentada porque todos os seus desejos se acalmaram. A recuperação do domínio de seus próprios sentidos é custosa para o ser humano, pois esse tem de fazer um trabalho penoso que exige dele total despojamento, a fim de que consiga fazer morrer nele as suas tendências. Entre essas está a de querer dominar e explorar o seu semelhante. Por essa razão, a Doutrina Social da Igreja, por meio de suas encíclicas, como a *Laborem Exercens*, chama a atenção para a contribuição do próprio Cristo como modelo, inspiração e espiritualização do mundo do trabalho.

A missão laboral de Cristo, visando ao desenvolvimento social, exige refletir sobre o cristocentrismo em Edith Stein. Para a filósofa, existem três conteúdos fundamentais que dão sentido ao mistério da Encarnação: a libertação do pecado (por meio do mistério pascal), a perfeição da criação (a "ordenação da criação a ser aprimorada e consumada por Cristo") e a união amorosa com o ser humano (a Encarnação, conforme o cântico espiritual de João da Cruz, teria como finalidade as núpcias da humanidade com o Cordeiro Divino). O cristão é chamado a seguir o seu mestre transformando-se, pois não tem como se apresentar diante do Justo por excelência com uma vida cheia de injustiças. Daí que o ser humano pode viver um suplício em seu labor, pois desapegar-se das coisas do mundo configura uma verdadeira reforma, que implica abertura para a alteridade e o empenho teórico e manual para a construção de uma sociedade pacífica e igualitária. É justamente por isso que se pode interpretar e, ainda, ler nas entrelinhas desta obra de Edith Stein a necessidade de cada ser humano se dedicar ao trabalho, em virtude da dignidade que este proporciona e, também, por ser um elemento essencial para a justiça social, além de ser fonte de realização pessoal e profissional.

A terceira parte deste bloco apresenta a reflexão steiniana sobre Deus, o ser humano e a sociedade. Inicia falando da liberdade, do reino da graça e da presença do mal no mundo. Informa que a alma só será capaz de chegar a tomar decisões com plena liberdade quando estiver mais próxima de seu íntimo, que é o lugar da mais perfeita liberdade. A partir da obra *Natureza, liberdade e graça*, Stein apresenta as razões pelas quais o ser humano pode vir a ter a sua vida espiritual, bem como a sua liberdade, negligenciada ou alienada. A autora explica que a alma só pode encontrar a si mesma e encontrar paz no reino da graça, para isso ela tem de fazer escolhas. Em meio às escolhas, a alma tem liberdade para realizar atos, os quais provém de sua vontade livre, por isso pode realizar atitudes más que se oponham à vontade divina. Logo, o mal não é um ente original, pois é a liberdade da criatura a condição de possibilidade do mal.

Na história de Israel, após a libertação do Egito e a vivência no regime tribal sob a administração dos juízes, os hebreus escolheram o regime monárquico como forma de governo. A experiência de serem governados por reis iníquos fez com que no meio do povo brotasse a esperança do surgimento do Bom Pastor, que daria de fato a sua vida pelo resgate de suas ovelhas. Em *A ciência da cruz*, a autora vai tecendo a sua concepção do *Bom Pastor* ou líder político, que, assumindo a sua missão de salvaguardar o ser humano, vai travando um combate com as forças contrárias, como a do "Golias" do nazismo. Contemplando em Jesus o *Bom Pastor*, a autora compreende que a boa política visa ao amor-serviço, que promove e defende o ser humano, levando-o à comunhão com o seu próximo e, também, com Deus. A concepção política e antropológica da autora está bem explícita em suas obras: *Indivíduo e comunidade* e *Uma investigação sobre o Estado*, nas quais se encontra aquilo que foi necessário para que as tribos de Israel se tornassem um Estado: território, soberania, povo, educação, direito, trabalho e religião.

Em *A ciência da cruz*, o mistério insondável e amoroso de Deus está envolto em seu relacionamento com o ser humano. Edith Stein, quando afirma que "crer pode também significar voltar-se para a realidade", está chamando a atenção para a necessidade de uma fé concretizada na caridade com o próximo.

No apostolado é que se comprova o mistério da união e transformação da pessoa, que consiste no fato de ela colocar-se a serviço de Deus, trabalhando pela promoção humana e contribuindo para que haja os bens necessários a fim de que o ser humano viva com dignidade nesta terra.

3.1 Religião e sociedade

3.1.1 Monte Carmelo

Com um olhar transversal, a história de Israel torna-se reflexo da história de muitos povos. Quando Israel deixou de ser governada por juízes e tornou-se uma monarquia, houve muitos questionamentos por parte do profeta Samuel, pois em sua concepção o povo deixaria de ser governado por Deus, o Rei por excelência, para ser governado por um rei visível, igualando Israel a outras nações. A história da monarquia israelita revela que o exercício do governo político e religioso foi duramente criticado pelos profetas por conta da infidelidade à Aliança e, consequentemente, da corrupção do sistema governamental com o predomínio da injustiça. De fato, a cúpula do governo, os sacerdotes e o povo deixaram-se seduzir pelos reinos e impérios ao seu redor. As promessas de riquezas, por meio de alianças com as nações estrangeiras, levaram a monarquia israelita à falência, a custo da miséria do povo, gerando um número crescente de famílias mutiladas, com filhos órfãos e mães viúvas. Por isso, vários profetas anunciaram a catástrofe que se abateria sobre o povo com a extinção do Estado de Israel, primeiramente as dez tribos do Norte e posteriormente as duas tribos do Sul. A extinção da monarquia e o exílio na Assíria e Babilônia demonstram o fracasso político e social dos governantes de Israel, na condução do povo e na promoção do bem comum.

Nas Escrituras Hebraicas destacam-se duas personalidades que são também evocadas na Transfiguração de Jesus no Monte Tabor: Moisés e Elias. Ao lado do grande legislador Moisés está a figura misteriosa do profeta Elias, cuja origem é desconhecida. Sabe-se que este se destaca na tradição profética de Israel por seu desejo de abolir o paganismo e reformar os costumes inseridos em Israel; além de ser um grande taumaturgo e se ascender ao céu numa carruagem de fogo. As narrativas de I Reis 17-19, 21 e II Reis 1-2 têm como tema mais comum o conflito entre Elias e a monarquia israelita. O profeta combate o sincretismo religioso e denuncia a injustiça social no reinado de Acab (I Rs 17, 1; 18, 18; 21, 20-22; 2 Rs 1, 16). O capítulo 17 de I Reis apresenta uma teologia que confere ao profeta autoridade e poder, enquanto a construção do texto revela a ideia teológica dos ministérios de Elias e Moisés.[475] Os dois aparecem em momentos delicados da história política e religiosa de Israel. Moisés liberta os hebreus da opressão dos egípcios e os lidera rumo à liberdade. Elias, por sua vez, liberta o seu povo das garras do paganismo, sustentado pelo governo.

A história de Elias se dá no século IX antes de Cristo. Nesse período há em Israel uma sucessão de reis ímpios (I Rs 16, 30-31), a idolatria e o paganismo eram sustentados pela própria monarquia; acreditava-se que o culto a Baal (I Rs 16, 31-33) é que mantinha a fertilidade dos campos. Por isso, Elias, o profeta de Deus, invocava a seca para toda a região, a fim de que o povo se voltasse para o Deus vivo e verdadeiro. Ao manter o culto a Baal, o país viu-se imerso numa calamidade, com a fome e a miséria estrangulando o quadro social; nesse cenário há uma inversão de valores, o rei não se preocupa com a sede da população, e sim com a preservação da vida dos animais (I Rs 18, 5-6). Em I Rs 21, é narrada a história da vinha de Nabot, momento em que se evidencia o abuso de poder por parte do Rei Acab e de sua ímpia esposa Jezabel. Acab desejava adquirir a vinha de Nabot, mas não conseguiu, por isso Jezabel decidiu resolver a questão, mandando contratar falsas testemunhas que acusaram Nabot de blasfemar contra Deus e o rei. Com isso, Nabot foi lapidado e faleceu (I Rs 21, 4-13). Nesse caos político e religioso, o texto bíblico apresenta Elias confrontando-se com os profetas de Baal no Monte Carmelo. Neste local, por volta do ano 850 a.C., acontece a manifestação do Deus verdadeiro e o povo de Israel é reconduzido à fé genuína.

No final do século XI d.C., surgiu nesta região do Monte Carmelo, próximo à capela de Nossa Senhora, a Ordem do Carmo, originalmente chamada Ordem dos Irmãos da Bem-Aventurada Virgem Maria do Monte Carmelo. A intenção da Ordem era buscar fazer a experiência de Elias, cuja tradição afirma que ele tinha vida eremítica de oração e silêncio. Dentro do quadro eclesial, esses religiosos sentiram necessidade de obterem o reconhecimento por parte da Igreja. Por isso, pediram ao Patriarca de Jerusalém, Santo Alberto,

[475] O quadro geográfico dos três capítulos lembra as andanças de Moisés. Tanto Moisés quanto Elias começam sua jornada escapando da fúria de um rei e se alojando com uma família. Cada um regressa ao seu país para enfrentar e desafiar o rei e despertar a fé entre os israelitas. Cada um deixa o país novamente em uma viagem ao Sinai/Horeb, onde experimenta uma teofania. Assim como Moisés, Elias também é alimentado pelo Senhor (17, 6; cf. Ex 16, 8). A conversão das pessoas começa quando elas se "aproximam" de Elias (18, 30), que então constrói um altar como Moisés, símbolo da unidade de Israel (18, 31; cf. Ex 24, 4). Depois que Moisés havia estabelecido a aliança com o povo no Êxodo 24, ele e os anciãos de Israel subiram à montanha da teofania, comeram uma refeição e firmaram aliança diante do Senhor (Ex 24, 9-11). O convite de Elias a Acab a "subir a montanha e comer e beber" (18, 41) é um convite a renunciar aos cultos baalistas e retornar ao Senhor, como seu povo acabou de fazer.

que sistematizasse a Regra do Carmo, que foi aprovada pelo Papa Honório III em 1226. A Regra consistia em apresentar o tipo de vida que eles deveriam assumir: solidão, oração, obediência, castidade, jejum e Eucaristia. Com as invasões dos sarracenos, os carmelitas viram-se obrigados a migrar para a Europa, onde acabaram se inserindo na realidade social das cidades que surgiam e aí fundaram novos carmelos. O contato com as Ordens Mendicantes levou o grupo de monges carmelitas a rever o seu carisma, tornando-se uma Ordem Mendicante também, mantendo, porém, o ideal mariano de vida entregue à escuta da Palavra de Deus e entrega total a seu serviço na obra da salvação, além de conservar como modelo espiritual o profeta Elias.

Nos séculos que se seguiram, os carmelitas fizeram vários movimentos de reforma, mas somente com o Capítulo Geral de 1411 é que se conseguiu a reconstrução da unidade da Ordem, através da chamada "Observância das Selvas". Outro movimento de reforma ocorreu na França em 1499, porém, no período de sua existência, aconteceram vários conflitos entre os superiores gerais da Ordem. Posteriormente, no século XVI, entre as várias tentativas de reformar a Ordem, a mais acertada se deu com o Prior Geral Nicolau Audet, que propôs: a restauração da perfeita vida comum, da clausura, da pobreza, da cura dos doentes, da observância litúrgica, da formação dos noviços e do progresso nos estudos, da prevenção e cura dos efeitos negativos da doutrina protestante.[476]

As primeiras monjas carmelitas surgiram depois de 250 anos da existência do ramo masculino. João Soreth, Padre Geral da Ordem, em meados do ano 1452, introduziu a instituição da Ordem Segunda, ou ramo feminino do Carmelo, pois, desde o século XIII, muitas mulheres piedosas recolhiam-se em casas particulares, buscando viver, no afastamento do mundo, a prática da perfeição cristã por meio da oração e da penitência, adotando como norma de vida a Regra do Carmelo. Contudo, só foram reconhecidas oficialmente como monjas pelo Papa Nicolau V, no dia 5 de outubro de 1452, dando-lhes o direito de compartilhar da vida do Carmelo "em toda a sua realidade". Com isso, os Mosteiros foram se espalhando por toda a Europa. Entre todas as tentativas de

[476] A obra de Audet foi retomada – em melhores condições – por seu sucessor João Batista Rossi (1562-1578). A reforma promovida por Audet visava à restauração das antigas prescrições, mantendo sua inspiração medieval. Mas a insatisfação explodida com tanta violência na Igreja no período da reforma protestante e contrarreforma fez com que surgisse o desejo de um novo modelo de vida espiritual. O Prior Geral, Padre Rossi, soube captar o espírito deste novo curso da história e o exaltou, desejando que se tornasse o fermento para toda a Ordem. Em abril de 1567, ele se encontrou com Teresa de Ávila e a exortou a fundar novos mosteiros femininos e permitiu que se abrissem dois conventos para os carmelitas do ramo dos "descalços". Disponível em: http://fradescarmelitas.org.br/historia-dos-carmelitas. Acesso em: 25 out. 2016.

reforma da Ordem do Carmo, a mais decisiva e eficaz foi a empreendida por Teresa de Ávila.

Diante da vida religiosa das monjas com demasiado relaxamento, ou seja, as carmelitas tinham muitas saídas e pouca observância da vida interior, Santa Teresa propôs o retorno às origens, promovendo uma verdadeira refundação; havendo alcançado as raízes do Carmelo, abriram-no a novos horizontes, respondendo assim aos desafios de sua época. Para empreender a reforma, Teresa contou com a sua experiência mística, que a mobilizou a imprimir à sua vida e à nova família do Carmelo um sentido apostólico, orientado ao serviço da Igreja, à oração e à vida inteira das Carmelitas Descalças. Quando as outras companheiras do convento e quando mais tarde os avileses se inteiraram das intenções de Teresa de Jesus, passaram a murmurar, a fazer insultos e a dar vexames de todas as classes contra a fundadora e reformadora, que se manteve segura nas mãos de Deus. Neste interim, o Papa Pio V deu autorização para a reforma, e o Padre Geral da Ordem, João Batista Rossi de Rávena, pessoalmente foi à Espanha para estimular a fundação de conventos de homens com o mesmo estilo de vida, isto é, freis defensores, pregadores e estudiosos da Igreja para a extensão do Reino de Deus, diretores espirituais de suas irmãs carmelitas e homens de oração e intimidade com Deus.

Naquela ocasião, Teresa de Jesus encontra no Frei João da Cruz um companheiro capacitado para colocar as primeiras pedras da Reforma entre os freis carmelitas. Por certo tempo, os carmelitas da reforma, chamados Carmelitas Descalços, viveram uma primavera de revitalização até que os carmelitas Calçados ou Padres da Antiga Observância começaram a questionar a legitimidade da nova Reforma, o que ocasionou muitas desavenças e lutas internas. Daí que no Capítulo Geral da Ordem, em Plasência, Itália, em 1575, os reformados foram novamente submetidos ao velho tronco da Ordem, o que fez com que uma severa tormenta se abatesse sobre os Descalços. Com esse acontecimento, Santa Teresa foi confinada no mosteiro de Toledo, e João da Cruz, por sua vez, foi condenado à prisão, ficando encarcerado durante nove meses na prisão conventual dos Calçados, também em Toledo.

Entretanto, em 1577, o Rei Felipe II negou seu palacete ao Padre Tostado, encarregado de pôr em prática os decretos do Capítulo de Plasência. Essa atitude salvou a Ordem Reformada, o que fez com que, em 1578, o Padre Jerônimo Gracian reunisse os Descalços em Almodóvar Del Campo, e ali se originou uma província autônoma. Após muitas amarguras, foi aprovada pela Santa Sé, em 1580, a Reforma Teresiana, fato que causou imensa alegria a Teresa Fundadora, que morria tranquila, dois anos mais tarde. Em 1587 foi nomeado um Vigário Geral da Ordem e, no Capítulo Geral de Cremona, celebrado em 1593, foi aprovada a separação total da Reforma Teresiana. No Carmelo Reformado surgiram duas correntes que geraram disputas internas. Uma era liderada pelos freis de observância estrita, com rigorosa penitência, e que não admitia fundações fora da Espanha por receio de relaxamento. A outra corrente era liderada pelo Padre Gracian, grande amigo e confidente de Santa Teresa, que tinha uma visão mais ampla, conforme o pensamento teresiano, aberto ao apostolado.

No ano de 1600, a contenda entre as duas correntes estava tamanha que o assunto chegou ao Vaticano, de tal maneira que, para acabar com o dilema, o Papa Clemente VIII erigiu duas Congregações dentro do Carmelo Reformado: a italiana e a espanhola. A Congregação espanhola de São José limitou-se ao solo da Espanha. Distinguiu-se por uma consagração quase exclusiva à vida contemplativa e estabeleceu desertos, que deram muita glória à Ordem. Praticamente o que buscava era voltar à vida eremítica do Monte Carmelo. Apesar da divisão, as relações entre ambas eram boas. Já a Congregação de Santo Elias tinha tendências apostólicas; além das casas em Gênova e Roma, fundou no Irã, Iraque, Kuwait, Malabar, Mogol, China, Moçambique, Síria e Palestina. No transcorrer da história, as perseguições liberais e revoluções políticas do século XIX extinguiram praticamente a Ordem na Espanha. Quando finalmente terminou a tormenta, a Congregação espanhola extinta não renasceu, mas os conventos foram restaurados, passando a fazer parte da Ordem existente. Alma dessa restauração foi o Padre Manuel de Santa Teresa. Expulso da Espanha, foi à França e era então Prior do convento francês de Agén. Graças a essa unificação, a Ordem veio fortalecendo-se e crescendo lentamente, porque o golpe da revolução contra o pessoal da Congregação espanhola foi fatal. Atualmente a reforma teresiana conta com 4.000 religiosos no mundo, tendo uma vida missionária rigorosa. Prova de sua fecundidade são também as Irmãs Carmelitas, em torno de 15.000, e as numerosas Congregações de Irmãs como as Carmelitas Missionárias, fundadas pelo Padre Palau, OCD, a Companhia de Santa Teresa de Padre Henrique de Ossó, a Instituição Teresiana do Padre Poveda, e muitos outros ramos nascidos das fontes da espiritualidade e carisma eliano-teresiano, inclusive há umas cinco congregações brasileiras de inspiração carmelitana.

É nesse contexto de reforma que Edith Stein discorre em sua obra *A ciência da cruz*. O personagem principal, João da Cruz, é o grande reformador que, tendo assimilado a mensagem da cruz, auxilia Teresa de Ávila no projeto de promover o resgate do carisma carmelita e a atualização do mesmo, tendo em vista a propagação do evangelho. Apesar de impregnado da graça de Deus, o santo carmelita foi incompreendido pelos Carmelitas Calçados, que, tomados de um fanatismo, passaram a persegui-lo até conseguirem aprisioná-lo. No cárcere, Frei João era torturado de diversas formas, primeiramente o próprio espaço da cadeia era um cubículo onde o frei mal podia ficar de pé. Ali havia uma pequena fresta no alto da parede por onde entrava o ar. Queriam que João da Cruz renunciasse à Reforma e, como não aceitou a proposta dos Calçados, os carmelitas de observância mitigada pretendiam expulsá-lo da Ordem. Às sextas-feiras o levavam ao refeitório, onde lhe serviam pão e água, os quais deveria digerir sentado e cabisbaixo. Ainda no refeitório lhe mandavam ficar ajoelhado, para receber os açoites de todos. Seu hábito ficava ensopado de sangue pelas flagelações e secava no próprio corpo, pois ele tinha que continuar usando-o enquanto estivesse preso. Para piorar a situação, no verão tinha que suportar o forte calor em seu estreito cárcere. Em agosto de 1578, foi procurado pelo Prior, Pe. Maldonado; como o seu estado de saúde estava muito deteriorado, não se moveu, o que fez com que o Prior o chutasse por ele não ter levantado a cabeça para cumprimentá-lo. Diante de tamanho flagelo, João da Cruz exclama: "Estou à mercê da maldade dos inimigos encarniçados, atormentado no corpo e na alma, privado das consolações humanas e da fonte de energias que é a vida sacramental da Igreja". Contudo, mal maior se abateu sobre o santo quando se deu conta de que as trevas da noite escura invadiram o seu coração, fazendo com que experimentasse a dor de sentir Deus abandonando-o, por isso Frei João exclama: *Adonte te escondiste, Amado, y me dejaste com gemido?*[477]

Mesmo se sentindo abandonado, João da Cruz não abre mão de seu amor ao Cristo Crucificado e ao ideal da regra primitiva do Carmelo. Confronta-se com os fanáticos de seu tempo e não cede às suas pressões físicas e existenciais, por isso sofre a dilaceração na carne e na alma.[478] Traços semelhantes de combate são encontrados na vida do profeta Elias, que foi perseguido por buscar purificar a fé do povo de Israel. No Monte Carmelo, propôs um desafio aos fanáticos sacerdotes de Baal: clamar a entidade divina para que enviasse fogo do céu e consumisse os novilhos em sacrifício. Assim, o deus que se manifestasse seria considerado o Deus verdadeiro. O texto bíblico prossegue informando que os sacerdotes clamavam a Baal com gritos e depois iam se retalhando com golpes de espadas e de lança até ficarem cobertos de sangue, porém, não houve

[477] STEIN, Edith. A *ciência da cruz*: estudo sobre São João da Cruz. 5. ed. São Paulo: Loyola, 2008. p. 29-32.

[478] O fanatismo, tanto na Ordem Carmelita quanto na sociedade, transparece na radicalização de posturas e ideias que desconsideram o pensamento e a liberdade de agir do outro de forma diferente, conforme se constata na disputa entre os carmelitas calçados em relação ao novo ramo que surgia na Ordem (século XVI). Outra radicalização se deu anteriormente na disputa entre o exercício do apostolado e a prática da vida contemplativa.

nenhuma manifestação de Baal, enquanto Elias, sem nenhum ritualismo, ao clamar ao Deus de Israel pela primeira vez, já obteve o fogo que consumiu o holocausto (I Rs 18, 19-40).

3.1.2 Fundamentalismo e violência

O fenômeno do fundamentalismo, com diferentes nuanças, está presente nas páginas da Bíblia, na história do cristianismo, na Reforma Carmelita, e permeia a sociedade e as tradições religiosas em geral. Trata-se do desejo particular de alguns indivíduos de querer instalar o absoluto naquilo que é relativo, ou seja, o fundamentalista não tem dúvida e nem hesita diante daquilo que ele absolutizou ou foi levado a absolutizar. Em nome deste absoluto que foi aderido incondicionalmente como verdade, o fundamentalista é capaz de matar e morrer. A adesão ao conteúdo, tido como certeza inquestionável, dá-se principalmente em indivíduos carentes de base existencial ou que se encontram em situações de risco. Para sair das realidades angustiantes e da própria insegurança existencial, esses indivíduos se deixam instrumentalizar por personalidades fortes ou manipuladoras.

O fundamentalismo tem como pilares a interpretação literal de suas Sagradas Escrituras, com desconfiança do instrumental da razão e da ciência; a oposição ao mundo moderno, com as suas teorias evolucionistas, com os seus sistemas socialistas, com as suas tendências a conquistar o universo (obra satânica, segundo os fundamentalistas); e ainda a oposição a todo tipo de ecumenismo. Ao defender tais pilares, o fundamentalista mostra-se cego, ignorando que os livros sagrados foram escritos segundo trâmites humanos, ou seja, por homens de épocas recuadas, dotados de recursos de expressão muito diversos dos do homem moderno. Esse esclarecimento justifica – ou mesmo torna obrigatório – o estudo científico das Escrituras, com recurso às ciências auxiliares (linguística, história, arqueologia, paleografia, papirologia...) para melhor compreensão dos textos sagrados. Ignorar os gêneros literários e o procedimento dos antigos escritores é fechar-se ao mundo da Bíblia e à sua mensagem, em vez de cultivar fielmente a sua doutrina.

Nesse sentido, escreveu a Pontifícia Comissão Bíblica num relatório datado de 18/11/1993: "O fundamentalismo recusa admitir que a Palavra de Deus inspirada tenha sido expressa em linguagem humana e haja sido redigida, sob a inspiração divina, por autores humanos cuja capacidade e cujos recursos eram limitados. Por isto, tende a tratar o texto bíblico como se fora ditado literalmente pelo Espírito e não chega a reconhecer que a Palavra de Deus foi formulada em linguagem e fraseologia condicionadas por determinados modos humanos de pensar presentes nos textos bíblicos... O fundamentalismo insiste também, de modo indevido, sobre a inerrância dos pormenores dos textos bíblicos, principalmente quando se trata de fatos históricos ou de pretensas verdades científicas... O fundamentalismo assim esvazia o apelo lançado pelo próprio Evangelho". Por fim, a corrente neofundamentalista despreza todo compromisso social e temporal para apregoar um renascer espiritual (*born again*) mediante intensa experiência religiosa.[479]

Ao lado do fundamentalismo e, também, em consequência desse está a violência que estrangula o quadro social. Quando escreve a sua última obra, como se sabe, Edith Stein está imersa num momento catastrófico da história europeia. Na introdução de *A ciência da cruz* já é possível perceber o drama das pessoas que vivem na Alemanha e países anexados ao Terceiro Reich. A autora escreve, através de sua concepção teológica, utilizando-se também de seus conhecimentos antropológicos, acerca da realidade social do povo alemão, que chegou ao extremo grau de desvalorização da vida de seus inimigos, diz ela, por conta de a natureza humana se encontrar em estado decaído. Daí a incapacidade do ser humano de entrar em contato com as suas próprias características e energias vitais, latentes nas profundezas de sua alma, espaço sagrado onde nasce a concepção da vida e a perspectiva em que são encarados Deus e o universo, para reagir e evitar a transgressão dos valores fundamentais da preservação da vida. Essa incapacidade pode originar-se de uma deficiência inata da inteligência, de um embotamento geral proveniente do fanatismo de cunho político, religioso e, também, da influência externa de pessoas ou instituições que, de forma maciça, manipulam o povo, resultando na indiferença desse em relação às pessoas de seu próprio núcleo familiar e, mais ainda em relação a outras pessoas e povos. Quando trabalha a questão da empatia, Stein aborda a limitação do indivíduo que não consegue desenvolver as suas dimensões existenciais e, consequentemente, não tem vontade própria.[480] O resultado é justamente a submissão a um ego forte e dominador, no caso específico da Alemanha, a um tirano.

Como já foi anunciado, em *A ciência da cruz*, Stein explica que os anjos e santos estão a tamanha distância da natureza de Deus que o entendimento deles é incapaz de aproximar-se suficientemente de Deus. Acrescenta, ainda,

[479] Disponível em: http://www.veritatis.com.br/conheca-mais/o-que-e-fundamentalismo. Acesso em: 01 jan. 2017.

[480] STEIN, E. *Sobre el problema de la empatía*. Madrid: Trotta, 2004. p. 109-115. A autora informa que existem numerosos casos patológicos em que nem os mecanismos psíquicos e nem os racionais foram infringidos, mas são apresentados como tendo mudanças que se contrapõem à ordem racional, como a depressão orgânica ou gerada pelas realidades brutas da vida.

que o entendimento só compreende o mundo natural por meio das formas e imagens que os sentidos percebem. Isto é, por mais que os seres humanos queiram compreender a Deus, o seu entendimento, com a sua intelecção, não chega a formar um conceito adequado de Deus; de tal forma que a memória não consegue criar, pela fantasia, formas ou imagens que possam representá-lo. Na contramão desta complexidade compreensiva do mistério divino, o fundamentalista tira Deus do circuito existencial, pois tudo o que existe foi concebido por ele. Como o fundamentalista não consegue entrar ou atravessar a penumbra vacilante da fé, que segundo Stein é a escuridão, ele se radica em interpretações de seus textos sagrados ou em experiências extraordinárias, como se Deus se limitasse a falar ao coração humano única e exclusivamente através desses fenômenos captados pelos sentidos. Entretanto, Edith Stein pontua que a Deus só se chega por meio da fé, e acrescenta: *é próprio de Deus comunicar-se mais ao espírito que aos sentidos, pois os dados sensíveis representam perigo, pois tendem a opinar sobre coisas espirituais, quando neste assunto são tão ignorantes quanto um jumento nas coisas racionais*. A autora defende a importância do cultivo da fé para se chegar à união com Deus, independentemente de imagens e manifestações extraordinárias que podem induzir a alma a superestimar-se; enquanto a verdadeira experiência de Deus penetra a alma, levando-a à vivência caritativa em todas as realidades em que se encontrar.[481]

Em sua pedagogia, a filósofa almeja proporcionar um desenvolvimento integral para o indivíduo, a fim de que conquiste a liberdade interna e externa e, assim, viva com mais segurança existencial. A autora, em sua *Conferência sobre o conceito de formação* (1930), afirma que a alma se desenvolve a partir de sua própria natureza, cuja estrutura natural é, de certa forma, o seu núcleo individual acrescido do que veio de fora e que ela organizou e deu acabamento. No caso dos alemães nazistas, havia uma essência básica pertencente à peculiaridade de cada um, mas o material espiritual engendrado por Hitler e seu partido, o Nacional Socialismo, fez com que o povo acreditasse numa superioridade racial, dando-lhe força para submeter a si as nações vizinhas. Continua Stein, a sua reflexão, dizendo que a inércia e a inatividade são propriedades da parte material do ser humano, já a dimensão espiritual é ativa e viva. Quando a alma recebe em si uma grande quantidade de material espiritual e o elabora racionalmente, então está preparada para atuar e mover-se. Junto com o alimento espiritual recebe o estímulo para criar e formar a si mesma, sente-se impulsionada a fazer com que sua própria essência, que interiormente a plasma, demonstre a sua

[481] *Idem*. *A ciência da cruz*: estudo sobre São João da Cruz. 5. ed. São Paulo: Loyola, 2008. p. 62-64.

eficácia externamente, em atos e obras. Esta atividade para fora, o expressar-se, o criar e o configurar, é uma parte essencial da personalidade[482] e caracteriza a liberdade do ser humano. Entretanto, nas relações interpessoais, pode acontecer o fenômeno da desumanização, em que um indivíduo subjuga o outro de forma manipuladora. O outro passa a fazer o que é a vontade do manipulador, utilizando o seu poder de criar, de se expressar conforme a sugestão ou ordem de seu tirano. Nesse sentido, em *A ciência da cruz*, a autora desabafa: "E tu fazendo as coisas a teu modo, [...] tiranizas as almas e [...] lhes tiras a liberdade".[483] Dentro do quadro social vivido, é uma referência explícita a Hitler, que, através de sua propaganda em massa, consegue sabotar a capacidade do povo alemão de reconstruir a pátria sem o uso da máquina de guerra.

Em termos sociais, a insensibilidade e a indiferença para com a realidade podem provir da contínua repetição dos fatos, por exemplo: foi ficando tão banal a exclusão e a violência contra os judeus que os alemães passaram a achar aquele fenômeno como algo natural. Lamentavelmente, conforme é divulgado diariamente pela mídia, a violência e a corrupção continuam a ceifar vidas pelo mundo, exemplo disso é encontrado no Brasil, onde certos indivíduos tendem a tratar tais episódios de selvageria de forma trivial.[484] Stein informa que a insensibilidade se dá por conta da frequente repetição dos fatos, pois "coisas ouvidas e bem conhecidas" deixam as pessoas indiferentes. Além do fato de que as demandas pessoais, numa sociedade competitiva, podem levar os indivíduos a terem de se preocupar mais com a própria sobrevivência, em detrimento do próximo.

Na realidade alemã dos anos 30 e 40, era sabido que aqueles que ainda se opusessem ao sistema nazista eram perseguidos e mortos. Com essa brutalidade, o povo foi se calando, omitindo-se e o pesadelo foi sendo visto como "normal". A filósofa Hannah Arendt, em sua obra *Eichmann em Jerusalém*, analisa a questão do mal enquanto categoria política e histórica, ou seja, o mal se manifestando

[482] STEIN, Edith. In: URKIZA, Julien; SANCHO, Francisco Javier (Org.). *Obras completas*. v. IV. Escritos antropológicos y pedagógicos. Vitória: El Carmen; Madri: Espiritualidad; Burgo: Monte Carmelo, 2003. p. 186-187.

[483] *Idem*. *A ciência da cruz*: estudo sobre São João da Cruz. 5. ed. São Paulo: Loyola, 2008. p. 245.

[484] Durante a cobertura da queda da ciclovia da Avenida Niemeyer (21/04/2016), em São Conrado, no Rio de Janeiro, que vitimou pelo menos duas pessoas, um "detalhe" não passou despercebido: a indiferença de quem continuou seus momentos de lazer apesar da tragédia. Enquanto os dois corpos encontrados ainda estavam na areia da praia, banhistas jogavam futevôlei ali perto, aparentemente alheios à dor. EXTRA. Cena de grupo jogando altinho perto de corpos em São Conrado choca internautas, 21 abr. 2016. Disponível em: https://extra.globo.com/noticias/rio/cena-de-grupo-jogando-altinho-perto-de-corpos-em-sao-conrado-choca-internautas-rv2-2-19142329.html. Acesso em: 20 maio 2019.

no espaço institucional. Em sua obra, Hannah Arendt defende que, em resultado da massificação da sociedade, criou-se uma multidão incapaz de fazer julgamentos morais, como é o caso de Eichmann. A filósofa apresenta em seu trabalho o conceito de "banalidade do mal", ao referir-se a Eichmann, a judeus e a instituições judaicas que se submeteram ao governo nazista, cumprindo as suas ordens sem questioná-las. No caso de Eichmann, a autora informa que ele não possuía um histórico ou traços antissemitas e não apresentava características de um caráter distorcido ou doentio, mas agia segundo o que acreditava ser o seu dever, cumprindo ordens superiores e movido pelo desejo de ascender em sua carreira profissional, na mais perfeita lógica burocrática. Cumpria ordens sem questioná-las, com o maior zelo e eficiência, sem refletir sobre o Bem ou o Mal que pudessem causar. Por isso, a trivialização da violência corresponde, para Arendt, ao vazio do pensamento, no qual a banalidade do mal instala-se.[485]

Nesse sentido, entende-se a razão do silêncio e omissão de muitas pessoas e instituições diante de fatos chocantes na sociedade da qual se faz parte. Atualmente, os registros de violência pelo mundo espalham-se: guerras civis na Ásia, no Oriente Médio e na África, conflitos étnicos nos Estados Unidos, terrorismo na Europa, Ásia, África e América do Norte, corrupção generalizada no Brasil, e assim por diante. As consequências dos dramas humanitários apontam para um retrocesso no desenvolvimento social das nações. Os povos, anestesiados, convivem rotineiramente com as atrocidades e não se chocam mais com o descaso político para com a vida. No Brasil, a banalização do mal é verificada tanto no interior quanto nas capitais. Na antiga capital do país, o Rio de Janeiro, o clima de guerra entre os traficantes de droga gera pânico nos moradores da cidade. A segurança é golpeada pelo crime organizado e, também, pelo Estado que não conseguiu ainda uma política que prepare bem os profissionais da área. A repetição de crimes, na *cidade maravilhosa*, é um desafio para as diversas áreas do saber, inclusive a teológica, pois o sofrimento e a dor de Jesus crucificado continuam nos moradores e visitantes da cidade, que estão muito vulneráveis diante de tanta agressividade. Responder às inquietantes questões do povo exige uma compreensão do mistério divino que ultrapassa uma simples hermenêutica, como se verá no próximo tópico.

[485] Em 1963, com base em seus relatos escritos para a revista *The New Yorker*, sobre o julgamento, em Jerusalém, de Adolf Eichmmann, Hannah Arendt desenvolve o conceito "banalidade do mal". O conceito ainda hoje é polêmico e incompreendido, principalmente por parte da comunidade judaica. Na obra, a autora descreve não somente o desenrolar das sessões, mas faz uma análise do "indivíduo Eichmann", acusado de genocídio e crimes contra a humanidade durante a Segunda Grande Guerra e condenado à morte em 1962, em Tel Aviv. Disponível em: https://pt.wikipedia.org/wiki/Banalidade_do_Mal. Acesso em: 28 out. 2016.

3.1.3 A força do testemunho na história

É necessário um trabalho conjunto das diversas instituições sociais para que se possa, a médio e longo prazo, devolver a esperança e a dignidade de vida às famílias destruídas pela morte prematura de seus entes queridos, que pode ter se dado pela violência do tráfico, do trânsito, da falta de socorro médico, etc., e promover a cultura da vida na sociedade massificada, em meio aos fundamentalismos religiosos e cibernéticos, entre outros.[486] A cultura religiosa é mecanismo de desenvolvimento social, na medida em que fomenta no indivíduo a capacidade de dialogar e lhe proporciona uma visão global e compreensiva das tradições religiosas, bem como o conhecimento das demandas humanas.

De fato, na hierografia presente nas cavernas pré-históricas da África, Ásia e Europa, passando pelos artefatos culturais dos aborígenes da Austrália e chegando às florestas do Amazonas, apresenta-se a evolução dos ritos religiosos e, com esses, a necessidade da criação de instrumentos, para melhor atender as demandas de cunho existencial que foram se desdobrando no universo comunitário dos crentes. No respeito para com as diversas religiões e, consequentemente, na quebra de todos os preconceitos, é possível trabalhar em conjunto, visando a possibilitar aos fiéis um encontro com o sagrado, que lhes eleva o espírito e lhes humaniza para um bom relacionamento social. Uma das belezas das religiões está na evolução da concepção da vida e de tudo o que lhe cerca. Por conseguinte, faz parte da estruturação das religiões aquilo que a faz ser esta religião e não aquela, como é o caso das interdições que se dão, por exemplo, em relação a certos consumos alimentares e determinadas práticas vivenciais. Os interditos instauram diferenças, tais como puro e impuro, bem e mal; e são eles mesmos violências repressoras dirigidas aos indivíduos da comunidade, mas uma violência que só se pode deixar compreender a partir daquela instaurada pelo sacrifício: violência erigida contra uma violência mais perigosa, muralha levantada contra a propagação da violência e pilar do sistema de diferenciação que a sociedade necessita para viver em paz.

[486] ANDRADE, P. F. C. A religião no espaço público. In: OLIVEIRA, Pedro Ribeiro de; DE MORI, Geraldo (Org.). *Mobilidade religiosa*. Linguagens, juventude, política. São Paulo: Paulinas, 2012. p. 55-73. O teólogo Paulo F. C. de Andrade, em seu artigo "A religião no espaço público", comenta que os fundamentalismos contemporâneos são também frutos da modernidade e da secularização. Isso porque a modernidade, ao identificar a razão científico-instrumental como única via de acesso à verdade ou à realidade, mais do que desqualificar o conteúdo religioso, desqualifica o ato de fé. Dessa forma, o oposto da fé não é a dúvida, mas a certeza, isto é, os fundamentalismos contemporâneos apresentam certezas, levando o indivíduo à adesão incondicional a um conteúdo.

A função dos interditos é, pois, na ótica do filósofo R. Girard, criar no coração da comunidade humana uma zona protegida na qual um mínimo de não violência gere funções essenciais à sobrevivência das crianças, à sua educação e a tudo o que constitui a humanidade dos seres humanos.[487] Como a tradição religiosa está impregnada da cultura popular de determinado território, é natural a influência dos costumes regionais para dentro do aparato cerimonial da religião local, inclusive como forma de resistência ou de sobrevivência, dependendo das intempéries enfrentadas pelo povo. Na história do povo de Israel, está bem clara a preocupação da liderança dos hebreus para com a vida continuamente ameaçada, seja pela influência pagã dos povos circunvizinhos, seja por questões higiênicas e alimentares. Daí que certos interditos, como a proibição de se ingerir carne de porco e a exigência da purificação das mãos, quando se chega a casa, fazem parte justamente da preocupação com a manutenção da vida ameaçada por doenças e guerras. Como a vida é tão valiosa, o povo da Aliança, em suas Escrituras Sagradas, inseriu diversos hábitos que pudessem preservar a vida de seu povo e, ao mesmo tempo, demarcar a sua diferença em relação a outros povos.

Entretanto, graças ao processo evolutivo e às descobertas nas várias áreas do saber, as religiões são convidadas a abrir mão de todo radicalismo que não engendra vida na comunidade e, ao mesmo tempo, formar os seus fiéis para que compreendam o que é essencial, enquanto lei, que promova o relacionamento do crente com a sua divindade, bem como com a sua comunidade de fé. Infelizmente, ainda existem muitos desvios; a bioética, por exemplo, enfrenta muitas dificuldades em seu exercício, por conta de o radicalismo religioso interferir em questões médicas, como é o caso da transfusão de sangue. As testemunhas de Jeová colocam a vida de seu fiel que necessita de uma transfusão de sangue em risco de morte física ou social, pois se não for feita a transfusão ele morre, mas se acontecer a transfusão, o fiel é excluído da religião e da família.[488]

Todavia, a essência das três grandes religiões abraâmicas, bem como das tradições orientais, é a caridade e a misericórdia. A partir dessa base, é possível perceber o desenvolvimento que as religiões oferecem à humanidade. Por isso, com um foco sobre o cristianismo, a partir da vivência de Edith Stein e de sua

[487] GIRARD, René. *Des choses cachées depuis la fondation du monde*. Paris: Grasset, 1978. p. 301-303.

[488] Em virtude dos problemas criados pelas testemunhas de Jeová em relação à transfusão de sangue, encontra-se disponível na internet uma série de processos envolvendo o Estado, a advocacia (pró e contra) e a ética médica. JUSBRASIL. Testemunha de Jeová – Jurisprudência. Disponível em: https://www.jusbrasil.com.br/topicos/590173/testemunha-de-jeova/jurisprudencia. Acesso em: 20 maio 2019.

dissertação sobre a *A ciência da cruz*, este texto prossegue apresentando as transformações sociais nascidas a partir da experiência da vida eclesial. Inicialmente, os Atos dos Apóstolos narram que a comunidade cristã, nascente em Jerusalém após o evento da ressurreição de Cristo, experimentou a harmonia da vivência fraterna, partilha do pão, igualdade nas relações e diálogo. Em seguida, o livro dos Atos dos Apóstolos apresenta os *discípulos do Caminho* buscando atender a todos os necessitados, escolhendo sete diáconos para cuidar das viúvas e órfãos de origem grega, bem como a contínua preocupação de Paulo em arrecadar fundos para os fiéis que estavam em situação de miséria em Jerusalém.

Essa precariedade abateu-se sobre os povos ao longo da história e, no fim do século XIX e início do século XX, na Prússia, sobre a pequena Edith Stein, que se encontra órfã de pai com apenas dois anos e que foi criada por sua mãe viúva, bem como sobre os sete irmãos, pois os outros quatro faleceram prematuramente. Nesse sentido, é possível comparar a orfandade de Edith em sua adolescência e juventude, período em que esteve na penumbra do judaísmo e nas entranhas do racionalismo, com a noite escura que antecedeu a grande luz da Páscoa. O seu nascimento na comunidade cristã lhe possibilitou participar da comunhão com o Cristo, Caminho, Verdade e Vida, que definitivamente passou a dar sentido a sua vida. Verdade de que é possível na terra viver em fraternidade, partilha e igualdade, sob o olhar amoroso de um Mestre, que não poupou a sua vida pela redenção humana. Mas a filósofa, em seu coração, sentia o impulso de total entrega, como os *discípulos do Caminho*, por isso ela se pôs a caminhar pelas veredas da realidade social europeia, golpeada pelos interesses dos grandes impérios, anunciando o Cristo e vivendo o seu projeto, inspirado no profeta Isaías (61, 1-2a) e tornado concreto a partir de seu discurso na sinagoga de Nazaré, conforme Lucas 4, 16-21.

> Indo para Nazaré, onde fora criado, entrou, num sábado, na sinagoga, segundo o seu costume, e levantou-se para ler. Então, lhe deram o livro do profeta Isaías, e, abrindo o livro, achou o lugar onde estava escrito: *O Espírito do Senhor está sobre mim, pelo que me ungiu para evangelizar os pobres; enviou-me para proclamar libertação aos cativos e restauração da vista aos cegos, para pôr em liberdade os oprimidos, e para proclamar um ano de graça do Senhor.* Tendo fechado o livro, devolveu-o ao assistente e sentou-se; e todos na sinagoga tinham os olhos fitos nele. Então, passou Jesus a dizer-lhes: *Hoje, se cumpriu a Escritura que acabais de ouvir.*

Sob o Império Romano, os cristãos foram se moldando, no decorrer dos primeiros séculos, com o grande desafio de viver a fé e proclamá-la num mundo pagão. As perseguições e a contínua insegurança acabaram levando os primeiros cristãos ao ato heroico do martírio, não procurado, mas que se dava em virtude da recusa cristã de abandonar os valores do evangelho em benefício dos interesses da ideologia judaica, cuja classe dominante subordinava o povo a partir da interpretação da Lei Mosaica. Inclusive o martírio de Santo Estevão e São Tiago, por exemplo, deu-se no contexto da violação da Lei, com a propagação de um ensinamento novo, o que equivale à subversão à ordem da teocracia judaica.

Nesse contexto é que se deu posteriormente a perseguição romana, com o Imperador Nero Agripa. A tirânica fúria desse imperador foi cruel contra os cristãos, "a ponto de – conforme registra Eusébio de Cesaréia, Pai da História da Igreja Antiga – encher cidades de cadáveres humanos". Muitos cristãos daqueles dias, vendo as obscenas abominações e a intolerável crueldade de Nero, julgaram que ele era o anticristo. O cristianismo era visto como um empecilho para a figura dos Césares, que vinham assumindo o título de "Augustus", que quer dizer divino, instaurando o culto a si, por ser o imperador e adoração como parte do culto doméstico dos ancestrais (culto dos Lares). Um grande incêndio ocorreu em Roma e destruiu 10 dos 14 bairros da cidade. A principal causa do incêndio pode ter sido a seca daquela época. Mas os cristãos pegaram a culpa e Nero, aproveitando-se da situação, ratificou a acusação, tirando dele a responsabilidade e jogando a culpa em todos os cristãos. Em uma noite do ano de 64 d.C., ele promoveu na cidade a pavorosa e infernal "Iluminação humana", conduzindo os cristãos à Via Ápia, que era a maior estrada do Império Romano. Ao longo do caminho, os cristãos foram sendo cobertos e amarrados aos postes, em seguida os carrascos ateavam fogo em todos, iluminando a noite romana.[489]

De fato, os mártires experimentam a *noite passiva como crucifixão*, pois quem age é Deus atraindo, auxiliando e apoiando os cristãos em seu testemunho diante da crueldade do Império Romano. De tal forma que a pessoa, em íntima comunhão com Deus, vai sentindo o seu espírito se fortalecer, enquanto os sentidos vão perdendo o prazer pelas coisas terrenas, a ponto de se encontrar na história o seguinte relato de São Leão acerca do martírio de São Lourenço: "As chamas não puderam vencer a caridade de Cristo; e o fogo que queimava por fora foi mais fraco do que aquele que lhe ardia por dentro".[490] Esse processo é doloroso para a

[489] CECHINATO, Luiz. *Os 20 séculos de caminhada da Igreja*: principais acontecimentos da cristandade, desde os tempos de Jesus até João Paulo II. 6. ed. Petrópolis: Vozes, 2006. p. 41-43.

[490] Por volta do ano 257, o imperador romano Valeriano deu início a um novo período de perseguições contra os cristãos e solicitou que o diácono Lourenço entregasse as riquezas da Igreja no prazo de três dias. Nesse breve período, São Lourenço reuniu pobres, viúvas, órfãos, cegos, surdos, mudos, paralíticos, peregrinos e desamparados, para que estivessem todos diante do imperador. Depois, exclamou a seguinte frase que lhe valeu a morte: "Eis aqui os tesouros da Igreja; são as almas prediletas

pessoa, pois não consegue compreender através de seus raciocínios o mistério de Deus, que a faz se posicionar de forma tão corajosa diante de realidades brutas, como o caos criado pelas invasões germânicas no Império Romano.

Nesse cenário, as autoridades eclesiásticas tiveram de cuidar do governo das cidades em total precariedade, zelando pela sobrevivência dos pobres.[491] Por isso, a autora chama de crucifixão os sofrimentos desses indivíduos privados da subsistência, encontrando-se nesse estado de impotência diante das realidades perversas do mundo.[492] Teresa de Ávila, que tanto inspirou Edith Stein, também almejava se tornar mártir. Ainda criança, ao tomar conhecimento da vida de alguns mártires, sentiu o desejo do martírio para logo poder gozar das alegrias celestiais e, ingenuamente, planejou ir à terra dos mouros, acreditando que lá receberia a coroa da vitória como mártir, mas o plano foi interceptado antes mesmo de sair de Salamanca.[493] Stein, ao contrário, foi sentindo a espada de dor ao longo de sua vida e, ao término, a coroa do martírio foi cruenta, mas não solitária como a do Cristo, pois, tendo encontrado a verdade na pessoa de Jesus, pôde vê-lo presente junto a ela, na câmara de gás, identificado com os demais judeus, tidos como sub-humanos pelos nazistas.

A força do testemunho dos mártires, segundo Tertuliano, escritor cristão do século II d.C., fez florescer o número de cristãos. A sua célebre frase ("O sangue dos mártires é a semente da Igreja") ainda hoje repercute na espiritualidade cristã. Haja vista a resistência do cristianismo em áreas banhadas de violência por grupos terroristas, como o Estado Islâmico, que já fez tantos mártires na Síria e no norte da África nas primeiras décadas deste século XXI. Contudo, o martírio tanto na antiguidade quanto no mundo contemporâneo escandaliza as pessoas de bem, por isso faz a sociedade evoluir, na medida em que as comunidades passam a exigir respeito pela vida humana e se opõem a toda forma de violência, o que implica objetivamente a valorização do outro, bem como de sua crença. E a sociedade evolui ainda mais, quando assimila

do Senhor que valem muito mais que pedras preciosas!". A essa resposta, fazem eco as últimas palavras do mártir, que, colocado sobre um braseiro ardente e já vermelho como um tição de fogo, teria encontrado força para dizer ao carrasco: "pode me virar agora, pois este lado já está bem assado". Disponível em: www.paulus.com.br/portal/santo/sao-lourenco-diacono-e-martir. Acesso em: 17 dez. 2016.

491 COMBLIN, José. *O povo de Deus*. São Paulo: Paulus, 2002. p. 247. Os bispos foram os primeiros que instituíram a distribuição de alimentos, remédios, cuidados aos doentes pobres e sepulturas para os pobres falecidos.

492 STEIN, Edith. *A ciência da cruz*: estudo sobre São João da Cruz. 5. ed. São Paulo: Loyola, 2008. p. 50-52.

493 SANTA TERESA DE JESUS. *Livro da vida*. Petrópolis: Vozes, 2014. p. 20-21.

a riqueza espiritual dos que se posicionam, com fortaleza, denunciando os esquemas pré-fabricados que, abominando os pobres e ignorantes, faz deles peças manipuláveis, para os regimes autoritários e o mercado de capital, que querem ter o poder temporal a todo custo.

O martírio para o judaísmo consiste na entrega da própria vida, para que o Nome de Deus seja santificado. De forma análoga, o cristão torna-se mártir quando morre na luta para que haja justiça na face da Terra, à semelhança de Jesus Cristo, que santificou o Nome de Deus, que é o justo por excelência, com a sua própria vida. Edith Stein, assassinada por ser judia e mártir por ser cristã, traz em si a conjugação da racionalização da fé com a mística do amor, a luta pela justiça com a promoção da paz, bem como a solidariedade e a tolerância.[494] A Igreja, a sociedade e cada família devem assimilar esses valores para trilhar um caminho que culmine com as bem-aventuranças celestiais.

Quando cessaram as perseguições, os cristãos sentiram-se impelidos ao martírio, por meio da experiência da solidão e da aridez do deserto, local ao qual, segundo o evangelista Marcos, Jesus se dirigiu após a sua investidura messiânica e foi tentado por Satanás. O deserto, então, é visto como espaço de confronto com os demônios e, portanto, local ideal para os cristãos se unirem a Cristo em sua luta contra o mal. Santo Antão, por volta do ano 270 d.C., lançou o movimento dos Padres do Deserto, por meio do isolamento e do ascetismo. Essa foi a forma que encontrou para reparar a sua nostalgia pela tradição do martírio. As pessoas que partiam para o deserto formavam uma sociedade cristã que, de certa forma, substituiria o martírio, o qual era na época visto por muitos cristãos como a forma mais alta de sacrifício. Com o passar do tempo, o modelo de Antão e outros eremitas atraiu muitos seguidores, que viviam sozinhos no deserto ou em pequenos grupos. Eles escolheram a vida de extremo ascetismo, renunciando a todos os prazeres dos sentidos, ricas comidas, banhos, descanso e todos os demais confortos. Milhares juntaram-se a eles no deserto, dando, assim, início ao monasticismo cristão. Pequenas comunidades informais começaram a se desenvolver até que o monge Pacômio (292-348), percebendo a necessidade de uma estrutura mais formal, estabeleceu um mosteiro com regras e uma organização. Seu regulamento incluía disciplina, obediência, trabalhos manuais, silêncio, jejuns e longos períodos de oração.[495]

[494] Esses dados foram bem trabalhados no Simpósio internacional ocorrido em Roma, no ano de 1998 e, posteriormente, foram condensados no livro: *Edith Stein, testimone di oggi, profeta per domani*. Citá del Vaticano: Libreria Editrice Vaticana.

[495] CECHINATO, Luiz. *Os 20 séculos de caminhada da Igreja*: principais acontecimentos da cristandade, desde os tempos de Jesus até João Paulo II. 6. ed. Petrópolis: Vozes, 2006. p. 80-82.

Em 529, São Bento apresenta para a abadia de Monte Cassino a *Regula Benedicti*, que tinha os seguintes preceitos a serem vividos pela comunidade: a pobreza, a castidade, a obediência, a oração e o trabalho, bem como a obrigação de hospedar peregrinos e viajantes em seus mosteiros, dar assistência aos pobres e promover o ensino.[496] Por este último motivo, ao lado dos seus mosteiros, havia sempre uma escola, razão pela qual a ordem tornou-se um dos centros culturais da Idade Média, com as suas bibliotecas reunindo o que restara das obras e ensinamentos da Antiguidade. A partir da máxima *ora et labora*, a civilização europeia foi fecundada pela mentalidade culta dos mosteiros, o que possibilitou um desenvolvimento cultural brilhante, dando as bases para a criação das universidades, bem como para o surgimento dos burgos e da espiritualidade que sustentou os cristãos em meio a tantas barbáries enfrentadas na alta e baixa Idade Média, além de preparar o terreno científico para as descobertas da Idade Moderna. A influência da Ordem beneditina na vida de Stein é grande. Sabe-se que, após a conversão, ela frequentava o mosteiro de Beuron sempre que podia, principalmente por ocasião dos exercícios espirituais ocorridos anualmente no período da Semana Santa. Dom Rafael Walzer, abade do mosteiro beneditino de Beuron, assim descreve a filósofa:

> Quando Edith Stein veio pela primeira vez a Beuron, já não era certamente uma principiante. Trazia em si tantas riquezas que, na atmosfera monástica deste recanto oculto do Danúbio, reconheceu logo sua verdadeira pátria. Porém, não tinha que passar aí por nenhuma metamorfose e nada tinha a aprender de essencialmente novo. Tratava-se, de algum modo, de recolher o que outros tinham semeado e que ela própria tinha feito frutificar no melhor terreno.[497]

Atualmente a sociedade vive num complexo sistema midiático que retira o indivíduo da solidão, conectando-o com todo o mundo globalizado, por outro lado, as relações interpessoais estão áridas, justamente por conta do choque entre o virtual idealizado acerca do outro e o real construído no cotidiano. A ideologia capitalista do último século criou o estereótipo do ser humano feliz, e esse vem se consolidando banhado no luxo, na beleza e na ostentação.

[496] COMBLIN, José. *O povo de Deus*. São Paulo: Paulus, 2002. p. 247. Durante os séculos da cristandade multiplicaram-se as obras concretas de caridade para assegurar a sobrevivência dos pobres. Os hospitais e casas de misericórdia estavam abertos para acolher os sobreviventes das guerras, epidemias e desastres naturais. De fato, na história cristã se constata o fato de que numerosas pessoas desafiaram a peste ou a cólera, sacrificando a própria vida para socorrer os necessitados.

[497] HERBSTRITH, Waltraud; RICHARD, Marie-Dominique Richard. *Edith Stein*: a loucura da cruz. Paris: Editions du Signe, 1997. p. 23.

Entretanto, este tipo de vida é para uma minoria rica do mundo, enquanto a maioria vive na escassez, além de que a felicidade não está na quantidade de bens materiais adquiridos, mas na capacidade de partilhar tais riquezas. Existem aqueles que alimentam o sonho de um dia alcançar esse patamar de vida, crentes de que aí está a plena felicidade.

A lição dos Padres do Deserto é retomada por Stein quando fala da necessidade de o ser humano retomar a humildade em suas vivências, abrindo mão de toda forma de orgulho. Ela enfatiza, na obra *A ciência da cruz*, que a aridez e o vazio tornam a alma humilde. Para a carmelita, a experiência de deserto devolve à pessoa a sua condição mortal e possibilita à alma tomar consciência de suas misérias, pois, sentindo o seu próprio desamparo, há de tornar-se modesta.[498] Assim, a autora chama a atenção para que o ser humano conecte-se com o seu íntimo, onde estão as suas maiores riquezas e também as suas pobrezas. A experiência da cela no mosteiro, onde o monge tem de enfrentar os seus próprios demônios até encontrar a pacificação de sua alma, é ainda a luta do ser humano moderno. Tendo também enfrentado essa realidade, a carmelita de Breslau com o seu testemunho de vida indica o quão importante é o ser humano se abandonar em Deus, que continua a sua busca pelas ovelhas perdidas nos desertos da história; em seguida, convida os fiéis à oração, a fim de que perseverem na caminhada tenebrosa da sociedade; por fim, conclama os cristãos ao trabalho solidário, orientando e formando as novas gerações, para que sejam modestas e reconheçam em Deus o ser superior, que fundamenta a existência humana e a conduz até a união esponsorial na eternidade.

3.1.4 Carismas a serviço da sociedade

Sob a inspiração divina, os carismas foram brotando no seio da Igreja, para atender as necessidades sociais. Entre os séculos IX a XV, a Europa sofreu com o expansionismo do mundo árabe, cujos conflitos produziram numerosos prisioneiros de ambos os lados, sendo que os capturados pelos muçulmanos foram transformados em escravos. No século XIII, os escravos constituíam um dos bens mais comercializados nos portos cristãos e muçulmanos. Nesse contexto, surgiram na Europa muitos institutos de caridade, hospitais e hospedarias, mas uma Ordem religiosa voltou-se especificamente para o resgate dos cristãos escravos. Trata-se da Ordem da Bem-Aventurada Virgem Maria da Misericórdia ou Ordem Mercedária. A Ordem das Mercês foi organizada

[498] STEIN, Edith. *A ciência da cruz*: estudo sobre São João da Cruz. 5. ed. São Paulo: Loyola, 2008. p. 53-54.

primeiramente por Pedro Nolasco no início do século XIII, para libertar homens comuns que não possuíam meios de negociar suas liberdades, eram os "pobres de Cristo".

Em 29 de agosto de 1723, o advogado Afonso de Ligório dirigiu-se à Igreja da Redenção dos Cativos em Nápoles, onde tirou sua espada de nobre e a colocou sobre o altar de Nossa Senhora das Mercês. Desde então, passou a exercer um apostolado junto aos *Lazzaroni*, gente excluída da vida social e eclesial de Nápoles e, aos poucos, foi reformando os costumes dessas pobres pessoas e reconduzindo-as à vida digna.[499] Quando funda a Congregação do Santíssimo Redentor, em 1732, Santo Afonso e seus companheiros inspiram-se no Salmo 130 (129), que assegura estar no Cristo a Copiosa Redenção, para todos os que estão cativos. Na vida do fundador dos redentoristas se encontra a preocupação com os condenados à morte e a sua solidariedade se dava na participação efetiva quando os mesmos estavam presos. Nesse local, Afonso de Ligório confortava e consolava na fé os que seriam executados, acompanhando-os até o local da execução, e, em seguida, cuidava das famílias. Outra preocupação do Santo Redentorista era promover a libertação dos cristãos da forte onda jansenista, que aprisionava o ser humano a uma antropologia pessimista, que vê no pecado original a corrupção da natureza humana, doravante incapaz de qualquer obra boa e fatalmente inclinada para o mal. Afonso de Ligório vai acenar para a superabundância da graça divina e escrever a sua teologia moral contra o legalismo estéril e o rigorismo estrito, que para ele eram caminhos contrários ao evangelho. O Cristo de Lucas 4, 19, que vem trazer a libertação aos cativos e pôr em liberdade os oprimidos, é o referencial para a contínua presença da Congregação Redentorista num mundo ainda tão cheio de prisões, que vai da ignorância em relação ao saber e ao viver, passando pelas ideologias religiosas e políticas e, por fim, chegando aos cárceres do século XXI, que contém a escravidão tecnológica, burocrática, sexual, entre – infelizmente – tantas outras.

Encontra-se, em *A ciência da cruz*, a fundamentação steiniana para a liberdade humana, como dom inalienável e dádiva divina concedida ao ser humano pelo Criador. Por ser um *Eu*, a alma desfruta da liberdade de se mover em seu próprio reino, sem abandonar o lugar onde permanece. Daí conseguir abarcar tudo ao seu redor, interna e externamente, e decidir sobre questões que lhe dizem respeito. Entretanto, nem todas as decisões são tomadas com consciência, porque falta ao indivíduo o pleno domínio de si e ele é influenciado por

[499] REY-MERMET, Théodule. *Afonso de Ligório*: uma opção pelos abandonados. Aparecida: Santuário, 1984. p. 187-199.

outras pessoas. Contudo, o ser humano foi criado livre e está constantemente se defrontando a cada instante com decisões a tomar; apesar de que, humanamente falando, ninguém é capaz de avaliar todas as razões pró ou contra que influenciam suas decisões. Por isso, Stein orienta para que se tome a decisão de acordo com o que a consciência individual consiga discernir como melhor, já que não conseguiu ainda adentrar plenamente nas profundezas de seu ser. Acrescenta, ainda, que a pessoa de fé, ciente de que Deus tem uma inteligência ilimitada, buscará viver segundo a vontade deste Deus. Na vontade sacrossanta se encontra a verdadeira realização, além da certeza do bem-estar que se encontra no fazer o que é justo e certo. Na liberdade de optar pela orientação divina, acham-se incluídas todas as futuras decisões que se concretizam em cada caso determinado. O discernimento das pessoas acerca do que é justo e bom, para si e para os outros, é difícil. Daí a autora salientar: "Quem procura *hic et nunc* o que é certo, e toma decisões de acordo com seu entendimento, encontra-se a caminho de Deus e de si próprio, ainda que não o saiba".[500]

Em contraste, a autora descreve a prisão de João da Cruz como uma retaliação do inimigo aos planos do Redentor, que quer o ser humano livre para construir a sua história. Os inimigos da Reforma Carmelita algemam e aprisionam João da Cruz em um calabouço, como se fosse um criminoso e, no período da prisão, o santo vive sob forte humilhação. Todavia, o Eterno não se assombra diante da perversidade, ao contrário, Ele tudo recria. Na história de Israel, o cativeiro dos hebreus na Babilônia foi um período fecundo para a sistematização de suas Sagradas Escrituras e a fundamentação de seus direitos até conquistar a liberdade e retornar à sua terra.[501] A prisão de Jesus, às vésperas de sua Paixão e morte, humilha o ser humano prepotente que julga e condena o outro sem provas, pois no mais íntimo de si está a negar a sua própria prisão às artimanhas do Reino do Mal. Daí a probabilidade de viver de forma latente um grande conflito quando escuta o eco da voz do Mestre: *Estive preso* (Mt 25, 36) e mesmo superficialmente sabe de sua falta de solidariedade com os condenados, justamente por querer negar e ocultar o pavor solitário de suas entranhas diante da própria autocondenação.

Em João da Cruz, também, a prisão tornou-se escola e escada para que o santo pudesse se lançar às alturas do amor, levando consigo a baixeza

[500] STEIN, Edith. *A ciência da cruz*: estudo sobre São João da Cruz. 5. ed. São Paulo: Loyola, 2008. p. 133-139.

[501] Israel enquanto terra, onde as tribos se estabeleceram e de onde foram arrancados os hebreus para o cativeiro babilônico e Israel enquanto símbolo do solo sagrado, onde corre leite e mel. Portanto, da concretização da Aliança.

da condição humana, a fim de que se purifique. No cárcere, informa Stein, o Reformador da Ordem Carmelita faz a experiência mística do noivado espiritual e deseja que a sua alma seja liberta dos laços que a prendem a esta vida para poder gozar da felicidade celeste. A experiência mística de João da Cruz foi redigida e interpretada para auxiliar os seus filhos espirituais mediante as dificuldades pelas quais passavam, mas o poeta e místico também acreditava na possibilidade de que o seu *Cântico espiritual* pudesse tocar as almas imbuídas do mundo temporal e as elevasse à vivência da caridade. As estrofes do *Cântico* narram o amor de Deus pelo ser humano e a busca humana por Deus. O poema conduz o orante a um contínuo desdobrar do mistério divino nunca atingido, mas a cada irrupção de movimento a graça de Deus refaz o vigor do orante, a fim de que continue o seu caminho. A proposta desse caminho espiritual teve de contornar a penumbra da prisão de Toledo e as resistências sociais da época, fortemente marcada pela Inquisição católica. Stein rejubila-se ao falar da experiência de João da Cruz, pois o santo possibilita ao orante "divisar uma terra maravilhosa, um paraíso terrestre nos umbrais do celeste".[502]

Ao escrever as últimas páginas de *A ciência da cruz*, a autora já devia se sentir aprisionada pelas garras da Gestapo. Concretamente, alguns depoimentos relatam a postura ativa de Edith Stein, a freira alemã, nos campos de concentração, atuando junto às mães desesperadas, ocupando-se das crianças, serenando os corações aflitos dos prisioneiros e rezando por seus carrascos.[503] A sua força interior é retratada pelo último escrito, enviado do Campo de Westerbork, em agosto de 1942.[504] Neste a freira alemã informa a Madre Superiora do Carmelo de Echt acerca do seu estado de espírito que consiste em não ter mais vontade de fazer nada para garantir a sua própria segurança, pois está inteiramente em paz, e acrescenta:

> Não se pode adquirir uma *scientia crucis* (ciência da cruz) senão começando por sofrer verdadeiramente o seu peso. Desde o primeiro instante, tive

[502] STEIN, Edith. *A ciência da cruz*: estudo sobre São João da Cruz. São Paulo: Loyola. 5. ed. 2008. p. 178-192.

[503] VOLTO SANTO, M. C. *Edith Stein*: un'ebrea testimone per la verità. Milano: San Paolo, 1996. p. 202-205.

[504] MIRIBEL, Elisbeth de. *Edith Stein, 1891-1942*: como ouro purificado pelo fogo. 2. ed. Aparecida: Santuário. p. 187-188. A autora informa que Stein conseguiu enviar duas mensagens ao Carmelo de Echt. O que segue neste texto está sem data e sem indicação de lugar. A segunda mensagem teria sido escrita em 06 de agosto, quando os enviados do Carmelo conseguiram entrar no Campo de Westerbork, e um último bilhete, escrito a lápis, com estas únicas palavras, informa: "A caminho da Polônia, a amizade da Irmã Teresa Benedita".

esta convicção e disse do fundo do coração: *Ave crux, spes* única (Salve Cruz, nossa única esperança)![505]

O cativeiro da Babilônia foi a escola que deu identidade ao povo de Israel; a prisão de Jesus continua a desafiar o ser humano a quebrar as suas soberbas, parando de querer ser o juiz dos outros e, ainda, visitar aqueles que estão sob o jugo do cárcere e, nesse local, tentar compreender o que leva um indivíduo à subversão ou a atos contra o seu próprio semelhante. De fato, a prisão do inocente de Nazaré é um aguilhão a ferir a justiça deste mundo, que de olhos vendados muitas vezes falseia a verdade e encobre as injustiças, beneficiando os detentores do poder. O rapto e a prisão de João da Cruz escancaram dois fenômenos: o primeiro é que a religião fundamentalista se baseia no ser humano decaído e preso aos seus próprios interesses; o segundo é que João de Yepes, um ser humano de Deus, não se encontra preso às amarras da matéria, pois o espírito divino eleva a alma do ser humano até o infinito, possibilitando nesta viagem mística oferecer ao ser humano delícias sobrenaturais, que em muito ultrapassam os prazeres sensoriais deste mundo e propiciam um futuro de liberdade e de paz.

Edith Stein pôde experimentar essa liberdade no seio familiar, quando se encantava com os costumes judaicos; na universidade, quando desbravou geograficamente a Alemanha e fenomenologicamente a condição humana; porém as trevas do nazismo foram retirando a liberdade e os direitos dos judeus, colocando-os inicialmente na clandestinidade e posteriormente nos campos de concentração. Contudo, a alma de Stein há muito tempo já vivia em liberdade, por isso se recusou a sair da Alemanha. A atitude de ficar em território de guerra consistia em confirmar a sua solidariedade com os que sofriam e, ao mesmo tempo, plasmar a esperança de que a ideologia nazista não sairia vencedora. Por isso, a autora declara em *A ciência da cruz* que a carne do ser humano pecador está revoltada contra o espírito, pois a carne tenta aprisionar o espírito que é livre e, como vento, sopra onde quer, mas, por estar vinculado à vida carnal, sofre as cadeias da morte. A luta e o sofrimento atingiram o Cristo, em virtude de sua *kenosis*, e ainda atingem os que estão intimamente unidos a ele. Nesta guerra temporal, Jesus é solidário com o ser humano e se entrega pela redenção do gênero humano; na luta contra os seus inimigos, *afugenta Satanás e todos os espíritos malignos, e arranca as almas de sua tirania*, dando-lhes a liberdade de filhos

[505] BINGEMER, M. Clara; PINHEIRO, M. R. (Org.). *Narrativas* místicas: antologia de textos místicos da história do cristianismo. São Paulo: Paulus, 2016. p. 372-373.

de Deus.[506] Essa profecia da monja carmelita ecoa no século XXI, fazendo despertar na sociedade a inquietante preocupação com a existência de pessoas sujeitas à escravidão no mundo.

No Brasil, a Campanha da Fraternidade de 2014 abordou o tema do *tráfico humano* ou *escravidão moderna*, com o objetivo de despertar na sociedade a consciência de que o tráfico humano é um crime que atenta contra a dignidade da pessoa humana, explorando-a e limitando as suas liberdades; além de desprezar sua honra, agride seu amor próprio, ameaça e subtrai sua vida, quer seja da mulher, da criança, do adolescente, do trabalhador os quais, fragilizados por sua condição socioeconômica e/ou por suas escolhas, tornam-se alvo fácil para as ações criminosas de traficantes. A Campanha da Conferência Nacional dos Bispos do Brasil (CNBB) registra que o tráfico se dá para a exploração do trabalho, exploração sexual, a extração de órgãos e a venda de crianças e adolescentes para adoção ou outras finalidades aviltantes. O manual da Campanha da Fraternidade ainda informa que, segundo a ONG WalkFree, há 30 milhões de pessoas no mundo exploradas no tráfico humano. Já segundo a OIT (Organização Internacional do Trabalho), são 21 milhões de pessoas no mundo, e 1,8 milhões na América Latina. As vítimas são 74% adultos (15,4 milhões); 26% abaixo de 18 anos (5,6 milhões); sendo 55% mulheres e 45% homens. Essas atividades agridem a Declaração dos Direitos Humanos, promulgada em 1948, cujo artigo primeiro diz: *Todos os homens nascem livres e iguais em dignidade e direitos. São dotados de razão e consciência e devem agir em relação uns aos outros com espírito de fraternidade*. A Igreja, diante de tamanha atrocidade contra o ser humano, conclama a sociedade para que se organize, a fim de garantir a conscientização e a prevenção das pessoas, principalmente das mais vulneráveis, acerca dos riscos que correm em meio a mobilidade humana; pede que haja a denúncia dos aliciadores, assim como do próprio sistema econômico que faz do ser humano um refugo social e se prontifica para auxiliar na reinserção social dos que foram escravizados.[507]

De fato, é essencial para o cristianismo o cuidado com o próximo e há muitos decênios a teologia católica vem trabalhando a dimensão salvífica

[506] STEIN, Edith. *A ciência da cruz*: estudo sobre São João da Cruz. 5. ed. São Paulo: Loyola, 2008. p. 218-219.

[507] BAUMAN, Zygmunt. *Vidas desperdiçadas*. 2. ed. Rio de Janeiro: Zahar, 2005. p. 63-107. O sociólogo polonês Z. Bauman apresenta nessa obra a problematização da condição de seres humanos, que literalmente sobram no mundo contemporâneo, apresentando o conceito de "refugo humano" para se referir a essas pessoas que são confundidas com lixo atualmente. São milhões de pessoas invisíveis que sobram porque estão à margem do mínimo necessário para que sejam reconhecidas como seres humanos.

comunitária, mudando o conceito da missão, que deixa de se preocupar unicamente com a salvação das almas, introduzindo a dimensão da salvação integral do gênero humano, bem como a promoção das pessoas, para que vivam com dignidade na terra à semelhança do que será vivenciado no *novo céu e na nova terra*. Todavia, antes do Concílio Vaticano II, a atividade da Igreja era orientada para a salvação individual das almas. Depois apareceu o projeto de uma salvação coletiva, salvação representada pelo povo de Deus. Em toda a América Latina, o surgimento do conceito "povo de Deus" fez com que muitos católicos procurassem o diálogo com o mundo em transformação, onde se devem garantir os direitos, a dignidade e a liberdade do povo. Em casos extremos, alguns cristãos tomaram parte em movimentos de insurreição militar, inclusive na Nicarágua até os bispos aprovaram o movimento de insurreição contra o Presidente e ditador Somoza, nos anos 50. Em outros casos, os católicos participaram em movimentos não violentos de transformação social, tais como: os cristãos pelo socialismo no Chile; os movimentos populares em El Salvador e na Guatemala, movimentos indígenas. Com a redemocratização do Brasil, muitos católicos na Igreja acharam que a sua tarefa estava concluída, que a democracia resolveria os problemas sociais e também os problemas da pobreza.[508]

Dessa forma, constata-se que o século XX foi marcado por um profundo engajamento social dos leigos, conciliando a fé com o exercício pastoral da caridade, antes e depois do Concílio Vaticano II, que aprovou os movimentos eclesiais na sociedade de forma maciça, como a Ação Católica, com seus setores, principalmente de jovens, do mundo rural (JAC), estudantil (JEC), independente, isto é, de classes médias (JIC), operário (JOC) e universitário (JUC), e incentivou o apostolado cristão nos meios mais delicados da sobrevivência humana, além de impulsionar o diálogo com as diversas tradições religiosas. No Brasil, na década de 1960, a Igreja Romana esteve presente nas atividades da sindicalização rural e educação popular, além da intensa atividade social e política, com o intuito de salvaguardar tantas vidas martirizadas pelo espectro da fome na cidade e na zona rural.

[508] COMBLIN, José. *O povo de Deus*. São Paulo: Paulus, 2002. p. 344-347. Segundo Comblin, a redemocratização foi uma manobra das classes dirigentes, que se deram conta de que a permanência do regime militar poderia provocar reações populares muito fortes em longo prazo, tendo em vista a grande mobilização pelas "Diretas Já". Por isso, os cristãos não podem se acomodar, pois a ação política dentro da chamada democracia não conseguirá estabelecer a justiça sem que a Igreja tenha que interferir. De fato, o cidadão está sujeito a manipulação midiática que torna o seu voto inconsequente, pois as elites dirigentes impedem que os governos, mesmo eleitos de modo democrático, tomem medidas desfavoráveis a elas.

Às vésperas da implantação da ditadura militar, a CNBB posicionava-se a favor das reformas sociais e, nos vinte anos seguintes do regime militar (1964-1985), quando se fecharam no país os espaços de articulação política, sindical e social, a Igreja foi um ambiente de relativa liberdade de organização e de ação. Nesse contexto surgiram a Comissão da Pastoral da Terra (CPT) e o Conselho Indigenista Missionário (CIMI), e se desenvolveram a pastoral operária e as pastorais de juventude. Mas a presença decisiva foi das Comunidades Eclesiais de Base (as CEBs), que foram brotando em diferentes Igrejas locais (Vitória, Goiás, Crateús e, logo depois, na periferia de São Paulo). Eram pequenos grupos de cristãos de setores populares que se reuniam para momentos de oração e de celebração de sua fé, mas também de reflexão sobre seus problemas concretos de trabalho, saúde, educação, direitos humanos, etc. Havia uma ligação muito profunda entre fé e vida concreta, que estaria na base da reflexão latino-americana desses anos, em torno à Teologia da Libertação.

Nesse cenário de conflito, a Igreja criou as Comissões de Justiça e Paz, para se manter presente na defesa dos direitos humanos e na denúncia à repressão e à tortura, sem restrições às diferentes crenças e ideologias. Depois da abertura democrática, a presença da Igreja seguiu vigilante no trato da coisa pública, através de seus posicionamentos acerca da criação de uma política agrícola; a garantia de uma justa distribuição do solo urbano; a preservação do meio ambiente; o incentivo para que os trabalhadores participem da construção da sociedade; e, ainda, a auditoria da dívida externa. Em 2002, a CNBB lançou o Mutirão Nacional da Superação da Miséria e da Fome com a intenção de mobilizar todo o país, para que se realizasse uma caminhada pela conquista do alimento e melhorasse a nutrição do povo brasileiro.[509]

As transformações propiciadas pela religião católica, no seio social, abrangem setores esquecidos até mesmo pelos governantes. Nas entranhas da caridade cristã, surgiram os primeiros hospitais, orfanatos, asilos, albergues e educandários, além dos colégios e universidades criados por congregações religiosas. Das necessidades do povo foram brotando as pastorais no seio da Igreja, tendo o apostolado se configurado a partir do foco a ser cuidado. No mundo do trabalho, por exemplo, o operário é acompanhado e formado, a fim de que tenha os seus direitos garantidos. A Pastoral Social visa concretizar em ações sociais a promoção do ser humano. A Pastoral do Menor tem como missão a "promoção e defesa da vida da criança e do adolescente empobrecido e em

[509] SOUZA, Luiz Alberto Gómez. As várias faces da Igreja Católica. *Estudos Avançados*, São Paulo, v. 18, n. 52, set./dez. 2004. Disponível em: http://www.scielo.br/scielo.php?script=sci_arttext&pid=S0103-40142004000300007. Acesso em: 20 maio 2019.

situação de risco, desrespeitados em seus direitos fundamentais". A Pastoral da Terceira Idade tem por objetivo a melhoria da qualidade de vida das pessoas idosas e a implementação do Estatuto do Idoso. A Pastoral da Criança promove o desenvolvimento integral das crianças pobres, da concepção aos seis anos de idade, em seu contexto familiar e comunitário, a partir de ações preventivas de saúde, nutrição, educação e cidadania. A Pastoral Carcerária, por sua vez, leva o Evangelho às pessoas privadas de liberdade e zela para que os direitos e a dignidade humana sejam garantidos no sistema prisional. Entre as atividades dessa pastoral, estão as visitas a todas as dependências prisionais; diálogo com a sociedade, a fim de promover uma consciência coletiva comprometida com a vida e a dignidade da pessoa humana; participação em debates na imprensa; apoio jurídico e social às famílias de presos e acompanhamento de denúncias de violação de direitos humanos. Entretanto, apesar de apresentar propostas tão humanizadoras, no Brasil, a maioria dos detentos, há décadas, vem se tornando fiel das igrejas neopentecostais.

Além das pastorais citadas, a Igreja Católica busca, também, atingir públicos distintos, para isso foram criadas diversas pastorais como: a Afro-Brasileira, a da Mulher Marginalizada, a Pastoral do Povo em situação de Rua, dos Migrantes e Nômades, a Pastoral da Saúde e, em particular, a Pastoral de DST/AIDS; a Pastoral da Cultura e da Educação; da Sobriedade, do Turismo e dos Surdos. Atualmente o grande desafio é a inserção na Igreja Romana do Grupo de Ação Pastoral da Diversidade (GAPD), com o objetivo de promover encontros entre católicos LGBTI+, conciliando a sua fé com a orientação sexual. Por fim, em seus primeiros passos se encontra a Pastoral do Meio Ambiente (Ecológica), dos Esportes e da Mobilidade Humana. Assim, percebe-se o esforço da religião católica em auxiliar a sociedade a se desenvolver, preservando a dignidade humana e promovendo o relacionamento fraterno e justo entre as pessoas.

3.2 Trabalho na perspectiva steiniana

3.2.1 O labor da alma e de Deus

A ciência da cruz nasceu a partir da solicitação do superior da Ordem Carmelita à Edith Stein, para se comemorar os 400 anos do nascimento de São João da Cruz. A obra, ao apresentar a mística do reformador da Ordem do Carmo, narra o trabalho da alma para se chegar a união com Deus. Na *noite dos sentidos* e na *noite do espírito*, a alma se desdobra laboriosamente, para se purificar e alcançar a *noite passiva*, na qual Deus trabalha em benefício da alma, a fim de que ela atinja a união mística.[510]

O trabalho é um tema caro a Stein, por isso ela apresenta nessa obra os afazeres de João da Cruz, desde garoto até o seu incansável trabalho ao percorrer os carmelos para realizar a reforma almejada. A questão do trabalho é algo delicado na vida de Stein, pois, enquanto professora de filosofia, teve de lutar muito para conseguir um lugar onde pudesse exercer o magistério, que tanto amava. Apesar de lecionar e proferir conferências por mais de uma década, Edith Stein sofreu o preconceito por ser mulher, quando buscava obter uma cátedra na Universidade de Göttingen, Freiburg, Kiel e Breslau, até que foi aceita em 1932 como docente no Instituto Alemão de Pedagogia Científica em Münster.[511] Um ano mais tarde o preconceito novamente a retirou de sua profissão, por conta de ela ser judia.[512]

Militante desde jovem, Stein tem ciência da realidade socioeconômica da Alemanha e narra, nas entrelinhas de sua obra *Vida de uma família judia*, a realidade dos operários nas três primeiras décadas do século XX na Alemanha. Mediante essas prerrogativas, é possível interpretar esta obra mística, *A ciência da cruz*, como uma descrição do mundo do trabalho e de questões que envolvem o operário em seu labor.[513] Por meio do caminho espiritual, é possível fazer uma leitura do trabalho humano à luz do trabalho realizado pela alma e por Deus, para se atingir a plenitude. Ao longo do percurso cronológico das atividades humanas, as pessoas se deparam com muito daquilo que Stein relata a seguir acerca do labor espiritual. A partir dessa explanação, é possível desenvolver o potencial que Deus concedeu ao ser humano, a fim de que se reforme a visão sobre o trabalho, dando condições ao trabalhador de uma vida digna em meio aos desafios do neoliberalismo e das novas tecnologias, que não podem escravizar e nem aniquilar a liberdade e a vida humana, mas servir para que os povos em geral conquistem ainda na terra os bens necessários para a sua sobrevivência.

[510] STEIN, Edith. *A ciência da cruz*: estudo sobre São João da Cruz. 5. ed. São Paulo: Loyola, 2008. p. 46.49.

[511] *Idem*. In: URKIZA, Julien; SANCHO, Francisco Javier (Org.). *Obras completas*. v. I. Escritos autobiográficos y cartas. Vitória: El Carmen; Madri: Espiritualidad; Burgo: Monte Carmelo, 2002. p. 497-500.

[512] *Idem*. In: URKIZA, Julien; SANCHO, Francisco Javier (Org.). *Obras completas*. v. IV. Escritos antropológicos y pedagógicos. Vitória: El Carmen; Madri: Espiritualidad; Burgo: Monte Carmelo, 2003. p. 35. Em abril de 1933, Hitler impõe a lei que proíbe a presença dos judeus em cargos públicos, o que impossibilitou a Edith Stein lecionar e proferir conferências na Alemanha.

[513] *Idem*. *A ciência da cruz*: estudo sobre São João da Cruz. 5. ed. São Paulo: Loyola, 2008. p. 163-192.

O empenho da alma, para se chegar à união com Deus, está contido no *Cântico da noite escura*, que Stein interpreta dando as bases para se compreender, na imagem poética dos versos, o labor da alma que tem que atravessar a noite, num trabalho incessante, até chegar a alvorada do novo dia, quando então estará sossegada porque todos os seus desejos se acalmaram.[514] O labor noturno da alma inicia-se com o exercício da oração e meditação, fase em que os principiantes podem usar da imaginação, como meio remoto, para auxiliar a entrada na meditação. Essa, por sua vez, deve levar a alma a longos exercícios, a fim de que ela não mais se deleite com a meditação discursiva e se sinta desejosa de repousar unicamente em Deus. Em seguida vem a mortificação dos desejos, que vai consistir no desapego e na renúncia às coisas deste mundo, por meio da mortificação do prazer, da esperança, do temor e da dor. Tendo chegado a este ponto, a alma se fortaleceu espiritualmente e passa a enfrentar a aridez purificadora, que gera uma sensação de vazio, dolorosa angústia e preocupação. A aridez e o vazio tornam a alma humilde, o orgulho desaparece e as pessoas passam a ser tratadas com amor e estima, pois a avareza espiritual foi radicalmente curada.

Ao superar a aridez, a alma experimenta a comunicação de Deus para com ela; inicialmente, ele se adapta à natureza da alma, comunicando-lhe "o espiritual por meio de coisas exteriores, palpáveis: dá-lhe instrução por formas, imagens e meios acessíveis a seu modo de entender [...], ora naturais, ora sobrenaturais [...], e também por raciocínios; [...] e a eleva paulatinamente ao entendimento de seu supremo espírito".[515] João da Cruz chama de revelações duas formas de comunicação espiritual: conhecimentos intelectuais e revelações "em sentido próprio e estrito"; por meio dessas formas são revelados os mistérios. Os conhecimentos desvendam verdades sobre o Criador e as criaturas, o que traz consigo incomparável e indizível deleite, pois esses conhecimentos referem-se diretamente a Deus e ficam profundamente gravados na alma. Esses conhecimentos só os podem ter a alma que chegar à união com Deus, porque eles mesmos são a união, já que recebê-los consiste num certo toque da alma com Deus, toque que penetra a essência da alma e a purifica de suas imperfeições. "Esses toques são tão saborosos e intimamente tão deleitosos que com um deles a alma se daria por bem paga de todos os sofrimentos que em sua vida houvesse padecido...".[516]

514 STEIN, E. *A ciência da cruz*: estudo sobre São João da Cruz. 5. ed. São Paulo: Loyola, 2008. p. 45.

515 *Ibidem*, p. 67.

516 STEIN, E. *A ciência da cruz*: estudo sobre São João da Cruz. 5. ed. São Paulo: Loyola, 2008. p. 70.

A segunda comunicação espiritual são as revelações e sensações espirituais e percepções naturais dos sentidos que deixam na memória ou na fantasia vivíssima impressão. Caso a alma se apegue e se ocupe com as impressões naturais ou sobrenaturais, terá menos capacidade e disposição para entrar no abismo da fé. Por outro lado, se pratica a renúncia, a alma não perderá o tempo que poderia gastar com os mestres espirituais e, logo, estará fazendo a vontade de Deus. Nesse momento, a alma já penetrou na contemplação, onde não há mais raciocínio e nem discursos sucessivos. A alma deseja ficar a sós e em quietude, enquanto se dá a infusão secreta, pacífica e amorosa de Deus; a alma se vê mergulhada num profundo esquecimento e vive como que fora do tempo; a oração que brota lhe parece breve, embora às vezes dure horas. A atividade da alma nesse estado consiste simplesmente em "receber o que é dado... nas iluminações e revelações ou inspirações de Deus".

Nesse estado de união de amor, Deus não se comunica por meio de visões imaginárias ou semelhanças, mas boca a boca, ou seja, em sua essência. Os proveitos oriundos da primeira noite para a alma são: o conhecimento próprio; o reconhecimento da própria miséria; a atitude de não mais descobrir bem algum em si mesma e aprendizado de apresentar-se com mais reverência diante de Deus. Tendo superado a primeira noite, a alma entra numa fase de transição que a conduzirá para a *noite do espírito*. Na transição, a alma experimenta, além da aridez e do vazio, dolorosas e profundas provações, com o objetivo de fazer com que venha a se fortalecer.[517]

A segunda noite, chamada de noite da fé, não é somente noite escura, mas também caminho para a meta, isto é, a união com Deus. Para conseguir a transformação sobrenatural, a força da luz da fé absorve a luz do entendimento, de tal forma que a alma não se apoie em nada do que possa entrar pelo olho, de tudo quanto se possa receber pelo ouvido, de tudo quanto se possa imaginar pela fantasia e compreender com o coração. Caso a alma queira apoiar-se em suas próprias forças, experimentará somente dificuldades e obstáculos. Com a entrada da alma na noite do espírito, a fé é o caminho que através da noite leva à união com Deus, por isso nela se realiza o doloroso renascimento do espírito, a transformação de sua existência natural em sobrenatural. A finalidade do espírito é de se libertar da escravidão do apego às coisas criadas e se entregar ao Criador com todas as suas forças, o que é possível através de um trabalho de educação e despojamento. Continua Stein informando que é Deus quem

[517] SÃO JOÃO DA CRUZ. *Obras completas*: noite escura. 7. ed. Petrópolis: Vozes, 2002. p. 441-485. João da Cruz informa que a alma, nesse cântico, passa por apertados trabalhos e angústias, mediante o exercício espiritual do caminho estreito da vida eterna.

dá o estímulo inicial e completa o trabalho, exigindo, porém, a colaboração do ser humano por meio de sua própria atividade espiritual, que engloba a fé.[518] Essa vai dirigir a inteligência para o Criador, dando a possibilidade de a alma conhecer os atributos divinos. Quando a inteligência aceitar o que lhe foi proposto sem poder conhecê-lo pelo entendimento, dará o primeiro passo para a *noite escura da fé* adentro.

Como já foi anunciado, na *noite dos sentidos*, chega um momento em que a alma perde o gosto pelas práticas espirituais e por todas as coisas terrenas, sendo conduzida à escuridão e a um vazio total. Diante desse cenário, não resta alternativa para a alma a não ser se apegar a fé. Fé delicada que extrapola a compreensão humana, pois já se dizia no passado: *escândalo para os judeus e loucura para os gregos*. Trata-se da fé que coloca o Cristo diante dos olhos: *Cristo pobre, humilhado, crucificado e abandonado na cruz pelo próprio divino Pai*.[519] É na pobreza e abandono de Cristo que a alma reconhece sua própria situação: aridez de espírito, repugnância e trabalho extenuante. Aceitando esse fardo, a alma encontrará na cruz o cajado que a levará ao cume da montanha e, mais ainda, ao reconhecer que Cristo, em sua extrema humilhação e aniquilamento na cruz, realizou a maior das obras – a reconciliação da humanidade com o Pai –, a alma compreenderá que o aniquilamento sensitivo e espiritual há de conduzi-la à união com Deus.[520]

Com essa vida de fé, o espírito eleva-se acima de sua atividade natural, embora sem desligar-se dela.[521] Essa atividade, pela qual o espírito se apropria interiormente do conteúdo de fé, consiste na meditação, que João da Cruz afirma ser uma forma superior de meditação, na qual o Espírito Santo anima

518 STEIN, Edith. *A ciência da cruz*: estudo sobre São João da Cruz. 5. ed. São Paulo: Loyola, 2008. p. 98. Edith Stein explica que, no contexto acima, a fé é tudo quanto foi proposto para se crer, ou seja, o conjunto de verdades reveladas pela Igreja – *fides quae creditur* –, que é uma atividade viva do espírito, a que corresponde uma atividade permanente. Portanto, a convicção de que Deus existe – *credere Deum* – e a aceitação convicta de que ele ensina pela Igreja – *credere Deo*.

519 MIRIBEL, Elisabeth de. *Edith Stein 1891-1942*: como ouro purificado pelo fogo. 10. ed. Aparecida: Santuário. p. 60. Esta é justamente a situação de Edith Stein diante da serenidade de Anna Reinach, após a morte de seu marido. A postura de fé da Sra. Reinach mobiliza a alma de Stein a ponto de ela confessar que aquele momento foi o seu primeiro encontro com a cruz, quando a luz de Cristo refulgiu em seu coração no mistério da cruz.

520 STEIN, Edith. *A ciência da cruz*: estudo sobre São João da Cruz. 5. ed. São Paulo: Loyola, 2008. p. 102-103.

521 *Idem*. In: URKIZA, Julien; SANCHO, Francisco Javier (Org.). *Obras completas*. v. IV. Escritos antropológicos y pedagógicos. Vitória: El Carmen; Madri: Espiritualidad; Burgos: Monte Carmelo, 2003. p. 946-986. Stein trabalha o tema da fé e inicia afirmando que o fundamento sobre o qual tem de se elevar o edifício da vida sobrenatural é a fé, em seguida desdobra o tema a partir das afirmações do Concílio Vaticano I e comentários de filósofos modernistas.

e eleva o espírito humano, o qual se sente nas mãos de um poder superior que o ilumina: a tal ponto que não lhe parece ser sua a atividade, mas da revelação divina que o instruiria. Assim, o que o espírito conseguiu pela meditação torna-se aquisição permanente, pois equivale a um tesouro de verdades acumuladas que podem ser retiradas da memória quando necessário. O espírito familiariza-se com Deus pela contínua atenção, conhece-o, ama-o. Dessa forma, o conhecimento e o amor tornam-se parte do espírito, e a cada encontro a alma tem um reavivamento e um acréscimo de amor.[522]

Após um longo exercício de vida espiritual, a alma não precisa da meditação para aprender a conhecer e amar a Deus, pois já terminou a caminhada e repousa no objetivo alcançado. Passa a acontecer, também, o fato de que a pessoa logo que se põe em oração, já está com Deus e permanece com ele pela entrega amorosa. Edith Stein vai informar que essa é a contemplação adquirida, fruto de muito esforço próprio, estimulado e sustentado por muitas graças. Encarada em si própria, a contemplação pode ser considerada uma forma de fé, pois a alma se abandona, entregando-se a Deus, por meio da fé. Esse é o mais alto grau de vida de fé que se pode atingir pela atividade própria do espírito e é, também, a maior elevação possível acima das condições da existência natural.[523]

Entretanto, em meio aos numerosos afazeres do cotidiano, a maioria das pessoas que se decidem seriamente por uma vida espiritual só podem dedicar à oração e à meditação somente uma parte de seu dia, no mais se dedicam às coisas criadas, procurando de forma inteligente sondar e dominar o mundo. Dessa forma, adquirem bens temporais e deles desfruta, mesmo fazendo certas renúncias por influência da vida espiritual, o que leva novamente a alma a satisfazer os seus sentidos, ainda que faça grandes renúncias por influência da vida de oração.[524] Assim, para que ela não se perca em meio às paixões dos sentidos, Deus vem ampará-la, através de comunicações extraordinárias que tornam os prazeres deste mundo "pálidos e desinteressantes".

[522] *Ibidem*, p. 945. Na obra *Que é o homem?*, a autora trabalha a nova plasmação da alma pela graça, isto é, a graça divina remodela a alma humana, inserindo um novo entendimento até então incompreensível.

[523] SÃO JOÃO DA CRUZ. *Obras completas*: noite escura. 7. ed. Petrópolis: Vozes, 2002. p. 486-493.

[524] STEIN, Edith. In: URKIZA, Julien; SANCHO, Francisco Javier (Org.). *Obras completas*. v. IV. Escritos antropológicos y pedagógicos. Vitória: El Carmen; Madri: Espiritualidad; Burgos: Monte Carmelo, 2003. p. 149-157. Em 1930, por ocasião dos 900 anos da catedral de Espeyer, Edith Stein apresentou o seu artigo: "Educação Eucarística". Nele a autora apresenta a Eucaristia como centro da vida cristã, donde emana a gratidão a Cristo por seu gesto de amor, condensado na Eucaristia; a necessidade de testemunhar o sacrifício de Cristo com uma vida influenciada pela Eucaristia, o que demanda a transmissão da vida eucarística aos outros. Essa reflexão de Stein encontra-se nas entrelinhas de suas obras e é uma possibilidade de se viver a espiritualidade íntima com Cristo no cotidiano.

Contudo, explica a autora que a pessoa ainda está no meio do caminho para a união com Deus, por isso deve se desapegar das comunicações sobrenaturais, ou seja, a força do mundo natural e a força dos dons sobrenaturais têm de ser substituídas por uma realidade ainda mais poderosa. É o que acontece por meio da *noite passiva* – sem ela *a noite ativa* nunca chegaria ao final. Nesse estágio, acontece a contemplação obscura e mística em que Deus intervém para livrar a alma dos laços de todas as criaturas, atraindo-as para si e privando a alma de tudo quando lhe trazia luz, amparo e consolo. Nesse momento, acontece a segunda purificação, quando Deus transmite à alma, que ainda não se acha totalmente transformada, o raio de luz de sua sabedoria. Esse raio provoca tormento e pena na alma por conta de que a divina contemplação infusa contém perfeições boníssimas, enquanto a alma que a recebe se vê colocada num mar de penas horríveis, porque coisas contrárias não podem coexistir num mesmo indivíduo.[525] Isto é, a alma ainda carrega a fraqueza natural, moral e espiritual que a faz se sentir miserável e impura, por isso é que a contemplação divina investe sobre ela, a fim de robustecê-la e torná-la dócil, tamanho sacrifício ela experimenta por sua fraqueza que quase chega a desfalecer. Sente-se profundamente pobre e vazia de tudo, imersa na miséria de suas imperfeições, acreditando que até Deus a abandonou. Por sua vez, Deus purifica a alma, aniquilando-lhe todos os vícios, faz isso para humilhá-la e depois elevá-la mais alto ainda. Se esse estado perdurasse, a alma morreria em pouco tempo.

Esse processo de purificação pode durar anos, com interrupções, e se dá até que o espírito esteja suave, humilde e purificado, e se torne tão sutil, simples e delicado que possa unir-se ao Espírito de Deus, no grau de união amorosa que a misericórdia divina quiser conceder. Quando a contemplação escura deixa de atuar como purificação, a alma sai do calabouço e pode recrear-se livremente, sentindo suavíssima paz e íntima amizade com Deus.[526] Posteriormente, quando a alma estiver mais segura, a contemplação purificadora volta a lançá-la noutro grau de sofrimento mais penoso, escuro e lastimoso que o anterior, para purificar o espírito das propensões contraídas por sua parte inferior.

Mediante a contemplação, a alma sente a inibição de suas energias, não consegue orar e acha que Deus tornou a abandoná-la. Na verdade, esse é o momento em que Deus age passivamente na alma, por isso ela deve se calar e se humilhar, suportando com paciência a purificação. Dependendo da força com que a luz divina penetre na alma, essa ficará obscurecida, esvaziada e

525 SÃO JOÃO DA CRUZ. *Obras completas*: noite escura. 7. ed. Petrópolis: Vozes, 2002. p. 495.

526 *Ibidem*, p. 503-504.

aniquilada. Embora humilhe e deixe o espírito na miséria, a edificante *noite passiva* faz isso para elevá-lo e enaltecê-lo, é por essa razão que o priva de toda a posse e inclinação natural para que ele entenda à maneira de Deus, em completa liberdade espiritual. Quanto mais íntima, aprimorada e pura for a alma, tanto mais o será também o trabalho nela realizado.[527] Assim, essa noite vai tirando o espírito do seu modo ordinário e comum de perceber as coisas, a fim de conduzi-lo ao modo divino, o qual é estranho e alheio a todo o modo humano de proceder.[528]

Na *noite do espírito*, a alma livrou-se das imperfeições por meio de um processo de abrasamento, causado pelo amor que faz a alma incandescer e arder sem cessar. Assim exclama João da Cruz: *En una noche oscura, con ansias, en amores inflamada, oh! Dichosa ventura!* É um amor veemente, informa Edith Stein, pois há maior ação de Deus do que da alma, que só opera passivamente, consentindo em tais ações. Ao sentir-se assim inflamada e ferida de amor, a alma passa a sentir, também, escuridão e dúvida pelos momentos em que se sente privada da posse desse amor. É natural que o ser humano receba essa contemplação cheia de amor de forma limitada e penosa, por conta de suas impurezas, que lhe causam escuridão e angústia.[529] Essa inflamação, por provirem do Espírito Santo, é diferente da purificação ocorrida na *noite dos sentidos*, pois agora são percebidas pelo espírito, embora com a participação dos sentidos.[530] Conforme já foi mencionado, no início da *noite do espírito*, Deus concedeu à alma muito amor, para que ela o estime e enfrente o padecer e sofrer em meio aos trabalhos dessa *noite*. Pelos sofrimentos da *noite do espírito*, a alma renova-se; a inteligência humana, unida à inteligência divina pela iluminação sobrenatural, torna-se divina; a vontade, por meio da união à divina vontade, juntamente com a memória e com todas as inclinações e tendências são todas transformadas e renovadas por Deus.[531]

O fato de a *noite escura* privar a alma do gozo das coisas boas, mesmo as sobrenaturais, justifica-se porque as faculdades do espírito, enquanto não purificadas, só conseguem receber as coisas sobrenaturais de maneira comum e

[527] STEIN, Edith. *A ciência da cruz*: estudo sobre São João da Cruz. 5. ed. São Paulo: Loyola, 2008. p. 108-111.

[528] SÃO JOÃO DA CRUZ, *op. cit.*, p. 513.

[529] SÃO JOÃO DA CRUZ. *Obras completas*: noite escura. 7. ed. Petrópolis: Vozes, 2002. p. 528.

[530] STEIN, Edith. *Obras selectas*. 2. ed. Burgos: Monte Carmelo, 1998. p. 599-601. Edith Stein compôs um poema por ocasião de Pentecostes de 1942, em que retrata o Espírito Santo como este fogo abrasador, que inflamando a alma vai iluminando o coração e trazendo harmonia para a vida da pessoa.

[531] *Idem*. *A ciência da cruz*: estudo sobre São João da Cruz. 5. ed. São Paulo: Loyola, 2008. p. 111-116.

natural. Por isso, é preciso a purificação, para que a alma perca o modo humano de agir e esteja apta para receber o que é divino, pois os bens não sobem do ser humano para Deus; ao contrário, descem de Deus para o ser humano.[532] Dessa forma, compreende-se que a alma passe a perceber que a aridez e a escuridão são indícios de que Deus está trabalhando para livrá-la de si própria. No sofrimento, a alma recebe força de Deus e vai adquirindo virtudes e tornando-se mais cautelosa e sábia, enquanto no agir e gozar mostra suas fraquezas e imperfeições. O resultado é que a alma toma a resolução de jamais ofender a Deus e de se colocar totalmente a seu serviço. Deste momento em diante, a alma sai de si mesma e de todas as coisas criadas, para se unir a Deus pela *escada secreta*. Essa é a contemplação escura, chamada pelo *Cântico da noite escura* de "escada", e é secreta por se tratar da *sabedoria mística de Deus*, misteriosamente infundida na alma pelo amor.

A autora explica que, assim como pela escada se sobe para se alcançar os bens, tesouros e riquezas que se encontram numa fortaleza muito alta, assim também, por esta secreta contemplação, sem saber como, a alma sobe e se apossa dos bens e tesouros do céu.[533] Nessa trajetória, a alma está sujeita a altos e baixos, ou seja, após a miséria e o tormento, seguem-se a abundância e a tranquilidade. Isso porque a alma precisa ser exercitada, para se atingir o estado de perfeição, que consiste no perfeito amor a Deus e no desprezo por si mesma. Essa atividade levará a alma ao conhecimento de Deus e de si mesma. Esse é o estilo e o exercício ordinário do estado de contemplação, até se chegar ao estado de repouso, quando a alma cessará o subir e o descer, chegando enfim à união com Deus, que está no topo da escada da qual é apoio e arrimo.

Quando Deus visita a alma, ela permanece completamente na escuridão e vai se tornando toda espiritual. Nesse esconderijo de contemplação unitiva, as paixões, movimentos e tendências vão sendo quase que totalmente eliminadas,

[532] SÃO JOÃO DA CRUZ, *op. cit.*, p. 537.

[533] STEIN, Edith. *A ciência da cruz*: estudo sobre São João da Cruz. 5. ed. São Paulo: Loyola, 2008. p. 120-122. A contemplação é escada principalmente porque é "ciência de amor... conhecimento infuso e amoroso de Deus, o qual vai enamorando a alma até elevá-la, de grau em grau, ao Deus criador – pois é somente o amor que une a alma a Deus". Os degraus dessa escada consistem em levar a alma a morrer para o pecado e para todas as coisas que não são Deus, e a buscá-lo incessantemente. O amor divino faz com que todas as coisas grandes, graves e pesadas não perturbem a alma que passa a desejar ainda mais a Deus, alcançando e apoderando-se do Amado e a ele se unindo. Algumas almas chegam à união por pouco tempo, sendo logo afastadas, pois se aí demorassem chegariam a certa espécie de "glória" ainda nesta vida. O último grau da escada secreta do amor não pertence a esta vida e faz a alma assemelhar-se totalmente a Deus, em virtude da clara visão de Deus que ela possuirá imediatamente ao sair do corpo.

para que o encontro aconteça, daí a alma exclamar: *Estando ya mi casa sossegada*, ou seja, "a alma já está com a casa arrumada, os empregados dormindo tranquilamente após seu trabalho; então ela pode sair ao encontro do Amado".[534] A autora conclui a sua reflexão informando que, para São João da Cruz, Deus é "o ponto de repouso da alma", e que, quando de fato conhece, ama e sente prazer em Deus, com todas as suas forças, é sinal de que terá encontrado nele seu ponto de repouso absoluto.[535] Mas isso não acontece com a alma nesta vida, mesmo que pela graça divina a alma tenha encontrado um ponto de repouso, não terá atingido o máximo, pois a força que a atrai é o amor, que nesta terra pode alcançar graus sempre maiores, mas nunca atinge a plenitude, que é a grande meta, alcançada somente na vida eterna.[536]

3.2.2 Religião e trabalho

A composição dos quatro evangelhos foi um trabalho ardoroso e belo das comunidades de Lucas, Mateus, Marcos e João e o resultado beneficia a humanidade há séculos, auxiliando na transformação social e levando as pessoas à experiência do sagrado em Jesus Cristo.[537] No evangelho de João 5, 17, a frase de Cristo "Meu Pai trabalha sempre e eu, também, trabalho" possibilita a compreensão de que a obra criadora de Deus continua através de Jesus e de todas as pessoas de boa vontade.[538] Essa frase é uma reivindicação do direito de Jesus em colaborar com o Criador na obra da criação e transformação do mundo. O Mestre galileu informa aos judeus que o criticam, por fazer curas em dia de sábado, que as suas ações se dão conforme a vontade do Pai, que tudo faz para revitalizar a vida do ser humano (Jo 5, 16-19). A queda de Adão no Paraíso fez alastrar o pecado e a morte sobre a face da terra, gestando a destruição das relações

[534] *Ibidem*, p. 126.

[535] SÃO JOÃO DA CRUZ. *Obras completas*: noite escura. 7. ed. Petrópolis: Vozes, 2002. p. 570-571.

[536] STEIN, Edith. *A ciência da cruz*: estudo sobre São João da Cruz. 5. ed. São Paulo: Loyola, 2008. p. 129.

[537] OTTO, Rudolf. *O sagrado*: os aspectos irracionais na noção do divino e sua relação com o racional. São Leopoldo: Sinodal/EST; Petrópolis: Vozes, 2007. p. 122-123. As ações e a pregação de Jesus denotam sonoridade que permite sentir algo singular, como o calafrio e o espanto diante dos mistérios do supramundano, como a transfiguração no Monte Tabor, a caminhada de Jesus sobre as águas em meio ao temporal. Além de outras vivências do Cristo que vão compor o cenário, quando a criatura arrepia-se diante do *tremendum mysterium*.

[538] Edith Stein. *Obras selectas*: el misterio de la navidad. 2. ed. Burgos: Monte Carmelo, 1998. p. 378. Stein comenta que nem todos os seres humanos têm boa vontade e foi justamente por isso que o Filho do Pai Eterno teve que deixar a glória dos céus, porque o mistério da maldade havia envolvido em sombras a terra.

humanas e do meio ambiente; por isso, o Redentor tem a missão de restaurar o estado de graça original, promovendo a paz e a concórdia na criação, por meio da inauguração e sedimentação do Reinado de Deus.[539] A fim de que a missão seja cumprida, Jesus vem convidando seguidores, ao longo dos séculos, para que, testemunhando o evangelho, recriem as relações, promovendo a formação de uma sociedade justa e fraterna e, também, transformando as relações hostis em ambientes harmoniosos.

De fato, graças à boa vontade de muitas pessoas, a humanidade conquistou valores fundamentais ao longo destes dois milênios de cristianismo, e a Igreja, enquanto mestra em humanidades, não se calou diante dos abusos provocados pela ganância dos grandes empresários e vem se posicionando ao longo da história com voz profética. Uma manifestação eclesial se deu com a promulgação da encíclica *Laborem Exercens*, que chama a atenção para a contribuição do próprio Cristo como modelo, inspiração e espiritualização do mundo do trabalho.

Nessa encíclica, o Papa João Paulo II informa que o tema do trabalho é fundamental e sempre com atualidade, por isso exige constantemente renovada atenção e decidido testemunho, pois sempre surgem novas interrogações e novos problemas; nascem novas esperanças, como também motivos de temor e ameaças, ligados a essa dimensão fundamental da existência humana, pela qual é construída cada dia a vida do ser humano, da qual esta recebe a própria dignidade específica, mas na qual está contido, ao mesmo tempo, o parâmetro constante dos esforços humanos, do sofrimento, bem como dos danos e das injustiças que podem impregnar profundamente a vida social no interior de cada uma das nações e no plano internacional. Se é verdade que o ser humano sustenta-se com o pão granjeado pelo trabalho das suas mãos – e isto equivale a dizer não apenas com aquele pão cotidiano mediante o qual se mantém vivo o seu corpo, mas também com o pão da ciência e do progresso, da civilização e da cultura –, então é igualmente verdade que ele se alimenta deste pão com o suor do seu rosto; isto é, não só com os esforços e canseiras pessoais, mas também no meio de muitas tensões, conflitos e crises que, em relação com a realidade do trabalho, perturbam a vida de cada uma das sociedades e mesmo da humanidade toda.[540]

Nos escritos espirituais de João da Cruz, o linguajar emerge do mundo do trabalho, como se evidencia nos poemas do *Cântico da noite escura*, em que

[539] *Idem. A ciência da cruz*: estudo sobre São João da Cruz. 5. ed. São Paulo: Loyola, 2008. p. 207.

[540] JOÃO PAULO II. *Carta Encíclica Laborem Exercens*. Esta encíclica foi promulgada por ocasião dos 90 anos da publicação da *Rerum Novarum*, tratando das questões sociais.

se encontram verdadeiras descrições do labor da alma para se chegar à união com Deus e, por sua vez, de Deus para transformar a alma.[541] Para descrever simbolicamente a dimensão do trabalho, João da Cruz utiliza o termo potência, na *Subida do Monte Carmelo*, referindo-se aos sentidos que possibilitam a alma atingir o seu objetivo que é a união divina, por meio da privação dos próprios sentidos, e exemplifica a partir do Salmo 87, 15, em que Davi se abstém de sua riqueza material, reconhecendo-se pobre por viver de seu trabalho desde a sua adolescência. Entretanto, ele era rico, mas dizia-se pobre porque sua vontade estava livre das riquezas, e tão absoluto era o seu desprendimento como se fosse, de fato, pobre. Assim, são a vontade e o apetite que habitam na alma que fazem com que ela se incline para os bens materiais, pelo uso dos seus sentidos ou potência.[542]

Edith Stein, em sua obra, segue a intuição de seu Pai espiritual, usando do vocábulo laborativo, porém com nuanças próprias de sua reflexão filosófica e teológica, esclarecendo que a alma é uma realidade dotada de várias potências ou faculdades sensíveis e espirituais, por meio das quais se dá o conhecimento das coisas criadas, pois a alma habita todos os membros e partes do corpo, recebendo dele as impressões externas, transformando o seu conteúdo e mantendo o que lhe é necessário. Nela se reúne tudo o que provém dos sentidos e do espírito de onde então poderá tomar posição frente às demandas da vida. Isso porque a alma não pode viver sem receber, portanto ela se nutre dos conteúdos que assimila espiritualmente por experiência. A essência da alma com suas qualidades e suas faculdades se abre na experiência vivida e assimila o que necessita, para chegar a ser o que deve ser. Essa essência com seu modo de ser dá ao corpo e a toda atividade espiritual e pessoal seu rosto próprio, e brota dele de uma maneira inconsciente e involuntária.[543]

A atividade sensitiva e a espiritual acham-se estreitamente ligadas ao campo natural, porque os sentidos fornecem ao espírito a matéria para sua

[541] STEIN, Edith. *A ciência da cruz*: estudo sobre São João da Cruz. 5. ed. São Paulo: Loyola, 2008. p. 119.

[542] SÃO JOÃO DA CRUZ. *Obras completas*. Subida do Monte Carmelo. 7. ed. Petrópolis: Vozes, 2002. p. 145-147. O autor chama aos sentidos tato, olfato, visão, audição e paladar de potências, pois em sua concepção esses sentidos precisam ser mortificados, apesar de todo o seu potencial, justamente para usar a sua capacidade sensitiva e intelectiva para o encontro e a união com Deus. Para isso é necessário abrir mão dos prazeres naturais oferecidos pela razão e pelos sentidos e se deixar banhar pela luz irradiante de Deus.

[543] STEIN, E. *Ser finito y ser eterno*: ensayo de una ascensión al sentido del ser. México: Fondo de Cultura Econômica, 2002. p. 388-389. Stein faz aqui referência à obra *Castelo interior*, de Teresa de Ávila, para exemplificar que na alma, assim como no castelo, há muitas moradas que convivem simultaneamente, ou seja, faculdades ou potências espirituais da vontade, memória e entendimento, nas quais o "eu" se move livremente.

atividade, como a recordação e a livre modificação pela fantasia, por meio da memória; como a comparação, a generalização e a dedução, por meio do entendimento, e como o prazer e a dor por meio da vontade. Entretanto, a finalidade do espírito não é conhecer as coisas criadas e a elas se apegar; ao contrário, o espírito deve ser libertado dessa escravidão e voltar-se para a sua verdadeira essência que é a de se entregar com todas as forças a Deus. Isso só é possível por meio de um trabalho progressivo de educação e despojamento. É Deus quem dá o estímulo inicial e completa o trabalho, exigindo, porém, a colaboração do ser humano por meio de sua própria atividade espiritual.[544] Nesse sentido, a inércia e a inatividade são propriedades da matéria, já que o espírito é ativo e vivo. Quando a alma recebe em si uma grande quantidade de material espiritual e o elabora racionalmente, então está preparada para atuar-se e mover-se. Junto com o alimento espiritual, recebe o estímulo para criar e formar em si mesma; sente-se impelida a demonstrar sua eficácia exteriormente, como fez internamente, pois a atividade externa, como o expressar-se, o criar e o configurar, é uma parte essencial da personalidade humana.[545]

Stein, a partir de Aristóteles, Tomás de Aquino e Hedwig Conrad Martius, desenvolve a sua concepção de potência, em relação ao que é atual, e explana sobre a questão, dizendo que dentro do que o "eu" é agora tem algo que não é atual, mas que será no futuro. Nesse sentido, o que o "eu" é agora no estado de atualidade o era antes, porém continua sendo em estado de atualidade. O ser presente é atual e potencial, real e possível ao mesmo tempo, e na medida em que é real, é a realização de uma possibilidade que já existia antes. Assim, os modos de ser susceptíveis de ser transformados, nos quais o "eu sou" o que era antes, e nos quais o "eu sou já" o que serei no futuro, pertencem ambos ao "eu" presente. Ao se conservar na memória o passado e imaginar o futuro, obtém-se a imagem de um passado e de um futuro plenos de um ser permanente, isto é, de uma extensão de existência, na qual o "eu" está submetido a um "tornar-se" contínuo, pois nunca está pronto e acabado. Nesta extensão se manifesta o que o ser humano é e, também, o que ele faz para se realizar, pois as suas faculdades se atualizam em sua ação.[546] Os produtos materiais, por sua vez, constituem uma realidade potencial que

[544] STEIN, Edith. *A ciência da cruz*: estudo sobre São João da Cruz. 5. ed. São Paulo: Loyola, 2008. p. 96-98.

[545] *Idem*. In: URKIZA, Julien; SANCHO, Francisco Javier (Org.). *Obras completas* v. IV. Escritos antropológicos y pedagógicos. Vitória: El Carmen; Madri: Espiritualidad; Burgos: Monte Carmelo, 2003. p. 187.

[546] *Idem*. *Ser finito y ser eterno*: ensayo de una ascensión al sentido del ser. México: Fondo de Cultura Económica, 2002. p. 55-60.

esconde as suas possibilidades, por exemplo, a natureza inanimada oferece os materiais necessários à construção do reino vegetal e as plantas, graças ao seu poder de transformar materiais inorgânicos em matérias orgânicas, preparam as matérias constitutivas indispensáveis ao corpo do animal e do ser humano. Esse, por sua vez, por meio de sua ação, utiliza da sua criatividade para transformar os produtos materiais e animais de acordo com a sua necessidade e a demanda comercial.[547]

O processo laborativo descrito em *A ciência da cruz*, a partir dos pressupostos acima, vai trilhar as veredas da *Noite escura* da alma, entrecortado pela noite escura dos pobres. No início da *Noite escura*, a alma sente-se em casa neste mundo, por meio de seus desejos e aspirações e, também, como pessoa de ação, já que o mundo lhe oferece aquilo que a satisfaz e a estimula a agir. Nesse sentido, o ser humano se deixa levar por suas tendências e desejos em suas ações e condutas, por conta de sua natureza animal. Para ele se superar e se unir a Deus, terá de entrar ativamente na *Noite escura*, quando deverá operar em si, por meio da mortificação, um processo de libertação de seus sentidos, os quais, ao mesmo tempo que facilitam a sua convivência neste mundo, também o aprisionam ao mundo natural. A recuperação do domínio de seus próprios sentidos é custosa para o ser humano, pois esse tem de fazer um trabalho penoso que exige dele total despojamento, a fim de que consiga fazer morrer nele as suas tendências pecaminosas.[548]

A Doutrina Social da Igreja Romana diz que o trabalho pertence à condição originária do ser humano e precede a sua queda, logo, não é punição e nem maldição pelo pecado de Adão e Eva, que quiseram ter o domínio absoluto sobre todas as coisas, sem se submeterem à vontade do Criador.[549] A fadiga e pena, bem como o suor da fronte e a aridez do terreno, resultam do pecado e não do trabalho, pois o próprio Deus concedeu ao ser humano o potencial para se desenvolver e administrar a criação (Gn 3, 17-19). É nesse sentido que se faz necessário compreender o pensamento steiniano acerca da potência, que Jesus, na parábola da semente (Mc 4, 26-29), bem ilustra, narrando o seu desenvolvimento e se tornando uma árvore frondosa, onde os pássaros podem se abrigar.

[547] STEIN, E. *Ser finito y ser eterno*: ensayo de una ascensión al sentido del ser. México: Fondo de Cultura Econômica, 2002. p. 284-288.

[548] *Idem*. *A ciência da cruz*: estudo sobre São João da Cruz. 5. ed. São Paulo: Loyola, 2008. p. 47-50.

[549] PONTÍFICIO CONSELHO JUSTIÇA E PAZ. *Compêndio da Doutrina Social da Igreja*. São Paulo: Paulinas, 2005. p. 155-156.

3.2.3 A missão laboral de Cristo

Todo trabalho deve ter por objetivo de forma direta ou indireta o desenvolvimento social. É com essa concepção que o pensamento steiniano aborda o labor de Cristo. Antes de sua conversão, Edith Stein buscava a verdade na especulação racional, porém o encontro com o Cristo Verdade a fez experimentar o mistério divino revelado ao ser humano em sua própria pessoa, o que fez com que Stein buscasse se configurar ao Cristo, acolhendo o seu mistério e assimilando a sua obra. Por meio da vida e do pensamento cristológico da monja carmelita, os cristãos, nos tempos atuais, são convidados a descobrir, conhecer e experimentar o Cristo, por meio da fé que propicia a experiência do mistério divino revelado no Filho, enquanto "arquétipo da Nova Criação, Encarnação, Páscoa e Novo Adão".[550] De fato, a missão do Verbo desdobra-se no serviço redentor à humanidade, encarnando-se no seio virginal de Maria, sendo educado na carpintaria de José e trabalhando na formação global de seus discípulos, o que implica um envolvimento espiritual com as realidades que abarcam a vida humana, nos diversos setores sociais. Tudo isso tendo em vista a construção do Reino de Deus, por meio dos dons e talentos oferecidos por Deus ao ser humano.

Em seu itinerário espiritual, Jesus de Nazaré calcou a sua fé no Deus revelado ao Povo de Israel; para ele dirigiu a sua inteligência e procurou conhecer os seus atributos a partir de sua própria experiência e do que assimilou das Escrituras Hebraicas. Stein, ao dissertar sobre a fé e a vida de fé, parece estar contemplando o Mestre Galileu em seu processo religioso. Baseada nos evangelhos e em sua intimidade com Cristo, Edith Stein apresenta o Servo de Javé adentrando na noite escura da fé, por meio de seu trabalho imenso na oração e especulação dos escritos sagrados dos judeus. Com essa vida de fé, Jesus se elevou acima de sua atividade natural, estando, ao mesmo tempo, inserido na realidade da vida, por isso unia a necessidade de alimentar o povo com a abundância de dons provenientes da bondade celeste, e o resultado era a fartura de vinho, pão e peixe.

A atividade de sondar as Escrituras e o coração do Pai, por meio de uma contínua meditação, possibilitou a Cristo tornar-se solidário ao ser humano sofrido, por ter o seu vínculo com a eternidade esmorecido, por conta de seus pecados. O dilaceramento da relação social que gesta tanta desigualdade e injustiça mobilizou Jesus para que acolhesse a proposta do Pai de redimir a humanidade inteira. As noites em profunda oração fizeram com que o Mestre

[550] FERMÍN, Francisco J. Sancho. *Edith Stein*: modelo y maestra de espiritualidade. 3. ed. Burgos: Monte Carmelo, 1998. p. 293.

galileu aceitasse a sua condição de ungido para uma missão delicada: ser o *Goel*, conforme Isaías 41, 14.[551] Por meio de sua intimidade com o Pai, Jesus, com os seus sentidos, adquiriu entranhas de misericórdia para com o ser humano falido; a sua inteligência deu-se conta da realidade sociorreligiosa corrompida, na qual estava imerso o povo, e o levou a tomar partido favorável à liberdade e à ética do amor, tendo em vista a construção do Reino de Deus na terra.[552] Fazer a vontade do Pai, nessa perspectiva, tornou-se o grande desejo do Mestre galileu e orientou toda a sua vida de fé, bem como de todos os seus autênticos discípulos, porque faz parte do processo de sua encarnação fazer com que a vontade do ser humano acomode-se à de Deus e, desse modo, o ser humano transforme-se em membro do corpo de Cristo.[553]

Baseado nos escritos steinianos, o teólogo carmelita Francisco J. S. Fermín afirma que para Stein a Encarnação supõe em primeiro lugar a "revelação visível do Logos, da palavra eterna do Pai", pois Cristo é a "imagem perfeita em forma humana" que se tem de Deus. A Encarnação do Filho de Deus é condição prévia para o mistério pascal, o que implica o caráter redentor, ou seja, "o pecado como causa ou motivo". Doravante, para Stein não é só este o motivo da Encarnação, mas a "ordenação da criação a ser aprimorada e consumada por Cristo", e ainda mais: a concepção das núpcias, conforme a experiência de São João da Cruz "em seu romance sobre a criação, quando fala da Encarnação como núpcias com a natureza humana". Dessa forma, o teólogo afirma que para Stein existem três conteúdos fundamentais que dão sentido ao mistério da Encarnação: libertação do pecado, perfeição da criação e união amorosa com o ser humano.[554]

A experiência do *Totalmente Outro* levou Jesus a se dar conta do mistério de sua Encarnação e, estando na terra, enraizou-se na cultura do povo onde residiu, atento aos movimentos sociais que ora afligiam e ora aliviavam a vida dos judeus e dos povos circunvizinhos. Conforme relato bíblico (Lc 2, 41-52),

[551] O termo *goel* geralmente é traduzido por redentor cuja missão era de resgatar, salvar o parente mais próximo ou familiares que tinham perdido sua liberdade ou seu patrimônio familiar (cf. Lv 25, 47-49, Ex 6, 6; Rt 2, 20; Jr 32, 7) Ao aplicar este vocábulo ao Deus de Israel, o profeta sugere que Javé resgatará a seu povo da escravidão e lhe devolverá a terra da qual tinha sido despojado. Cf. Is 54,5-8.

[552] STEIN, Edith. *A ciência da cruz*: estudo sobre São João da Cruz. 5. ed. São Paulo: Loyola, 2008. p. 98-99.

[553] FERMÍN, Francisco J. Sancho. *Edith Stein*: modelo y maestra de espiritualidade. 3. ed. Burgos: Monte Carmelo, 1998. p. 297. Citando Edith Stein, o autor explicita que o mistério da Encarnação está em consonância com a união de Deus com a humanidade, pois "Cristo é Deus e ser humano ao mesmo tempo e quem quer compartilhar sua vida tem que participar de sua vida divina e humana".

[554] FERMÍN, Francisco J. Sancho. *Edith Stein*: modelo y maestra de espiritualidad. 3. ed. Burgos: Monte Carmelo, 1998. p. 297.

sabe-se da formação piedosa de Jesus que o levou a uma contínua e crescente familiarização com o Pai, de tal forma que o conhecimento e o amor tornaram-se parte do seu ser revelado na convivência com o povo. Para isso se submeteu à *noite dos sentidos*, desde a sua entrada no deserto, após o batismo no Jordão, até a crucifixão fora dos muros de Jerusalém, o que fez com que sua alma experimentasse profunda aridez, dolorosa angústia, vazio espiritual, além de provações causadas pelas tentações.

Enquanto obra de libertação do pecado, o mistério da Encarnação relaciona-se com o "mistério do mal" e apresenta-se frente a ele como "luz", como "salvação" e como "dispensador de vida" para o ser humano, frente às trevas do pecado, que são sinais de morte. Dessa maneira, a passagem das "tentações" relatadas pelos evangelhos sinóticos procura condensar as adversidades que foram constantes na vida de Jesus, causadas tanto por seus opositores quanto por seus próprios discípulos, que na figura de Pedro quiseram tirar de Jesus a ideia de ir a Jerusalém, por ocasião da festa da Páscoa, num momento em que a trama contra o Messias estava fortemente acirrada (Mc 8, 31-33).

A intimidade com o Pai e o Espírito Santo permitiu a Jesus não necessitar de mais informações sobre o mistério divino que o acalentava, porque as Três Pessoas da Santíssima Trindade não precisam procurar informações mútuas, nem refletir uma sobre a outra, para se conhecerem e se julgarem merecedoras de amor; entre elas nem há mais necessidade de palavras.[555] Assim, entende-se a práxis de Jesus em meio ao povo, levando a criação a seu aperfeiçoamento mediante a vitória sobre o pecado e a morte e trazendo a paz ao coração humano, que é o princípio da harmonia e, por fim, a sua entrega ao Pai em meio aos confrontos com situações difíceis, tal como quando quiseram lançá-lo no precipício ainda na Galileia (Lc 4, 29). A entrega de Jesus ao Pai o libertava de toda preocupação meramente humana, de todo interesse egoísta, da busca de autorrealização e do risco de se vangloriar. É a partir da experiência de Jesus que se deve conceber a relação da alma com Deus, pois o Mestre galileu, após um longo exercício de vida espiritual, não necessitava mais de meditação para aprender a conhecer e amar a Deus Pai; ele já tinha terminado o caminho e repousava no objetivo almejado. Esse tipo de contemplação, conforme se vê nos evangelhos, é fruto de muito esforço próprio, estimulado e sustentado por muitas graças.[556]

[555] STEIN, Edith. *A ciência da cruz*: estudo sobre São João da Cruz. 5. ed. São Paulo: Loyola, 2008. p. 99.

[556] MIRANDA, Mário de França. *Libertados para a práxis da justiça*: a teologia da graça no atual contexto latino-americano. 3. ed. São Paulo: Loyola, 2002. p. 62. Qualquer ser humano que queira experimentar e saber quem é o Deus de Jesus, que queira comprometer-se com o reino e que queira se salvar deve procurar concretizar, análoga e imperfeitamente, em sua vida, a atitude de Jesus: viver para os seres humanos na entrega total ao Pai ou viver para o Pai na entrega sem condições aos seres humanos.

Após o pesadelo do Calvário, os discípulos foram retomando os ensinamentos do Mestre e se deram conta de que, pela ressurreição, Jesus teve o lucro de *sair sem ser notado* pelas forças da morte, encarnadas naqueles que vigiavam o túmulo, e que ainda hoje crucificam aqueles que lutam pela justiça na terra, conforme ensina o evangelho. A aridez das trevas que invadiram a sexta-feira da Paixão envolveu os discípulos a ponto de forçá-los ao amadurecimento e, assim, reconhecerem as próprias incoerências. Pouco a pouco os seus desejos foram se desprendendo das criaturas e se dirigindo para os bens eternos; deram-se conta da mesquinhez que foi disputar o primeiro lugar na mesa do Reino; desde então passaram a apresentar-se com mais reverência diante de Deus e generosidade diante do próximo. A ausência do amado crucificado deixou o discípulo no vazio; a aridez na alma pela traição e abandono do Mestre tornou a alma humilde; o orgulho desapareceu e o discípulo começou a entender que não se olha mais ninguém com desdém. As trevas que se estenderam do calvário ao jardim da ressurreição tornaram o discípulo modesto e comedido, por conta de sua própria miséria, e gestaram em sua alma o amor e a estima pelos outros. Por isso afirma Stein: "a noite escura é escola de todas as virtudes, pois ensina a resignação e a paciência", e acrescenta ainda que "a perseverança em todas as contrariedades lhe assegura ânimo e fortaleza".[557] Dessa forma, o mistério da Encarnação, em Stein, atinge o seu ápice na "união de Deus com a humanidade", pois "desde toda a eternidade a alma foi predestinada a participar como esposa do Filho de Deus, da vida trinitária, da Divindade. Para desposá-la, o Verbo Eterno revestiu-se com a natureza humana: Deus e a alma devem constituir dois em uma só carne".[558]

Enquanto Stein apresenta a doutrina de João da Cruz, pode se interpretar nas entrelinhas o amor da carmelita de Breslau por Jesus e, ao mesmo tempo, compreender o seu ensinamento de que Jesus de Nazaré atingiu o mais alto grau de vida de fé que se possa atingir pela atividade própria, na entrega da própria vontade à vontade do Pai e na conformidade de todas as suas ações com a vontade divina, durante toda a sua vida. O brado no Getsêmani – *Pai faça-se a vossa vontade e não a minha!* (Lc 22, 42b) – é a oração que Jesus dirige ao Pai e que dá sentido à sua Paixão. Essa frase exprime, em toda a sua intensidade, o drama que se passa no íntimo de Cristo e revela a ferida interior provocada pela repugnância profunda da sua natureza humana diante da morte.

[557] STEIN, Edith. *A ciência da cruz*: estudo sobre São João da Cruz. 5. ed. São Paulo: Loyola, 2008. p. 54

[558] *Ibidem*, p. 219.

O mistério pascal, segundo o carmelita Francisco Fermín, é o eixo em torno ao qual gira a vocação pessoal de Edith Stein e a chave mais clara para ler e interpretar sua vivência espiritual. As ideias centrais que Stein enfatiza são fundamentalmente as de expiação, redenção e justificação, que têm influência direta sobre a vida mística. Com o objetivo de harmonizar os escritos de João da Cruz em chave cristológica, Stein interpreta a *noite escura* e os sofrimentos e purificações que esta acarreta como "participação na Paixão de Cristo". A teóloga lê a "noite da alma" em continuidade com a visão dos sofrimentos de Cristo em seus membros e, portanto, como participação da eficácia "redentora em virtude da divindade da Cabeça". É justamente nesse aspecto que Stein mostra-se, por um lado, mais original e, por outro, em continuidade com a tradição de Teresa de Ávila e João da Cruz. Isto porque a inserção dos mistérios de Cristo na vivência da espiritualidade rompe com o perigo do subjetivismo de uma religião puramente individual em que a pessoa vive um intimismo com o mistério divino, sem compromisso com a realidade.[559]

O Mestre galileu levou os seus discípulos a aderirem ao mistério da fé por meio de imagens, como o *sal da terra* e a *luz do mundo*; comparações, como a da *semente que cai em terra boa*, e conceitos, como *Abba*, *Paráclito*, entre outros. Assim, ensinava que Deus transcende toda a criação e está acima de toda compreensão e entendimento.[560] Entretanto, para atingir esse nível de maturidade na fé, Cristo também teve de passar pela aridez da *noite dos sentidos*, abrindo mão de si por amor aos seres humanos e continuamente se abandonando nas mãos do Pai.[561] Em meio à escuridão e ao silêncio da experiência com o Eterno, o Homem de Nazaré encontrou-se no umbral da vida mística, na entrada para a transformação que há de ser alcançada pela *noite do espírito*, que teve o seu ápice

[559] FERMÍN, Francisco J. Sancho. *Edith Stein*: modelo y maestra de espiritualidade. 3. ed. Burgos: Monte Carmelo, 1998. p. 298-299.

[560] STEIN, Edith. *A ciência da cruz*: estudo sobre São João da Cruz. 5. ed. São Paulo: Loyola, 2008. p. 100. A teóloga explica que as verdades da fé aproximam o ser humano de Deus, que está sempre além da capacidade humana de pensar, por isso os sentidos e a inteligência, entendidos como capacidade de pensar por meio de conceitos, não servem para compreender o mistério divino. Isto deixa o ser humano sem a luz dos conceitos e o lança para além dos sentidos e da inteligência ligada ao sensível: para o espírito no sentido mais próprio do termo.

[561] MIRANDA, Mário de França. *Libertados para a práxis da justiça*: a teologia da graça no atual contexto latino-americano. 3. ed. São Paulo: Loyola, 2002. p. 61. O autor informa que Jesus acolhe em sua vida a fé de Israel, porém nele a fé alcança uma profundidade, fundamentando totalmente a sua vida em Deus. Em Hebreus 12, 2, Jesus Cristo aparece como iniciador e realizador perfeito da fé. Marcos, evangelista, aponta em Jesus o ser humano que realmente crê: "tudo é possível para o que crê" (Mc 9, 23). Isso porque Jesus, pela sua fé, foi capaz de realizar a cura do menino possuído. O autor conclui: *Jesus pregava o que vivia, e o modo persistente como falou de fé como entrega, não permite que o excluamos desta realidade.*

no Getsêmani, quando chorou pela ausência do Amor, e na cruz bradou por se sentir abandonado pelo Pai. Após a experiência da transfiguração no Monte Tabor, o Messias intensifica a sua práxis para desvencilhar os seus discípulos do apego aos bens materiais que impedem a alma de desfrutar dos bens eternos ainda na terra. Segundo Stein, cabe a Cristo, arquétipo da Criação, restabelecer a harmonia sobre a face da terra, pois ele é o enviado de Deus, já prefigurado desde a Criação.[562]

Nesse sentido, a Encarnação, para Stein, teria acontecido mesmo que não tivesse ocorrido o pecado original, porque Jesus é o Logos do Prólogo de João e está na origem da criação, conforme escreve Paulo aos Colossenses 1, 17: "e ele existe antes de tudo e tudo nele se mantém". Essa reflexão de Stein influencia a vivência do cristão, pois todo ser é, de certo modo, um intermediário na busca pelo Cristo, por ser imagem dele mesmo. Isso deve levar o cristão a acolher o seu próximo, respeitá-lo, conhecê-lo e, se necessário, cuidar dele, atento também à preservação do cosmos, enquanto casa comum. O Cristo, como Logos Eterno, desvela ao ser humano o sentido da Providência divina e o fim ao qual o ser humano está chamado desde sua criação, ou seja, reproduzir em si a imagem do Filho, a unidade pessoal e a união com Deus. A busca de Stein pela verdade conduziu-a ao encontro com o Cristo Verdade, que se manifesta como totalidade da revelação e, também, como "unidade de sentido" do que é o ser humano e toda a criação. Essa unidade de sentido de toda a criação vale de um modo especial para a vida individual do ser humano. Disso Stein está tão convencida que introduz em sua obra de caráter científico, *Ser finito e ser eterno*, um texto que expressa sua vivência pessoal neste tema:

> O que não estava nos meus projetos se encontrava nos projetos de Deus. E quanto mais vezes me eram apresentados, mais viva se fazia em mim a convicção da fé de que não existe o azar – visto da parte de Deus –, que toda minha vida, até em seus menores detalhes, está prevista no plano da providência divina e que ela é, ante os olhos de Deus que tudo vê, uma coerência inteligível perfeita.[563]

[562] FERMÍN, *op. cit.*, p. 293. Na reflexão do Padre Francisco Fermín, a importância de se afirmar que Jesus Cristo é o arquétipo da Criação, no pensamento steiniano, nasce da necessidade de ela colocar o fundamento filosófico-teológico da Criação, e de compreender a história do gênero humano em chave cristológica. O interesse de Stein pelo Logos aparece mais como uma necessidade "científica" que "experiencial". Essa denominação cristológica é encontrada somente em sua obra *Ser finito e ser eterno*. É bem provável que através desta reflexão estejam as suas raízes judaicas, e que, portanto, busque essa justificação para dar continuidade do Antigo ao Novo Testamento.

[563] STEIN, E. *Ser finito y ser eterno*: ensayo de una ascensión al sentido del ser. México: Fondo de Cultura Económica, 2002. p. 130.

O teólogo Francisco Fermín vai ilustrar que a verdade, como atributo de Cristo, supõe em Edith Stein a compreensão intelectual e experiencial do Logos que está presente em tudo, ou melhor, tudo é um reflexo da imagem de seu ser qual Criador e Origem. Assim, como Stein se empenhou tanto em buscar a verdade última da Criação, necessariamente está buscando, também, o seu princípio. Esse caminho descendente no profundo das coisas converte-se em um caminho ascendente até o Logos, Verdade suprema.[564]

Ciente de que o ser humano, após a *queda no Paraíso*, teve os seus sentidos e, consequentemente, os seus órgãos degenerados, pois esses deixaram de servir e passaram a dominar, Jesus, o Novo Adão, assume a missão de ajudar o ser humano a libertar-se das garras dos sentidos e readquirir o domínio sobre eles, a fim de recuperar as forças para uma vida e ação puramente espirituais sob a carne humana. João da Cruz ensina que a alma é por natureza um espírito, mas, por estar unida à corporeidade, para captar o que é material, utiliza-se dos sentidos, os órgãos corporais. Nesse processo de libertação, é a fé quem conduz o espírito a Deus, levando-o, por fim, a um relacionamento espiritual com ele. A concentração em Deus, como viveu Jesus, deve ser acompanhada do abandono de tudo quanto não é Deus, processo este trabalhado na noite ativa do espírito.[565] Essa noite, Jesus a viveu no enfrentamento com a cultura judaica e sob a opressão do Império Romano; o seu projeto de promover uma nova criação implica a sua própria Encarnação, pois o ser humano renovado depara-se constantemente com o risco de se corromper pela caducidade do velho Adão.

A sombra do primeiro homem ainda paira sobre a humanidade, por isso Edith Stein, além de crer que Cristo encarnar-se-ia por ser Ele o mantenedor da criação, também se encarna para a redenção do gênero humano oprimido pelo pecado.[566] A redenção é o que une Cristo diretamente à figura de Adão, haja vista que, nos acontecimentos da vida de Adão, conforme relata o livro de Gênesis, percebe-se um paralelo com a vida de Jesus, que será o rei da nova

[564] FERMÍN, Francisco J. Sancho. *Edith Stein*: modelo y maestra de espiritualidad. 3. ed. Burgos: Monte Carmelo, 1998. p. 293-296.

[565] STEIN, Edith. *A ciência da cruz*: estudo sobre São João da Cruz. 5. ed. São Paulo: Loyola, 2008. p. 101.

[566] FERMÍN, Francisco J. Sancho. *Edith Stein*: modelo y maestra de espiritualidade. 3. ed. Burgos: Monte Carmelo, 1998. p. 299-300. Em Edith Stein, o tema de Cristo como Novo Adão se repete por conta da unidade e continuidade da História da Salvação. Do ponto de vista teológico, constitui a justificação da centralidade de Cristo na história da humanidade enquanto ponto inicial – Logos Criador –, ponto de chegada – revelação de Deus – e caminho – imagem da perfeição a qual o ser humano é chamado a se tornar. A isso é necessário acrescentar o seu interesse pela antropologia diferencial teológica, que ela fundamenta principalmente nos relatos da criação do ser humano.

criação. Nesse sentido, é interessante a reflexão do teólogo Alfonso Garcia Rúbio, que faz um paralelismo antitético entre Jesus, pregado à arvore da cruz, e Adão, diante da árvore da ciência do bem e do mal. Na cruz Jesus é interpelado para que desça de seu instrumento de suplício (Mc 15, 29-32), mas Jesus permanece nele. Adão, ao contrário, quer salvar-se a todo custo tentando ser como Deus, deslanchando, assim, um processo de perdição e destruição. Jesus, fiel à vocação que vem do Pai, salva-se e salva a todos. Adão se perde porque não aceita os seus limites e quer ser Deus, da mesma forma que cada um dos pecadores.

A possibilidade de sair da situação de perdição está na práxis de Jesus: disponibilidade total em relação ao Pai e amor-serviço aos irmãos. Na sua vida e na sua morte, Jesus desmascara a mentira e a violência destruidoras, representadas pelo pecado de Adão, símbolo do pecado humano. Assim, na obediência ao Pai e na solidariedade para com os irmãos, radicalizadas ao máximo na cruz, o ser humano aprende a se relacionar não só com Deus como Deus, não só com os outros seres humanos na qualidade de "outro", mas também com o mundo criado que passa, agora sim, a ser assumido como dom do Deus salvador-criador, um dom que solicita a sua responsabilidade.[567]

Em Cristo, enfatiza Stein, existe a união com o gênero humano e união com a natureza divina. A designação de Cristo como Novo Adão tem um caráter histórico divino; é novo porque introduz uma novidade na história da Salvação, novidade que já possuía o primeiro Adão, criado à imagem de Deus, mas que a perdeu por conta do pecado. Por sua vez, Cristo é o arquétipo original do ser humano em sua plenitude. Apesar de que a história bíblica apresente Adão como o primeiro homem, é Cristo, e não Adão, o primeiro nascido de Deus e a cabeça da humanidade.

> Ele é o primogênito porque é o Filho eterno de Deus e, também, enquanto Verbo feito homem cujo caminho sobre a terra e a majestade celeste se encontravam desde toda a eternidade no plano de Deus. [...] Se toda a Criação estava prefigurada no Logos, a humanidade estava figurada ali em um sentido particular.[568]

[567] RUBIO, Alfonso Garcia. *Unidade na pluralidade*: o ser humano à luz da fé e da reflexão cristãs. 4. ed. São Paulo: Paulus, 2001. p. 186-187. O teólogo atualiza a mensagem da cruz acentuando que ela não coloca o ser humano num outro mundo de salvação, mas o redireciona neste mundo, deturpado pelo pecado, para se abrir à interpelação própria da cruz de Jesus. A cruz condena a história guiada pelo poder dominador e destruidor e o abuso na utilização do mundo criado, apontando a causa de tal perturbação e indicando qual é o tipo de existência que constrói uma história diferente e uma relação nova com esta criação de Deus e nesta história dos seres humanos.

[568] *Ibidem*, p. 301.

O labor de Cristo encerra-se ao conduzir a alma até o "horto das delícias", onde acontece o noivado sob a cruz no jardim florido, onde a alma "será transformada por meio de tal união das duas naturezas, com tal comunicação da natureza divina à humana que, embora nenhuma delas mude de essência, cada qual parece Deus". Assim, Jesus introduz a pessoa nos segredos de Deus, sobretudo nos mistérios da Encarnação e Redenção, pois se a união do ser humano com Deus foi rompida no Paraíso, sob a árvore do conhecimento do Bem e do Mal, com Cristo, no Gólgota, a natureza humana foi remida e restaurada.[569]

> Foi do alto, do cume da cruz, que o esposo lhe deu a mão de sua graça e misericórdia, e pelos méritos de sua Paixão e morte desfez a inimizade que separava o ser humano de Deus, desde o pecado original. Debaixo da árvore do Paraíso, a mãe (a natureza humana) foi violada na pessoa dos primeiros pais, pelo pecado. Debaixo da árvore da cruz, foi restituída a vida à alma humana.[570]

3.2.4 Mística e cuidado social

Nesta obra a proposta é que o caminho da mística em *A ciência da cruz* seja contemplado a partir da fé, que é uma engrenagem necessária para a transformação social. Na ótica steiniana, Deus atrai a alma, despertando-lhe o interesse para as delícias eternas, que são conquistadas na medida em que a alma vai percebendo que precisa de uma contínua transformação, pois não tem como se apresentar diante do Justo por excelência, com uma vida cheia de injustiças. A alma vive um verdadeiro suplício em seu labor, pois desapegar-se das coisas do mundo, tão prazerosas, e das pessoas amadas configura uma verdadeira reforma, que implica abertura para a alteridade e partilha dos bens materiais e espirituais para a construção de uma sociedade pacífica e justa. É justamente por isso que a autora reflete, em sua obra, sobre a dignidade do trabalho como elemento essencial para a justiça social e como fonte de realização pessoal e profissional. Incansável, a filósofa conseguiu se sustentar com o seu próprio trabalho, seja lecionando no colégio das dominicanas em Speyer, seja nas diversas conferências proferidas; por sua vez, no Carmelo conseguia conciliar as ocupações de monja com as pesquisas intelectuais.

Assim, o caminho de Edith Stein, Irmã Teresa Benedita, revela a possibilidade de um desenvolvimento no campo espiritual e social de uma forma

[569] STEIN, Edith. *A ciência da cruz*: estudo sobre São João da Cruz. 5. ed. São Paulo: Loyola, 2008. p. 204-205.

[570] *Ibidem*, p. 205

íntima.[571] Pode-se dizer, também, que o verdadeiro místico é um artista, pois consegue conciliar a contemplação de Deus e o serviço ao povo, conforme descreve a autora acerca de João da Cruz, que foi um artista por natureza – entre os vários ofícios e artes que o santo realizou, figuram os de entalhador de madeira e pintor. Quando foi prior em Granada, esboçou o modelo da construção de um mosteiro contemplativo. Sentia, também, a necessidade de traduzir em canções o que lhe ocorria na alma, e seus escritos místicos são, pois, interpretações posteriores de suas concepções poéticas. Stein acrescenta que o Cristo crucificado exige do artista algo mais do que a simples reprodução de sua imagem, requer de cada ser humano a imitação: isso quer dizer que o artista deve também se transformar em Cristo, a ponto de carregar a cruz e de nela ser pregado. Assim, a obra externa, produto do esforço do próprio artista, poderá servir-lhe de estímulo para a sua transformação interna.[572]

Nesse sentido, a fé torna-se uma base econômica para um desenvolvimento sustentável, porque a crença pessoal e comunitária dá-se numa casa comum, a qual, para existir, tem as suas leis. Segundo o socioeconomista Bernard Perret, os eixos da economia sustentável passam pela dupla polaridade: de um lado, a produção imaterial (pesquisa, desenvolvimento, ensino, criação artística, reflexão estratégica, enfrentamento do incerto, como segurança e controle; enfrentamento do humano, como abrigo, cuidados, serviços às pessoas, e aqui se pode acrescentar a dimensão da fé, que encarna todos os pontos anteriores) e, de outro lado, as atividades de "reprodução", no sentido amplo do termo, como a manutenção do mundo material (limpeza, reparação, manutenção, etc.). É com esses mecanismos que a sociedade funciona. Assim, a economia de funcionalidade gesta uma metamorfose na atividade econômica, o que faz mudar até o próprio conceito de trabalho. Adam Smith, Karl Marx e os demais pais fundadores da economia política subentendiam que a palavra "trabalho" designava "trabalho produtivo", por meio do qual o ser humano transforma a matéria em mercadorias. No mundo

[571] TEIXEIRA, Faustino (Org.). *Caminhos da mística*. São Paulo: Paulinas, 2002. p. 136. Em sua contribuição para essa obra, a teóloga Maria Clara Bingemer apresenta o místico com um perfil bastante engajado na realidade social, vivendo no meio secularizado e cultivando a espiritualidade cristã. Nesse sentido, a mística apresenta-se de forma nova, livre, desinstitucionalizada, aberta à pluralidade e em diálogo com o ateísmo, o agnosticismo e as tradições religiosas. É por isso que os homens e mulheres que tiveram uma experiência profunda e visceral de Deus não estão recolhidos fora do mundo ou no silêncio do claustro, mas encontram-se imersos na sociedade, participando dos grandes desafios de seu tempo, ocupados com questões seculares, contrapondo-as com sua experiência espiritual.

[572] STEIN, Edith. *A ciência da cruz*: estudo sobre São João da Cruz. 5. ed. São Paulo: Loyola, 2008. p. 13-14.

industrial, o valor do trabalho objetiva-se no valor dos objetos produzidos. Esse modo de concretização confere ao trabalho uma espécie de exterioridade em relação à vida social. O mundo de produção constitui, por isso, um polo de estruturação autônomo da vida social, porque a industrialização favoreceu a organização do sistema social em torno da questão do trabalho.[573]

Entretanto, essas engrenagens já não condizem com a realidade contemporânea e precisam ser continuamente reavaliadas, por isso B. Perret acentua que as novas formas de trabalho caracterizam-se pela proximidade do ser humano com as tarefas e atividades que constituem o comum da vida social: como a capacidade de se comunicar, de compreender os outros, de inspirar confiança, de enfrentar situações imprevistas, etc., o que faz do trabalhador, antes de tudo, um ator social. Nesse sentido, a fé – enquanto processo de adesão ao Mistério Absoluto, vinculação a uma comunidade e manutenção da mesma – compreende um tesouro de bens espirituais e também materiais, pois dispõe de recursos humanos e de suas produções para o bem-estar e desenvolvimento da sociedade, conforme se evidencia na história dos mosteiros cristãos, especialmente no Carmelo, onde – em sua época – a judia Edith Stein se trabalha espiritualmente e externaliza o seu labor no atendimento às pessoas, por meio de suas correspondências e ainda com a produção de trabalhos científicos. Através desse ardoroso processo enfrenta o mal encarnado em pessoas e instituições, como as desgraças oriundas do nazismo.[574]

As Sagradas Escrituras têm nos profetas os guardiões da Lei, que garantem ao Povo de Israel os direitos e os deveres para viverem com dignidade na Terra Prometida. Espaço este que, na segunda metade do século XX, tornou-se um Estado, tendo em sua bandeira estampada a estrela de Davi. Destarte, a carmelita Edith Stein, que traz em seu hábito religioso a estrela de Davi, pode ser vista como a portadora dos bens preciosos de Deus, por conciliar em suas vestes o que estava em sua alma. Quiçá a sua entrada no Carmelo retrate a grande aspiração judaica pela vivência do tempo de jubileu, em que o ser humano se volta totalmente para Deus, enquanto a terra descansa e os frutos produzidos espontaneamente pertencem aos mais carentes, conforme o texto de Levítico 25.

[573] PERRET, Bernard. *O capitalismo é sustentável?*. São Paulo: Loyola, 2011. p. 130.

[574] Ao longo de *A ciência da cruz*, Edith Stein narra as artimanhas do demônio, que investe sobre as almas, para que elas não atinjam o propósito para o qual foram criadas, que é a união mística. Há momentos em que a autora fala diretamente de pessoas que perderam a sua humanidade, como os carmelitas da antiga regra que de forma perversa maltrataram e aprisionaram a João da Cruz. Nas entrelinhas, a monja descreve o seu sofrimento por conta de sua empatia com os perseguidos pelo governo nazista e pressente a fúria do mal que teria de enfrentar até chegar à câmara de gás que a mataria.

A vida no Carmelo concilia a oração e o trabalho; a carmelita de Breslau, inspirada por São Bento, provavelmente via nisso uma espécie de profecia da necessidade de se perfazer o equilíbrio cósmico, segundo a imagem apresentada nas primeiras páginas do livro do Gênesis, quando havia total harmonia na criação em seu potencial de desenvolvimento.[575] Como se sabe, no caminho místico, a aridez visa provar a alma, a fim de que esteja apta para a vivência da união amorosa com Deus, quando, enfim, a alma poderá repousar nos braços do Eterno.[576] No contexto do trabalho, a aridez pode ser comparada com a escalada dos dias da criação, em que a cada dia o Criador vai fazendo emergir do caos o cosmos, separando os elementos da natureza, a fim de reuni-los no lugar adequado para que a vida reine até que se dê a união mística, com a festa da plenificação no *Shabbat* eterno.[577]

Entretanto, no século XXI, constata-se a dificuldade do trabalhador em viver o tempo laboral e o tempo contemplativo, por conta do sistema vigente, em que as multinacionais e suas indústrias, bem como os grandes proprietários agrícolas, além de sugarem a natureza, chegam ao extremo de

[575] STEIN, E. In: URKIZA, Julien; SANCHO, Francisco Javier (Org.). *Obras completas*. v. III. Escritos filosóficos (etapa de pensamiento cristiano). Vitória: El Carmen; Madri: Espiritualidad; Burgos: Monte Carmelo, 2007. p. 611-612. Na introdução "A questão do ser", Edith Stein informa que a obra de Deus não tem nem princípio e nem fim; subsiste durante toda a eternidade. O ato de Deus não pressupõe nenhuma potência prévia; não tem necessidade de nenhuma faculdade passiva que exija ser colocada em movimento, pois seu poder e sua potência são intrínsecos ao ato mesmo. Em relação ao mundo exterior criado, Deus não trabalha tudo o que poderia trabalhar e para o qual tem o poder, se aqui poder e realizar diferem aparentemente. A potência de Deus é uma, seu ato é só um, e no ato a potência está inteiramente atualizada.

[576] DOBNER, Cristiana. *Il libro dai sette sigilli – Edith Stein*: Torah e Vangelo. Saronno: Editrice Monti, 2001. p. 338-341. A consciência hebraica louva o Nome, colocando-se em relação histórica e existencial com YHWH, e, também, com a multiplicidade dos nomes como *El Shaddai* (Deus onipotente), *Sebaot* (Senhor dos exércitos), *Elohim* (Deus da justiça), e YHWH, que designa o atributo divino da misericórdia. Portanto, o "Eu sou aquele que sou" (Ex 3, 14) significa que Deus é chamado segundo o seu agir. Edith Stein situa-se, também, frente à sarça ardente onde se consome o mistério de Israel diante do Nome e trata todos os temas teológicos da doutrina fundamental monoteísta em caminho dinâmico em direção a plenitude da revelação trinitária em Jesus Cristo: existência de Deus, unidade de Deus, imaterialidade de Deus, onipresença, onipotência, onisciência, eternidade, justiça e misericórdia, paternidade, santidade e perfeição, e o Nome divino. Os estudiosos revelam que "na consciência hebraica o atributo da eternidade de Deus é tão central, que, em âmbito linguístico alemão-judaico, 'Eterno' tornou-se como o nome divino do Senhor". Desde o século XVIII até hoje, mas principalmente após a catástrofe de 1933-1945, para o judaísmo alemão o apelativo 'Eterno' tornou-se fundamental.

[577] STEIN, E. *Ser finito y ser eterno*: ensayo de una ascensión al sentido del ser. México: Fondo de Cultura Econômica, 2002. p. 498-499. Segundo a teóloga de Breslau, houve um desenvolvimento progressivo do caos ao cosmos ou como uma mudança contínua de um cosmos original, de qualquer maneira estamos na presença, em um e outro caso, de uma sucessão de informações. Por fim, Stein comunica que até o momento está insolúvel a questão de essas informações serem concebidas como obras da criação separadas temporalmente ou reunidas em apenas um *fiat* criador.

escravizar o seu próprio semelhante.[578] É claro que essa realidade contrapõe-se com a veracidade das Sagradas Escrituras, que acenam para o desejo de Deus de que o ser humano viva nesta terra com a máxima qualidade de vida em todas as dimensões: corporais e anímicas, individuais e comunitárias. Isso porque Deus se interessa por aquilo que o ser humano realiza em benefício de si e de seu próximo; como o cuidado com corpo, alma, cultura, alimento, trabalho e religião.

Contudo, no século XX, com todos os avanços em relação aos direitos humanos, as pessoas tiveram uma experiência de cegueira na Europa, pois não enxergaram e nem compreenderam que os dias da criação, bem como aqueles que foram colocados para administrar a obra criada, estavam sendo destruídos pela máquina de guerra. Exemplo trágico desse contexto foram as pessoas conduzidas para as lamentáveis fábricas de morte nos campos de extermínio do regime nazista, como o de Auschwitz-Birkenau, onde os prisioneiros, ao chegarem ao portão principal, deparavam-se com uma placa com a seguinte frase: *Arbeit macht frei*, isto é, "O trabalho liberta". De forma profética, diante dessa discrepância, Edith Stein vai escrever: "o mau espírito procura espalhar escuridão na alma e obscurecer a luz divina".[579] De fato, por um lado, em Gênesis, o escritor bíblico narra a obra da criação, enfatizando que o Senhor Deus disse: *"Que a luz seja! E a luz veio a ser. Deus separou a luz da treva. Deus chamou a luz de 'dia' e à treva chamou 'noite'. Houve uma tarde, houve uma manhã, o primeiro dia" (Gn 1, 3-5)*. Por outro lado, a monja carmelita informa que o espírito caótico do mal ainda pretende resgatar as trevas, espalhando a escuridão na alma da humanidade, a fim de que a mesma perca a luz divina, que a tem iluminado no combate aos horrores provocados pelas trevas, particularmente a escuridão provocada pelo nazismo, cujo mal insuflava a destruição de vida em massa, principalmente nos campos de concentração, onde a pessoa trabalhava e era sugada até ser lançada no forno crematório.

Em seu tratado sobre São João da Cruz, Edith Stein pressente para pouco tempo a libertação de seu espírito, narrando a aridez de sua alma ao demonstrar toda a sua preocupação com a condição humana por meio de suas

[578] PERRET, Bernard. *O capitalismo é sustentável?*. São Paulo: Loyola, 2011. p. 95. A exploração dos trabalhadores pelos proprietários do capital continua e a luta de classes deixou de ser uma ameaça para o sistema capitalista, pois não se articula mais com as múltiplas fraturas que dividem o corpo social. No plano sociológico, as classes sociais perderam sua homogeneidade e sua identidade. O reino do lucro é agora um "reino sem senhor", onde todos são agentes e, ao mesmo tempo, todos são súditos.

[579] STEIN, Edith. *A ciência da cruz*: estudo sobre São João da Cruz. 5. ed. São Paulo: Loyola, 2008. p. 203.

obras. Em *A ciência da cruz*, fala do renovador da Ordem do Carmo, fala de si, mas principalmente se dirige aos cristãos falando que a libertação dos horrores produzidos pelo caos social e individual pode se concretizar, se houver a adoção da ética do cuidado, como estratégia de sobrevivência. Em diversas passagens bíblicas, Deus é apresentando como aquele que cuida do gênero humano e é o primeiro a trabalhar pela redenção da humanidade, enviando o seu próprio Filho, para ensinar o caminho da construção do Reinado de Deus na terra.[580] Nesse sentido, Stein afirma que Cristo "afugenta Satanás e os espíritos malignos e arranca as almas de sua tirania. Ele revela cruamente a malícia humana. A sua postura levanta contra ele o furor do inferno e o ódio e a malícia da mesquinhez humana, a ponto de investirem contra ele, preparando-lhe a morte de cruz".[581]

Os discípulos de Cristo, seguindo o exemplo do Mestre, devem acolher o outro, lendo as entrelinhas de sua história e facilitando a recuperação de sua autonomia. O cuidado evangélico e a misericórdia são remédios para a omissão, a cumplicidade, a apatia e o cinismo, que devoram os relacionamentos e desestruturam as comunidades. A caridade é o que melhor expressa o cristianismo e dá sentido *à ciência da cruz*, pois somente pessoas apaixonadas pela vida, que é Cristo, podem gestar caminhos para a fraternidade universal.

O caminho percorrido até aqui apresentou o trabalho da alma humana, o labor de Edith Stein, a missão de Jesus e de seus discípulos. Todos enfrentaram a aridez da transformação interior e confrontaram-se com a realidade humana do trabalho, que é tão edificante, mas – ao mesmo tempo – depararam-se com a presença do mal no mundo, gerando noites escuras para o indivíduo e a sociedade. A fé, como base para uma economia relacional, suscita no ser humano o desejo de viver a justiça em todos os seus empreendimentos e relacionamentos, conforme o convite de Cristo no *Sermão da Montanha*: "sede perfeitos como o Pai do céu é perfeito". O convite ou a exortação do Mestre galileu, em Mateus 5, aparece depois de diversos apontamentos acerca da vida socioeclesial, em

[580] CARRARA, Paulo Sérgio. *Elevatio Entis ad Patrem*: a oração de Jesus e do cristão à luz do mistério pascal na teologia de Francois-Xavier Durrwell. Belo Horizonte: O Lutador, 2014. p. 135. O autor apresenta a reflexão do teólogo Durwell acerca do conceito da filiação de Jesus, que se identifica com a salvação que Jesus realiza tornando-se o Filho em plenitude na Páscoa. O autor acrescenta que, para Durwell, o Filho é também o Servo de Javé. Portanto, Jesus é o Filho-Servo, que em tudo faz a vontade do Pai. Essa vontade identifica-se com a salvação da humanidade, que encontra no Reino uma expressão chave. É na Páscoa que se contempla Jesus elevando-se totalmente ao Pai, como Servo que obedece, e se torna o *eschaton* do mundo, a plenitude, e o Reino se impõe como verdade última do ser humano.

[581] STEIN, Edith. *A ciência da cruz*: estudo sobre São João da Cruz. 5. ed. São Paulo: Loyola, 2008. p. 219.

que são bem-aventurados aqueles que se abrem a novas perspectivas, baseadas no amor e na justiça, trabalhando pela construção da *civilização do amor*.[582]

As barreiras e obstáculos para a edificação dessa civilização, na obra *A ciência da cruz*, a autora chama de demônio ou inimigo maligno. Em sua obra *Natureza, liberdade e graça* (1932), Stein informa que a repercussão da ideia criadora não discorre puramente, sem obstáculos, pois as criaturas estão expostas em seu desenvolvimento a constantes obstáculos e anomalias, e estão indefesas diante deles. A criatura inanimada não pode conservar a si mesma, por isso necessita ser conservada e assegurada de fora. Essa missão recai sobre aquele que é chamado de *Senhor* sobre a criação, portanto um ser livre e dotado de razão, diferente do animal, que, mediante reações cegas, é capaz de executar ações a partir de seus instintos, mas não pode conservar a si mesmo. O domínio da natureza, baseado no conhecimento, permite ao ser humano manter as criaturas no sentido ontológico em que foram inscritas. A técnica moderna busca submeter a natureza ao ser humano, colocando-a ao serviço de seus apetites naturais, não se preocupando com a ideia que subjaz a criação e se contrapõe de forma rude à natureza, constituindo, assim, um radical abandono do serviço que a obra criada recebeu em sua origem, por isso, Stein atribui ao ser humano a responsabilidade pelo distanciamento da natureza do plano da criação.[583]

Nesse sentido, a autora retoma a questão da purificação da vontade, no que se refere ao apego aos bens naturais, como assim os denominou São João da Cruz, para demonstrar as desvantagens e prejuízos para o ser humano e para a sociedade quando se apega a realidades tais como a "vanglória, a presunção, soberba, desprezo pelo próximo, sublevação da sensualidade e facilidade em ceder-lhe, sede de lisonjas e vãos elogios, embotamento da inteligência e do

[582] Mark Gordon, presidente da Society of St. Vincent de Paul da Diocese de Providence, Rhode Island (EUA), pontua que o liberalismo triunfa no Ocidente, fazendo com que a tradição cristã venha sendo triturada por três séculos de nacionalismo, materialismo, racionalismo e secularismo. Diante disso a proposta de M. Gordon é que se deveria "construir uma nova civilização", que o Papa João Paulo II chamou de "civilização do amor". Contrariamente às afirmações históricas dos católicos liberais, esse trabalho não envolve a implantação de um Estado confessional, nem a restauração de uma monarquia católica. Construir uma nova civilização significa desafiar o espírito burguês, com seus ídolos mesquinhos, e imitar os primeiros cristãos, que "se devotaram à fração do pão, ao ensinamento dos apóstolos, à comunhão fraterna e a oração", envolvendo também a recusa de toda liberalidade do governo, como a isenção de impostos, assim como a oposição às guerras injustas do Estado. Disponível em: http://pt.aleteia.org/2014/03/15/construindo-a-civilizacao-do-amor/2/. Acesso em: 03 abr. 2017.

[583] STEIN, E. In: URKIZA, Julien; SANCHO, Francisco Javier (Org.). *Obras completas*. v. III. Escritos filosóficos (etapa de pensamiento cristiano). Vitória: El Carmen; Madri: Espiritualidad; Burgos: Monte Carmelo, 2007. p. 101-102.

juízo, tibieza e aversão pelas coisas de Deus".[584] Aquele que tem o costume de se vangloriar está se enaltecendo em demasiado em detrimento do seu próximo, o que, em termos sociais e psicológicos, não contribui para o desenvolvimento da fraternidade, por falta da igualdade ontológica entre os seres humanos, já que o adjetivo *vanus* indica algo vazio de conteúdo, por isso não é salutar para o indivíduo enaltecer a si mesmo, pois cabe aos outros o reconhecimento e o comentário acerca das qualidades de uma pessoa.

O presunçoso, por sua vez, tem um entendimento errado de si e das suas ambições, pretendendo estar no total controle do futuro, independente de Deus e dos outros seres humanos. Por isso, a presunção é um sério problema para o desenvolvimento social, pois o presunçoso atropela e mata o outro, para concretizar os seus objetivos e se manter no ápice de seu poder; para isso planeja habilidosamente os seus empreendimentos, visando cada vez mais obter lucros e *status* na sociedade. Para barrar essa situação, a pessoa que toma consciência de si percebe que não tem o conhecimento de tudo o que vai acontecer, mesmo que faça planejamentos; sabe de sua fragilidade enquanto ser humano sujeito a tantas adversidades físicas e espirituais ao longo da vida; justamente por isso se confia a Deus, que sabe o que é melhor para cada ser humano.

A soberba faz com que o indivíduo tenha os olhos altivos e não consiga se relacionar de forma igualitária com os outros, pois não conhece a humildade. Tudo o que fizer em favor de alguém vai sempre interpretar como algo que ele, e somente ele, é capaz, e com absoluta certeza, vai transformar essa ação em algo de que possa tirar proveito próprio. Suas esmolas são sempre carregadas de desprezos e menosprezo ao ajudado, o que é algo totalmente contrário àquilo que é ensinado pelos preceitos bíblicos e praticado pelo altruísmo cristão.

A sublevação da sensualidade ou tendência a permitir que os prazeres sensuais ganhem maior relevância na vida social foi, e ainda é, objeto de combate da ascese, que se caracteriza por seu conjunto de práticas e disciplinas para o autocontrole do corpo e do espírito, visando à sublimação da energia para a especulação teórica e a prática da caridade. Entretanto, sabe-se que, mesmo nos regimes religiosos mais ortodoxos, a questão libidinal sempre esteve aberta a questionamentos, em virtude da vulnerabilidade humana. Com o advento da liberdade sexual, veio à tona o escancaramento da vivência sexual enquanto profissão, como a prostituição; de forma libertadora, a denúncia dos abusos sexuais cometidos em todas as classes sociais; e, enquanto exposição do físico em detrimento do espírito, que fora tão valorizado em tempos passados.

[584] STEIN, E. *A ciência da cruz*: estudo sobre São João da Cruz. 5. ed. São Paulo: Loyola, 2008. p. 84.

Atualmente, as academias tornaram-se o espaço privilegiado de se esculpir o corpo a ser exibido nos eventos sociais. A função social da academia é fundamental por possibilitar ao ser humano a saída do sedentarismo, mas, por outro lado, a pessoa pode criar a falsa imagem de que a academia é um templo, onde a prática esportiva esculpe semideuses.

O fenômeno da tibieza, por sua vez, é problemático para a purificação da vontade, pois provoca na pessoa a falta de vontade, ou seja, torna o indivíduo indiferente diante das coisas sociais e espirituais, por conta do grande esvaziamento espiritual ocorrido nele. No campo religioso, por exemplo, no Brasil, a proliferação de igrejas neopentecostais gesta um grande número de indivíduos ateus e indiferentes à religião, porque a pessoa, buscando resolver os seus problemas sociais e psicológicos, percorre diversos espaços cultuais, com fé nas promessas das autoridades religiosas desses locais. De acordo com a frustração, por não ter a sua questão resolvida, o indivíduo vai se desgostando das *entidades* fracas e impotentes, que prometem tanto por meio de seus gurus, os quais, na prática, aproveitam-se das fragilidades das pessoas, ignorando o sofrimento alheio. O resultado é a prostração espiritual e, consequentemente, a acomodação social, pois o episódio acontece é no seio da sociedade, em que os cidadãos vão se tornando também indiferentes, por exemplo, no universo político partidário. A indiferença ou a abstenção na participação política se dá, na maioria das vezes, porque muitas pessoas constatam que as promessas de vários políticos são repetitivas e, quando estes assumem o poder, acabam por não cumprir o prometido, levando o povo à desilusão com a política, de tal forma que se vê crescer no Brasil, a cada eleição, o número de votos nulos e brancos. Diante desse quadro, referente ao apego aos bens naturais, o ser humano é impelido a buscar recuperar a vontade de se afeiçoar aos bens divinos que lhe trarão o ardor pela construção de uma sociedade humanizada, cujas pessoas se preocupem e zelem pelo bem-estar de seu próximo, promovendo a dignidade do ser humano.

A reflexão mística de Stein depara-se com a concretude do real humano e social e, nestes tempos, em que se constata o fracasso das teorias econômicas e sociais no mundo capitalista em sua função pacificadora e transformadora, a proposta do desapego coincide com a do desenvolvimento sustentável, em que alguns povos unem as suas forças para enfrentar as suas ameaças.[585] O ser humano está cercado de adversidades ou de situações que o ameaçam pelo planeta afora, tais como: conflitos de interesses internacionais; o liberalismo com o seu poder avassalador de elevar ou escravizar povos ao redor do mundo; a crise ecológica,

[585] Mais informações sobre a economia sustentável encontram-se no seguinte endereço eletrônico: https://wikihaus.com.br/economia-colaborativa-conceitos-e-pilares-de-uma-sociedade-sustentavel/.

com as mudanças climáticas; o fundamentalismo religioso e a corrupção, gestando um retrocesso espiritual e social num mundo que pretendia ser civilizado.

Todavia, essas ameaças podem ser superadas à medida que haja o cuidado empático com a vida da comunidade humana, pois, estando ferida, a humanidade precisa ser curada; mas como é uma humanidade situada, todo o conjunto global requer cuidado e boa administração. Nesse sentido, o livro de Provérbios faz uma exortação bastante pertinente: "Quem zomba dos pobres revela desprezo pelo Criador deles; quem se alegra com a desgraça dos outros não ficará muito tempo sem castigo. Os filhos dos filhos são uma gloriosa honra para os idosos, e os pais são o orgulho" (17, 5-6). Daí a necessidade de se olhar o presente, o passado e o futuro do ser humano, para que o mesmo não se torne miserável diante de uma globalização que só está atendendo interesses sórdidos de uma minoria milionária em detrimento dos bolsões de miséria espalhados pelo mundo, juntamente com a devastação da natureza, o que impossibilitará uma qualidade de vida razoável para as futuras gerações. Por isso o apelo para que haja conscientização das pessoas em nível local, social e planetário de que os bens existentes na terra devem ser aproveitados de maneira adequada às reais necessidades humanas.

A filósofa Hannah Arendt desenvolve, em sua obra *A condição humana* (1958), a teoria da potência como capacidade de ação coletiva que se dá a si mesma uma comunidade política. A potência supõe a existência de um poder de agir, adquirido pelo grupo para evitar a violência, pois repousa sobre a força das palavras, sobre a capacidade dos governantes de unificar seus atos e seus discursos. É justamente essa coerência que cria confiança e consequentemente a coesão do grupo.[586] Por isso, revendo a história, sabe-se que os grupos humanos uniram-se nas adversidades para sobreviver. Estes tempos atuais, tão obscuros e incertos, tornam-se oportunidade para o ser humano se superar coletivamente e inovar, não só nas técnicas de relacionamento com o meio ambiente, mas igualmente na criação de novas capacidades conjuntas de agir, em benefício de toda a sociedade.

3.3 Deus, o ser humano e a sociedade

3.3.1 Liberdade, o mal e a graça

Em seu tratado místico sobre São João da Cruz, Edith Stein enfatiza que a estrutura da essência da alma, principalmente no tocante à relação entre a

[586] ARENT, Hannah. *Condition de l'homme moderne*. Paris: Calmann-Levy, 1983. p. 260.

liberdade e o íntimo da pessoa, é fruto de suas pesquisas que culminam com a constatação de que "todo ser humano é livre e se defronta a cada instante com decisões a tomar".[587] Stein informa que a alma só será capaz de chegar a tomar decisões com plena liberdade quando estiver mais próxima de seu íntimo, que é o lugar da mais perfeita liberdade. Nesse espaço, a atividade própria da alma diminui à medida que se aproxima de seu núcleo, onde Deus é quem atua e a alma, por sua vez, em virtude de sua liberdade, pode se entregar irrestritamente a Ele. Na entrega mútua de Deus e da alma, o consentimento do matrimônio místico se dá em plena harmonia. O desejo da autora é que toda alma possa desfrutar da liberdade, realizar-se na vida e chegar ao ápice da felicidade na união com Deus; contudo, sabe que existem muitos percalços que impedem o ser humano de atingir tamanha liberdade. Em seu contexto histórico, Stein vê as conquistas dos povos caindo por terra, principalmente no que se refere à liberdade. Com o seu olhar de filósofa e historiadora, busca no Renascimento, momento histórico em que a humanidade adquiriu consciência mais clara e exaltada da liberdade, a base da dignidade humana, a fim de confrontar-se com a tirania que vinha se estabelecendo na Europa nas primeiras décadas do século XX. Todavia, como teóloga, Edith Stein ultrapassa a visão da Idade Moderna e, fundamentando-se na Tradição da Igreja e nas Sagradas Escrituras, procura responder às questões nefrálgicas que inibem a liberdade, alienando o ser humano.

Com o intuito de esclarecer a razão pela qual nem todo ser humano atinge a liberdade, bem como os problemas que isso acarreta para a pessoa e sociedade, Stein, em sua obra, esclarece que o ser humano é um ser espiritual e pertence ao *Reino dos espíritos*, onde Deus é o protótipo de todo ser espiritual, porque é capaz de dispor de si mesmo com a absoluta liberdade de existir por si próprio, exteriorizando-se livremente e, não obstante, permanecendo em si. Já o ser humano, espírito criado, é uma imagem semelhante a Deus e, sendo limitado, é reflexo dele.[588] A autora fala num Reino do Espírito e dos espíritos, porque todos os seres espirituais possuem uma relação entre si, e informa que chama de Reino do Espírito porque o termo Espírito abrange mais que a totalidade dos espíritos, incluindo tudo quanto é elemento espiritual, ou seja, em certo sentido todos os seres. Mais à frente, acrescenta que os espíritos criados, tanto

[587] STEIN, Edith. *A ciência da cruz*: estudo sobre São João da Cruz. 5. ed. São Paulo: Loyola, 2008. p. 135-136.

[588] STEIN, E. *Ser finito y ser eterno*: ensayo de una ascensión al sentido del ser. México: Fondo de Cultura Econômica, 2002. p. 414. Nessa obra, anterior *A ciência da cruz*, a autora já havia dito que nenhuma criatura é incondicionalmente livre, somente o Criador é incondicionalmente livre, pois existe por si mesmo.

os bons (anjos) como os maus (demônios), são chamados puros espíritos por não possuírem corpo.[589]

A teóloga, citando Santo Tomás de Aquino, esclarece que os espíritos puros foram criados e, durante a sua criação, a essência possível converteu-se em uma essência real, mas a oposição entre a realidade e a possibilidade existe neles. Por um lado, certamente eles vêm à existência com uma natureza perfeita e não com uma natureza susceptível de desenvolver-se como a do ser humano. Por outro lado, são capazes de elevar-se do ponto de vista do ser pela graça ao estado de glória. Assim como os seres humanos, eles possuem a disposição necessária para receber o ser divino.[590] Nesse reino espiritual, Deus tem o primeiro lugar, excedendo infinitamente a todo o espiritual. Todavia, faz-se necessário buscar na obra *Natureza, liberdade e graça*,[591] de Edith Stein, as razões pelas quais o ser humano pode vir a ter a sua vida espiritual, bem como a sua liberdade, negligenciada ou alienada. Inicialmente, nessa obra, a autora apresenta a existência do reino da natureza, onde o ser vive à mercê da vida ingênua natural, com suas constantes mudanças de impressões e reações.[592]

Nesse estágio, a alma recebe impressões de fora, do mundo no qual o sujeito dessa vida está e o toma como objeto com o espírito; essas impressões põem em movimento a alma e, em virtude das mesmas impressões, desencadeiam-se nela tomadas de posição diante do mundo, como horror ou surpresa, admiração ou depreciação, amor ou ódio, temor ou esperança, alegria ou tristeza, e atitudes como *querer e atuar*. Em todas as tomadas de posição, a alma está em movimento; e no querer e atuar, esse movimento da alma responde reagindo externamente, intervindo sobre o mundo exterior e o configurando. Assim, o

[589] *Idem*. *A ciência da cruz*: estudo sobre São João da Cruz. 5. ed. São Paulo: Loyola, 2008. p. 128.

[590] STEIN, E. *Ser finito y ser eterno*: ensayo de una ascensión al sentido del ser. México: Fondo de Cultura Económica, 2002. p. 413.

[591] *Idem*. In: URKIZA, Julien; SANCHO, Francisco Javier (Org.). *Obras completas*. v. III. Escritos filosóficos (etapa de pensamiento cristiano). Vitória: El Carmen; Madri: Espiritualidad; Burgos: Monte Carmelo, 2007. p. 57-63. Existem opiniões diversas sobre a origem, título e cronologia desta obra. Alguns a situam por volta dos anos 30 por conta de haver uma relação direta entre os pensamentos contidos neste escrito com as grandes obras: *Ser finito e ser eterno* e *Ato e potência*. Entretanto, alguns indícios colocam a obra no início dos anos 20, quando Stein estava adentrando no mundo católico e, ainda, utilizando termos próprios desta transição religiosa.

[592] *Idem*. *Ser finito y ser eterno*: ensayo de una ascensión al sentido del ser. México: Fondo de Cultura Económica, 2002. p. 413-414. A natureza, criada por Deus, está separada dele, mas esta não deve ser entendida da mesma forma que o mal se separa de Deus ou a natureza *caída* está separada dele. Logo, ela permanece nele, porque a graça de Deus toca na criatura sem que suas raízes sejam cortadas de Deus e faz da criatura um sarmento unido à vida. As coisas inanimadas podem constituir um instrumento da ação divina, em benefício do ser humano, e nesse sentido contém em si a graça, como os sacramentos, com exceção da Eucaristia, cuja matéria inanimada é transformada em corpo vivo de Cristo.

sujeito anímico pode se ver arrastado pelas reações exteriores, que não estão em seu poder; a reação como forma básica caracteriza a etapa animal da vida anímica.

A vida da alma que não é impulsionada de fora, senão guiada de cima, é ao mesmo tempo *um desde dentro*, pois ser elevada ao reino do alto significa para a alma ser introduzida totalmente nela mesma.[593] Ao ser levada ao interior dela mesma e por estar ancorada no alto, simultaneamente está subtraída das impressões do mundo e goza da liberdade.[594] Da mesma forma que o natural-ingênuo acolhe o mundo, o sujeito anímico livre acolhe o mundo com o espírito, recebendo impressões do mundo em sua alma. Contudo, as impressões não movem diretamente a alma: é ela que, a partir de seu centro, toma as suas posições diante do mundo.[595]

Em *A ciência da cruz*, informa a autora, as solicitações exteriores têm certo direito à atenção das almas; mas o grau em que merecem ser por ela absorvidas dependerá do valor e do significado que essas solicitações tenham em si e em relação à alma. Para voltar-se à solicitação externa não é preciso que a alma abandone seu centro profundo, onde vigoram leis diferentes das do espaço exterior. *Permanecendo nas mais íntimas profundezas de seu reino, a alma o domina inteiramente e, sem abandonar o lugar onde permanece, goza da liberdade de mover-se dentro do próprio reino a seu bel-prazer.*[596] É a partir dessa liberdade que se dá a passagem do reino da natureza para o reino da graça, quando o ser humano faz sua opção por um reino e passa a viver segundo o mesmo. Dessa forma, compreende-se que entre o reino da natureza e o reino da graça se introduz o reino da liberdade, que necessariamente não é um reino, por isso a pessoa – tomada como sujeito livre – precisa realizar a conexão com um desses reinos para poder se desenvolver.[597] Assim, para poder fazer algo com

[593] O termo "reino do alto" utilizado por Stein provavelmente é uma referência explícita à citação do evangelista João 3, 31: "Aquele que vem do alto está acima de todos. O que é da terra pertence a terra e fala das coisas da terra."

[594] STEIN, Edith. *Ser finito y ser eterno*: ensayo de una ascensión al sentido del ser. México: Fondo de Cultura Econômica, 2002. p. 414. A teóloga afirma que a graça supõe a liberdade e a natureza, porque a existência de criaturas livres é absolutamente necessária para que a ação da graça possa concretizar-se. A graça é um chamado pessoal de Deus que necessita de disponibilidade, obediência, escuta e abandono em suas mãos de forma totalmente livre. Essa é uma atitude de pessoa a pessoa que torna possível a unidade existencial entre as pessoas pela graça.

[595] *Idem*. In: URKIZA, Julien; SANCHO, Francisco Javier (Org.). *Obras completas*. v. III. Escritos filosóficos (etapa de pensamiento cristiano). Vitória: El Carmen; Madri: Espiritualidad; Burgos: Monte Carmelo, 2007. p. 68-70.

[596] *Idem*. *A ciência da cruz*: estudo sobre São João da Cruz. 5. ed. São Paulo: Loyola, 2008. p. 134.

[597] *Idem*. In: URKIZA, Julien; SANCHO, Francisco Javier (Org.). *Obras completas*. v. III. Escritos filosóficos (etapa de pensamiento cristiano). Vitória: El Carmen; Madri: Espiritualidad; Burgos: Monte Carmelo, 2007. p. 71.

sua liberdade, o sujeito livre tem que abandoná-la, ao menos parcialmente, e prender-se a um reino. O destino da pessoa está justamente em sua capacidade de entrega a um desses reinos, arcando com as consequências de ter sacrificado a própria liberdade.

Quando o sujeito anímico ergue-se livremente como pessoa, ocorre à irrupção do "eu" em sua estrutura pessoal e, graças a isso, cada pessoa passa a se designar a si mesma com a denominação "eu".[598] Desse modo, afirma Stein, só se pode chamar de "eu" um ente que em seu ser se diferencia de outro interiormente, pois cada "eu" é algo único e seu ser, que Stein chama de vida, brota de instante em instante e se concretiza em um ente fechado sobre si mesmo.[599]

O "eu" é caracterizado pelos conteúdos que realiza, pois somente uma pessoa pode criar, ou seja, chamar a existência em virtude de sua vontade. Dessa forma, a sua vida acontece a cada instante (atual), porém o seu ser corre o contínuo risco de ficar na indigência, pois, na ausência de conteúdo e de vontade, o ser fica no vazio. Esses conteúdos são recebidos de dois mundos situados fora de seu domínio: o mundo exterior e o mundo interior. Isso o difere totalmente de Deus, que é um ser presente eternamente, sem começo e nem fim, conforme se apresentou a Moisés no Monte Horeb: "Eu sou aquele que é" (Êxodo 3, 14). Este "Eu sou" possui em si e por si toda a plenitude; não recebe nenhum conteúdo de ninguém, ao contrário, é a fonte donde todas as demais coisas recebem o que possuem; condiciona todas as coisas e ele mesmo é incondicionado.

Em Deus o "Eu sou" significa: eu vivo, eu sei, eu quero, eu amo; mas tudo isso não se constitui numa sucessão ou numa justaposição de atos temporais; ao contrário, trata-se de algo que é absolutamente uno desde toda a eternidade na unidade do ato divino único, no qual coincidem totalmente todos os significados diferentes da palavra ato: ser real, presente vivo, ser acabado, movimento espiritual, ato livre. Logo, em Deus coincidem a onipresença, a onipotência e a onisciência de onde chama a existência a criação, que não é uma reprodução perfeita, senão somente uma *imagem parcial, um raio enfraquecido* de

598 STEIN, E. *A ciência da cruz*: estudo sobre São João da Cruz. 5. ed. São Paulo: Loyola, 2008. p. 134.

599 *Idem. Ser finito y ser eterno*: ensayo de una ascensión al sentido del ser. México: Fondo de Cultura Econômica, 2002. p. 359-360. É possível que o ser humano pronuncie a palavra "eu" antes de poder compreender seu sentido, mas é possível, também, que seu significado já lhe tenha sido revelado – na forma simples da vida consciente, sem que o conceito "eu" possa ser formado – antes que comece a empregar a palavra. Contudo, essas pequenas divergências entre a vida espiritual e sua expressão natural na palavra fundam-se na particularidade da língua. Daí que o emprego prévio da palavra "eu" é o sinal da vida consciente do "eu".

Deus, o Eterno; o Incriado e o Infinito não cria nada absolutamente semelhante a si mesmo, visto que não existe um segundo Eterno, Incriado e Infinito.[600]

Em seu tratado antropológico, Stein afirma que a pessoa humana, criada finita, ao longo de sua vida tem de tomar atitudes que na escala animal se desencadeiam por conta de seus instintos e sensações. Essas podem ser "aceitas" ou "recusadas" pela pessoa, que, por meio do uso da razão, pode discernir e entregar-se a essas impressões livremente ou afastar-se delas. Os atos, que por princípio só podem ser executados com base em tomadas de posição, devem o seu conteúdo material precisamente a esse fundamento sobre o qual se erguem e representam a vida propriamente dita do sujeito livre como tal, mas são, em sua natureza, vazios, por isso têm a mesma necessidade de ser completados por uma plenitude que procede de outro lugar: de Deus, fonte de toda graça.

O sujeito livre apreende conteúdos e dispõe de sua liberdade, selecionando as possibilidades existentes, reprimindo certos movimentos anímicos, ocasional ou "sistematicamente", subtraindo e cuidando de outros e dessa forma trabalhando na formação de seu próprio "caráter". Entretanto, para o indivíduo autossuficiente, a autossuperação a partir da reconfiguração de seu ser, com o preenchimento de um novo conteúdo anímico, é impossível.[601] A maneira com a qual o indivíduo dispõe de sua esfera natural anímica contém riscos; dentre eles a escolha, em meio às possibilidades existentes, daquilo que está de acordo com seu exclusivo critério, não levando o outro e nem a comunidade em consideração. Essa eleição pode-se dar sem motivo algum, ou seja, o indivíduo vai se entregando ao mecanismo anímico natural indiscriminadamente, sem fazer o mínimo uso de sua liberdade racional. Nesse caso, a pessoa está se desligando da marcha natural da vida da alma, por não fazer o uso da razão e sem um critério que lhe proporcione em cada caso uma decisão; estará se afundando na etapa animal, o que faz com que a vida de sua alma se torne caótica e irracional. Por outro lado, quando a pessoa faz as suas escolhas conforme princípios fixos, entre as possibilidades naturais existentes, a vida de

[600] STEIN, Edith. *Ser finito y ser eterno*: ensayo de una ascensión al sentido del ser. México: Fondo de Cultura Econômica, 2002. p. 361-364. Deus abraça todo ente e tudo o que é finito tem nele a sua primeira origem, mas a sua plenitude é também a plenitude do ser em todos os sentidos da palavra. É ser essencial e ser real porque o eu vivente é a suprema realidade, e esses dois seres formam um nele. De fato, o eu divino é uma essência real e viva. É ao mesmo tempo um ser inteligível, pois capta a si mesmo espiritualmente ou é transparente a si mesmo. É o ser real por excelência, porque nele não há nenhuma possibilidade não realizada.

[601] *Idem*. In: URKIZA, Julien; SANCHO, Francisco Javier (Org.). *Obras completas*. v. III. Escritos filosóficos (etapa de pensamiento cristiano). Vitória: El Carmen; Madri: Espiritualidad; Burgos: Monte Carmelo, 2007. p. 72-73.

sua alma aparece como um cosmos, cujas leis já não estão se seguindo às cegas, mas se elegem livremente a partir do uso da liberdade para conhecer a si mesma, ou seja, conhecer a estrutura de sua vida anímica e as leis que mandam nela.

O conhecimento em sentido estrito (ou dito com mais exatidão, a atividade do entendimento que conduz ao conhecimento) só é possível para um sujeito livre, enquanto um sujeito ingênuo pode tomar conhecimento e saber na mais ampla envergadura, mas não conhecer de fato. Assim como os atos livres, as operações do entendimento, também, estão totalmente vazias e devem seu conteúdo às bases às quais estão obrigadas a recorrer por princípio, que neste caso são, em definitivo, atos de tomada de conhecimento. Dessa forma, a pessoa vai se capacitando, em virtude de sua liberdade, a penetrar cognoscitivamente na vida de sua alma e descobrir as leis às quais essa vida obedece; pode, ainda, fazer uma seleção entre elas e definir a qual vai obedecer exclusivamente. Isso é possível porque as leis racionais – em contraposição às leis naturais – necessitam apenas da motivação, e só atuam ao modo das leis naturais no marco de uma vida de alma cujo sujeito não está em posse da liberdade ou não faz uso dela.[602]

A autora prossegue a sua reflexão informando que a vida pessoal da alma iluminada e guiada cognoscitivamente parece estar elevada por cima da vida animal, precisamente porque se desenvolve à luz do conhecimento. Todavia, o intelecto conhecedor pode se enganar e desencaminhar a pessoa que o segue, deixando-a vulnerável, sujeita a irracionalidade por conta da vaidade e da soberba, que podem levá-la a se tornar autossuficiente. Para a alma sair dessa vulnerabilidade, terá de se amparar num reino distinto do da natureza, pois nesse reino a alma não se possui, e é tratada como um animal que é levado de um lado para o outro. Somente num novo reino poderá a alma ganhar plenitude e se encontrar, de fato, em casa, para isso a pessoa deve-se colocar a serviço de um espírito transcendente que lhe proporcione novas forças distintas da natureza e a coloque em condições de dominar o reino da natureza mediante essas forças. A palavra *espírito*, informa Stein, é ambígua e é necessária utilizá-la em sentido duplo, pois designa uma pessoa espiritual e uma esfera espiritual.[603]

[602] STEIN, Edith. In: URKIZA, Julien; SANCHO, Francisco Javier (Org.). *Obras completas*. v. III. Escritos filosóficos (etapa de pensamiento cristiano). Vitória: El Carmen; Madri: Espiritualidad; Burgos: Monte Carmelo, 2007. p. 73.

[603] STEIN, E. *Ser finito y ser eterno*: ensayo de una ascensión al sentido del ser. México: Fondo de Cultura Econômica, 2002. p. 421. Quando se fala em esfera espiritual é necessário reportar-se aos espíritos puros que se distinguem do ser humano por uma liberdade maior e uma personalidade menos limitada. Propriamente falando, não são incondicionalmente livres; visto que receberam uma natureza determinada e limitada, não podem por si mesmos atravessar os limites que lhes foram marcados. Contudo, todo o seu ser lhe é confiado, para que possa dispor dele e se desenvolver livremente na

As relações entre uma pessoa espiritual e uma esfera espiritual são de dupla natureza, pois, por um lado, toda esfera espiritual flui de uma pessoa, mas, dependendo do caso, flui de uma pluralidade de pessoas; por outro lado, uma pessoa pode estar elevada a uma esfera espiritual que não flui dela mesma e pode estar resguardada nessa esfera. Stein denomina reino do alto ou da graça a esfera espiritual que flui de Deus. "Colocar-se ao serviço de um espírito" também tem um sentido duplo: significa introduzir-se em uma esfera espiritual e deixar-se preencher por ela e, por conseguinte, significa simultaneamente submeter-se à pessoa que é o centro da esfera. Isso pode acontecer em alguns casos de forma indireta, submetendo-se a uma pessoa que já esteja elevada a essa esfera e resguardada nela, mas sem ser o seu centro. Assim, é possível ser preenchido com o espírito do alto, isto é, encontrar a forma de unir-se ao reino da graça, seguindo a um "santo", sem ter se submetido a Deus direta e imediatamente.[604]

A submissão ao espírito do novo reino pode ser realizada por quem busca unir-se a ele, colocando-se ao seu serviço ou a serviço dessa esfera em virtude de um ato livre. Mas pode suceder que o ser humano, em vez de se submeter ao espírito que é capaz de dominar a sua natureza (mundo da irracionalidade e instintos), dando sentido à vida da pessoa, queira simplesmente instrumentalizá-lo, utilizando de seus serviços em benefício próprio. Contudo, o ser humano só pode entrar em relação com espíritos situados fora de sua natureza colocando-se, implicitamente, a seu serviço. Todavia, o *Senhor da esfera* na qual é acolhido o ser humano pode estar a seu serviço em casos particulares – por exemplo, mandando em seu favor as forças da natureza ou espíritos servidores, o que é uma citação implícita de Hebreus 1, 14 – e com isso preencher de improviso com seu espírito.[605] Isso faz com que o ser humano acredite ilusoriamente que os espíritos lhe estejam submetidos, embora na realidade obedeçam ao seu senhor, e, por conseguinte, faz com que o ser humano sirva, também, ao senhor desses espíritos.

vida para a qual foram criados. Não se encontra neles nenhum fato natural submetido a uma norma fixa como no mundo material, ou seja, a vida inteira é uma atividade livre e objeto de uma decisão pessoal. Aos espíritos puros só é oferecida uma possibilidade de escolha: para Deus ou contra Deus, não uma tendência não intencional a afastar-se de Deus. Dessa forma, cabe aos anjos a única e irrevogável decisão a propósito de seu destino eterno.

604 *Idem*. In: URKIZA, Julien; SANCHO, Francisco Javier (Org.). *Obras completas*. v. III. Escritos filosóficos (etapa de pensamiento cristiano). Vitória: El Carmen; Madri: Espiritualidad; Burgos: Monte Carmelo, 2007. p. 75.

605 Texto de Hebreus 1, 14: "Não são porventura todos eles espíritos ministradores, enviados para servir a favor daqueles que hão de herdar a salvação?"

O indivíduo que quer se beneficiar a todo custo, em detrimento das pessoas e da natureza, já está oferecendo indícios de que não pertence ao reino do alto. Por isso, quando se estabelece, dessa forma, num reino situado fora da natureza, não ganha a sua alma e não toma consciência de si mesmo. Todavia, para o espírito que o atrai para o seu reino, o importante é precisamente se apoderar de sua alma e preenchê-la com seu espírito, não dando margem alguma para sua própria vida; desse modo, o ser humano se encontra muito mais em estado de servidão que na etapa da natureza. O ser humano "possuído" por um espírito mal já não reage a sua maneira, está alienado de si mesmo; em sua alma domina aquele espírito que atua dentro dela, conforme narra Lucas 22, 3-4: "Então Satanás entrou em Judas, chamado Iscariotes, que fora um dos doze discípulos. E Judas dirigiu-se aos chefes dos sacerdotes e aos oficiais da guarda do templo e negociou com eles como lhes poderia entregar Jesus."

Por essa razão, chegar a um reino cujo senhor deseja as almas para dominá-las é desesperador, pois nesse reino a alma é constantemente expulsa de si mesma e não consegue morada alguma. A alma só pode encontrar a si mesma e encontrar paz no reino cujo senhor não a busque para beneficiar-se, senão para beneficiá-la. O nome deste reino é reino da graça por causa dessa plenitude que não deseja nada, mas tudo oferece de forma transbordante. Pelo fato de ter sido acolhida neste reino, a alma é elevada, por isso Stein também chama o reino da graça de reino do alto, informando ainda que outro nome que descreve puramente esse reino, em si mesmo, em sua essência interna, é reino da luz. Quando a graça inunda a alma, preenche-a com o que lhe é inteiramente adequado e com o único que lhe é adequado, pois somente essa plenitude a sacia. O que, a partir de então, assediá-la de fora não poderá – como no reino da natureza – inundá-la sem obstáculos.[606]

Edith Stein continua a sua reflexão, pontuando que o ser humano, por ser livre e espiritual, não só não está fechado no reino da natureza, mas possui uma abertura do espírito que é, por princípio, uma abertura universal. Por isso, as possibilidades do bem e do mal só existem para o ser humano na medida em que transcende a natureza, conforme a narração de Gênesis 2-3, 7: ao término da criação da natureza, o ser humano é criado e colocado no Jardim de Éden, onde fará a experiência da liberdade e sucumbirá, cedendo à

[606] STEIN, Edith. In: URKIZA, Julien; SANCHO, Francisco Javier (Org.). *Obras completas*. v. III. Escritos filosóficos (etapa de pensamiento cristiano). Vitória: El Carmen; Madri: Espiritualidad; Burgos: Monte Carmelo, 2007. p. 76-77.

tentação.[607] Enquanto a transcendência acontece, a abertura espiritual do ser humano lhe proporciona sondar a existência e, nessa sondagem, experimentar a liberdade e ser afetado pelo que existe, como retrata o autor de Gênesis: o gênero humano está no jardim de Éden com árvores e animais, uma serpente e um fruto e, por fim, o mantenedor da obra criada, Deus. Nesse espaço a alma espiritualmente desperta tem abertura para acolher algo em si, que, por sua vez, só pode preenchê-la se for também espiritual, pois somente em esferas espirituais pode estar a alma verdadeiramente inserida, daí o fato de a serpente ter sido tomada como símbolo do espírito do mal pelo autor bíblico.

À medida que a vida espiritual desenvolve-se em forma de motivação, isto é, na forma de "resposta" racionalmente exigida diante dos sentidos, o sujeito espiritual estará submetido também às leis racionais,[608] com a mesma evidência com a qual todo acontecer natural obedece às leis naturais, conforme se compreende melhor por meio da leitura deste trecho de Gênesis 3, 4-6: *Então a serpente disse à mulher: "Certamente não morrereis! Mas Deus sabe que no dia em que dele comerdes se abrirão os vossos olhos, e sereis como deuses, versados no bem e no mal. A mulher viu que aquela árvore era boa ao apetite e agradável aos olhos, e que essa* árvore *era desejável para adquirir discernimento. Tomou do seu fruto, e comeu, e deu também a seu marido, que com ela estava, e ele comeu.* Aqui se percebe nos personagens inclusive na "serpente" uma racionalidade que dá origem a um segundo reino da natureza, ou seja, um reino da *razão natural*.

A autora informa que, na percepção sensível do ser humano, as coisas e os fenômenos do mundo exterior constituem o dado que convém aceitar. Do ser humano depende a vontade de retornar a este dado, de acercar-se dele e de fazer igualmente experiências para se conseguir um conhecimento mais exato. De tal forma que o ser humano constate a crença no que vê e no que escuta, apesar de estar sujeito a equívocos por conta da dúvida produzida pelos sentidos.

[607] *Idem. Ser finito y ser eterno*: ensayo de una ascensión al sentido del ser. México: Fondo de Cultura Econômica, 2002. p. 415. A monja carmelita expõe que as criaturas livres (anjos e seres humanos) podem aceitar ou recusar sua própria natureza, o que é idêntico a uma adesão ou a uma recusa frente ao Criador. O "Não servirei" de Lúcifer e a adesão dos primeiros seres humanos à palavra "ser como Deus" da serpente tentadora constituem uma revolta contra a natureza própria da criatura e, por conseguinte, do Criador. Primeiramente, a criatura não tem como chegar a ser semelhante a Deus em razão de sua impotência. Num segundo ponto, a recusa por parte da criatura de seu estado de dependência e de submissão a sua própria natureza só é possível graças ao conhecimento que se divide na recepção do que é oferecido por um doador, logo não está em seu poder, e uma adesão que implica o livre arbítrio da criatura.

[608] *Ibidem*, p. 416. Os anjos possuem um conhecimento original que não é por princípio adquirido ao longo da vida, mas que foi recebido junto com o seu ser, por isso, a rejeição a sua natureza conduz a uma resistência contra o próprio ser verdadeiro.

Parte da liberdade no conhecimento torna-se maior enquanto o conhecimento depende mais da compreensão, do pensamento que procede dos julgamentos e raciocínios, por isso é necessário mais esforços pessoais para a aquisição do saber. Daí que o número de argumentos favoráveis ou desfavoráveis para aumentar a sensação cresce, torna-se mais difícil de abraçá-los em sua totalidade e deixa grande parte do jogo a decisão livre. Ainda que não devesse ser assim, a razão tem um grande papel na vida espiritual.[609]

Quando o sujeito se desperta livre espiritualmente, encontra a si mesmo no reino da razão natural que não é uma esfera espiritual, porque não flui de um centro pessoal. Só na esfera espiritual pode estar a razão verdadeiramente elevada e resguardada e, para a esfera espiritual, a razão deve fazer o seu caminho por meio da liberdade. Essa caminhada é um ato livre no qual a alma confirma o espírito da esfera que quer tomar posse dela e ela, por sua vez, entrega-se a ele, de modo que ele possa tomar posse dela.

Nesse percalço, a alma se depara, como nomeia Stein, com *o reino do mal e o reino da luz*, o que pode ser uma referência ao texto de João 3, 19-20: "a luz veio ao mundo, mas os homens preferiram as trevas à luz, porque suas ações eram más. Quem pratica o mal odeia a luz e não se aproxima da luz, para que suas ações não sejam denunciadas". Nos evangelhos, o Reino de Deus é anunciado por Jesus; nos Atos dos Apóstolos, os discípulos anunciam Jesus Cristo, que se identifica com a luz, que arranca o gênero humano das trevas. Mediante o conhecimento da luz, enquanto consciência, o ser humano em seu ato de escolha se confronta com a questão do reino ao qual a sua alma terá de se adequar, pois o direito de decisão é própria e de domínio intangível da alma, conforme informa a teóloga carmelita em *A ciência da cruz*:

> Trata-se do grande mistério da liberdade pessoal que é respeitado até pelo próprio Deus. Ele conhece os pensamentos do coração, penetra os mais profundos abismos da alma, onde nem ela pode penetrar sem iluminação divina: entretanto, Deus não quer dela se apoderar sem que ela o consinta. Por outro lado, fará de tudo para conseguir a livre entrega da vontade da alma a ele, como presente de amor a fim de conduzi-la à união beatifica.[610]

Tendo superado, portanto o reino natural e se encaminhado para o reino espiritual, o ser humano livre precisa discernir sobre qual reino espiritual

[609] STEIN, E. *Ser finito y ser eterno*: ensayo de una ascensión al sentido del ser. México: Fondo de Cultura Econômica, 2002. p. 416.

[610] STEIN, Edith. *A ciência da cruz*: estudo sobre São João da Cruz. 5. ed. São Paulo: Loyola, 2008 p. 135.

quer aderir, pois, no reino do mal que não é do alto, a alma é aprisionada e se encontra em pior situação que no reino da natureza, porque nesse reino não há lei, mas escravidão. Nesse caso o ser humano é possuído, escravizado e os seus atos não são seus, mas correspondem ao espírito, à esfera a qual ele se submeteu. A pessoa humana só encontrará a sua paz num reino que não pede nada, mas lhe oferece tudo, é o reino da graça ou do alto, onde a luz toca a alma e ela encontra finalmente a sua morada. Esta é justamente a proposta do matrimônio místico, em que se dá a união da alma com Deus. De fato, no reino dos espíritos dá-se grande valor ao íntimo do ser humano, pois esse espaço foi escolhido por Deus para sua morada, por isso os anjos têm a missão de proteger o ser humano dos espíritos maus que procuram apoderar-se dele.[611]

A alma, enquanto permanecer no reino da natureza, estará fechada em si mesma e absolutamente nada poderá penetrá-la; consequentemente não chegará a experimentar plena e livremente o que vive nela mesma. Entretanto, quando transcender esse reino, deparar-se-á com a questão ôntica de se sentir mais numa casa, em um reino do que em outro. Para se falar do reino do mal, é necessário maior fundamentação na obra *Ser finito e ser Eterno*, em que Edith Stein esclarece que a doutrina do mal se constituiu a partir de dois erros diferentes. O primeiro refere-se ao dualismo maniqueu, que admitia duas causas primeiras autônomas na origem do ente: um bem primordial e um mal primordial. O segundo é contra a concepção que reconhece a Deus como a única causa primeira de todo ente, por isso queria precisamente atribuir-lhe o mal também. Contudo, ao não considerar o mal como um ente, então se escapa a essas duas escolhas. Daí que os teólogos cristãos usaram de toda sua perspicácia para demonstrar que o mal não é nenhum ente independente, nem forma parte de um ente, nem sequer constitui uma forma de ser.

Edith Stein amplia a reflexão, acrescentando que a diferença entre uma simples falta natural – por exemplo, uma debilidade inata do entendimento – e o mal propriamente dito, como o mau uso do entendimento, que é bom em si, para fins maléficos, não está suficientemente esclarecido, por isso recorre ao idioma alemão para expressar a diferença: a falta (*schlecht*) e o mal (*böse*), que correspondem à palavra latina *malum*. Assim, esclarece que existem maus espíritos (*böse*) e não defeituosos, e existem atitudes defeituosas e não más (*schlecht*). Portanto, é mal no sentido rigoroso e próprio do termo somente aquilo que provém da vontade livre. O diabo não tem uma natureza defeituosa, mas

[611] *Ibidem*, p. 134-135.

perverteu a sua natureza boa para o mal, pelo uso *contra natura* que fez dela. O entendimento natural rebela-se contra a tese que quer fazer do mal uma falta ou uma debilidade, porque sente claramente que ao mal se opõe uma potência ativa, que é a força da pessoa espiritual livre. O espírito criado não retira essa potência de si mesmo, por isso a vontade livre e ainda a vontade do anjo, mais elevado, não possui em último termo um fundamento existencial independente de Deus.

Por conseguinte, a vontade livre não pode criar nenhum ente fora de si mesma; o que a caracteriza é o nada de tudo o que é criado em relação com o Criador. Contudo, ela pode dar uma direção a sua ação e pode também orientá-la em um sentido que se oponha à vontade divina. É precisamente esta atividade voluntária oposta à vontade divina que Edith Stein chama de *mal*. Enquanto atividade voluntária pertence ao ente e, também, ao que existe de mais alto no campo do ser criado, porém, por sua orientação ser negativa, acaba por se opor ao ente. Assim, é a vontade criada que se rebela contra a vontade divina o que poderia chamar-se o *mal primordial*. Com isso, deve-se sempre ter em mente que o mal não é um ente original, pois é a liberdade da criatura a condição de possibilidade do mal.[612]

Dessa forma, o "mal" não é um poder alheio que toma posse da alma, pois a tentação não vem de fora, mas já se encontra em seu interior; necessitava tão somente da legitimação de um ato livre. Há uma só tentação a qual está exposto o sujeito livre puramente como tal e com independência do que preencha a sua alma, uma tentação que é a única na qual poderiam cair os anjos e os seres humanos, em estado de integridade, e com a qual o tentador poderia abordar também a Cristo: a tentação do indivíduo de se tornar a sua própria autorreferência, ou seja, converter-se a si mesmo em senhor. Expõe Stein: tal atitude apresenta-se quando a criatura exige ser igual a Deus, como Lúcifer, que conhece a distância entre seu ser e o ser divino, mas não admite isso. Com isso se converte no *pai da mentira*. A mentira não é – como o erro – um desconhecimento da verdade ou um conhecimento suposto, senão tem o objetivo de aniquilar a verdade. É uma tentativa débil, pois a mentira choca-se contra a verdade, isto é, o espírito criado nega o que está a sua frente constantemente. Mantém seu ser como testemunha irritante do poder que nega: do poder que poderia destruí-lo sozinho, da mesma forma que o criou. Este ser é todo resistência e sublevação contra toda a ordem existencial divina e, com

[612] STEIN, Edith. *Ser finito y ser eterno*: ensayo de una ascensión al sentido del ser. México: Fondo de Cultura Económica, 2002. p. 417-419.

isso, contra o próprio ser verdadeiro, um ser que se autodestrói constantemente e que, nesse sentido, é um ser vazio.[613] A isso Stein denomina de rebelião contra Deus, da qual procede o mal mesmo, enquanto qualquer outra tentação pressupõe a constituição do mal e somente – implícita ou explicitamente – está também dirigida contra Deus.

Diante da tentação, seja lá qual o seu tipo, só se pode escapar com a força do espírito do alto. O ser humano por si mesmo não pode calar a tentação que está ativa nele e nem resistir a ela, por isso, o ser humano cede ao mal livremente quando cai em tentação. Mas esse ceder, que não é compreensão espiritual pura, senão entrega psíquica, só é possível se aquele a quem se submete já havia previamente entrado na alma, por conta de sua semelhança espiritual com ela. Parece evidente que a tentação é algo que só pode dar-se numa alma em que o "bem" e o "mal" estão em casa; no entanto, a tentação não pode acercar quem está inteiramente pleno de Deus, pois a beatitude ou estado de graça é uma elevação do ser criado para a união com Deus e consequentemente a participação do ser divino. Por sua vez, o mal enquanto perversão da vontade da criatura é um obstáculo que se opõe à corrente da graça e se opõe, também, à natureza original propriamente dita e à direção existencial do ser humano; portanto, essa vontade se torna um "ser" pervertido no sentido literal do termo. Essa natureza ou a sua essência não se suprime, mas fica também pervertida, transformada em sua imagem negativa. A teologia chama essa transformação de endurecimento no mal ou uma obstinação. No desenvolvimento do ser humano se encontra um "acostumar-se" progressivo ao bem ou ao mal. E ao estado de oscilação entre o bem e o mal corresponde a possibilidade de um retorno, de uma restauração da natureza original e também uma orientação do ser até a queda, porém uma queda renovada. Já em relação aos espíritos puros, como possuem uma natureza perfeita, sua queda é uma perversão radical que se produz no momento mesmo de sua decisão e não permite possibilidade de retorno.[614] Por isso que quem está inteiramente pleno do mal não tem base alguma para uma decisão contrária, pois a livre recusa de uma coisa necessita sempre de outra para apoiar-se.[615]

A reflexão da monja carmelita prossegue com a seguinte questão: se o mal tem que estar em casa na alma para que esta possa ser tentada ao mal,

[613] *Ibidem*, p. 416-417.

[614] STEIN, Edith. *Ser finito y ser eterno*: ensayo de una ascensión al sentido del ser. México: Fondo de Cultura Económica, 2002, p. 419.

[615] *Idem*. In: URKIZA, Julien; SANCHO, Francisco Javier (Org.). *Obras completas*. v. III. Escritos filosóficos (etapa de pensamiento cristiano). Vitória: El Carmen; Madri: Espiritualidad; Burgos: Monte Carmelo, 2007. p. 81-82.

como é possível que ela não se sinta em casa nele? A autora explica que o ser humano pode ser tentado a partir de suas fraquezas, pois a debilidade humana é uma oportunidade para o mal atuar. Nesse sentido, o ser humano precisa treinar-se na prática das virtudes, para não cometer más atitudes. Em seguida Stein informa que são inevitáveis ao indivíduo as tentações, seja por conta das suas fragilidades, seja por conta de um caráter forte, porque na fragilidade pode faltar a virtude, e na força a pessoa pode cair na soberba. Por fim, a teóloga explica que a pessoa pode sucumbir à tentação, dando consentimento para que a sua atitude seja má. Nesse terceiro caso, a alma encontra-se realmente sob o signo do mal, colocando-se ao serviço de seu reino, de modo que o espírito do mal possa fazer a sua entrada nela. Esse espírito atua a partir dela e já não é ela mesma quem reage de modo natural às impressões que recebe, ou seja, não age sob leis racionais.

Explicita a autora dizendo que existem coisas que são dignas de amor e outras que merecem ódio, isto é, amar o que é digno de amor e odiar o que é digno de ódio é algo que qualquer um pode fazer naturalmente. Existem por natureza diferenças individuais em amar e odiar, e na inclinação para essas tendências. Contudo, odiar o que é digno de amor não é natural, senão especificamente diabólico, e isso só pode ser "o mal" mesmo ou alguém que esteja possuído pelo mal. Em virtude da liberdade, o espírito que conhece tem também vontade própria. No caso de uma possessão originária, não é necessário um trabalho de aquisição, pois o aperfeiçoamento do conhecimento manifesta-se numa adesão interior ao próprio conhecimento, em uma adesão a Deus, a tudo o que é criado e, portanto, ao próprio ser. Todavia, se o ser se rebela contra o seu próprio ser, estará necessariamente transtornado. A negação do ser não pode ser mais que ódio – ódio a si mesmo, ódio a Deus e ódio a todo ente –, é uma luta vã de destruição com respeito a todo ente. Acrescenta a autora que, com isso, não se quer dizer que o diabo mesmo não queira existir. Ele não quer é ser como é; na verdade quer se igualar a Deus e afirmar-se como um ser divino.[616]

A autora, citando os escritos areopagitas e, também, Santo Tomás, busca esclarecer que todo ente enquanto ente é bom. Assim, mesmo os espíritos maus seriam bons, na medida em que são e conservam a sua essência: são sempre espíritos puros, possuem sempre um entendimento penetrante, uma poderosa vontade e uma plenitude de força que lhes proporciona uma superioridade sobre os seres humanos. Esses dons naturais são bons; somente o uso destituído

[616] STEIN, Edith. *Ser finito y ser eterno*: ensayo de una ascensión al sentido del ser. México: Fondo de Cultura Económica, 2002. p. 417.

de sentido e racionalidade que os espíritos maus podem fazer deles é mal. O castigo por tal ato consiste na perda dos dons sobrenaturais e, antes de tudo, na supressão da união com Deus pela graça.[617] Existem pessoas que, em determinados momentos da vida, agem de forma ininteligível, o que não é fruto da razão natural ou da individualidade, senão única e exclusivamente do espírito do mal. O ódio é a reação específica do mal ou, mais corretamente, o ato espiritual específico no qual a alma pode e tem necessariamente que irradiar a si mesma, conforme a sua essência material. Para Stein, o mal é um fogo devorador que, se permanecesse em si mesmo, tenderia a se consumir; por isso, ele afasta-se de si, com eterna inquietude, buscando uma área de domínio em que possa se resolver; o ser humano que é capturado pela inquietude própria do mal é levado para fora de si mesmo. Assim, quando a alma se coloca ao serviço do reino do mal, não está em si mesma e, também, não está em casa nesse reino.[618]

Na pedagogia de Edith Stein se contempla a formação do ser humano, para que, desvinculando-se do reino da natureza, consiga alcançar o reino da graça, o qual, para ser eficaz na alma, precisa encontrar nela uma morada. Da mesma maneira que o espírito do mal, também o espírito da luz, o Espírito Santo, realiza na alma de quem toma posse uma transformação de suas reações naturais. Existem reações como o ódio, sede de vingança e outras semelhantes que são excluídas por ele, tanto quanto pela razão natural. Existem, também, atos espirituais e estados anímicos que são as formas específicas de sua vida em cada momento: amor, misericórdia, perdão, beatitude e paz. O reino da luz é, por sua essência própria, plenitude repousante, riqueza perfeitíssima que nunca míngua.

A alma que acolhe esse reino se vê preenchida por ele e o conserva em si ainda quando ele irradia, e inclusive quanto mais ele irradia, mais permanece nela mesma. Assim, a alma pode encontrar nesse reino a sua verdadeira morada, experimentando um renascimento do espírito. Com isso, a vida da alma que costumava se desdobrar e implantar a sua própria maneira de ser é podada, para que a graça difunda-se nela, e aquilo que oferecia uma fragilidade para o ataque do espírito do mal é suplantado pela força da graça. Com isso, desaparece a vinculação da alma à razão natural e o modo de reagir prescrito por essa. Todavia, o que é chamado de individualidade não é extinto na alma, porque essa não é uma capacidade psíquica que retroceda quando não se pode

[617] *Ibidem*, p. 417.

[618] STEIN, Edith. In: URKIZA, Julien; SANCHO, Francisco Javier (Org.). *Obras completas*. v. III. Escritos filosóficos (etapa de pensamiento cristiano). Vitória: El Carmen; Madri: Espiritualidad; Burgos: Monte Carmelo. 2007. p. 82.

revelar a sua potencialidade em estados psíquicos atuais. Essa individualidade imprime o seu selo em todas as "faculdades", disposições e reações naturais onde quer que elas estejam, sem depender e sem desaparecer nessas.

Todo o "caráter" de uma pessoa, ou seja, a totalidade das disposições naturais especificamente coloridas por sua individualidade anímica, pode ser destruído e a alma pode ser arrancada desse fundamento natural do qual e com o qual se edificou ao longo da vida, mas, mesmo assim, continuará a conservar a sua individualidade, pois essa é intocável. De tal forma que o que entra na alma e o que sai dela fica impregnado por ela. Também a graça é acolhida por cada alma a sua maneira. Sua individualidade não é expulsa pelo espírito da luz, mas se desposa com ele e, desse modo, experimenta verdadeiramente um "novo nascimento". Isso porque a alma só demonstra o seu modo de ser próprio, total e puramente na medida em que permanece em si mesma. Somente quando está isenta de todo exterior e em calma é que a alma vive com pureza sua própria vida e isso só é possível quando a pessoa é elevada ao reino do alto, onde recebe a si mesma como presente em virtude da graça.[619]

3.3.2 O Bom Pastor

Na antiga monarquia de Israel, regida pela lei mosaica, o templo era a sede do poder social, religioso, político e também econômico.[620] Nesse espaço, para os cristãos, aquele que levou a lei mosaica a sua plenitude assumiu a postura de Pastor, que, vindo ao mundo, compadece-se do ser humano que está "qual ovelha sem pastor" (Mt 9, 36). Jesus é o Bom Pastor, que, inaugurando o Reinado de Deus na terra, convoca os seus discípulos a cuidarem do ecossistema, a fim de que esse encontre harmonia. Em todos os tempos, o Messias convida os seus seguidores a se tornarem bons administradores, zelosos com o rebanho e prudentes na administração dos bens desta terra. Em João 21, 15-19, Pedro é questionado acerca do amor a Cristo, o que coincidia com o cuidado com o rebanho. Para apascentar o povo de Deus, é necessária uma vinculação a

[619] STEIN, Edith. In: URKIZA, Julien; SANCHO, Francisco Javier (Org.). *Obras completas*. v. III. Escritos filosóficos (etapa de pensamiento cristiano). Vitória: El Carmen; Madri: Espiritualidad; Burgos: Monte Carmelo, 2007. p. 83-84.

[620] KELSEN, Hans. *Teoria geral do direito e do Estado*. 3. ed. São Paulo: Martins Fontes, 2000. p. 405. A teoria política da antiguidade distinguia três formas de Estado: monarquia, aristocracia e democracia. A teoria moderna conserva essa tricotomia. A organização de um poder soberano é apresentada como o critério dessa classificação. Quando o poder soberano de uma comunidade pertence a um indivíduo, diz-se que o governo, ou a constituição, é monárquico. Quando o poder pertence a vários indivíduos, a constituição é chamada republicana. Uma república é uma aristocracia ou uma democracia, conforme o poder soberano pertença a uma minoria ou a uma maioria do povo.

Cristo, bem como a vivência do mandamento do amor, pois, tendo Cristo como referência, é possível cuidar do rebanho com solicitude. Em Lucas 16, 1-13, é apresentada uma parábola conhecida como a do "administrador infiel"; nela Jesus chama a atenção de seus(suas) discípulos(as) sobre como viver o presente. Para viver bem este tempo presente, o evangelho oferece uma orientação clara: "Vocês não podem servir a Deus e ao dinheiro". Por isso, Lucas apresenta com clareza que o caminho do Reino é a partilha e a solidariedade. A felicidade está em doar a própria vida, colocando à disposição dos outros os bens humanos e materiais, para contribuir, assim, na construção de um mundo sustentável.

Em sua última obra, Edith Stein, de forma simbólica, confronta a proposta evangélica de Cristo líder e Bom Pastor com a do governo nazista, que, inicialmente de forma velada, mas posteriormente de forma bruta, foi eliminando os seus opositores e destruindo os direitos dos povos. Em sua autobiografia *Main Kampf* ("Minha Luta"), Adolf Hitler declara que os direitos fundamentais (baseados nos princípios dos direitos humanos, garantindo a liberdade, a vida, a igualdade, a educação, a segurança, etc.) estão acima dos direitos do Estado.[621] Essa frase está correta em sua essência e pode ser dita por qualquer pessoa comprometida com os valores humanitários. Entretanto, o problema é que o texto de Hitler não para por aí. Na passagem seguinte, há uma ressalva que, na verdade, destrói qualquer sentido de humanidade: "Os direitos fundamentais estão acima dos direitos do Estado. Se, porém, na luta pelos direitos fundamentais, uma raça é subjugada, significa isso que ela pesou muito pouco na balança do destino para ter a felicidade de continuar a existir neste mundo terrestre, pois quem não é capaz de lutar pela vida tem o seu fim decretado pela providência. O mundo não foi feito para os povos covardes".

Como se vê, Hitler tinha perfeita noção do significado dos direitos fundamentais, ao dizer que eles estão acima dos direitos do Estado. Não obstante, a sua concepção é completamente distorcida e discriminatória, já que para si somente os povos germânicos seriam os descendentes de uma suposta "raça superior" e deveriam ter o privilégio de gozar desses direitos, enquanto os demais seres humanos poderiam ser descartados. Para Hitler, a dignidade não é um atributo do ser humano como um todo, mas dos seletos membros da raça ariana. O Holocausto, que resultou na morte de milhões de judeus e de outras minorias, é o resultado dessa concepção distorcida de dignidade da pessoa humana. Portanto, é uma trágica lição que não pode ser esquecida para

[621] Esta foi a única passagem da autobiografia *Main Kampf* ("Minha Luta") em que o tirano faz alguma menção aos direitos fundamentais. Disponível em: https://direitosfundamentais.net/2008/01/14/capitulo-1-a-teoria-dos-direitos-fundamentais/. Acesso em: 1º maio 2017.

não ser repetida, pois por detrás de um discurso carismático e protecionista, a fera vestida de cordeiro criou todo um sistema intitulado Terceiro Reich, ao qual Edith Stein se opôs de diversas maneiras, inclusive acentuando, em sua obra mística, que a missão de Cristo é justamente "afugentar Satanás", libertando o povo de suas garras, isto é, cabe aos cristãos afugentar os sistemas políticos que deterioram os direitos dos povos, garantindo a liberdade de expressão a todo ser humano.[622]

A filósofa de Breslau, ao se recusar a sair da Alemanha e se colocar junto às "ovelhas de Israel", torna-se profecia da presença do Bom Pastor, que dá a própria vida por seu rebanho. Essa atitude da filósofa é coerente com toda a sua disposição interior e seu passado de engajamento social, pois a freira alemã, como ficou conhecida no Campo de Westerbork na Holanda, tinha consciência da igualdade entre os seres humanos, independentemente da religião, classe social e etnia.[623] As razões para a igualdade, revela Stein em sua obra mística, vêm da igualdade de amor com Deus: "porque o amante não pode ficar satisfeito se não sente que seu amor é igual ao amor com que é amado". Deus é pessoa, seu ser é ser pessoal. O ser humano, por sua vez, é um espírito em seu castelo, onde a alma – sem abandonar o lugar onde permanece – goza da liberdade de mover-se dentro do seu próprio reino. Essa possibilidade de mover-se dentro de si mesma funda-se nesta qualidade: a alma é um EU. Isso permite ao ser humano governar-se a si mesmo e tomar decisões que podem ser aceitas com liberdade quando são avaliadas no ponto mais profundo da alma. Por outro lado, quando a pessoa não tem pleno domínio de si, não conseguirá dispor de si com plena liberdade, tornando-se vulnerável e facilmente influenciada pelos outros.[624]

[622] KELSEN, Hans. *Teoria geral do direito e do Estado*. 3. ed. São Paulo: Martins Fontes, 2000. p. 432. Os sistemas políticos, segundo Hans Kelsen, que deterioram o poder dos povos são aqueles que encaminham o Estado para uma ditadura. Um Estado totalitário anula todas as liberdades individuais através de uma ideologia sistematicamente propagada pelo governo. A ideologia de Estado da ditadura proletária é o socialismo e a ideologia do Estado das ditaduras burguesas é o nacionalismo, como se deu na Alemanha nazista.

[623] A igualdade perante a lei é o princípio segundo o qual todas as pessoas estão sujeitas às mesmas *leis* da justiça (*devido processo legal*). Essas leis levantam questões importantes e complexas relativas à igualdade e a *justiça*. O artigo 7º da *Declaração Universal dos Direitos Humanos* afirma que "Todos são iguais perante a lei e têm direitos, sem qualquer distinção, a igual proteção da lei". De acordo com as Nações Unidas, este princípio é particularmente importante para as *minorias* e os *pobres*. Assim, a lei e os juízes devem tratar a todos igualmente, independentemente da sua religião, etnia, *gênero*, *orientação sexual*, *nacionalidade*, *cor da pele*, *deficiência* ou outras características, sem qualquer tipo de privilégio, discriminação ou preconceito. Disponível em: https://pt.wikipedia.org/wiki/Igualdade_perante_a_lei. Acesso em: 25 maio 2017.

[624] STEIN, Edith. *A ciência da cruz*: estudo sobre São João da Cruz. 5. ed. São Paulo: Loyola, 2008. p. 133-139. Nessas páginas da obra, a autora trabalha fenomenologicamente a sua concepção do que é a alma, o eu e a liberdade. De forma graciosa, sem perder o cunho científico, Stein permite ao leitor

Em *A ciência da cruz*, a autora vai tecendo a sua concepção do Bom Pastor ou líder político, que, assumindo a sua missão de salvaguardar o ser humano, vai travando um combate com as forças contrárias: "[...] a cruz se ergue e aponta para o alto. Não é somente sinal, é a arma forte de Cristo. É a vara do pastor, com que o Davi divino vai de encontro ao Golias das trevas e com a qual o golpeia, abrindo a porta do céu. E a torrente da luz divina transbordará, envolvendo a todos que formam o séquito do Cristo crucificado".[625] Compreendendo o contexto em que essa obra de Stein foi escrita, percebe-se a convicção religiosa da autora, que, depositando a sua esperança no Cristo, Bom Pastor, tem razões para crer que a perseguição a qual vinha passando, bem como os demais judeus e outras minorias, era um claro sinal de pertença ao séquito de Jesus, que com eles se defronta com o "Golias" do nazismo e por este será crucificado. Nessa "luta feroz", a política, enquanto conjunto de atividades do Estado, auto-organização do Estado e esforços dos indivíduos e dos grupos para dar ao Estado uma determinada forma ou para obrigá-lo a realizar determinadas ações, pereceu.[626]

Da mesma maneira, relata a autora, referindo-se agora à realidade vivida por São João da Cruz em 1591, quando o fanatismo tomou conta do governo carmelita e chegou ao ponto de querer expulsar Frei João da Ordem dos Carmelitas; não encontrando motivos, mandaram-no para um mosteiro isolado na Andaluzia, chamado La Peñuela.[627] Lá, o frei caiu enfermo e teve que viajar para o mosteiro em Úbeda para se tratar. Coberto de feridas e fraco, chega a esse lugar onde encontra o prior, Pe. Francisco Crisóstomo, seu ferrenho adversário, que se incumbiu de maltratá-lo de todos os modos.[628] É, dessa maneira, diante da fragilidade humana que o governante se impõe de forma ditatorial e, às vezes, fundamentalista, julgando-se conhecedor da verdade sobre os desejos e as necessidades do outro, mas, de fato, está se beneficiando da realidade para

abrir o leque de reflexão para além da antropologia e da mística, o que permite uma especulação social como a que segue neste capítulo.

625 *Ibidem*, p. 24.

626 *Idem*. In: URKIZA, Julien; SANCHO, Francisco Javier (Org.). *Obras completas*. v. II. Escritos filosóficos. Vitória: El Carmen; Madri: Espiritualidad; Burgos: Monte Carmelo, 2005. p. 622.

627 *Idem, op. cit.*, p. 28. João da Cruz era muito querido dos carmelitas em Segovia e nas várias regiões onde trabalhou para implantar a proposta da renovação da Ordem do Carmo. Isso alimentava o desejo de muitos carmelitas para que assumisse o cajado de Pastor como superior provincial, conforme expressa a priora Madre Maria da Encarnação: "Padre, quem sabe se vossa Revma. não será investido no cargo de provincial!". À indagação entusiasmada da priora João da Cruz responde: "Serei atirado a um canto como um trapo velho, como um farrapo inútil".

628 STEIN, Edith. *A ciência da cruz*: estudo sobre São João da Cruz. 5. ed. São Paulo: Loyola, 2008. p. 28.

impor a sua ideologia.[629] Por isso, a obra de Stein torna-se apelo para que a sociedade esteja atenta aos modelos governamentais, pois a própria democracia pode resultar em regimes populistas. Daí que não é satisfatória uma democracia formal, fundada em procedimentos eleitorais honestos. Faz-se necessária uma democracia participativa, baseada na promoção e respeito aos direitos humanos, pois um indivíduo é livre se o que ele "deve" fazer, segundo a ordem social, coincide com o que ele "quer" fazer. Nesse sentido, democracia significa que a "vontade" representada na ordem jurídica do Estado é idêntica às vontades dos sujeitos. O seu oposto é a escravidão da aristocracia, pois nessa os sujeitos são excluídos da criação da ordem jurídica. A democracia e a autocracia assim definidas não são efetivamente descrições de constituições historicamente conhecidas, mas representam antes tipos ideais. Na realidade política, não existe nenhum Estado que se conforme completamente a um ou ao outro tipo ideal. Cada Estado representa uma mistura de elementos de ambos os tipos, de modo que algumas comunidades estão mais próximas de um polo, e algumas mais próximas de outro. Entre os dois extremos existe uma profusão de estágios intermediários, a maioria dos quais sem nenhuma designação específica.[630]

Tanto no passado, como no presente, o autoritarismo, a corrupção e o uso da manipulação das massas por seus governantes têm gerado a disseminação do mal, que engloba a perda de conquistas sociais, a desvalorização do ser humano, o extermínio de povos e a falência dos recursos naturais do planeta. Em sua obra *Uma investigação sobre o Estado*, Edith Stein afirma ser preocupante quando diversas teorias disputam o poder sobre o Estado, pois tendem a influenciá-lo segundo a sua ideologia partidária. Toda luta entre os partidos políticos é uma tentativa para tomar o poder e a direção do Estado, a fim de modelá-lo segundo as próprias preferências. Em seus princípios, o partido político deve exprimir a opinião pública, contendo em seus programas indicações e métodos de soluções para assuntos e problemas sociais.[631] Inclusive

[629] AZAMBUJA, Darcy. *Teoria geral do Estado*. 40. ed. São Paulo: Globo, 2000. p. 266-267. O autor apresenta a sua teoria jurídica sobre o regime representativo, dizendo que o governo de representantes eleitos pelo corpo dos cidadãos supõe sempre, na nação, uma personalidade moral superior e diversa da dos indivíduos. Nessa, a soberania nacional, a vontade geral, o *eu comum* do filósofo e teórico político J. J. Rousseau são os substratos doutrinários da representação. A nação delega o exercício do poder aos seus representantes, continuando, porém, como a fonte de toda a autoridade. O governo, ou mais precisamente, os Poderes Executivo e Legislativo são os representantes temporários, os executores eleitos da vontade geral.

[630] KELSEN, Hans. *Teoria geral do Direito e do Estado*. 3. ed. São Paulo: Martins Fontes, 2000. p. 406-407.

[631] AZAMBUJA, Darcy. *Teoria geral do Estado*. 40. ed. São Paulo: Globo, 2000. p. 290-292. Nos países democráticos tem-se falado mal dos partidos, porque a maioria dos seus detratores é composta de adversários da democracia que não a atacam diretamente. De fato, muitas críticas são procedentes,

quando as ideias diretrizes não estão elaboradas em forma de teoria do Estado e quando não há mais que grupos de interesses que lutam entre si pelo poder, como aconteceu nas primeiras décadas do século XXI no Sudão do Sul, este fato de fazer valer os interesses privados em matéria de organização estatal contém uma determinada concepção do Estado, particularmente nociva.[632] Da mesma forma, sinaliza Edith Stein que, se um Estado com regime parlamentar, contendo diferentes teorias, em meio a alternância de partidos em seu governo, como ocorreu no período da República de Weimar (Alemanha), pode, por via legal, ao menos aparentemente e sem violação do direito, estar trabalhando sistematicamente pelo próprio colapso do Estado; mas isso não significa que tal coisa seja a consequência do sistema parlamentar,[633] pois, em uma democracia parlamentar, o partido político é um veículo essencial para a formação e a vontade pública. A ideia de democracia implica uma liberdade ampla na formação de partidos políticos, mas o caráter democrático de uma constituição não seria prejudicado de forma alguma se esta contivesse cláusulas destinadas a garantir uma organização democrática dos partidos políticos.[634]

A realidade social e político-partidária na Alemanha foi submergindo na noite escura, como descreve Stein na mística da cruz, conforme o fenômeno natural da *noite*, que vai envolvendo todas as coisas e ameaçando absorver tudo, por conta de deixar tudo nas trevas, tornando as criaturas indeterminadas, invisíveis e informes como a própria noite. A Alemanha foi adentrando na *noite escura* por meio das articulações do Partido Nacional Socialista, que, aproveitando da desorganização e prejuízos produzidos pela Primeira Guerra Mundial

por exemplo, o fato de os partidos falsearem a opinião, colocando mal as questões e obrigando os seus adeptos a votar contra os próprios pontos de vista. Acusam-se também os partidos de serem organizações oligárquicas, que manejam a força eleitoral em proveito próprio, sacrificando interesses do povo, apresentando candidatos ineptos ou desconhecidos. O autor informa que esses males são sanáveis quando os eleitores buscam ver a plataforma do partido e a concretude da mesma quando está no governo.

632 Os quatro primeiros anos do país mais novo do mundo foram marcados por intensos conflitos e uma crescente crise econômica, prejudicando os seus cerca de 11 milhões de habitantes. O acordo de paz assinado entre rebeldes e governistas foi assinado somente em consequência de ameaças de embargo da comunidade internacional, e tem sofrido duros golpes. Os embates continuam e manobras governistas para enfraquecer a influência política dos rebeldes podem fazer com que o acordo não seja mantido e a população continue sofrendo as consequências dessa disputa de poder. Disponível em: https://pucminasconjuntura.wordpress.com/2015/12/02/sudao-do-sul-independencia-guerra-civil-e-busca-por-estabilidade. Acesso em: 17 maio 2017.

633 STEIN, E. In: URKIZA, Julien; SANCHO, Francisco Javier (Org.). *Obras completas*. v. II. Escritos filosóficos (etapa fenomenológica). Vitória: El Carmen; Madri: Espiritualidad; Burgos: Monte Carmelo, 2005. p. 625.

634 KELSEN, Hans. *Teoria geral do Estado*. 40. ed. São Paulo: Globo, 2000. p. 421. A constituição do Estado pode sujeitar a formação e a atividade dos partidos políticos ao controle do governo.

no país, foi ganhando adeptos até se constituir como o partido majoritário. No início do século XXI, novamente a extrema direita tem conquistado muitos partidários no Ocidente, o que traz à memória um passado não tão distante, com prejuízos incalculáveis para a humanidade. De fato, os sinais do pôr-do-sol sobre a democracia e sobre os direitos dos povos são evidentes, quando se constata a alienação política, a corrupção e o autoritarismo crescendo em várias partes do mundo, com isso o resultado é o aumento da violência, que destrói a vida do ser humano e enche de dor as famílias e a sociedade inteira.

A violência reveste-se de várias formas e tem diversos agentes: o crime organizado e o narcotráfico com seus grupos paramilitares, a estrutura socioeconômica de exclusão ao longo da história e a violência cultural que marginaliza mulheres, jovens, negros, pessoas de orientação homoafetiva, indígenas, refugiados e outras pessoas fragilizadas por todo o mundo. Isso tudo por conta da ganância, idolatria do dinheiro, ideologia individualista e utilitarista, a falta de respeito pela dignidade de cada pessoa, a deterioração do tecido social, a corrupção generalizada e a falta de políticas públicas de igualdade social. A *noite ameaçadora* lança os seus *fantasmas* sobre as nações, por meio do pesadelo causado pela insegurança diante do terrorismo; pela miséria dos povos que "estão abaixo da linha do Equador" e buscam refúgio na Europa e na América do Norte; e pela incapacidade do ser humano de dialogar com as diferenças culturais dos povos. Neste cenário de escuridão, as pessoas que não se alinham ao capitalismo vão se tornando invisíveis pelo sistema que só contempla os holofotes daqueles que são bem remunerados e dispostos a reproduzir o mecanismo político de acúmulo de rendas.

Edith Stein descreve a noite como aquela que "tolhe o uso dos sentidos, paralisa nossos movimentos, nossas energias; coloca-nos numa espécie de solidão e faz-nos como sombras e fantasmas; é como experimentar a morte".[635] Essa forma de falar transmite uma mensagem subliminar referente ao governo nazista e outros governos pelo mundo que têm as mesmas características, com pequenas nuanças que levaram e ainda conduzem milhares de pessoas à morte. A sociedade moderna entra na penumbra da noite quando o Estado não consegue resolver os seus problemas sociais e políticos e passa a negá-los.[636]

[635] STEIN, Edith. *A ciência da cruz*: estudo sobre São João da Cruz. 5. ed. São Paulo: Loyola, 2008. p. 41.

[636] AZAMBUJA, Darcy. *Teoria geral do Estado*. 40. ed. São Paulo: Globo, 2000. p. 148. A Rússia, para resolver o problema entre as classes sociais e a luta entre capitalismo e operariado, suprimiu as classes sociais e reduziu a sociedade toda a uma classe única: *o proletariado, sob cuja ditadura o Estado foi um simples instrumento para a implantação do comunismo*. Na Alemanha, a opção do Partido Nacional Socialista foi abolir todo o sistema estatal e imprimir uma única moral, uma só raça, um só direito e uma só política.

Essa estratégia enquadra-se na doutrina totalitária, que uniformaliza de forma brutal as pessoas, suprimindo os seus direitos, arrancando-lhes a liberdade. O adentramento nas trevas da noite representa um colapso da civilização e um mergulho na barbárie.[637] Esse pensamento steiniano evidencia que os governos ditatoriais pelo mundo impossibilitaram os povos de trilharem o caminho do desenvolvimento, paralisando a capacidade das pessoas de interagirem socialmente entre si e com os outros povos. Nesse sentido foi muito bem-vista no Ocidente o desabrochar da "Primavera Árabe", pois trazia a esperança de que os cidadãos daqueles países teriam finalmente saído da paralisia que os imobilizava diante das autoridades governamentais e religiosas, e, finalmente, conseguido se organizar e batalhar por seus direitos. Nesse sentido, pode-se pensar na escuridão paralisante na qual estão submetidos ainda vários povos, por exemplo o povo do Tibete, cuja nação desde 1950 foi anexada pela China e não houve interferência internacional sobre a questão, o que é totalmente diferente de outros países que também já foram invadidos e anexados, como o Kuwait, em 1990, pelo Iraque; contudo, por conta de suas riquezas petrolíferas, os Estados Unidos intervieram, libertando o país.

O Holocausto, que levou milhões de pessoas à morte, não se repete. Todavia, o extermínio de pessoas e povos infelizmente ainda acontece. Trata-se da realidade de povos que vivem conflitos étnicos, sociais, econômicos e religiosos pelo mundo. A África, tão explorada pelas nações desenvolvidas, tem sido palco de numerosos conflitos internos, com alguns governantes se beneficiando das riquezas naturais e se enriquecendo de forma ilícita por conta da corrupção,[638] enquanto o povo se encontra subnutrido e desprovido de recursos médicos e até alimentares; além da intolerância religiosa, que tem dizimado milhares de pessoas por causa do fundamentalismo. Por conta disso duas organizações fazem relatórios periódicos sobre o estado do direito à liberdade religiosa no mundo:

[637] *Ibidem*, p. 149. No Estado totalitário há uma centralização administrativa levada ao extremo com a repressão da autonomia municipal, estadual e de qualquer organismo público ou semipúblico, de obras de beneficência, associações de cultura e universidades. Nesse Estado a independência dos corpos legislativo e judiciais desaparece completamente e o próprio governo é reduzido até ser um organismo subordinado ao chefe, convertido em ditador. O clima social nessa realidade se apresenta com aspecto violento, pois o inconsciente coletivo irrompe assustadoramente, quebrando os freios morais com que a consciência cristã conseguia reprimi-lo.

[638] Entre os vinte países mais corruptos do mundo em 2017, o relatório da organização não governamental Transparência Internacional apresenta doze pertencentes ao continente africano, são eles: Somália, Sudão, Sudão do Sul, Líbia, Guiné-Bissau, Eritréia, Angola, República do Congo, Chade, República Centro-Africana, Burundi, República Democrática do Congo. Disponível em: http://exame.abril.com.br/mundo/os-20-paises-mais-corruptos-do-mundo-e-os-menos-desonestos. Acesso em: 1º maio 2017.

o Departamento de Estado dos Estados Unidos e a Pontifícia Fundação Ajuda à Igreja que Sofre (AIS), cujo último relatório – no qual analisa a situação de 196 países – conclui que esse direito deteriorou-se de forma alarmante em 82 países de todo o mundo, e melhorou em apenas seis. Na maior parte dos casos, os ataques à liberdade religiosa estão associados ao fundamentalismo islâmico (na África, destacam-se os casos de Sudão, Líbia, Egito e República Centro-Africana) ou a regimes autoritários, como é o caso da Eritreia.[639]

No Brasil, em particular, descortina-se diante da população, nos últimos anos, a corrupção que há décadas se instalou nos poderes legislativos e executivos, alcançando também o sistema judiciário que, muitas vezes, inclina seu juízo a favor dos poderosos e gera impunidade, colocando em sério risco a credibilidade das instituições públicas e aumentando a desconfiança do povo. Nesse contexto, cresce o desencanto da população pela política e particularmente pela democracia, o que é um equívoco, pois é justamente por meio da democracia e da participação política que se constrói uma sociedade, com os cidadãos conscientes de seus direitos fundamentais e de seus deveres correspondentes.

Neste sentido, Darcy Azambuja, em sua Teoria Geral do Estado, informa que a intenção do filósofo e jurista Montesquieu, ao elaborar a sua teoria da divisão dos poderes em Legislativo, Executivo e Judiciário, era de que não houvesse abuso de poder no governo. Montesquieu acrescenta que, "quando na mesma pessoa ou no mesmo corpo de magistrado, o Poder Legislativo está unido ao Poder Executivo, não há liberdade, pois é de se esperar que o mesmo monarca ou assembleia faça leis tirânicas e as execute tiranicamente. Não há também liberdade, se o poder de julgar não está separado do Poder Legislativo e do Executivo. Se aquele estiver unido ao Poder Legislativo, o poder sobre a vida e a liberdade dos cidadãos será arbitrário, pois o juiz será também legislador. Se o poder de julgar estiver unido ao Poder Executivo, o juiz terá a força de um opressor. Tudo estará perdido se o mesmo homem ou a mesma assembleia de notáveis, ou de nobres ou do povo exerce os três poderes, o de fazer as leis, o de executar as resoluções e o de julgar os crimes ou dissídios dos particulares".[640]

A teoria democrática firmou-se na Europa entre o fim do século XIX e a metade do século XX, em meio às crises totalitárias que se abateram sobre o continente europeu. Como se sabe, a democracia surge no Ocidente entre

[639] A intolerância religiosa é um dos piores atentados contra os direitos humanos, porque afeta aquilo que é, provavelmente, o nível mais profundo da consciência da pessoa, conforme se registra no passado histórico do cristianismo e atualmente se constata em várias regiões do mundo. Os fiéis, ao não abrirem mão de sua fé, são sacrificados pelos que não a aceitam.

[640] AZAMBUJA, Darcy. *Teoria geral do Estado*. 40. ed. São Paulo: Globo, 2000. p. 178-179.

os gregos, consistindo na prática do que se chama atualmente de democracia direta. Para os antigos, a democracia baseava-se na concepção de uma igualdade fundamental de direitos e da soberania de todos os que pertenciam ao *demos*, isto é, os cidadãos da *polis*, aqueles que tinham direito de cidadania ou, então, aqueles que se atribuíam tal direito e neste caso poderia até mesmo se tratar dos pobres da *polis*. Desse modo, quando falavam de democracia, pensavam, sobretudo, no povo reunido em uma praça ou em assembleia (*ecclesia*) nas quais eram tomadas em comum as decisões que lhes diziam respeito.[641] Também para o liberalismo, o conceito de democracia baseia-se na igualdade dos direitos individuais, enquanto, para o socialismo, que haja a igualdade de autorrealização e bem-estar para o cidadão. Portanto, o princípio da democracia está na igualdade política dentro de uma comunidade ou a igual participação de todos os cidadãos adultos nas decisões políticas vinculantes para todos.

Nesse sentido, o conceito de democracia vai muito além da ideia grega de que só alguns homens, qualificados e sábios, têm direito a tomar decisões políticas. Assim, com a contribuição de J. J. Rousseau, no século XVIII, com a sua teoria do Contrato Social, e de Hans Kelsen, no século XX, que fundamentou a filosofia política e a teoria social com a sua teoria da democracia e das relações internacionais, a democracia solidificou-se. Isso fez com que surgisse o conceito de liberdade entendida em sentido positivo: "se os seres humanos devem viver submetidos às leis coercitivas de um estado, a única solução para que eles não percam sua liberdade é que sejam eles próprios os autores dessas leis". Já na perspectiva de Robert A. Dahl, um dos mais importantes teóricos democráticos contemporâneos, a justificação da democracia procede da ideia de igualdade entendida como "igual consideração que deve ser dada ao bem e aos interesses de cada pessoa", portanto, a ideia de igualdade se traduz para Dahl num princípio de igual consideração dos direitos. A partir desse pressuposto de igualdade entre os seres humanos, a democracia resulta justificada, como sendo o melhor modo de tutelar paritariamente os interesses de todos, por meio da participação deles nas decisões coletivas.[642] Entretanto, a história apresenta experiências danosas de governos que, desmerecendo o sufrágio dos povos, desfez a constituição do Estado e se impôs de forma arbitrária, levando os povos à miséria econômica e à ignorância cultural. Atualmente a tendência que prevalece é para uma redução da democracia em sentido verticístico e

[641] ANDRADE, Paulo F. C. Democracia e Doutrina Social da Igreja. In: PINHEIRO, José; LESBAUPIN, Ivo (Org.). *Democracia, Igreja e cidadania*: desafios atuais. São Paulo: Paulinas, 2010. p. 171-209.

[642] PETRUCCIANI, Stefano. *Modelos de filosofia política*. São Paulo: Paulus, 2014. p. 165-167.

mediático com os rostos dos líderes suplantando o debate público e o cidadão ativo sendo substituído pelo espectador de entrevistas televisivas.[643] As campanhas eleitorais no Ocidente têm se tornado verdadeiro espetáculo em substituição aos "showmícios", isto é, comícios que traziam artistas e distribuíam "agrados" para o povo, no passado.

Diante dessas realidades, a Igreja Católica Romana, por meio de seus pastores, conclama o seu rebanho a ser fermento bom no seio social, semeando sempre o respeito aos direitos humanos, de tal forma que haja mobilização de ações por todo o planeta, com o objetivo de resgatar a dignidade ferida do ser humano massificado e sem alma.[644] Nesse sentido, Edith Stein destaca a vida de São João da Cruz como Bom Pastor que dedicou toda a sua vida ao próximo, por meio da íntima afeição aos parentes; nos cuidados desinteressados que devotou aos doentes; na bondade paterna com os súditos; na paciência incansável para com os penitentes de toda a espécie; reverente respeito às pessoas com o desejo ardente de vê-las livres para Deus; no aguçado discernimento dos vários modos de Deus conduzir as almas, o que fazia adaptar-se às mais diversas iniciativas; por fim, no tratamento com os inimigos aos quais não emprega palavras ásperas, mesmo diante dos maus tratos que recebia.[645]

No século XXI, conforme se constata, a sociedade carece de pessoas que assumam de fato o cuidado com o povo, por isso a Igreja Católica esforça-se na formação e exortação dos fiéis, para que pessoas bem intencionadas e honestas esforcem-se a assumir a liderança social e o zelo para com o povo de Deus, seguindo o exemplo de João da Cruz, que tanto se dedicou ao pastoreio. Se, por um lado, no início do terceiro milênio, a Igreja Romana tem a felicidade de ser conduzida pelo Papa Francisco, que é um autêntico pastor a agregar o rebanho, por outro lado, lamentavelmente em países católicos como o Brasil, muitas ovelhas estão dispersas e sofrendo. Isso porque o sistema antissocial vem gestando a desumanização e exclusão das pessoas, conforme se vê pelas ruas das grandes cidades. A pastoral da Igreja não consegue atender a tantas pessoas

[643] *Ibidem*, p. 216.

[644] PAGOLA, José Antônio. *Voltar a Jesus*: para a renovação das paróquias e comunidades. Petrópolis: Vozes, 2016. p. 93-101. Contrapondo-se a uma igreja das massas e do espetáculo, nesse livro o autor denomina "Grupos de Jesus" ao projeto de promover o desenvolvimento de pequenos grupos e comunidades que se comprometam a atualizar a experiência primeira vivida junto a Jesus. Desde o começo, os grupos situam-se no horizonte do Reino de Deus e no seio da Igreja esses grupos vivem e crescem com a vontade de contribuir para impulsionar uma conversão radical a Jesus Cristo, e com a determinação de trabalhar para que o projeto humanizador do Pai permaneça vivo e operante nos corações, paróquias, comunidades e instituições cristãs.

[645] STEIN, Edith. *A ciência da cruz*: estudo sobre São João da Cruz. 5. ed. São Paulo: Loyola, 2008. p. 242.

que vivem situações degradantes com indivíduos totalmente entorpecidos e manipulados, vivendo às sombras na *noite escura dos sentidos*, parecendo "zumbis" porque estão com a alma sem liberdade, com a espiritualidade afetada patologicamente por ditadores dos tempos midiáticos e fisicamente aprisionados às leis dos instintos. Em *A ciência da cruz*, em meio à biografia de João da Cruz, surge o rosto desfigurado da carmelita de Breslau, para denunciar a força do mal destruindo vidas e, ao mesmo tempo, para insuflar um hálito de esperança nos ossos ressequidos pela má qualidade de vida do povo explorado por toda a Terra. Assim, como o profeta Ezequiel, a monja Edith Stein está a anunciar que o Espírito Divino dará novo alento àqueles que têm sede e fome de justiça e desejam um mundo novo.

Como discípula de Santo Tomás de Aquino, a monja carmelita informa que a doutrina tradicional da Igreja Católica exposta por Santo Tomás de Aquino, em sua *Summa Theologica*, distingue no poder três elementos: o princípio, o modo e o uso. O princípio do poder reside em Deus, o poder político vem de Deus, criador de todas as coisas. Mas o modo e o uso do poder vêm dos seres humanos, pois a fonte humana da soberania é o povo. Em seguida, Stein apresenta as chamadas doutrinas teocráticas que podem ser divididas em Teorias do Direito Divino Sobrenatural e Teorias do Direito Divino Providencial, que ensinam que todo o poder vem de Deus, sendo que, na primeira, Deus é a causa do poder, por ter criado todas as coisas, inclusive o Estado. Nesse sentido, seria por vontade de Deus a existência de uma hierarquia social com governantes e governados. Essa parece ter sido a doutrina primitiva da Igreja Católica que foi assumida, posteriormente, pelos legistas reais, afirmando que Deus não somente criou o Estado, mas designa expressamente, em cada sociedade política, a pessoa que deve exercer o poder, ou a família de onde deve sair o monarca. Dessa lógica os reis deduziram que deviam prestar contas de seus atos apenas a Deus, subtraindo-se assim da submissão à Igreja na pessoa do Papa e à intervenção do povo, tornando o seu poder absoluto.[646] A teoria do Direito divino providencial, por sua vez, ensinava que Deus não intervém diretamente para indicar a pessoa que deve exercer o poder.[647] A partir dessa concepção se compreende que o Espírito que animou Cristo, para ser o Bom Pastor da humanidade, foi derramado sobre os povos, para que se organizem

[646] AZAMBUJA, Darcy. *Teoria geral do Estado*. 40. ed. São Paulo: Globo, 2000. p. 56. Azambuja informa que o poder absoluto dos reis foi elaborado por intermédio dos seus legistas, para tornar seu poder internamente supremo, acima do povo e dos nobres, e externamente independente da Santa Sé. Assim, o rei não tinha que ser subserviente à Igreja, já que não recebeu dela o seu reino, mas diretamente de Deus, através do poder de sua espada.

[647] *Ibidem*, p. 56-57.

a partir da inspiração evangélica, isso porque – segundo Stein – "Deus é favorável que a direção e as comunicações do ser humano sejam também por meio de outro ser humano semelhante a ele, e a que sejamos regidos e governados pela razão natural".[648] A autora acredita no potencial humano para realizar a missão de governar o seu semelhante, visando o bem comum, conforme o desígnio divino.

No seguimento de Cristo, os seus discípulos devem exercer o poder junto ao povo com um amor desinteressado, pois o ato de servir à construção e à manutenção de uma sociedade justa atrai, para o governante, dádivas comparáveis aos "toques divinos que com um deles a alma se daria por bem paga".[649] Cristo, no exercício do pastoreio, por não ter se tornado dependente dos bens temporais, tornou-se modelo de pessoa livre e, portanto, mestre na arte da convivência social.[650] O exemplo do Mestre galileu é fundamental para o cristão se efetivar na sociedade como cidadão que, sabendo governar a si mesmo, por ser autônomo e livre interiormente, consegue também contribuir para o bem comum com decisões a favor de uma sociedade pautada na justiça, que, segundo H. Kelsen, brota no seio das condutas humanas estudadas pela sociologia que surgiram na condição de ética, de política e de jurisprudência, independentemente ou como parte sistemática da teologia.

No século XIX, a sociologia deixou de promover uma investigação sobre a justiça e passou a investigar sobre a necessidade causal na conduta efetiva dos seres humanos; não se tratava de um estudo que buscasse determinar como os seres humanos deveriam agir, mas sim como eles efetivamente agem e têm de agir, de acordo com as leis de causa e efeito. H. Kelsen ainda exemplifica, informando que era característica da doutrina do direito natural, fosse na condição de parte da ética ou da teologia, fosse como disciplina autônoma, o costume de trabalhar sobre o pressuposto de uma "ordem natural". Ao contrário das regras do direito positivo, as regras vigentes nesta "ordem natural" que governa a conduta humana não estão em vigor por terem sido criadas "artificialmente" por uma autoridade humana específica, mas sim porque emanam de Deus, por meio da criação, estando inscritas na condição humana e, portanto, tendem desses modos a serem boas, certas e justas.[651]

[648] STEIN, Edith. *A ciência da cruz*: estudo sobre São João da Cruz. 5. ed. São Paulo: Loyola, 2008. p. 67-68.

[649] *Ibidem*, p. 70.

[650] *Ibidem*, p. 82. Stein disserta sobre as tendências humanas que podem levar à infidelidade para com Deus a partir dos bens temporais, destacando a riqueza, a honra e a prole numerosa.

[651] KELSEN, Hans. *Teoria geral do direito e do Estado*. 3. ed. São Paulo: Martins Fontes, 2000. p. 557-558.

Os bens econômicos são frutos da matéria-prima, oferecida por Deus à humanidade. A natureza contém em si um manancial de riquezas extraordinárias, as quais Jesus soube valorizar, dando muitos exemplos do mundo agrário e pastoril para a vida comunitária (Mt 13, 31-32). O indivíduo, no ato político da convivência, espelhando-se em Cristo, é convidado a compartilhar os bens conquistados. É certo que, por meio da Parábola dos Talentos (Mt 25, 14-30), o evangelista demonstra que nem todos têm a mesma disposição para trabalhar e fazer multiplicar os dons recebidos. A arte de negociar e ser bem-sucedido neste trabalho deve servir ao indivíduo como parâmetro para avaliar que nem todos têm a mesma desenvoltura, o que exige mais humanidade daquele que teve êxito, pois o verdadeiro êxito implica em bem conviver com o próximo, apesar de suas limitações. Em *A ciência da cruz*, Stein afirma que os bens econômicos decorrem da experiência com os bens sobrenaturais e espirituais, sendo que os bens sobrenaturais consistem nas graças concedidas por Deus, superiores às faculdades e aptidões naturais, tais como a sabedoria e ciência concedidas a Salomão, para reinar e governar Israel, e as graças de que fala São Paulo, em benefício do progresso humano nas diversas áreas do saber, conforme 1 Cor 13. Por sua vez, continua Stein a sua reflexão pontuando que os bens espirituais auxiliam o profissional a desdobrar o seu potencial em benefício do próximo e acrescenta que, diante do pedido dos apóstolos acerca de como orar, Jesus ensina os sete pedidos do Pai Nosso, nos quais se incluem todas as necessidades espirituais e temporais do ser humano, como o pão de cada dia.[652]

As Sagradas Escrituras dão testemunho de que, na mentalidade do Povo de Israel, era bem-sucedido quem tinha muitos bens e uma prole numerosa. Entretanto, o grande monarca Davi teve dificuldades em administrar a própria família, tendo um de seus filhos, Absalão, querendo usurpar o seu trono (2 Sm 13, 13-37 – 15, 12). Esse foi um dos conflitos na vida familiar de Davi; existiram ainda outros que, na verdade, espelham a diversidade de conflitos enfrentados pelo rei de Israel, ao longo de seu governo. Antes de Davi, reinou sobre Israel, durante trinta e oito anos, Saul, da Tribo de Benjamim. O desejo do povo em se tornar um Estado, como os outros povos, vem descrito em 1 Samuel 8, 4-5: *Todas as autoridades de Israel reuniram-se e foram falar com Samuel, em Ramá. E disseram-lhe*: *"Tu já estás idoso, e teus filhos não andam em teus caminhos*; *escolhe agora um rei para que nos lidere, à semelhança das outras nações"*.

652 STEIN, Edith. *A ciência da cruz*: estudo sobre São João da Cruz. 5. ed. São Paulo: Loyola, 2008. p. 87-89. A autora informa que Jesus recomenda que a oração seja feita em lugares solitários, a fim de que a pessoa se encontre com a sua própria consciência e com Deus, para assim melhor refletir sobre o que é necessário para ter uma vida digna e não se tornar vítima de sua própria vaidade.

Stein analisa, em sua *Investigação sobre o Estado*, a atenção dada a específicas formações estatais e a sua articulação organizacional, em que a estrutura do Estado tem no governo o órgão central em que se concentra a vontade do Estado e de onde ele irradia. Em sua obra, a autora afirma que cabe ao governo conduzir a ação conjunta, dando impulso e prescrevendo, eventualmente, como esta ação deva se realizar em benefício da população; o governo é ainda a fonte última de todo o direito que está em vigor no âmbito do Estado. A função dos súditos é simplesmente a de reconhecer o governo e obedecer às suas leis; caso se desperte nos indivíduos impulsos para negar a obediência ao Estado, é necessário que esse recorra a outros órgãos para garantir sua segurança. A fim de assegurar que suas leis e decretos se cumpram efetivamente algumas vezes, o Estado necessita usar da coerção física, como a do exército. As forças de defesa do Estado devem ser suficientemente importantes para fazer frente a toda vontade rebelde e garantir a defesa contra inimigos exteriores. O Estado que não quiser sacrificar a sua independência não deve permitir que as leis de outras potências interfiram em suas próprias leis, por isso deve ter os meios necessários para prevenir-se desse risco, por exemplo, possuindo as forças armadas para fazer que se respeitem as suas leis e para garantir a integridade de seu território.[653]

Numa democracia o governante precisa ter o discernimento do *Filho de Davi*, Jesus Cristo, que soube organizar, formar e motivar os "homens rudes da Galileia" para a preciosa missão de anunciar a presença do Reino de Deus na sociedade. O messianismo de Jesus destoa da mentalidade e das expectativas dos israelitas, pois constrói uma história diferente da idealizada por seus contemporâneos: não deseja tornar-se rei (Jo 6, 14-15), aponta em Deus o Pai (Mt 23, 9) e nele o irmão que convida as pessoas a seu discipulado. Inicia a sua missão chamando os "doze", depois envia "setenta e dois" para a missão e chegou a ter como discípulos mais de "cinco mil homens, sem contar mulheres e crianças" (Mt 14, 20). Aclamado e honrado pelo povo, Jesus não se deixou envaidecer, pois bem sabia do caminho de cruz, que passava pelo enfrentamento das críticas e das insatisfações das autoridades judaicas, além da incompreensão no meio dos próprios discípulos. Jesus soube vivenciar os bens morais no cotidiano, logo os seus discípulos também devem exercitá-los pelo valor que possuem em si mesmos e pela alegria e recompensa que trazem.

Contudo, se o ser humano se deixar levar pela equivocada alegria pelas próprias boas obras, estará sujeito à soberba farisaica e à presunção, que é a

[653] STEIN, E. In: URKIZA, Julien; SANCHO, Francisco Javier (Org.). *Obras completas* v. II. Escritos filosóficos. Etapa fenomenológica. Vitória: El Carmen; Madri: Espiritualidad; Burgos: Monte Carmelo, 2005. p. 617.

opinião excessivamente boa acerca de si mesmo, o que tende a levar ao desprezo pelo outro e ao desejo de ser elogiado. Isso equivale à injustiça e à negação de Deus, autor de toda e qualquer obra boa. O resultado é que a pessoa afrouxa no amor a Deus e ao próximo, pois o amor-próprio que tem por suas obras a faz arrefecer na caridade. Renunciando a esse tipo de orgulho, a alma passa a fazer as obras com mais maturidade e consciência, persevera e alcança o objetivo desejado.[654] Outro ponto importante na vida de Jesus é a forma com a qual lidou com aqueles que se opunham ao seu trabalho, esses não lhe tiraram a paz e a mansidão e nem o amedrontaram. Ele continuou a sua missão ensinando com autoridade, acolhendo a todos e zelando pelo rebanho, a fim de que nenhuma ovelha se perdesse (Lc 22, 32). Como Bom Pastor, o Mestre da Galileia deixou claro que dava a sua vida por suas ovelhas (Jo 10, 11-14) e no ato de sua prisão, no Jardim das Oliveiras, interrogou e pontuou com a turba que viera lhe aprisionar:

> A quem procurais?
> Disseram: *A Jesus Nazareno.*
> Jesus respondeu: *Já vos disse que sou eu. Se, então, é a mim que procurais, deixai que estes se retirem.*
> A fim de se realizar a palavra que diz:
> *Não perdi nenhum dos que me deste.* (Jo 18, 7-9)

Com essas posturas, Jesus ensina que a boa política compreende o amor–serviço, que promove, defende e protege o ser humano, levando-o à comunhão com o seu próximo e, também, com Deus.

Nas reflexões finais de *A ciência da cruz*, Stein cita o poema do "Pastorico", em que João da Cruz vê Cristo Crucificado e ouve-o lamentar por aqueles que desprezam o seu amor:

> Que só o pensar que está esquecido
> Por sua bela pastora, é dor tamanha,
> Que se deixa maltratar em terra estranha,
> Seu peito por amor mui dolorido.
>
> E disse o Pastorinho: Ai, desditado!
> De quem do meu amor se faz ausente
> E não quer gozar de mim presente!
> Seu peito por amor tão magoado!

[654] STEIN, Edith. *A ciência da cruz*: estudo sobre São João da Cruz. 5. ed. São Paulo: Loyola, 2008. p. 86-87.

Passado tempo em árvore subido
Ali seus belos braços alargou,
E preso a eles o Pastor ali ficou,
Seu peito por amor mui dolorido.[655]

Em referência ao *Cântico dos Cânticos*, João da Cruz apresenta neste poema alusões ao Bom Pastor, que se lamenta pela insensibilidade da pastora, que em sua concepção se assemelha às dolorosas exclamações do Senhor, ao chorar sobre Jerusalém (Mt 23, 17).[656] Quiçá seja a própria Edith Stein, professora, que contempla alguns de seus alunos alinhando-se à juventude hitlerista. A monja judia contempla o amor sendo novamente crucificado e escuta de seus lábios: "perdoa-lhes, pois não sabem o que fazem!".

3.3.3 A organização do Estado

Em fins de 1918, Edith Stein passou a participar ativamente na política, pois estava preocupada com a situação da Alemanha, que havia saído da guerra perdedora e humilhada. A reflexão existencial e intelectual da autora está refletida em suas obras: *Indivíduo e comunidade* e *Uma investigação sobre o Estado*, que revelam a concepção política e antropológica da autora. Stein considera o Estado como uma comunidade, enquanto estrutura social que tem como referência básica a sociedade e a comunidade, pois, para se entender o Estado, faz-se necessário captar a vivência do povo e dos indivíduos que o configuram, não como número, mas como pessoas. Outra questão importante na análise do Estado é sua relação com o direito vinculado ao tema da soberania enraizada no povo e nos indivíduos. A autora pontua que ser um Estado significa ter o direito de prescrever leis e de governar. Assim, Estado e direito nascem um com o outro, e isso significa que onde há um Estado, há também um direito positivo, mesmo que não se tenha formulado ainda uma disposição legal. Inversamente, onde há um direito positivo, tem que haver um Estado que tenha a qualidade de ser a fonte última do direito.

Com essa pontuação, percebe-se que Stein está fazendo referência explícita à expressão latina: "Ubi jus ibi societas" e "ubi societas ibis jus". Nessas duas frases já se percebe a relação entre elas, ou seja, onde há direito, há sociedade e vice-versa. Não há Direito sem sociedade e não há uma sociedade devidamente

[655] SÃO JOÃO DA CRUZ. *Obras completas*. 7. ed. Petrópolis: Vozes, 2016. p. 43.

[656] STEIN, Edith. *A ciência da cruz*: estudo sobre São João da Cruz. 5. ed. São Paulo: Loyola, 2008. p. 237.

organizada sem o Direito, pois até entre os primatas já existiam normas de convivência, o que prova que a sociedade necessita do regramento jurídico para uma saudável existência. Não são todos os estudiosos que acreditam na frase "Ubi jus ibi societas", mas todos acreditam em "ubi societas ibis jus", com a justificação de que a existência do direito sem um grupo humano não pode existir. De fato, o Direito coordena as relações e interesses da sociedade, de modo a facilitar e a reger o convívio entre os integrantes da mesma, buscando, dessa forma, a realização dos valores humanos, usando-se da justiça e da igualdade. Enquanto o Estado é uma organização formada pela sociedade, o Direito é um conjunto de condições a serem seguidas no Estado. Essa relação faz com que o Estado fique obrigado a assegurar o que o Direito afirma, como meio de controle social.[657] Daí seu poder de legislar e de proteger legislando tanto aos cidadãos como ao direito mesmo. Isso porque as pessoas que buscam viver em comunidade precisam aprender a se relacionar com o próximo e, para que este relacionamento seja saudável, é necessário um regramento, e para que não haja a transgressão desse regramento, foram criadas sanções previstas nas leis daquela determinada sociedade.

Dessa forma, Direito e sociedade irão sempre se influenciar, pois as modificações das atitudes e valores da sociedade criarão novas normas e essas modificarão os valores e atitudes da sociedade. Ou seja, um sempre possui influência sobre o outro e isso jamais se modificará. Por exemplo, um ato praticado hoje que não é considerado um ato jurídico, no futuro pode passar a ser, conforme está no entendimento de Miguel Reale: "fato, valor e norma estão sempre presentes e correlacionados em qualquer expressão da vida jurídica". Portanto, o Direito, como fato social, traz impactos aos diversos ramos da sociedade, como a religião, a moral, a economia, etc.[658]

Em sua investigação, Stein se debruça também sobre as questões da origem e do fundamento do Estado, assim como dos limites de seu poder, rechaçando a concepção de que seja o Estado que cria a liberdade da pessoa. Para ela, a função do Estado é a de proteger e favorecer a liberdade dos indivíduos, facilitando as relações sociais. A moralidade do Estado reside nas pessoas por conta de que o Estado não pode ser fonte da mesma, por isso que a fortaleza e o valor ético de uma sociedade dependerão das atitudes dos indivíduos. Assim, está

[657] STEIN, Edith. In: URKIZA, Julien; SANCHO, Francisco Javier (Org.). *Obras completas*. v. II. Escritos filosóficos. Etapa fenomenológica. Vitória: El Carmen; Madri: Espiritualidad; Burgos: Monte Carmelo, 2005. p. 566-567.

[658] Disponível em: http://www.ambitojuridico.com.br/site/index.php?n_link=revista_artigos_leitura&artigo. Acesso em: 07 ago. 2017.

nas mãos das pessoas a existência do Estado a partir do entendimento de que este seja livre e democrático. Em relação aos limites do poder do Estado, Stein, em sua pesquisa, deparou-se com a ampla gama de estudos feitos por filósofos ao longo da história, buscando encontrar uma forma, um modelo de Estado em que o poder não se centralizasse somente nas mãos de uma pessoa ou de um pequeno grupo e/ou instituição. Os filósofos, preocupados em encontrar uma forma de governo que não favorecesse tiranias nem absolutismos, mas oferecesse igualdade de direitos entre todos e um Estado justo e democrático, apontavam como forma de se obter uma sociedade mais justa uma divisão entre os tipos de poderes.

A separação ou tripartição dos três poderes é uma teoria desenvolvida pelo filósofo e político francês Montesquieu, na obra *O espírito das leis*, de 1748. Essa teoria foi criada a partir de influências de outros pensadores anteriores a ele, como Aristóteles, na obra intitulada *Política*, e posteriormente John Locke. Todo Estado tido como democrático ou não absolutista tem em sua estruturação a identificação dos poderes Executivo, Legislativo e Judiciário, mesmo com defasagens possíveis ou nomenclaturas diferentes. Montesquieu desenvolveu uma ideia que dá o parâmetro do constitucionalismo, ou seja, do conjunto de leis contidas numa constituição. É o tipo de regência mais comum em quase todos os tipos de governos contemporâneos e que busca de maneira democrática designar as autoridades competentes a cada âmbito da sociedade. Isso ocorre para se evitar o autoritarismo, a arbitrariedade e a violência, que eram comuns na maioria das monarquias absolutistas da época, quando reis e tiranos sustentavam suas próprias concepções do que achavam que era justo ou verdadeiro a partir de conceitos puramente religiosos e/ou impositores. A partir dessa concepção de constitucionalismo em sua obra, Montesquieu começou a traçar um pensamento de forma a dividir os poderes dentro de um governo. Inspirado pela constituição inglesa da época, a qual ainda não tinha essa divisão clara em sua estruturação, o francês dividiu de maneira cuidadosa e detalhada, para os moldes de sua época, os três poderes em Executivo, Legislativo e Judiciário.

A ideia central da teoria dos três poderes é de que um poder em suas atribuições equilibraria a autonomia e interviria quando necessário no outro, propondo uma harmonia e uma maior organização na esfera governamental de um Estado. Em síntese, pode-se dizer, grosso modo, que é um regime onde o poder é limitado e equilibrado pelo poder, ou seja, como o próprio Montesquieu citou em *O espírito das leis*: "[...] só o poder freia o poder", o que ele chama de "sistema de freios e contrapesos". Nenhum dos três poderes tem autonomia absoluta sobre a sociedade, nem sobre os outros tipos de poderes;

mas sim um, em conjunto com o outro, deveria reger o Estado de maneira a exercer uma igualdade social e governamental.[659]

Edith Stein informa que as teorias sobre o Estado, em suas diversas orientações, partem da ideia de que ele é uma forma de sociedade. Na realidade se reconhece em sua estrutura o fato de que nele vivem sujeitos que exercem funções relacionais inteiramente determinantes em sua construção. Uma forma insipiente de convivência apresenta-se na massa, em que os indivíduos encontram-se e dissolvem-se sem criar uma vinculação. Por isso a massa não pode ser considerada uma forma típica de convivência no Estado. Acrescenta a autora que geralmente se fala do Estado como se estivesse falando de uma pessoa. Isso parece indicar que se tem de buscar o seu lugar no reino do espírito. Na massa não existe função espiritual, enquanto a comunidade é um ser especificamente fundado no espírito e caracterizado pela convivência comum das pessoas. Na sociedade, em contraste com a comunidade, os indivíduos são objetos uns dos outros, e não sujeitos que vivem como na comunidade. Em um entendimento crescente, pode-se dizer que a sociedade é uma variante racional da comunidade.[660]

Como já se sabe, Edith Stein, ao conceber o ser humano como um microcosmo e dizer que ele é chamado a governar a si mesmo, lança as bases para a compreensão da organização do Estado, pois, assim como o ser humano tem a sua estrutura corpórea, com uma alma livre e um espírito soberano, o Estado também tem o seu território geográfico, o seu povo e o poder soberano, para se relacionar de forma independente com as outras nações e interagir de forma prudente com os seus subordinados. Evidentemente, da mesma forma que na estrutura humana ocorrem acidentes e incidentes, também na organização do Estado acontecem situações que adoecem o corpo social, negligenciando os direitos e deveres dos cidadãos, que já resultaram em verdadeiros caos social, como as diversas guerras pelo mundo. A contribuição de Stein para a organização

[659] Montesquieu dividiu os três poderes, resumidamente assim: o Executivo seria regido pelo rei, com o poder de veto sobre as decisões do Legislativo, que era formado pelo parlamento (ou legislativo). O Legislativo, sempre convocado pelo Executivo, seria formado por duas esferas: uma de pessoas da própria sociedade (o "corpo dos comuns"), que era composta por pessoas do povo, que representavam as mais diferentes classes sociais, e outra formada por nobres, intelectuais e pessoas influentes, com herança de influência ou poder (o "corpo dos nobres"), esfera que tinha o poder de veto sobre as decisões e propostas do corpo dos comuns. Eram assembleias independentes que apresentavam propostas de leis e estatutos que iriam reger a monarquia e o Estado, tendo de passar pela aprovação do rei. Disponível em: http://tres-poderes.info/. Acesso em: 13 ago. 2017.

[660] STEIN, Edith. In: URKIZA, Julien; SANCHO, Francisco Javier (Org.). *Obras completas*. v. II. Escritos filosóficos, etapa fenomenológica. Vitória: El Carmen; Madri: Espiritualidad; Burgos: Monte Carmelo, 2005. p. 527-528.

do Estado, após a Primeira Guerra Mundial, com a instalação da República de Weimar em 1919, deu-se de forma explícita com o seu engajamento político e a publicação, entre 1920 e 1921, de sua obra *Uma investigação sobre o Estado*, manifestando a sua preocupação com o ser humano e com a realidade política que o envolvia. Já em *A ciência da cruz*, de forma subliminar, a autora faz críticas contundentes ao Terceiro Reich e apresenta, por meio da mística, caminhos de reconstrução da fraternidade, como a que se deu com a conversão do Prior carmelita, que tanto menosprezava João da Cruz, mas que, diante daquela pessoa que perecia, recuperou a sua humanidade.

Em *A ciência da cruz*, a autora se debate com questões espirituais, antropológicas e sociais. É intrigante a seguinte frase da autora: "O que ao olhar menos iluminado do leitor comum parece somente acontecimento exterior é por João da Cruz tomado como expressão apropriada de um acontecimento místico". Intrigante porque, na sequência imediata do texto, Stein apresenta a realidade política do Império Persa, retratada no livro de Ester, onde se encontra um rei vaidoso que gosta de exibir o seu poder, já que governava um vasto império que se estendia da Índia até a Etiópia.

O livro de Ester é denso por conter drama, traição e conspiração. Edith Stein, conscientemente ou não, traz para a sua obra o drama do povo de Israel vivido pelos judeus no período do Império Persa, quando Mardoqueu, um dos judeus que tinha sido exilado pelo rei da Babilônia, salva a vida do rei da Pérsia Xerxes (Ahsveras), também chamado Assuero (rei venerável). O rei, influenciado por sua esposa, Ester, foi se convertendo ao longo do tempo e, no caso específico de Mardoqueu, fez questão de honrá-lo por sua bravura ao salvá-lo. Retomando a frase de João da Cruz e fazendo uma releitura a partir do contexto de Stein, pode-se pensar que o fenômeno do acontecimento místico na verdade está se desabrochando exteriormente na *noite escura dos sentidos e do espírito* concretamente sob o império nazista, que, tendo anexado a Holanda, lança a sua sombra sobre a realidade fora dos muros do Carmelo. Entretanto, as trevas já invadiram o coração da carmelita de Breslau, que pressente, para qualquer momento, a invasão do Carmelo, com a sua prisão, deportação e morte.[661]

A rainha Ester é um ícone para Stein, pois foi retirada do meio de seu povo judeu para interceder por ele diante do rei. Edith Stein, por sua vez,

[661] STEIN, Edith. *A ciência da cruz*: estudo sobre São João da Cruz. 5. ed. São Paulo: Loyola, 2008. p. 180. A junção de "noite dos sentidos" com a "do espírito" é desvelada pela sensibilidade mística que unia a experiência espiritual de Edith Stein e a agudeza dos sentidos que captam, para além do tempo, o descortinar do véu do templo, que a separava do *Rei justo e misericordioso*, mas que já estava a esperar para o matrimônio místico em Auschwitz.

proclama: "Sou uma pobre, impotente e pequena Ester, porém, o rei que me escolheu é infinitamente grande e misericordioso. Isso é um grande consolo".[662] Com essa fé, Stein acompanha de forma impotente o drama do povo judeu e dos demais povos conquistados pelos nazistas, que têm seus direitos subjugados e os seus bens usurpados, o que favoreceu a criação do vasto império alemão, sob a liderança do vaidoso Fuhrer Adolf Hitler. A tirania de Hitler retrata o que é uma autocracia, já que o poder do Fuhrer era absoluto e ilimitado, e o governo nacional socialista acabava por ter suas medidas políticas confundidas com as ações pessoais do autocrata. Personalizando o poder, Hitler invadiu vários países, tomando para si o território (corpo) e a soberania (espírito) daquelas nações. Em sua empreitada, retirou a dignidade e os valores dos indivíduos, agindo de forma coercitiva e impondo leis que inibiam a liberdade (alma) dos cidadãos, além de lançar muitas pessoas ao trabalho escravo e, por fim, tentar regular a vivência da religião.

A impotência prática de Edith Stein se dá por não ter condições políticas de interferir na sociedade subjugada ao nazismo, porém, em sua cela no mosteiro carmelita, tem consciência de que somente em comunhão e solidariedade com o ser humano se consegue a perfeição no amor a Deus. Diante da realidade repugnante que se expande com o império nazista, a autora recorre ao livro do Apocalipse para exprimir o que se passava em sua alma tão impotente: "sê fiel até a morte e eu te darei a coroa da vida" (Ap 2, 10). Em seguida, ampara – dando esperanças a todos que perseveram na fé e nos valores do evangelho, diante da fera apocalíptica do Nacional Socialismo de Hitler –, profetizando: "ao vencedor, ao que praticar minhas obras até o fim, dar-lhe-ei poder sobre as nações pagãs" (Ap 2, 26).[663]

Em sua reflexão na obra *A ciência da cruz*, acerca do apego da pessoa aos bens temporais, Edith Stein fala do prejuízo que é afastar-se de Deus; para isso recorre à passagem de Dt 32, 15: "Jacó comeu e saciou-se. Jerusun engordou e deu coices (ficaste gordo, robusto, corpulento), rejeitou a Deus que o fizera, desprezou a sua rocha salvadora". Faz-se necessário ressaltar que o capítulo 32 de Deuteronômio narra à história do Povo de Israel, e a composição do texto fala do zelo com o qual o Senhor constituiu a Israel como povo, deixando-lhe o exemplo de virtuosidade, pois: "Deus é a rocha... sua conduta é o Direito... Ele é a justiça e a retidão". Entretanto, esse povo não seguiu os seus caminhos e se corrompeu. O autor de Deuteronômio recorda a presença divina, conduzindo

662 HERBSTRITH, W. *Edith Stein*: a loucura da cruz. Paris: Signe, 1998. p. 32.

663 STEIN, Edith. *A ciência da cruz*: estudo sobre São João da Cruz. 5. ed. São Paulo: Loyola, 2008. p. 216.

o seu povo pelo deserto, alimentando-o na escassez e defendendo-o em meio às adversidades do caminho.

Contudo, em tempos de fartura e pelo mau uso da liberdade, a memória do povo perdeu-se pelas veredas do tempo. Stein, provavelmente, com essa passagem quer fazer compreender que os povos, bem como os seus governantes, devem estar atentos à história da constituição de seus Estados, para que não haja o retrocesso cultural com os seus cidadãos, perdendo o uso da razão e ficando à mercê da satisfação de seus instintos e, consequentemente, perdendo a sua dimensão espiritual, como aconteceu com Israel.[664]

A monarquia israelita apegou-se aos bens sensoriais, deixando-se envaidecer e se levar por desejos desordenados, como a desonestidade e a inveja em relação aos povos estrangeiros. Daí o esbanjamento com a importação de produtos com odores suaves e, de forma contrastante, a postura de repugnância em relação aos pobres, mais a aversão à prestação de serviços e insensibilidade com o próximo. O apego aos sentidos levou a corte monárquica à aquisição de um paladar refinado, mas, ao mesmo tempo, à gula e, consequentemente, às indisposições corporais e doenças, bem como aos movimentos desregrados, porque aumentou o incentivo da luxúria. Já o gozo do toque provocou espírito de confusão e insensibilidade para com a voz da consciência, porque debilitou a razão.[665]

A história de Israel, como a história de todos os povos, inicia-se, como descreve Stein, por meio do agrupamento de pessoas, que constituem famílias, tribos, e passam a conviver como uma massa, ainda não organizada, pois é um tipo de associação bastante elementar e caracteriza-se pelo fato de que os indivíduos que fazem parte dela influenciam-se reciprocamente.[666] No caso dos hebreus não houve dissolução, mas criação de vínculos o que possibilitou a evolução do grupo, formando uma comunidade com os primeiros traços de

[664] O sociólogo Émile Durkheim, ao analisar os fatos sociais, usa uma analogia na qual o direito seria o sistema nervoso, e a sociedade, um corpo. A tarefa desse sistema é de regulação do corpo, pois assim como o corpo humano está à mercê da ação de centenas de doenças causadas por fatores externos, internamente está também sujeito às mutações do próprio corpo que geram anomalias. É dessa forma que explica os conflitos internos da sociedade, em que os indivíduos movidos pelas suas próprias paixões podem gerar um câncer no seio social. A função suprema do direito, defendida por Durkheim, é o controle social das paixões, que as emoções humanas podem gerar. SOCIUS: Sociologia e Direito. Disponível em: https://sociologiadodireitounesp.blogspot.com/. Acesso em: 20 maio 2019.

[665] STEIN, Edith. *A ciência da cruz*: estudo sobre São João da Cruz. 5. ed. São Paulo: Loyola, 2008. p. 85.

[666] *Ibidem*, p. 17. *A ciência da cruz*, enquanto biografia de João da Cruz, escrita por Stein, inicia-se falando da família do reformador da Ordem do Carmo e da "terra fértil" onde ele nasceu e foi criado. Em seguida, narra a história da família dos carmelitas, a sua reforma com a constituição do grupo de Carmelitas Descalços.

um organismo jurídico mais elaborado que, continuou em processo evolutivo, até ter-se tornado um Estado.[667]

Em sua *Investigação sobre o Estado*, Stein afirma que as comunidades vão se diferenciando uma das outras primeiramente pelo número de indivíduos que a compõem, depois pelas relações que estabelecem com as outras comunidades. Explica a autora que existem comunidades de nível inferior, como as famílias, que podem estar englobadas em comunidades maiores, como o clã, o povo, a comunidade religiosa.[668] Mas também existe a comunidade de nível superior, que é a comunidade universal, que reúne todos os indivíduos espirituais. Todas as comunidades particulares integram-se nela, enquanto ela mesma não é dominada por nenhuma outra. A comunidade estatal situa-se entre esses dois extremos, pois compreende comunidades de vários níveis e, por sua vez, está compreendida na comunidade universal.[669]

Em relação à base estrutural do Estado, Edith Stein informa que a tese contratualista considera que o Estado tem como fundamento um contrato estabelecido entre indivíduos que se convertem em cidadãos do mesmo. Isso faz admitir uma origem puramente racional ao Estado, uma criação do mesmo em virtude de um ato livre. Dessa forma, na criação do Estado é possível que intervenham considerações racionais e acordos livres ou decretos unilaterais. Daí a célebre frase de J. J. Rousseau: "O homem nasce livre e por toda parte encontra-se a ferros". Assim, os Estados podem ter uma base que seja comunitária ou que seja social. Todavia, aprofundando a questão, Stein informa que só em grau superior de desenvolvimento estatal se trata de uma organização social, o que quer dizer justamente o contrário do que ensina a teoria contratualista, entendida como hipótese acerca da origem do Estado.[670]

[667] STEIN, E. In: URKIZA, Julien; SANCHO, Francisco Javier (Org.). *Obras completas*. v. II. Escritos filosóficos, etapa fenomenológica. Vitória: El Carmen; Madri: Espiritualidad; Burgos: Monte Carmelo, 2005. p. 603. O Estado compreende comunidades e sociedades e em geral todas as classes possíveis de agrupamentos de indivíduos que em parte ficam incluídas em seu âmbito de autoridade. Esses grupos constituíram-se sem o concurso do Estado e é possível que, durante toda sua existência, não tenham estado jamais em contato com o Estado. Por outro lado, é possível que em dado momento o Estado interfira nas associações, como sucede no caso da família ou do matrimônio, elaborando um direito matrimonial e regulamentando as relações jurídicas entre progenitores e filhos.

[668] *Idem*. *A ciência da cruz*: estudo sobre São João da Cruz. 5. ed. São Paulo: Loyola, 2008. p. 29. A autora descreve a problemática das irregularidades das comunidades carmelitas e o trabalho de Teresa de Ávila e João da Cruz para conduzir as comunidades a uma verdadeira vida espiritual. As comunidades reformadas viviam uma primavera de rebentos, enquanto os carmelitas da regra mitigada viam suas comunidades perecer.

[669] STEIN, *op. cit.*, p. 530-531.

[670] STEIN, E. In: URKIZA, Julien; SANCHO, Francisco Javier (Org.). *Obras completas*. v. II. Escritos filosóficos, etapa fenomenológica. Vitória: El Carmen; Madri: Espiritualidad; Burgos: Monte Carmelo, 2005. p. 527-530.

Com o olhar sobre a organização das tribos de Israel, pode-se deduzir acerca daquilo que é necessário para a formação da maioria dos Estados. Em relação à monarquia israelita, provavelmente esta se constituiu a partir da união de várias nações,[671] entre as quais se destacam quatro. A primeira seria a dos camponeses de Canaã, cujo grupo era formado por pessoas empobrecidas, endividadas e escravizadas. Provavelmente foram elas que entraram em maior número em Canaã e organizaram os assentamentos de camponeses nas montanhas, pois conheciam melhor a região que os grupos que vinham de fora. Tinham também rica experiência de resistência contra a tributação e escravização dos reis cananeus. Além disso, do ponto de vista teológico, a partir da experiência com as divindades das forças na natureza, herança da religião cananeia, passam a vivenciar a fé num Deus histórico, que age em meio ao cotidiano. O segundo grupo seria a dos pastores seminômades de Canaã, que possivelmente foram os primeiros a fugir da opressão das cidades-estado cananeias para as estepes, isto é, para a faixa de terra que se estendia entre as terras cultiváveis e o deserto, regiões não controladas pelos reis. Sua principal contribuição teológica foi sua fé num Deus do grupo, próximo, companheiro, que guia, protege e abençoa: o Deus dos pais. O terceiro grupo seria a dos trabalhadores forçados que vieram do Egito, cuja característica marcante foi a histórica libertação do centro da escravidão, com a força da fé no Deus que liberta historicamente os hebreus das mãos dos faraós. Por fim, o quarto grupo seria a dos pastores seminômades que viviam no Sinai e em Madiã, tendo como característica que os distinguia dos demais grupos o culto a YHWH que, inicialmente, é um Deus da montanha, ligado a fenômenos vulcânicos, mas essa experiência de fé evoluiu na medida em que os pastores madianitas migraram em busca de terra livre. Esses grupos almejavam terra e a conquistaram unidos.

A história da conquista do território pelas tribos de Israel ilustra o que Stein afirma ser um dos elementos essenciais para a constituição do Estado. Dessa forma, o Estado é uma instituição formada por povo, território e governo, com um conjunto de instituições públicas que administra o seu território, procurando atender aos

[671] O conceito de Nação significa a união de um povo com um sentimento de pertencimento e de união entre si, compartilhando, muitas vezes, um conjunto mais ou menos definido de culturas, práticas sociais, religião, idiomas, entre outros. Assim sendo, nem sempre uma nação equivale a um Estado, havendo, dessa forma, muitas nações sem território e sem uma soberania territorial constituída. A Espanha é um exemplo clássico de Estado multinacional, ou seja, com um grande número de nações vivendo em seu território, como os catalães, os bascos e os navarros. Outro exemplo de nação sem território são os curdos, conhecidos por ser a maior de todas as nações sem um Estado correspondente, de forma que seu povo habita vários países situados ao longo do Oriente Médio, no continente asiático. Disponível em: http://mundoeducacao.bol.uol.com.br/geografia/diferencas-entre-estado-pais-nacao-territorio.htm. Acesso em: 09 ago. 2017.

anseios e interesses de sua população. Entre essas instituições, estão as escolas, os hospitais públicos, os departamentos de política, o governo e muitas outras. O termo país é um conceito genérico referente a tudo o que se encontra no território dominado por um Estado e apresenta características físicas, naturais, econômicas, sociais, culturais e outras. Exemplificando: o Brasil é o país, e a República Federativa do Brasil é o Estado.[672]

Dando continuidade à sua reflexão, Stein afirma que todo país deve conter em quantidade suficiente os recursos materiais dos quais os indivíduos têm necessidade ou deve possuir ao menos aquilo que permita a transformação nos recursos necessários. Aqui se vê claro *o lugar da economia* na estrutura do Estado, cujo sentido original é a organização encaminhada a satisfazer as necessidades dos habitantes e, também, bancar a estrutura do Estado, o que, por sua vez, manifesta a dependência recíproca entre o Estado e seus habitantes. Para Stein quando a matéria-prima de uma região não é suficiente para satisfazer as necessidades do Estado, são possíveis três recursos para se remediar essa deficiência: o primeiro seria buscar meios para transformar as matérias existentes no país em produtos necessários para o consumo humano; o segundo é a aquisição de novos países que contenham em quantidade suficiente as matérias que fazem falta;[673] por fim, pode-se importar de outros países os produtos de que se tem necessidade.[674]

672 Na Geografia não há um consenso exato sobre o que seja, simplificadamente, o território. Mas, aqui, pode-se compreender esse termo como sendo o espaço geográfico apropriado e delimitado por relações de soberania e poder. Quando se fala em "território brasileiro", não se está falando do Brasil propriamente dito, mas do seu espaço delimitado correspondente, delimitação essa exercida por meio de um domínio que é reconhecido internacionalmente, que se chama *soberania*. Por assim dizer, entende-se que o Brasil é *soberano* sobre o seu território, exercendo sobre ele a sua vontade, ou seja, os interesses de seus habitantes. Disponível em: http://mundoeducacao.bol.uol.com.br/geografia/diferencas-entre-estado-pais-nacao-territorio.htm. Acesso em: 09 ago. 2017.

673 Aqui se percebe a mentalidade neocolonialista dos europeus no início do século XX. O crescimento dos parques industriais e o acúmulo de capitais fizeram com que as grandes potências econômicas da Europa buscassem a ampliação de seus mercados e procurassem maiores quantidades de matéria-prima disponíveis a baixo custo. Foi nesse contexto que, a partir do século XIX, essas nações buscaram explorar regiões na África, Ásia e Oceania. Além disso, o grande crescimento da população europeia fez da dominação afro-asiática uma alternativa frente ao excedente populacional da Europa que, no século XIX, abrigava mais de 400 milhões de pessoas. Apesar de contarem com grandes espaços de dominação, o controle das regiões alvo da prática neocolonial impulsionou um forte acirramento político entre as potências europeias. Em consequência à intensa disputa dos países europeus, o século XX abriu suas portas para o primeiro conflito mundial da era contemporânea. Disponível em: https://pt.wikipedia.org/wiki/Neocolonialismo. Acesso em: 13 jul. 2017.

674 STEIN, Edith. In: URKIZA, Julien; SANCHO, Francisco Javier (Org.). *Obras completas*. v. II. Escritos filosóficos, etapa fenomenológica. Vitória: El Carmen; Madri: Espiritualidad; Burgos: Monte Carmelo, 2005. p. 613.

Todavia, na obra *A ciência da cruz*, a autora exorta o ser humano a estruturar a sua vida ciente de que quem de fato é livre não se prende aos bens temporais, mas usa desses para o benefício de toda a comunidade, o que gera o respeito para com a natureza animal, vegetal e mineral. O uso desses bens de forma racional proporciona a alegria da partilha e combate o apego doentio aos bens desta terra que foram doados ao ser humano para que ele administre em vista do bem comum. Com essa mentalidade, e não com a estreiteza de pensamento daqueles que só querem acumular e tirar lucro em tudo, a ponto de destruir a vida no planeta, é que se pode vivenciar a verdadeira felicidade, conquistando muitas riquezas humanas e espirituais, pois Deus recompensa a alma cem vezes mais ainda nesta vida.[675]

Nesse sentido, a autora esclarece que o país deixa de ser "natureza pura" na medida em que se dá a transformação do solo, por meio da irrigação, plantações, industrialização, etc., que visam o aproveitamento das matérias existentes, para a satisfação das necessidades de seus habitantes. Por outro lado, quando a vontade do ser humano torna-se "vontade grosseira" e suas paixões desordenadas destroem o solo, não se tem apenas uma "natureza pura", mas passa-se a não ter mais o ecossistema original.[676]

A economia forma parte dos âmbitos que o Estado, segundo as circunstâncias, pode organizar a sua maneira ou pode deixar à mercê da atividade dos indivíduos ou de associações privadas. Contudo, o Estado tem um papel fundamental no desenvolvimento econômico, por isso lhe cabe configurar o *territorium*, dentro dos limites que lhe impõem as circunstâncias naturais pelo fato de que um país está submetido a múltiplas transformações, em virtude da sucessão de populações e formas estatais que tenham ocupado o seu território.[677] Em relação à economia, mesmo que fique à mercê da iniciativa privada, o Estado conserva a prerrogativa de regulamentá-la. E, embora o Estado não participe como sujeito na vida econômica, contudo poderá impor ou negar certas formas, legislando sobre a atividade econômica. Sempre há um *territorium*

675 *Idem*. *A ciência da cruz*: estudo sobre São João da Cruz. 5. ed. São Paulo: Loyola, 2008. p. 83

676 *Ibidem*, p. 81.

677 KELSEN, Hans. *Teoria geral do direito e do Estado*. 3. ed. São Paulo: Martins Fontes, 2000. p. 312. O autor informa que o território de um Estado, como esfera territorial de validade da ordem jurídica nacional é um espaço de três dimensões. Como a Terra é um globo, a forma geométrica desse espaço – o espaço do Estado – é, aproximadamente, a de um cone invertido. O vértice desse cone está no centro da Terra, onde os espaços cônicos, os chamados territórios de todos os Estados, encontram-se. O que a teoria tradicional define como "território do Estado", aquela porção da superfície terrestre delimitada pelas fronteiras do Estado, é apenas um plano visível formado pelo corte transversal do espaço cônico do Estado. Assim, o espaço acima e abaixo desse plano pertence juridicamente ao Estado até onde se estende o seu poder coercitivo, e isso significa juridicamente a eficácia da ordem jurídica nacional.

que naturalmente pertence ao Estado, mesmo nos casos em que este não seja, de direito ou de fato, seu proprietário, mas, partindo desta harmonia preestabelecida, compreende-se que o Estado é seu proprietário de direito.[678]

A extensão do Estado é em princípio ilimitada, como atesta a ideia de um Estado universal, tendo como exemplo o antigo Império Romano. A extensão progressiva de um Estado só exige algumas mudanças na forma da organização estatal, pois os limites são igualmente muito flexíveis. Para Stein é compreensível e natural que o indivíduo ame o seu povo e que o Estado seja amado de maneira derivada, como forma exterior do povo, justamente por isso ele vai se caracterizar como uma multiplicidade aberta de indivíduos.[679] O número dos cidadãos deve ser o suficientemente amplo para assegurar ao Estado a plenitude interna e a independência que garantam a soberania.[680] O mínimo de população requerida depende da natureza do país, dos recursos minerais, das condições climáticas, etc., porque essas circunstâncias naturais condicionam o número de trabalhadores necessários para satisfazer as necessidades econômicas do Estado e para lhe garantir a independência. Se uma população cresce mais que o seu território, as circunstâncias econômicas impulsionam parte da população à emigração ou à colonização. Se o Estado nacional se amplia por meio da conquista de novos territórios ou pela absorção de novas populações, então modifica o seu caráter de Estado nacional ou, no caso de que assimilem novos elementos, a assimilação pode modificar tão intensamente o caráter originário do povo, que não se poderá falar de transformação, mas de uma nova formação, como a que alguns países da Europa vêm experimentando com a chegada de imigrantes e refugiados nas últimas décadas.[681]

[678] STEIN, Edith. In: URKIZA, Julien; SANCHO, Francisco Javier (Org.). *Obras completas*. v. II. Escritos filosóficos, etapa fenomenológica. Vitória: El Carmen; Madri: Espiritualidad; Burgos: Monte Carmelo, 2005. p. 614-615. A extensão desse território mede-se pela amplitude das necessidades do Estado. Se um território, mesmo explorado ao máximo das possibilidades de transformação e utilização das matérias existentes, não basta para satisfazer as necessidades de seus habitantes, então o seu governo terá que pensar em novas estratégias de sobrevivência para que o Estado não entre em bancarrota.

[679] *Ibidem*, p. 550.

[680] *Idem*. *A ciência da cruz*: estudo sobre São João da Cruz. 5. ed. São Paulo: Loyola, 2008. p. 39. Quando escreve *Uma investigação sobre o Estado*, Stein já se deparava com o antissemitismo presente na Alemanha, por isso fala da multiplicidade de pessoas que compõe o Estado. *A ciência da cruz* retoma a questão com a linguagem espiritual, confrontando-se com a questão político-social de 1940: "Deus criou as almas para si. Ele quer uni-las a si e lhes dar a imensa plenitude e incalculável felicidade de sua própria vida divina – isso já nesta vida". A autora acrescenta que é desejo de Deus encaminhar todas as almas para o "misterioso reino da vida". Assim, contrapõe-se à política de Hitler, que eliminava os seus opositores e criava para seus súditos o seu reino ariano.

[681] STEIN, E. In: URKIZA, Julien; SANCHO, Francisco Javier (Org.). *Obras completas*. v. II. Escritos filosóficos, etapa fenomenológica. Vitória: El Carmen; Madri: Espiritualidad; Burgos: Monte Carmelo, 2005. p. 544.

O rei Davi (1010-970 a.C. aproximadamente), por meio de muitas guerras e conquistas, conseguiu estabelecer a união das doze tribos de Israel e demarcar o território, para que o povo de Israel se tornasse de fato uma nação.[682] Nesse exemplo está outro elemento que Stein frisa como fundamental na constituição de um Estado: a soberania, que oficializa o Estado como proprietário do território onde estão os seus subordinados.[683] De tal forma que nenhum poder exterior – seja um indivíduo ou um Estado – possa prescrever as formas de sua vida estatal. Quando entre dois Estados – portanto, duas entidades comunitárias originalmente coordenadas – um deles se intromete na organização do outro e lhe impõe leis, partindo de uma superioridade militar ou econômica ou de qualquer outra natureza, o segundo perde sua soberania e, portanto, a sua qualidade de Estado, ficando anexado ao outro, como aconteceu com as dez tribos do Norte (Israel), que foram anexadas pelos assírios em 722 a.C., e com as duas tribos do Sul (Judá), anexadas pelos babilônios em 587 a.C.

A análise steiniana parte agora para a origem do Estado a partir de sua constituição legal, pois uma vez que a comunidade estatal concreta, assim como as comunidades individuais, é uma formação social desenvolvida, o exame de seu processo de evolução faz parte da análise de sua estrutura ôntica. Contudo, não se deve perder de vista que o caráter do Estado enquanto tal pode manifestar-se de maneira mais ou menos pura e complexa, pois, tratando-se do Estado abstrato, não há como se desenvolver. Se os Estados fossem produtos puros de atos jurídicos de elevada eficiência, como ensina a teoria contratualista, então seria fácil responder à questão acerca de sua criação e de seu desenvolvimento.[684] Entretanto, no Estado de natureza comunitária, as

[682] *Ibidem*, p. 543. A filósofa diferencia povo e nação da seguinte forma: a consciência coletiva, que é própria do povo, chega a ser na nação uma consciência refletida, e paralelamente, também, a nação constitui uma imagem de sua peculiaridade específica, e esta peculiaridade é cultivada, e enquanto o povo simplesmente a tem e a faz valer em toda sua vida e em suas obras sem ser consciente disso, e por isso mesmo sem acentuá-la e nem realizá-la de alguma maneira. Portanto, uma autêntica nacionalidade só é possível sobre a base do ser do povo; não é inerente a um povo senão quando este alcançou certa maturidade.

[683] KELSEN, Hans. *Teoria geral do direito e do Estado*. 3. ed. São Paulo: Martins Fontes, 2000. p. 544-545. A afirmação de que a soberania é uma qualidade essencial do Estado significa que o Estado é uma autoridade suprema. A autoridade costuma ser definida como o direito ou poder de emitir comandos obrigatórios. O Estado, na sua capacidade de autoridade jurídica, deve ser idêntico à ordem jurídica nacional, pois dizer que o Estado é soberano significa que a ordem jurídica nacional é uma ordem acima da qual não existe nenhuma outra. A única ordem que se poderia supor como sendo superior à ordem jurídica nacional é a ordem internacional.

[684] PETRUCCIANI, Stefano. *Modelos de filosofia política*. São Paulo: Paulus. 2014, p. 73-102. O modelo contratualista é essencialmente um método para dar uma resposta racional à pergunta que, num certo sentido, faz unidade com o pensamento político, a saber: como deve ser organizado um Estado legítimo, ao qual todos os cidadãos sejam obrigados a dar o seu assentimento. Dessa questão, a partir

disposições jurídicas não fazem mais que sancionar relações que nascem por si mesmas. Esse Estado baseia-se em seu próprio centro de gravidade, que é a vida relacional da comunidade, e posteriormente da sociedade constituída, que é o fundamento pelo qual se estabelece a vontade legislativa e é a fonte do poder que a sustenta.[685] Outra possibilidade para a origem do Estado é a designação platônica de Estado Ideal, com um regime político idealizado, que propõe a imagem do Estado perfeito, de acordo com o mundo das ideias de Platão, para que aqueles que se dedicam à vida política possam fazer que o Estado real se ajuste a essa imagem ideal.

No entanto, a teoria do Estado, embora não esteja orientada desde o início para a política prática, trata de conhecer sensivelmente o sentido do que é o Estado, podendo, assim, influenciar intensamente o seu desenvolvimento efetivo. A teoria contratualista, que vê o fundamento do Estado em um contrato acordado entre os dominadores e os dominados, despertou o desejo de fundamentar efetivamente sobre tal contrato a vida do Estado real ou em vias de realização e conduziu à criação do Estado constitucional moderno. A teoria jusnaturalista, que a acompanhava e que construiu o Estado a partir do indivíduo isolado, portava a teoria dos "direitos do homem e do cidadão". Os defensores dessa teoria impuseram novas funções ao Estado, em favor dos cidadãos, como a seguridade social, por exemplo. Aqui se encontram também as raízes da reivindicação democrática que exige a participação de todos na vida do Estado– reivindicação que teve uma influência considerável no desenvolvimento dos Estados modernos.[686]

Na análise de Edith Stein, uma comunidade deve seu caráter de Estado à soberania, ou seja, à liberdade de criar e de realizar todos os seus atos a partir de si mesma. Basta que essa soberania exerça o poder, sem ser contestada. A partir dessa colocação entra em cena a questão antropológica, que sempre foi trabalhada por Stein em suas obras. Inicialmente desenvolve a questão do

da contribuição dos filósofos Hobbes, Locke e Rousseau, conclui-se que, para sair do "estado de natureza" e afastar o ser humano do risco de recair continuamente no estado de guerra, os seres humanos devem associar-se entre si através do contrato social. Parte-se do princípio de que o Estado foi constituído a partir de um contrato firmado entre as pessoas. Aqui se entende o contrato como um acordo, consenso, não como um documento registrado em cartório. Além disso, a preocupação não é estabelecer um momento histórico (data) sobre a origem do Estado. A ideia é defender que o Estado originou-se de um consenso das pessoas em torno de alguns elementos essenciais para garantir a existência social.

685 STEIN, Edith. In: URKIZA, Julien; SANCHO, Francisco Javier (Org.). *Obras completas*. v. II. Escritos filosóficos, etapa fenomenológica. Vitória: El Carmen; Madri: Espiritualidad; Burgos: Monte Carmelo, 2005. p. 600.

686 *Ibidem*, p 622.

comportamento prático dos indivíduos, que pode ser restringido de várias maneiras por regulamentações estatais,[687] e pode também ser direcionado, criando, assim, artificialmente, um determinado tipo de ser humano. Diante disso, a autora afirma que a personalidade própria, que constitui o fundo de todo desenvolvimento pessoal, e que fixa limites precisos a suas variações, não pode ser prescrita e nem proibida, pois a pessoa se desenvolve em diferenciações incessantemente novas, porque está ancorada na própria personalidade, com tudo o que pertence ao reino da alma: posturas adotadas no transcurso da vida e relações internas entre a pessoa e as criações do espírito. Em seguida, Stein informa que o Estado pode proibir as pessoas que lhe são submissas de se associarem visivelmente a modalidades e pessoas que destoam de sua orientação, mas o fato de que essas pessoas sintam uma atração mútua e de que dela nasça uma íntima comunidade, isso nenhuma lei é capaz de impedir, como tampouco nenhuma lei é capaz de suscitar comunhão.[688]

Nesse sentido, mesmo que o Estado prescreva ou proíba formas de culto ou a profissão pública de qualquer religião, nenhuma obrigação, nem nenhuma proibição que emane de um poder exterior são capazes de ter influência alguma sobre a relação entre a pessoa e Deus. No livro *A ciência da cruz*, a autora informa que isso se dá porque o íntimo da alma apresenta-se, fundamentalmente, como o lugar de contato pessoal e de união, pelo fato de Deus ter escolhido esse espaço da alma para morar. Stein acrescenta que, "Se a união é de fato a finalidade para a qual as almas foram criadas, deve existir previamente uma proporção que possibilite essa união: é a livre disponibilidade existente no interior da alma. Somente seres que dispõem de liberdade são capazes de uma entrega amorosa".[689]

[687] O professor de Direito Goffredo Silva Telles, em sua famosa "Carta aos Brasileiros", de 1977, faz a diferenciação entre o *legal e o legítimo* com o objetivo de esclarecer o povo brasileiro acerca da realidade social imposta pela ditadura militar. O professor explica que toda lei é legal, obviamente, mas nem toda lei é *legítima*, pois só é *legítima* a lei provinda de *fonte legítima*. E a *fonte legítima primária* das leis é a comunidade a que as leis dizem respeito; é o povo ao qual elas interessam, pois as ideias das leis germinam no seio do povo e da comunidade, como produtos naturais das exigências da vida. A *fonte legítima secundária* das leis é o próprio legislador, ou o conjunto dos legisladores de que se compõem os órgãos legislativos do Estado. Mas o legislador e os órgãos legislativos somente são fontes *legítimas* das leis enquanto forem representantes autorizados da comunidade, que é a fonte primária das leis. Somente o povo tem competência para escolher seus representantes. A escolha legítima dos legisladores só se pode fazer pelos processos fixados pelo povo em sua Lei Magna, por ele também elaborada, que é a Constituição. Por outro lado, consideram-se *ilegítimas* as leis *não nascidas* do seio da coletividade, mas *baixadas* de cima. GOFFREDO TELLES JUNIOR. Disponível em: http://www.goffredotellesjr.adv.br/site/inicial.php. Acesso em: 20 maio 2019.

[688] Foi justamente o que aconteceu com a Ordem Carmelita Descalça, que agrupou pessoas com os mesmos ideais, desvinculando-se, assim, dos chamados Carmelitas Calçados.

[689] STEIN, Edith. *A ciência da cruz*: estudo sobre São João da Cruz. 5. ed. São Paulo: Loyola, 2008. p. 149-151. A autora acrescenta que a culminância do estado místico e a plenificação da igualdade

Diante desse panorama se percebe que o Estado pode se tornar vulnerável num duplo sentido: primeiro, no caso de uma transgressão de suas leis e, segundo, no caso de que opiniões e atos dirigidos contra ele possam negar a sua autoridade. Por si só a transgressão não suprime a soberania, pois, da mesma maneira que a liberdade de uma pessoa equilibrada não fica suprimida em virtude de sua espontaneidade, já que a qualquer momento a pessoa pode assumir o controle de si mesma, assim também a inviolabilidade da soberania expressa-se diante da transgressão de uma de suas disposições, mediante *o direito a punição*.[690] Por outro lado, a situação não é a mesma, quando a autoridade do Estado é contestada abertamente por ditar leis ou quando tal autoridade é negada mediante uma recusa deliberada a observar tais leis.[691] Neste caso, a soberania é questionada e se põe em causa a existência do Estado, que – por usa vez – deve dispor de meios adequados para impor aos recalcitrantes o reconhecimento que esses negam, e se fizer uso destes meios, então o Estado poderá sair desse atoleiro e poderá ver reafirmada a sua soberania.[692] Mas se faltam tais meios,

das naturezas humana e divina ocorrem na mais íntima e profunda absorção pelo ser divino, que, por sua vez, deifica a alma. Stein conclui dizendo que é uma união de pessoas que não suspende a independência pessoal, mas a pressupõe: "é como uma mútua penetração, sobrepujada somente pela união das pessoas divinas".

690 O sociólogo e advogado Nelson Jahr Garcia informa, na apresentação da obra *Dos delitos e das penas*, de Cesare Bonesana, marquês de Beccaria, que essa obra se insere no movimento filosófico do século XVIII. Na época a injustiça predominava com punições acima dos possíveis crimes cometidos. Por isso, o autor, baseando-se na teoria do contrato social, atribui o direito de punir de uma sociedade ao pacto inicial de seus membros. Para Beccaria, cada indivíduo sacrifica uma pequena parcela de sua liberdade para viabilizar a sua sobrevivência na sociedade, devendo o poder soberano de um Estado, como depositário das liberdades, em resposta, oferecer segurança e garantir o bem geral. No entanto, os seres humanos teriam que se precaver da usurpação de seus poderes, por isso surge a necessidade de punir aqueles que desrespeitam as normas do bom convívio, invadindo as liberdades alheias. Assim, são estabelecidas penas para os infratores das leis. Contudo, as penas não podem exceder a porção mínima de liberdade depositada por cada indivíduo. Disponível em: http://www.ebooksbrasil.org/adobeebook/delitosB.pdf. Acesso em: 14 ago. 2017.

691 STEIN, Edith. *A ciência da cruz*: estudo sobre São João da Cruz. 5. ed. São Paulo: Loyola, 2008. p. 202. Em suas metáforas místicas, da frase "o nome Judéia é dado à parte sensitiva da alma, fraca, sensual e cega, como o povo judaico", pode-se subentender a crítica de Stein aos judeus alemães que não se mobilizaram contra as leis que estavam sendo impostas sobre eles. De fato, na Alemanha do século XIX e das primeiras décadas do século XX, muitos judeus haviam abandonado a religião e também negavam a cultura judaica, absorvendo o clima secular. Nesse sentido, pode-se pensar que a fala de Stein sobre a estrofe do poema de João da Cruz se refira ao seu povo judeu: "bastante influenciado pelo gosto da época, parece muito artificial", ou seja, o povo perdeu a sua força mobilizadora e, não enxergando a ameaça nazista, não conseguiu se debelar contra as leis que usurpavam os seus direitos e humilhavam todos os judeus e seus descendentes.

692 KELSEN, Hans. *Teoria geral do direito e do Estado*. 3. ed. São Paulo: Martins Fontes, 2000. p. 271-273. O jurista e filósofo Hans Kelsen, citando Max Weber, diz que é tarefa da sociologia compreender a conduta do indivíduo na sociedade, pois o Estado não se identifica com nenhuma das ações humanas que formam o objeto da sociologia. Os sociólogos consideram uma qualidade essencial do Estado a

o Estado fica eliminado, embora a permanência de certas funções estatais dê uma impressão enganosa do contrário.[693]

Na hipótese de que comunidades incorporadas ao Estado (associações de famílias, partidos, sindicatos, etc.) tivessem a possibilidade de derrubar a organização estatal e remodelá-la segundo a sua própria autoridade, isso levaria o Estado a ficar dissolvido internamente e seria substituído pela anarquia, que é justamente o fim do Estado e de sua autoridade. Por isso, pertence ao Estado a origem de suas ações e de suas leis, e não a outra instância. Por princípio, todo o direito em vigor em seu campo de jurisdição deriva do Estado, e todos os atos desse conjunto devem ter nele mesmo seu ponto de partida. Por sua natureza, o Estado tem em si um poder que o representa em sua totalidade, pois é o autor de sua organização e de todas as suas transformações, isso para que essas formas estatais sejam respeitadas por todos os indivíduos que, de alguma maneira, tenham relação com esse Estado.

A essência do Estado, pode-se dizer, é o poder, enquanto se entende por poder a capacidade de autodeterminação do Estado. Esse poder, postulado como representativo do Estado, pode ser possuído por um indivíduo, pelo povo em sua totalidade ou por uma representação do povo. As diferentes funções que o caracterizam (legislativo e executivo) podem se encontrar, também, reunidas em uma só mão ou separadas. Pode acontecer ainda que seja dada preferência a certo regime político idealizado; essa escolha não procedeu de um claro conhecimento do que é a estrutura ôntica do Estado, mas se deu por referência ao Estado ideal. Semelhante Estado ideal, por sua vez, não se pode construir livremente, porém o sentido e a possibilidade dele mesmo são apenas visíveis sobre a base do conhecimento do que é um Estado em geral.

A existência do Estado tem como condição que um poder estatal constitua-se a si mesmo e seja reconhecido, ou seja, que possua meios para impor o seu reconhecimento. Nesse sentido, designa-se como soberania a característica do poder estatal de ser o único legítimo para dispor de sua esfera de domínio e de restringir esse direito para que não se beneficiem dele outros poderes, pois a

de ser uma autoridade superior aos indivíduos. Apenas como ordem normativa, o Estado pode ser uma autoridade com poder de obrigar, especialmente se essa autoridade for soberana. Como o Estado é um sistema de normas, então a vontade e a conduta do indivíduo tendem a entrar em conflito com essas normas, e só pode surgir o antagonismo entre o "ser" e o "dever ser" que é um problema fundamental de toda a teoria e prática social.

[693] STEIN, Edith. In: URKIZA, Julien; SANCHO, Francisco Javier (Org.). *Obras completas*. v. II. Escritos filosóficos, etapa fenomenológica. Vitória: El Carmen; Madri: Espiritualidad; Burgos: Monte Carmelo, 2005. p. 607.

soberania é ponto central da estrutura ôntica do Estado.[694] O Estado pode aceitar empreender algo que lhe encarreguem pessoas particulares ou as associações submetidas a sua autoridade ou inclusive por encargo de outros Estados, por livre decisão, pois isso não acarreta a perda da soberania, mas esta pode se dar quando o poder estatal ficar diminuído por uma vontade distinta do Estado, como atualmente se percebe pela forte influência do mercado econômico, ou quando o próprio Estado renuncia às suas funções. Contudo, o povo pode subsistir, mesmo que desapareça a soberania e com ela o Estado, como aconteceu com Israel no exílio babilônico e depois na diáspora. Acrescenta Stein que o Estado não existe em função de um só e único povo, ou seja, é perfeitamente possível que um conjunto de nações estejam federadas e unidas por um poder representativo de um todo estatal que as englobe e que, de maneira uniforme ou diferenciada, regulamente a vida dessas nações segundo certas orientações, sem que por isso lesione a identidade das mesmas. A estrutura das pessoas é que permite explicar que uma entidade estatal concreta se dê a partir dos fundamentos de uma comunidade existente e que enlace com um vínculo comunitário as pessoas abarcadas por ela. Essas relações comunitárias são necessárias para assegurar a existência do Estado.

Depois de analisar o Estado a partir do reconhecimento daqueles que pertencem ao âmbito de sua autoridade, Edith Stein passa a refletir sobre a importância do reconhecimento externo de sua soberania. De fato, nas relações efetivas entre os Estados, um Estado recém-fundado, ou um novo poder estatal, pode ser considerado como existente de direito quando suas fronteiras e a sua soberania são reconhecidas pelos governos dos demais Estados. Delimitar uma esfera de soberania significa subtrair a possível intervenção de outros poderes soberanos, e isso não é possível sem o consentimento dos mesmos. Quando os governos estrangeiros entram em relação com o governo recém-criado, esse gesto implica o reconhecimento e, também, a permissão para que este exerça sua autoridade na esfera reivindicada por ele. Entretanto, se em algum lugar ocorre um protesto contra o estabelecimento de um novo poder estatal ou com a forma que este poder é dado a si mesmo, ou ainda acerca dos limites de seu território, o Estado fica por isso mesmo *em suspenso*. Somente no momento em que este Estado encontre meios e caminhos com os quais consiga persuadir aos demais Estados para que o reconheçam é que sua existência ficará assegurada. Enquanto não suceda tal coisa, enquanto outros Estados interfiram em seus

[694] STEIN, Edith. In: URKIZA, Julien; SANCHO, Francisco Javier (Org.). *Obras completas*. v. II. Escritos filosóficos, etapa fenomenológica. Vitória: El Carmen; Madri: Espiritualidad; Burgos: Monte Carmelo, 2005. p. 536.

assuntos ou se reservem o direito de fazê-lo, a comunidade que quer constituir-se como Estado – embora de diversos pontos de vista funcione como Estado, e inclusive apresente todas as funções estatais como plenamente desenvolvidas – não será inteiramente um Estado.[695]

Nesse sentido, Edith Stein vai definindo o Estado como uma formação social na qual se encontram integradas pessoas em liberdade, de tal maneira que uma ou várias delas governem sobre as outras em nome de todo o conjunto.[696] Cabe aqui inserir a reflexão steiniana sobre as formas de Estado, a partir da doutrina platônica e aristotélica, levantando pontos positivos e negativos da monarquia, aristocracia, oligarquia e democracia. Stein discute sobre os "portadores de vida do Estado" em cada forma estatal: na monarquia é o monarca e aqueles que ele escolher, na aristocracia é um pequeno círculo de escolhidos e na oligarquia há uma divisão do Estado em duas entidades opostas: a dos exploradores e a dos explorados, enquanto na democracia todos os cidadãos são teoricamente portadores de vida do Estado, pois este encontra, no sistema democrático, fundamentos mais seguros.[697] Mas, adverte Stein, na democracia as exigências sobre os cidadãos são muitas, por isso nessa forma de Estado é grande o perigo de degeneração.[698]

[695] STEIN, Edith. In: URKIZA, Julien; SANCHO, Francisco Javier (Org.). *Obras completas*. v. II. Escritos filosóficos, etapa fenomenológica. Vitória: El Carmen; Madri: Espiritualidad; Burgos: Monte Carmelo, 2005. p. 607-608. Esta é a situação da Palestina que há décadas faz articulações políticas para se tornar um Estado parcialmente reconhecido. A sua independência foi declarada em 15 de novembro de 1988 pela Organização para a Libertação da Palestina (OLP) e por seu governo no exílio em Argel, na Argélia. A OLP reivindica a soberania sobre os territórios palestinos e designa a cidade de Jerusalém como sua capital. No entanto, a maioria das áreas reivindicadas pelos palestinos está ocupada por Israel desde a Guerra dos Seis Dias, em 1967, sendo que a Autoridade Nacional Palestina realiza apenas a administração sociopolítica em áreas delimitadas dos territórios desde os Acordos de Oslo em 1993, enquanto o Hamas controla a Faixa de Gaza.

[696] *Idem*. *A ciência da cruz*: estudo sobre São João da Cruz. 5. ed. São Paulo: Loyola, 2008. p. 134. A liberdade é um tema precioso para Stein; mesmo estando num mosteiro, tem a sua alma livre para voar ao reino misterioso de Deus, mas o seu espírito padece em compaixão por seus familiares, conhecidos e tantos outros que perderam a liberdade e foram obrigados a se encaminhar para os campos de concentração.

[697] STEIN, *op. cit.*, p. 549.

[698] PONTÍFICIO CONSELHO JUSTIÇA E PAZ. *Compêndio da Doutrina Social da Igreja*. São Paulo: Paulinas, 2005. p. 230-231. O Compêndio informa que, na Encíclica *Centesimus annus*, há um juízo explícito e articulado sobre a democracia, enquanto sistema que assegura a participação dos cidadãos nas opções políticas e garante aos governados a possibilidade quer de escolher e controlar os próprios governantes, quer de substituí-los pacificamente, quando tal se torne oportuno. Isso porque uma autêntica democracia só é possível num Estado de direito e sobre a base de uma reta concepção da pessoa humana, o que exige a contínua verificação das condições necessárias à promoção quer dos indivíduos através da educação e da formação nos verdadeiros ideais, quer da subjetividade da sociedade, mediante a criação de estruturas de participação e corresponsabilidade.

Ao âmbito da autoridade do Estado, além das pessoas nele integradas, pertencem todas as realidades que desempenham um papel na vida do Estado. Na investigação de Stein, fica claro que a atividade governamental do Estado se exerce por meio de *mandato legal*, em que alguém, por meio do voto, é escolhido para atuar como representante do povo e exercer uma autoridade em nome desse. Essa atividade é somente autoritativa e o Estado só é um Estado na medida em que tem aí seu ponto de origem, pois a vida do Estado se esgota no exercício de sua autoridade. A concretude do Estado e a sua realização requer que existam pessoas que assumam a representação dele mesmo, e que se reconheçam aquelas pessoas as quais o Estado é solicitado a governar.[699]

O conteúdo da atividade autoritativa consiste no fato de o Estado ter que determinar o que é necessário para manter a sua autoridade mediante situações que possam colocar em risco o seu poder, como a incitação dos cidadãos, desobedecendo as suas leis ou a provocação de um poder estrangeiro, atentando contra a sua soberania. Diante dessas situações, a autoridade pode ordenar o castigo de toda rebelião contra a autoridade do Estado, bem como a defesa do território nacional contra qualquer ataque, etc. Entretanto, o que propriamente cria problemas e está permitido pelo sentido do Estado é o que as teorias políticas apresentam como a finalidade ou a missão do Estado, por exemplo: construir um reino ético, velar pelo desenvolvimento da nação, preocupar-se com o bem-estar social, etc. Todavia, acrescenta a autora, segundo o seu sentido próprio, nada obriga o Estado a cumprir essas teorias, como colocar-se a serviço da lei moral, ser um reino ético, pois o reino de Satanás pode ser tão perfeitamente um Estado como o Reino de Deus. A questão, a saber, é como este ou aquele espírito pode apoderar-se do conteúdo das disposições do Estado e imprimir nele o seu selo característico no conjunto da formação estatal concreta, já que o Estado – por si mesmo – não o prescreve ou não possui absolutamente nenhum órgão para isso.[700]

O Estado, por permanecer na esfera da liberdade, informa Stein, é inacabado em si mesmo e deve receber de seus representantes a motivação que o oriente em suas atividades. O que essas pessoas fazem, em virtude dos motivos experimentados por elas, e não pelo Estado mesmo, deve ser considerado como

[699] STEIN, Edith. In: URKIZA, Julien; SANCHO, Francisco Javier (Org.). *Obras completas*. v. II. Escritos filosóficos, etapa fenomenológica. Vitória: El Carmen; Madri: Espiritualidad; Burgos: Monte Carmelo, 2005. p. 593.

[700] STEIN, Edith. In: URKIZA, Julien; SANCHO, Francisco Javier (Org.). *Obras completas*. v. II. Escritos filosóficos, etapa fenomenológica. Vitória: El Carmen; Madri: Espiritualidad; Burgos: Monte Carmelo, 2005. p. 594. Aqui a autora remete o leitor a compreender os reinos absolutistas, totalitários e outros que dominaram e exploraram os povos no decurso da história.

atividade do Estado, caso se ajuste ao sentido de Estado.[701] Caso seja contrário à direção do Estado, então não é só aparentemente um ato de Estado, ainda que tudo transcorra como se fosse um ato do Estado.[702] Os representantes do Estado realizaram então – eventualmente de boa-fé – um ato de representação para o qual não estão autorizados, o que significa sempre certo perigo para o Estado. Isso, em primeiro lugar, é um sintoma de que no Estado tem algo que não vai bem; e pode ser, ao mesmo tempo, a causa de ulteriores transtornos.[703] Tal coisa se apresenta na vida de cada Estado, e cada Estado pode suportar toda uma série de tais abalos, porém, se estes se acumulam, então terminam por minar a existência do Estado.

A autora continua a sua reflexão afirmando que, quando um governo, em matéria de educação, adota medidas que não estão ao serviço do Estado, sem, no entanto, lhe ser prejudicial, está se utilizando do Estado para fins que lhe são estranhos, e ampliando o seu poder de representação ou a sua ideologia, que vai além do âmbito ao que esse direito deve aplicar-se correspondentemente. O Estado pode aceitar ser utilizado desta maneira, porque não fica vulnerável por isso – e, por este motivo, considera-se tais atos (a partir do ponto de vista do Estado) como atos permitidos – ainda que com respeito ao Estado não sejam seus atos no sentido estrito da palavra. Pode redundar em interesse do Estado que a juventude eduque-se de certa maneira, para que aprenda a inserir-se corretamente na comunidade estatal, ou o Estado pode velar pelo bem-estar material dos cidadãos, por exemplo, para reforçar a tendência dos mesmos a submeter-se à autoridade estatal ou também com vistas à própria independência econômica do Estado.[704]

[701] *Idem*. *A ciência da cruz*: estudo sobre São João da Cruz. 5. ed. São Paulo: Loyola, 2008. p. 244. A autoridade governamental assim como o diretor espiritual devem liderar, orientar e governar os seus dirigidos a partir da graça de Deus, da situação vivencial do dirigido em consonância com o contexto histórico. Nesse sentido, Stein critica as autoridades governamentais autoritárias, contrapondo-as à benevolência de João da Cruz e, ao citar o carmelita, a autora fala de si, do povo alemão e de seus governantes: "a maior dor para seu coração humano era ver almas tiranizadas e desorientadas por diretores espirituais ignorantes e violentos."

[702] *Ibidem*, p. 219-220. A referência a "Satanás e espíritos malignos" que tiranizam as almas é uma espécie de metáfora utilizada pela autora, para falar da malícia humana cega, disfarçada e obstinada daqueles que governavam o Estado alemão, levando ao "desmoronamento progressivo da natureza humana".

[703] *Ibidem*, p. 245. Neste trecho de *A Ciência da Cruz*, a autora escancara a sua dor e revolta por constatar que a Alemanha está vivendo uma tirania sob o governo nazista.

[704] STEIN, E. In: URKIZA, Julien; SANCHO, Francisco Javier (Org.). *Obras completas*. v. II. Escritos filosóficos, etapa fenomenológica. Vitória: El Carmen; Madri: Espiritualidad; Burgos: Monte Carmelo, 2005. p. 594-595. Quando a legalidade do Estado e a personalidade do povo se opõem, existe o perigo de que um dos dois ou inclusive os dois pereçam. Isso pode se dar não só com um povo homogêneo, mas também a um conjunto de povos, quando um deles recebe privilégios às custas do outro.

Por funções estatais ou políticas, Stein refere-se às operações internas e externas do Estado, que são indispensáveis para sua existência; e por seus órgãos entendem-se as pessoas e as corporações que o Estado necessita como portadoras de suas funções. O órgão central do Estado é o governo, isto é, o poder estatal por cuja constituição ele se faz presente e por meio do qual o Estado se faz perceptível. As funções do governo consistem em dirigir o Estado, o qual supõe a organização de ações estatais, estabelecer normas – legislar – a vida social dentro da esfera da autoridade do Estado e velar para que se cumpram suas disposições e se executem as suas ordens.

Entretanto, pode-se imaginar uma comunidade que, sem nenhum órgão que a represente, nem dirija, consiga organizar a sua atividade comunitariamente, por exemplo, por meio do cultivo dos campos, da celebração das festas populares, etc. A existência dessas comunidades não requer normas válidas para regulamentar suas vidas e, portanto, não requer nenhuma fonte da qual provenha essas normas, nem poder executivo algum que as aplique. A esfera estatal encontra-se aqui totalmente ausente. Existem comunidades que não possuem em si esse centro que seja responsável em última análise por sua atividade: são sustentadas por uma esfera estatal que se alinha a elas, como as cooperativas, mas não são elas mesmas um Estado, embora algo estatal se deixe já sentir na vida da comunidade. Isso se manifesta não só no poder de dar ordens, mas também no de legislar e administrar a justiça. Sendo que todo direito em vigor remete a um sujeito legislador (Legislativo), vê-se que onde é respeitado um direito em vigor, tem que haver um sujeito que, de per si ou por meio de outro, tem o direito de enunciar o direito e fazer que este seja respeitado (Judiciário). O poder de dar ordens (Executivo) não pode desligar-se do direito, porque esse poder representa, ele mesmo, um direito subjetivo e, dessa maneira, remete a atos jurídicos eficazes. Onde quer que haja um Poder Executivo (e só neste caso pode se falar de funções políticas), vê-se que esse poder existe seja por direito próprio – isto é, está definido pelo poder mesmo – ou ainda por um poder estrangeiro, portanto, sempre em relação com um poder estatal soberano. Por conseguinte, as funções políticas estão ligadas indissoluvelmente ao Estado.[705]

O Estado, ao legislar, não se impõe somente aos indivíduos e às associações que lhe pertencem, mas também a si mesmo e aos seus órgãos legislativos a obrigação de submeter-se às leis. Nenhum direito deve ser violado, nem sequer pela vontade central do Estado (Judiciário), o qual, em princípio, é o

[705] STEIN, Edith. In: URKIZA, Julien; SANCHO, Francisco Javier (Org.). *Obras completas*. v. II. Escritos filosóficos. Etapa fenomenológica. Vitória: El Carmen; Madri: Espiritualidad; Burgos: Monte Carmelo, 2005. p. 609.

único que pode suspender tal lei. Libertar o Estado da obrigação de respeitar o direito que ele mesmo proclamou destruiria a ideia do direito e, com isso, a ideia do Estado. Portanto, das disposições legais do Estado nascem os deveres dos cidadãos e as pretensões previstas na matéria da lei, e nasce igualmente a exigência, fundada na pura forma da legislação, de que esses deveres sejam tratados segundo o direito vigente. Contudo, essa exigência geral não tem conteúdo determinado do que poderiam deduzir-se "direitos dos cidadãos" existentes *a priori* e que foram válidos para todos os Estados empíricos, mas isso não contradiz ao que foi dito sobre o caráter extrajurídico do conteúdo de tais direitos. Stein complementa a reflexão informando que a autoridade do Estado pode ser ameaçada por quem se opõe ao Estado por meio de exigências proclamadas em nome dos indivíduos e, também, por aqueles que são seus órgãos e, em particular, por seus governantes. Isso acontece quando eles mesmos atuam depreciando o direito. Cada violação do direito que fica impune dá testemunho da impotência do Estado, ainda que seja obra do soberano ou de algum indivíduo que esteja no poder; e por isso mesmo é um incentivo a prosseguir pelo caminho da transgressão da ordem estatal.[706]

A partir de suas pesquisas, Edith Stein afirma que todas as teorias que deduzem dos indivíduos o conceito de Estado reconhecem que, graças a este, os indivíduos vivem melhor do que se estivessem isolados ou se vivessem numa sociedade não organizada em forma de Estado.[707] Nesse sentido, o Estado é uma instituição estabelecida ao serviço dos valores vitais e por isso é uma instituição útil. Entretanto, para alguns indivíduos – do ponto de vista da utilidade – o Estado é supérfluo e, em certos casos, tem Estado cuja organização destrói mais os valores do que fomenta, conforme se constatou na repressão imposta pelos nazistas, fazendo com que muitos na Alemanha e Europa perdessem os seus direitos. Por isso, quando a autora de *A ciência da cruz* fala da alma que necessita ser despertada por Deus, pois adormecida precisa voltar a respirar, parece dizer que o povo alemão anestesiado pelo governo nazista não consegue nem respirar diante da barbárie instalada. Para suscitar a esperança, Edith Stein informa que o Filho de Deus, que é um "tão grande Imperador, que traz sobre os ombros o domínio das três estruturas (céu, terra e inferno)",

[706] STEIN, Edith. In: URKIZA, Julien; SANCHO, Francisco Javier (Org.). *Obras completas*. v. II. Escritos filosóficos. Etapa fenomenológica. Vitória: El Carmen; Madri: Espiritualidad; Burgos: Monte Carmelo, 2005. p. 623-624.

[707] AZAMBUJA, Darcy. *Teoria geral do Estado*. 40. ed. São Paulo: Globo, 2000. p. 6. O autor, depois de uma vasta especulação, lança uma noção preliminar, informando que o Estado é a organização política jurídica de uma sociedade para realizar o bem público, com governo próprio e território determinado.

despertará a alma, fazendo com que por meio dela "todos os reinos e domínios do mundo se movam". Com isso, a monja carmelita está afirmando que "os homens atribuem a Deus o que neles se encontra: indolência e sono", ou seja, a sua paralisia é uma manifestação de decepção, pois em sua visão o Deus dos exércitos do Antigo Testamento teria se calado diante da catástrofe da Segunda Grande Guerra. Diante dessa leitura, Stein recorre à mensagem evangélica de que Deus continua a sua missão redentora por meio das pessoas, pois o seu Espírito age, movendo os seres humanos a enfrentarem "trincheiras e exércitos" e, apesar de "estarem revestidos com a fragilidade da carne", não desfalecem, ao contrário: "eles se robustecem ao invés de se enfraquecer", pois "o Rei dos Céus se lhe mostra como igual e irmão. Ele desce do seu trono, inclina-se para o ser humano e abraça-o, revestindo-o com régios trajes".[708]

O Estado, por meio da criação de bens culturais, está promovendo o desenvolvimento espiritual e valorativo dos indivíduos, como a justiça que é um predicado de valor que, por um lado, pode atribuir-se a uma ordem jurídica em vigor e que expressa sua conformidade com o direito puro e que, por outro lado, corresponde aos sujeitos que colaboram na realização dessa ordem jurídica, estabelecendo ou reconhecendo e submetendo-se a ele.[709] O Estado pode ser considerado como portador de valor enquanto engloba a coletividade popular, pois os valores dos quais se trata, neste caso, são "valores pessoais". Assim como cada pessoa individual é valorosa por si mesma, assim também cada "personalidade do Estado" possui algo próprio. Tudo o que tem valor manifesta seu direito à existência, mostrando o seu valor próprio.[710]

Nesse sentido, Stein informa que os valores éticos são inerentes à formação da pessoa e aos seus modos de conduta, manifestando-se nas relações dessa conduta com os valores de todos os tipos: na maneira em que a pessoa se deixa preencher por um valor e adota uma atitude ante esses valores, na preferência que se dá a uns valores sobre outros, na forma em que se decide pelas opções práticas. Pode-se reconhecer ainda como eticamente importante aquilo que é designado como "moralmente justo", o qual é um predicado que se aplica a certos estados de coisas (atitudes). A autora exemplifica: "O fato de que se ajude a um necessitado" ou "que fulano de tal se negue a participar em uma ação vil" – isso é justo. Essa retidão e os valores éticos da pessoa não deixam de

[708] STEIN, Edith. *A ciência da cruz*: estudo sobre São João da Cruz. 5. ed. São Paulo: Loyola, 2008. p. 175-177.

[709] *Idem*. In: URKIZA, Julien; SANCHO, Francisco Javier (Org.). *Obras completas*. v. II. Escritos filosóficos. Etapa fenomenológica. Vitória: El Carmen; Madri: Espiritualidad; Burgos: Monte Carmelo, 2005. p. 630.

[710] *Ibidem*, p. 631.

estar relacionados entre si, pois são sempre pessoas e modos de comportamento pessoais que constituem a matéria objetiva dos estados de coisas susceptíveis de serem considerados como moralmente justos. Nesse sentido, Edith Stein esclarece que a retidão moral não tem nada a ver com o direito, tal como se tinha definido até este momento, e elucida: "Quando me nego a dar a um necessitado a ajuda que eu poderia lhe proporcionar, então isso é 'injusto' no sentido moral, mas não no sentido jurídico." Entretanto, as atitudes ou a realização de estados de coisas, reconhecidas popularmente como moralmente justas, acabaram sendo passadas para as pessoas como obrigação moral.[711]

De forma prática, a autora expõe que é de importância ética a particularidade anímica da pessoa e a forma em que ela se expressa, por meio de suas qualidades espirituais, convicções, reações emocionais, etc., mas tudo isso é indiferente do ponto de vista do direito. A humildade e o orgulho, o amor e o ódio, a admiração e a depreciação não têm nenhuma importância para os estados de coisas, ou seja, aquilo que é moralmente justo, pois aqui o que interessa unicamente é a liberdade da pessoa, isto é, os atos livres que têm efeito jurídico. Esse significa que algo procede dos atos da pessoa ou que algo ficou desvanecido por ela, e que possui uma existência separada dela: é o lugar próprio de todo o direito positivo. O domínio da moral, segundo Stein, pode ser comparado com a validade do direito, isto é, em ambos os casos existem um mesmo "estar em vigor", porém a origem não é a mesma. A moral não pode ser instituída como o direito, pois reflete o *habitus* psicológico de uma comunidade de pessoas, sua maneira fundamental de situar-se ante o mundo dos valores; da mesma forma que os valores, a moral não pode ser produzida, modificada ou abolida por atos livres.[712]

711 STEIN, E. In: URKIZA, Julien; SANCHO, Francisco Javier (Org.). *Obras completas*. v. II. Escritos filosóficos. Etapa fenomenológica. Vitória: El Carmen; Madri: Espiritualidad; Burgos: Monte Carmelo, 2005. *Ibidem*, p. 633.

712 *Idem*. *A ciência da cruz*: estudo sobre São João da Cruz. 5. ed. São Paulo: Loyola, 2008. p. 138. Avaliando os atos das pessoas, Stein apresenta a realidade humana, na qual se registram certos movimentos interiores ou instintuais que provocam reações no indivíduo e que necessariamente não são decisões livres. Para se libertar desse "ser humano sensual", com atitudes sensíveis, faz-se necessário passar à atitude ética, que leva a pessoa a desejar conhecer e fazer o que eticamente seja justo e correto. Acrescenta a autora que ninguém é capaz de avaliar todas as razões, pró ou contra, que influenciam a decisão, por isso o melhor a fazer é: "tomar a decisão de acordo com o que a consciência individual consiga discernir como melhor". No entanto, o ser humano de fé sabe que "existe alguém cuja inteligência é ilimitada e que, por isso mesmo, tudo abrange e penetra", por isso há de procurar o que é certo aos olhos de Deus. Conclui a sua reflexão informando que a atitude religiosa é a verdadeira atitude ética, mas que, "na ordem natural, o que é correto e o que é bom nos atraem, é procurado e às vezes atingido. Mas somente na procura da Vontade Divina haverá realização verdadeira, além da certeza de fazer o que é justo e certo".

Quando as disposições do direito positivo se opõem, em seu conteúdo, à moral dominante, tais disposições podem provocar, em seu campo de validade, mudanças de comportamento típico dos indivíduos; e é possível que uma mudança de comportamento prático provoque uma modificação da moral. A *intenção* das disposições jurídicas pode ser a de impulsionar esse desenvolvimento possível, mas seria absurdo que o sujeito legislador quisesse determinar esse processo, porque não depende dele que esse possível desenvolvimento chegue a ser real. Isso não exclui que possa ser um dever dando um impulso susceptível de orientar as coisas nesse sentido. Embora a disposição ética de uma pessoa não dependa unicamente dessa orientação – nem a sua capacidade para julgar os valores, nem a sua maneira de impregnar-se deles depende de sua liberdade – vê-se que os deveres éticos se referem a sua liberdade e não têm sentido senão em relação com esta última.[713]

Em nome da ética, afirma Stein, o Estado deve realizar valores ou pelo menos contribuir para a realização dos mesmos. Ao pensar primeiramente no valor cuja concretude foi especialmente atribuída ao Estado, sobressai a justiça. Nesse sentido tem de se exigir do Estado que seu direito seja um "direito justo". Em seguida vem o valor próprio da comunidade, congregada pelo Estado, que é de contribuir para o "desenvolvimento de sua personalidade" mediante as disposições que adote ou eventualmente deixando que certos âmbitos fiquem livres de regulamentações estatais, ficando assim à mercê da iniciativa dos indivíduos ou de associações privadas. Nesse caso, o conteúdo que se pode exigir às disposições jurídicas é uma autolimitação do poder do Estado. O terceiro valor do qual a comunidade organizada no Estado pode ser portadora são os valores morais da pessoa, cuja tarefa é converter a comunidade que constitui sua esfera de autoridade em uma comunidade moral, por meio da promulgação de leis e proporcionando à comunidade o conteúdo de normas morais.[714]

Entretanto, informa a autora, constatam-se no seio social conflitos por conta da resistência de indivíduos ou grupos à proposta do Estado e recorda-se que a doutrina política do Idealismo Alemão considerava o Estado como o instrumento que permitia estabelecer o domínio da lei moral no mundo. Dando exemplo dessa teoria, Stein cita o filósofo Johann G. Fichte (1762-1814): "a liberdade é o instrumento que torna possível a realização da ideia moral na vida. Liberdade dividida em interior e exterior, isto é, uma proteção frente a

[713] STEIN, E. In: URKIZA, Julien; SANCHO, Francisco Javier (Org.). *Obras completas*. v. II. Escritos filosóficos. Etapa fenomenológica. Vitória: El Carmen; Madri: Espiritualidad; Burgos: Monte Carmelo, 2005. p. 639.

[714] *Ibidem*, p. 641.

liberdade de outros, e esta se encontra garantida pelo ordenamento jurídico do Estado. Assim, a lei jurídica deve considerar-se como um pressuposto da moralidade". A filósofa de Breslau argumenta contra essa concepção de Fichte que nada pode limitar a liberdade, pois os meios de coação – que um indivíduo ou o Estado pode utilizar contra o outro em virtude de sua liberdade – não têm mais sentido, já que a pessoa decide ou não seguir em determinada direção, porque isso é uma questão sua. Por outro lado, pode haver pessoas essencialmente influenciáveis, que não fazem uso de sua própria liberdade, mas nem por isso se encontram menos em posse de sua liberdade e podem recorrer a ela em qualquer momento.

Nesse sentido, o direito pode considerar-se na melhor das hipóteses como condição prévia da moralidade, na medida em que pode eliminar do caminho estorvos que obstaculizam os motivos morais. Em segundo lugar, o direito tem seu próprio peso de sentido e, em seguida, com base apenas nesse sentido, é capaz de intervir motivadamente na vida moral. Entretanto, informa Stein, essas objeções não excluem o fato de que o Estado possa estar capacitado, por seus meios jurídicos, para educar para a moralidade – já que os motivos são da máxima importância para a formação da vontade e do caráter – e para favorecer a outras instâncias que eduquem para a moralidade.[715]

A gênese do Estado, segundo Stein, procede da comunidade de indivíduos que vivem nele sob o princípio da divisão do trabalho. A autora insiste na necessidade dos indivíduos de prestar ajuda mútua, criando uma organização com vistas a satisfazer as necessidades de cada um; organização na qual uns assumam uma tarefa, e alguns, outra, para o bem de todos. Por princípio, além do Estado, é concebível também uma comunidade articulada sobre a base da divisão do trabalho e estruturada segundo grupos profissionais. Citando Platão, quando tratava de mostrar de que maneira poderia realizar-se "o melhor dos Estados", a autora informa ser concebível que um monarca ilustrado formasse um grupo escolhido de pessoas, para que desempenhasse as mais diversas funções do Estado até chegar à cúpula em si da direção do mesmo, preparando assim o caminho para a transformação do estilo de vida do Estado.[716]

Uma comunidade, com a amplitude e a plasticidade de um povo, só se pode tomar como comunidade de povo se de seu espírito nasce uma cultura própria, determinada por seu caráter específico. Cada cultura remete a um

[715] STEIN, Edith. In: URKIZA, Julien; SANCHO, Francisco Javier (Org.). *Obras completas*. v. II. Escritos filosóficos. Etapa fenomenológica. Vitória: El Carmen; Madri: Espiritualidad; Burgos: Monte Carmelo, 2005. p. 643.

[716] *Ibidem*, p. 621-622.

centro espiritual que constitui a sua origem; e esse centro é uma comunidade criativa, cuja peculiaridade anímica específica repercute e se reflete por meio de todas as suas produções.[717] A comunidade que se encontra atrás de um cosmos cultural pode englobar por princípio mais elementos que um só povo; um círculo cultural pode compreender uma série de povos simultaneamente ou no transcurso dos tempos. Da mesma forma, comunidades pequenas, como uma classe social ou grupo familiar, podem constituir um microcosmos cultural. Contudo, o caráter de nação caduca quando se extingue a força criadora espiritual. Na autonomia cultural se encontra um reflexo da soberania do Estado e, por assim dizer, é o fundamento material dessa autonomia formal. Isso traz alguma luz às relações entre o povo e o Estado: o povo, como "personalidade" dotada de criatividade própria, exige uma organização que lhe assegure poder viver segundo uma legalidade própria. O Estado, como formação social que tem na plenitude de seu poder seu princípio de organização, exige uma criatividade capaz de dar um conteúdo e uma orientação a seu potencial de organização e de conferir uma legitimidade interna.[718]

Mediante essa reflexão, a filósofa aplica a categoria do espírito para explicar as motivações e criatividades pessoais que influenciam a vida estatal. A intencionalidade das pessoas, partidos e ideologias suscita o espírito, que pode apoderar-se do conteúdo dos atos estatais. Este espírito corresponderá sempre ao *ethos* do povo que é a finalidade da autoridade do Estado, pois governar contra esse *ethos* equivale a cortar as raízes da existência do Estado. Quando a política se distancia do que prescreve o sentido do Estado – isto é, quando se compõe de atos pseudo-estatais – então, nessa política fala unicamente o espírito (a ideologia) que anima os representantes do Estado,[719] por isso Stein afirma

[717] STEIN, Edith. In: URKIZA, Julien; SANCHO, Francisco Javier (Org.). *Obras completas*. v. II. Escritos filosóficos. Etapa fenomenológica. Vitória: El Carmen; Madri: Espiritualidad; Burgos: Monte Carmelo, 2005. p. 545. Edith Stein informa que é menos evidente a necessidade de uma base relativamente ampla, para que se possa formar uma cultura que configure a unidade do povo, pois o cosmos espiritual está associado à ideia de uma totalidade, fundamentada na representação de um mundo de valores que formam um todo. Tratando-se de um cosmos cultural, a totalidade se dá quando todos os âmbitos dos valores se encontram representados nele por alguma obra ou por outras cristalizações objetivas do espírito. No interior de uma cultura, os diferentes terrenos de valores podem distinguir-se pela importância e a originalidade mais ou menos notáveis das obras que a representam. Nessas diferenças se expressa a particularidade da cultura e das personalidades que a animam.

[718] *Ibidem*, p. 538-542.

[719] STEIN, E. *A ciência da cruz*: estudo sobre São João da Cruz. 5. ed. São Paulo: Loyola, 2008. p. 172. Nessa obra, afirma-se que a alma – aquela que "anima os representantes do Estado" – pode estar cega por conta do pecado ou pelo desejo de "alguma criatura" (seria alusão a Hitler), que deixa o povo na própria ignorância, ou seja, nas trevas (aqui Stein fala das cavernas, o que pode ser uma alusão ao

que aquele que exerce influência sobre a liderança estatal pode fazer uso do Estado, colocando-o a seu serviço, e este pode ser tanto Deus como Satanás.[720]

Quando se fala que a divina Providência atribui ao Estado uma missão particular na história da humanidade, isso não vai contra a ideia mesma de Estado. Mas não se deve imaginar que essa missão tenha sido inscrita por Deus *na ideia* do Estado. É possível unicamente que Deus possa se servir do Estado para realizar os seus desígnios. Por este motivo, Deus pode fazer que no mundo alguns Estados atuem, respondendo às intenções divinas. Pode-se assegurar de duas maneiras que o Estado encontra-se ao serviço dos desígnios da Providência divina: primeiramente, sempre que o Estado atua segundo seu sentido próprio, que é salvaguardar a vida do cidadão e promover a sua integridade, estará favorecendo igualmente os fins divinos, e deve favorecê-los para manter-se a si mesmo. A segunda possibilidade seria a de que os representantes do Estado utilizem a sua posição dominante para impor os mandamentos divinos no âmbito de sua autoridade. Então não seria o Estado mesmo que estaria ao serviço dos fins divinos, mas seria unicamente o fato de que o Estado existe, e de que alguém possa servir-se de sua autoridade para realizar fins extraestatais.[721]

No último tópico de sua *Investigação sobre o Estado*, a autora aborda explicitamente a relação entre o Estado e a esfera religiosa, colocando em questão a aparente incompatibilidade entre a primazia absoluta da esfera religiosa, bem como a obediência absoluta por ela exigida para o mandamento de Deus e a obediência incondicional que o Estado exige em relação as suas ordens. Diante desse conflito, a autora oferece a possibilidade de um acordo entre as partes, baseada na afirmação de Mateus 22, 21: "Dai a César o que é de César!". Isso significa que o Estado e a obediência ao governo são realidades queridas por

Mito da Caverna, de Platão). Prossegue: "Quanto mais profundo o sentido da alma e suas cavernas, tanto mais espessas e escuras são suas trevas no tocante às coisas sobrenaturais se Deus, sua luz, não o ilumina."

[720] *Ibidem*, p. 83. Stein, nessa obra mística, apresenta o ser humano apegado a vontades que não correspondem ao anseio divino. Por isso o "espírito" que anima tais pessoas que se tornaram tiranas é a avareza. Os avarentos são os "filhos do mundo", que jamais se veem saciados, pois têm apego demasiado ao dinheiro. A sua fome e sede aumentam à medida que se afastam da única fonte capaz de saciá-los, que é Deus. O avarento, por ser mesquinho e miserável, não é generoso e nem faz caridade. Ao contrário, usa do poder para se autobeneficiar, deixando o outro na indigência. Esse "espírito" faz com que a alma aja como se Deus não existisse, coloca o seu coração no dinheiro, idolatra os bens temporais e se sacrifica por eles.

[721] *Idem*. In: URKIZA, Julien; SANCHO, Francisco Javier (Org.). *Obras completas*. v. II. Escritos filosóficos. Etapa fenomenológica. Vitória: El Carmen; Madri: Espiritualidad; Burgos: Monte Carmelo, 2005. p. 596. A partir do que foi exposto não tem como afirmar se é ou não missão do Estado cumprir os desígnios divinos. Com isso, faz-se necessário recusar ou fundamentar a doutrina do Estado na "ideia do reino moral".

Deus ou ao menos permitidas por Ele. Claro que o que se pede é somente um reconhecimento condicional da soberania estatal; este reconhecimento não exclui que se dê a Deus o que é de Deus. Se o Estado faz disso espontaneamente a norma de sua vida, então existe já a base para uma coexistência sem atrito entre o Estado soberano e a esfera religiosa.[722]

A autora prossegue a sua reflexão dizendo que Deus, ao escolher um povo como sua esfera de domínio e ao lhe dar uma organização estatal, está criando um Estado cuja vontade não é diferente da sua. Poderia se afirmar, informa Edith Stein, que Deus mesmo exerce o poder nesse Estado, mas não o faz como um soberano humano que representa o Estado e executa as intenções do mesmo. Todavia o próprio Estado deve ser concebido de modo que suas ações não sejam regidas por ordens divinas, não obstante se encontrem sempre em harmonia com a vontade divina.[723] Deus – segundo esta concepção – dá ao povo, eleito por ele, um Estado que governe e decida segundo seu Espírito, a tal ponto que os representantes do Estado devam considerar-se, por sua vez, executores da vontade divina. Se o cumprimento da vontade divina é o que torna possível a existência desse Estado, então seu próprio sentido prescreve o que suas leis e suas ações concordam com esses mandamentos divinos. O domínio divino e a soberania do Estado não se encontram então em oposição mútua.[724]

Quando se aceita que o sistema de Estados da terra subsiste em virtude de seu próprio direito (o qual igualmente seria demonstrado como um fato e não como uma necessidade), então nasce daí uma possível discrepância entre

[722] STEIN, Edith. In: URKIZA, Julien; SANCHO, Francisco Javier (Org.). *Obras completas*. v. II. Escritos filosóficos, etapa fenomenológica. Vitória: El Carmen; Madri: Espiritualidad; Burgos: Monte Carmelo, 2005. p. 648.

[723] GOMES, Cirilo Folch. *Antologia dos santos padres*: páginas seletas dos antigos escritores eclesiásticos. São Paulo: Paulinas, 1973. p. 50. Na descrição do martírio de São Policarpo encontra-se com clareza a concepção da relação entre a fé e o Estado. No interrogatório, o procônsul tenta persuadir o santo a renegar a fé, a partir do seguinte diálogo: "Faze o juramento e eu te libertarei: Insulta ao Cristo!". Respondeu Policarpo: "Há oitenta e seis anos que o sirvo e nunca me fez mal algum. Como poderia blasfemar contra meu Rei e Salvador?" O procônsul de novo insistiu, dizendo: "Jura pela sorte de César". A esta replicou Policarpo: "Se abrigas a vã pretensão de que eu jure pela sorte de César, simulando ignorares quem sou, ouve o que te digo com franqueza: sou cristão! Se, por acaso, quiseres aprender a doutrina do Cristianismo, concede-me o prazo de um dia e presta atenção!". Disse-lhe o procônsul: "Convence ao povo". Respondeu-lhe Policarpo: "Julgo que diante de ti devo explicar-me, pois aprendemos a honrar devidamente os príncipes e as autoridades estabelecidas por Deus quando não são nocivas à nossa fé. Quanto àquela gente, porém, não a julgo digna de ouvir a minha justificação". Assim, para Policarpo, se a autoridade governamental fosse enriquecida com a doutrina da fé, haveria mais facilidade para a transmissão dessa para o povo que lhe fosse subordinado.

[724] STEIN, Edith. In: URKIZA, Julien; SANCHO, Francisco Javier (Org.). *Obras completas*. v. II. Escritos filosóficos, etapa fenomenológica. Vitória: El Carmen; Madri: Espiritualidad; Burgos: Monte Carmelo, 2005. p. 649-650.

o mandamento estatal e o mandamento divino, divergência que não tem lugar na outra concepção. Disto pode surgir o problema do indivíduo que, em nome da esfera religiosa, não deseja se submeter às ordens do Estado. Diante disso levanta-se a questão acerca da postura que o Estado deverá adotar. Stein reflete que, prescindindo do preceito da prudência, a linha de conduta possível para o Estado, diante do cidadão que se nega a lhe obedecer por motivos religiosos, é a de se perguntar se os representantes do Estado podem reconhecer o conflito como justificável ou não. Se as pessoas responsáveis pela legislação, depois de um exame profundo dos motivos decisivos, veem que se trata de um extravio do sentimento religioso, como o fundamentalismo, então se poderá pensar que poderiam ter o direito a manter a lei do Estado, apesar da oposição de tal pessoa ou grupo. Contudo, Stein pensa que essa não seria a melhor solução, pois esse problema é puramente ético.

O comportamento do Estado seria eticamente irrepreensível se pudesse educar as pessoas para a liberdade e o conhecimento das tradições religiosas em geral, e com isso conseguir proporcionar uma solução ao conflito existente no interior das pessoas.[725] Caso o Estado não consiga atingir essa meta, então uma saída possível seria a de liberar em partes o indivíduo para que siga os seus preceitos religiosos. Semelhante dispensa é uma daquelas autolimitações do Estado, pois permite prevenir uma vulnerabilização da soberania mediante a desobediência dos cidadãos. Um Estado em que exista um abismo entre os governantes e os governados, que consideram como excesso, para o ditado de sua consciência moral, tudo o que o Estado lhes exige, seria um Estado que teria perdido já o fundamento de sua existência, sendo impossível restaurar tal fundamento mediante a aplicação de medidas de coação.[726]

Stein conclui a sua reflexão sobre o Estado salientando que uma lei estatal que limitasse o culto divino ou que pusesse impedimentos aos pastores de almas, para o cumprimento de sua atividade pastoral, seria condenada e o Estado que promulgasse tal lei se desacreditaria a si mesmo. Esta exigência que se faz ao Estado de que respeite os valores religiosos não fica suspensa, mesmo que pareça que com ela se coloque em perigo alguns interesses vitais do Estado.

725 *Idem*. *A ciência da cruz*: estudo sobre São João da Cruz. 5. ed. São Paulo: Loyola, 2008. p. 177. O interior das pessoas é habitado por tendências e inclinações, através das quais Satanás faz da alma humana sua prisioneira e rival do próprio Deus. Na alma que menos se deixa levar pelas tendências e está despida de todas as formas, imagens e inclinações relativas às criaturas, Deus permanece totalmente escondido como num íntimo abraço, pois ele mora sem rival em sua própria casa.

726 STEIN, E. *Idem*. In: URKIZA, Julien; SANCHO, Francisco Javier (Org.). *Obras completas*. v. II. Escritos filosóficos, etapa fenomenológica. Vitória: El Carmen; Madri: Espiritualidad; Burgos: Monte Carmelo, 2005. p. 650-652.

Por fim, o Estado pode tentar fomentar positivamente a vida religiosa, mas isso se dará de forma limitada, porque os valores religiosos pertencem a uma esfera pessoal que falta ao Estado; o indivíduo que vive no Estado pode ser santo ou não, assim como pode acontecer com a comunidade, cuja vida o Estado regulamenta, mas isso não acontece com o Estado mesmo.[727]

3.3.4 A fé e a transformação humana e social

A fé e a transformação social percorrem o caminho de *A ciência da cruz*. Edith Stein, nessa obra, pedagogicamente apresenta a sua concepção da fé, que, por um lado, significa o conteúdo da revelação divina e sua aceitação pelo fiel, e, de outro lado, a entrega amorosa ao Deus do qual fala a revelação. O conteúdo da fé fornece o objeto para a meditação que produzirá um estado permanente de conhecimento amoroso de Deus.[728] Por esse conhecimento, a fé tem a natureza de "princípio de vida eterna em nós" e é, também, caminho que leva o ser humano à união com Deus. Em cada cultura se encontram conceitos e imagens que aproximam o ser humano de Deus, levando-o a aderir às verdades do credo religioso professado.[729]

A crença judaico-cristã afirma que Deus, em seu mistério inabarcável, atrai amorosamente o ser humano e transcende a toda a criação e, ainda, é superior a toda compreensão e entendimento que o ser humano possa chegar. Isso deveria despertar no ser humano uma entrega confiante e humilde, bem como o desejo de querer se elevar até Deus, pela fé, de modo puramente espiritual, desligado de todos os conceitos e imagens.[730] Para isso, faz-se necessária a transformação da pessoa, a fim de que atinja a meta que é a união com Deus. Nesse sentido, em sua existência, o ser humano depara-se com a semente graciosa da fé que, se for cultivada, proporcionará ao fiel a transformação "em Deus por participação, por sua união e integração nele", conforme escreve São Paulo

[727] *Ibidem*, p. 652-653.

[728] *Idem*. *A ciência da cruz*: estudo sobre São João da Cruz. 5. ed. São Paulo: Loyola, 2008. p. 152.

[729] STEIN, Edith. *Ser finito y ser eterno*: ensayo de una ascensión al sentido del ser. México: Fondo de Cultura Económica, 2002. p. 45. A teóloga afirma que, segundo a doutrina da Igreja Católica Romana, "a fé é uma virtude sobrenatural pela qual o ser humano, inspirado e ajudado pela graça divina, considera como verdadeiro o que Deus revelou e o que ensinou através da Igreja, não por causa da verdade interior e real que se conhece pela luz da razão natural, mas em razão da autoridade de Deus que se revelou". A linguagem teológica designa como fé não somente a virtude (*fides, qua creditur*) senão também o que se crê, a verdade revelada (*fides, quae creditur*) e por fim, o exercício vivo da virtude; o fato de crer (*credere*) ou o ato de fé.

[730] *Idem*. *A ciência da cruz*: estudo sobre São João da Cruz. 5. ed. São Paulo: Loyola, 2008. p. 100.

em Gálatas 2, 20: "Eu vivo, mas já não sou eu, é Cristo que vive em mim".[731] A transformação de Paulo evidenciou-se no seio das comunidades cristãs, que foram espaços sociais onde pregou e viveu o mistério da Cruz, modificando costumes do judaísmo para o mundo greco-romano, para melhor adaptar e inculturar a mensagem libertadora de Jesus Cristo.

Na obra *A ciência da cruz*, o mistério insondável e amoroso de Deus está envolto em seu relacionamento com o ser humano. Conhecer a Deus, por meio do que a autora escreve, requer a compreensão da perspectiva de São João da Cruz descrita em seus poemas e, também, da própria experiência que Edith Stein fazia de Deus. Conforme já foi citado anteriormente, para Edith Stein: "Deus é puro espírito, protótipo de todo ser espiritual". Logo, Deus é o fundamento que sustenta todo ser, dando-lhe existência e conservando-a.[732] Por ser forma pura, Deus não tem suporte material, logo não se compõe de matéria e forma; por isso ele se identifica necessariamente com sua divindade, com sua vida e com todos os atributos que se lhe são conferidos.[733] A autora, em diálogo com Tomás de Aquino, pontua que a melhor afirmação a propósito de Deus seria "Deus é... Deus", para assim expressar a impossibilidade de uma determinação essencial por algo diferente a Deus mesmo e conclui dizendo que o nome de Deus designa a essência e o ser em uma unidade indissolúvel.

O nome divino "Eu sou", explica Edith Stein, equivale a "Eu me dou inteiramente a um tu". Isso só é possível porque Deus é o amor e o ser divino deve ser o ser único de uma pluralidade de pessoas. O amor, enquanto vida divina interior, não pode ser substituído pelo amor entre Deus e as criaturas, porque isso não pode nunca ser o amor em sua suprema perfeição. O amor supremo é um amor recíproco e eterno; contudo Deus ama as criaturas desde toda a eternidade, porém ele não é de nenhuma maneira amado por elas desde toda a eternidade, pois, se assim fosse, o amor estaria submetido à mudança e à imperfeição daquele que não pode receber a plenitude. Além de que Deus estaria submetido às criaturas se o amor divino dependesse das criaturas, portanto o amor entre Deus e a criatura segue sendo um amor imperfeito.

731 *Ibidem*, p. 166.

732 STEIN, Edith. *A ciência da cruz*: estudo sobre São João da Cruz. 5. ed. São Paulo: Loyola, 2008. p. 128-129.

733 *Idem*. *Ser finito y ser eterno*: ensayo de una ascensión al sentido del ser. México: Fondo de Cultura Econômica, 2002. p. 356-359. Stein questiona a solução tomista acerca da questão de saber se a matéria deve ser considerada como o suporte da natureza e se para um ente sem matéria haveria a coincidência da matéria e forma, isso em referência aos anjos que são seres espirituais.

Todavia, a vida interior de Deus é o amor recíproco inteiramente livre, imutável e eterno das pessoas divinas entre si. O Pai se oferece – desde toda a eternidade – ao Filho ao engendrá-lo, e enquanto o Pai e o Filho se entregam um ao outro, o Espírito Santo procede de ambos. Assim, o ser da Segunda e Terceira pessoa é um ser recebido; entretanto, não é um ser que nasce, como o ser criado; mas é o ser único de Deus que é, por sua vez, dado e recebido, pois é próprio do ser divino o dar e o receber. Na Trindade Santa a essência de Deus é vida, ou seja, existe um movimento que produz a partir de sua interioridade um ser gerador. Não se trata de um movimento gerador até a existência como o do ser finito criado, nem tampouco de um movimento para além de si mesmo como o realizado pelas criaturas; mas, ao contrário, trata-se de um movimento eterno em si mesmo, de uma perpétua criação de si, partindo do fundo do ser particular infinito; trata-se de um dom oferecido pelo Eu eterno ao Tu eterno, uma eterna recepção de si e um dom de si sempre renovado. No círculo de vida interior brota eternamente, neste dar e receber, a Terceira pessoa que é dom, amor e vida.[734]

Edith Stein informa que a doutrina revelada da Santíssima Trindade possibilitou a formação da noção filosófica de pessoa, que é fundamental para a compreensão da revelação de Deus em três pessoas e, também, do ser humano. A autora analisa a obra de Santo Agostinho *De Trinitate*, e informa que a doutrina da fé comunica a unidade da substância em três pessoas: "assim elas são absolutamente iguais e são um". Elas se diferenciam por suas relações: "o Pai engendra o Filho, o Espírito Santo procede do Pai e do Filho". A essa distinção se une a diferença da aparição temporal da Segunda e da Terceira Pessoa: o Filho nasceu e morreu, o Espírito Santo apareceu sob as formas de pomba e línguas de fogo. Esses fenômenos não devem ser identificados com as pessoas mesmas, nem suas diferenças consideradas como diferenças das pessoas, mas como indicadores de sua diferenciação enquanto sinais. Por fim, Stein conclui dizendo que Santo Agostinho explica o fato de que a Santíssima Trindade se apresenta ao ser humano em Pai, Filho e Espírito Santo porque essa é "uma maneira de expressar em palavras humanas o inefável". Para aclarar a questão concernente à aplicação do nome de pessoa a Deus, Edith Stein recorre ao pensamento de Santo Tomás de Aquino:

> O termo pessoa indica o que há de mais perfeito em toda a natureza, isto é, uma coisa que subsiste em si mesma e uma natureza dotada de

[734] STEIN, Edith. *Ser finito y ser eterno*: ensayo de una ascensión al sentido del ser. México: Fondo de Cultura Econômica, 2002. p. 366-367.

razão. Dado que tudo o que pertence à perfeição deve ser atribuído a Deus, e que em sua essência está contida toda perfeição; por isso é justo dar a Deus o nome de pessoa, não no mesmo sentido que às criaturas, senão em um sentido eminente.[735]

Stein, em sua investigação sobre Deus, perpassa a concepção pessoal dos divinos Três e passa a analisar a "essência do espírito", já que o ser divino é concebido como ser espiritual e racional, porque espírito e razão estão de acordo um com o outro inseparavelmente. Ela relembra que o espiritual tem sido designado como não espacial e não material; como o que possui uma interioridade num sentido completamente não espacial, permanente em si e, também, quando sai completamente de si. No dom total de si das pessoas divinas, por meio do qual cada uma se despoja inteiramente de sua essência e, porém, a conserva perfeitamente, pelo que cada uma está inteiramente nela mesma e inteiramente nas outras, o espírito se realiza de forma pura e perfeita. A Trindade Santa é o próprio *reino do espírito* e toda espiritualidade ou dom do espírito por parte das criaturas significa uma elevação neste reino, mas em sentidos diferentes e de maneiras diversas.

Dessa maneira, continua Edith Stein, as formas fundamentais do ser humano (corpo, alma e espírito) possuem no *reino do espírito* sua imagem primitiva e não poderia ser diferente, pois o *reino do espírito* coincide com o primeiro ser e todo ser significa uma participação do primeiro ser, visto que toma o seu ponto de partida nele. Assim, o psíquico, enquanto criador e fonte de vida, encontra seu arquétipo em Deus, visto que a vida divina toma sua fonte dela mesma, de um modo eternamente novo, e brota de sua própria profundidade. Por isso, do Pai, de quem procedem todas as coisas, por ser o Criador, corresponderia ao ser psíquico (psique-alma); ao Filho, enquanto forma essencial nascida, corresponderia o ser corporal, e o que se derrama de uma maneira livre e desinteressada merece em um sentido particular o nome de Espírito.[736] A partir dessas colocações, Stein conclui que Deus – em sua liberdade perfeita – informa sua própria vida, que é inteiramente luz, é uma pessoa no sentido mais elevado. Visto que a vida pessoal é um sair de si e, ao mesmo tempo, um permanecer em si mesmo,

735 *Ibidem*, p. 373. Edith Stein informa que Tomás de Aquino usa o termo "pessoa" por analogia, pois o emprego da palavra em seu sentido original remete aos diversos papéis numa peça teatral. Nesse sentido o nome de "pessoa" não convém a Deus segundo a sua etimologia, senão com relação ao que deve expressar.

736 STEIN, Edith. *Ser finito y ser eterno*: ensayo de una ascensión al sentido del ser. México: Fondo de Cultura Econômica, 2002. p. 376.

essas duas propriedades caracterizam a essência do espírito, pois o ser pessoal é igualmente um ser espiritual.[737]

Em *A ciência da cruz*, a autora apresenta o pensamento de seu mestre espiritual, informando que, para São João da Cruz, Deus é "o ponto de repouso da alma" porque quando a "alma conhecer, amar e gozar a Deus com todas as suas forças, terá encontrado em Deus seu ponto de repouso absoluto".[738] Isso, porém, não se realiza plenamente nesta vida, pois a força que atrai é o amor, e este tende a adquirir graus, conforme o degrau da escala pela qual a alma sobe para Deus. Como Deus não está adstrito às leis da vida psíquica natural, ele pode por via sobrenatural infundir e aumentar o amor na alma humana, a fim de que ela firme a sua fé, na entrega amorosa a ele, que é o "Inconcebível, aquele que encerra em si todas as verdades da fé, e que ao mesmo tempo está acima de todas elas".[739]

Assim, a fé é uma percepção de Deus, embora a percepção pressuponha um ser percebido; nesse sentido não se pode crer sem a graça, pois esta é a participação da vida divina. A fé exige de Deus mais que verdades particulares, ela quer a Deus mesmo, que é a verdade.[740] Ela capta a Deus sem ver, embora "seja noite", conforme ensina João da Cruz. Para o carmelita, a fé é treva para o entendimento e este sentimento obscuro faz a pessoa compreender o incompreensível, pois está muito próximo do ser humano, conforme declara São Paulo aos Atenienses, em Atos dos Apóstolos 17, 27-28: "Para que buscassem ao Senhor, se porventura, tateando, o pudessem achar; a ele que, na realidade, não está longe de cada um de nós; Porque nele vivemos, e nos movemos, e existimos". Edith Stein pontua que o pensamento lógico formula conceitos

[737] *Ibidem*, p. 378.

[738] *Idem*. *A ciência da cruz*: estudo sobre São João da Cruz. 5. ed. São Paulo: Loyola, 2008. p. 129. A autora explica que essa comparação espacial foi tirada das ciências naturais do tempo de João da Cruz. Segundo esse conceito, os corpos são atraídos com força total pelo centro da terra, que é o ponto de maior atração. Assim, uma pedra que estivesse enterrada já teria alcançado certo ponto de repouso, mas ainda não teria chegado ao ponto de repouso absoluto, pois continuaria tendo capacidade, força e tendência para uma queda mais profunda, que a levasse até o centro da terra.

[739] STEIN, E. *A ciência da cruz*: estudo sobre São João da Cruz. 5. ed. São Paulo: Loyola, 2008. p. 45. Stein afirma que, ao aceitar as verdades da fé, a pessoa humana valoriza-as como verdadeiras e precisamente por isso tem fé em Deus. Porém não se pode ter fé em Deus sem crer em Deus, isto é, sem crer que Deus existe e que seja Deus mesmo: o ser supremo e o ser perfeitamente verdadeiro designado pela palavra Deus. Aceitar as verdades da fé significa, pois, aceitar a Deus, porque Deus é o sujeito da fé da qual tratam essas verdades. Aceitar a Deus significa também voltar-se para Deus na fé.

[740] *Idem*. *Ser finito y ser eterno*: ensayo de una ascensión al sentido del ser. México: Fondo de Cultura Econômica, 2002. p. 325. A autora explica que, para Tomás de Aquino, a verdade pertence a Deus enquanto ser perfeito, pois ao se pensar no ente primeiro, tal como se manifesta a si mesmo, o ser e a verdade coincidem, por isso Deus mesmo é chamado também a *Verdade*.

claros, porém nem esses podem compreender o incompreensível, porque o caminho da fé conduz a pessoa mais longe que o conhecimento filosófico; o caminho da fé leva o ser humano ao Deus pessoal e próximo, o amante e o misericordioso e oferece uma certeza que não se encontra no conhecimento natural e sim no conhecimento obscuro.

Nesse sentido, Deus mesmo suaviza o tom de sua linguagem para tocar o íntimo do ser humano, a fim de que ele compreenda o incompreensível. Para melhor compreensão disso, a autora recorda que, diante da indagação de Moisés, Deus se apresenta revelando-se como: "Eu sou aquele que sou", porém, ciente de que o ser humano não atinge a compreensão abstrata daquele que é totalmente espiritual, acrescenta o que é compreensível pelo ser humano, que é justamente a referência ao ser humano: "O Deus de Abraão, de Isaac e de Jacó me enviou a vós." Esclarece ainda mais a autora: "Eu sou o que sou" pertence à compreensão divina, já o "Deus de Abraão e de Jacó" pertence à condição humana.[741]

À medida que a alma se entrega a Deus, experimenta a comunicação divina como luz e calor: luz porque a inteligência vai sendo iluminada pela "luz que resplandece nas trevas" da ignorância humana; calor em virtude da inflamação de amor que toca a substância da alma, purificando-a de suas más inclinações e abrasando-a no amor de Deus.[742] Ser possuído por Deus, quando o espírito tiver preparado, é inflamar-se em amor, que é fogo que devora tudo o que é finito, e finitos são os movimentos despertados na alma pelas criaturas. Quando a alma se inclina para elas, afastando-se do amor divino, Ele a atrai novamente em seu fogo purificador.[743]

Deus habita substancialmente na alma, por isso ocorrem íntimas e secretas comunicações entre ela e Deus, que são verdadeiros toques de amor. Uma vez tocada intimamente por Deus, a alma já não encontra repouso em coisa alguma que não seja Deus, pois "para os feridos de amor, não pode haver remédio que não provenha daquele que feriu!". Essas experiências levam a pessoa a se tornar mais espiritual, integrando a sua parte sensitiva, onde se encontram as paixões, movimentos e tendências que são purificadas, a fim de que aconteça a união da alma com Deus. A união há de realizar-se no íntimo da alma, nas profundezas de seu âmago, por meio da subida pelos degraus da *escada secreta*. Quanto mais a alma sobe para Deus, tanto mais desce profundamente em si

[741] STEIN, Edith. *Ser finito y ser eterno*: ensayo de una ascensión al sentido del ser. México: Fondo de Cultura Econômica, 2002. p. 77.

[742] *Idem*. *A ciência da cruz*: estudo sobre São João da Cruz. 5. ed. São Paulo: Loyola, 2008. p. 113-114.

[743] *Ibidem*, p. 153.

mesma. Esse movimento é condizente com a índole divina que, transcendendo continuamente o seu ser, que é imutável, profundo e infinito, toca a condição humana, para que não fique estacionada nas fronteiras de seu horizonte cultural.[744] Edith Stein acrescenta que, enquanto a alma não tiver chegado à perfeita união amorosa, Deus continuará habitando o seu íntimo de forma exclusiva e secreta; essa habitação Teresa de Ávila chama de *sétima morada*.[745] No reino dos espíritos, informa Stein, o íntimo da pessoa é muito precioso, pois o próprio Deus o elegeu como habitação. Nessa convivência familiar ele conhece os "pensamentos do coração" e adentra nos abismos da alma, onde nem ela pode penetrar sem iluminação divina. Todavia, em suas entranhas amorosas, Deus concede a liberdade para a alma poder lhe descobrir e a ele se entregar, como presente de amor a fim de conduzi-la à união beatífica.[746]

Deus está presente em todas as coisas, mantendo-lhes a existência. Sua onipotência permite-lhe dispor de todas elas conforme a sua vontade, inclusive entregando as coisas às suas próprias leis, deixando-as seguir seu curso ordinário ou intervindo com medidas extraordinárias.[747] Essa inabitação divina existe em cada uma das almas humanas, as quais Deus conhece desde toda eternidade. Edith Stein informa que, para João da Cruz e Teresa de Ávila, a inabitação de Deus pela graça é diferente dessa presença divina comum a todas as demais criaturas, as quais ele mantém em sua existência. Acrescenta a autora: mesmo que a alma não tenha noção ou desejo disso e mesmo que viva atolada em pecados e totalmente afastada de Deus, ele pode estar nessa alma por sua essência, potência e presença. Mesmo que a pessoa não repare em nenhum efeito dessa presença, isso não torna a presença divina inválida.[748]

Deus demonstra o seu amor e seus benefícios às almas por meio de todos os seus atributos: sua onipotência, sabedoria, bondade, misericórdia,

[744] STEIN, Edith. *A ciência da cruz*: estudo sobre São João da Cruz. 5. ed. São Paulo: Loyola, 2008. p. 176. A autora informa que Deus está movendo todas as coisas com seu poder. Isso faz com que se pareça que ele está se movendo com elas e as coisas nele, em movimento contínuo. Dessa forma, para a alma, parece que foi Deus quem se moveu, quando na verdade foi a alma que se moveu. Assim, evidencia-se que o ser humano atribui a Deus o que nele se encontra. Enquanto que em Deus o movimento é apenas aparente, pois seu ser é imutável.

[745] SANTA TERESA DE JESUS. *Castelo interior ou moradas*. São Paulo: Paulus, 1981. p. 228.

[746] *Ibidem*, p. 135.

[747] *Idem*. *Ser finito y ser eterno*: ensayo de una ascensión al sentido del ser. México: Fondo de Cultura Econômica, 2002. p. 20. A ação de Deus não tem nem princípio e nem fim; subsiste desde a eternidade até a eternidade; repousa em sua imutabilidade mesma de ser. Não existe nada nele que não seja ato, por isso o ato de Deus não pressupõe nenhuma potência prévia. A potência de Deus é *una*, seu ato é *uno*, e no ato a potência está inteiramente atualizada.

[748] STEIN, *op. cit.*, p. 140-141.

etc., e concede graças à alma humana, amando-a com bondade e santidade, com justiça e misericórdia, com pureza e limpidez e assim por diante. Edith Stein explica que cada um desses atributos é o próprio Deus, e em cada um deles há o brilho e o calor de Deus, que ilumina com sabedoria e aquece a alma com o calor do amor[749]; e que o resplendor da luz pode ser chamado também obumbração – como o faz o anjo por ocasião da anunciação. Obumbrar, ou fazer sombra, equivale a amparar, favorecer e agraciar. Nas sombras das divinas lâmpadas se encontram sabedoria, formosura e fortaleza de Deus. Como tais sombras correspondem perfeitamente a Deus, à sua essência e às suas propriedades, a alma reconhece nitidamente nelas a sublimidade de Deus. Assim, a onipotência e sabedoria de Deus, sua infinita bondade e glória apresentam-se "em sombras claras e acesas" e desta forma serão reconhecidas e saboreadas pela alma.[750]

À medida que a alma adentra no mistério amoroso da união com Deus, constata que Deus é tudo para ela e que nele se concentra o bem de todos os espíritos e a alma passa a encontrar nas criaturas imagens de suas perfeições. Quanto mais a alma se aproxima de Deus, mais se sente envolvida pela graça que a faz compreender que a Beleza Suprema confere o ser e a beleza a tudo o que é criado. Deus é o ser perfeito, isento de toda imperfeição e de todo defeito, e a sua infinitude está além da compreensão humana, pois ele é incircunscrito, incomensurável e absolutamente luminoso em si mesmo.[751]

Em seu transbordamento de amor, Deus cria o ser humano e o recria pela Páscoa de seu Filho, que na Igreja Católica é celebrada no batismo. Já na poesia de João da Cruz, ao narrar acerca da união da alma com Deus, Edith Stein revela que o Espírito Santo sopra a alma humana no Pai e no Filho, para uni-la consigo.[752] A partir dessa união, a alma receberá conhecimento da graça, da sabedoria e da beleza de Deus em cada um dos seres do céu e da terra, em suas relações recíprocas e em sua harmoniosa ordem. Vinda do seio de Deus, a alma, desde os seus primórdios, intui a importância de se colocar a seu serviço, como forma de agradecimento e garantia de amparo, mas é por meio da vida de fé que o ser humano entende que servir a Deus implica a observância dos

[749] STEIN, Edith. *A ciência da cruz*: estudo sobre São João da Cruz. 5. ed. São Paulo: Loyola, 2008. p. 167.

[750] *Ibidem*, p. 169.

[751] *Idem*. *Ser finito y ser eterno*: ensayo de uma ascensión al sentido del ser. México: Fondo de Cultura Económica, 2002. p. 340-341.

[752] STEIN, *op. cit.*, p. 216. A autora explica que esse fenômeno acontece na noite escura da contemplação, por meio de uma receptividade mística de que a pessoa não é capaz de ter noção. Mais tarde, isso acontecerá na "noite alegre da clara visão de Deus".

seus mandamentos e consequentemente a vivência da prática das virtudes que edificam as relações sociais.

No decorrer da vida, os toques de Deus nas almas humanas suscitam que essas vivenciem o amor, e quanto mais amam, tanto mais desejarão conhecer a razão da existência do amor. A revelação cristã apresenta Deus como o amor por excelência, que, encarnando-se no seio de Maria de Nazaré, veio habitar os seres humanos e ensinar-lhes o caminho da plenitude. Jesus passa pela história convidando as pessoas a se tornarem discípulas dele; isso faz com que, na obra *A ciência da cruz*, Edith Stein cite Dionísio Areopagita, apregoando que o amor autêntico do discípulo da cruz tende a despertar outras pessoas para conhecerem e viverem o mistério do amor divino, que deseja a redenção de toda a criação:

> A suprema perfeição de quaisquer seres, em sua hierarquia e seu grau, consiste em subir e crescer na imitação de Deus, conforme o talento e a capacidade de cada um. E o que é mais admirável e divino é ser cooperador de Deus na conversão e reconquista das almas. Porque nisso resplandecem com glória imensa e inevitável as próprias obras de Deus. E por isso Cristo Senhor Nosso as chama obras de seu Pai. E é evidente que a compaixão para com o próximo tanto mais cresce quanto mais ama, tanto mais deseja que esse mesmo Deus seja amado e honrado por todos, e quanto mais o deseja, tanto mais trabalha por isso, assim na oração como em todos os outros exercícios necessários que lhe sejam possíveis. E tão grande fervor e força existem em sua caridade, que esses possuídos por Deus não se podem limitar apenas a seu próprio ganho e contentar-se com ele; antes lhe parece pouco ir sós ao céu e procuram com ânsias, com celestiais desejos e diligências aprimoradas, levar muitos para o céu consigo. Isso nasce do grande amor que têm a seu Deus, e é este o fruto próprio da oração e da contemplação perfeitas.[753]

Edith Stein afirma que "crer pode também significar voltar-se para a realidade"[754] e o próprio Cristo chama a atenção de seus discípulos, para que vejam aqueles que são invisíveis para o sistema, por isso conta a parábola do *Bom Samaritano* (Lc 10, 30-37). Nesta, o Mestre galileu apresenta o homem assaltado, espancado e semimorto caído no caminho, pelo qual passariam um sacerdote, um levita e um samaritano. Sabe-se que sacerdotes existem em várias culturas religiosas, levitas são os descendentes da tribo de Levi, filho de Israel e

[753] STEIN, Edith. *A ciência da cruz*: estudo sobre São João da Cruz. 5. ed. São Paulo: Loyola, 2008. p. 229-230.

[754] *Ibidem*, p. 114.

samaritano configura o ser humano nascido numa região preconceituosamente desvalorizada por outros povos.

A parábola é bem real e atual, assim como os seus personagens, pois o ser humano continua sendo violentado de diversas maneiras e uma das piores crueldades é saber que há muita indiferença das pessoas, principalmente dos detentores do poder político e econômico, em relação às necessidades do povo que não tem como participar do *status quo* em sua própria região. As consequências nefastas vêm produzindo, em série dolorosa, a noite escura dos pobres, com um aumento de excluídos e refugiados por todo o globo. Aqueles que não produzem e, também, não consomem têm padecido por conta de não atenderem aos interesses do capital internacional. Acrescenta-se a isso o enfraquecimento das grandes instituições da sociedade, principalmente o Estado e a Igreja, além das crises que afetam as religiões históricas. Por isso, a mídia não tem mais como esconder a generalização do calvário da vida, onde milhares e milhares de pessoas são crucificadas em plena era da pós-modernidade. Contrapondo-se a essa situação, a teologia de Edith Stein, expressa em sua mística, visa a incentivar o trabalho humano e espiritual para o progresso da pessoa, pois quanto mais realizado se tornar o ser humano, mais estará contribuindo com o bem comum na sociedade e dando um salto de qualidade em seu íntimo, onde se dá a união com o divino.

De fato, o discípulo de Cristo, tocado pela graça do Espírito Santo, rompe barreiras religiosas e culturais e socorre o seu próximo; na sociedade existem muitos samaritanos, que, mesmo não sendo discípulos de Cristo, têm uma atitude ética que emana a luz divina, como diz Stein: "o que é correto e o que é bom nos atrai" e acrescenta: "somente a atitude religiosa é a verdadeira atitude ética".[755] Nesse sentido, quando o indivíduo permite os toques de Deus em sua alma, ele ajuda o outro, sem se preocupar com sua origem, classe social ou religião, pois a sua postura ética diante da vida o faz se conscientizar de que o ser humano está em primeiro lugar. Curar as feridas da alma, alimentar o físico humano, oferecer uma morada àquele que está na indigência existencial e propiciar que o ser humano retome o caminho da vida foi a missão de Cristo. Essa missão foi confiada aos seus discípulos, que, animados pelo Espírito Santo, vêm transformando as sociedades nestes dois milênios de cristianismo.

Para a monja carmelita, o seu mestre espiritual era um autêntico discípulo de Cristo, pois vivia as virtudes teologais de forma singela e por isso faz questão de apresentá-lo como modelo a ser seguido e venerado. Primeiramente

[755] STEIN, Edith. *A ciência da cruz*: estudo sobre São João da Cruz. 5. ed. São Paulo: Loyola, 2008. p. 138.

a autora informa que João da Cruz passou por uma verdadeira transformação pessoal, dominando completamente a sua natureza, para melhor servir à sociedade e concretizar a reforma carmelita. Como já foi citado, a transformação pela qual passou a Ordem gestou uma vida nova no seio das comunidades dos carmelitas e, consequentemente, da Igreja Católica. Isso porque João da Cruz exigia que a fé estivesse inteiramente ligada à doutrina de Cristo e da Igreja, sem procurar apoio em revelações extraordinárias. Para demonstrar a sua fé, a autora exemplifica, informando que, durante o Capítulo carmelita em Lisboa, muitos religiosos da Ordem, inclusive padres austeros, iam visitar uma freira cujos estigmas atraíam grande atenção, eles guardavam como relíquias pedacinhos de pano embebidos no sangue dos estigmas, mas São João da Cruz não deu atenção ao caso e nem visitou a religiosa.[756] Quando questionado acerca do caso, respondeu: "Não a vi, nem desejo vê-la, pois muito me pesaria se minha fé precisasse contemplar tais coisas para crescer um pouco", e ensinava aos seus confrades a confiarem em Deus de forma inabalável.

Edith Stein informa que João da Cruz exigia que a esperança estivesse voltada totalmente para Deus e estava convencido de que com essa postura a pessoa alcançaria o que tanto esperava. Com relação à caridade, acrescenta Stein que todo ensinamento de João da Cruz é "doutrina de amor", ou seja, instrução para que a alma humana possa transformar-se em Deus, que é o amor puríssimo. Em sua vida, o reformador da Ordem Carmelita renuncia aos prazeres naturais e, também, aos favores sobrenaturais, como visões, revelações, consolações, etc., a fim de, superando as coisas concebíveis, caminhar na fé obscura ao encontro do Deus inconcebível.[757] Nessa caminhada é preciso olhar a realidade com a fé de quem vê o mundo a partir do olhar de Deus e compreender que os estigmas de

[756] FRIDERICHS, Edvino Augusto. *Panorama da parapsicologia ao alcance de todos*. 6. ed. São Paulo: Loyola, 1991. p. 211-216. O teólogo explica que a dermografia designa-se a produção de sinais na pele, tais como letras, manchas, estigmas ou outros sinais físicos, que aparecem por autossugestão, principalmente em pessoas muito sensíveis ou histéricas. Uma pessoa desse feitio psíquico, provavelmente, medita assiduamente sobre a Paixão e os sofrimentos de Cristo na cruz, pensando dia e noite nas chagas do Crucificado. Após certo tempo ela, inconscientemente, talvez dormindo, começa a irritar a sua pele com as unhas, nos cinco pontos das chagas. Daí passa a fazê-lo acordada também, quase sem se dar conta, até que passados alguns meses, as cinco chagas já são visíveis. Como se sabe, a pele humana é um dos órgãos mais influenciáveis por sugestões psíquicas, por isso o fisiologista russo Pavlov supõe que um novo caminho se forma entre os centros nervosos excitados pelas sensações que provocam o reflexo condicionado e o caminho normal que desencadeia o reflexo absoluto. Assim, a visão alucinatória de uma chaga e as sensações dolorosas imaginárias que se originam permitem, de maneira verossímil, ao influxo nervoso de se abrir progressivamente um caminho até os centros cérebro-espinhais que comandam, por um lado, a irrigação vascular cutânea e, por outro, os fenômenos de fagocitose.

[757] STEIN, Edith. *A ciência da cruz*: estudo sobre São João da Cruz. 5. ed. São Paulo: Loyola, 2008. p. 241-242.

Cristo estão além das benesses divinas adquiridas por alguns bem-aventurados e devem ser encarados como verdadeiras chagas sociais a serem curadas, de tal forma que a população e, em especial, os excluídos possam ter os seus direitos cumpridos pelo sistema político e social.[758]

A globalização favorece o conhecimento da realidade das sociedades do mundo e, em cada sociedade, encontra-se o ser humano com suas buscas, carências e anseios, bem como suas feridas, frustrações e erros. Diante desse delineamento, surge a pergunta acerca da presença de Deus; do Deus que deseja transformar a alma humana, para que ela participe das graças divinas. Pois bem, estando no íntimo do coração da pessoa, Deus suscita nela o desejo de vivenciar o paraíso na terra. Isso se comprova pela força de tantas pessoas que com boa vontade se lançam ao trabalho de se recriar as relações sociais a partir de uma economia solidária. Poder-se-ia questionar se essas pessoas fizeram uma experiência profunda de Deus. A própria Edith Stein, enquanto ainda vivia imersa em seu ateísmo, responde racionalmente por meio de sua postura na sociedade, lutando pelo direito das mulheres e concretamente servindo como enfermeira, na Primeira Guerra, num fronte da Cruz Vermelha.

Na obra *A ciência da cruz*, a monja carmelita explica que, independentemente de se ter uma religião, todos os seres humanos têm um laço em comum que perpassa a atividade natural. Na estrutura humana, o espírito está ligado aos sentidos, por isso aceita o que os sentidos lhe oferecem e, de acordo com o grau de humanidade que a pessoa adquire, o fenômeno da empatia há de mobilizá-la, levando-a a enxergar a realidade e a se compadecer pelo sofrimento de seu semelhante: ao respirar, reconhecerá o ar poluído que adentra em seu organismo e, ao mesmo tempo, escutará o clamor dos miseráveis que chega das ruas ou pelas mídias sociais. Com esses dados, a pessoa há de refletir e conservar o que foi percebido, unindo, modificando e chegando, pela comparação, dedução e generalização, aos conhecimentos conceituais, juízos e conclusões que representam as funções propriamente ditas do entendimento. De modo idêntico, procede a vontade em sua atividade natural acerca do que os sentidos lhes oferecem de bom, tendo como referência de bondade o olhar divino que em Gênesis contemplava a criação e proclamava "que isto era bom!".

[758] FRIDERICHS, Edvino Augusto. *Panorama da parapsicologia ao alcance de todos*. 6. ed. São Paulo: Loyola, 1991. p. 215. Em sua pesquisa o autor informa que o Dr. Imbert-Gourbeyre, professor da Faculdade de Medicina de Clermont, na França, conseguiu registrar na história do catolicismo 321 casos de estigmatizados, sendo 41 homens e 280 mulheres. Desse total apenas 10 são leigos e os demais religiosos. Geograficamente a Itália possui a maior parte, 299, seguida pela França com 70, a Espanha com 47, Alemanha com 33 e apenas um caso na América, verificado no Peru. Desse total apenas 61 foram canonizados ou beatificados pela Igreja Romana.

Assim, é possível acreditar que existam seres humanos dispostos a trabalhar por aquilo que é essencial, para que as pessoas vivam com dignidade, pois nisso verdadeiramente a sua alma se compraz. Entretanto, grande parcela dos indivíduos na sociedade está imbuída do espírito egocêntrico, o que impossibilita a boa vontade em compartilhar com os outros as bênçãos de se viver graciosamente a igualdade e a fraternidade nesta terra. Essa realidade faz com que continue a pairar a noite escura da insegurança sobre os povos, conforme se constata em Estados onde as pessoas estão privadas de sua liberdade e, de forma geral, evidencia-se, em muitos lugares do mundo, a carência até dos bens fundamentais para a existência humana.[759] Por isso, Edith Stein insiste na necessidade contínua de se purificar a vontade para se chegar à caridade, pois é esta que dá vida e valor às obras praticadas sob a luz da fé. Enfim, para se chegar à união com Deus, deve-se purificar a vontade dos seus afetos e apetites, "transformando essa vontade grosseira e humana em vontade divina".[760]

Enquanto mantenedor dos sentidos do ser humano, ou seja, da própria vida, Deus deseja transformar a alma humana e, consequentemente, toda a humanidade, para que, assim como ele, a humanidade também possa se comprazer somente no amor e em suas manifestações. O desejo divino é que a humanidade seja elevada ainda mais em dignidade e para isso quer igualá-la a si; para tanto é necessário que o ser humano ame a Deus livremente.[761] Por essa razão, retomando a metáfora da *noite passiva*, pode-se experimentar Deus surgindo, com sua mão forte, e intervindo para livrar a alma dos laços de todas as criaturas, atraindo-a para si e conduzindo-a para a escuridão e ao vazio total.

Quiçá, ao se conscientizar de sua condição humana tão desfigurada ao longo dos séculos, a pessoa possa vir a reconhecer em Cristo humilhado e crucificado a sua própria situação. Por isso que das trevas e solidão da sexta-feira da Paixão seria natural que brotasse no íntimo do ser humano a repugnância por todas as estruturas sociais e individuais que, de forma selvagem e até monstruosa, assombram e aprisionam o ser humano, fazendo com que haja uma contínua repetição de sua realidade de homem decaído. Para transformar os núcleos infantilizados de alguns indivíduos e de algumas sociedades, que tantos prejuízos trazem à humanidade, a fé tem a missão de conduzir o ser humano, independentemente de sua crença, "a realizar trabalhos extenuantes, a ponto de se aniquilar e adquirir as chamadas virtudes cardeais, para melhor conviver com o seu próximo". São elas: a prudência, que possibilita maior

[759] STEIN, Edith. *A ciência da cruz*: estudo sobre São João da Cruz. 5. ed. São Paulo: Loyola, 2008. p. 98.

[760] *Ibidem*, p. 81.

[761] *Ibidem*, p. 210.

atenção na preparação das atividades grupais e gesta na pessoa o equilíbrio e o bom senso para agir bem; a temperança, que visa o cuidado individual e grupal, pois a pessoa, adquirindo autodomínio, conseguirá domesticar os seus instintos e se encaminhar para a vivência dos deveres sociais; a fortaleza, que leva o ser humano a perseverar nas coisas difíceis e enfrentar os males que podem surgir em sua vida, como doenças, conflitos pessoais e sociais, pois o torna forte no bem, na fé e no amor; e a justiça, que é a virtude, por excelência, da vida comunitária e social, pois visa o respeito à igualdade da dignidade entre as pessoas, regulando a convivência e gestando direitos e deveres para o bem comum da sociedade.

O mistério da união e transformação exige o amor perfeito, que consiste no fato de a pessoa, com tudo o que ela é e possui, colocar-se a serviço de Deus, portanto é natural que trabalhe para ele e para sua honra, a tal ponto que o faça sem sequer pensar nisso e sem ter clara consciência de que o faz por Deus. De fato, na sociedade em geral, as pessoas trabalham, mas nem sempre têm consciência de que o seu trabalho não está restrito ao âmbito individual e familiar. A globalização deixou evidente a engrenagem mundial da atividade coletiva, de toda sociedade humana, que se estrutura e se desenvolve graças à diversidade de atividades. Cada atividade deve ser considerada não só em si mesma, mas também em relação ao todo, pois segundo o Documento Conciliar *Alegrias e Esperanças*: "a família humana, sobretudo devido ao aumento de múltiplos meios de comunicação entre as nações, vai se descobrindo e se organizando progressivamente como uma só comunidade espalhada pelo mundo inteiro".[762] Todo o trabalho humano deve se assemelhar ao de Cristo, que em tudo fez a vontade do Pai, auxiliando o ser humano, retirando-o da exclusão e inserindo-o no seio social da teocracia judaica, como prefiguração daquilo que todos os cristãos devem realizar para a promoção humana e a inserção de todas as pessoas na construção do reino de Deus na terra.[763]

O salmista canta de forma extasiante que "os céus proclamam a glória de Deus, e o firmamento anuncia as obras das suas mãos" (Sl 19, 2). Edith Stein, por sua vez, em estado de graça escreve: "mão tão generosa quanto poderosa e rica, que concede preciosas dádivas à alma quando se abre para lhe conceder suas graças..."; mão, também, que, se "fizesse sentir seu peso com mais intensidade, poderia aniquilar o mundo inteiro".[764] Jesus, com confiança inabalável,

[762] SACROSANCTUM OECUMENICUM CONCILIUM VATICANUM SECUNDUM. *Constituição Pastoral Gaudium et Spes*, 7/12/1966.

[763] STEIN, Edith. *A ciência da cruz*: estudo sobre São João da Cruz. 5. ed. São Paulo: Loyola, 2008. p. 103.

[764] *Ibidem*, p. 164.

entregou-se nas mãos do Pai – e, de fato, experimentou a terna graciosidade das mãos amorosas do Pai em sua jornada pela terra. Mas, também, experimentou o peso da mão humana que, criada pelo Pai, mas em desobediência a ele, aniquilou a vida do Filho Primogênito e desde a criação do mundo vem extirpando os filhos dos seres humanos da terra, conforme relata o texto bíblico de Gênesis 6, 5-7:

> O Senhor viu que a perversidade do homem tinha aumentado na terra e que toda a inclinação dos pensamentos do seu coração era sempre e somente para o mal. Então o Senhor arrependeu-se de ter feito o homem sobre a terra; e isso lhe cortou o coração. Disse o Senhor: "Farei desaparecer da face da terra o homem que criei, e com os homens os animais grandes, os animais pequenos e as aves do céu. Arrependo-me de havê-los feito".

Diante desse cenário de morte, Deus – na pessoa de Cristo – chora![765]

O mistério da Encarnação, celebrado como luz na noite de Natal, assim como o mistério da Redenção, celebrado como trevas da meia-noite, que se estendeu do meio-dia até as três da tarde na sexta-feira da Paixão, bem como a luz que resplandeceu na noite santa da Páscoa são verdadeiras investidas divinas sobre a criação. Deus quer recuperar o ser humano, oferecendo-lhe oportunidades para uma transformação pessoal e social, por isso Jesus entra na história humana e apresenta os valores evangélicos, que há muito já existiam, seja na cultura judaica, seja em outras culturas, mas que estavam na sombra por conta do cenário mundial de tanta ganância e corrupção.

A ação histórica de Deus sobre a humanidade, também chamada na mística de contemplação, pois Deus age continuamente para conquistar a alma humana e levá-la às núpcias eternas, pode ser interpretada como investidas divinas sobre a natureza humana, a fim de transformá-la e torná-la dócil. Na contemplação, a alma encontra-se com o próprio Deus, que dela se apodera.

[765] Jesus chora ao se compadecer da condição desumana presente na sociedade, condição que leva à morte, à desigualdade social e à injustiça, como se constata nas seguintes passagens bíblicas: em João 11, 35-36, na morte de Lázaro; em Lucas 19, 41, quando Jesus chora sobre a cidade de Jerusalém; e em Lucas 22, 44, no Monte das Oliveiras, quando estava prestes a ser preso e condenado, Jesus emana uma mistura de suor e choro. Assim se percebe que o Emanuel, presente na humanidade e, ao mesmo tempo, compondo a Santíssima Trindade, não é indiferente à dor humana. Ele não explica a razão da dor, mas se deixa pregar no madeiro, sentindo a dor dilacerante que seria o ápice para a transformação inédita. Ou seja, o Verbo feito carne experimenta a transformação de sua carne mortal em corpo glorioso, vendo dessa forma cumprir todas as profecias, pois finalmente adentrou na verdadeira "terra onde corre leite e mel", isto é, no Paraíso. Não o idealizado pelos hebreus em Êxodo 33, 3, que era apenas uma metáfora dos seus desejos mais profundos.

Quando o espírito humano estiver preparado, será possuído por Deus e inflamado em seu amor. Entretanto, por estar no tempo, o espírito está sujeito a mudanças e, em sua liberdade, pode dizer não a Deus e querer se enraizar nas coisas temporais. Nesse caso, há a intervenção divina em Cristo, que se interpõe "entre nós e a justiça divina, abrindo-nos por sua Paixão e morte, o caminho para a misericórdia." Caso isso não ocorresse, a alma sentiria "a mão do Deus vivo que, em sua onipotência, poderia destruí-la, consumindo-a no fogo vingador de seu divino amor desprezado, ou devorá-la eternamente, como os anjos decaídos". Essa sim seria a morte propriamente dita.[766]

As pessoas, no decorrer de suas vidas, são tocadas direta ou indiretamente pelas investidas divinas da Encarnação, Paixão, morte e Ressurreição de Cristo, o que faz com que experimentem os toques divinos que permitem vir à tona as suas fraquezas. Esses toques misteriosos quase levam os seres humanos a desfalecer, por conta de seu espírito e sentidos que sofrem o fardo escuro e imenso das adversidades da vida, bem como por suas posturas na sociedade e na Igreja. Para muitos, como para João da Cruz em suas enfermidades, assim como para Edith Stein no campo de concentração, a morte vem como um sofrido alívio que, nas palavras de São Paulo, adquire uma radiosa luz de esperança:

> Quanto a mim, eis que já fui oferecido em libação e o tempo da minha partida chegou. Combati o bom combate, terminei a carreira, guardei a fé. Desde já me está reservada a coroa da justiça que o Senhor, justo juiz, me dará em recompensa naquele Dia, e não só a mim, mas a todos os que tiverem esperado com amor a sua manifestação. (2 Tm 4, 6-8)

O toque da mão divina, tão branda e suave, traz para as pessoas sedentas de Deus a ternura do Menino Luz do Natal; mas para quem está sob a sombra da miséria de suas imperfeições e/ou padecendo da violência física ou verbal ou ainda sendo vítima do fundamentalismo ou da manipulação tirânica, a mão divina parece estar esmagando a sua condição humana. Nessas experiências a alma sente-se pobre e vazia de tudo, mas todas essas fraquezas Deus as cura pelo despojamento e pela transformação que são realizadas mediante a noite escura do Natal e da Páscoa.[767] Esses eventos deixam a inteligência na

[766] STEIN, Edith. *A ciência da cruz*: estudo sobre São João da Cruz. 5. ed. São Paulo: Loyola, 2008. p. 153-154.

[767] STEIN, Edith. *A ciência da cruz*: estudo sobre São João da Cruz. 5. ed. São Paulo: Loyola, 2008. p. 167. Deus demonstra para a alma seu amor e seus benefícios por meio de todos os seus atributos. Assim, apresentando-se através dos conhecimentos, na união amorosa que unifica a alma e o corpo

escuridão, pois para muitos ainda é inconcebível que o Deus todo-poderoso se revele na história humana como o *Menino de Belém* e tenha um desfecho trágico no *Homem de Nazaré*. O mistério da revelação cristã deixa em aridez a vontade dos apóstolos de ocuparem os primeiros lugares no reino de Jesus, para que os discípulos de todos os tempos conscientizem-se de que a vontade de Deus é soberana e exige vida em abundância para todo o ser humano, com manifestações concretas da caridade.[768]

Os israelitas anualmente celebram a memória da ação de Deus, libertando os seus antepassados das mãos dos egípcios. Esse evento é atualizado na vida de cada fiel, da tradição judaica, ao comemorar a festa da Páscoa, como acontecimento histórico e religioso, que se dá no presente com todo um cerimonial festivo. Nesse sentido, a mística steiniana quer recuperar a memória histórica, acentuando a necessidade do ser humano de conhecer o passado, para saber lidar melhor com a vida no presente e planejar um futuro, que esteja em consonância com o Reino de Deus.

As festividades cristãs são celebrações realizadas em alguns espaços públicos, mas principalmente nas igrejas e também nos lares, o que faz dessas festas, assim como das festas judaicas, muçulmanas e das religiões de matriz africana, eventos que necessitam de bens alimentícios e outros artefatos, para animar os convivas e realizar os seus rituais. Há muito tempo o capitalismo desfruta da renda gerada pelos gastos efetuados para se realizar tais eventos. No anseio pela transformação da mentalidade religiosa e social, o cristão é desafiado a ser criativo na ousadia de colocar os valores do evangelho nas várias dimensões da vida. Entre essas, a questão econômica deve encontrar na economia solidária a oportunidade de se criar e manter uma cultura da solidariedade, em que os laços afetivos no trabalho facilitem a autogestão com a produção coletiva e a geração de trabalho e renda, como recurso viável em um contexto de tanto

transformando a pessoa em um paraíso que Deus preparou com perfeição. As tentativas de se falar da união são insuficientes para exprimir o que na realidade acontece, "porque a transformação da alma em Deus é indizível".

768 SACROSANCTUM OECUMENICUM CONCILIUM VATICANUM SECUNDUM. *Constituição Pastoral Gaudium et Spes*. 7/12/1966. O documento conciliar afirma ser da vontade de Deus a atividade humana individual e coletiva para melhorar as condições de vida, pois o ser humano, criado à imagem de Deus, recebeu o mandamento de administrar a terra com tudo o que ela contém e governar o mundo na justiça e na santidade e, reconhecendo Deus como Criador universal, orientar-se a si e ao universo para Ele; de maneira que, estando todas as coisas sujeitas ao gênero humano, seja glorificado em toda a terra o nome de Deus. É graças ao trabalho cotidiano que o ser humano pode ganhar o sustento para si e suas famílias, prestando, ao mesmo tempo, um conveniente serviço à sociedade. Isso com razão deve gerar no íntimo da pessoa a certeza de que está prolongando com o seu trabalho a obra do Criador, ajudando os seus irmãos e dando uma contribuição pessoal para a realização dos desígnios de Deus na história.

desemprego.[769] Assim, as riquezas serão distribuídas e as festas serão de fato anúncio das *núpcias eternas*, onde o júbilo não terá mais fim.[770]

Nesse processo transformador, o estilo de vida do cristão surge como beleza divina, por meio de seu testemunho em um mundo que ostenta a beleza produzida pelo capital. O belo que brota da alma humana, tocada por Deus, sensibiliza a vida social, a organização da cidade e do campo, bem como influencia as trocas de mensagens virtuais e reais. Uma autêntica transformação leva ao desenvolvimento sustentável, que valoriza a qualidade do meio ambiente e da vida comunitária, reinventando a sociedade na qual os seres humanos possam amar e desfrutar da riqueza do amor, após séculos de trevas, sofrimento e dor causadas pelo excesso da ganância e do egoísmo.[771] Nesse sentido deve-se valorizar o direito internacional a fim de que haja a globalização da justiça, principalmente no que se refere ao campo dos direitos humanos. Isso para que se impossibilite os crimes contra a humanidade, pois só haverá verdadeiramente ordem e progresso quando todos viverem sob normas iguais, que protejam e garantam a dignidade e a integridade da vida humana.[772]

No decorrer da história se constata a dificuldade humana de se chegar à intimidade com Deus, pois a vida de fé exige muito trabalho e despojamento, em vista da harmonia pessoal, familiar e comunitária. Entretanto, verifica-se também na história a presença de pessoas que receberam "a notável graça de serem provadas mais a fundo", como Jesus e seus discípulos, que chegaram e chegam à perfeição, colocando-se totalmente a serviço de Deus, o que implica o enfrentamento daqueles que disseminam a morte com estratagemas diversificados, mascarando o mal em suas numerosas faces, o que ocasiona muitos sofrimentos e, por fim, a morte. A realidade cruenta da condição humana brada aos céus e Jesus, por meio do mistério da Redenção, "paga" à Justiça divina, pelos tormentos extremos do corpo e da alma e principalmente pela noite do

[769] BOFF, Leonardo. *Sustentabilidade*: o que é, o que não é. 5. ed. Petrópolis: Vozes, 2016. p. 43-117.

[770] STEIN, Edith. *A ciência da cruz*: estudo sobre São João da Cruz. 5. ed. São Paulo: Loyola, 2008. p. 210. Na união nupcial, Deus cuida da alma com imenso amor, revelando-lhe os seus segredos porque a alma atingiu a perfeição, cuja forma e essência é o amor. Por isso todas as ações da alma são amorosas, e todas as suas faculdades e riquezas são empregadas no ato de servir.

[771] BOFF, Leonardo. *Sustentabilidade*: o que é, o que não é. 5. ed. Petrópolis: Vozes, 2016. p. 200.

[772] PONTÍFICIO CONSELHO JUSTIÇA E PAZ. *Compêndio da Doutrina Social da Igreja*. São Paulo: Paulinas, 2005. p. 198. O Magistério da Igreja condena o recurso à usura e estende essa condenação às relações econômicas internacionais, especialmente no que diz respeito à situação dos países menos avançados, aos quais não podem ser aplicados "sistemas financeiros abusivos e mesmo usurários". E o Catecismo da Igreja Católica pontua que "todo aquele que em seus negócios se der a práticas usurárias e mercantis que provoquem a fome e a morte de seus irmãos comete indiretamente um homicídio, que lhe é imputável".

abandono de Deus, o preço das dívidas acumuladas pelos pecados de todos os tempos.[773] Ele abre as comportas da misericórdia do Pai para todos os que têm a coragem de carregar a própria cruz e, ainda, abraçar os crucificados da história. Sobre esses, afirma Edith Stein: "Jesus Cristo derrama sua luz e sua vida, que são divinas e que destroem incessantemente tudo quanto se lhes opõe e por isso dão, a princípio, a sensação de noite e morte. Esta é a *noite escura* da contemplação, a morte de cruz para o *homem velho*". Continua a teóloga informando que, dessa forma, realiza-se no cristão uma nova encarnação de Cristo, equivalente a uma ressurreição da morte na cruz.[774] Entretanto, assim como Jesus, o Primogênito dos mortos, o ser humano que fez a experiência mística e recebeu o toque do amor divino também traz em sua alma os estigmas da Paixão, que são a lembrança do preço que isso custou, e, desta forma, viverá até que a morte física lhe permita entrar na luz sem sombra.

Todavia, a experiência e a convivência com Deus possibilitam ao ser humano, fortalecido pela transformação, ser capaz de suportar os sofrimentos da contemplação escura.[775] Cabe-lhe a tarefa de continuar a se exercitar nos atos de amor, seja na vida de oração, seja nas ocupações temporais, para que não permaneça por muito tempo sem ver a Deus, mas seja tomado por Ele num rompante de tempo. A partir de João da Cruz, Edith Stein informa que após a noite de esforços da alma humana na busca por Deus, entra em cena a noite passiva, em que "a chama da vida divina toca a alma com a delicadeza da vida divina e a fere tão intimamente que ela se desfaz em amor... Todos os movimentos da alma se tornam divinos, são atos de Deus e, ao mesmo tempo, da alma". Neste caso, acontece que as atitudes da pessoa são efetuadas com muito amor, como se já estivesse na outra vida, o que só é possível por conta de a pessoa ter passado por numerosas provações, sofrimentos e tentações, mostrando-se fiel em meio a tantos dissabores. Por conta desse engajamento,

[773] SACROSANCTUM OECUMENICUM CONCILIUM VATICANUM SECUNDUM. *Constituição Pastoral Gaudium et Spes*. 7/12/1966. O documento eclesial afirma que Cristo entrou como homem perfeito na história do mundo e revelou que "Deus é amor" (1 Jo 4, 8). A partir dessa revelação declarou que a lei fundamental da perfeição humana e, portanto, da transformação do mundo, é o mandamento do amor. Ao suportar a morte, por amor a todos os pecadores, Cristo ensina que cada ser humano, também, deve levar a cruz que a carne e o mundo fazem pesar sobre os ombros daqueles que buscam a paz e a justiça.

[774] STEIN, Edith. *A ciência da cruz*: estudo sobre São João da Cruz. 5. ed. São Paulo: Loyola, 2008. p. 219-220.

[775] *Ibidem*, p. 161. A partir da análise da segunda estrofe do poema *Nas chamas do amor divino*, Edith Stein informa que as Três Pessoas divinas têm morada na alma e esclarece que, na obra da união da alma com Deus, cada pessoa divina tem uma função: o Espírito Santo é o cautério suave, que produz a regalada chaga; o Filho, pelo toque delicado, faz com que a alma prove a vida eterna; o Pai, com mão branda, diviniza a alma. Contudo, as três pessoas da Santíssima Trindade agem juntas e proporcionam a alma participar de todos os tesouros divinos.

realiza-se nela o que Jesus anunciou em João 14, 23: "a Santíssima Trindade viria a ela e nela faria morada".[776]

Um ser humano, assim, banhado no amor divino e transbordando caridade há de buscar se unir aos seus semelhantes, para contagiá-los com a chama viva do amor de Deus e procurar transformar as relações neste mundo, a favor de uma sociedade da paz. A transformação se dá a partir da compreensão humana, sensibilizada pela experiência divina, de que o ser humano deve trabalhar para que haja a garantia de alimentação, saúde, educação e terra, que são essenciais para a sobrevivência humana. Em termos sociais, a comunidade, desperta espiritualmente, deve garantir às pessoas: segurança, emprego, previdência social e se organizar a partir da democracia, justiça social e liberdade, entre tantos outros direitos fundamentais para uma vida digna nesta terra. Somente dessa forma será possível salvaguardar a vida no universo e cumprir plenamente a vontade de Deus.

Em sua caminhada para a união mística, Edith Stein informa que a alma foi se desapegando do que é desnecessário para a verdadeira felicidade e foi se apoderando do estado de graça. Ao longo do caminho, a alma foi sendo fortalecida para viver a solidariedade e o serviço gratuitamente. Tomou consciência de que os valores do Reino, propostos por Jesus, são patrimônio da humanidade, pois promove os laços de respeito entre as pessoas e cria um ambiente harmonioso. Nesse sentido, as comunidades católicas vêm se esforçando para marcar presença no Estado laico, conclamando os cidadãos a viverem a justiça social e a terem uma postura política coerente com a Doutrina Social da Igreja.

Entretanto, diante de um mundo com diferenças sociais extremas, as núpcias plenas do Cordeiro com a humanidade vêm sendo adiadas porque os cristãos ainda não conseguiram imprimir os valores do evangelho em todas as realidades sociais. Assim, a noite escura do pobre continua a afligir o coração de Jesus e de todos que, de uma forma ou de outra, estão em comunhão com ele. Edith Stein, em íntima união com o Mestre, teve uma vida polifacética, o que faz dela uma discípula de Cristo digna de admiração, seja por sua vida, seja por suas obras. *A ciência da cruz*, escrita às vésperas de sua deportação e morte, tem um desfecho irradiante para a pessoa que busca a Deus, pois experimenta a redenção, fruto da árvore do paraíso, no cotidiano em que, apesar das provações da noite escura, a fé possibilita que o mistério divino desabroche, acalentando a vida de toda a comunidade. Sob a árvore da cruz, a alma une-se ao Redentor e dá início a uma nova primavera, em que o Ressuscitado, no jardim da vida, abre as portas das moradas eternas àquelas pessoas que se deixaram transformar em bênçãos para a humanidade, como Edith Teresa Hedwige Stein.

[776] *Ibidem*, p. 157.

CONCLUSÃO

Ao término deste estudo se evidencia que na obra mística de Edith Stein, *A ciência da cruz*, a fé seja de fato propulsora da transformação social. Os passos deste trabalho quiseram evidenciar que a singularidade de uma pessoa pode afetar todo o conjunto social, mobilizando os indivíduos, para que se empenhem na reforma e desenvolvimento da vida pessoal e comunitária. É da natureza divina suscitar na alma humana que esta desabroche o seu potencial, saindo da inércia, que é própria do mundo mineral, que, por sua vez, também só é movido por uma força superior: Deus, cuja presença faz com que tudo entre num processo contínuo e dinâmico de transformação.

Edith Stein é exemplo humano de pessoa que foi se transformando ao longo de sua vida. Inicialmente, no campo da fé, experimenta na infância o encanto pelo judaísmo, tendo o privilégio de fazer as perguntas do *seder* da Páscoa, por ser a filha mais nova da família Stein; na adolescência vive um ateísmo próprio dos judeus que buscavam se assimilar ao mundo secularizado; aos trinta anos oficializa a sua conversão ao cristianismo, pedindo o batismo na Igreja Católica; a partir de então nutre o desejo de se tornar carmelita, sonho que se realizará alguns anos mais tarde, ao entrar para o claustro. No campo intelectual, sempre esteve aberta ao diálogo com o mundo externo e simultaneamente Stein foi sendo conduzida ao diálogo com a sua interioridade mais profunda, o que a fez se desdobrar em busca da verdade que pudesse dar sentido a sua vida e respondesse às suas indagações sobre a realidade social. Desde jovem, Edith Stein foi muito questionadora, por isso não concordou com a abordagem da compreensão humana, oferecida pela metodologia positivista, aplicada à psicologia e à interpretação da sociedade. Nesse interim, abandona a faculdade de Breslau e se transfere para Göttingen, em busca dos conhecimentos filosóficos apresentados por Husserl na fenomenologia.

O método fenomenológico encantou Edith Stein, que o apreendeu em sua capacidade de descrever as manifestações daquilo que se apresenta frente ao ser humano e, ainda, possibilita um leque de horizontes, conforme a intencionalidade do sujeito. A assertividade fenomenológica foi abraçada por Stein em sua linha antropológica e social. Nesse contexto surgiu a sua primeira obra: *Sobre o problema da empatia*, que trata das relações intersubjetivas. Em outras palavras, o relacionamento empático possibilita uma partilha de experiências, aumentando a interioridade das pessoas em diálogo, por meio da presentificação da cosmovisão do outro, ao proporcionar a descoberta de valores que podem ser reconhecidos numa ação interativa, sendo que cada um mantém a sua própria identidade. Na relação empática, sente-se a existência de outro ser humano em sua singularidade, como "eu", porque a empatia afeta o centro da pessoa, seu querer e sentir. Essa capacidade de compreensão da experiência alheia é a base da sociabilidade humana, na qual se convive e se estabelecem relações interpessoais.

Na última obra de Stein, *A ciência da cruz*, a fenomenologia abarca o mistério da mística, tendo em João da Cruz o protagonista, que possibilita evidenciar na cruz e na *noite escura* a vida de Jesus Cristo, que, tendo percorrido o caminho do calvário, é sobreposto no madeiro amaldiçoado, transformando o calvário e a cruz em sinais de redenção para a alma. Na crucifixão de Jesus de Nazaré, segundo os evangelistas sinóticos, ao meio-dia as trevas encobriram a terra. Esse fenômeno cósmico pode ser lido como fenômeno místico, pois a noite escura da fé provoca aridez e tormentos na vida do ser humano, deixando-o nas trevas, como Cristo na cruz. A Paixão redentora de Jesus pode ser, também, interpretada como uma investida divina sobre a humanidade, conforme acontece na *noite passiva*, para que a alma seja purificada e consiga desfrutar do enlace nupcial com Cristo, que a aguarda sob a Nova Árvore do paraíso, onde a união da alma com Deus acontece, como num abrasamento de amor.

A intenção da autora de *A ciência da cruz* foi escrever a biografia de São João da Cruz, conhecido como o "mestre da noite escura", por ocasião da comemoração de seu aniversário de nascimento. A obra de Stein retrata a vida de João de Yepes, e nas suas entrelinhas se descortina, também, a biografia espiritual da monja carmelita, que, tendo nascido judia, percorre todo um caminho de brilhantismo intelectual e, ao mesmo, de rejeição, por conta dos preconceitos pelo fato de ser mulher e judia. Além desses percalços, ainda existiram situações de cunho familiar e existencial que fizeram com que Stein experimentasse, como João da Cruz, a *noite escura* da alma. Diferentemente de seu pai espiritual e de Teresa de Ávila, Stein fala muito pouco ou quase nada de sua experiência mística, o que só é possível captar por meio de seu engajamento social e intercessão contínua em favor do povo; as suas obras põem em evidência um amor transfigurante que centraliza e valoriza a pessoa no mundo, pois – como ela mesma descreve – é justamente no coração do ser humano que Deus escolheu habitar; por fim, a sua vida de oração antes e depois de sua entrada para o Carmelo é intensa e revela uma verdadeira união esponsal com Cristo, a Verdade, por ela tão procurada.

A antropologia steiniana contrapôs-se ao modelo materialista do século XIX, resgatando a concepção paulina de que o ser humano é composto de corpo, alma e espírito, que não são formas estanques, mas, ao contrário, compõem a vivência do "eu" que acontece com o mundo. Stein informa que no "eu" estão presentes três dimensões que se compenetram mutuamente, sendo que na alma existem duas dimensões: a psíquica, onde se encontram os impulsos, os instintos e as reações humanas, e a dimensão espiritual, que controla o corpo e a psique, por meio de operações cognitivas e valorativas. O corpo humano, por sua vez, capta em sua consciência o que lhe acontece por meio da percepção e desempenha a função de "mediador" entre a pessoa e o mundo espacial, visto que pertence ao âmbito do sensível, que é indispensável para cada caminho do conhecimento, e ainda faz o intercâmbio com o espaço espiritual e religioso.

Dessa maneira, o "eu", segundo a filósofa, designa o interior da pessoa e a sua vida anímica, e designa também o exterior da pessoa, como corpo ou organismo físico. Acrescenta Stein que cada ser humano tem um núcleo vital, que é a sua identidade pessoal recebida desde o nascimento e é fonte de direcionamento do potencial da pessoa humana durante toda a vida. A autora dá o nome a este núcleo de "alma da alma", pois é uma particularidade da pessoa, que está para além do corpo, do psíquico e do espírito. Trata-se de uma marca distintiva que identifica a singularidade da pessoa como ser único, genuíno e irrepetível. É com essa constituição que o ser humano se depara com seus semelhantes e é convidado a desenvolver relações que podem vir a se tornar comunitárias e sociais. Como já foi dito, a empatia tem um papel fundamental no processo intersubjetivo, unificando as pessoas para projetos em comum, visando ao estabelecimento da harmonia justa e equilibrada entre os membros da sociedade.

À semelhança da Santíssima Trindade, o ser humano é vocacionado à vida em comum, conforme é retratado em diversas passagens das Sagradas Escrituras. A Eucaristia, para Stein, é sinal eficaz da comunhão de todos os povos ao redor da mesma mesa, o que tem vários significados, como a superação de toda forma de discriminação e miséria entre os indivíduos, já que em Cristo "Somos todos irmãos", logo não pode haver distinção entre as pessoas, mas acolhida e partilha do alimento e dos demais bens necessários para a sobrevivência. A mesa com os frutos da terra, transformados em Corpo e Sangue do Senhor Jesus, trazem à tona a realidade do trabalho, que é edificante para a condição humana e não deve ser visto como castigo, e o trabalhador jamais pode ser escravizado. Jesus é o carpinteiro e o lavrador, assim como o pescador e o pedagogo, o que quer dizer que em Jesus todas as profissões são dignas de respeito, pois transformam a realidade, tendo em vista o bem comum concretizado na sociedade humana.

Neste estudo se evidenciou que as sociedades, como a de Israel, constitui-se uma nação, quando se organiza de forma estatal, para adquirir a sua soberania diante dos outros Estados. Para isso, faz-se necessário que as pessoas desenvolvam o seu potencial e, assim, assumam postos de trabalho que garantam para o povo: saúde, segurança, educação, organização estatal, previdência social, democracia, liberdade, emprego e justiça social. Esses elementos são essenciais para a constituição de um povo que acredita em si e em seus semelhantes, assim como é convidado a crer naquele que, encarnando-se no seio da humanidade de Maria de Nazaré, conduziu e conduz – como Bom Pastor – os seus discípulos, a fim de que lancem no coração humano a semente graciosa do reino dos céus.

Desde sempre, Deus lida com o ser humano a partir da liberdade, por isso é sempre um convite que Ele faz e nunca uma imposição, para que seja feita a sua vontade, que é justamente vida em abundância para o ser humano. Edith Stein entendeu bem a proposta divina, daí as suas ponderações na dimensão social, colocando sempre a liberdade humana frente a proposta redentora de Cristo, que quer transformar misticamente a alma humana em Deus, para que o ser humano enxergue, atue, pense e sinta o seu próximo, o mundo e a si mesmo, como o próprio Deus sente. Tamanho fenômeno cristifica a realidade e faz da vivência social um caminho de cruz, em meio às trevas daqueles que não aceitam, ao contrário rechaçam, o convite divino para a transformação humana e social. Deus respeita as decisões do ser humano, mas não desiste de amá-lo, mesmo que este recuse o seu amor. No poema *Nas chamas do amor divino*, de João da Cruz, a autora enfoca o peso da mão branda de Deus ao tocar a pessoa humana, para que se transforme em outro Cristo. Acrescenta, porém, que, no decorrer da história, as pessoas, no discipulado de Jesus Cristo, deparam-se com a fúria e o peso das mãos dos carrascos que exploram o ser humano, desumanizando a sociedade, pregando-a na cruz.

Segundo as palavras de Edith Stein: "não se pode adquirir uma 'scientia crucis' (ciência da cruz), senão começando por sofrer verdadeiramente o seu peso". Cristo sentiu esse peso e experimentou a rejeição humana expressa pelas autoridades judaicas e romanas. Ainda hoje os "impérios" levantam-se para crucificar aqueles e aquelas que se posicionam como Cristo, contra toda forma de violência e egoísmo, que geram a miséria e a ignorância dos povos. A última obra de Stein retrata o sofrimento da alma humana, para se purificar e atingir o matrimônio místico. Nas entrelinhas da obra se descortina o sofrimento de dois místicos, cuja fé os levou a um engajamento na realidade, percebendo os equívocos, propondo mudanças e concretizando reformas, tendo em vista o bem da vida religiosa, no caso específico de João da Cruz; já no caso de Edith Stein a história é rompida, pois inicialmente teve a felicidade de ver as suas lutas no campo social sendo conquistadas, por exemplo o direito ao voto conquistado pelas mulheres, porém os seus outros projetos de uma sociedade igualitária e justa, com um ser humano equilibrado e íntegro, estabelecendo relações empáticas, foram perecendo por conta da política nazista, que suprimiu os direitos dos judeus e demais povos submetidos ao Nacional Socialismo alemão.

Antes mesmo de se tornar monja carmelita, a filósofa de Breslau já estava atuando ativamente no seio da Igreja Católica Apostólica Romana, interpelando os cristãos à santidade, por meio da vivência da fé engajada nas realidades sociais, pois em sua concepção o profetismo de Cristo e a sua postura na sociedade judaica deveria ser também a forma com a qual o cristão deve se inserir no mundo atual. Isso posto, entende-se a atuação de Stein como pedagoga, ensinando que o fenômeno da empatia aproxima os seres humanos, para que vivam a fraternidade e o respeito entre si, independentemente da religião, da nacionalidade, etc. A vida polissêmica de Edith Stein demonstra a fartura de dons oferecidos por Deus ao ser humano. Em contrapartida, a discriminação social vivida pela filósofa denota a miséria humana que impossibilita o reconhecimento do potencial do outro e, também, despreza a riqueza das diferenças culturais. Todavia, a sociedade progrediu bastante após a Segunda Guerra Mundial, mas ainda hoje se encontram pelo mundo mulheres sem direitos, discriminação econômico-social, religiões alienantes, etc. No atual cenário, assim como realizou em sua época, Edith Stein conclama as pessoas à vivência da igualdade social, por meio da conscientização política com a missão de humanizar a sociedade. Na compreensão da monja carmelita, a sociedade é composta de pessoas, que são seres espirituais que necessitam ir à fonte da espiritualidade, para se refazerem e continuarem o seu engajamento nas realidades deste mundo. Por isso, Stein continua a conduzir as pessoas a uma experiência humanamente divina, quando essas poderão vivenciar plenamente a sua união com Deus e, consequentemente, com todos os povos.

Edith Stein, em sua busca pela verdade dos fatos, por meio do estudo da fenomenologia, encontrou na biografia de João da Cruz a razão da necessidade de se reformar – não só a Ordem Carmelita – mas a sociedade, ou seja, ambas as instituições necessitam de reformas, para melhor atender as necessidades de seus membros. Durante a vida de João da Cruz, há um enorme contraste social, a Espanha vive o seu *século de ouro*, tendo os poderosos muitos privilégios na sociedade, porém – nesta mesma Espanha – existem milhares de pessoas na pobreza e indigência. Esse contexto de desigualdade social aparece em *A ciência da cruz*, quando a autora fala, de forma latente, da realidade europeia, imersa numa profunda crise social desde o início do século XX, agravando-se cada vez mais e culminando com a Segunda Grande Guerra. Todavia essa crise estende-se, também, para a realidade do século XXI, que, além das aviltantes desigualdades sociais pelo mundo, depara-se com fundamentalistas no campo religioso e político e, também, com uma legião de refugiados buscando abrigo nos países abastados.

Ao longo de *A ciência da cruz* evidencia-se em Edith Stein uma constante preocupação com a vida humana e com tudo o que lhe diz respeito. Este trabalho, certamente, ilumina aqueles que vivem momentos de turbulência, seja em relação à falta de sentido pela vida, seja pelo relativismo moderno, seja ainda pela utilização do ser humano como se fosse um mero objeto. De fato, a originalidade de Stein na obra *A ciência da cruz*, apresentando a alma, o eu e a liberdade como base para a vivência social, possibilita acreditar que o ser humano possa refazer a sua vida, a partir de sua capacidade reflexiva e de sua liberdade. Assim, diante de um "eu" consciente de sua vinculação com a humanidade, conforme o exemplo de vida da própria autora, que sempre esteve comprometida com os acontecimentos sociais e políticos em sua época, tornam-se escassas as chances da desagregação social.

Reformar a sociedade, transformando aquilo que sobrou das destruições de caráter efetuadas por governantes e governados desumanizados, é tarefa árdua, mas que encontra ressonância no mistério da adesão a Deus. Stein afirma que a fé, além de despertar o amor, também se dirige à inteligência, abrindo o ser humano para o entendimento da verdade divina. Deus, em seu transbordamento de amor, tudo recria e tudo refaz, para que a criação chegue a sua plenitude. Nesse sentido, o Evangelho ensina que o ser humano deve procurar em tudo fazer a vontade de Deus, contribuindo para que o Reino de Deus tenha início nesta terra. Logo, a fé em Deus conduz a pessoa a trilhar um caminho de aperfeiçoamento espiritual, que perpassa o ser humano concreto, enraizado numa comunidade social. Dessa forma, o enfrentamento *da noite escura dos sentidos* e *do espírito* é ocasião propícia, para que a humanidade, atravessando o seu calvário de corrupção política, com todas as suas consequências nefastas, encontre – na árvore da cruz – a redenção tão almejada.

Assim, tendo vislumbrado em *A ciência da cruz* os conhecimentos de Edith Stein na área teológica, política, antropológica e social, a partir de sua base filosófica, que é a fenomenologia, pode-se creditar a ela o mérito de conciliar numa obra mística o entrelaçamento do mistério que une e envolve o ser humano e Deus com o mesmo objetivo, isto é, o mistério da fé coloca aquele que crê, incondicionalmente, em comunhão com o desígnio divino, que em seu transbordamento de amor, orienta às pessoas para a evolução, impulsionando assim ao progresso, que beneficia o desenvolvimento e a transformação de toda a humanidade.

REFERÊNCIAS

Obras e artigos de Edith Stein

STEIN, Edith. *A ciência da cruz*: estudo sobre São João da Cruz. 5. ed. São Paulo: Loyola, 2008.

STEIN, Edith. *A oração da igreja*. Rio de Janeiro: Agir, 1958.

STEIN, Edith. Escritos antropológicos y pedagógicos. *Obras completas*. v. IV. 2003.

STEIN, Edith. Escritos autobiográficos y cartas. In: URKIZA, Julien; SANCHO, Francisco Javier (Org.). *Obras completas*. v. I. Vitoria: El Carmen; Madri: Espiritualidad; Burgos: Monte Carmelo, 2002.

STEIN, Edith. Escritos filosóficos: etapa del pensamiento cristiano. *Obras completas*. v. III. 2007.

STEIN, Edith. Escritos filosóficos: etapa fenomenológica. *Obras completas*. v. II. 2005.

STEIN, Edith. *Obras selectas*. 2. ed. Burgos: Monte Carmelo, 1998.

STEIN, Edith. *Ser finito y ser eterno*: ensayo de una ascensión al sentido del ser. México: Fondo de Cultura Econômica, 2002.

STEIN, Edith. *Sobre el problema de la empatia*. Madrid: Editorial Trotta, 2004.

STEIN, Edith. *Source cachée*: oeuvres spirituelles. Paris: Cerf, 2004.

STEIN, Edith. *Teu coração deseja mais*: reflexões e orações. Petrópolis: Vozes, 2012.

Obras e artigos sobre Edith Stein

ALFIERI, Francesco. *Pessoa humana e singularidade em Edith Stein*. São Paulo: Perspectiva, 2014.

BELLO, Angela Ales. *Conferência Edith Stein e o acolher*: o outro, o estranho, o diferente. Disponível em:<http://www.rumoatolerancia.fflch.usp.br/node/2451>. Acesso em: 20 set. 2010.

BELLO, Angela Ales. *Fenomenologia e ciências humanas*. Bauru: Edusc, 2004.

BELLO, Angela Ales. *Pessoa e comunidade*. Comentários: psicologia e ciências do espírito de Edith Stein. Belo Horizonte: Artesã, 2015.

BELLO, Ângela Ales; ALFIERI, Francesco. *Edmund Husserl e Edith Stein*: due filosofi in dialogo. Brescia: Morcelliana, 2015.

BELLO, Ângela Ales; PELLEGRINO, Marina Pia. *Edith Stein* – Gerda Walther. Incontri possibili: empatia, teleparia, comunità, mística. Roma: Lit Edizioni, 2014.

BELLO, Ângela Ales; ZIPEL, Nicola. *Ripensando l'umano*: in dialogo com Edith Stein. Roma: Castelvecchi, 2015.

BERRANGER, Olivier de. Édith Stein ou La "chasteté des choses. *Nouvelle Revue Théologique*, França, Les Deux Mois, v. 114, n. 4, p.533-557, 1992.

BINGEMER, Maria Clara L.; YUNES, Eliana (Org.). *Profetas e profecias*: numa visão interdisciplinar e contemporânea. São Paulo: Loyola, 2002.

BINGGELI, S. Edith Stein et la femme: perspectives anthropologiques et spirituelles. *Nouvelle Revue Théologique*, França, Les Deux Mois, v. 123, n. 4, 2001.

CAMPOS, Fernando Arruda. O tomismo de Edith Stein: um diálogo com a fenomenologia de Husserl. *Convivium*, São Paulo, n. 6, p. 528-534, 1982.

CARDOSO, Carolina de R. Damas. *Contribuições de Edith Stein para a psicologia científica*. Curitiba: Appris, 2014.

CONRAD-MARTIUS, Hedwig. Edith Stein. *Archives de Philosophie*, Paris, Beauchesne et ses fils, v. 22, n. 2, p. 163-174, 1959.

DEL VOLTO SANTO, Maria Cecília. *Edith Stein*: un'ebrea testimone per la verita. Milano: San Paolo, 2013.

DOBHAN, Ulrich. Teresa de Avila y Edith Stein. *Communio*, Espanha, Encuentro, v. 20, n. 2, p. 236-256, 1999.

DOBNER, C. *Il libro dai sette sigilli, Edith Stein*: Torah e Vangelo. Saronno: Monti, 2008.

DRIESSCHE, Thibault Van Den. Le sens Du renoncement... quand Edith Stein commente Jean de la Croix. *Ephemerides Teologicae Lovanienses*, França, v. 82, n. 4, p. 317-332, 2006.

DROZNES, Lazaro. *La monja judia*. Buenos Aires: Ave Fenix, 2014.

Edith Stein: filosofa judia e mestra espiritual. *Grande Sinal*, Petrópolis, v. 41, n. 2, p.131-180, 1987.

FERMIN, Francisco J. Sancho. *Edith Stein*: modelo y maestra de espiritualidad. 3. ed. Burgos: Monte Carmelo, 1998.

GARCIA, J. T.; SCIADINI, P. *Edith Stein*: holocausto para seu povo. São Paulo: Loyola, 1987.

GARCIA, Jacinta Turolo. *Edith Stein e a formação da pessoa humana.* 2. ed. São Paulo: Loyola, 1987.

GIBU, Ricardo. La empatía como problema de constitución en la obra filosófica de Edith Stein. Puebla: La lámpara de Diógenes. *Revista Semestral de Filosofia*, p. 43-56, 2004.

GYRÃO, Maria L. S. *Justiça a Edith Stein.* Rio de Janeiro: Fábrica de Livros, 2010.

HECHT, Emmanuel; SERVENT, Pierre. *O século de sangue* - 1914-2014. As vinte guerras que mudaram o mundo. São Paulo: Contexto, 2015.

HEIMPEL, Joseph. *Il rapporto tra la persona e la comunità nella visione cristiana di Edith Stein.* Roma: Edizioni OCD, 2005. 543p.

HERBSTRITH, Waltraud. (Teresia a Matre Dei). *Edith Stein*: en busca de Dios. Estela (Navarra) España: Verbo Divino, 1969.

HERBSTRITH, Waltraud. *Demorar-se com Deus*: orar com João da Cruz, Teresa de Ávila, Teresa de Lisieux, Edith Stein. São Paulo: Loyola, 1987.

HERBSTRITH, Waltraud. *Edith Stein, a biography.* 2. ed. San Francisco: Ignatius Press, 1992.

HERBSTRITH, Waltraud. *Edith Stein.* Madrid: Editorial de Espiritualidad, 1987.

HERBSTRITH, Waltraud. *Edith Stein*: a loucura da Cruz. Paris: Editions du Signe, 1998.

HERBSTRITH, Waltraud. *Edith Stein*: vita e testimonianze. 5. ed. Roma: Città Nuova, 2000.

HOEGEN, M. *Edith Stein e il problema dell'empatia.* Roma: Studium, 1986.

KUSANO, Mariana Bar. *A antropologia de Edith Stein*: entre Deus e a filosofia. São Paulo: Ideias e Letras, 2014.

LENA, Marguerite. Edith Stein et Madeleine Daniélou: le mystère de la personne au coeur de l'education. *Lumiere e vie*, França, v. 55, n. 269, p. 15-28, 2006.

LORENZO, Maria Di. *Con la croce sul cuore*: Edith Stein. Bologna: Immacolata, 2013.

MAHFOUD, M.; MASSIMI, M. (Org.). *Edith Stein e a psicologia*: teoria e pesquisa. Belo Horizonte: Artesã, 2013.

MARGARINO, Annalisa. *In Statu Viae*: la fenomenologia religiosa in Edith Stein. Roma: Edizioni OCD, 2002.

MEDEIROS, Frei Tito Figuerôa de. Judaísmo e cultura em Edith Stein. *Grande Sinal*, Petrópolis, v. 54, p. 297-315, 2000.

MIRIBEL, Elisabeth. *Edith Stein, 1891-1942*: como ouro purificado pelo fogo. 2. ed. Aparecida: Santuário, 2001.

NABUCO, Maria Anna. *Edith Stein*: convertida, carmelita, mártir. Petrópolis: Vozes, 1955.

NOVINSKY, Ilana Waingort. *Em busca da verdade em tempos sombrios*: Edith Stein. São Paulo: Humanitas, FAPESP, 2014.

PERETTI, Clélia. *L'empatia nel rapporto interpersonale*. Dissertatio ad gradum Magisterii. Institutum Superius Scientiarum Religiosarum "Redemptor Hominis". Pontificium Athenaeum Antonianum, Roma, Itália. 1997.

PERETTI, Clélia. Pedagogia da empatia e o diálogo com as Ciências Humanas em Edith Stein. *Revista da Abordagem Gestáltica*, Goiânia, v. 16, n. 2,dez. 2010. Disponível em: http://gtedithstein.blogspot.com. Acesso em: 12 out. 2015.

PERETTI, Clélia. *Revista Coletânea*: Instituto Teológico do Mosteiro de São Bento do Rio de Janeiro, Rio de Janeiro, ano II, fascículo 4, jul./dez. 2003.

ROMAG, Dagoberto. *Compêndio da história da Igreja*: a antiguidade cristã. v. I. Petrópolis: Vozes, 1939.

RUS, Eric. *A visão educativa de Edith Stein, aproximação a um gesto antropológico integral*. Belo Horizonte: Artesã, 2015.

SBERGA, Adair Aparecida. *A formação da pessoa em Edith Stein*. São Paulo: Paulus, 2014.

SCIADINI, Patrício. Uma excelsa filha de Sião: beata Edith Stein, carmelita descalça. *Grande Sinal*, Petrópolis, v. 43, p. 297-314, 1989.

SLEIMAN, J.; BORRIELLO, L. *Edith Stein*: testimone di oggi, profeta per Domani. Cittá Del Vaticano: librería Editrice Vaticana, 1998. 415p.

VOLTO SANTO, M. C. *Edith Stein*: un'ebrea testimone per la verità. Milano: San Paolo, 1996.

Obras e artigos complementares

ABBAGNANO, N. *Dicionário de filosofia*. São Paulo: Martins Fontes, 2000.

ANDRADE, P. F. C. A religião no espaço público. In: OLIVEIRA, Pedro Ribeiro de; DE MORI, Geraldo (Org.). *Mobilidade religiosa*. Linguagens, juventude, política. São Paulo: Paulinas, 2012.

ANDRADE, P. F. C. Democracia e Doutrina Social da Igreja. In: PINHEIRO, José; LESBAUPIN, Ivo (Org.). *Democracia, Igreja e cidadania*: desafios atuais. São Paulo: Paulinas, 2010. 240p.

ARENDT, Hannah. *Condition de l'homme moderne*. Paris: Calmann-Levy, 1983.

ARISTÓTELES. *Política*. Martins Claret, 2011.

ARNS, Paulo Evaristo. *Brasil*: nunca mais. 3. ed. Petrópolis: Vozes, 1985.

AVIZ, João Brás de. *Sou João*: verdade e diálogo por uma Igreja-comunhão. São Paulo: Cidade Nova, 2015.

AZAMBUJA, Darcy. *Teoria geral do Estado*. n. 40. São Paulo: Globo, 2000.

AZRIA, Régine. *O judaísmo*. Bauru: Edusc, 2000.

BAUMAN, Zygmunt. *Globalização*: as consequências humanas. Rio de Janeiro: Zahar, 1998.

BAUMAN, Zygmunt. *Vidas desperdiçadas*. 2. ed. Rio de Janeiro: Zahar, 2005. 176p.

BELLO, Angela Ales. *Fenomenologia e ciências humanas*. Bauru: Edusc, 2004.

BERTELLI, Getúlio A. *Mística e compaixão*: a teologia do seguimento de Jesus em Thomas Merton. São Paulo: Paulinas, 2008.

BETTO, Frei. *A mosca azul*: reflexão sobre o poder. Rio de Janeiro: Rocco, 2006.

BÍBLIA DE JERUSALÉM. São Paulo: Paulus, 1981.

BÍBLIA: tradução ecumênica. 2. ed. São Paulo: Loyola, 1995.

BINGEMER, M. Clara; ANDRADE, Paulo F. C. (Org.). *Secularização*: novos desafios. Rio de Janeiro: PUC, 2012.

BINGEMER, M. Clara; BARTHOLO JR., Roberto dos Santos. (Org.). *Mística e política*. São Paulo: Loyola, 1994.

BINGEMER, M. Clara; FELLER, Vitor G. *Deus Trindade*: a vida no coração do mundo. São Paulo: Paulinas, 2003.

BINGEMER, M. Clara; PINHEIRO, Marcus Reis (Org.). *Narrativas místicas*: antologia de textos místicos da história do cristianismo. São Paulo: Paulus, 2016. 442p.

BINGEMER, Maria Clara. *O mistério e o mundo*: paixão por Deus em tempos de descrença. Rio de Janeiro: Rocco, 2013.

BINGEN, Hildegarda de. *Conhece os caminhos do Senhor*. São Paulo: Paulus, 2015. Scivias (Scito Vias Domini).

BOFF, Leonardo. *A cruz nossa de cada dia*. Petrópolis: Vozes, 2012.

BORGAL, Clémens. *Saint-Exupéry*: mystique sans la foi. Paris: Centurion, 1964. 206p.

BORGER, Hans. *Uma história do povo judeu*: de Canaã à Espanha. v. 1. 2. ed. São Paulo: Sefer, 2001.

BROWN, Peter. *Santo Agostinho*: uma biografia. Rio de Janeiro, São Paulo: Record, 2005.

BUBER, Martin. *Eu e Tu*. 2. ed. São Paulo: Moraes, 1974. 170p.

CAMACHO, Ildefonso. *Doutrina social da Igreja*: abordagem histórica. São Paulo: Loyola, 1995.

CARMO, Raymundo E. *Fenomenologia existencial*: estudos introdutórios. Belo Horizonte: O Lutador, 1974.

CARRARA, Paulo Sérgio. *Elevatio entis ad Patrem*: a oração de Jesus e do cristão à luz do mistério pascal na teologia de François Xavier Durrwell. Belo Horizonte: O Lutador, 2014.

CECHIN, Andrei. *A natureza como limite da economia*: a contribuição de Nicholas Georgescu – Roegen. São Paulo: Senac, 2010.

CECHINATO, Luiz. *Os 20 séculos de caminhada da Igreja*: principais acontecimentos da cristandade, desde os tempos de Jesus até João Paulo II. 6. ed. Petrópolis: Vozes, 2006.

CLERCQ, Bertrand J. de. *Religião e política*. Porto: Editorial Perpetuo Socorro, 1972.

CNBB. *Manual da campanha da fraternidade 2014*. Fraternidade: Igreja e tráfico humano. Brasília: Edições CNBB, 2013.

CNBB. *Manual da campanha da fraternidade 2015*. Fraternidade: Igreja e sociedade. Brasília: Edições CNBB, 2015.

COMBLIN, José. *O povo de Deus*. 2. ed. São Paulo: Paulus, 2002.

COSTA, Armando C.; MARTINS FILHO, Ives G. (Org.). *João Paulo II*: Encíclicas. n. 3. São Paulo: LTr, 2003.

COSTA, Jurandir Freire. *O ponto de vista do outro*: figuras da ética na ficção de Graham Greene e Phillip K. Dick. Rio de Janeiro: Garamond, 2010.

CRÔNICA DEL HOLOCAUSTO. Madrid: Editorial Libsa, 2002.

DARTIGUES, André. *O que é fenomenologia*. Rio de Janeiro: Eldorado, 1973.

DELARUE, Jacques. *História da Gestapo*. Rio de Janeiro: Record, 1962.

DENZINGER, H.; HÜNERMANN, P. *Compêndio dos símbolos, definições e declarações de fé e moral*. São Paulo: Loyola, Paulinas, 2007.

DICIONÁRIO DE TEOLOGIA. Conceitos fundamentais da teologia atual. v. V. São Paulo: Loyola, 1971.

DURKHEIM, Émile. *As formas elementares de vida religiosa*: o sistema totêmico na Austrália. 2. ed. São Paulo: Paulus, 2001.

FERRARO, Benedito. *A significação política e teológica da morte de Jesus à luz do Novo Testamento*. Petrópolis: Vozes, 1977.

FERREIRA, Vicente de Paula. *Cristianismo não religioso no pensamento de Gianni Vattimo*. Aparecida: Santuário, 2015.

FRIDERICHS, Edvino Augusto. *Panorama da parapsicologia ao alcance de todos*. 6. ed. São Paulo: Loyola, 1991.

GEFFRÉ, Claude. *Crer e interpretar*. Petrópolis: Vozes, 2004.

GEFFRÉ, Claude. *De Babel a Pentecostes*: ensaios de teologia inter-religiosa. São Paulo: Paulus, 2013.

GIRARD, René. *Des choses cachées depuis la fondation du monde*. Paris: Grasset, 1978. 492p.

GOMES, Cirilo Folch. *Antologia dos santos padres*: páginas seletas dos antigos escritores eclesiásticos. São Paulo: Paulinas, 1973.

GREENE, Graham. *O poder e a glória*. [S.I.:] Círculo do Livro, 1973.

GUARESCHI, Pedrinho. *Psicologia social crítica como prática de libertação*. 4. ed. Porto Alegre: EDIPUCRS, 2009.

HESCHEL, Abraham Joshua. *Deus em busca do homem*. São Paulo: Arx, 2006.

HITTOIS, Gilbert. *Do renascimento à pós-modernidade*. Aparecida: Ideias & Letras, 2008.

HUSSERL, Edmund. *Investigações lógicas*: sexta investigação – elementos de uma elucidação fenomenológica do conhecimento. São Paulo: Nova Cultural, 1996.

HUSSERL, Edmund. *La crise de l`humanité européenne et la fhilosophie*. Paris: Aubier Montaigne, 1977. p.172.

HUSSERL, Edmund. *Meditações cartesianas*: introdução à fenomenologia. São Paulo: Mandras, 2001.

IOANNES PAULI PP. *Constituição Apostólica Divinus Perfectionis Magister*: sobre a nova legislação relativa às causas dos santos. 25 de janeiro de 1983.

JAPIASSÙ, H.; MARCONDES, D. *Dicionário básico de filosofia*. 5. ed. Rio de Janeiro: Zahar, 2008.

JOÃO DA CRUZ. *Obras completas*. 3. ed. Fátima: Carmelo de São José, 1977.

JUNG, Carl Gustav. *O símbolo da transformação na missa*. 6. ed. Petrópolis: Vozes, 2011.

KAMEL, Ali. *Sobre o islã*: a afinidade entre muçulmanos, judeus e cristãos e as origens do terrorismo. Rio de Janeiro: Nova Fronteira, 2007.

KELSEN, Hans. *Teoria geral do direito e do Estado*. 3. ed. São Paulo: Martins Fontes, 2000.

KNITTER, Paul F. *Introdução às Teologias das Religiões*. São Paulo; Paulinas. 2008. p.398.

KONINGS, Johan. *Ser cristão*: fé e prática. Petrópolis: Vozes, 2003.

LADARIA. Luis F. *O Deus vivo e verdadeiro*: o mistério da Trindade. São Paulo: Loyola, 2005.

LENHARO, Alcir. *Nazismo*: o triunfo da vontade. São Paulo: Ática, 1995.

LIBANIO, João Batista. *Eu creio, nós cremos*: tratado da fé. São Paulo: Loyola, 2000.

LIBANIO, João Batista. *Olhando para o futuro*: prospectivas teológicas e pastorais do cristianismo na América Latina. São Paulo: Loyola, 2003.

MACKENZIE, John L. *Dicionário bíblico*. São Paulo: Paulinas, 1983.

MAIMÔNIDES, M. *Excerto sobre a profecia e as leis dos reis*. Maayanot: São Paulo, 1995.

MAIMÔNIDES, M. *O guia dos perplexos*: parte 1. São Paulo: Landy, 2004.

MAIMÔNIDES, M. *O guia dos perplexos*: parte 2. São Paulo: Landy, 2003.

MAQUIAVEL, Nicolau. *O príncipe e escritos políticos*. São Paulo: Folha de São Paulo, 2010. (Livros que mudaram o mundo).

MARTINS, A. H. Campolina. Da monstração fenomenológica à demonstração lógica: a leitura fenomenológica de Tomás de Aquino na síntese de Edith Stein. In: DREHER, L. H. (Org.). *A essência manifesta*. Juiz de Fora: Ed. UFJF, 2003. p.11-19.

MATAGRIN, Gabriel. *Política, igreja e fé*: para uma prática cristã da política. Porto: Editorial Perpétuo Socorro, 1975.

MATOS, Alderi; COSTA, Hermisten. *Cristo e a cruz*. São Paulo: Cultura Cristã, 2008.

MENDONZA-ALVAREZ, C. *O Deus escondido da pós-modernidade*: desejo, memória e imaginação escatológica. Ensaio de teologia fundamental pós-moderna. São Paulo: Realizações, 2011.

MERTON, Thomas. *Questões abertas*. Rio de Janeiro: Agir, 1963.

MINETTE de TILLESSE, Padre Caetano. *A Doutrina Social da Igreja*. Fortaleza: Nova Jerusalém. (Textos escolhidos e reunidos).

MIRANDA, Mário de França. *A salvação de Jesus Cristo*. A doutrina da graça. São Paulo: Loyola, 2004. 240p.

MIRANDA, Mário de França. *Libertados para a práxis da justiça*: a teologia da graça no atual contexto latino-americano. 3. ed. São Paulo: Loyola, 2002.

MOLTMANN, Jurgen. *O Deus crucificado*: a cruz de Cristo como base e crítica da teologia cristã. Santo André: Academia cristã, 2014.

MONDONI, Danilo. *Teologia da espiritualidade cristã*. São Paulo: Loyola, 2000.

NICOLA, Giulia P.; BINGEMER, Maria Clara L. *Simone Weil*: ação e contemplação. Bauru: EDUSC, 2005.

ORO, Ivo Pedro. *O outro é o demônio*: uma análise sociológica do fundamentalismo. São Paulo: Paulus, 1996.

OTTO, Rudolf. *O sagrado*: os aspectos irracionais na noção do divino e sua relação com o racional. São Leopoldo: Sinodal/EST; Petrópolis: Vozes, 2007.

PAGOLA, José Antônio. *Voltar a Jesus*: para a renovação das paróquias e comunidades. Petrópolis: Vozes, 2016.

PAPA FRANCISCO. *A Igreja da misericórdia*: minha visão para a Igreja. São Paulo: Schwarcz, 2014.

PERRET, Bernard. *O capitalismo é sustentável?*. São Paulo: Loyola, 2011.

PETRUCCIANI, Stefano. *Modelos de filosofia política*. São Paulo: Paulus, 2014.

PLATÃO. *A República*. São Paulo: Martin Claret, 2000.

PLATÃO. *Fedro*. São Paulo: Martin Claret, 2011.

PONTÍFICIO CONSELHO JUSTIÇA E PAZ. *Compêndio da Doutrina Social da Igreja*. São Paulo: Paulinas, 2005.

QUEIRUGA, Andrés Torres. *Repensar a ressurreição*: a diferença cristã na continuidade das religiões e da cultura. São Paulo: Paulinas, 2004.

RAHNER, Karl. *Curso fundamental da fé*: introdução ao conceito de cristianismo. 4. ed. São Paulo: Paulus, 2008.

RAHNER, Karl. Teologia e antropologia. São Paulo: Paulinas, 1969.

REY-MERMET, Théodule. *Afonso de Ligório*: uma opção pelos abandonados. Aparecida: Santuário, 1984.

RIBEIRO, Darcy. *O povo brasileiro*: a formação e o sentido do Brasil. São Paulo: Schwarcz, 2001.

RICOUER, Paul. *Em torno ao político*. São Paulo: Loyola, 1995.

RICOUER, Paul. *Na escola da fenomenologia*. Petrópolis: Vozes, 2009.

RUBIO, Alfonso Garcia. *Unidade na pluralidade*: o ser humano à luz da fé e da reflexão cristãs. 4. ed. São Paulo: Paulus, 2001.

SACROSANCTUM OECUMENICUM CONCILIUM VATICANUM SECUNDUM. *Constituição Dogmática Lumen Gentium*, 21/11/1964.

SACROSANCTUM OECUMENICUM CONCILIUM VATICANUM SECUNDUM. *Constituição Pastoral Gaudium et Spes*, 7/12/1966.

SACROSANCTUM OECUMENICUM CONCILIUM VATICANUM SECUNDUM. *Declaratione Nostra Aetate*, 28/10/1965.

SACROSANCTUM OECUMENICUM CONCILIUM VATICANUM SECUNDUM. *Decretus Ad Gentes*, 07/12/1963.

SACROSANCTUM OECUMENICUM CONCILIUM VATICANUM SECUNDUM. *Decretus Unitatis Redintegratio*, 21/11/1964.

SAN JUAN DE LA CRUZ. *Obras del místico doctor.* Tomo Primeiro. Toledo: edición crítica.

SAN JUAN DE LA CRUZ. *Obras del místico doctor.* Tomo Primeiro e Segundo. Subida del Monte Carmelo, Libro I. Toledo: edición crítica, 1912.

SAN JUAN DE LA CRUZ. *Obras del místico doctor.* Tomo Segundo. Toledo: edición critica.

SANTA TERESA DE JESUS. *Caminho de perfeição.* São Paulo: Paulus, 1979.

SANTA TERESA DE JESUS. *Castelo interior ou moradas.* São Paulo: Paulus, 1981.

SANTA TERESA DE JESUS. *Livro da vida.* Petrópolis: Vozes, 2014.

SANTA TERESA DE JESUS. *Obras completas.* 2. ed. Burgos: Monte Carmelo, 1977.

SANTO AGOSTINHO. *A cidade de Deus.* São Paulo: Edameris, 1964.

SANTO AGOSTINHO. *Confissões.* 7. ed. Porto: Livraria Apostolado da Imprensa, 1966.

SANTO TOMÁS DE AQUINO. *Compêndio de Teologia.* Rio de Janeiro: Presença, 1977.

SÃO JOÃO DA CRUZ. *Obras completas.* 7. ed. Petrópolis: Vozes, 2002.

SARAMAGO, José. *Ensaio sobre a cegueira.* São Paulo: Companhia das Letras, 1995.

SCHILLEBEECKX, Edward. *Deus e o homem.* São Paulo: Paulinas, 1969.

SCHMITT, Carl. *Teologia política.* São Paulo: Del Rey, 2006.

SCHUSTER, A. Ildefonso. *História de São Bento e de seu tempo.* Rio de Janeiro: Lumen Christi, 1956.

SEGUNDO, Juan L. *O dogma que liberta*: fé, revelação e magistério dogmático. 2. ed. São Paulo: Paulinas, 2000.

SOARES, Afonso M. L.; PASSOS, João D. (Org.). *A fé na metrópole*: desafios e olhares múltiplos. São Paulo: Paulinas, Educ, 2009.

SOUZA, Luiz Alberto G. *As várias faces da Igreja Católica.* Disponível em: http://www.scielo.br/scielo.php. Acesso em: 17 set. 2016.

SUPERINTERESSANTE. *Os maiores erros da humanidade*, São Paulo, edição especial n. 18, abr./nov. 2011.

TEIXEIRA, Faustino (Org.). *Caminhos da mística.* São Paulo: Paulinas, 2012.

TEIXEIRA, Faustino. *No limiar do mistério mística e religião.* São Paulo: Paulinas, 2010.

TEIXEIRA, Faustino. *Teologia das religiões*: uma visão panorâmica. São Paulo: Paulinas, 1995.

THOMA, Clemens. *Teologia cristiana dell'ebraismo*. Casale Monferrato: Marietti, 1983.

TILLICH, P. *Teologia sistemática*. São Leopoldo: Sinodal, 2005.

VANIER, Jean. *Comunidade, lugar do perdão e da festa*. São Paulo: Paulinas, 1995.

VEIGA, José Eli da. *Para entender o desenvolvimento sustentável*. São Paulo: Editora 34, 2015.

VERGEZ, A.; HUISMAN, D. *História dos filósofos*. 2. ed. Rio de Janeiro: Freitas Bastos, 1972.

VIDAL, Marciano. *Ética teológica*: conceitos fundamentais. Petrópolis: Vozes, 1999.

VIDAL, Marciano. *Moral cristã em tempos de relativismos e fundamentalismos*. 10. ed. Aparecida: Santuário, 2011.

WEBER, Max. *A ética protestante e o espírito do capitalismo*. Rio de Janeiro: Companhia das Letras, 2004.

ZIZEC, Slavoj. *O absoluto frágil*: ou por que vale a pena lutar pelo legado cristão?. São Paulo: Boitempo, 2015.

ZIZEC, Slavoj. *O sujeito incômodo*: o centro ausente da ontologia política. São Paulo: Boitempo, 2016.

Referência eletrônica

ADMINISTRADORES.COM. ONG divulga ranking dos países mais corruptos do mundo, 29 jan. 2016. Disponível em: https://administradores.com.br/noticias/ong-divulga-ranking-dos-paises-mais-corruptos-do-mundo. Acesso em: 20 maio 2019.

ALENCAR, Lucas. 13 locais históricos destruídos pelo Estado Islâmico. *Revista Galileu*, 04 jan. 2016. Disponível em: https://revistagalileu.globo.com/Sociedade/noticia/2016/01/13-locais-historicos-destruidos-pelo-estado-islamico.html. Acesso em: 20 maio 2019.

ALVES, Rafael. *O Natal diabólico de Bill e Alice*. 2017. Disponível em: http://www.laymert.com.br/o-natal-diabolico-de-bill-e-alice. Acesso em: 13 abr. 2019.

ARELARO, Lisete. *A importância de Paulo Freire*. 2015. Disponível em: http://www.cartaeducacao.com.br/artigo/a-importancia-de-paulo-freire. Acesso em: 13 abr. 2019.

BARBOSA, Luciana Ignachiti. *Pseudo Dionísio e São João da Cruz*: um paralelo entre a "Treva Divina" e a "Noite Escura". *Revista Sacrilegens*, v. 3, n. 1, 2006. Disponível em: http://www.ufjf.br/sacrilegens/files/2010/04/3-3.pdf. Acesso em: 13 abr. 2019.

BARBOSA, Vanessa. *Os países mais corruptos (e os menos desonestos) em 2016*. 2017. Disponível em: http://exame.abril.com.br/mundo/os-20-paises-mais-corruptos--do-mundo-e-os-menos-desonestos. Acesso em: 13 abr. 2019.

BECCARIA, Cesare. *Dos delitos e das penas*. Disponível em: http://www.ebooksbrasil.org/adobeebook/delitosB.pdf. Acesso em: 13 abr. 2019.

BRANDÃO, Bernardo. *A teologia mística do pseudo-Dionísio Areopagita (tradução)*. Disponível em: http://www.academia.edu/4931440/A_Teologia_Mistica_do_pseudo-Dionsio_Areopagita. Acesso em: 13 abr. 2019.

CÍRCULO GREGÓRIO DE NISSA. *Contemplação e vida contemplativa*. 2006. Disponível em: http://gnissa.blogspot.com.br/2006/07/contemplao-e-vida-contemplativa.html. Acesso em: 13 abr. 2019.

CUNHA, Carolina. *Estado Islâmico*: jovens ocidentais são atraídos para o terrorismo na Síria e Iraque. Disponível em: https://vestibular.uol.com.br/resumo-das-disciplinas/atualidades/estado-islamico-jovens-ocidentais-sao-atraidos-para-o-terrorismo-na-siria-e-iraque.htm. Acesso em: 20 maio 2019.

DEUTSCHE WELLE. *1938: O pogrom da "Noite dos Cristais"*. Disponível em: http://www.dw.com/pt/1938-o-pogrom-da-noite-dos-cristais/a-672173.

EXTRA. Cena de grupo jogando altinho perto de corpos em São Conrado choca internautas, 21 abr. 2016. Disponível em: https://extra.globo.com/noticias/rio/cena-de-grupo-jogando-altinho-perto-de-corpos-em-sao-conrado-choca-internautas-rv2-2-19142329.html. Acesso em: 20 maio 2019.

FRADES CARMELITAS. *História dos Carmelitas*. 2016. Disponível em: http://fradescarmelitas.org.br/historia-dos-carmelitas. Acesso em: 13 abr. 2019.

GOFFREDO TELLES JUNIOR. Disponível em: http://www.goffredotellesjr.adv.br/site/inicial.php. Acesso em: 20 maio 2019.

GORDON, Mark. *Construindo a civilização do amor*. 2014. Disponível em: http://pt.aleteia.org/2014/03/15/construindo-a-civilizacao-do-amor. Acesso em: 13 abr. 2019.

HUNT, Dave. *A hora da verdade sobre o islã*. Disponível em: http://www.beth-shalom.com.br/artigos/hora_do_isla.html. Acesso em: 13 abr. 2019.

INFOPÉDIA. *Bode expiatório*. Disponível em: https://www.infopedia.pt/$bode-expiatorio. Acesso em: 13 abr. 2019.

JEWISH-CHRISTIAN RELATIONS. *La carta de Edith Stein al papa Pío XI*. 2003. Disponível em: http://www.jcrelations.net/Edith+Stein.1655.0.html. Acesso em: 13 abr. 2019.

JUSBRASIL. Testemunha de Jeová – Jurisprudência. Disponível em: https://www.jusbrasil.com.br/topicos/590173/testemunha-de-jeova/jurisprudencia. Acesso em: 20 maio 2019.

JUSTIFICANDO. *Forças Armadas, OAB e Igreja Católica são as instituições mais confiáveis, aponta pesquisa.* 2015. Disponível em: http://justificando.cartacapital.com.br/2015/07/10/forcas-armadas-oab-e-igreja-catolica. Acesso em: 13 abr. 2019.

MANCE, Euclides André. *Inflação com recessão e o golpe do impeachment.* 2016. Disponível em: http://www.solidarius.com.br/mance/biblioteca/inflacao_com_recessao.pdf. Acesso em: 13 abr. 2019.

MARMELSTEIN, George. *Capítulo 1: A teoria dos direitos fundamentais.* Disponível em: https://direitosfundamentais.net/2008/01/14/capitulo-1-a-teoria-dos-direitos-fundamentais/. Acesso em: 13 abr. 2019.

MARTINS, José Pio. O que podemos aprender com Israel. *Gazeta do Povo*, 23 ago. 2012. Disponível em: https://www.gazetadopovo.com.br/opiniao/o-que-podemos-aprender-com-israel-3k874gyt3ay37tcjyr1wsz5n2/. Acesso em: 20 maio 2019.

MEDEIROS, Pe. Inácio de. *Igreja Espanhola*: uma Igreja reformada e combativa. 2014. Disponível em: http://www.a12.com/formacao/detalhes/igreja-espanhola-uma-igreja-reformada-e-combativa. Acesso em: 13 abr. 2019.

O CONTORNO DA SOMBRA. *Nazismo e religião.* 2011. Disponível em: http://ocontornodasombra.blogspot.com.br/2011/09/nazismo-e-religiao.html. Acesso em: 13 abr. 2019.

PAIVA, Fabiana Kent. *Sudão do Sul: independência, guerra civil e busca por estabilidade.* 2015. Disponível em: https://pucminasconjuntura.wordpress.com/2015/12/02/sudao-do-sul-independencia-guerra-civil-e-busca-por-estabilidade. Acesso em: 13 abr. 2019.

PAULUS. *São Lourenço, diácono e mártir.* Disponível em: www.paulus.com.br/portal/santo/sao-lourenco-diacono-e-martir. Acesso em: 13 abr. 2019.

PENA, Rodolfo F. Alves. *Diferenças entre Estado, país, nação e território.* Disponível em: http://mundoeducacao.bol.uol.com.br/geografia/diferencas-entre-estado-pais-nacao-territorio.htm. Acesso em: 13 abr. 2019.

PEREIRA, Sérgio Henrique da Silva. *Como se dá o recrutamento de jovens ao Estado Islâmico?.* 2016. Disponível em: http://sergiohenriquepereira.jusbrasil.com.br/artigos/256050379/como-se-da-o-recrutamento-de-jovens-ao-estado-islamico. Acesso em: 13 abr. 2019.

PERSONALIDADES. *Maimônides: o Rambam.* Disponível em: http://www.chabad.org.br/biblioteca/artigos/rambam/home.html. Acesso em: 13 abr. 2019.

PULS, Mauricio. *Sete em dez eleitores não lembram voto.* 2006. Disponível em: http://www1.folha.uol.com.br/folha/brasil/ult96u78293.shtml. Acesso em: 13 abr. 2019.

RECANTO DAS LETRAS. *Discurso de Hitler a Juventude Nazista.* 2011. Disponível em: http://www.recantodasletras.com.br/discursos/3035507. Acesso em: 13 abr. 2019.

SABEDORIA POLÍTICA. Liberalismo. Disponível em: https://www.sabedoria-politica.com.br/economia-politica/liberalismo/. Acesso em: 20 maio 2019.

SANTIAGO, Emerson. *Terceiro Reich*. Disponível em: http://www.infoescola.com/historia/terceiro-reich. Acesso em: 13 abr. 2019.

SOCIUS: Sociologia e Direito. Disponível em: https://sociologiadodireitounesp.blogspot.com/. Acesso em: 20 maio 2019.

SOUZA, Luiz Alberto Gómez. As várias faces da Igreja Católica. *Estudos Avançados*, São Paulo, v. 18, n. 52, set./dez. 2004. Disponível em: http://www.scielo.br/scielo.php?script=sci_arttext&pid=S0103-40142004000300007. Acesso em: 20 maio 2019.

TRÊS PODERES. *Teoria de Montesquieu*. Disponível em: http://tres-poderes.info/. Acesso em: 13 abr. 2019.

VERITATIS SPLENDOR. *Fazer a vontade de Deus segundo Santo Afonso de Ligório*. Disponível em: http://www.veritatis.com.br/fazer-a-vondade-de-deus-segundo-santo-afonso-de-ligorio. Acesso em: 13 abr. 2019.

VERITATIS SPLENDOR. *O que é fundamentalismo?*. Disponível em: http://www.veritatis.com.br/conheca-mais/o-que-e-fundamentalismo. Acesso em: 13 abr. 2019.

WIKIHAUS. *Economia colaborativa*: conceitos e pilares de uma sociedade sustentável. Disponível em: https://wikihaus.com.br/economia-colaborativa-conceitos-e-pilares-de-uma-sociedade-sustentavel/. Acesso em: 13 abr. 2019.

WIKIPÉDIA. *A noite escura da alma*. Disponível em: https://pt.wikipedia.org/wiki/A_Noite_Escura_da_Alma. Acesso em: 20 maio 2019.

WIKIPEDIA. *Banalidade do mal*. Disponível em: https://pt.wikipedia.org/wiki/Banalidade_do_Mal. Acesso em: 13 abr. 2019.

WIKIPÉDIA. *Chanceler da Alemanha*. Disponível em: https://pt.wikipedia.org/wiki/Chanceler_da_Alemanha. Acesso em: 13 abr. 2019.

WIKIPEDIA. *Igualdade perante a lei*. Disponível em: https://pt.wikipedia.org/wiki/Igualdade_perante_a_lei. Acesso em: 13 abr. 2019.

WIKIPÉDIA. *Joseph Goebbels*. Disponível em: https://pt.wikipedia.org/wiki/Joseph_Goebbels. Acesso em: 13 abr. 2019.

WIKIPÉDIA. *Leni Riefenstahl*. Disponível em: https://pt.wikipedia.org/wiki/Leni_Riefenstahl. Acesso em: 13 abr. 2019.

WIKIPÉDIA. *Misticismo nazi*. Disponível em: https://pt.wikipedia.org/wiki/Misticismo_nazi. Acesso em: 13 abr. 2019.

WIKIPEDIA. *Neocolonialismo*. Disponível em: https://pt.wikipedia.org/wiki/Neocolonialismo. Acesso em: 13 abr. 2019.

WIKIPÉDIA. *Ordem do Carmo*. Disponível em: https://pt.wikipedia.org/wiki/Ordem_do_Carmo. Acesso em: 20 maio 2019.

WIKIPÉDIA. *Religião na Alemanha Nazista.* Disponível em: https://pt.wikipedia.org/wiki/Religi%C3%A3o_na_Alemanha_Nazista. Acesso em: 20 maio 2019.

WIKIPÉDIA. *Richard Wagner.* Disponível em: https://pt.wikipedia.org/wiki/Richard_Wagner. Acesso em: 13 abr. 2019.

Filmes

DE OLHOS bem fechados. Direção: Stanley Kubrick. Intérpretes: Tom Cruise e Nicole Kidman. Roteiro: Frederic Raphael. Reino Unido, 1999. 2:39min.

EDITH Stein: uma vida polifacética. Maria Clara Bingemer. São Paulo, 2012. DVD (Coleção místicos contemporâneos).

GÊNIO indomável. Direção: Gus Van Sant. Produção: Lawrence Bender. Roteiro: Matt Damon e Ben Affleck. Intérpretes: Matt Damon e Robin Williams. EUA, 1997. 2:06m

MÍSTICA em religiões comparadas. Faustino Teixeira. Universidade Federal de Juiz de Fora. Programa de Pós-Graduação em Ciência da Religião. Curso: Tópicos em Mística Cristã.

SAFRA, Gilberto. *O ser humano: corpo, psique e espírito.* Estudo de Edith Stein. Série: Contribuições dos filósofos para a prática clínica. São Paulo: Edições Sobornost: aulas ministradas no LET – Laboratórios de Estudos da Transicionalidade em 12 de agosto e 2 de setembro de 2006. 2 DVD.

SAFRA, Gilberto. *A dimensão do espírito no ser humano: apreensão do sentido originário inerente às coisas e ao outro.* Estudo de Edith Stein. Série: Contribuições dos filósofos para a prática clínica. São Paulo: Edições Sobornost: aulas ministradas no LET – Laboratórios de Estudos da Transicionalidade em 11 de novembro de 2006. 1 e 2 DVD.

SAFRA, Gilberto. *Conhecimento, espírito e amor: os eixos principais da condição humana.* Estudo sobre Edith Stein. Série: Contribuições dos filósofos para a prática clínica. São Paulo: Edições Sobornost: aulas ministradas no LET – Laboratórios de Estudos da Transicionalidade em 06 de agosto de 2005. 2 DVD.

SAFRA, Gilberto. *O ser humano: corpo, psique e espírito.* Estudo de Edith Stein, Série: Contribuições dos filósofos para a prática clínica. São Paulo: Edições Sobornost. Aulas ministradas no LET – Laboratórios de Estudos da Transicionalidade em 12 de agosto e 2 de setembro de 2006. 1 DVD.

SÉTIMA morada, A. Direção: Marta Meszaros. Intérpretes: Maia Morgenstern e Adriana Asti. Produção: Morgan Film. Co-produção de Itália, França, Polônia e Hungria, 1995. 1 DVD.

ANEXO I

O Cântico da Noite Escura[777]

Em uma noite escura
De amor em vivas ânsias inflamada
Oh! Ditosa ventura!
Saí sem ser notada,
Estando já minha casa sossegada.

Na escuridão, segura,
Pela secreta escada, disfarçada,
Oh! Ditosa ventura!
Na escuridão, velada,
Estando já minha casa sossegada.

Em noite tão ditosa,
E num segredo em que ninguém me via,
Nem eu olhava coisa alguma,
Sem outra luz nem guia
Além da que no coração me ardia.

Essa luz me guiava,
Com mais clareza que a do meio-dia
Aonde me esperava
Quem eu bem conhecia,
Em lugar onde ninguém aparecia.

Oh! noite, que me guiaste,
Oh! noite, amável mais do que a alvorada
Oh! noite, que juntaste
Amado com amada,
Amada no amado transformada!

[777] SÃO JOÃO DA CRUZ. *Obras completas*. 7. ed. Petrópolis: Vozes, 2002. p. 36-37.

Em meu peito florido
Que, inteiro, para ele só guardava,
Quedou-se adormecido,
E eu, terna o regalava,
E dos cedros o leque o refrescava.

Enquanto a brisa amena,
Lá do alto, em seus cabelos afagava,
Com sua mão serena
Em meu colo soprava,
E meus sentidos todos transportava.

Esquecida, quedei-me,
O rosto reclinado sobre o Amado;
Tudo cessou. Deixei-me,
Largando meu cuidado
Por entre as açucenas olvidado.

ANEXO II

A subida do Monte Carmelo[778]

Modo para chegar ao Tudo
Para chegares a saborear tudo,
Não queiras ter gosto em coisa alguma.
Para chegares a possuir tudo,
Não queiras possuir coisa alguma.
Para chegares a ser tudo,
Não queiras ser coisa alguma.
Para chegares a saber tudo,
Não queiras saber coisa alguma.
Para chegares ao que gostas,
Hás de ir por onde não gostas.
Para chegares ao que não sabes,
Hás de ir por onde não sabes.
Para vires ao que não possuis,
Hás de ir por onde não possuis.
Para chegares ao que não és,
Hás de ir por onde não és.

Modo para não impedir o tudo
Quando reparas em alguma coisa,
Deixas-te de arrojar-te ao tudo.
Porque para vir de todo ao tudo,
hás de negar-te de todo em tudo.
E quando vieres a tudo ter,
hás de tê-lo sem nada querer.
Porque se queres ter algo em tudo,
não tens puro em Deus teu tesouro.

Indício de que se tem tudo nesta desnudez acha o espírito sua quietação e descanso, porque, nada cobiçado, nada o impele para cima e nada o oprime para baixo, porque está no centro de sua humildade; pois quando cobiça alguma coisa nisto mesmo se fadiga.

[778] SÃO JOÃO DA CRUZ. *Obras completas*. 7. ed. Petrópolis: Vozes, 2002. p. 182

ANEXO III

Nas chamas do amor divino[779]

Oh! chama de amor viva
Que eternamente feres
De minha alma no mais profundo centro!
Pois não és mais esquiva,
Acaba já, se queres,
Ah! Rompe a tela deste doce encontro.

Oh! Cautério Suave!
Oh! Regalada chaga!
Oh! Mão tão branda! Oh! Toque delicado
Que a vida eterna sabe
E paga toda dívida!
Matando, a morte em vida me hás trocado!

Oh! Lâmpadas de fogo
Em cujos resplendores
As profundas cavernas de sentido,
– Que estava escuro e cego, –
Com estranhos primores
Calor e luz dão junto a seu Querido!

Quão manso e amoroso
Despertas em meu seio
Onde tu só secretamente moras:
Nesse aspirar gostoso,
De bens e glória cheio
Quão delicadamente enamoras!

[779] SÃO JOÃO DA CRUZ. *Obras completas*. 7. ed. Petrópolis: Vozes, 2002. p. 37-38.

ANEXO IV

Cântico espiritual[780]
(Canções entre a alma e o Esposo)

Esposa
1.
Onde é que te escondeste,
Amado, e me deixaste com gemido?
Como o cervo fugiste,
Havendo-me ferido;
Saí, por ti clamando, e eras já ido.

2.
Pastores que subirdes
Além, pelas malhadas, ao Outeiro,
Se, porventura, virdes
Aquele a quem mais quero,
Dizei-lhe: que adoeço, peno e morro.

3.
Buscando meus amores,
irei por estes montes e ribeiras;
Não colherei as flores,
nem temerei as feras,
E passarei os fortes e fronteiras.

Pergunta às criaturas
4.
Ó bosques e espessuras,
Plantados pela mão de meu Amado!
Ó prado de verduras,

[780] SÃO JOÃO DA CRUZ. *Obras completas*. 7. ed. Petrópolis: Vozes, 2002. p. 30-36.

De flores esmaltado,
Dizei-me se por vós ele há passado!

Resposta das criaturas
5.
Mil graças derramando,
Passou por estes soutos com presteza,
E, enquanto os ia olhando,
Só com sua figura
A todos revestiu de formosura.

Esposa
6.
Quem poderá curar-me?!
Acaba de entregar-te já deveras;
Não queiras enviar-me
Mais mensageiro algum,
Pois não sabem dizer-me o que desejo.

7.
E todos quantos vagam,
De ti me vão mil graças relatando,
E todos mais me chagam;
E deixa-me morrendo
Um "não sei quê", que ficam balbuciando.

8.
Mas como perseveras,
Ó vida, não vivendo onde já vives?
Se fazem com que morras
As flechas que recebes
Daquilo que do Amado em ti concebes?

9.
Por que, pois, hás chagado
Este meu coração, o não saraste?
E, já que mo hás roubado,
Por que assim o deixaste
E não tomas o roubo que roubaste?

10.
Extingue os meus anseios,
Porque ninguém os pode desfazer;
E vejam-te meus olhos,
Pois deles és a luz,
E para ti somente os quero ter.

11.
Mostra tua presença!
Mate-me a tua vista e formosura;
Olha que esta doença
De amor jamais se cura,
A não ser com a presença e com a figura.

12.
Ó cristalina fonte,
Se nesses teus semblantes prateados
Formasses de repente
Os olhos desejados
Que tenho nas entranhas debuxados!

13.
Aparta-os, meu Amado,
Que eu alço o vôo.

Esposo
Oh! Volve-te, columba,
Que o cervo vulnerado
No alto do outeiro assoma,
Ao sopro de teu voo, e fresco toma.

Esposa
14.
No Amado acho as montanhas,
Os vales solitários, nemorosos,
As ilhas mais estranhas,
Os rios rumorosos,
E o sussurro dos ares amorosos;

15.
A noite sossegada,
Quase aos levantes do raiar da aurora;
A música calada,
A solidão sonora,
A ceia que recreia e que enamora.

16.
Caçai-nos as raposas,
Que está já toda em flor a nossa vinha;
Enquanto estas rosas
Faremos uma pinha,
E ninguém apareça na colina!

17.
Detém-te, Aquilão morto!
Vem, Austro, que despertas os amores:
Aspira por meu horto,
E corram seus olores,
E o Amado pascerá por entre as flores.

18.
Ó ninfas da Judeia,
Enquanto pelas flores e rosais
Vai recendendo o âmbar,
Ficai nos arrabaldes
E não ouseis tocar nossos umbrais.

19.
Esconde-te, Querido!
Voltando tua face, olha as montanhas;
E não queiras dizê-lo,
Mas olha as companheiras
Da que vai pelas ilhas mais estranhas.

Esposo

20.
A vós, aves ligeiras,
Leões, cervos e gamos saltadores,

Montes, vales, ribeiras,
Águas, ventos, ardores,
E, das noites, os medos veladores:

21.
Pelas amenas liras
E cantos de sereias, vos conjuro
Que cessem vossas iras,
E não toqueis no muro,
Para a Esposa dormir sono seguro.

22.
Entrou, enfim, a Esposa
No horto ameno por ela desejado;
E a seu sabor repousa,
O colo reclinado
Sobre os braços dulcíssimos do Amado.

23.
Sob o pé da macieira,
Ali, comigo foste desposada;
Ali te dei a mão,
E foste renovada
Onde a primeira mãe foi violada.

Esposa
24.
Nosso leito é florido,
De covas de leões entrelaçado,
Em púrpura estendido,
De paz edificado,
De mil escudos de ouro coroado.

25.
Após tuas pisadas
Vão discorrendo as jovens no caminho,
Ao toque de centelha,
Ao temperado vinho,
Dando emissões de bálsamo divino.

26.
Na interior adega
Do Amado meu, bebi; quando saía,
Por toda aquela várzea
já nada mais sabia,
E o rebanho perdi que antes seguia.

27.
Ali me abriu seu peito
E ciência me ensinou mui deleitosa;
E a ele, em dom perfeito,
Me dei, sem deixar coisa,
E então lhe prometi ser sua esposa.

28.
Minha alma se há votado,
Com meu cabedal todo, a seu serviço;
já não guardo mais gado,
Nem mais tenho outro ofício,
Que só amar é já meu exercício.

29.
Se agora, em meio à praça,
já não for mais eu vista, nem achada,
Direis que me hei perdido,
E, andando enamorada,
Perdidiça me fiz e fui ganhada.

30.
De flores e esmeraldas,
Pelas frescas manhãs bem escolhidas
Faremos as grinaldas
Em teu amor floridas,
E num cabelo meu entretecidas.

31.
Só naquele cabelo
Que em meu colo a voar consideraste,
– Ao vê-lo no meu colo, –

Nele preso ficaste,
E num só de meus olhos te chagaste.

32.
Quando tu me fitavas,
Teus olhos sua graça me infundiam;
E assim me sobreamavas,
E nisso mereciam
Meus olhos adorar o que em ti viam.

33.
Não queiras desprezar-me,
Porque, se cor trigueira em mim achaste,
já podes ver-me agora,
Pois, desde que me olhaste,
A graça e a formosura em mim deixaste.

34.
Eis que a branca pombinha
Para a arca, com seu ramo, regressou;
E, feliz, a rolinha
O par tão desejado
já nas ribeiras verdes encontrou.

35.
Em solidão vivia,
Em solidão seu ninho há já construído;
E em solidão a guia,
A sós, o seu Querido,
Também na solidão, de amor ferido.

36.
Gozemo-nos, Amado!
Vamo-nos ver em tua formosura,
No monte e na colina,
Onde brota a água pura;
Entremos mais adentro na espessura.

37.
E, logo, as mais subidas
Cavernas que há na pedra, buscaremos;
Estão bem escondidas;
E juntos entraremos,
E das romãs o mosto sorveremos.

38.
Ali me mostrarias
Aquilo que minha alma pretendia,
E logo me darias,
Ali, tu, vida minha,
Aquilo que me deste no outro dia.

39.
E o aspirar da brisa,
Do doce rouxinol a voz amena,
O souto e seu encanto,
Pela noite serena,
Com chama que consuma sem dar pena.

40.
Ali ninguém olhava;
Aminadab tampouco aparecia;
0 cerco sossegava;
Mesmo a cavalaria,
Só à vista das águias, já descia.

ANEXO V

Carta de Edith Stein ao Papa Pio XI sobre a perseguição aos judeus na Alemanha[781]

Münster, 12 de abril de 1933

A Sua Santidade Pio XI sobre a perseguição dos judeus na Alemanha

Santo Padre!

Como filha do povo judeu, e, pela graça de Deus, há onze anos filha da Igreja Católica, ouso exprimir ao Pai da cristandade o que preocupa milhões de alemães.

Há semanas somos expectadores, na Alemanha, de acontecimentos que contêm um total desprezo pela justiça e pela humanidade, para já não falar do amor ao próximo. Há vários anos os dirigentes do Nacional Socialismo têm pregado o ódio contra os judeus. Agora que chegaram ao poder e armaram seus seguidores – entre os quais famosos criminosos – a semente do ódio desabrocha.

Que se cometiam violências, até pouco tempo, era admitido pelo regime. Não podemos ter ideia de até que ponto isso ocorria porque a opinião está amordaçada. Do que eu posso julgar por mim mesma, sobre a base de minhas relações pessoais, sei que não se trata absolutamente de casos isolados. Sob a pressão de vozes provenientes do exterior, o Regime passou a métodos mais "suaves" e tem emitido ordens para que "não se toque em um cabelo de qualquer judeu".

Este boicote – que nega às pessoas a possibilidade de desenvolver uma atividade econômica, privando-as da dignidade do cidadão e da pátria – tem empurrado muita gente ao suicídio: cinco casos foram trazidos ao meu conhecimento, somente entre os que me estão mais próximos.

[781] BINGEMER, M. Clara; PINHEIRO, Marcus Reis (Org.). *Narrativas místicas*: antologia de textos místicos da história do cristianismo. São Paulo: Paulus, 2016. p. 365-367. Infelizmente esta carta não surtiu o efeito esperado por Edith Stein. A sua iniciativa foi corajosa e profética, mas, ao mesmo tempo, a colocou mais próxima da perseguição e do martírio. A carta lacrada tornou-se pública em 15 de fevereiro de 2003, por ocasião da abertura dos arquivos do Vaticano a estudiosos.

Estou convencida de que se trata de um fenômeno geral que provocará muitas outras vítimas. Pode-se pensar que os infelizes não terão tido bastante força moral para suportar seu destino. Mas se a responsabilidade cai em grande parte sobre aqueles que os empurraram a tal gesto, ela recai também sobre aqueles que se calam.

Tudo o que aconteceu e acontece quotidianamente vem de um governo que se define "cristão". Não somente os hebreus, mas também milhares de fiéis católicos da Alemanha e, considero, de todo o mundo, há semanas esperam e têm esperança de que a Igreja de Cristo faça ouvir a sua voz contra tais abusos do nome de Cristo [...].

A idolatria da raça e do poder do Estado, com a qual a rádio martela cotidianamente as massas, não é uma aberta heresia? Essa guerra de extermínio contra o sangue judeu não é uma ultrajem à santíssima humanidade do nosso Salvador, da Santíssima Virgem e dos Apóstolos? Não está em absoluto contraste com o comportamento de nosso Senhor e Redentor, que, mesmo na cruz, rezava pelos seus perseguidores? E não é isso uma mancha escura na crônica deste Ano Santo, que deveria se tornar o ano de paz e de reconciliação?

Todos nós, que vemos a atual situação alemã como filhos fiéis da Igreja, tememos o pior para a imagem mundial da própria Igreja, se o silêncio se prolongar ainda mais. Estamos convencidos de que esse silêncio não pode a longo prazo obter a paz do atual governo alemão. A guerra contra o Catolicismo ocorre em silêncio e com sistemas menos brutais do que contra o Judaísmo, mas não menos sistematicamente. Não se passará muito tempo antes que um católico não possa mais ter um emprego, a menos que se submeta, incondicionalmente, à nova corrente.

Aos pés da Sua Santidade peço Bênção Apostólica.

Dra. Edith Stein
Professora no Instituto Alemão de Pedagogia Científica
Münster / Westphalia

Este livro foi composto com tipografia Bembo
e impresso em papel Lux Cream LD 70g. na Gráfica Formato.